HISTOIRE DU MONDE

I. Les âges anciens

collection tempus

John M. ROBERTS
Odd A. WESTAD

HISTOIRE DU MONDE

I. Les âges anciens

PERRIN

Secrétaire générale de la collection :
Marguerite de Marcillac

Titre original :
The Penguin History of the World

Traduit de l'anglais par Jacques Bersani

92, avenue de France
75013 Paris
Tél. : 01 44 16 08 00
Fax : 01 44 16 09 01

ISBN : 978-2-262-10921-9
Dépôt légal : novembre 2024

Mise en pages : Nord Compo

tempus est une collection des éditions Perrin.

Note de l'éditeur

L'*Histoire du monde* de J. M. Roberts et O. A. Westad compte trois tomes. Le présent volume, « Les Ages anciens », en constitue le premier et s'ouvre sur la préhistoire pour se conclure autour du VIe siècle.

Le deuxième tome, « Du Moyen Age aux Temps modernes », couvre l'histoire mondiale du VIe aux XVIIe-XVIIIe siècles, les césures chronologiques n'étant pas nécessairement similaires pour tous les espaces géographiques.

Le troisième et dernier volume, « L'Age des révolutions », reprend le fil de l'histoire au XVIIIe siècle pour se conclure sur la toute fin du XXe siècle.

Si chaque tome peut être lu et consulté indépendamment des autres, cette *Histoire du monde* a néanmoins été pensée comme un tout et il existe de nombreux liens entre les trois livres. Chaque tome comporte un index, mais l'introduction générale ne se trouve que dans le premier.

Introduction générale

John Roberts fut un éminent historien, et son *Histoire du monde* constitue probablement la meilleure qui ait jamais vu le jour en anglais. La première fois où je l'ai lue, jeune adolescent dans une petite ville, c'est son ambition qui me frappa. Roberts ne se contente pas de raconter l'histoire, il dit l'histoire ; il met en valeur les principales étapes du développement de l'humanité sans jamais perdre de vue les grands événements qui l'ont impulsé. Il se montre constamment attentif à l'inattendu, aux changements soudains, à tout ce qui cadre mal avec ce qui précédait et demande donc une explication. Il croit profondément en la capacité de l'homme à évoluer, à se transformer, mais sans jamais verser pour autant dans l'illusion téléologique, sans jamais s'imaginer qu'il n'y a, à une situation donnée, qu'une seule issue possible. Roberts sait à quel point l'histoire est complexe, mais il sait aussi qu'il convient d'en rendre compte avec simplicité, pour que le plus grand nombre de lecteurs possible aient la chance de pouvoir réfléchir à ce qui a engendré le monde où nous vivons aujourd'hui. En somme, il a été le type d'historien que je voulais être.

D'où la joie que j'éprouvai quand, bien des années plus tard, les éditions Penguin me demandèrent d'entreprendre une nouvelle édition entièrement revue, la sixième, du chef-d'œuvre de John Roberts. En 2007, après le décès de ce dernier, je m'étais attelé à une cinquième édition actualisée : une tâche qui devait se révéler très difficile, puisqu'il s'agissait d'insérer de petits ajouts dans une édition remaniée, restée elle-même en suspens, que l'auteur avait mise en œuvre peu avant sa mort en 2003. Voilà qui me donna l'envie de réaliser une édition complètement révisée qui – tout en restant aussi fidèle que possible aux intentions de l'auteur – ferait progresser ce que nous savons de l'histoire dans des directions dont Roberts ne pouvait avoir la moindre idée lorsqu'il rédigea son ouvrage. Ce qui suit est donc beaucoup plus qu'une simple actualisation ; c'est une refonte du texte fondée sur de nouvelles connaissances et de nouvelles interprétations. Une nouvelle *Histoire du monde*, je l'espère, pour un siècle nouveau.

La première édition de ce livre, sur lequel Roberts avait commencé à travailler à la fin des années 1960, parut en 1976. L'accueil fut bon, aussi bien en Grande-Bretagne qu'aux Etats-Unis : dès cette époque, certains critiques n'hésitèrent pas à parler de « chef-d'œuvre » et à saluer « une Histoire du monde pour notre temps dont il n'existait pas d'équivalent ». D'autres le jugèrent trop « universitaire » pour réussir à intéresser un lectorat plus large (il y en eut même un qui le trouva trop « difficile » pour ses étudiants de première année). D'autres, enfin, lui reprochèrent – c'était l'esprit du temps – d'être trop « élitiste » ou trop ciblé sur la montée en puissance du monde occidental. Mais le grand public cultivé se montra sensible aux qualités de synthèse et de composition de Roberts. Son *Histoire* devint d'emblée un best-seller et il s'en est vendu depuis sa sortie plus d'un demi-million d'exemplaires. Ce sont les lecteurs, et non les critiques, qui en ont fait le volume de référence qu'elle est devenue aujourd'hui.

John Roberts n'a cessé de réviser son ouvrage au fil des développements qui marquèrent la recherche historique en Grande-Bretagne, pays dans lequel il a vécu et travaillé. Ses conceptions changèrent peu, même si l'on peut discerner différents stades dans la révision qu'il fit de ses textes. L'histoire du monde non européen prit de plus en plus d'importance à ses yeux, tout comme les débuts de l'ère moderne (et particulièrement le XVIe siècle). Le Roberts âgé se montra peut-être moins préoccupé par le poids des différences culturelles et la part d'indécision à l'œuvre dans l'histoire que ne l'avait été le Roberts jeune. Mais rien de fondamental dans ces inflexions ; entre la première et la cinquième édition, l'essentiel du texte est resté en l'état.

Intervenir sur un livre dont on est un fervent admirateur implique une conversation permanente (et particulièrement agréable) avec son auteur. Roberts et moi partagions pour l'essentiel la même approche de l'histoire : le général doit l'emporter sur le particulier, et les processus historiques qui nous affectent encore aujourd'hui revêtent une plus grande importance que les autres (même si ces derniers comptèrent en leur temps). Roberts le dit très bien dans sa préface à la cinquième édition :

« J'ai cherché d'emblée à repérer, là où c'était possible, les éléments qui, par l'influence générale qu'ils exercèrent, eurent l'impact le plus large et le plus profond, plutôt que de me contenter d'aborder dans l'ordre, une fois de plus, les thèmes que la tradition juge importants. J'ai souhaité éviter les détails et mettre au contraire en valeur les processus historiques majeurs, ceux qui ont affecté une quantité considérable d'êtres humains et laissé un héritage substantiel aux générations futures, en faisant prendre conscience, par le jeu des comparaisons, de l'échelle qui fut la leur et des relations qu'ils entretinrent les uns avec les autres. Je n'ai pas cherché à écrire en continu l'histoire de tous les principaux pays et de tous les domaines dans lesquels s'est exercée l'activité humaine. Si l'on veut trouver un exposé complet de tout ce qui concerne le passé, c'est à une encyclopédie, me semble-t-il, qu'il faut s'adresser. [...] J'ai cherché à mettre l'accent sur ce qui semblait important, plutôt que ce sur quoi nous étions les mieux informés. Quel qu'ait été son rôle majeur dans l'histoire de la France et dans celle de l'Europe, Louis XIV peut donc être traité plus rapidement que, disons, la révolution chinoise. »

Le général, le principal, l'essentiel. C'étaient les maîtres mots de Roberts. J'espère les avoir fait miens autant qu'il a su les faire siens dans son *Histoire*.

Quand nous sommes en désaccord (du fait, la plupart du temps, de nouveaux acquis de la science historique), la conversation devient alors un débat où s'affrontent des opinions. C'est moi qui triomphe le plus souvent, même s'il lui arrive quelquefois de l'emporter, par pure obstination. Nous croyons tous deux, par exemple, que, durant la période qui va du XVIe au XXe siècle, l'histoire du monde fut dominée par la montée en puissance de l'Occident. Mais nous divergeons cependant sur les origines de cette « grande accélération ». Pour expliquer des aspects importants de ce phénomène, il faut, d'après Roberts, creuser profond, remonter jusqu'à l'Antiquité. Quant à moi, je pense qu'il a ses principales racines beaucoup plus près de la surface, je veux dire beaucoup plus près de nous : au milieu du IIe millénaire de notre ère. En termes de révision, les conséquences pratiques de ce désaccord sont pourtant assez minces : le travail auquel je me suis livré sur les textes traitant de la Grèce et de Rome n'a pas été influencé par la question de savoir si, oui ou non, la prédominance des sociétés européennes au XIXe siècle a été causée par des développements prenant leur source dans l'Antiquité.

Voici quelle a été, dans ses grandes lignes, ma contribution à la sixième édition. J'ai réécrit des passages du livre I afin de faire place aux progrès remarquables accomplis durant la dernière décennie par l'archéologie et l'anthropologie pour comprendre ce que furent les débuts de la vie humaine sur la Terre. J'ai donné plus d'ampleur au traitement dont font l'objet l'Inde et la Chine dans les livres II, III et IV. J'ai ajouté de nouvelles données sur les grands mouvements migratoires dans les livres IV et VI et j'ai remanié ce qui concerne l'Eurasie centrale, les commencements de l'Islam et la fin de l'Empire byzantin. J'ai donné plus de place, dans les livres VII et VIII, à l'histoire des sciences, des technologies et des grandes questions économiques. Enfin, chaque fois qu'il était légitime de le faire dans l'état actuel de nos connaissances, j'ai ajouté des considérations touchant le rôle social et culturel des femmes et des jeunes. Je n'ignore évidemment pas que de nouvelles interprétations et de nouvelles informations viendront sans cesse s'ajouter, peut-être à un rythme plus rapide que par le passé (l'histoire, comme on le dit souvent, n'est plus ce qu'elle était). Mais bien des traits ne varient pas : ce sont autant de constantes qui contribuent à donner sa cohérence à l'histoire humaine. Roberts et moi sommes d'accord, par exemple, pour penser que les échanges et les alliances entre les cultures humaines ont beaucoup plus compté en général que les confrontations qui ont pu survenir entre elles, et nous sommes d'avis tous deux que ce schéma est appelé selon toute vraisemblance à se répéter dans l'avenir. Ecoutons à nouveau Roberts, dans sa préface à la cinquième édition :

« Le pourquoi des événements nous vaut sans arrêt de nouvelles interprétations. Il a notamment été beaucoup question il y a peu d'un choc des civilisations, censé se préparer ou être déjà en train de se produire. Cette thèse a été fortement influencée, à l'évidence, par la nouvelle vision que le monde islamique nous a donnée de lui durant ces dernières décennies : ses particularismes, son extrême susceptibilité. J'ai indiqué [...] les raisons que j'avais de tenir ces considérations pour inadéquates et exagérément pessimistes. Mais on ne peut pas ne pas reconnaître qu'il y a bel et bien de multiples tensions qui se créent entre ce que l'on appelle, d'un terme assez vague, l'Occident et nombre de sociétés islamiques. A la fois de propos délibéré et sans en avoir clairement conscience, parfois même de façon accidentelle, des influences profondément déstabilisantes sont actuellement à l'œuvre en provenance de l'Occident ; elles viennent jeter le trouble et le désordre dans d'autres sociétés que l'on peut qualifier de traditionnelles, l'Islam n'étant que l'une d'entre elles. Et ce phénomène remonte à déjà quelques siècles (on refusera catégoriquement de limiter la notion de “mondialisation” à ces toutes dernières années). »

John Roberts a essayé de faire de son *Histoire* un outil permettant de saisir comment les peuples et les individus ont interagi les uns par rapport aux autres et comment ces interactions sont devenues des réseaux de significations dont les résultats n'étaient jamais acquis d'avance. J'espère que la révision à laquelle j'ai procédé continue à aller, elle aussi, dans cette direction. Si l'on veut que l'étude de l'histoire ait un sens pour un public aussi vaste que possible, alors il faut s'attacher non pas au court terme mais au long terme et s'efforcer de faire comprendre le potentiel infini de changement qui caractérise l'humanité.

Odd Arne WESTAD
Juillet 2012

PREMIÈRE PARTIE

AVANT L'HISTOIRE

Quand donc commence l'histoire ? On serait tenté de dire « au commencement », mais, comme pour bien d'autres évidences du même genre, on découvre très vite que cette réponse n'est d'aucun secours. Ainsi que l'a fait remarquer en d'autres circonstances un grand historien suisse, l'histoire est le seul domaine où il est impossible de commencer au commencement. Nous pourrions remonter la piste de l'évolution humaine jusqu'à l'apparition des vertébrés, voire jusqu'aux cellules où s'élabore la photosynthèse et jusqu'à toutes ces autres structures de base qui sont aux sources mêmes de la vie. Nous pourrions aller plus en arrière encore, jusqu'à ces bouleversements quasiment inimaginables qui ont entraîné la naissance de notre planète et jusqu'aux origines mêmes de l'univers. Ce ne sera toujours pas de l'« histoire ».

Le sens commun va nous aider : l'histoire a pour objet le genre humain, elle dit ses faits et gestes, ses souffrances et ses joies. Nous savons tous que les chiens et les chats n'ont pas d'histoire, alors que les êtres humains en ont une. Même quand les historiens s'intéressent à des processus naturels échappant au contrôle de l'homme, comme les changements climatiques ou la propagation d'une maladie, ils le font uniquement parce que l'étude de ces phénomènes nous aide à comprendre pourquoi c'est de telle façon et non pas de telle autre que des hommes et des femmes ont vécu (et sont morts).

Nous n'aurions donc plus qu'à identifier le moment où les premiers êtres humains émergent des ombres du lointain passé. Ce n'est pourtant pas aussi simple. Il nous faut tout d'abord savoir ce que nous cherchons, mais il se trouve que de nombreuses tentatives pour définir l'humanité sur la base de critères observables ont fini par se révéler arbitraires et problématiques, comme l'ont montré les débats sans fin sur les « hommes-singes » et les « chaînons manquants ». Les tests physiologiques nous aident à classer les données, mais ils ne permettent pas d'identifier ce qui est humain ou non. C'est là une question de définition, et l'on peut ne pas être d'accord avec la définition proposée. On a pu soutenir que ce qui fait le propre de l'homme c'est le langage, et pourtant d'autres primates possèdent des appareils de phonation semblables au nôtre ; quand ils s'en servent pour produire des bruits qui ont valeur de signal, jusqu'à quel point s'agit-il d'un langage ? Une autre définition célèbre de l'homme fait de lui un fabricant d'outils, mais les observations auxquelles on a pu procéder jettent ici aussi un doute sur cette prétendue exclusivité.

Ce qui caractérise à coup sûr l'espèce humaine, ce ne sont pas certaines facultés ou certains traits physiques, mais ce qu'elle en a fait et c'est là, bien évidemment, que réside son histoire. La réussite inégalée de notre espèce tient en effet à la remarquable intensité avec laquelle elle n'a jamais cessé d'agir et de créer, à la capacité qui est la sienne, au bout du compte, de provoquer du changement. Tous les animaux ont leurs façons de vivre, certaines suffisamment complexes pour que l'on puisse parler à leur sujet de cultures. Mais seule la culture humaine se montre capable d'évoluer avec le temps. Elle s'est construite sur un rythme de plus en plus soutenu, soit consciemment, par choix et sélection en son sein, soit par accident ou sous la pression des forces naturelles. Elle a su mettre en œuvre le capital d'expériences et de savoirs qu'elle avait accumulé. L'histoire de l'humanité a commencé quand des choix conscients ont fait irruption dans l'héritage génétique et comportemental qui lui avait seul permis jusque-là d'assurer sa domination sur son environnement. C'est toujours, bien sûr, au sein de certaines limites que les êtres humains ont élaboré leur histoire. Ces limites se sont, il est vrai, passablement élargies aujourd'hui, mais elles furent jadis si étroites qu'il est impossible de dire quel fut le premier pas qui permit à l'humanité d'échapper aux déterminations de la nature. Ce qui s'est passé durant une longue période de temps reste pour nous très confus. L'obscurité à laquelle nous sommes ici confrontés tient à deux raisons : les éléments concrets sur lesquels s'appuyer sont fragmentaires et nous ne sommes pas vraiment sûrs de ce que nous cherchons.

[illegible] naturelles. Elle [illegible] qu'elle avait commencé. L'histoire de l'humanité a commencé quand les [illegible] espèces [illegible] [illegible]

I

Les fondations

L'histoire plonge ses racines dans le passé qui a précédé l'apparition de l'humanité et il est difficile (mais important) de savoir ce que cela représente au juste en termes de temps. Imaginons une sorte de grande horloge sur laquelle un de nos siècles équivaudrait à une minute et voyons le résultat. Il y a seulement cinq minutes environ que les Européens sont arrivés aux Amériques. Quinze minutes plus tôt, ou un peu moins, est né le christianisme. Une heure auparavant, ou un peu plus, des peuples se sont installés en Mésopotamie du Sud, où ils allaient bientôt développer la plus ancienne civilisation connue. Nous voici déjà bien au-delà de la période où l'on peut repérer les premiers textes écrits : toujours d'après notre horloge, les peuples ne se sont mis à enregistrer leur histoire que depuis beaucoup moins d'une heure. Il faut reculer bien plus loin dans le temps, de six à sept heures, pour rencontrer, déjà fixés en Europe occidentale, les premiers êtres humains répondant aux caractéristiques physiologiques modernes. Et il faut remonter plus loin encore, de deux à trois semaines, pour constater les premières traces de créatures présentant certains traits humains, des créatures dont la contribution à l'évolution fait toujours débat.

Jusqu'où faut-il aller, dans l'obscurité de plus en plus épaisse du passé, pour comprendre les origines de l'homme, voilà qui est matière à discussion. Mais il n'est pas inutile de s'attarder un moment sur des périodes de temps plus vastes encore, simplement parce qu'elles ont vu se produire, même si nous ne pouvons rien en dire de précis, une quantité considérable d'événements, lesquels ont donné forme à ce qui devait suivre. L'humanité est entrée dans l'histoire proprement dite dotée de certaines possibilités et soumise à certaines limites qui étaient déjà les siennes il y a longtemps, dans un passé beaucoup plus lointain, qui remonte bien au-delà des 4,5 millions d'années durant lesquelles on sait qu'ont existé des créatures revendiquant à tout le moins certaines qualités humaines. Bien que ce ne soit pas directement notre propos, il nous faut essayer de comprendre la somme d'avantages et d'inconvénients qui a permis aux êtres humains, seuls parmi tous les autres primates, de s'affirmer, après tant et tant d'années, comme initiateurs de changement. A ce moment-là, pratiquement toutes les caractéristiques physiques et la plupart des caractéristiques mentales que nous tenons encore pour allant de soi avaient pris forme, s'étaient fixées, ce qui veut dire que des possibilités avaient été rejetées et d'autres non. Ce qui est capital, c'est le processus qui a conduit dans le temps à faire des créatures humaines une branche distincte au sein des primates. Il y a eu en quelque sorte, dans la ligne de l'évolution, une bifurcation à partir de laquelle nous pouvons commencer à entrevoir la gare où il nous faut descendre pour être enfin de plain-pied dans l'histoire. C'est là que nous pouvons espérer trouver les premiers signes de cet impact sur l'environnement, positif, conscient, qui marque l'étape initiale de la réussite humaine.

Cette histoire a la Terre elle-même pour fondement. Les changements enregistrés dans la flore et la faune fossiles, dans les formes géographiques et les couches géologiques racontent un drame aux dimensions d'une épopée, qui s'étend sur des centaines de millions d'années. Durant ce temps, la forme du monde changea plusieurs fois du tout au tout. D'immenses failles s'ouvrirent et se refermèrent à sa surface, des rivages surgirent et s'effondrèrent ; d'immenses espaces se couvrirent d'une végétation depuis longtemps disparue. Quantité d'espèces végétales et animales naquirent et proliférèrent. La plupart disparurent. Et pourtant ces événements « dramatiques » se produisirent à une lenteur presque inimaginable. Certains s'étendirent sur des millions d'années ; même les plus rapides demandèrent des siècles. Les créatures qui vécurent lorsqu'ils se déroulèrent furent aussi incapables de les percevoir qu'un papillon du XXIe siècle, dans ses trois semaines d'existence, de sentir le rythme des saisons. Il ne s'en dessinait pas moins sur la Terre, peu à peu, toute une série d'habitats permettant à différentes variétés de survivre. Avec une lenteur ici encore presque inconcevable, l'évolution biologique suivait son cours.

C'est le climat qui fut, dans un premier temps, le grand stimulateur du changement. Il y a quelque 65 millions d'années – une date suffisamment lointaine pour en faire le commencement de notre récit –, une longue phase climatique de chaleur approcha de son terme. Elle avait favorisé le développement des grands reptiles et avait vu l'Antarctique se séparer de l'Australie. A cette époque, il n'existait nulle part sur le globe de champs de glace. Alors que le monde se refroidissait et que les conditions climatiques nouvelles venaient réduire leur habitat, les grands reptiles se montrèrent incapables de s'adapter, même s'il est vraisemblable que ce fut un événement soudain – l'impact d'un astéroïde géant – qui entraîna leur totale disparition. Mais ce nouvel état du climat convint à d'autres espèces animales déjà présentes sur la Terre, notamment certains mammifères dont les ancêtres minuscules étaient apparus quelque 200 millions d'années plus tôt. Ce sont elles qui héritèrent alors de la Terre ou d'une partie considérable de celle-ci. Au prix de bien des cassures et de bien des accidents qui survinrent en chemin dans le processus d'évolution, ces espèces devaient elles-mêmes aboutir à ces mammifères qui peuplent aujourd'hui notre monde – nous-mêmes inclus.

Pour schématiser grossièrement, les principales lignes de cette évolution furent probablement déterminées, pendant des millions d'années, par les cycles astronomiques et quelques catastrophes subites, comme l'éruption de grands volcans ou l'impact d'astéroïdes. Influencé par la position de la Terre vis-à-vis du Soleil ou par des facteurs à court terme, le climat joua un rôle décisif. Un vaste système se mit en place, avec des fluctuations récurrentes de température. Les deux extrêmes auxquels ces variations conduisirent, le refroidissement d'une part et la chaleur de l'autre, firent obstacle à certaines lignes possibles de développement. Inversement, à d'autres périodes et en certains endroits, l'avènement de conditions plus clémentes permit à des espèces de prospérer et favorisa leur expansion sur de nouveaux habitats. La seule subdivision qui nous intéresse dans ce processus immensément long se situe très près de nous (en termes de préhistoire), il y a un peu moins de 4 millions d'années. C'est à ce moment-là que débuta une période de changements climatiques dont nous croyons qu'ils furent plus rapides et plus violents que la plupart de ceux observés auparavant. « Rapides », il faut le redire, est ici un terme tout relatif ; ces changements demandèrent en fait des dizaines de milliers d'années. Voilà qui n'en est pas moins très différent des millions d'années dont on parle pour les conditions beaucoup plus stables qui avaient été celles d'un plus lointain passé.

Les spécialistes se sont abondamment intéressés aux « âges de glace », qui durèrent chacun entre 50 000 et 100 000 ans. De vastes portions de l'hémisphère Nord (dont une grande partie de l'Europe, et l'Amérique jusqu'à la hauteur, au sud, de la ville de New York) furent concernées. La couche de glace était très importante, avec une épaisseur qui pouvait aller parfois jusqu'à un kilomètre et demi ou plus. On distingue à présent de dix-sept à dix-neuf « glaciations » de ce type (le nombre exact fait débat), la première ayant commencé à se produire il y a plus de 3 millions d'années. Nous vivons pour l'heure dans une période chaude qui suit la dernière d'entre elles, laquelle a pris fin il y a environ 10 000 ans. Des témoignages de ces glaciations et de leurs effets nous sont donnés par tous les océans et tous les continents : nous leur devons de pouvoir bâtir une chronologie de la préhistoire. Sur cette échelle « absolue » fournie par les âges de glace, nous pouvons situer les divers éléments en notre possession concernant l'évolution de l'humanité.

Les âges de glace permettent de voir facilement comment le climat a déterminé la vie et son évolution à l'époque de la préhistoire, mais à trop dramatiser leurs effets directs on risque de se fourvoyer. Sans aucun doute, le lent travail de la glaciation a été décisif et souvent désastreux pour ce qui se trouvait sur son chemin. Bon nombre d'entre nous vivent encore dans des paysages décapés et taraudés par elle il y a des milliers de siècles. Les immenses inondations qui suivirent la fonte des glaces lorsque celles-ci se retirèrent ont entraîné à coup sûr des conséquences localement catastrophiques, détruisant les habitats de créatures qui s'étaient adaptées au défi posé par des conditions arctiques. Mais elles ont aussi ouvert d'autres perspectives. Après chaque glaciation, de nouvelles espèces se sont répandues sur les terres que le dégel avait mises à nu. Si l'on prend en compte l'histoire de l'évolution à l'échelle de la planète, les effets de ces phénomènes peuvent même avoir été encore plus importants pour des régions situées au-delà de celles qui se trouvaient directement touchées. A la suite du refroidissement comme du réchauffement, des changements dans l'environnement se produisirent à des milliers de kilomètres de la glace elle-même ; et le résultat de ces changements pesa à son tour de tout son poids. L'aridification, par exemple, en même temps que l'extension des prairies, changea les perspectives pour les espèces qui se répandaient sur les nouveaux territoires, particulièrement si elles pouvaient se tenir debout et se mouvoir sur deux pattes. Certaines de ces espèces appartiennent à l'histoire de l'évolution humaine, et les étapes les plus importantes de cette évolution ont toutes été localisées – dans l'état actuel de nos observations – en Afrique, bien loin des champs de glace.

Le climat peut encore jouer un rôle très important de nos jours, comme le montrent les désastres causés par la sécheresse. Mais de telles catastrophes, même lorsqu'elles affectent des millions de gens, ne jouent pas un rôle aussi fondamental que la lente transformation de la géographie de base de la planète et de ses ressources en nourriture telle qu'elle s'est opérée sous l'action du climat durant la préhistoire. Jusqu'à une période très récente, c'est le climat en effet qui a dicté aux êtres humains où et comment vivre. C'est lui qui a donné (et donne encore) toute sa valeur à la technique : aux tout débuts de notre espèce, savoir pêcher ou allumer le feu pouvait rendre accessibles de nouveaux types d'environnement à des branches de la famille humaine assez heureuses pour posséder ces compétences, ou capables de les découvrir et de les maîtriser. Avoir à sa disposition différentes façons de se nourrir au sein de différents habitats offrait la possibilité de diversifier le régime alimentaire et de passer, finalement, de la cueillette à la chasse et de là à l'agriculture. Bien avant les âges de glace, en tout cas, et même avant l'apparition des créatures qui allaient se trouver à l'origine de l'évolution qu'a connue l'espèce humaine, le climat avait planté le décor de la pièce à venir et façonné, ce faisant, ce qui finirait par devenir, sélection aidant, le patrimoine génétique de l'humanité.

Il ne sera pas inutile de jeter un dernier regard en arrière avant de passer aux éléments concrets qui nous intéressent, des éléments peu nombreux au départ mais qui iront peu à peu en se multipliant. Il y a environ 100 millions d'années, les premiers mammifères étaient de deux types. Les uns, des sortes de rongeurs, restèrent au sol ; les autres montèrent ou étaient déjà montés dans les arbres. Voilà qui contribua à rendre moins vive la compétition pour la nourriture. Des représentants des deux espèces survécurent, peuplant le monde des créatures que nous connaissons aujourd'hui. Dans le second groupe on comptait les prosimiens. Nous figurons parmi leurs descendants, car ils furent les ancêtres des premiers primates.

Le terme d'« ancêtres » ne doit pas trop nous émouvoir : il faut lui donner ici le sens le plus général qui soit. Entre les prosimiens et nous, il existe des millions de générations et l'évolution aura eu le temps de se fourvoyer, chemin faisant, dans bien des impasses. Il est néanmoins important que nos ancêtres les plus éloignés aient vécu dans les arbres, parce que les espèces qui allaient survivre lors de la nouvelle phase d'évolution furent celles qui se trouvèrent génétiquement les mieux préparées aux particularités et aux aléas de la forêt. Ce type d'environnement donnait la priorité à la capacité d'apprentissage. Ceux qui résistèrent furent ceux dont l'héritage génétique pouvait répondre et s'adapter aux surprises, aux dangers soudains qui se dissimulaient dans les ténèbres opaques de la végétation, là où les choses n'étaient jamais nettes ni les appuis jamais sûrs. Les espèces trop enclines à se faire piéger dans un tel milieu étaient vouées à l'extinction. Parmi celles qui prospérèrent (génétiquement parlant), il y en eut quelques-unes qui développèrent des extrémités effilées, qui allaient devenir des doigts, avec, pour finir, un pouce opposable. D'autres précurseurs des grands singes entamèrent dès cette époque un processus évolutif qui devait les conduire à une vision tridimensionnelle et à un amoindrissement du sens de l'odorat.

Les prosimiens étaient de petites créatures. Il existe encore, en Asie du Sud-Est, des musaraignes arboricoles qui peuvent nous donner une idée de ce à quoi ils ressemblaient ; on était encore bien loin des singes, pour ne rien dire des hommes. Et pourtant, pendant des millions d'années, ils ont été porteurs de caractéristiques qui ont rendu l'humanité possible. Durant toute cette période, la géographie a joué un grand rôle dans leur évolution, en limitant le contact entre différentes espèces, en coupant parfois certaines d'entre elles des autres et en favorisant ainsi la différenciation.

Les changements ont pris du temps pour se produire, mais il est vraisemblable que les fragmentations de l'environnement entraînées par les bouleversements géographiques ont conduit certaines zones à se retrouver isolées, des zones dans lesquelles, peu à peu, les ancêtres identifiables de bien des mammifères modernes sont apparus. Parmi eux, les premiers singes de petite et de grande taille. Ils ne paraissent pas remonter à plus de 60 millions d'années environ.

Ces singes représentent une grande avancée dans l'évolution. Les uns et les autres disposaient d'une capacité de manipulation bien supérieure à celle de n'importe lequel de leurs prédécesseurs. Commencèrent alors à se développer parmi eux différentes espèces qui se différenciaient par les dimensions et les qualités acrobatiques. Dans un tel domaine, l'évolution physiologique et l'évolution psychologique tendent à se confondre. Une vision plus fine et en relief, une plus grande capacité de manipulation : autant de facteurs avec lesquels semble aller de pair le développement de la conscience. Peut-être certaines de ces créatures parvenaient-elles à distinguer différentes couleurs. Le cerveau des premiers primates était déjà beaucoup plus complexe, en tout cas, que celui de leurs prédécesseurs ; il était également plus volumineux. Vint un moment où l'une ou plusieurs de ces espèces se virent dotées d'un cerveau suffisamment complexe et de qualités physiques suffisamment développées pour passer d'un état où le monde n'est qu'une somme de sensations indifférenciées à un état où il devient, du moins en partie, une collection d'objets. Ce fut là, peu importe sa date, une étape décisive : une nouvelle ère pouvait s'ouvrir. Le monde ne serait plus ce à quoi l'on réagit automatiquement, mais quelque chose que l'on utiliserait pour mieux s'en assurer la maîtrise.

Il y a 25 ou 30 millions d'années, la superficie des forêts commença à se réduire sous l'effet de la sécheresse et la compétition pour se procurer leurs ressources, qui diminuaient, se fit plus féroce. La rencontre entre la forêt et la prairie suscita un nouveau défi, en termes d'environnement, et offrit des occasions nouvelles. Des primates, pas assez puissants pour préserver leur habitat dans les forêts, se montrèrent capables, en raison de certaines qualités génétiques, de pénétrer dans la savane pour y chercher de la nourriture : ils purent ainsi relever le défi et profiter des occasions. Leur posture et leurs mouvements devaient probablement se rapprocher un peu plus de ceux des hommes que de ceux, par exemple, des gorilles ou des chimpanzés. Grâce à la station debout et à leur aptitude à se déplacer aisément sur deux pieds, ils étaient à même de transporter des charges, notamment de la nourriture. Ils se retrouvaient libres désormais d'explorer une savane ouverte à tous les dangers et d'en prélever ce qui leur était nécessaire pour aller le mettre ensuite en lieu sûr. La plupart des animaux consomment leur nourriture là où ils la trouvent, l'homme non. La libre disposition des membres antérieurs laisse également supposer qu'ils ont pu servir à d'autres fins que la locomotion ou le combat. Impossible de savoir ce que fut le premier « outil », mais on a vu d'autres primates que l'homme se saisir d'objets qu'ils avaient à leur portée, les brandir pour se protéger, pour attaquer, ou bien s'en servir pour repérer des sources possibles de nourriture et se les approprier.

L'étape qui suit est d'une importance capitale, car elle nous permet d'entrevoir pour la première fois un membre de la famille biologique à laquelle appartiennent aussi bien l'homme que les grands singes. Les témoignages sont fragmentaires, mais ils suggèrent que, voici 15 à 16 millions d'années, une espèce, qui connut une grande réussite, se trouvait largement répandue à travers l'Afrique, l'Europe et l'Asie. Il s'agissait probablement d'une espèce arboricole, et ses représentants n'étaient à coup sûr pas très gros, aux alentours de 18 kg. Malheureusement, les éléments dont nous disposons ne nous permettent pas d'établir une chronologie plus précise. Nous manquons d'informations directes aussi bien sur ses ascendants que sur ses descendants immédiats, mais il semble qu'une sorte de bifurcation dans l'évolution des primates ait affecté il y a 5 millions d'années ses lointains parents, souvent appelés hominidés. Une branche devait conduire aux grands singes et aux chimpanzés, l'autre aux êtres humains. On parle, pour cette seconde branche, d'« homininés ». Il est vraisemblable que la séparation entre ces deux groupes ait été un processus relativement lent, étalé sur des millions d'années et avec des croisements épisodiques entre l'un et l'autre. Les grands changements géologiques et géographiques qui se produisirent durant cette longue période ont soit favorisé soit défavorisé bien des nouveaux schémas évolutifs qui sont alors apparus.

Les plus anciens fossiles d'homininés à avoir survécu appartiennent à une espèce chez laquelle on peut voir ou non les ancêtres des petits hominidés qui finirent par s'établir sur une large portion de l'Afrique orientale et sud-orientale au terme de cette grande période de bouleversements. On parle aujourd'hui à leur propos du genre *Australopithecus*. On date de plus de 4 millions d'années les fragments fossiles les plus anciens que l'on en ait retrouvés mais le crâne complet et le squelette presque entier mis au jour près de Johannesburg en 1998 sont au moins un demi-million d'années plus « jeunes ». Il en va à peu près de même (si l'on tient compte de la grande élasticité et de la non moins grande approximation qui caractérisent la chronologie en préhistoire) pour la datation de « Lucy », qui fut, avant cette découverte, le spécimen le mieux conservé d'*Australopithecus* à avoir été dégagé (en Ethiopie). On a trouvé, dans des endroits aussi distants l'un de l'autre que le Kenya et le Transvaal, d'autres restes d'« Australopithèques » (c'est le terme usuel) : rattachés à différentes périodes comprises dans les 2 millions d'années qui ont suivi, ils ont obligé les archéologues à réviser complètement leurs théories. Depuis 1970, grâce à ces découvertes, on a fait remonter de près 3 millions d'années dans le temps l'évolution censée conduire à l'espèce humaine. Il reste encore beaucoup d'incertitudes et de divergences à leur sujet, mais si les hommes ont bien le même ancêtre, il est tout à fait vraisemblable que ce soit à une espèce de ce genre qu'il ait appartenu. C'est toutefois avec cet *Australopithecus* et ceux que l'on appellera, faute de mieux, ses « contemporains » que commencent les vraies difficultés : comment distinguer entre les grands singes, ceux ressemblant fortement à l'homme et les autres créatures possédant telle ou telle caractéristique humaine ? Loin de s'éclaircir, le problème ne cesse de se compliquer. Aucun schéma d'ensemble ne s'est encore imposé, et les découvertes continuent.

Nous disposons de nombreux témoignages sur l'*Australopithecus*. Mais il se trouve que vécurent à la même période d'autres créatures se rapprochant davantage de l'homme et que l'on regroupe sous le terme générique d'*Homo*. L'*Homo* se rattachait sans aucun doute à l'*Australopithecus,* mais c'est seulement il y a à peu près 2 millions d'années qu'on peut clairement l'identifier comme tel sur certains sites africains. La radioactivité a cependant permis de faire remonter à 1,5 million d'années plus avant dans le temps des restes que l'on croit pouvoir attribuer à certains de ses éventuels ancêtres.

Mieux vaut donc éviter ici tout dogmatisme et laisser les spécialistes à leurs discussions, qui ne sont pas près de s'arrêter, si fragmentaires sont les éléments concrets dont nous disposons : tout ce qui subsiste de 2 millions d'années de vie des hominidés tiendrait sur une grande table de salle à manger. Nous n'en pouvons pas moins dire avec certitude dans quelles proportions existaient déjà, il y a plus de 2 millions d'années, des traits que l'on observera plus tard chez les humains. Nous savons, par exemple, que les Australopithèques, bien que plus petits que les êtres humains d'aujourd'hui, avaient des jambes et des pieds dont les os ressemblaient davantage à ceux d'un homme qu'à ceux d'un grand singe. Nous savons qu'ils se tenaient debout et que, contrairement aux grands singes, ils pouvaient courir et porter des charges sur de longues distances. Leurs mains présentaient, comme chez l'homme, des doigts aux extrémités aplaties. Autant de stades très avancés sur la route qui conduit aux caractéristiques physiques qui seront celles de l'homme, même si c'est d'une autre branche des hominidés que descend en fait notre espèce.

C'est aux premiers membres du genre *Homo*, toutefois, que nous devons les plus vieux vestiges d'outils qui nous soient parvenus. Le recours à des outils n'est pas le privilège de l'homme, mais on a longtemps pensé que leur fabrication l'était. C'est une étape importante pour qui veut tirer parti de son milieu pour s'alimenter. Les outils trouvés en Ethiopie sont les plus anciens que nous connaissions (ils datent d'environ 2,5 millions d'années). Il s'agit de pierres grossièrement façonnées, de galets dont on a fait sauter des éclats pour leur donner un bord tranchant. On a souvent le sentiment que les galets ont été apportés à dessein, et peut-être après une sélection préalable, sur le site où ils ont été traités. C'est ainsi qu'a commencé la création consciente d'outils. On trouve de simples tranchoirs du même type, mais plus récents, un peu partout à travers l'Ancien Monde de la préhistoire ; ils étaient en usage, par exemple, dans la vallée du Jourdain il y a un million d'années. C'est donc en Afrique qu'a commencé à se constituer le plus vaste « corpus » d'éléments concrets en notre possession concernant l'homme préhistorique et ses précurseurs, celui qui a fourni le plus d'informations sur leur répartition et leurs modes de vie. On a trouvé dans la gorge d'Olduvai, en Tanzanie, les traces du plus ancien abri jamais construit, une sorte de coupe-vent en pierres qui remonterait à 1,9 million d'années, en même temps que des indices prouvant que ses habitants étaient des carnivores, en l'occurrence des os qui avaient été brisés pour permettre de récupérer moelle et cervelle et de les manger crues.

Olduvai incite à une spéculation bien tentante. Combiné à d'autres témoignages, le fait que l'on ait apporté des pierres et de la viande sur le site laisse penser que les petits des premiers homininés ne pouvaient pas rester facilement suspendus à leur mère pendant tout le temps de ses expéditions, comme le font les rejetons d'autres primates. Nous avons peut-être ici la première trace de cette institution humaine, un foyer. Parmi les primates, il n'y a que chez les humains que l'on constate l'existence de lieux où séjournent habituellement les femelles et les petits tandis que les mâles partent se procurer de la nourriture qu'ils leur rapporteront. L'existence de telles bases de vie implique un début, si incertain soit-il encore, de différenciation sexuelle en matière de rôles économiques. Elle peut même traduire une première forme de prévoyance et d'organisation : la nourriture n'était pas consommée sur le lieu même où on l'avait trouvée pour satisfaire immédiatement l'appétit, mais conservée pour pouvoir servir ailleurs à l'alimentation de la famille. Peut-on parler déjà de chasse ou bien les homininés se contentaient-ils de dépouiller les carcasses (on sait que ce fut le cas des Australopithèques) ? C'est une autre question, mais on consomma très tôt la viande de grands animaux à Olduvai.

Et pourtant, de tels témoignages, si excitants soient-ils, ne constituent que de tout petits îlots dans un océan d'incertitudes. Impossible de prétendre que les sites d'Afrique orientale sont nécessairement typiques de ceux qui ont abrité et rendu possible l'émergence de l'humanité ; nous les connaissons seulement parce que les conditions qui y régnèrent ont permis la conservation et la découverte de restes appartenant aux tout premiers homininés. Nous ne pouvons pas davantage être sûrs, même si les témoignages recueillis nous y invitent, que l'un de ces homininés ait pu être l'ancêtre direct de l'humanité ; il peut ne s'agir ici, au final, que de précurseurs. Tout ce que l'on peut dire, c'est que ces créatures montrèrent une remarquable capacité évolutive, marquée par cette forme de créativité que nous associons aux êtres humains, et qu'elles rendent par là inutiles des catégories comme celle de singes-hommes (ou d'hommes-singes). Peu de spécialistes seraient disposés aujourd'hui à soutenir catégoriquement que nous ne descendons pas en droite ligne de l'*Homo habilis*, l'espèce que l'on reconnaît comme ayant été la première à se servir d'outils.

On peut aussi estimer que l'invention du foyer, du camp de base, a rendu la survie biologique plus facile. Elle a permis, pendant de courtes périodes, de se reposer ou de se rétablir après une maladie ou un accident, autant de façons de contrarier, si légèrement soit-il, le processus de l'évolution par simple sélection physique.

Voilà qui peut aider à expliquer, sans oublier les autres avantages dont ils disposaient, comment des membres du genre *Homo* furent à même de laisser des traces de leur présence dans la plus grande partie du monde, en dehors des Amériques et de l'Australasie, durant le million d'années ou à peu près qui suivit. Mais nous ne savons pas vraiment si ce fut du fait de l'expansion d'une seule et même espèce ou parce que des créatures qui se ressemblaient se développèrent en différents endroits. On s'accorde néanmoins à penser que l'art de fabriquer des outils fut apporté en Asie et en Inde (et peut-être en Europe) par des migrants issus au départ de l'Afrique orientale. L'installation et la survie à tant d'endroits si différents de ces homininés témoignent d'une remarquable aptitude de leur part à affronter un changement de conditions d'existence, mais nous ignorons au bout du compte ce qui a pu pousser soudain (pour continuer à se référer à la conception du temps qui a cours en préhistoire) cette aptitude à se manifester, quel ressort secret a pu jouer dans le comportement de ces créatures et les a rendues capables de se répandre sur les vastes étendues de l'Afrique et de l'Asie. Aucun autre mammifère n'était parvenu à se développer sur d'aussi vastes territoires et avec un tel succès avant la branche de la famille humaine à laquelle nous appartenons, laquelle devait finalement occuper tous les continents à l'exception de l'Antarctique – un cas unique de réussite biologique.

Le stade qui suit dans l'évolution humaine, telle que nous pouvons clairement la distinguer, est marqué par une véritable révolution qui intéresse les caractéristiques physiques. Après que se fut produite, il y a environ 5 millions d'années, une divergence entre les homininés et des créatures plus proches des grands singes, il fallut moins d'un million d'années à une famille d'homininés pour réussir à quasiment doubler la taille de son cerveau par rapport à l'*Australopithecus*. L'une des étapes les plus importantes de ce processus, une étape qui joua un rôle crucial dans l'évolution de l'humanité, avait déjà été atteinte par une espèce appelée *Homo erectus*. Celle-ci s'était développée et répandue avec succès depuis un million d'années et s'était implantée jusqu'en Europe et en Asie. Le plus ancien spécimen que l'on en ait retrouvé à ce jour date probablement d'un demi-million d'années auparavant, tandis que le dernier témoignage (provenant d'Indonésie) que nous possédions à son égard laisse penser qu'elle était encore relativement active entre 10 000 et 15 000 ans avant notre ère, bien après que notre espèce se fut développée sur la plus grande partie de la planète. L'*Homo erectus* fut donc à même d'exploiter avec succès un environnement beaucoup plus vaste que celui des espèces plus anciennes et sur une période beaucoup plus longue que l'*Homo sapiens*, l'espèce à laquelle appartient l'homme actuel. Bien des indices, ici encore, nous suggèrent une origine africaine, puis une pénétration en Europe et en Asie (où furent trouvées les premières traces d'*Homo erectus*). En dehors des fossiles, c'est un outil bien précis qui nous aide à déterminer les zones qu'occupa l'*Homo erectus* et celles dont il fut absent. Il s'agit en l'occurrence de ce que l'on appelle un hachereau, c'est-à-dire une petite hache de pierre qui semble avoir servi principalement à écorcher et à découper de grands animaux (que cet outil ait été utilisé comme une hache, donc avec une poignée, reste sujet à caution, mais le terme s'est imposé). En matière d'évolution, l'*Homo erectus* fut une incontestable réussite.

Des sous-espèces de l'*Homo erectus* se maintinrent pendant très longtemps sur Terre. Même si un petit nombre de spécialistes pensent aujourd'hui que n'importe laquelle d'entre elles, sauf sous la forme africaine, a pu être notre ancêtre direct, il n'existe aucune ligne de partage bien tranchée entre elles et nous (ce n'est du reste jamais le cas en matière de préhistoire, ce que l'on a trop tendance à négliger ou à oublier). Avec les différentes sous-espèces de l'*Homo erectus*, nous avons déjà affaire à une créature qui a ajouté à la station debout de ses prédécesseurs un cerveau dont les dimensions avoisinent celles de l'homme moderne. Bien que nous soyons encore loin de savoir comment le cerveau est organisé, il existe, compte tenu de la taille du corps, une corrélation entre la dimension de cet organe et l'intelligence. Il n'est donc pas déraisonnable d'attacher une grande importance à la sélection d'espèces possédant de plus gros cerveaux et d'y voir une avancée considérable dans le lent processus d'accumulation des caractéristiques humaines.

De plus gros cerveaux, cela voulait dire de plus grands crânes et d'autres changements à l'avenant. Si les dimensions du fœtus augmentent, il faut que le pelvis de la femme s'élargisse pour pouvoir donner naissance à des enfants dotés d'une plus grosse tête. Autre conséquence : une période de croissance plus longue après la naissance ; l'évolution physiologique de la femelle n'était pas suffisante pour lui permettre d'accueillir en elle de futurs rejetons présentant, dès avant leur mise au monde, des traits quelconques de maturité physique. Les petits de l'homme ont besoin des soins de leur mère bien après leur naissance. Une enfance, une immaturité plus longues impliquent à leur tour un état de dépendance plus long : il faut beaucoup de temps avant que de tels petits puissent se nourrir par eux-mêmes. C'est peut-être avec l'avènement de l'*Homo erectus* que fut instaurée et tolérée cette période d'immaturité prolongée, dont la dernière manifestation en date est la façon dont les sociétés modernes subviennent aux besoins des jeunes pendant tout le temps de leurs études supérieures.

Autre conséquence du changement biologique : les soins et l'éducation se mirent à compter davantage pour assurer la survie de l'espèce que le fait d'avoir de vastes portées. Ce qui conduisit par là même à une différenciation plus grande et plus marquée entre les sexes. Les femelles se virent beaucoup plus accaparées par les tâches de la maternité, à une époque où, par ailleurs, les techniques permettant de se procurer de la nourriture semblent s'être affinées et avoir exigé de la part des mâles un travail collectif plus difficile et plus soutenu – peut-être parce que, étant plus grands, ils avaient besoin de plus de nourriture et de meilleure qualité. Sur le plan psychologique, également, le changement dut être considérable. Une enfance prolongée va de pair avec un intérêt plus marqué porté à l'individu. Peut-être cet intérêt fut-il plus marqué encore du fait d'un contexte social où l'apprentissage et la mémoire devenaient de plus en plus importants et les techniques de plus en plus complexes. C'est ici que la façon dont ce qui arriva commence à nous échapper (à supposer que nous ayons tout saisi de ce qui s'était passé auparavant). Nous nous trouvons tout près du moment où, chez les hominidés, l'apprentissage vient à la traverse du programme génétique. C'est le début du grand changement qui va voir les qualités physiques naturelles céder la priorité aux traditions et aux modes de vie – et finalement au contrôle exercé par la conscience – comme facteurs décisifs de l'évolution, même si nous ne serons peut-être jamais capables de dire quand eut lieu exactement ce changement.

Un autre événement physiologique important fut la disparition, chez la femelle des homininés, de l'œstrus. Nous ignorons à quel moment le phénomène se produisit mais il eut pour résultat une différenciation majeure de son rythme sexuel par rapport à celui des autres animaux. L'homme est le seul animal chez qui le mécanisme de l'œstrus (la femelle n'est attirante et disponible que pendant les courtes périodes où elle est en chaleur) ait entièrement disparu. Il est facile de voir le lien, en termes d'évolution, entre ce phénomène et la prolongation de l'enfance : si les femelles des homininés avaient dû rester soumises aux violentes cassures imposées par l'œstrus dans leur routine quotidienne, elles auraient négligé leurs petits à certains moments, ce qui aurait rendu leur survie impossible. La sélection d'une espèce génétiquement débarrassée de ce handicap était donc essentielle, et elle s'est opérée. Parce que inconscient, le processus qui y a conduit a dû prendre entre un million et un million et demi d'années.

Un tel changement bouleversa bien des choses. L'attirance grandissante exercée par les femelles sur les mâles et leur disponibilité à leur égard donnèrent beaucoup plus d'importance au choix individuel dans l'accouplement. La sélection d'un partenaire fut moins influencée par le rythme de la nature ; nous nous trouvons ici au début d'une route, longue et obscure, qui mène à l'idée d'amour sexuel. En même temps que l'état de dépendance prolongée des enfants, les nouvelles perspectives offertes par la sélection des individus entre eux nous orientent aussi à terme vers le groupe stable et durable formé par la famille, avec le père, la mère et les enfants – une institution que l'on ne trouve que chez l'espèce humaine. On a même pu soutenir que le tabou de l'inceste (qui est dans les faits quasiment universel, même si l'identification précise des relations prohibées peut varier considérablement) tire son origine de la prise de conscience des dangers qui peuvent se présenter quand de jeunes mâles, socialement immatures mais sexuellement adultes, se trouvent placés pendant de longues périodes en contact étroit avec des femelles toujours potentiellement réceptives sur le plan sexuel.

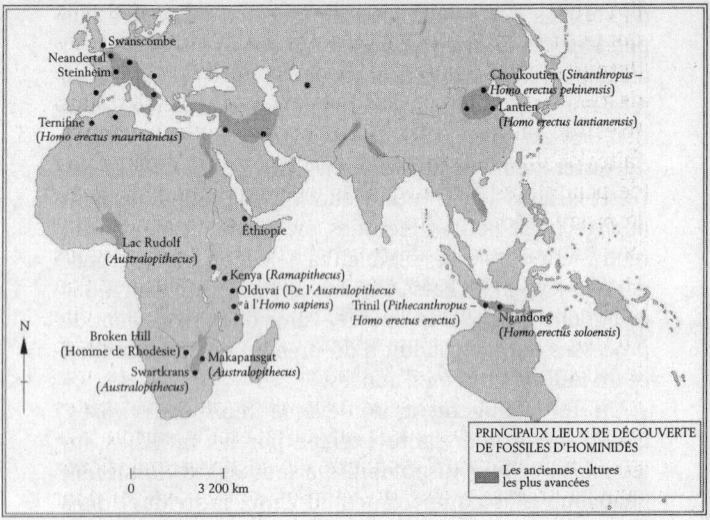

Face à ce genre de questions, mieux vaut être prudent. Les éléments concrets ne nous mènent pas bien loin. Ils s'étalent sur une très longue durée, sur une immense période de temps qui a permis à des évolutions capitales de se produire, aussi bien sur les plans physique et physiologique que dans le domaine des techniques. Il se peut que les formes les plus anciennes d'*Homo erectus* aient été très différentes des plus récentes : certains spécialistes y ont vu des formes archaïques annonçant le nouveau stade de l'évolution représenté par les homininés. Toutes ces réflexions n'en reposent pas moins sur une même hypothèse : les changements que l'on peut observer chez les homininés pendant que l'*Homo erectus* occupe le devant de la scène sont particulièrement importants, parce qu'ils permettent de définir les limites du secteur à l'intérieur duquel allait se développer l'humanité. L'*Homo erectus* disposait d'une aptitude sans précédent à se servir de son environnement, si faible que puisse nous apparaître son emprise sur lui. Outre les hachereaux qui permettent d'étudier leurs traditions culturelles, les derniers représentants en date d'*Homo erectus* ont laissé derrière eux les traces les plus anciennes d'habitations fixes (des huttes, parfois longues de plus de 16 mètres, faites de branchages, avec un sol recouvert de pierres ou de peaux), les plus anciennes pièces de bois travaillées, le premier épieu en bois et le plus ancien récipient, un bol, lui aussi en bois. Etre capable d'autant de créations et sur une telle échelle suppose manifestement que l'on soit arrivé à un niveau plus élevé d'agilité mentale, que l'on ait su concevoir un objet avant d'en entreprendre la fabrication, et peut-être même que l'on ait eu une idée préalable du processus à suivre. Certains spécialistes ont voulu aller plus loin. Dans la répétition, sur un très grand nombre d'outils en pierre, de dessins géométriques simples (des triangles, des ellipses ou des ovales) dont on voit mal à quel gain d'efficacité ils auraient bien pu conduire, ils ont cru pouvoir discerner une volonté marquée de produire des formes régulières. Serait-ce là le premier germe, infime, du sens esthétique ?

La plus grande des avancées techniques et culturelles de la préhistoire eut lieu quand un certain nombre de ces créatures apprirent à se servir du feu. Il y a peu encore, le premier témoignage de son utilisation porté à notre connaissance provenait de Chine, entre 300 000 et 500 000 années avant notre ère. Mais des découvertes récentes dans le Transvaal ont apporté la preuve, jugée convaincante par certains spécialistes, que les homininés qui séjournaient dans ces parages avaient commencé à se servir du feu bien avant. Il est à peu près certain, en tout cas, que l'*Homo erectus* ne sut jamais comment faire du feu et que même ses successeurs, pendant longtemps, s'en montrèrent incapables. Mais qu'il ait su à tout le moins s'en servir, voilà qui ne fait pas l'ombre d'un doute. L'importance de ce savoir transparaîtra, beaucoup plus tard, dans le folklore de bien des peuples – presque toujours, c'est un personnage héroïque ou un animal magique qui s'empare le premier du feu. Cela implique une violation de l'ordre surnaturel : dans la mythologie grecque, c'est aux dieux que Prométhée dérobe le feu. On peut penser, sans en être sûr, que le premier feu provint d'explosions de gaz naturel ou de l'activité volcanique. Culturellement, économiquement, socialement et technologiquement le feu fut un instrument révolutionnaire – à condition de rappeler, ici encore, qu'une « révolution », en préhistoire, prend des millénaires. Il apporta avec lui la chaleur et la lumière, et accrut donc doublement l'étendue de l'environnement habitable en permettant de s'aventurer dans le froid et l'obscurité. Sur le plan matériel, on put occuper les cavernes, en déloger les animaux et les tenir à distance grâce au feu (c'est peut-être de là que vient l'habitude, que nous avons gardée, de l'utiliser pour rabattre à la chasse le gros gibier). Les techniques, par ailleurs, firent un bond en avant : on put durcir les épieux en les passant au feu et il fut possible de cuisiner. Des substances indigestes, les graines par exemple, devinrent des sources de nourriture, tout comme des plantes que leur goût désagréable ou amer rendait jusque-là immangeables. Voilà qui dut ouvrir l'attention de nos ancêtres à la diversité des plantes et à la façon de se les procurer ; une science, la botanique, faisait ainsi ses premiers pas, sans que personne, bien sûr, n'en eût la moindre idée.

Le feu a dû aussi influencer, plus directement, les mentalités. Il y avait là un autre facteur qui venait renforcer une tendance consciente à l'inhibition et à la restriction, et du même coup leur rôle dans le processus d'évolution. L'âtre, cette source de lumière et de chaleur, exerçait dès cette époque la profonde fascination qui est encore aujourd'hui la sienne. Autour du brasier se rassemblait, la nuit venue, une communauté qui se percevait certainement comme une petite unité organique, plongée au sein d'un monde chaotique et inamical. Le langage – dont les origines nous échappent encore – ne pouvait que se développer plus rapidement dans ce nouveau jeu de relations. Le groupe lui-même était appelé à se structurer davantage. A un certain moment apparurent des porteurs du feu et des spécialistes du feu, mystérieux et respectés : c'était d'eux que dépendaient la vie et la mort. Ils assuraient le transport et la garde du grand outil libérateur, et la nécessité de veiller sur lui a dû parfois faire d'eux des maîtres. Mais ce nouveau pouvoir alla toujours, finalement, dans le même sens, celui d'une libération de l'espèce humaine. Le feu permit d'échapper à la rigoureuse alternance du jour et de la nuit, et même aux contraintes imposées par le cycle des saisons. Il contribua à desserrer davantage les liens où se trouvaient pris nos ancêtres, que son absence rendait esclaves des grands rythmes naturels. On pouvait dès lors se comporter d'une manière moins routinière et moins automatique. Et même se ménager, déjà, une certaine forme de loisir.

La chasse au gros gibier fut une autre grande réussite de l'*Homo erectus*. Ses origines doivent remonter à la consommation des restes d'animaux, qui, de végétariens, transforma les hominidés en omnivores. La viande fournissait un concentré de protéines. Grâce à elle, il n'était plus besoin de cet incessant grignotage auquel tant de créatures végétariennes sont contraintes, d'où une économie d'efforts. Le premier signe d'une restriction consciemment appliquée à soi-même apparaît quand la nourriture, plutôt que d'être consommée sur place le jour même, est apportée au campement pour y être partagée le lendemain. Les plus anciens témoignages archéologiques que nous possédions nous apprennent qu'un éléphant et peut-être aussi quelques girafes et quelques buffles figuraient parmi les bêtes dont la chair, après récupération, fut consommée à Olduvai, mais ce sont les os d'animaux plus petits qui prédominent pendant longtemps dans les détritus. Environ 300 000 ans avant notre ère, les choses avaient complètement changé.

C'est peut-être ce qui va nous permettre de comprendre ce qui conduisit au remplacement de l'*Australopithecus* et de sa famille par l'*Homo erectus*, plus grand, plus efficace. Une nouvelle source de nourriture autorise une consommation plus importante, mais elle oblige aussi à vivre dans de nouveaux environnements : il faut suivre le gibier à la trace, dès lors que le recours à la viande s'est généralisé. Au fur et à mesure que les hominés se mettent à vivre aux dépens d'autres espèces, un peu comme des parasites, ils poussent plus avant leurs explorations. Ils installent également de nouveaux campements, dès lors qu'ils ont identifié des sites fréquentés par des mammouths ou des rhinocéros laineux. Il y avait là beaucoup à apprendre, et à faire apprendre ; des techniques nouvelles furent mises au point, qu'il fallut transmettre et conserver précieusement, car les savoir-faire permettant de prendre au piège, de tuer et de démembrer les énormes animaux de l'époque dépassaient de très loin tout ce qui avait pu exister jusque-là. Mais il y a plus : ces savoir-faire étaient de nature collective. Il fallait un grand nombre d'individus pour mener à bien une opération aussi complexe que le rabattage du gibier – peut-être en utilisant le feu – sur un terrain permettant d'en venir facilement à bout : des marécages où le puissant animal s'embourberait, un précipice, une position avantageuse ou des emplacements abrités pour les chasseurs. Il y avait peu d'armes disponibles en dehors des pièges fournis par la nature, et les victimes, une fois mortes, posaient encore d'autres problèmes. Avec du bois, des pierres et des silex, il fallait les découper et rapporter les morceaux au camp de base. Ces nouvelles ressources, une fois entreposées, autorisaient alors le consommateur à prendre quelque loisir, puisqu'il se trouvait délivré pour un temps de la corvée que représentait pour lui la recherche incessante, au sein de son environnement, d'une nourriture faible en quantité mais toujours disponible.

Il est difficile de ne pas voir à quel point cette époque fut cruciale. Si on l'apprécie par rapport aux millions d'années sur lesquelles s'étend l'évolution, le rythme du changement, même s'il peut paraître incroyablement lent quand on pense aux sociétés qui viendront plus tard, s'accélère. Il ne s'agit pas encore d'hommes, au sens où nous les connaissons, mais de créatures qui se mettent à ressembler à l'homme : le plus grand des prédateurs commence à remuer dans son berceau. Quelque chose qui ressemble à une véritable société se met à prendre obscurément forme à l'occasion de ces entreprises collectives compliquées que sont les expéditions de chasse, mais aussi du fait des conséquences qu'elles entraînent : il faut transmettre de génération en génération les savoirs qui leur sont liés. La culture et les traditions prennent ainsi peu à peu le pas sur les mutations génétiques et la sélection naturelle comme sources premières du changement chez les homininés. C'est le groupe possédant la meilleure « mémoire » des techniques utiles qui fera progresser l'évolution. Le vécu jouait ici un rôle essentiel, car c'est de lui que dépendait la connaissance des méthodes supposées réussir, et non pas (comme c'est de plus en plus le cas dans les sociétés modernes) d'une expérience concertée et de l'analyse dont elle est l'objet. Ce simple fait allait suffire à donner une importance nouvelle aux plus âgés, parce qu'ils étaient les plus expérimentés. Ils savaient ce qu'il en était des choses, connaissaient les méthodes qui marchaient et celles qui ne marchaient pas – et tout cela à une époque où l'installation de campements et la chasse au gros gibier permettaient au groupe de subvenir plus facilement à ses besoins. Ils n'étaient pas très vieux, bien évidemment. Très peu d'entre eux ont dû dépasser les quarante ans.

La sélection favorisa également les groupes dont les membres avaient la meilleure « mémoire », certes, mais qui se montraient aussi capables de réfléchir de mieux en mieux grâce à l'usage de la parole. Nous en savons très peu sur la préhistoire du langage, qui, au sens moderne, n'a pu apparaître que bien après la disparition de l'*Homo erectus*. Une sorte de communication a dû être mise en œuvre lors des chasses au gros gibier, et tous les primates émettent des signaux qui ont un sens. On ne saura probablement jamais à partir de quel moment les homininés ont entrepris de communiquer, mais on peut supposer qu'ils ont commencé par utiliser, pour des appels analogues à ceux des autres animaux, des sonorités spécifiques se prêtant à des réaménagements. On pouvait dès lors envoyer d'autres messages, ce qui ouvrait la voie à ce que nous désignerons bien plus tard par le terme de « grammaire ». Ce qui est certain, c'est qu'une grande accélération de l'évolution allait suivre l'apparition de groupes capables de mettre en commun des expériences, de recourir à des savoir-faire et de les perfectionner, d'élaborer des idées au moyen du langage. Une fois encore, il est impossible de séparer un facteur des autres. Une meilleure vision, une meilleure aptitude physique à faire face à un monde composé d'éléments distincts, la multiplication d'objets grâce à l'utilisation d'outils : tout cela se développa de pair tout au long des centaines de milliers d'années pendant lesquelles évolua le langage. Ces facteurs contribuèrent tous à un élargissement progressif des facultés mentales, si bien qu'un jour la conceptualisation devint possible et que naquit la pensée abstraite.

Il reste que, si nous ne pouvons être sûrs de rien sur la façon dont les homininés se comportèrent en général avant l'apparition de l'homme, nous sommes tout aussi en peine de préciser tel ou tel point particulier. Nous avançons dans un brouillard où se profilent confusément des créatures dont la ressemblance avec l'homme et la familiarité avec nous-mêmes paraissent tantôt très marquées et tantôt beaucoup moins. En tant qu'instrument pour enregistrer le monde extérieur, leur esprit est à coup sûr inconcevablement différent du nôtre. Et pourtant, quand nous considérons toute la gamme des attributs de l'*Homo erectus*, ce sont ses caractéristiques humaines et non pas préhumaines qui nous frappent le plus. Physiquement, il possède un cerveau dont les dimensions sont proches du nôtre. Il fabrique des outils (en ne suivant pas qu'une seule tradition), il construit des abris, s'empare de refuges naturels en se servant du feu et en sort pour aller chasser et se procurer de la nourriture. Il fait tout cela en groupe, avec un sens de la discipline qui lui permet de se lancer dans des opérations compliquées ; il possède par là même une certaine aptitude à échanger des idées par le biais du langage. Les unités biologiques de base qui composent les groupes de chasseurs préfigurent probablement ce que sera la famille nucléaire chez l'homme, dans la mesure où elle repose sur l'existence d'un foyer stable et sur une différenciation sexuelle dans les activités. Il y eut peut-être même une organisation sociale assez complexe, dans la mesure où l'on peut penser que les porteurs et les gardiens du feu, ainsi que les gens âgés, qui servaient grâce à leur mémoire de banques de données à leurs « sociétés », pouvaient être pris en charge par les autres. A pu avoir également existé une certaine forme d'organisation sociale destinée à permettre le partage de la nourriture obtenue en commun. Un tel récit se suffit à lui-même. Prétendre situer dans la préhistoire le point précis, la ligne de partage exacte où toutes ces caractéristiques apparaissent n'aurait aucun sens, mais, sans ces caractéristiques, il est impossible d'imaginer l'histoire humaine qui va suivre. Quand un parent africain de l'*Homo erectus*, qui possédait peut-être un cerveau plus grand et plus complexe que les autres, se transforma en *Homo sapiens*, il y parvint parce qu'il pouvait s'appuyer sur d'immenses réussites et sur un héritage déjà très solide. Que nous choisissions ou non de l'appeler homme importe peu.

II

L'*Homo sapiens*

L'apparition de l'*Homo sapiens* est un événement capital. C'est à l'humanité, si mal dégrossie soit-elle, que nous avons enfin affaire. Et pourtant, cette nouvelle étape dans l'histoire de l'évolution relève moins, une fois encore, d'une réalité que d'une abstraction. Le prologue s'achève, la pièce proprement dite commence, mais il est impossible de dire avec précision quand cela se produit. C'est un processus, ce n'est pas un moment déterminé dans le temps, et ce processus ne se déroule pas partout à la même vitesse. Nous ne disposons, pour en fixer approximativement la date, que d'un petit nombre de restes appartenant à d'anciens humains, des restes aux caractéristiques manifestement modernes ou en rapport étroit avec la période moderne. L'existence de certains de ces humains peut avoir coïncidé pendant plus de 100 000 ans avec celle des homininés, dont la vie continuait son cours. Toujours parmi ces mêmes humains, d'autres ont pu représenter de faux départs ou des impasses : l'évolution humaine a dû continuer en effet à être hautement sélective. Bien que beaucoup plus rapide que précédemment, elle est encore très lente ; il s'agit d'un processus qui se situe il y a sans doute plus de 200 000 ans, et au sein duquel nous ignorons à quel moment apparut notre premier véritable « ancêtre » (même si ce fut presque certainement en Afrique). Il n'est pas toujours facile de poser les bonnes questions. Préciser à quel état de développement, en termes de physiologie, de techniques et de facultés mentales, était arrivé l'*Homo erectus* au moment où nous l'abandonnons est affaire de définition. Et cela s'est passé durant les nombreux millénaires où coexistèrent sur la Terre des variantes de l'*Homo erectus* et les premiers spécimens de l'*Homo sapiens*.

Les quelques fossiles humains retrouvés ont provoqué beaucoup de discussions. Il est certain que des hommes d'un genre nouveau se répandirent en Eurasie durant la période de chaleur qui sépara deux épisodes glaciaires, entre 250 000 et 180 000 ans avant notre ère. Les conditions climatiques étaient alors si différentes des nôtres que des éléphants broutaient dans une vallée de la Tamise à l'allure semi-tropicale et que des hippopotames se baignaient dans le Rhin. Le crâne de « Swanscombe », ainsi appelé en raison de l'endroit où il fut trouvé au Royaume-Uni, appartenait à un être possédant un gros cerveau (environ 1 300 cm^3) mais qui, pour le reste, ressemblait peu à l'homme moderne. Il se rattache probablement à l'*Homo heidelbergensis* (dont le nom vient de la ville allemande où il fut découvert). Ces groupes descendent d'un certain type d'*Homo erectus*, et constituent probablement (sous les formes qui sont les leurs en Afrique) les ancêtres à la fois des Néandertaliens et de nous-mêmes. Ils se répandirent très vite à travers l'Afrique et l'Eurasie, et atteignirent des niveaux de développement inégalés jusqu'alors chez les types d'homme antérieurs. Ils furent certainement la première espèce à maîtriser le feu, ce qui devait avoir des conséquences capitales pour l'avenir de l'humanité.

Avec le nouvel âge de glace, le rideau tombe. Lorsqu'il se relève, il y a près de 130 000 ans, avec la nouvelle période de chaleur, voici que réapparaissent des restes humains. On a beaucoup discuté de ce qu'ils nous apprennent mais il est incontestable qu'il s'est produit une grande avancée. Nous entrons avec eux dans une période où les traces sont plutôt abondantes, mais brouillées. Des créatures que nous pouvons maintenant appeler des humains vivaient en Europe il y a à peine plus de 100 000 ans. Il existe des cavernes en Dordogne qui firent l'objet, à partir de cette époque, d'une occupation plus ou moins épisodique sur près de 50 000 années. Les modes de vie de ces peuples ont donc survécu à d'immenses changements climatiques. Leurs premières traces appartiennent à une période de chaleur située entre deux périodes glaciaires et les dernières nous conduisent jusqu'au milieu du dernier âge de glace. Il y a là une impressionnante continuité, si l'on songe aux grandes variations qu'ont dû connaître sur ces sites les animaux et les végétaux ; pour survivre aussi longtemps, il fallait des modes de vie fondés sur une grande ingéniosité et une non moins grande capacité d'adaptation.

Quelle qu'ait été leur profonde ressemblance avec nous, les peuples qui élaborèrent ces modes de vie sont encore différents des humains modernes du point de vue physiologique. Leurs premiers restes furent découverts à Neandertal en Allemagne (d'où le terme de Néandertaliens) : il s'agissait d'un crâne à la forme si curieuse que l'on crut pendant longtemps qu'il appartenait à un idiot de notre époque. Nous en savons aujourd'hui beaucoup plus sur nos cousins. En 2010, des savants ont réussi à cartographier le génome des Néandertaliens à partir du matériel génétique fourni par trois squelettes. Nous avons appris ainsi que l'*Homo neandertalensis* tient ses origines d'une implantation hors d'Afrique de formes très anciennes d'êtres humains, il y a peut-être un demi-million d'années. Différentes étapes génétiques se succédèrent, durant lesquelles se développa une population de pré-Néandertaliens, dont la forme ultime vit le jour il y a environ 200 000 ans : c'est à cette dernière qu'appartiennent les restes si étonnants trouvés en Europe.

Autrement dit, les Néandertaliens d'Europe évoluèrent plus ou moins parallèlement à l'*Homo sapiens*, l'espèce dont ils font partie. D'autres formes d'humains, apparentés aux Néandertaliens, se répandirent en Asie, probablement jusqu'en Chine. De toute évidence, cette espèce connut pendant longtemps une grande réussite.

Les ancêtres des Néandertaliens et des humains modernes se séparèrent en Afrique il y a quelque 350 000 ans. A cette époque, quelques-uns d'entre eux avaient peut-être commencé à s'installer en Eurasie. Les objets propres aux Néandertaliens se retrouvent déjà il y a 100 000 ans à travers toute l'Europe, avec des différences dans la technique et dans la forme. Les Néandertaliens, comme les différentes espèces que les spécialistes considèrent comme anatomiquement modernes, marchaient debout et possédaient un gros cerveau. Ils représentent une grande avancée dans l'évolution, notamment sur le plan mental, où ils font preuve de capacités nouvelles que nous arrivons à peine à saisir et encore moins à mesurer. Un exemple frappant : le recours à des techniques pour maîtriser l'environnement. Les racloirs que l'on a retrouvés, et dont ils se servaient pour apprêter peaux et fourrures, prouvent qu'ils portaient des vêtements, même si aucun d'entre eux ne nous est parvenu (le plus ancien corps habillé découvert à ce jour, en Russie, a été daté d'il y a environ 35 000 ans). Mais ces progrès dans l'exploitation de l'environnement ne sont rien quand on les compare à ce que fut, dans la culture des Néandertaliens, la pratique de l'inhumation. Elle est par elle-même d'une importance capitale pour l'archéologie ; les tombes y jouent un rôle majeur en raison des objets issus des sociétés anciennes qu'elles recèlent. Or les tombes néandertaliennes nous apportent plus encore : peut-être le premier témoignage dont nous disposions sur des rituels ou des cérémonies.

Il est très difficile de fixer des limites à la spéculation et il est arrivé à certains commentateurs de perdre tout contact avec la réalité. Peut-être une forme primitive de totémisme explique-t-elle le cercle de cornes au centre duquel fut enterré un enfant néandertalien près de Samarcande. Certains ont également suggéré que les soins dont l'inhumation était entourée pouvaient traduire une attention nouvelle portée à l'individu, une conséquence parmi d'autres de la plus grande interdépendance qui s'était instaurée au sein du groupe durant les divers âges de glace : le sentiment de perte lorsque mourait l'un de ses membres en aurait été avivé d'autant. Mais il y a peut-être davantage. On a retrouvé le squelette d'un Néandertalien qui avait perdu le bras droit de son vivant. Il dut être très dépendant des autres, qui l'aidèrent malgré son handicap.

Il est tentant mais plus risqué de supposer que les rites entourant l'inhumation impliquaient l'idée d'une sorte de vie après la mort. S'il en était ainsi, voilà qui attesterait, de la part des homininés, une capacité d'abstraction tout à fait remarquable. Nous serions avec eux à l'origine d'un des mythes les plus importants et les plus durables, celui qui veut que la vie soit une illusion, que la réalité réside ailleurs, invisible, que les choses ne soient pas ce qu'elles paraissent. Sans aller aussi loin, on peut affirmer, à tout le moins, qu'un changement décisif est en train de se produire. Tout comme les traces de rituels impliquant des animaux trouvées ici ou là dans des cavernes où vécurent des Néandertaliens, l'attention portée à l'inhumation pourrait signifier une nouvelle tentative pour triompher de l'environnement. Le cerveau humain doit déjà avoir été capable de discerner à quelles questions il lui fallait répondre, et peut-être d'y répondre sous forme de rituels. Tout doucement, avec bien des hésitations et des maladresses et si empêtré qu'il soit encore dans les bas-fonds, voici que l'esprit humain se met à décoller du rivage ; le plus grand de tous les voyages d'exploration a commencé.

Les derniers en date des Néandertaliens vivaient en groupes structurés. Ils ne se préoccupaient pas seulement de soigner leurs malades et d'enterrer leurs morts ; ils formaient de petites bandes bien organisées, pratiquaient une forme de chasse collective et communiquaient entre eux d'une manière ou d'une autre. Il y a environ 100 000 ans apparurent chez eux des variantes régionales ; leur ADN montre, par exemple, que certains groupes vivant en Europe avaient développé une couleur de peau plus claire que les autres. Dans le centre de l'Eurasie, une nouvelle espèce avait vu le jour, les Dénisoviens, génétiquement différents de leurs ancêtres néandertaliens. Avec l'homme de Neandertal, nous rencontrons également les premières manifestations concrètes de cette terrible institution humaine, l'art de la guerre. Celui-ci est probablement allé de pair avec le cannibalisme, qui consistait semble-t-il à consommer la cervelle des victimes. Des analogies avec des sociétés plus tardives laissent penser que nous avons là aussi le début d'une certaine forme de conceptualisation autour de l'idée d'une âme ou d'un esprit ; de telles pratiques visent parfois à s'assurer le pouvoir magique ou spirituel des vaincus.

En dépit de leurs succès, le rideau commença à descendre sur les Néandertaliens il y a environ 60 000 ans. Malgré une longue et large domination, ce n'étaient pas eux, finalement, qui allaient hériter de la Terre. Le changement climatique peut avoir joué un rôle dans leur disparition. Peut-être aussi leur façon de chasser. Les Néandertaliens vivaient dangereusement. Le gros gibier sur lequel ils se concentraient ne s'est peut-être pas révélé très rentable pour eux : on a découvert une grande quantité de squelettes de jeunes Néandertaliens portant des blessures mortelles infligées par des mammouths.

La nécessité de mobiliser des familles entières pour pouvoir chasser avec succès peut également les avoir privés du temps indispensable à la spécialisation et à l'apprentissage. Et l'on peut imaginer qu'ils ont été finalement dépassés dans la compétition pour la nourriture par leurs cousins génétiques issus d'Afrique – l'*Homo sapiens*, notre espèce.

C'est nous en effet, dont l'expansion hors d'Afrique commença il y a 60 000 ans, qui allions devenir les successeurs des Néandertaliens et de tous les types d'humains vivant de par le monde. Mais la recherche génétique montre que nous portons encore en nous les traces de ces autres formes de vie humaine. Nous savons que l'*Homo sapiens* et les humains des groupes que nous désignons du terme générique de Néandertaliens se croisèrent (notre ADN est pour 4 % d'origine néandertalienne). Mais pareil croisement n'eut-il pas lieu également avec d'autres groupes, sur l'identité desquels nous continuons à nous interroger ? Il faudra encore du temps avant de déterminer où et avec quels résultats différents groupes d'humains se sont croisés, une fois nos ancêtres partis d'Afrique. C'est l'un des domaines les plus passionnants de la recherche en préhistoire, l'un de ceux qui est appelé à avoir un grand retentissement sur notre compréhension de ce que sont aujourd'hui les êtres humains. Une fois la cartographie du génome néandertalien réalisée, il est devenu clair que quelques-uns des anticorps les plus efficaces parmi ceux que nous possédons actuellement nous viennent d'ailleurs que de notre espèce. Certains chercheurs pensent que le fait même d'avoir pu nous croiser avec d'autres groupes humains a massivement contribué au peuplement de la Terre, parce qu'il nous a permis d'acquérir cette vigueur propre aux hybrides qui nous a aidés à devenir omniprésents sur tous les continents, à l'exception de l'Antarctique.

L'*Homo sapiens* a connu un succès extraordinaire. Il s'est répandu à travers toute l'Eurasie et finalement dans le monde entier durant les quelque 100 000 années qui ont suivi ses premières apparitions en Afrique (que l'on date d'environ 160 000 ans avant notre ère). Mais ses origines sont bel et bien africaines ; nous pouvons à présent faire remonter les origines de tout être humain actuel à un ancêtre commun qui vivait en Afrique orientale il y a un peu plus de 60 000 ans. Anatomiquement parlant, il fait directement penser à un homme d'aujourd'hui ; il a le visage plus petit, le crâne plus léger et les membres plus droits que le Néandertalien. Tout commença par un groupe relativement petit, qui gagna le Proche et le Moyen-Orient et qui, en suivant le plus souvent les côtes, atteignit l'Asie de l'Est et du Sud-Est pour finir par arriver en Australasie il y a environ 50 000 ans. A la même époque, ces migrants commencèrent à coloniser l'Europe, où ils étaient appelés à vivre pendant des milliers d'années à côté des Néandertaliens. Aux alentours de 15 000 ans avant notre ère, ils traversèrent un isthme qui se trouvait à l'emplacement de l'actuel détroit de Béring et pénétrèrent dans le continent américain.

Avant que des groupes d'*Homo sapiens* ne quittent l'Afrique, l'espèce avait connu une très longue évolution, plus longue en fait que tout le temps qu'elle avait désormais passé hors d'Afrique. Pendant plus de 100 000 ans, l'espèce humaine développa lentement les moyens qui allaient faire d'elle l'espèce dominante. On aurait tort de croire que tout progressa d'une façon linéaire. Nos ancêtres étaient en petit nombre et vivaient souvent dans des conditions précaires, même comparées à celles d'autres espèces humaines existant sur le continent. Un auteur a pu comparer notre développement à la flamme vacillante d'une chandelle. Si les humains étaient déjà capables de transmettre un savoir, bon nombre de leurs efforts en la matière se virent réduits à néant avec la disparition, à la suite d'un cataclysme, de la tribu tout entière. Il semble cependant qu'un seuil critique ait été franchi par l'*Homo sapiens* en Afrique orientale il y a moins de 100 000 ans : c'est le moment où l'accumulation des innovations et les contacts entre les groupes devinrent des phénomènes permanents. Une bonne part de ce processus est sans doute liée au développement du langage, qui, même sous ses formes les plus rudimentaires, facilita l'apprentissage et la mémorisation. Il y a environ 65 000 ans, tous les moyens nécessaires à une expansion se trouvaient donc réunis en Afrique : des outils complexes, le transport sur de longues distances, des cérémonies et des rituels, des filets, des pièges et un attirail de pêche, de quoi cuisiner et se loger. Certains de ces savoir-faire furent indubitablement le produit d'interactions avec des groupes d'humains génétiquement différents. Avant comme après le départ d'Afrique des premiers groupes, il a dû y avoir des périodes où le développement humain s'est retrouvé comme étranglé. Notre population est probablement descendue alors à quelques milliers d'individus. Mais cela n'a pas empêché une certaine forme de continuité.

Déterminer la chronologie qu'a suivie et le mode qu'a pris la diffusion de l'*Homo sapiens* relève encore, pour l'essentiel, de la conjecture, et les paléoanthropologues restent prudents en matière de fossiles ; certains hésitent à affirmer sans réserve que nous descendons tous d'une poignée d'humains qui quittèrent l'Afrique à peu près au même moment. Néanmoins, beaucoup reconnaissent que, entre 50 000 ans avant notre ère et la fin du dernier âge de glace il y a 9 000 ans, nous nous trouvons confrontés à une prolifération sans cesse grandissante de témoignages concernant des hommes de type moderne. On donne d'ordinaire à cette période le nom de « Paléolithique supérieur » – « paléolithique » venant d'un terme grec signifiant « vieilles pierres ». Elle correspond en gros à ce que l'on appelle plus familièrement l'« âge de la pierre », mais, comme pour d'autres contributions au chaos terminologique qui règne en préhistoire, on ne saurait employer sans réserve une telle expression.

Il est facile de distinguer entre Paléolithique « supérieur » et Paléolithique « inférieur ». Tout tient au fait, purement matériel, que les couches des strates géologiques situées le plus près de la surface, c'est-à-dire les plus hautes, sont les plus récentes : les fossiles et les objets que l'on y trouve sont donc plus récents que ceux des couches situées plus bas. Le Paléolithique inférieur correspond, autrement dit, à une époque plus ancienne que le Paléolithique supérieur. Presque tous les objets qui nous sont parvenus du Paléolithique sont en pierre, aucun n'est en métal. C'est ce qui a permis, en référence à l'apparition de ce dernier, d'adopter la terminologie utilisée par le poète latin Lucrèce et d'appeler âge du bronze et âge du fer les périodes qui succèdent à l'âge de la pierre.

Ces dénominations nous renvoient aux modes de vie et aux techniques ; leur grand mérite est d'attirer l'attention sur les activités de l'homme. Les outils et les armes sont en pierre à une certaine époque, puis en bronze, puis en fer. Ces expressions n'en présentent pas moins bien des inconvénients. Le plus évident d'entre eux, c'est que, pour la période si étendue où les objets en pierre constituent la plus grande part des témoignages dont nous disposons, nous avons affaire essentiellement à des hominidés. Ils possédaient, à des degrés divers, certaines des caractéristiques de l'homme, mais pas la totalité ; bon nombre d'outils en pierre n'ont pas été fabriqués par des hommes. Par ailleurs, cette terminologie, qui est l'œuvre de l'archéologie européenne, a soulevé de plus en plus de difficultés à mesure que se sont accumulés, pour le reste du monde, des éléments concrets que l'on avait le plus grand mal à faire entrer dans ce cadre.

Dernier inconvénient : on masque ainsi, y compris pour l'Europe, des changements importants qui se sont produits au sein même de ces périodes. On s'est donc employé à affiner la classification. A l'intérieur de l'âge de pierre, les spécialistes ont distingué (dans l'ordre) le Paléolithique inférieur, le Paléolithique moyen et le Paléolithique supérieur. Puis viennent le Mésolithique et le Néolithique (ce dernier remettant en cause l'ancienne division qui reposait sur l'avènement de la métallurgie). La période qui conduit jusqu'à la fin du dernier âge de glace en Europe est parfois appelée l'« ancien âge de pierre », ce qui introduit une nouvelle complication, parce que se voit ainsi mis en œuvre un autre principe de classification, purement chronologique. L'*Homo sapiens* apparaît en Europe à peu près au début du Paléolithique supérieur. C'est en Europe aussi que la plus grande quantité de restes de squelettes a été mise au jour, et c'est de ces éléments qu'a longtemps dépendu l'identification de l'espèce.

On a beaucoup travaillé, pour l'Europe de cette période, à la classification et au regroupement chronologique de types de culture définis par leurs outils. Le climat, bien que généralement froid, ne fut pas stable ; il y eut d'importantes variations, dont, il y a environ 20 000 ans, la plus terrible attaque de froid à s'être jamais produite en un million d'années. De tels changements climatiques exercèrent une fois encore une grande influence sur l'évolution de la société. C'est l'effet de ces phénomènes qui permit à des êtres humains, il y a peut-être 30 000 ans, de pénétrer dans le continent américain depuis l'Asie, en profitant d'un isthme de glace ou de terre : le niveau de la mer était à l'époque beaucoup plus bas, une bonne partie de son eau se trouvant prise dans la calotte glaciaire. Ils se déplacèrent pendant des milliers d'années vers le sud, à la poursuite du gibier qui les avait attirés sur ce continent inhabité. Les Amériques furent peuplées dès l'origine par des immigrants. Quand la glace recula, d'immenses transformations affectèrent les côtes, les itinéraires et les vivres. Il y avait des foules d'années que cela se passait ainsi, mais il en irait cette fois bien différemment. L'homme était là, prêt à mettre à profit une nouvelle forme d'intelligence afin de se doter de nouveaux moyens lui permettant de faire face aux changements survenus dans son environnement. En agissant de plus en plus consciemment et de plus en plus efficacement pour contrôler le monde dans lequel il vit, il prépare ainsi son entrée dans l'histoire.

Certes, c'est peut-être beaucoup exagérer quand on pense aux ressources dont disposaient les anciens hommes, si l'on en juge par leurs outils et leurs armes. Et pourtant ces instruments offraient bien des possibilités quand on les compare avec ceux qui les précédèrent. Les outils de base de l'*Homo sapiens* étaient en pierre, mais ils étaient conçus pour remplir davantage de fonctions, et des fonctions plus précises, et ils étaient fabriqués différemment, à partir d'un bloc soigneusement préparé dont on faisait sauter des éclats. Leur diversité et leur degré d'élaboration sont d'autres signes de l'accélération que connaît alors l'évolution humaine. De nouveaux matériaux font leur apparition au Paléolithique supérieur : l'os et l'andouiller viennent s'ajouter au bois et au silex que l'on utilisait dans les anciens ateliers. Grâce à eux, de nouveaux procédés de fabrication voient le jour ; l'aiguille en os fait faire à la confection de vêtements un grand pas en avant et les techniques d'écaillage des pierres permettent à des artisans particulièrement doués d'aller jusqu'à un degré de raffinement qui semble échapper aux seules considérations utilitaires, si minces deviennent les lames des outils en silex qu'ils élaborent. Le premier matériau créé par l'homme, un mélange d'argile et de poudre d'os, fait son apparition. Les armes se perfectionnent. Le fait que l'on voit se multiplier, à la fin du Paléolithique supérieur, de petits silex taillés à la forme plus régulièrement géométrique semble indiquer que la fabrication de pointes pour les armes est devenue plus complexe. On assiste à la même époque à l'invention du propulseur de javelot, de l'arc et des flèches et du harpon barbelé, utilisé d'abord contre les mammifères et ensuite pour la pêche. Cette dernière arme atteste une extension de la chasse, et donc de la nourriture qu'elle permet de se procurer, au domaine aquatique. Bien auparavant, il y a peut-être 600 000 ans, en Chine et ailleurs aussi sans aucun doute, des homininés ramassaient des mollusques pour les consommer. Grâce aux harpons et probablement à des objets plus périssables comme des filets et des lignes, on pouvait trouver dans l'eau une nourriture nouvelle et plus riche (due en partie aux changements de température survenus pendant le dernier âge de glace). La chasse connut une grande réussite, qu'il faut sans doute mettre en rapport avec le développement des forêts durant les phases postglaciaires, ainsi qu'avec la nouvelle dépendance qui s'était créée vis-à-vis des rennes et d'un bétail sauvage dont les déplacements étaient de mieux en mieux connus.

Il est tentant de voir une confirmation de ce qui précède dans le témoignage le plus remarquable et le plus mystérieux qui nous soit parvenu sur les hommes du Paléolithique supérieur : leur art. Il s'agit du premier cas dont nous soyons sûrs. Il a pu arriver à des hommes plus anciens, ou même à des créatures proches de l'homme, de griffonner dans la boue, de se barbouiller le corps, de danser sur certains rythmes ou de répandre des fleurs selon certains motifs : de tout cela nous ne savons rien puisque rien n'en a subsisté. Pourtant, une créature a pris la peine, entre 40 000 et 60 000 ans avant notre ère, d'accumuler de petites réserves d'ocre rouge, mais nous ignorons à quelles fins. On a cru voir, dans deux entailles trouvées sur une pierre tombale néandertalienne, la plus ancienne trace d'activité artistique, mais les premiers témoignages indubitables à nous être parvenus en quantité se trouvent en Europe, dans des grottes. Il s'agit de peintures rupestres dont les premières ont été réalisées il y a plus de 30 000 ans et dont le nombre s'accroît spectaculairement au fil du temps. Nous sommes confrontés ici à un art conscient de lui-même, qui atteint d'emblée ou presque à la pleine maturité technique et esthétique sans que rien ne l'ait annoncé ni précédé. Cet art se continue sur des milliers d'années puis disparaît. Il n'aura pas plus de descendants qu'il n'a eu d'ancêtres, même s'il semble avoir utilisé bien des procédés de base auxquels recourent encore aujourd'hui les arts visuels.

Sa concentration dans l'espace et dans le temps laisse penser qu'il y a peut-être plus à découvrir. Il existe en Afrique un nombre considérable de grottes contenant des peintures et des gravures préhistoriques, dont les plus anciennes remontent à 27 000 ans avant notre ère et auxquelles des ajouts ont été faits jusqu'au XIXe siècle ; en Australie, on a identifié des peintures rupestres datant d'il y a au moins 20 000 ans. L'art paléolithique n'est donc pas limité à l'Europe, mais ses manifestations sur d'autres continents n'ont été étudiées jusqu'ici que par intermittence. Nous n'en savons pas encore assez sur la datation des peintures rupestres dans d'autres parties du monde, ni sur les conditions exceptionnelles qui ont permis que soient préservées en Europe des réalisations qui ont pu connaître des équivalents ailleurs. Et nous ignorons tout de ce qui a pu disparaître. Il existe, en matière d'art, un vaste champ de possibilités, qu'il s'agisse de gestes, de sons ou de matériaux périssables, que nous sommes bien en peine d'explorer. Il n'en reste pas moins, toutes réserves faites, que l'art pratiqué en Europe au Paléolithique supérieur, tel que nous le connaissons, est proprement unique par son ampleur et la qualité d'émotion qu'il dégage.

Des trouvailles récentes confirment que des formes d'art s'étaient développées en divers endroits d'Europe plus tôt qu'on ne l'avait cru jusqu'ici. Une représentation de femme à la poitrine opulente (presque certainement un symbole de fertilité), découverte en 2008 dans le sud-est de l'Allemagne, date d'environ 40 000 ans. D'autres découvertes ont été faites dans le sud-ouest de la France et le nord de l'Espagne : il s'agit de petites figurines en pierre ou en os (ou parfois encore en argile), d'objets décorés (souvent des outils et des armes), de peintures rupestres (sur les parois et le plafond des grottes). Dans ces dernières, tout comme dans la décoration des objets, les thèmes animaliers occupent une place prépondérante. Le sens de ces dessins, surtout dans les séquences élaborées que l'on rencontre dans les grottes, a intrigué les spécialistes. A l'évidence, bien des bêtes représentées avec tant de soin jouaient un rôle central dans l'économie de la chasse. Il semble par ailleurs hautement probable, au moins dans les grottes situées en France, que l'ordre dans lequel apparaissent ces bêtes obéisse à un choix conscient. Mais il est très difficile pour le moment d'aller plus loin. Manifestement, au Paléolithique supérieur, l'art remplit nombre des fonctions qui seront plus tard celles de l'écriture, mais la signification de ses messages reste encore obscure. Les peintures étaient en rapport, semble-t-il, avec des pratiques religieuses ou magiques : on a établi d'une façon convaincante que les peintures rupestres africaines étaient liées à la magie et au chamanisme. Le simple fait d'avoir choisi au sein des grottes, comme c'est le cas en Europe, des endroits si éloignés et si difficiles d'accès pour y réaliser ces œuvres incite fortement à penser que certains rites spéciaux présidaient à leur élaboration ou à leur contemplation (on avait évidemment besoin de lumières artificielles dans ces recoins obscurs). On a cru voir les origines de la religion dans les pratiques funéraires des Néandertaliens et plus encore dans celles, souvent très élaborées, des peuples qui vivaient au Paléolithique supérieur. Quand il s'agit des formes d'art existant chez ces derniers, il est encore plus difficile de résister à ce genre d'interprétation. Peut-être sommes-nous ici en présence des premières traces dont nous disposions d'une religion organisée.

La naissance, le développement et la fin de la plus ancienne des grandes aventures artistiques du genre humain s'étendent sur une très longue période. Il y a 45 000 ans environ apparaissent des objets décorés et colorés, souvent en os et en ivoire. Quatre ou cinq millénaires plus tard, nous rencontrons le premier exemple d'art figuratif. Peu après, c'est le sommet de la réussite esthétique du Paléolithique avec les grandes grottes ornées, encore appelées « sanctuaires », leurs processions d'animaux et les formes symboliques mystérieuses que l'on y voit répétées. La phase de maturité dura près de cinq mille ans, une durée de vie étonnante pour un art aussi affirmé dans son contenu et dans son style. Une si longue période – presque aussi longue que toute l'histoire de la civilisation humaine sur la Terre – illustre bien la lenteur avec laquelle les traditions changeaient dans les Temps anciens et à quel point elles étaient imperméables aux influences extérieures. Peut-être est-ce aussi le signe de l'isolement géographique des cultures de la préhistoire. La dernière phase de cet art, telle qu'on a pu l'identifier, nous conduit jusqu'en 9 000 avant notre ère environ ; le cerf y remplace de plus en plus les autres animaux (ce qui est sûrement la conséquence de la disparition du renne et du mammouth avec le retrait de la glace), avant qu'un bouquet final d'outils et d'armes richement décorés ne vienne marquer le terme de ce qui fut la première grande réussite artistique de l'Europe. La période qui suivit ne produisit rien d'approchant en quantité et en qualité. Ce qu'elle nous a laissé de mieux :

une poignée de galets décorés. Il faudra attendre six mille ans avant de retrouver un art digne de ce nom.

Nous savons peu de chose sur ce qui mit un terme à cette grande réussite humaine. Il ne fait jamais bien clair dans le Paléolithique supérieur et l'obscurité tombe rapidement – ce qui veut dire ici, bien sûr, en quelques milliers d'années. Néanmoins, une telle violence dans le contraste entre ce qui était avant et ce qui est venu après laisse pantois. Une extinction aussi soudaine est un mystère. Pas de dates précises, pas même de séquences précises : rien que l'on puisse situer en telle année ou en telle autre. Il y a eu, sur un long temps, une baisse graduelle de l'activité artistique qui a fini par aboutir à son arrêt complet. Certains spécialistes ont accusé le climat. Il se peut, soutiennent-ils, que le phénomène des grottes ornées soit dû à la volonté d'influencer les déplacements et le nombre des troupeaux dont s'alimentait la chasse au gros gibier. Alors que touchait peu à peu à sa fin le dernier âge de glace et que les rennes refluaient chaque année un peu plus, les hommes cherchèrent de nouveaux procédés magiques pour les influencer. Mais les étendues glacées se rétrécirent de plus en plus et l'environnement auquel ils avaient si bien su s'adapter s'évanouit. Avec lui disparut aussi l'espoir de faire pression sur la nature. L'*Homo sapiens* n'était pas pour autant impuissant, loin de là. Il avait les moyens de relever un nouveau défi, ce qu'il ne manqua pas de faire. Ce fut au prix, à tout le moins, d'un appauvrissement sur le plan culturel. Il lui fallut renoncer pour un temps, adaptation oblige, à ce qui avait été la première forme d'art pratiquée par l'humanité.

Il est facile de voir ce qu'ont de fragile ces spéculations, mais comment taire son admiration devant une telle réussite artistique ? On a pu dire des grottes ornées qu'elles étaient les « cathédrales » du monde paléolithique. Ces comparaisons sont justifiées quand on met en rapport le niveau de perfection et l'ampleur du travail qui fut alors entrepris avec les témoignages dont nous disposons sur les triomphes que l'homme avait remportés auparavant. Avec cette première grande période de création artistique, les hominidés étaient rejetés loin derrière, et l'esprit humain avait apporté la preuve irréfutable de sa puissance.

Une large part de ce que nous savons du Paléolithique supérieur le confirme : les changements génétiques majeurs ont eu lieu, l'évolution n'est plus désormais qu'un phénomène mental et social. Les divisions entre grands groupes ethniques, qui vont continuer de s'opérer jusqu'à l'aube des Temps modernes, sont déjà à peu près établies à la fin du Paléolithique supérieur. Les différences géographiques et climatiques ont exercé des effets sur la pigmentation de la peau, la nature des cheveux, la forme du crâne et la structure osseuse du visage. Sur les restes les plus anciens d'*Homo sapiens* trouvés en Chine on discerne les caractéristiques propres à l'Asie. Tous les grands groupes régionaux sont en place vers 10 000 avant notre ère. On les trouve essentiellement dans des zones où ils resteront prépondérants jusqu'à ce qu'interviennent les grandes redistributions de population qui contribueront à l'essor de la civilisation européenne et à sa mainmise sur le monde à partir du XVIe siècle. Tout au long de l'âge de pierre, la Terre s'est remplie. Les hommes ont fini par pénétrer des continents encore vierges, où aucun de leurs ancêtres ou de leurs parents n'avait mis le pied.

Dès 50 000 avant J.-C., les premiers humains arrivèrent en Australie, au même moment, ou à peu près, où des hommes de notre espèce s'installaient en Europe. Ils descendaient de peuples qui, pour la plupart, avaient suivi les côtes depuis le Moyen-Orient et appris, au fil de leur progression, comment se procurer la nourriture, riche en protéines, disponible dans la mer. On admet à présent qu'ils se servirent de bateaux pour leur voyage vers ce nouveau continent, même s'il est vrai que le niveau de la mer, dans l'archipel indonésien, était alors sensiblement inférieur à ce qu'il est aujourd'hui, d'où de nombreux isthmes et des mers calmes. Après avoir atteint l'Australie en traversant d'île en île les mers de Timor et de Banda, ils s'y répandirent très rapidement. La nature, alors très luxuriante, avec de grands lacs et de grandes rivières, leur convenait. On y rencontrait quantité d'espèces aujourd'hui disparues et bonnes à chasser pour leur viande, tel le *Zygomaturus*, un marsupial ressemblant au wombat (de la taille à peu près de notre hippopotame pygmée), et un kangourou de plus de 200 kg, le *Procoptodon*.

La colonisation humaine du dernier continent encore inconnu commença beaucoup plus tard. Un peuple asiatique, se déplaçant probablement en plusieurs petits groupes étroitement apparentés, arriva en Amérique il y a quelque 17 000 ans, en empruntant un isthme permettant de passer de l'Asie du Nord en Alaska. Ils apportèrent avec eux des outils et des techniques développés durant les précédents millénaires dans une région du sud de la Sibérie comprise entre les montagnes de l'Altaï et la vallée de l'Amour. Ils se répandirent alors dans tout le continent américain, en commençant par suivre les côtes, puis en s'engageant, peu de temps après, à l'intérieur des terres. Quelques-uns de ces premiers Américains apprirent bientôt à construire de petits bateaux. D'autres se spécialisèrent dans la chasse au mammouth et au mastodonte. Les premiers restes d'habitations trouvés au Chili datent d'il y a 11 000 ans ; aux Etats-Unis, certaines régions du nord du Midwest, et peut-être aussi certains sites de la côte atlantique, se peuplèrent approximativement à la même période.

A la fin du dernier âge de glace, l'*Homo sapiens* faisait déjà preuve, semble-t-il, d'un tempérament aventureux.

Seul de tous les continents, l'Antarctique attendait encore sa venue et son installation (il les attendra jusqu'en 1895). Et pourtant, le monde, au Paléolithique supérieur, était encore plutôt vide. Si l'on se fie aux calculs proposés, la France aurait compté 20 000 humains à l'époque néandertalienne ; vingt millénaires avant notre ère, ils étaient peut-être 50 000 sur les 10 millions d'humains qui peuplaient alors le monde, un monde qu'un spécialiste a pu décrire comme « un désert humain grouillant de gibier ». Ils vivaient de chasse et de cueillette, et il fallait un territoire considérable pour qu'une famille puisse subvenir à ses besoins. L'*Homo sapiens* se montrait, quand les circonstances étaient favorables, un chasseur et un cueilleur remarquables. Des témoignages récents suggèrent que les nouveaux venus, une fois arrivés en Europe, affichèrent un taux de fécondité dix fois supérieur à celui des Néandertaliens. Quoi qu'il en soit, la population humaine restait petite, et le monde immense.

Il n'est pas difficile de voir que de tels chiffres impliquent une très grande lenteur dans le changement culturel. Même si celui-ci s'est accéléré durant l'âge de pierre, même s'il a commencé à se diversifier bien davantage, il fallut encore des milliers d'années pour que les savoirs franchissent les barrières géographiques et sociales. Un homme, après tout, pouvait vivre sa vie entière sans jamais rencontrer un autre groupe ou une autre tribu, encore moins une autre culture. Les distinctions qui existaient déjà entre les différents groupes d'*Homo sapiens* ouvrent une nouvelle ère dans l'histoire, marquée par une tendance culturelle à la différenciation – ce qui ne veut absolument pas dire absence de communication – entre les groupes. Voilà qui allait accroître la diversité humaine, jusqu'au renversement tout récent de cette tendance, du fait des avancées techniques et des orientations politiques.

Il reste encore beaucoup d'incertitudes sur les groupes entre lesquels se répartissaient les humains au Paléolithique supérieur. Ce qui est clair, c'est qu'ils étaient tout à la fois plus grands et plus sédentaires que par le passé. Les plus anciens restes d'habitations viennent de chasseurs du Paléolithique supérieur qui vivaient là où se trouvent aujourd'hui les Républiques tchèque et slovaque ainsi que la Russie du Sud. Aux alentours de 10 000 avant J.-C., en certains endroits de la France, des sortes de hameaux semblent avoir rassemblé entre 400 et 600 personnes, mais ce phénomène, si l'on se réfère aux données recueillies par les archéologues, est exceptionnel. Il existait probablement des tribus ou des entités qui s'en approchaient, mais il est quasiment impossible d'en définir l'organisation et la structure hiérarchique. Tout ce que l'on peut dire, c'est que la spécialisation sexuelle ne cessa de s'accentuer à l'âge de pierre avec la sophistication grandissante des techniques de chasse, dans le même temps où l'existence de campements stables offrait de nouvelles perspectives aux femmes en matière de cueillette.

Si floue que soit pour nous son image, la Terre, à la fin de l'âge de pierre, revêt un aspect qui nous est à bien des égards familier. Des bouleversements géologiques devaient encore se produire (la Manche, par exemple, n'apparut que vers 7 000 avant J.-C.), mais nous avons connu depuis, sur le plan topographique, une période de relative stabilité : les grandes formes que présentait le monde aux alentours de 9 000 avant J.-C. ont ainsi été préservées. Ce monde, c'était bien celui, désormais, de l'*Homo sapiens*. Grâce à l'acquisition de savoir-faire permettant d'élaborer des outils, à l'utilisation de matériaux naturels pour la construction d'abris, à la maîtrise du feu, à la chasse et aux ressources empruntées aux autres animaux, les descendants des primates qui vivaient autrefois dans les arbres avaient réussi depuis longtemps à réduire sensiblement leur dépendance par rapport à un certain nombre de rythmes naturels. Ces transformations les avaient amenés à un niveau d'organisation sociale assez élevé pour leur permettre d'entreprendre d'importants travaux en commun. La nécessité de subvenir à leurs besoins avait provoqué une différenciation économique entre les sexes. La quête de la nourriture et d'autres problèmes matériels les avaient incités à se servir de la parole pour transmettre des idées, à inventer des rites et des notions dans lesquels la religion prend ses racines, et, finalement, à créer le premier grand style artistique. On a même pu soutenir que l'homme du Paléolithique disposait d'un calendrier lunaire. Au moment où il s'apprête à quitter la préhistoire, l'homme est déjà une créature qui pense, douée d'un intellect, capable d'objectivation et d'abstraction. Il est très difficile de ne pas croire que c'est cette nouvelle force dont l'homme est animé qui explique le dernier stade, le plus important, de la préhistoire : l'invention de l'agriculture.

III
Au seuil de la civilisation

L'existence des êtres humains s'étend sur un temps au moins vingt fois plus long que la civilisation qu'ils ont créée. La disparition du dernier âge de glace permit à la longue marche vers la civilisation de toucher enfin à son but : c'est le prélude immédiat à l'histoire. Sur cinq mille ou six mille années s'opéra une succession de changements majeurs dont le plus important fut incontestablement un accroissement des ressources en nourriture. Jusqu'aux changements survenus ces trois derniers siècles et que l'on regroupe sous le terme d'« industrialisation », rien ne vint accélérer aussi fortement le développement humain et n'eut sur lui une influence aussi importante.

Un auteur a pu parler à ce propos, pour résumer en une seule formule tous les bouleversements qui marquèrent la fin de la préhistoire, de « révolution néolithique ». Voilà qui soulève à nouveau, même s'il n'y en aura plus d'autres en préhistoire, un problème de terminologie bien embrouillé, avec tous les risques de malentendu à la clé. Les archéologues font suivre le Paléolithique par le Mésolithique puis par le Néolithique (certains y ajoutent le Chalcolithique, pour qualifier une époque où l'on recourt simultanément à des objets de pierre et à des objets de cuivre). La distinction entre les deux premières phases n'intéresse que les spécialistes, mais tous ces mots ont trait à des faits d'ordre culturel ; ils désignent des suites d'objets qui apportent avec eux plus de moyens et plus de capacités. Seul mérite notre attention le terme « Néolithique ». Au sens le plus strict, il se réfère à une culture où les outils en pierre polie remplacent ceux en pierre taillée (d'autres critères venant parfois s'ajouter à celui-ci). Ce changement ne semble pas de taille à justifier l'enthousiasme pour le Néolithique manifesté par certains préhistoriens, encore moins l'expression de « révolution néolithique ». Bien qu'on l'utilise encore ici ou là, elle n'est pas satisfaisante, parce que cela recouvre plusieurs idées à la fois. Elle n'en a pas moins traduit un effort pour identifier une évolution majeure et complexe, assortie d'un bon nombre de variantes régionales, et il vaut la peine d'en préciser la signification d'ensemble.

On peut commencer par remarquer que la phase néolithique du développement humain, même au sens le plus étroit du terme, technologiquement parlant, ne se déroule pas partout de la même façon, qu'il s'agisse de son début, de sa maturité ou de sa fin. A certains endroits elle peut durer des milliers d'années plus longtemps qu'à d'autres, et, lorsqu'elle commence, elle est séparée de ce qui précède non par une ligne claire mais par une zone mystérieuse d'échanges entre cultures. Au sein même du Néolithique, toutes les sociétés ne sont pas équivalentes en savoir-faire et en moyens ; certaines découvrent comment fabriquer des poteries et des outils en pierre polie, d'autres continuent à apprivoiser des animaux et commencent à ramasser ou à faire pousser des céréales. Dans cette évolution, la lenteur est de règle, et toutes les sociétés n'ont pas atteint le même niveau quand apparaît la civilisation de l'écriture. Il reste que la culture du Néolithique est la matrice d'où va sortir la civilisation. C'est grâce à elle que vont se trouver réunies les conditions qui lui permettront de voir le jour, conditions qui sont bien loin de se limiter à la seule production d'outils en pierre hautement sophistiqués à laquelle elle doit son nom.

Il faut aussi s'entendre sur le terme de « révolution » quand on réfléchit sur ce changement. Même s'il n'est plus question des lentes évolutions qui ont été celles du dernier âge géologique, le pléistocène, et même si nous entrons désormais dans une partie de la préhistoire où le temps s'accélère, il n'existe toujours pas de divisions bien tranchées. Elles sont très peu fréquentes pour des périodes aussi reculées ; même quand elles s'y efforcent, peu de sociétés parviennent à rompre complètement avec leur passé. Ce que nous pouvons observer en toujours plus d'endroits du monde, ce n'est pas la mutation soudaine du comportement et de l'organisation humains, c'est leur transformation lente mais radicale. Elle présente plusieurs aspects qui confèrent son unité à la dernière période de la préhistoire, quel que soit le nom qu'on veuille bien lui donner.

A la fin du Paléolithique supérieur, l'homme possédait sur le plan physique la plupart des caractéristiques que nous lui connaissons aujourd'hui. Il devait évoluer encore un peu en taille et en poids dans les régions du monde où son alimentation, en s'améliorant, ne pouvait manquer d'influer sur sa stature et sur son espérance de vie. Durant l'ancien âge de pierre, il était encore peu probable qu'un homme ou une femme atteignent quarante ans ; s'ils y arrivaient, c'était pour tomber dans une vie bien misérable où les guettait ce que nous appellerions aujourd'hui une vieillesse précoce, tourmentée par l'arthrose et les rhumatismes, exposée aux risques de fractures et de caries. Il faudra beaucoup de temps pour que les choses s'améliorent. La forme du visage humain allait elle aussi évoluer, en fonction des modifications du régime alimentaire. (Il semble à ce propos que ce soit seulement après l'an 1066 de notre ère que la surocclusion dentaire, dite encore prognathisme supérieur, se soit développée chez les Anglo-Saxons par suite de l'adoption d'un régime plus riche en amidon et en hydrates de carbone – un trait qui contribuera plus tard à caractériser les Anglais.)

Les types d'homme variaient physiquement d'un continent à l'autre, mais il nous est impossible de dire s'il en était de même pour leurs capacités. A tous les endroits de la planète l'*Homo sapiens* faisait preuve d'une grande souplesse dans l'adaptation de son héritage aux bouleversements climatiques et géographiques qui marquèrent la phase de déclin du dernier âge de glace. Des campements d'une certaine dimension et d'une certaine stabilité commencèrent à voir le jour, des techniques s'élaborèrent, le langage se développa et un art s'affirma bientôt : autant d'éléments formant le composé qui allait cristalliser pour donner naissance à la civilisation. Mais il en fallait bien plus. Par-dessus tout, il était essentiel de pouvoir disposer d'un surplus économique en dehors de ce qui était nécessaire pour satisfaire les besoins quotidiens.

Voilà qui était difficilement concevable, sauf dans des zones offrant à tel ou tel moment des conditions particulièrement favorables pour l'économie de chasse et de cueillette, une économie dont tous les humains dépendaient alors pour leur subsistance et qui fut la seule pratiquée jusqu'à 10 000 ans environ avant notre ère. Ce qui rendit la chose possible, ce fut l'invention de l'agriculture.

L'importance de cette transformation fut si grande qu'elle semble justifier un terme aussi fort que celui de « révolution », dont le sens est cette fois sans ambiguïté. Parler de « révolution agricole », c'est mettre l'accent sur ce qui explique comment l'époque néolithique a pu créer les conditions grâce auxquelles sont apparues les civilisations. Même les connaissances en métallurgie, qui se diffusent au sein de certaines sociétés durant leurs phases néolithiques, ne jouent pas un rôle aussi fondamental. L'agriculture a véritablement révolutionné l'existence humaine. C'est ce qu'il faut avoir avant tout en tête quand on s'interroge sur le rôle capital du Néolithique, une période que l'on a pu résumer en une seule phrase comme se situant « entre la fin d'un mode de vie fondé sur la chasse et le début d'une économie reposant pleinement sur l'usage des métaux, quand la pratique de l'agriculture apparut et se développa, comme une vaste houle, à travers la plus grande partie de l'Europe, de l'Asie et de l'Afrique du Nord ».

Deux facteurs jouent un rôle clé en matière d'agriculture : la culture des céréales et la pratique de l'élevage animal. Comment tout cela se mit en place, où et quand, reste un profond mystère. L'environnement a dû faciliter la tâche aux uns plus qu'aux autres ; tandis que certains peuples poursuivaient le gibier dans les plaines laissées à découvert par le retrait des glaces, d'autres perfectionnaient les savoir-faire nécessaires à l'exploitation des vallées fluviales et des criques marines récemment apparues, si riches en plantes et en poissons consommables. Le même processus a dû intervenir pour la culture et le bétail. Dans l'ensemble, l'Ancien Monde formé par l'Afrique et l'Eurasie était mieux pourvu en animaux susceptibles d'être domestiqués que ce que l'on appellera plus tard les Amériques. Il n'est donc pas surprenant, dans ces conditions, que l'agriculture ait commencé à se développer en plus d'un endroit et sous différentes formes. L'exemple le plus ancien, qui concerne des sortes primitives de millet et de riz, se trouve en Chine, dans les vallées du Yangzi Jiang et du Huang He (ou « fleuve Jaune »), et remonte à un peu moins de neuf mille ans. Pendant des millénaires et jusqu'à il y a deux siècles, l'humanité subvint à ses besoins alimentaires grandissants par des méthodes déjà en usage à l'époque de la préhistoire, même si leur découverte prit du temps et même si elles étaient encore rudimentaires. On put dégager de nouveaux terrains pour les récoltes, on commença à modifier sciemment les espèces par l'observation et par la sélection, on transféra des plantes à de nouveaux endroits, on creusa, on draina, on irrigua. Cela permit de faire progresser la production de nourriture à mesure que s'accroissait, de façon lente et régulière, la population mondiale, jusqu'aux grands changements apportés par les engrais chimiques et la génétique moderne.

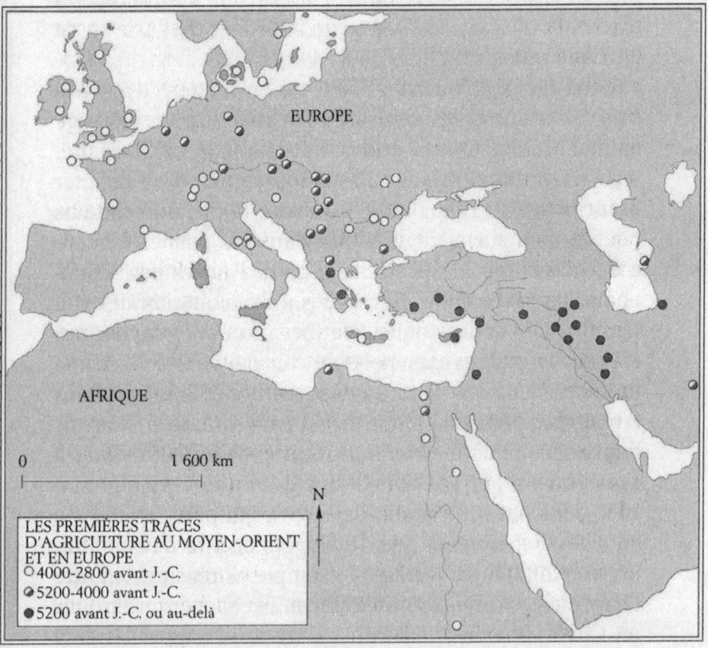

Les trouvailles faites à Jiahu, un lieu situé entre deux grands fleuves chinois, ont jeté récemment de nouvelles lumières sur les premières communautés agricoles. Les archéologues y ont mis au jour les fondations de quarante-cinq maisons et des milliers d'objets datant d'au moins sept mille ans. Parmi eux, un grand nombre d'instruments de musique de différentes sortes. On a découvert également des outils pour l'agriculture, y compris des bêches et des faucilles, ainsi que d'autres objets de même nature qui nous aident à comprendre le niveau élevé qu'avait déjà atteint la culture du riz à Jiahu. Il paraît aujourd'hui très probable que celle-ci a débuté dans une région de la Chine centrale, où elle a permis le développement de quelques-unes des premières civilisations, et s'est répandue de là dans d'autres parties de l'Asie. Les témoignages archéologiques provenant de Chine montrent aussi le lien étroit qui a existé entre culture de la terre et culture de l'esprit : quand les paysans vivaient ensemble dans des villages fixes, ils accroissaient leurs chances d'accumuler des savoirs qui, recueillis et préservés, pourraient ensuite être diffusés ailleurs.

Les hasards du temps et les orientations de la recherche ont fait que, jusqu'à une date récente, on en savait beaucoup plus sur les débuts de l'agriculture au Moyen-Orient et en Anatolie que sur ses antécédents éventuels au cœur de l'Asie. Il n'en demeure pas moins qu'il y a de bonnes raisons de tenir le Moyen-Orient pour une zone clé en la matière. Les conditions requises pour le développement d'une telle activité ainsi que les témoignages dont nous disposons confèrent une importance toute particulière à la région qui portera plus tard le nom de « Croissant fertile » ; il s'agit du grand arc de terre qui part de l'Egypte en direction du nord, *via* la Palestine et le Levant, traverse l'Anatolie pour atteindre les hauteurs situées entre l'Iran et le sud de la Caspienne et déboucher enfin dans les vallées fluviales de la Mésopotamie, qui appartiennent maintenant à l'Irak. Une grande partie de cette aire géographique n'a plus rien à voir de nos jours avec le luxuriant paysage d'autrefois, quand le climat était au mieux, il y a quelque cinq mille ans. De l'orge sauvage ainsi qu'une sorte de blé poussaient dans le sud de la Turquie et une autre céréale sauvage, l'amidonnier, proche elle aussi du blé, s'était implantée dans la vallée du Jourdain. Il tombait suffisamment de pluie en Egypte pour autoriser, jusque bien avant dans l'histoire, la chasse au gros gibier, et l'on pouvait encore trouver des éléphants dans les forêts de Syrie mille ans avant notre ère. La région est toujours fertile si on la compare aux déserts qui l'entourent, mais elle était plus favorisée encore au temps de la préhistoire. Des traces des céréales qui ont précédé les espèces d'aujourd'hui y ont été repérées. Nous avons la preuve que l'on moissonnait, pas nécessairement que l'on cultivait, des céréales sauvages en Asie Mineure vers 9 500 avant J.-C. Le développement des forêts qui s'est produit après le dernier âge de glace constituait un défi qu'il n'était pas trop difficile de relever ; la pression démographique a très bien pu stimuler les efforts pour accroître l'espace vital par le défrichement et la mise en culture, quand il s'est révélé que les aires de cueillette et de chasse devenaient surpeuplées. C'est aux alentours de 7 000 avant J.-C. que les nouveaux produits alimentaires ainsi que les techniques de mise en culture et de récolte semblent s'être répandus en Europe. A l'intérieur même de la région, bien sûr, les contacts étaient relativement plus faciles qu'avec les zones situées à l'extérieur ; on a pu proposer une date aussi ancienne que 8 000 avant J.-C. pour les outils à lame trouvés dans l'Iran du Sud-Ouest, mais l'obsidienne dans laquelle ils étaient faits provenait d'Anatolie. Reste que la diffusion n'explique pas tout. C'est plus tardivement que l'agriculture apparut dans les Amériques, vraisemblablement sans importation de techniques depuis l'extérieur.

Le passage de la cueillette de céréales sauvages à leur culture et à leur récolte semble avoir demandé un peu plus de peine que celui de la traque du gibier à son élevage, mais la domestication d'espèces animales a joué un rôle presque aussi important. Les premiers indices d'un élevage de moutons proviennent du nord de l'Irak et datent d'il y a environ neuf mille ans. Sur ces étendues montagneuses et herbeuses, les ancêtres sauvages de la vache de Jersey et du cochon aux taches noires de Gloucester ont erré en liberté pendant des milliers d'années, hormis quelques rencontres épisodiques avec des chasseurs. Il est vrai que l'on pouvait trouver des cochons un peu partout dans l'Ancien Monde, mais les moutons et les chèvres étaient particulièrement abondants en Asie Mineure et sur un territoire qui s'étendait sur une grande partie de l'Asie proprement dite. Leur exploitation systématique allait conduire à un contrôle de leur reproduction et à d'autres innovations économiques et techniques. La peau et la laine, une fois recueillies, ouvrirent de nouvelles perspectives ; la traite conduisit à la fabrication de produits laitiers. L'utilisation d'animaux pour la monte et la traction viendra plus tard, tout comme la volaille domestique.

L'histoire de l'humanité a déjà largement dépassé le seuil à partir duquel l'impact de tels changements devient évident. Avec l'arrivée de l'agriculture, voici que toute la structure matérielle sur laquelle vont reposer les développements à venir se révèle d'un coup à nos yeux, même si elle n'est pas encore en place. L'agriculture va entraîner l'une des plus grandes transformations que l'homme ait fait subir à son environnement. Pour une société fondée sur la cueillette et la chasse, il faut un territoire considérable pour subvenir aux besoins d'une famille, alors qu'il suffit d'une dizaine d'hectares pour une société pratiquant les toutes premières formes d'agriculture. Du seul point de vue démographique, une forte accélération de la croissance devenait possible. Le fait d'être assuré ou pratiquement assuré d'un surplus de nourriture allait autoriser la construction d'habitats plus solides. Sur des espaces plus réduits, davantage de personnes pouvaient trouver leur subsistance et de véritables villages pouvaient voir le jour. On pouvait plus facilement accepter et prendre en charge ceux qui n'étaient pas engagés directement dans la production de nourriture et les laisser mettre en œuvre leurs compétences propres. Il y a plus de neuf mille ans avant notre ère, il y eut un village (et peut-être un petit sanctuaire) à Jéricho. Un millier d'années plus tard, ce village occupait entre 3 et 4 hectares, avec des maisons faites en briques de boue et des murs solides.

Un long temps s'écoule avant que nous puissions discerner les grands traits qui marquent l'organisation sociale et le comportement des premières communautés rurales. Il se peut que les différences régionales existant au sein de l'espèce humaine aient joué un rôle décisif à cette époque, comme ce sera souvent le cas par la suite. L'humanité n'avait jamais manifesté autant d'uniformité sur le plan physique, mais elle ne s'était jamais autant diversifiée sur le plan culturel, puisqu'elle ne rencontrait pas partout les mêmes problèmes et ne s'appropriait pas partout les mêmes ressources. On ne peut manquer d'être frappé par la capacité d'adaptation des différentes branches de l'*Homo sapiens* devant la situation créée par le retrait des dernières couches de glace. Contrairement à ce qui s'était produit après les précédentes glaciations, il y eut entre ces branches des variations notables en termes d'apprentissage. Elles vivaient le plus souvent à l'écart les unes des autres, enfermées dans des traditions bien établies et pliant sous le poids écrasant de la routine. Les divisions culturelles et ethniques qui étaient apparues si lentement pendant la préhistoire allaient y gagner une nouvelle stabilité. Lorsque l'humanité sera entrée dans l'histoire, il faudra beaucoup moins de temps à ces particularités locales pour s'effondrer sous l'impact de la croissance démographique, de l'accélération des communications et de l'arrivée du commerce – dix mille ans tout au plus. A l'intérieur des nouvelles communautés rurales, il est vraisemblable que la diversification des rôles s'est accentuée et que de nouvelles disciplines collectives se sont imposées. Il dut y avoir davantage de loisir pour certains (même s'il dut y en avoir moins pour d'autres, directement impliqués dans la production de nourriture). Il est très probable que les distinctions sociales devinrent plus marquées. Autant de phénomènes à mettre en rapport avec l'existence de surplus permettant désormais de faire du troc et, à terme, du commerce.

Ces mêmes surplus peuvent aussi avoir servi de cibles à la plus vieille activité de l'homme après la chasse – la guerre. La chasse fut longtemps le divertissement des rois, et la maîtrise sur le monde animal constitue l'un des attributs des premiers héros, dont la sculpture et la légende nous rapportent les exploits. Mais la perspective d'un butin en hommes et en provisions a dû rendre plus tentantes les razzias et les conquêtes. C'est peut-être là également qu'un conflit appelé à s'étendre sur bien des siècles – celui opposant les nomades aux sédentaires – trouve ses origines. Le pouvoir politique pourrait être issu du besoin de protéger les moissons et les réserves contre les prédateurs humains. Nous pouvons même nous demander si la notion d'aristocratie ne remonte pas plus ou moins obscurément aux succès (qui ont dû être fréquents) des chasseurs-cueilleurs, représentants d'un ordre social plus ancien, sur les cultivateurs, liés à la terre dont ils dépendaient et dont les chasseurs-cueilleurs exploitaient la vulnérabilité en les réduisant en esclavage. Il est bon cependant de remarquer que, même si le monde de la préhistoire était brutal et sans loi, il existait à cela une forme de compensation : ce monde était encore loin d'être plein. Le processus qui conduisit au remplacement des chasseurs-cueilleurs par des fermiers ne se fit pas nécessairement dans la violence. L'Europe se caractérisait, à la veille de l'introduction de l'agriculture, par l'étendue de ses espaces et la faiblesse de sa population : voilà qui peut suffire à expliquer le fait que les archéologues n'aient pas trouvé de traces de combats. Ce n'est que peu à peu, avec la croissance démographique et l'importance grandissante prise par les nouvelles ressources agricoles, que durent grandir les risques d'affrontements.

Sur la longue durée, la métallurgie changea les choses autant que le fit l'agriculture, mais cela prit beaucoup plus de temps. Dans une première phase, les différences qu'elle provoqua furent moins rapides et moins essentielles. C'est probablement parce que les premiers gisements de minerai que l'on découvrit étaient en petit nombre et dispersés : pendant une longue période, il n'y eut tout simplement pas assez de métal. Le premier dont nous ayons pu repérer l'usage est le cuivre (ce qui enlève de son attrait à l'ancienne expression « âge du bronze » pour désigner les débuts de la civilisation du métal). Quelque part entre 7 000 et 6 000 avant notre ère, il fut d'abord façonné à froid au marteau puis fondu à Çatal Höyük, en Anatolie, mais les premiers objets en métal que nous connaissions datent d'environ 4 000 avant J.-C. : il s'agit d'épingles en cuivre martelé trouvées en Egypte. Une fois que fut découverte la technique consistant à mélanger le cuivre avec de l'étain pour produire du bronze, on disposa d'un métal dans lequel il était relativement facile de couler des objets et qui permettait, en même temps, d'obtenir un bord tranchant de meilleure qualité et plus durable. On l'utilisait en Mésopotamie peu après 3 000 avant J.-C. Bien des réalisations reposèrent directement sur lui et il servit de point de départ à beaucoup d'autres. D'où l'importance toute nouvelle prise par les zones riches en minerai, laquelle devait conduire à son tour à un nouvel essor du commerce, des marchés et des routes. D'autres complications allaient bien évidemment survenir par la suite avec l'arrivée du fer, qui intervint alors que certaines cultures étaient indiscutablement parvenues au stade de civilisations – ce qui montre bien, une fois encore, à quel point la préhistoire et l'histoire s'entremêlent. L'intérêt du fer pour un usage militaire saute aux yeux, mais sa valeur fut aussi grande pour un usage agricole. Peut-être est-ce un peu trop anticiper, mais il permit d'étendre considérablement le périmètre de vie et l'étendue des terrains mis en culture. Quels que soient les résultats qu'il ait pu obtenir en brûlant et en nettoyant bois et buissons, l'homme du Néolithique ne disposait que de faibles moyens : une herminette de pierre ou bien, pour gratter le sol compact, un andouiller ou un bâton de bois. Retourner la terre et creuser profond ne devint possible que lorsque l'invention de la charrue (au Moyen-Orient vers 3 000 avant J.-C.) mit la force animale au service de l'homme et lorsque les outils en fer se répandirent.

On voit déjà clairement à quelle vitesse – le terme se justifie par rapport à l'immense extension de la préhistoire dans le temps, même s'il correspond en certains endroits à des milliers d'années – l'interpénétration et l'interaction commencent à agir sur le rythme et l'orientation du changement. Bien avant que ces processus n'aient produit leurs effets dans certaines régions, les premières civilisations voient le jour. Il était devenu classique entre spécialistes de la préhistoire de se demander si les innovations s'étaient diffusées à partir d'une source unique ou si elles étaient apparues au même moment et d'une manière indépendante en divers endroits. Mais la complexité du contexte est telle qu'il est inutile désormais de perdre son temps et son énergie dans un pareil débat. Aucune des deux thèses ne peut être acceptée sans réserve. Soutenir qu'en un lieu et un seul toutes les conditions se trouvèrent réunies pour l'apparition de nouveaux phénomènes, lesquels n'eurent plus qu'à se diffuser ailleurs, c'est s'exposer à autant d'objections que de soutenir le contraire, à savoir que, dans des conditions géographiques, climatiques et culturelles très différentes, les mêmes inventions, exactement les mêmes, aient pu à plusieurs reprises jaillir, en quelque sorte, à la surface. Ce que nous pouvons observer, c'est l'existence au Moyen-Orient d'une concentration de facteurs qui a fait de cette région, à un moment crucial et avec un maximum d'intensité, le centre le plus évident, le plus actif et le plus important de nouveaux développements. Ce qui ne veut pas dire que tel ou tel développement analogue n'ait pas pu se produire ailleurs : la poterie apparut pour la première fois au Japon il y a environ dix mille ans, et l'agriculture vit le jour en Amérique dès le Ve millénaire avant J.-C., sans le moindre contact avec l'Ancien Monde.

La préhistoire s'achève en somme dans une certaine approximation et dans un certain désordre ; il faut répéter, une fois encore, qu'il n'existe, entre elle et l'histoire, aucune frontière bien marquée. A la fin de la préhistoire et à la veille des premières civilisations, nous avons affaire à un monde qui regroupe des sociétés humaines plus différenciées qu'elles ne l'ont jamais été et qui connaissent des réussites sans précédent en termes de maîtrise de l'environnement et de survie. Certaines de ces sociétés vont se perpétuer dans l'histoire. C'est seulement au siècle dernier ou à peu près que les Aïnous du nord du Japon ont disparu, emportant avec eux un mode de vie dont on dit qu'il ressemblait beaucoup à celui qui était le leur il y a quinze mille ans. Les Anglais et les Français qui débarquèrent en Amérique du Nord au XVIe siècle y découvrirent des chasseurs-cueilleurs qui devaient vivre pour une large part comme vivaient leurs ancêtres dix mille ans plus tôt. Platon et Aristote étaient morts bien avant que la préhistoire, en Amérique, ne voie l'apparition de la grande civilisation maya du Yucatán, et cette même préhistoire s'est prolongée jusqu'au XIXe siècle pour les Eskimos et les Aborigènes d'Australie.

Des divisions chronologiques trop tranchées n'aideront donc jamais à démêler un écheveau aussi embrouillé.

Mais un fait capital s'impose ; il existait vers 6 000 ou 5 000 avant J.-C., dans au moins deux régions de l'Ancien Monde, tous les composants essentiels de la vie civilisée. Leurs racines les plus profondes nous ramènent des centaines de milliers d'années en arrière, dans des périodes dominées par le rythme lent de l'évolution génétique. Au Paléolithique supérieur, la vitesse du changement s'était considérablement accélérée, à mesure que les phénomènes culturels prenaient davantage d'importance, mais ce n'était rien en comparaison de ce qui devait suivre. Ce que la civilisation allait apporter, dans des proportions nouvelles, c'était un effort conscient d'organisation des hommes et de leur environnement. Elle s'appuie sur une somme de ressources, tant sur le plan intellectuel que sur le plan technique, et les réactions provoquées par les transformations qu'elle opère viennent accélérer à leur tour le processus de changement. A la clé, ce sont des développements plus rapides dans tous les domaines : contrôle de l'environnement, façons de penser, organisation sociale, accumulation des richesses, croissance démographique.

Il est important ici de bien mettre les choses à leur place. A en croire certains de nos contemporains, la période correspondant aux Moyens Ages européens, laquelle dura plusieurs siècles, ressemblerait à un long sommeil. Aucun médiéviste n'en conviendrait, bien évidemment, mais un homme du XXIe siècle que frappent la rapidité des changements dans lesquels il est plongé et la relative immobilité de la société médiévale devrait y réfléchir à deux fois. Les révolutions qui marquèrent le domaine artistique entre les tout débuts de l'art roman à Aix-la-Chapelle du temps de Charlemagne et le gothique flamboyant tel qu'il se développa en France prirent cinq à six siècles ; il fallut une période à peu près dix fois aussi longue pour que la première forme d'art, celle qui caractérise le Paléolithique supérieur en Europe, en vienne à afficher des changements stylistiques que l'on peut tenir, par comparaison, pour mineurs. Si l'on remonte dans le temps, le rythme est encore plus lent, comme le montre la persistance des premiers types d'outils. D'autres changements, plus fondamentaux, se laissent plus difficilement appréhender. Autant que nous le sachions, les douze derniers millénaires ne connaissent rien de comparable, en matière de physiologie humaine, avec les transformations colossales qui survinrent au début du pléistocène et dont portent témoignage une poignée de restes fossilisés : autant d'expériences, parmi beaucoup d'autres, auxquelles s'est livrée la nature – des expériences qui n'en ont pas moins demandé des centaines de milliers d'années.

Cette différence en matière de rythme correspond pour une bonne part au conflit par lequel nous avons commencé, celui qui voit s'affronter, pour la conduite du changement, la Nature et l'Homme. L'espèce humaine va de plus en plus décider pour elle-même. Durant la préhistoire, déjà, le changement devient toujours davantage le fruit d'une adaptation consciente. Et le même scénario se poursuit, avec encore plus d'intensité, une fois l'homme entré dans l'histoire. Le plus important dans le destin de l'humanité, c'est donc le rôle joué par la conscience ; quand, il y a bien longtemps, elle vint rompre le cours tranquille de la génétique, tout devint alors possible. Nature et éducation : ce binôme est en place dès qu'apparaissent les premiers êtres humains identifiables comme tels ; peut-être est-il difficile de démêler ce qui revient à l'une et ce qui revient à l'autre, mais la culture et les traditions, qui sont autant d'apports proprement humains, apparaissent de plus en plus déterminantes en matière de changement.

Deux remarques méritent toutefois d'être faites pour nuancer ce fait indiscutable. La première, c'est que, depuis le Paléolithique supérieur, notre espèce n'a connu pratiquement aucune amélioration de ses capacités naturelles. En plus ou moins quarante mille ans, la constitution physique de l'homme n'a pas fondamentalement changé et il serait surprenant qu'il n'en ait pas été de même pour ses capacités intellectuelles de base. Un temps si court pourrait à peine suffire pour des changements génétiques comparables à ceux des époques antérieures. La rapidité avec laquelle l'humanité est arrivée à tant de réussites depuis la préhistoire peut s'expliquer très simplement : il y a beaucoup plus d'êtres humains sur lesquels compter et, ce qui est encore plus important, les réussites humaines sont essentiellement cumulatives. Elles reposent sur un héritage qui est lui-même cumulatif : on pourrait parler ici, en quelque sorte, d'intérêts composés, c'est-à-dire calculés sur un capital accru de ses intérêts. Les sociétés primitives avaient hérité de beaucoup moins d'argent à la banque. C'est ce qui rend d'autant plus étonnantes leurs immenses avancées.

La seconde remarque n'est en rien spéculative, si tant est que la première le soit : son héritage génétique ne permet pas seulement à l'*Homo sapiens* de procéder consciemment à des changements, de s'engager dans une forme d'évolution sans précédent, mais il intervient aussi pour le contrôler et le canaliser. Les délires du XXe siècle montrent dans quelle faible mesure nous parvenons à assurer le contrôle conscient de notre destinée. A ce jour, nous sommes toujours soumis à des déterminismes, nous ne sommes toujours pas pleinement libres, nous appartenons toujours à une nature qui a été la première à faire éclore, par le biais de la sélection, nos exceptionnelles qualités. Il n'est pas facile, non plus, de séparer cette part de notre héritage de l'empreinte émotionnelle que la psyché humaine a reçue du fait des processus qui ont jalonné son évolution. Cette empreinte continue de marquer en profondeur notre vie esthétique et affective. Il y a dans l'homme un dualisme avec lequel il lui faut vivre.

L'y aider, c'est ce que se proposent la plupart des grandes philosophies, des grandes religions et des mythologies qui continuent de régir nos vies, mais elles sont façonnées elles aussi par ce même dualisme. En passant de la préhistoire à l'histoire, il est important de ne pas oublier que les effets déterminants de cette double appartenance à la nature et à la culture sont encore plus difficiles à maîtriser que les forces aveugles de la préhistoire – la géographie, le climat –, lesquelles furent si rapidement jugulées. Quoi qu'il en soit, la créature qui s'apprête à franchir sous nos yeux le seuil qui la fera entrer dans l'histoire nous est déjà familière : c'est l'Homme, ce faiseur de changements.

DEUXIÈME PARTIE

LES CIVILISATIONS

Il y a dix mille ans, la Terre ressemblait beaucoup à ce qu'elle est aujourd'hui. Les continents avaient à peu près l'aspect que nous leur connaissons. Les grandes barrières naturelles et les grandes voies de communication n'ont pas varié depuis. En comparaison avec les bouleversements qui se produisirent durant les centaines de millénaires qui précèdent la fin du dernier âge de glace, le climat, lui aussi, est demeuré stable tout au long de cette petite période ; les historiens ne se préoccupent plus désormais que de ses variations à court terme. Nous entrons dans l'âge (qui est toujours le nôtre) où l'homme devient le principal acteur du changement.

De ce changement, la civilisation a été le grand accélérateur. Elle aurait connu au moins sept commencements, si l'on en croit un historien. Il entendait par là qu'il pouvait identifier sept occasions au moins où s'était opérée une conjonction entre aptitudes humaines et phénomènes naturels permettant l'accès à une nouvelle façon de vivre fondée sur l'exploitation de la nature. Bien que tous ces commencements soient compris dans un espace de temps d'environ trois mille ans – à peine un moment comparé aux vastes immensités de la préhistoire –, ils n'eurent pas lieu simultanément et n'obtinrent pas les mêmes résultats. Ils connurent des sorts très différents.

Dans certains cas, on assista à des avancées rapides accompagnées de réalisations durables, dans d'autres à un déclin et à une disparition, si spectaculaire qu'ait pu être auparavant la floraison. Chaque tentative n'en contribua pas moins à impulser le changement à une allure et sur une échelle sans aucune commune mesure avec ce qui s'était produit jusque-là.

Certaines de ces anciennes civilisations servent encore de fondations à notre monde. D'autres, en revanche, n'exercent plus d'influence ou très peu, excepté peut-être sur nos imaginations et nos émotions quand nous contemplons les restes qu'elles nous ont laissés. Elles n'en ont pas moins contribué à dessiner l'essentiel de la carte culturelle du monde telle qu'elle se présente encore à nos yeux, si grand est le pouvoir des traditions qu'elles engendrèrent, même quand leurs apports dans le domaine des idées, de l'organisation sociale et des techniques ont été depuis longtemps oubliés. L'avènement des civilisations les plus anciennes, qui se produisit entre 3 500 et 500 avant notre ère, est à l'origine des premières grandes divisions chronologiques de l'histoire du monde.

IV

Les premières traces de la civilisation

Depuis des temps immémoriaux, il existe à Jéricho, dans l'actuelle Cisjordanie, une source qui ne s'est jamais tarie et qui alimente ce qui constitue encore aujourd'hui une oasis de belle taille. Voilà qui explique sans aucun doute la présence plus ou moins intermittente d'habitants sur les lieux depuis près de dix mille ans. Des fermiers se regroupent autour de la source vers la fin de la préhistoire ; la population compte alors entre 2 000 et 3 000 âmes. Six mille ans avant notre ère, de grandes citernes furent aménagées, ce qui laisse penser qu'il y avait de gros besoins à satisfaire, probablement en matière d'irrigation. Il y avait également une solide tour de pierre, laquelle s'intégrait dans un système de défense bien agencé qui fut longtemps entretenu. Les habitants pensaient à l'évidence qu'ils détenaient quelque chose qui méritait d'être défendu ; ils se sentaient propriétaires. Jéricho fut un endroit important.

On ne peut pas dire pour autant que nous assistions ici à la naissance d'une civilisation ; il manque encore trop d'éléments. Mieux vaut nous attarder au point où nous en sommes, c'est-à-dire au moment où va débuter l'ère des civilisations, et nous demander quel est au juste l'objet de notre quête. Il en va un peu comme pour la localisation dans le temps des premiers êtres humains.

Il existe une zone floue à l'intérieur de laquelle nous savons que se produit le changement, mais l'accord ne s'est toujours pas fait sur l'endroit exact où situer l'événement. Aux alentours de 5 000 avant J.-C., en bien des régions de l'Asie occidentale et orientale, des villages d'agriculteurs fournissaient les surplus de nourriture qui permirent finalement à la civilisation d'apparaître. Outre des traces attestant une pratique religieuse complexe, certains ont laissé derrière eux de la poterie peinte d'une facture recherchée, l'une des formes d'art les plus répandues au Néolithique. Environ six mille ans avant J.-C., on trouve des constructions en brique en Turquie, à Çatal Höyük, un site à peine plus récent que Jéricho. Mais nous entendons d'ordinaire par « civilisation » plus que des rites religieux, des formes d'art ou la présence de certaines techniques, et certainement plus que le simple rassemblement d'êtres humains en un même lieu.

C'est comme parler d'un « homme cultivé » : chacun est capable d'en reconnaître un quand il le voit. Reste que tous les hommes cultivés ne sont pas reconnus comme tels par tous les observateurs, et que posséder une qualification officielle (un diplôme universitaire, par exemple) n'est pas un indicateur indispensable et n'est pas non plus un indicateur infaillible. Les définitions que l'on trouve dans les dictionnaires pour « civilisation » ne nous aident pas davantage. Celle que donne l'*Oxford English Dictionary* est inattaquable, mais si prudente qu'elle en devient inutile : « Un état développé ou avancé de la société humaine. » Ce qu'il nous reste à décider, c'est jusqu'à quel degré cet état doit être « développé » ou « avancé » et dans quelles directions ce développement ou cette avancée doivent s'effectuer.

Certains ont soutenu qu'une société civilisée est différente d'une société non civilisée en ce qu'elle possède un certain attribut – on a cité l'écriture, les villes, les monuments. Mais il est difficile de s'entendre et mieux vaut sans doute ne pas se focaliser sur un seul de ces éléments. Si, en revanche, nous nous référons à des exemples dans lesquels chacun est d'accord pour reconnaître des civilisations, en laissant de côté les cas marginaux et douteux, il est alors évident qu'ils ont un trait commun : la complexité. On constate partout un niveau d'élaboration qui permet d'entreprendre des actions, de tenter des expériences beaucoup plus variées que dans les communautés primitives même les plus florissantes. Nous donnons le nom de civilisation à l'interaction qui se produit entre des êtres humains, d'une manière très créative, lorsqu'une masse critique de potentiel culturel, si l'on peut dire, et un certain surplus de ressources se trouvent réunis. Le propre d'une civilisation, c'est de porter les capacités de développement qui se trouvent en l'homme à un niveau totalement inconnu jusqu'alors et de faire en sorte que les changements qui s'ensuivent puissent exister par eux-mêmes. Mais prenons plutôt des exemples.

Le point de départ de l'histoire des civilisations peut être fixé au IVe millénaire avant J.-C. et il ne sera pas inutile d'esquisser ici une chronologie d'ensemble. Tout commence en Mésopotamie, avec la première civilisation identifiable. Vient après l'Egypte, où la civilisation fait son apparition aux alentours, semble-t-il, de 3 100 avant J.-C. Autre jalon en Méditerranée occidentale, la civilisation dite « minoenne », qui voit le jour en Crète un millier d'années plus tard. A partir de cette époque, nous pouvons cesser de nous demander qui a précédé qui dans cette partie du monde : nous avons déjà affaire à un complexe de civilisations en interaction les unes avec les autres. Dans le même temps, plus loin à l'est, une autre civilisation est apparue en Inde, marquée par une maîtrise relative de l'écriture. La première civilisation chinoise naît légèrement plus tard, peu après 2 000 avant notre ère. Un peu plus tard encore viennent les

Méso-Américains. Une fois passé 1 500 avant J.-C., seuls ces derniers resteront assez isolés pour qu'il soit impossible de donner comme principale explication de ce qui se produit chez eux le jeu des interactions. A partir de ce moment, on ne peut comprendre l'apparition d'une nouvelle civilisation sans prendre en compte le stimulus, le choc ou l'héritage provenant d'autres civilisations apparues avant elle. Cette brève esquisse suffira pour le moment.

A propos de ces premières civilisations (dont la genèse et le développement font l'objet des prochains chapitres), il est très difficile de généraliser. Bien sûr, elles montraient toutes, sur le plan des réalisations techniques, un niveau assez bas, même s'il était étonnamment haut par comparaison avec celui de leurs prédécesseurs non civilisés. A ce moment de l'évolution humaine, leurs caractéristiques continuaient à dépendre, beaucoup plus que pour notre civilisation, du milieu qui était le leur. Elles n'en avaient pas moins commencé à desserrer les contraintes de la géographie. La Terre se présentait déjà pour l'essentiel comme elle est aujourd'hui et les continents avaient la même forme que maintenant. Les obstacles ou les facilités qu'ils offraient à la communication n'ont pas varié depuis, mais l'homme s'employait déjà à développer toujours davantage les techniques lui permettant de les exploiter ou de les surmonter. Les vents et les courants dont était tributaire la navigation dans les Temps anciens n'ont pas beaucoup changé : au IIe millénaire avant J.-C., déjà, les hommes apprenaient à s'en servir et à échapper à leurs contraintes.

Ce scénario suggère, avec raison, que la possibilité pour les hommes d'échanger entre eux fut très tôt considérable. Il ne sert donc à rien de dogmatiser sur telle ou telle norme qui expliquerait l'apparition à tel ou tel endroit d'une civilisation. On a souligné le rôle joué par des environnements favorables, des vallées fluviales par exemple : à l'évidence, la richesse de leurs sols et la facilité avec laquelle on pouvait les cultiver ont permis d'assurer la subsistance de populations relativement importantes, regroupées dans des villages ruraux qui allaient devenir peu à peu les premières villes. C'est ce qui arriva en Mésopotamie, en Egypte, dans la vallée de l'Indus et en Chine. Mais les villes et les civilisations se sont aussi développées à l'écart des vallées, dans la Méso-Amérique, dans la Crète minoenne et plus tard en Grèce. Dans les deux derniers cas, il est très vraisemblable que de fortes influences se soient exercées depuis l'extérieur, mais l'Egypte et la vallée de l'Indus, elles aussi, entretinrent très tôt des rapports avec la Mésopotamie. Les preuves que nous avons de ces contacts ont conduit récemment certains chercheurs à penser qu'il existe une source unique d'où toutes les autres civilisations seraient issues. Cette thèse n'est plus guère défendue aujourd'hui. Il n'y a pas seulement le cas embarrassant posé par les Amériques et leur isolement, mais aussi les grandes difficultés que l'on rencontre pour bâtir un calendrier convaincant de cette diffusion, dans la mesure où c'est de plus en plus à la datation par le radiocarbone que nous devons, pour ces anciennes périodes, nos connaissances en matière de chronologie.

La réponse qui s'avère la plus satisfaisante tient en deux points. Une civilisation a toujours été, selon toute vraisemblance, le produit de la conjugaison d'un certain nombre de facteurs qui ont prédisposé une région bien précise à voir fleurir quelque chose d'assez dense pour être reconnu plus tard comme une civilisation. Mais des environnements différents, des influences différentes venues de l'extérieur et des héritages culturels différents sont aussi entrés en jeu, qui ont fait que les hommes, à travers le monde, n'ont pas tous avancé au même rythme, voire dans la même direction. L'idée d'un modèle standard d'« évolution » sociale a été discréditée avant même celle d'une « diffusion » à partir d'une source unique. Il est clair qu'un milieu géographique favorable fut un élément clé ; dans les premières civilisations, tout reposait sur l'existence de surplus agricoles. Mais un autre facteur joua un rôle tout aussi important – la capacité des peuples à tirer parti de leur environnement ou à relever le défi qu'il représentait pour eux –, et c'est là que les contacts avec l'extérieur ont pu peser autant que les traditions. La Chine, à première vue, semble pratiquement coupée de l'extérieur, mais, même dans ce cas, les possibilités de rencontres ou d'échanges ne manquaient pas. Il est donc difficile de se faire une idée précise de la façon dont a pu se former, dans différentes sociétés, la masse critique d'éléments permettant à une civilisation de voir le jour.

Il est plus aisé de s'entendre sur les caractéristiques des premières civilisations que sur leurs origines. Impossible, ici encore, de prétendre à la vérité absolue et universelle. Il y eut des civilisations sans écriture, cet outil pourtant si utile pour emmagasiner et transmettre l'expérience acquise. Dans le domaine matériel, les savoir-faire furent eux aussi très inégalement répartis : les Méso-Américains menèrent à bien de grandes opérations de construction sans utiliser ni la traction animale ni la roue, et les Chinois savaient comment fondre le fer près de mille cinq cents ans avant les Européens. Loin s'en faut que toutes les civilisations aient suivi le même modèle de développement ; il y a de grandes disparités dans leurs capacités de résistance, sans parler de leurs réussites.

Les premières civilisations, tout comme celles qui viendront plus tard, n'en semblent pas moins présenter en commun un trait positif : elles transforment l'échelle humaine des choses. Elles mobilisent les efforts conjoints d'un plus grand nombre d'hommes et de femmes que dans les sociétés précédentes et y parviennent d'ordinaire en les regroupant physiquement dans des agglomérations plus vastes. Notre mot « civilisation » suggère, étymologiquement, un lien avec la cité, c'est-à-dire avec le phénomène d'urbanisation. De l'aveu général, il serait très téméraire de prétendre dire à quel moment précis on passe d'un réseau serré formé par des villages de cultivateurs, rayonnant autour d'un centre religieux ou d'un marché, à la première vraie cité. Il est pourtant parfaitement fondé de dire que c'est la cité, plus qu'aucune autre institution, qui a fourni la masse critique permettant à la civilisation de voir le jour et que c'est elle qui, mieux que tout autre environnement jusque-là, a favorisé l'innovation. A l'intérieur de la cité, les surplus de richesses procurés par l'agriculture ont rendu possibles d'autres caractéristiques de la vie civilisée. Ils ont permis d'entretenir une classe de prêtres qui élabora une structure religieuse complexe, ce qui conduisit à l'édification de grands monuments, dont les fonctions n'étaient pas seulement économiques, et finalement à la rédaction de textes, c'est-à-dire en somme à la littérature. Des ressources beaucoup plus grandes que dans les Temps anciens furent ainsi allouées à d'autres activités que la consommation immédiate, ce qui permit de stocker sous de nouvelles formes les initiatives et les expériences. La culture ainsi accumulée devint ainsi peu à peu un instrument de plus en plus efficace pour transformer le monde.

Un changement saute très vite aux yeux : les hommes, en diverses parties du monde, vont se ressembler de moins en moins. Ce qu'il y a de plus évident avec les premières civilisations, c'est leur étonnante différence de style, mais nous avons tendance à négliger ce fait, précisément parce qu'il est si évident. L'arrivée de la civilisation ouvre une ère de différenciation de plus en plus rapide dans tous les domaines : vêtements, architecture, techniques, comportements, types d'organisation sociale, idées. Les origines d'un tel phénomène remontent manifestement à la préhistoire, quand il existait déjà des hommes avec des styles de vie différents, des formes d'existence différentes, des mentalités et des caractéristiques physiques différentes. Mais ce n'était plus simplement le produit de facteurs naturels tels que l'environnement, c'était l'effet de la puissance créatrice de la civilisation elle-même. Il faudra attendre la domination exercée par la technologie occidentale au XXe siècle pour que cette diversité commence rapidement à se réduire. Reste qu'il a toujours existé, depuis les premières civilisations jusqu'à notre monde d'aujourd'hui, des modèles « alternatifs » de société disponibles, même si ces différents modèles ne se connaissaient guère.

Il est très difficile, sur bien des points, de nous faire une idée de cette diversité. Tout ce que nous pouvons faire, le cas échéant, c'est nous rappeler qu'elle existe. Pour les premiers temps, il nous reste peu de traces concernant la vie intellectuelle, en dehors des institutions, si tant est que nous puissions les comprendre, des symboles utilisés dans l'art et des idées véhiculées par la littérature. C'est là que l'on peut retrouver les grands présupposés, les grandes orientations en fonction desquels se construit une certaine vision du monde – même si cette vision échappe à la conscience de ceux qui la partagent (l'histoire est souvent la découverte de ce que les gens ne savaient pas d'eux-mêmes). Nombre de ces notions nous restent hermétiques, et même quand nous commençons à retrouver les formes qui étaient celles du monde dans lequel vivaient les hommes au temps des premières civilisations, il nous faut faire un constant effort d'imagination pour éviter le piège de l'anachronisme, qui nous menace de tous côtés. Même la présence de l'écriture ne nous renseigne pas beaucoup sur la façon dont raisonnaient des créatures qui nous ressemblent à la fois tant et si peu.

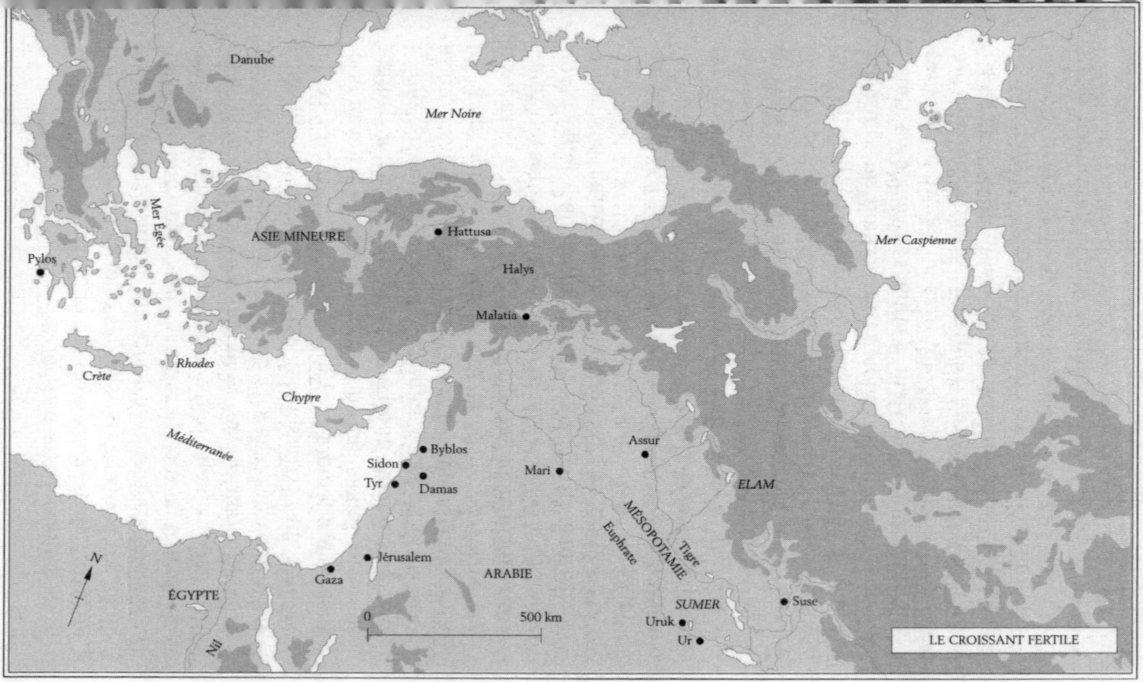
LE CROISSANT FERTILE
Danube
Mer Noire
Mer Caspienne
Mer Égée
Pylos
ASIE MINEURE
Hattusa
Halys
Malatia
Rhodes
Crète
Chypre
Méditerranée
Byblos
Sidon
Tyr
Damas
Mari
Assur
ELAM
MÉSOPOTAMIE
Euphrate
Tigre
Jérusalem
Gaza
ARABIE
ÉGYPTE
Nil
SUMER
Suse
Uruk
Ur
N
0
500 km

C'est en Asie occidentale et en Méditerranée orientale que, pour la première fois, devient manifeste l'effet stimulant que les cultures exercent les unes sur les autres, et c'est là, sans aucun doute, qu'il faut situer, pour une bonne partie d'entre elles, l'apparition des premières civilisations. Durant trois ou quatre millénaires, un incessant va-et-vient d'ethnies diverses va tout à la fois enrichir et troubler cette région où s'enracine notre histoire. Le Croissant fertile fut, pendant la plus grande partie des temps historiques, un grand creuset de cultures, une zone non seulement de séjour mais de transit, marquée par le flux et le reflux des peuples et des idées. Il en résulta au bout du compte un échange fécond d'institutions, de langues et de croyances d'où sont issues nombre de nos idées et de nos coutumes actuelles.

La raison de ces phénomènes n'apparaît pas clairement, mais il est plus que probable qu'il faille y voir avant tout l'effet d'une surpopulation dans les territoires d'où provenaient les migrants. Il peut sembler paradoxal de parler de surpopulation pour un monde dont on estime qu'il comptait seulement, vers 4 000 avant notre ère, entre 80 et 90 millions d'habitants – c'est-à-dire à peu près autant que l'Allemagne d'aujourd'hui. Durant les quatre millénaires qui suivirent, ce chiffre devait doubler pour atteindre les 130 millions ou à peu près, ce qui signifie un accroissement annuel presque infinitésimal par comparaison avec ce que nous considérons à présent comme allant de soi. Voilà qui montre la lenteur relative avec laquelle notre espèce s'est donné les moyens d'exploiter le monde naturel, mais cela souligne aussi, par comparaison avec les temps préhistoriques, à quel point les nouvelles possibilités offertes par la civilisation avaient déjà renforcé, très tôt, la propension de l'homme à se multiplier et à prospérer.

Un tel accroissement était faible, à la lumière de ce qui se produira plus tard, mais c'est qu'il continuait à reposer sur des ressources aléatoires, ce qui permet de parler de surpopulation. La sécheresse pouvait ruiner brutalement et soudainement la capacité d'une région à assurer elle-même sa subsistance et il faudrait des milliers d'années avant que la nourriture ne puisse être facilement importée d'ailleurs. Conséquence immédiate, dans la plupart des cas : la famine. Mais il y eut d'autres effets, plus importants, sur le long terme. Les perturbations ainsi provoquées furent les premiers agents moteurs de l'histoire ; les changements climatiques dictaient encore leur loi, ce qui ne se produit plus aujourd'hui que d'une façon très locale et très spécifique. Des sécheresses, des tempêtes catastrophiques, voire une variation marginale des températures à la hausse ou à la baisse pendant quelques décennies : autant de phénomènes qui pouvaient forcer des groupes humains à se mettre en marche et faciliter ainsi la naissance d'une civilisation en faisant se rencontrer des peuples aux traditions différentes. En se heurtant, en coopérant, ils apprenaient les uns des autres et augmentaient le potentiel d'ensemble de leurs sociétés.

Les peuples qui furent dans ces régions les acteurs des premiers temps de l'histoire appartenaient à la famille humaine à peau blanche (appelée quelquefois, d'un terme qui prête à confusion, caucasienne), qui vit le jour en Europe. C'est l'un des trois grands groupes régionaux de l'espèce *Homo sapiens* (les deux autres étant l'Africain et l'Asiatique). Les différences linguistiques ont conduit à établir d'autres formes de distinction. A partir de critères philologiques, on a réparti les peuples qui occupaient le Croissant fertile aux premiers temps de la vie civilisée en quatre ensembles : les « Chamites », implantés en Afrique au nord et au nord-est du Sahara, les « Sémites » de la péninsule Arabique, les « Indo-Européens » qui, partant du sud de la Russie, s'étaient également répandus vers

4 000 avant J.-C. en Europe et en Iran, et enfin les vrais « Caucasiens » de Géorgie. La plupart de ces classifications prêtent à discussion mais elles donnent une assez bonne idée des *dramatis personae* qui, dans les Temps anciens, occupaient la scène du Croissant fertile et de ses environs. Leurs centres historiques étaient situés tout autour de la zone dans laquelle sont apparues pour la première fois l'agriculture et la civilisation. La richesse d'une zone aussi bien dotée a dû attirer les peuples de la périphérie.

Aux alentours de 4 000 avant notre ère, la plus grande partie du Croissant fertile était occupée. C'est un bon point de départ pour essayer de résumer les trois millénaires qui vont suivre, ce qui permettra par là même de fixer un cadre pour l'étude des premières civilisations. A cette époque, les peuples sémites ont probablement déjà pénétré dans le Croissant ; leur pression ne va pas cesser de s'accentuer, tant et si bien qu'on les retrouve, vers le milieu du IIIe millénaire avant J.-C., solidement implantés dans le centre de la Mésopotamie, dans la zone comprise entre le Tigre et l'Euphrate. Les interactions et les rivalités des peuples sémites avec d'autres groupes qui avaient réussi à s'installer sur les hauteurs fermant la Mésopotamie au nord-est constituent, à en croire certains spécialistes, une sorte de thème récurrent dans l'histoire de cette région. Vers 2000 avant J.-C., les peuples appartenant par leurs langues au groupe indo-européen entrent à leur tour en scène, en suivant deux directions opposées. L'un d'entre eux, les Hittites, venu d'Europe, s'enfonce en Anatolie, tandis que les Iraniens se mettent à avancer depuis l'est.

Entre 2 000 et 1 500 avant J.-C., des composantes de ces différentes entités rivalisent et se mélangent avec les Sémites et d'autres peuples à l'intérieur même du Croissant, tandis que les contacts entre les Chamites et les Sémites sous-tendent une bonne partie de l'histoire politique de l'Egypte ancienne. Ce scénario est évidemment hautement hypothétique. Son seul intérêt est de bien marquer le dynamisme qui caractérise l'histoire de la région dans les Temps anciens et les grands rythmes auxquels elle obéit. Il existe encore bien des incertitudes dans le détail, comme on le verra, et il n'est pas facile d'expliquer le caractère changeant, fluctuant, de la situation. Il reste que ces incessants mouvements migratoires, quelle qu'ait pu en être la cause, ont servi de fond à l'apparition et à la montée en puissance de la première civilisation.

V
La Mésopotamie ancienne

Si l'on cherche où est apparu pour la première fois ce qui ressemble indubitablement à une civilisation, les meilleurs arguments plaident en faveur du sud de la Mésopotamie, un territoire de plus de 1 100 kilomètres de long compris entre la vallée du Tigre et celle de l'Euphrate. A l'époque néolithique, cette extrémité du Croissant fertile était parsemée de nombreux villages d'agriculteurs. Les plus anciennes de ces agglomérations semblent s'être implantées tout au sud, là où les alluvions provenant depuis des siècles de l'intérieur du pays et les inondations annuelles avaient rendu le sol d'une grande richesse. Cultiver a toujours dû y être beaucoup plus facile qu'ailleurs, à condition de pouvoir disposer d'un approvisionnement en eau régulier et sûr ; tel était le cas : en dépit de pluies faibles et intermittentes, le lit de la rivière était souvent au-dessus du niveau des plaines environnantes. A en croire certains calculs, le rendement que connut la Mésopotamie du Sud vers 2 500 avant J.-C. soutenait largement la comparaison avec celui des meilleurs champs de blé canadiens d'aujourd'hui. Il y eut là, tôt dans l'histoire, la possibilité de récolter des quantités supérieures à celles qu'exigeait la consommation quotidienne, d'amasser le surplus indispensable à la vie urbaine. La mer, qui se trouvait à proximité, offrait également ses ressources.

Pareil emplacement était un défi autant qu'une chance. Le Tigre et l'Euphrate pouvaient brusquement et brutalement changer de cours. Il fallut surélever les basses terres marécageuses du delta pour les mettre à l'abri des inondations, construire des digues, creuser des fossés, aménager des canaux pour évacuer les eaux. Des milliers d'années plus tard, on pouvait encore voir à l'œuvre en Mésopotamie des techniques qui étaient probablement celles inaugurées il y a bien longtemps pour construire des plates-formes de roseaux et de boue destinées à servir de soubassements aux premières fermes de la région. Afin de tourner un inconvénient en avantage, on regroupait ces îlots de culture là où le sol était le plus riche. Mais les systèmes d'écoulement et d'irrigation que cela nécessitait ne pouvaient être gérés efficacement que d'une façon collective. Il fallut s'entendre également sur la mise en valeur de nouvelles parcelles. Peu importe de quelle manière les choses se sont passées : ce fut une réussite apparemment sans précédent que de transformer des marais en terres cultivables, avec toute la complexité que cela devait introduire dans la façon dont les hommes vivaient ensemble.

A mesure qu'augmenta la population, il fallut mettre en culture davantage de terres pour la nourrir. Tôt ou tard, des hommes appartenant à différents villages étaient appelés à s'affronter pour revendiquer à leur profit le marécage qui les avait jusqu'ici séparés les uns des autres. Des problèmes d'irrigation les avaient peut-être déjà mis en contact. Le choix était simple : se battre ou coopérer. Dans un cas comme dans l'autre, cela supposait davantage d'organisation collective et une nouvelle concentration du pouvoir. A un certain moment de cette évolution, les hommes jugèrent bon, pour mieux se défendre et mieux gérer leur environnement, de se regrouper en unités plus importantes. L'un des résultats de cette décision, sur le plan matériel, fut la ville, avec ses remparts de boue pour repousser les inondations et les ennemis, avec son sol dominant les eaux. Il était logique que l'on choisisse l'endroit où se trouvait le sanctuaire de la divinité locale : c'est elle qui était le fondement de l'autorité au sein de la communauté, une autorité qu'elle exerçait par l'intermédiaire de son grand prêtre, qui devenait ainsi le chef d'une petite théocratie en compétition avec d'autres.

C'est un phénomène de ce genre – impossible d'être plus précis – qui peut expliquer la différence entre le sud de la Mésopotamie, aux IVe et IIIe millénaires avant J.-C., et les autres zones de la culture néolithique avec lesquelles elle s'était trouvée depuis déjà longtemps en contact. De la poterie, des sanctuaires à l'allure caractéristique attestent qu'il y eut des liens entre la Mésopotamie et les cultures néolithiques d'Anatolie, d'Assyrie et d'Iran, ce qui commença à donner forme à une région, le Moyen-Orient. Tous ces pays ont beaucoup de choses en commun. Mais ce n'est que sur un territoire relativement petit qu'une forme de vie villageoise, repérable dans une bonne partie du Moyen-Orient, commença à se développer plus rapidement, au point de finir par se métamorphoser. Tel est le contexte dans lequel apparaissent le premier urbanisme véritable, celui de Sumer, et la première civilisation observable.

Sumer est un ancien nom qui désigne la Mésopotamie méridionale, laquelle comptait, au sud, 160 kilomètres de moins que le rivage actuel. Les gens qui vivaient là devaient être plus proches des groupes situés au nord et à l'ouest que de leurs voisins sémites du sud-ouest. A l'origine, les Sumériens ressemblaient à leurs voisins du nord, les Elamites, qui vivaient de l'autre côté du Tigre. Les spécialistes ne sont toujours pas d'accord sur la date à laquelle les Sumériens – c'est-à-dire ceux qui parlaient la langue que l'on appellera plus tard le sumérien – sont arrivés dans la région : vers 4 000 avant J.-C. ? Mais depuis que nous savons que la population dite sumérienne était un mélange de divers groupes ethniques, dont peut-être les premiers habitants de la région, et que sa culture comportait aussi bien des éléments étrangers que des éléments locaux, cela n'a pas beaucoup d'importance.

La civilisation de Sumer a des racines profondes. Les Sumériens ont longtemps eu un mode de vie qui n'était pas très différent de celui de leurs voisins. Ils habitaient dans des villages et disposaient d'un petit nombre de lieux de culte importants, fréquentés en permanence. L'un d'entre eux, en un endroit appelé Eridu, vit le jour probablement vers 5 000 avant notre ère. Il connut une croissance régulière jusque dans les temps historiques et un temple fut construit sur le site vers le milieu du IVe millénaire. Il aurait servi de modèle, d'après certains, à l'architecture monumentale de la Mésopotamie, mais il ne nous reste rien de lui, sinon le soubassement sur lequel il reposait. De tels sanctuaires furent d'abord destinés à ceux qui vivaient à proximité. Il ne s'agissait pas de véritables villes mais de lieux de dévotion et de pèlerinage. Ils ne devaient pas abriter un grand nombre de personnes, mais constituaient d'ordinaire le centre autour duquel allaient plus tard cristalliser les villes, ce qui contribue à expliquer les étroites relations que pouvoir politique et religion ont toujours entretenues dans la Mésopotamie ancienne. Bien avant 3 000 avant notre ère, on trouvait sur de tels sites des temples de très grandes dimensions ; à Uruk (appelé Erech dans la Bible), il y en avait un particulièrement splendide comportant une décoration très élaborée et des piliers impressionnants de 2,5 mètres de diamètre en briques de boue.

La céramique fournit l'un des principaux témoignages sur les liens qui ont existé entre la Mésopotamie d'avant la civilisation et celle des temps historiques. Elle est la première à indiquer qu'une évolution culturelle importante est en train de se produire, une évolution qui diffère, sur le plan qualitatif, de ce qu'a connu le Néolithique. Les pots dits d'Uruk (le nom vient du site où ils ont été trouvés) sont souvent plus sévères, moins séduisants que ceux des périodes antérieures. Il s'agit en fait d'une production de masse, stéréotypée, réalisée à l'aide d'une roue (dont c'est la première apparition à cette fin). Voilà qui montre à l'évidence qu'il existait déjà, quand ces pots furent réalisés, des ouvriers spécialisés ; s'ils purent prospérer, ce fut grâce à une agriculture suffisamment riche pour leur permettre d'échanger leurs créations contre une partie des surplus obtenus. C'est avec ce changement que commence véritablement l'histoire de la civilisation sumérienne.

Elle va durer mille trois cents ans, ce qui est à peu près le temps qui nous sépare de l'époque de Charlemagne. Elle est marquée, dans ses commencements, par l'invention de l'écriture, qui est peut-être la seule dont l'importance soit comparable à celle de l'agriculture, avant l'ère de la machine à vapeur. Pendant à peu près la moitié du temps où elle a été pratiquée, l'écriture a eu comme support l'argile. Son invention a été précédée en fait par celle de sceaux cylindriques sur lesquels étaient incisés de petits motifs et que l'on faisait rouler ensuite sur de l'argile ; la céramique peut avoir décliné, mais ces sceaux furent l'une des grandes réussites artistiques de la Mésopotamie. Les premiers exemples d'écriture en découlèrent : il s'agissait de pictogrammes, c'est-à-dire de dessins simplifiés (premier pas vers une communication non figurative), que l'on reproduisait avec une tige de roseau sur des tablettes d'argile destinées, en principe, à être cuites au four. Les plus anciennes de ces tablettes sont en sumérien : ce sont des documents comptables, des listes de marchandises, des reçus ; nous sommes ici dans l'univers de l'économie et il n'est pas question de textes qui pourraient être lus en continu. On passa peu à peu de ces premiers répertoires et de ces premiers registres au cunéiforme, basé sur des signes ressemblant à des « coins », et qui doivent leur forme à l'extrémité triangulaire, taillée à plat ou en biseau, des tiges de roseaux, ou calames, dont on se servait. Par rapport au pictogramme, la rupture est complète. A ce stade, les signes et les groupes de signes équivalent à des sons, peut-être aussi à des éléments syllabiques, et reposent tous sur des combinaisons entre graphismes du même type, c'est-à-dire « en coin ». Il y avait là un système de communication par signes plus souple que tout ce qui s'était fait jusqu'alors : Sumer réussit à le concevoir peu avant 3 000 ans avant notre ère.

Grâce à lui, nous avons une idée assez précise de la langue que parlaient les Sumériens. Un petit nombre de mots ont survécu jusqu'à aujourd'hui ; l'un d'entre eux constitue la première occurrence du terme très évocateur d'« alcool » (c'est la première recette de bière connue). Mais le principal intérêt que présente cette langue, c'est le fait d'exister sous forme écrite. La pratique de l'écriture a dû avoir des effets tout à la fois perturbateurs et stabilisateurs. D'un côté, de nouvelles possibilités de communication s'ouvraient, presque à l'infini ; de l'autre, la vie pratique se simplifiait, parce qu'on pouvait désormais consulter des archives et ne pas s'en remettre seulement à la tradition orale. L'écriture rendit beaucoup plus faciles les opérations complexes liées à l'irrigation, aux moissons et au stockage des grains, essentielles à une société en développement. Elle donna davantage d'efficacité à l'exploitation des ressources et un rôle beaucoup plus important au pouvoir politique, dont elle renforça les liens avec la caste des prêtres, qui l'avait dans un premier temps monopolisée à son profit. Il est intéressant de constater que l'un des usages les plus anciens des sceaux semble se rattacher à ces pratiques : ils étaient en effet utilisés pour certifier la quantité de céréales déposées dans le temple. Il y a peut-être là le signe d'une économie fondée sur la redistribution centralisée des ressources : on apportait au temple tout ce que l'on avait produit et l'on y recevait en retour la nourriture et les biens matériels dont on avait besoin.

Outre ce genre de relevés, l'invention de l'écriture permet à l'historien de s'immiscer dans le passé d'une autre façon. Grâce à elle, il dispose enfin d'éléments solides qui lui permettent de parler en connaissance de cause des mentalités. Parce que l'écriture préserve la littérature. L'*Epopée de Gilgamesh* est la plus vieille histoire du monde. Sa version la plus complète ne remonte, il est vrai, qu'au VIIe siècle avant J.-C., mais le conte proprement dit date de l'époque sumérienne et l'on estime qu'il fut mis par écrit peu après 2 000 avant notre ère. Gilgamesh a réellement existé : il régnait à Uruk. C'est lui, tel qu'on le retrouve également dans d'autres poèmes, qui devait devenir le premier personnage et le premier héros de la littérature mondiale, c'est lui dont le nom est le premier à figurer dans cet ouvrage. Pour le lecteur moderne, le passage le plus frappant de cette épopée est certainement celui où se trouve évoquée l'arrivée d'une grande inondation qui détruit tout le genre humain, à l'exception d'une famille qui survit en construisant une arche ; de cette famille sortira un nouveau type d'hommes qui repeupleront la terre après le retrait des flots. Cet épisode ne faisait pas partie des plus anciennes versions de l'œuvre ; il provient d'un autre poème dont le thème se retrouve dans bien des productions littéraires du Moyen-Orient mais dont l'incorporation dans l'épopée se comprend aisément. La Mésopotamie inférieure a dû être sujette de tout temps à des variations du niveau des eaux qui mettaient gravement en danger le fragile système d'irrigation dont dépendait sa prospérité. Les inondations, notamment, avaient vite fait de tourner à la catastrophe ; elles ont pu contribuer à engendrer ce fatalisme désabusé dans lequel certains spécialistes ont vu la clé de la religion sumérienne.

C'est cette humeur sombre qui donne sa tonalité dominante à l'épopée. Gilgamesh multiplie les exploits dans un effort incessant pour s'affirmer face aux lois d'airain des dieux qui vouent l'humanité à l'échec. Ces lois finissent, hélas, par triompher. Gilgamesh, lui aussi, doit mourir :

> « Les héros, les sages, sont comme la nouvelle lune : ils croissent puis s'évanouissent. Les hommes diront : "Qui a jamais régné avec autant de puissance et de force que lui ?" Comme dans le mois obscur, le mois des ombres, sans lui il n'est point de lumière. O Gilgamesh, telle était la signification de ton rêve. Tu as reçu en partage la royauté, tel était ton destin ; la vie éternelle n'était pas ton destin. »

En dehors de sa tonalité même et de ce qu'elle nous apprend des orientations religieuses d'une civilisation, l'*Epopée de Gilgamesh* nous apporte quantité d'informations sur les dieux de la Mésopotamie ancienne. Mais il est difficile d'accéder à l'histoire à travers elle, encore moins de la rattacher au personnage historique de Gilgamesh. Ainsi les tentatives faites pour retrouver, grâce à des méthodes archéologiques, les traces d'une inondation particulièrement importante qui aurait tourné au cataclysme n'ont rien donné de convaincant, même s'il existe quantité de preuves attestant qu'il y eut des inondations récurrentes. De l'eau finit par émerger la terre : ce qui nous est proposé ici équivaut peut-être à un récit de la création du monde, à une genèse. Dans l'Ancien Testament, c'est la volonté de Dieu qui fait sortir la terre des eaux, et cette interprétation a satisfait la plupart des

Européens cultivés pendant près d'un millénaire. Il est fascinant de penser que nous pourrions devoir une bonne part de notre fonds culturel à la reconstruction mythique faite par les Sumériens de leur préhistoire, c'est-à-dire de l'époque où les marais du delta furent transformés en terres agricoles. Mais ce n'est là que spéculation ; la prudence nous oblige à nous contenter de relever les concordances indéniables entre l'*Epopée de Gilgamesh* et l'un des épisodes les mieux connus de la Bible, l'arche de Noé.

Voilà qui suggère en tout cas l'importance qu'a pu prendre la diffusion au Moyen-Orient des idées sumériennes, et ce bien après la venue au premier plan, sur la scène historique, de la Mésopotamie supérieure. Des versions et des fragments de l'*Epopée de Gilgamesh* – pour ne s'en tenir provisoirement qu'à ce texte – se retrouvent dans les archives et les vestiges que nous ont laissés de nombreux peuples ayant exercé leur domination en tel ou tel endroit de cette région au cours du IIe millénaire avant J.-C. Bien que destiné à disparaître ensuite avant sa redécouverte à l'époque moderne, Gilgamesh fut pendant près de deux mille ans un nom auquel on pouvait sciemment se référer en littérature dans de nombreuses langues, un peu comme les auteurs européens étaient en droit de penser, jusqu'à il y a peu, qu'une allusion à la Grèce classique serait comprise de leurs lecteurs. La langue de Sumer a continué de vivre pendant des siècles dans les temples et les écoles de scribes, exactement comme le latin a continué de vivre pour les doctes en marge de la grande confusion où se débattaient les cultures vernaculaires après la chute de l'Empire romain d'Occident. La comparaison est d'importance, parce que la tradition littéraire et linguistique charrie avec elle des idées et des images qui imposent, permettent et définissent différentes façons de voir le monde, et cela pèse de tout son poids dans l'histoire.

Les principales idées dont la langue sumérienne assura la survie furent probablement celles qui touchaient à la religion. Des villes comme Ur et Uruk virent germer des conceptions qui, après être passées dans d'autres religions du Moyen-Orient au IIe et au Ier millénaires avant notre ère, devaient exercer quatre mille ans plus tard une influence mondiale, bien que sous des formes différentes et à peine reconnaissables. On trouve par exemple, dans l'*Epopée de Gilgamesh*, un produit de la nature dans ce qu'elle a de plus pur, un homme appelé Enkidu ; il va perdre son innocence en se livrant à des relations sexuelles avec une prostituée, et il sera privé en conséquence, même s'il y gagnera d'accéder à la civilisation, de la joyeuse association qui était la sienne avec le monde naturel. C'est grâce à la littérature que nous pouvons observer ce genre de correspondances avec les mythologies d'autres sociétés plus tardives. Avec la littérature, en effet, les hommes commencent à expliciter les significations qui se dissimulaient jusque-là dans les vestiges obscurs des sacrifices, dans les figurines d'argile et dans la disposition des sanctuaires et des temples. Ces divers indices montrent que, dans les premiers temps de Sumer, il existait déjà, entre les hommes et le surnaturel, des rapports beaucoup plus complexes et beaucoup plus élaborés que partout ailleurs à la même date. Les temples, autour desquels s'étaient organisées les premières villes, virent leurs dimensions s'accroître et leur décoration s'enrichir (du fait, en partie, de la tradition qui voulait qu'un nouveau temple soit construit au sommet d'un monticule recouvrant les ruines du temple qui l'avait précédé). On y offrait des sacrifices pour s'assurer d'une bonne moisson. Plus tard, les cultes se diversifièrent et l'on bâtit des temples encore plus magnifiques, aussi loin au nord qu'à Assur, à près de 500 kilomètres en amont sur le Tigre. L'un d'entre eux aurait été édifié avec des cèdres du Liban et du cuivre d'Anatolie.

Aucune autre société ne donna alors une telle place à la religion et ne lui consacra une telle quantité de ses ressources. La raison en est peut-être, comme on l'a fait valoir, que l'homme ne s'était jamais senti, dans aucune autre société de cette époque, à ce point dépendant de la volonté des dieux. Dans les Temps anciens, la Mésopotamie inférieure était une vaste étendue plate et monotone, faite de bancs de boue, de marécages et d'eau. Il n'existait pas de montagnes où les dieux puissent résider à la manière des hommes. Rien que le ciel vide au-dessus des têtes, l'impitoyable soleil de l'été, les vents violents dont il était impossible de se protéger, l'irrésistible montée des eaux et les attaques meurtrières de la sécheresse. Les dieux séjournaient là, au sein de ces forces élémentaires, ou bien sur ces « points hauts » qui étaient les seuls à dominer la plaine : les tours ou les ziggourats de briques, dont le souvenir se perpétue dans la tour de Babel de la Bible. Les Sumériens, ce qui ne surprendra pas, se percevaient comme un peuple créé pour travailler au service des dieux.

Vers 2250 avant J.-C., un panthéon s'était mis en place à Sumer, avec des dieux qui personnifiaient plus ou moins les éléments et les forces de la nature. Autour de ce panthéon allait s'organiser la religion mésopotamienne et s'esquisser une théologie. A l'origine, chaque ville avait son dieu. Sous l'effet, sans doute, de changements politiques dans les relations entre les cités, une sorte de hiérarchie finit par s'établir entre eux, qui tout à la fois reflétait et commandait l'idée que se faisaient les hommes de la société. Dans la version la plus aboutie, les dieux de la Mésopotamie revêtaient une forme humaine. A chacun d'eux était dévolu un rôle ou une activité spécifiques ; il y avait un dieu de l'air, un autre de l'eau, un autre encore de la charrue. Ishtar (pour lui donner l'appellation sémite qui fut plus tard la sienne) était la déesse de l'amour et de la procréation, mais aussi de la guerre. Au sommet de la hiérarchie trônaient trois grands dieux masculins, dont il n'est pas aisé de démêler les attributions : Anu, Enlil et Enki. Anu était le père des dieux. Enlil occupait *a priori* la place la plus marquante, il était le « dieu du vent », celui sans lequel rien ne pouvait se faire. Enki, dieu de la sagesse et des eaux douces (ces eaux qui pour Sumer signifiaient très exactement la vie), était un professeur et un pourvoyeur de vie qui maintenait l'ordre voulu par Enlil.

Ces dieux exigeaient qu'on les implore et que l'on fasse acte de soumission à leur égard suivant un rituel très élaboré. Ils accordaient en retour, si on leur avait rendu hommage dans les formes et si l'on menait une bonne vie, prospérité et longévité, mais pas davantage. Dans une existence aussi incertaine que celle que l'on connaissait alors en Mésopotamie, savoir qu'il était possible de disposer d'une protection était essentiel. Les hommes dépendaient des dieux pour trouver du réconfort au sein du monde capricieux qui était le leur. Même si aucun Mésopotamien n'aurait pu évidemment le dire sous cette forme, les dieux étaient le produit d'une conceptualisation ; ils incarnaient les efforts de tous les jours pour maîtriser l'environnement, pour résister à la violence soudaine des flots et des tempêtes de poussière, pour faire en sorte que se continue le cycle des saisons grâce à la répétition de la grande fête de printemps, lorsque les dieux se mariaient à nouveau et que se rejouait la grande scène de la création. Après quoi, l'existence du monde était garantie pour une nouvelle année.

L'une des principales requêtes que les hommes devaient adresser par la suite à la religion fut de les aider à affronter l'horreur inévitable de la mort. Les Sumériens, et ceux qui héritèrent de leurs conceptions religieuses, n'ont pas dû tirer grand réconfort de leurs croyances religieuses, pour autant que nous puissions les saisir ; l'au-delà semble avoir été pour eux un endroit sombre et triste. Ils le voyaient comme la « maison où l'on est assis dans l'obscurité, où l'on a la poussière pour nourriture et l'argile pour viande ; on est vêtu comme des oiseaux, avec des ailes pour vêtements ; la porte est verrouillée, tout n'est que poussière et silence ». C'est de là que les notions de Sheol, chez les Hébreux, et d'enfer, chez les chrétiens, tirent leur origine. Une cérémonie au moins s'est accompagnée d'un quasi-suicide : vers le milieu du IIIe millénaire avant J.-C., un roi et une reine de Sumer furent suivis dans leur tombe par leurs serviteurs, qui furent enterrés avec eux, peut-être après avoir avalé un breuvage soporifique. Voilà qui pourrait laisser supposer que les morts partaient pour un endroit où une suite nombreuse et des bijoux somptueux étaient aussi recherchés que sur Terre.

La religion sumérienne présentait des caractéristiques politiques importantes. Toute la terre était, en dernier ressort, la propriété des dieux ; le roi, à l'origine probablement autant un roi-prêtre qu'un chef de guerre, n'était que leur délégué. Il n'y avait évidemment aucun tribunal humain pour lui demander des comptes. Ce « vicariat » impliquait la constitution d'une classe de prêtres, des spécialistes dont l'importance justifiait les privilèges économiques dont ils jouissaient et qui leur permettaient de cultiver des compétences et un savoir particuliers. A cet égard, Sumer fut également à l'origine d'une tradition : celle des prophètes, des devins et des sages de l'Orient. Les prêtres avaient aussi en charge le premier système organisé d'éducation, fondé sur la mémorisation et la transcription en écriture cunéiforme.

Parmi tout ce que la religion sumérienne apporta, il faut compter l'apparition, dans le domaine artistique, des premières figures humaines. Dans un centre religieux en particulier, à Mari, on semble avoir pris un vrai plaisir à reproduire des silhouettes d'hommes célébrant des rites. Ils sont quelquefois regroupés pour des processions

– première apparition de ce qui deviendra par la suite l'un des grands thèmes de la peinture. Deux autres thèmes dominent : la guerre et le monde animal. Certains ont vu dans l'art du portrait tel qu'il se développa dans les premiers temps de Sumer une signification plus profonde. Ils y ont reconnu les mêmes qualités psychologiques que celles qui ont fait l'étonnante réussite de cette civilisation : un goût pour la prééminence et pour le succès. Il ne s'agit, ici encore, que d'hypothèses. Ce que nous pouvons aussi découvrir pour la première fois dans l'art sumérien, ce sont de nombreux aspects de la vie quotidienne qui nous échappaient jusqu'alors. Etant donné les vastes contacts établis par Sumer et les ressemblances entre son organisation de base et celle de peuples voisins, ce n'est pas trop s'égarer que de vouloir retrouver dans son art un peu de la vie que l'on menait alors dans une bonne partie du Moyen-Orient ancien.

Les sceaux, la statuaire et la peinture nous font découvrir un peuple souvent vêtu d'une sorte de longue jupe de peau (de chèvre ou de mouton ?), dont les femmes jettent parfois un pan par-dessus leur épaule. Les hommes sont souvent, mais pas toujours, rasés de près. Les soldats sont habillés de la même manière et ne se distinguent que par les armes dont ils sont munis ; ils portent quelquefois un chapeau en cuir de forme pointue. Le luxe devait concerner les loisirs et toucher à d'autres domaines que le vêtement, à l'exception des bijoux, dont une grande quantité a survécu et dont la fonction semble être souvent d'indiquer le statut de la personne, ce qui révèle une société à la complexité croissante. Une scène intéressante a également survécu. Il s'agit d'une soirée arrosée : des hommes sont assis dans des fauteuils, une coupe à la main, tandis qu'un musicien joue pour eux. Dans de tels moments de vie, Sumer nous paraît un peu moins lointain.

Le mariage à Sumer présentait bien des traits où se seraient reconnues des sociétés qui se développeront plus tard. Le nœud de la question, c'était le consentement des parents de la future mariée. Une fois les choses arrangées à leur satisfaction, une nouvelle unité familiale monogame était créée par le mariage, aux termes d'un contrat scellé. A la tête de cette unité, l'époux, qui régnait en patriarche sur ses proches et sur ses esclaves. C'est un schéma que l'on pouvait observer il y a encore très peu de temps en divers endroits du monde. Il y a pourtant des nuances intéressantes. Des indices, dans le droit et dans la littérature, laissent entendre que, dans les Temps anciens, les femmes de Sumer étaient moins en butte à la sujétion où se trouveront réduites plus tard nombre de leurs sœurs du Moyen-Orient. C'est ici, probablement, que divergent les traditions sémites et non sémites. Les histoires que les Sumériens racontent sur leurs dieux évoquent une société très consciente du pouvoir dangereux et presque effrayant de la sexualité féminine – les Sumériens furent les premiers à parler de passion dans leurs écrits. Il n'est pas aisé de faire le lien entre ces textes et les institutions, mais la loi sumérienne ne considérait pas les femmes comme un simple bien meuble. Elle leur concédait des droits importants ; même la femme esclave à laquelle un homme libre avait fait des enfants bénéficiait d'une certaine protection légale. En matière de divorce, il était permis à la femme aussi bien qu'à l'homme de demander la séparation, et les femmes divorcées étaient assurées d'un traitement équitable. Si l'adultère était puni de mort pour la femme, mais non pour l'homme, la différence peut s'expliquer par des raisons d'héritage et de propriété. Il fallut que bien du temps s'écoule depuis Sumer pour que la loi commence, en Mésopotamie, à insister sur l'importance de la virginité et à imposer le voile aux femmes respectables.

Autant de signes d'un raidissement à l'égard des femmes et de leur cantonnement dans un rôle subalterne.

Les Sumériens firent également preuve d'une grande créativité dans le domaine technique. D'autres peuples leur doivent beaucoup. On peut retrouver bien après Sumer des traces de sa législation. Ils ont aussi jeté les bases des mathématiques ; ils eurent l'idée d'écrire un nombre en jouant autant sur la position que sur le signe (comme nous faisons, par exemple, avec le chiffre 1, qui peut valoir pour un, un dixième, dix ou plusieurs autres valeurs, en fonction de sa place par rapport à la décimale) et imaginèrent une méthode permettant de diviser un cercle en six segments égaux. Ils furent au fait, également, du système décimal, mais sans l'exploiter. Et c'est dans l'*Epopée de Gilgamesh* que nous rencontrons la première semaine de sept jours.

Vers la fin de leur histoire en tant que civilisation indépendante, les Sumériens avaient appris à vivre en vastes communautés ; on parle d'une cité qui aurait regroupé à elle seule 36 000 habitants mâles. Voilà qui demandait de nombreuses compétences en matière de construction, et l'édification de vastes structures monumentales en exigeait plus encore. En Mésopotamie du Sud, comme les pierres manquaient, on avait d'abord utilisé des roseaux mélangés à de la boue puis on s'était servi de briques faites de boue et séchées au soleil. Les avancées techniques dans ce domaine permirent, à la fin de la période sumérienne, d'édifier de très grands bâtiments avec des colonnes et des terrasses ; le plus vaste d'entre eux, la ziggourat d'Ur, culminait à plus de 30 mètres pour une base de 62 mètres sur 47. La plus ancienne roue de potier qui subsiste a été trouvée à Ur ; ce fut le premier exemple de l'utilisation par l'homme du mouvement circulaire. C'est sur la roue que devait reposer la production à grande échelle qui fit de la poterie un objet de commerce non plus pour les femmes mais pour les hommes. Rapidement, vers 3000 avant J.-C., la roue servit également pour le transport. Parmi les autres inventions des Sumériens, on citera le verre. Sans oublier que, très tôt, des artisans spécialisés furent à même de couler le bronze.

Cette dernière innovation soulève d'autres questions : d'où venait donc la matière première ? Il n'y a pas de métal dans le sud de la Mésopotamie. De plus, même à une époque plus ancienne, au Néolithique, la région a dû chercher ailleurs pour se procurer le silex et l'obsidienne dont elle avait besoin pour ses premiers outils agricoles. Voilà qui suppose à l'évidence toute une série de contacts avec des contrées étrangères, tout particulièrement le Liban et la Syrie, situés très loin, mais aussi avec l'Iran et le Bahreïn, dans le sud du golfe Persique. La Mésopotamie n'avait pas attendu le IIe millénaire avant notre ère pour se procurer des marchandises – même si ce fut peut-être d'une manière indirecte – dans la vallée de l'Indus. Si l'on tient compte des documents dont nous disposons (qui révèlent des contacts avec l'Inde antérieurs à 2000 avant J.-C.), on a le sentiment que se met plus ou moins nettement en place une sorte d'organisation internationale du commerce qui entraîne déjà l'existence d'un important système d'interdépendances. Quand, au milieu du IIIe millénaire, l'étain en provenance du Moyen-Orient vint à s'épuiser, les armes mésopotamiennes en bronze durent céder la place à des armes faites de cuivre sans alliage.

L'ensemble de cette civilisation reposait sur une agriculture qui avait fait l'objet, très tôt, de procédures complexes et représentait une source appréciable de richesses. L'orge, le blé, le millet et le sésame poussaient en quantité ; le premier a sans doute constitué l'essentiel des récoltes et explique certainement les nombreux témoignages dont nous disposons sur la présence d'alcool en Mésopotamie. Le sol meuble des plaines inondables ne nécessitait pas d'outils sophistiqués pour mener à bien une culture intensive ; en matière de savoir-faire, ce qui comptait, sur le plan pratique, c'étaient les techniques d'irrigation et celles de gouvernement. Ces savoir-faire s'accumulèrent lentement au fil du temps ; ce qui nous reste de la civilisation sumérienne correspond à mille cinq cents ans d'histoire.

On a considéré jusqu'ici cet immense laps de temps comme si rien ne s'y était passé, comme s'il s'agissait d'un tout qui était resté immuable. Ce ne fut pas le cas. Peu importe ce que l'on peut dire de la lenteur des changements dans le monde d'autrefois, peu importe que ce monde nous paraisse aujourd'hui très statique, ces mille cinq cents ans furent pour les Mésopotamiens quinze siècles de grands changements – d'histoire, au sens le plus vrai du terme. Cette histoire, les spécialistes en ont reconstitué une grande partie, mais ce n'est pas le lieu d'en donner le détail, d'autant qu'elle continue sur de nombreux points à faire l'objet de débats, que bien des obscurités demeurent et que la datation elle-même n'est souvent qu'approximative. Il suffira ici de mettre en relation le premier état de la civilisation mésopotamienne avec les états qui suivirent et avec ce qui se passait ailleurs à la même époque.

On peut distinguer trois phases principales dans l'histoire de Sumer. La première, qui va de 3360 à 2400 avant J.-C., a été appelée la période « archaïque ». Il s'agit pour l'essentiel de guerres entre cités-Etats qui s'affirment, qui disparaissent. Des fortifications, l'emploi de la roue à des fins militaires, avec la mise au point de chariots mal dégrossis à quatre roues : voilà les témoignages qui nous restent de ces affrontements. Vers le milieu de cette phase de neuf cents ans, des dynasties locales commencent à s'implanter avec un certain succès. A l'origine, la société sumérienne semble avoir connu un régime représentatif et même démocratique, mais son développement, avec le changement d'échelle qu'il impliquait, entraîna l'apparition de rois, distincts des premiers prêtres dirigeants. Il s'est probablement agi au début de chefs de guerre auxquels les cités avaient confié le commandement de leurs troupes et qui ne rendirent pas le pouvoir une fois passée l'urgence qui avait justifié leur nomination. Ils créèrent des dynasties qui se combattirent entre elles. L'apparition soudaine d'un individu exceptionnel va ouvrir une nouvelle phase.

Cet individu, c'est Sargon Ier, roi de la cité sémite d'Akkad, qui conquit la Mésopotamie en 2334 avant J.-C. et instaura la suprématie des Akkadiens. Il existe une tête sculptée qui est probablement la sienne ; s'il s'agit bien de lui, c'est l'une des plus anciennes représentations de roi dont nous disposions. Il fut le premier d'une longue lignée de bâtisseurs d'empire. On pense qu'il a envoyé ses troupes aussi loin qu'en Egypte et en Ethiopie. Il a ouvert en tout cas un monde plus vaste à Sumer, auquel Akkad emprunta le cunéiforme. La façon dont Sargon exerçait son pouvoir ne reposait pas sur la supériorité relative d'une cité-Etat sur une autre. Le régime qu'il mit en place favorisait jusqu'à un certain degré l'intégration. Son peuple figura parmi ceux qui, pendant des milliers d'années, firent pression depuis l'extérieur sur les civilisations des vallées fluviales. Ayant réussi à s'imposer, il emprunta à ces civilisations ce qui lui convenait. D'où un nouveau style dans l'art sumérien, caractérisé par le thème de la victoire royale.

L'Empire akkadien ne marqua donc pas la fin de Sumer, mais la deuxième grande phase de son histoire. Bien que constituant par lui-même un interlude, il fut important parce que se mit en place avec lui un nouveau type d'organisation. A l'époque de Sargon, un véritable Etat prend forme. La distinction entre autorité séculaire et autorité religieuse, qui avait fait son apparition dans les premiers temps de Sumer, est fondamentale. Même si le surnaturel imprègne encore la vie quotidienne à tous les niveaux, l'autorité des laïcs ne se confond plus avec celle des prêtres. La construction dans les villes sumériennes de palais situés à côté des temples en apporte la preuve matérielle. Ce ne sont pas seulement les dieux qui se trouvent derrière l'occupant du palais, c'est aussi leur autorité.

Même si la façon dont les notables des premières cités se sont transformés en rois demeure obscure, l'évolution du métier de soldat a probablement joué un rôle. Une infanterie disciplinée, évoluant en phalange, avec des boucliers qui se superposent et des épieux dressés, figure à Ur sur des monuments. A Akkad, on assiste à une sorte de paroxysme de la militarisation. Sargon, dit-on, aurait fait servir à manger dans son palais à 5 400 soldats. On arrive là, à coup sûr, au terme d'un processus qui a construit le pouvoir sur le pouvoir ; c'est la conquête qui a fourni les ressources permettant d'entretenir une pareille force. Mais il a pu s'agir tout bonnement, au début, de répondre aux défis et aux besoins spécifiques auxquels étaient confrontés les Mésopotamiens. A mesure que s'accroissait la population, le principal devoir du gouvernant a dû être de mobiliser suffisamment de bras pour entreprendre les grands travaux d'irrigation et de protection contre les inondations. Y parvenir pouvait être aussi un moyen de se procurer des soldats. L'équipement devenant de plus en plus complexe et de plus en plus coûteux, la professionnalisation n'a pas dû tarder à s'instaurer. L'une des raisons du succès des Akkadiens tient à une nouvelle arme, l'arc composite, fait de lames de bois et de corne.

L'hégémonie des Akkadiens dura relativement peu. C'est apparemment un peuple des collines orientales, appelé les Gutiens, qui y mit un terme deux cents ans plus tard, sous l'arrière-petit-fils de Sargon. Ce fut le début de la dernière phase de Sumer, que les spécialistes appellent

« néosumérienne ». Pendant deux siècles environ, jusque vers 2000 avant J.-C., le pouvoir revint dans les mains d'authentiques Sumériens. C'est Ur, cette fois, qui en fut le centre, et le premier roi de la troisième dynastie d'Ur à entrer en fonction choisit de s'appeler « roi de Sumer et d'Akkad », sans que l'on sache trop ce que cela pouvait bien signifier réellement. L'art sumérien qui caractérise cette phase montre une nouvelle tendance à exalter le pouvoir du Prince. La représentation de gens du peuple, qui était une tradition de la période archaïque, fut pratiquement abandonnée. On réaménagea les temples, qui devinrent plus vastes et plus beaux. Et les rois semblent avoir cherché à faire des ziggourats le symbole de leur grandeur. Des documents administratifs montrent le rôle important que joua également l'héritage akkadien ; la culture néosumérienne présente bien des traits sémites et l'aspiration à une royauté élargie reflète peut-être cet héritage. Les provinces qui payaient tribut au dernier grand roi d'Ur s'étendaient depuis Suse, aux frontières de l'Elam, sur le cours inférieur du Tigre, jusqu'à Byblos, sur la côte du Liban.

Ainsi s'acheva l'histoire du premier peuple à avoir réussi à bâtir une civilisation. Les Sumériens, bien évidemment, ne disparurent pas, mais ils se fondirent, et leurs particularités avec eux, dans l'histoire plus générale de la Mésopotamie et du Moyen-Orient. L'époque durant laquelle leur grande créativité s'était manifestée était derrière eux : elle a focalisé notre attention sur un territoire relativement petit ; l'histoire va voir son horizon s'élargir. Aux frontières, les ennemis ne manquaient pas. Vers 2000 avant J.-C., les Elamites arrivèrent et Ur tomba entre leurs mains. Nous ignorons pourquoi. Il y avait eu pendant un millénaire, entre les deux peuples, des affrontements intermittents : certains ont vu dans cet événement le résultat d'une lutte pour contrôler les routes iraniennes et s'assurer ainsi un accès aux terres montagneuses qui renfermaient les minerais dont les Mésopotamiens avaient besoin. Ce fut en tout cas la fin d'Ur. Avec elle disparaissait ce qui avait caractérisé en propre les traditions sumériennes : autant de traditions qui se trouvaient désormais plongées dans les courants tourbillonnants d'un monde qui n'était pas celui d'une seule civilisation mais de plusieurs. Elles allaient resurgir ici ou là dans des contextes élaborés par d'autres. Sumer avait bâti en près de quinze siècles les fondements d'une civilisation en Mésopotamie, en s'inscrivant dans le droit-fil de ses prédécesseurs, c'est-à-dire de ceux qui lui avaient assuré son assise matérielle. Les Sumériens ont laissé derrière eux l'écriture, des constructions monumentales, une idée de la justice et de la légalité, les premiers rudiments des mathématiques et une grande tradition religieuse. C'est un bilan impressionnant et un point de départ pour bien des innovations. La civilisation mésopotamienne avait un long avenir devant elle et elle fut tributaire, dans chacun de ses aspects, de l'héritage sumérien.

Pendant que les Sumériens édifiaient leur civilisation, leur influence contribua à provoquer ailleurs des changements. Sur toute l'étendue du Croissant fertile, de nouveaux royaumes et de nouveaux peuples avaient fait leur apparition. Autant que par leurs propres besoins, ils furent stimulés ou instruits par ce qu'ils virent dans le sud et par l'empire d'Ur. La diffusion de nouveaux modes de vie était déjà rapide à cette date. C'est ce qui rend très difficiles l'identification et la caractérisation précises des principaux mouvements qui ont marqué cette suite de siècles. Pis encore, le Moyen-Orient connut pendant de longues périodes une grande confusion de peuples, avec des déplacements obéissant à des raisons que nous ne comprenons pas. Les Akkadiens eux-mêmes n'échappent pas à la règle : sortis du grand réservoir sémite de l'Arabie, ils poussèrent jusqu'en Mésopotamie. Les Gutiens, qui contribuèrent au renversement des Akkadiens, étaient des gens du Nord. Ceux qui réussirent le mieux furent les Amorites, un groupe sémite qui s'était lancé dans une grande migration et s'était joint aux Elamites pour vaincre les armées d'Ur et mettre un terme à sa suprématie. Ils s'étaient fixés en Assyrie, c'est-à-dire en Mésopotamie du Nord, à Damas et à Babylone, en créant toute une série de royaumes qui s'étendaient jusqu'à la côte de la Palestinc. Ils continuèrent à disputer aux Elamites la Mésopotamie du Sud, l'ancienne Sumer. Ils avaient pour voisins, en Anatolie, les Hittites, un peuple indo-européen venu des Balkans au IIIe millénaire. Aux abords de ce monde confus, on trouvait une autre vieille civilisation, l'Egypte, sans compter les peuples indo-européens pleins de vigueur qui s'étaient entassés en Iran. Au total, un vrai chaos. La région donne le sentiment d'un maelström dans lequel des groupes cherchent à entrer de partout. Où trouver des lignes de force ?

Il existe un repère commode : l'apparition d'un nouvel empire en Mésopotamie, un empire qui a laissé derrière lui un nom fameux : Babylone. Un autre nom célèbre lui est à jamais lié, celui d'un de ses rois, Hammurabi. Il aurait sa place marquée dans l'histoire, même si nous ne connaissions de lui que sa réputation de législateur ; son code contient la première formulation de la règle « œil pour œil… ». Il fut aussi le premier souverain à unifier l'ensemble de la Mésopotamie, et même si l'empire qu'il créa ne dura guère, la ville de Babylone était appelée à rester, pour les peuples sémites du Sud, un centre symbolique. Tout commença par le triomphe d'une tribu amorite sur ses rivales dans la période troublée qui suivit la chute d'Ur. Hammurabi dut accéder au pouvoir en 1792 avant J.-C. ; ses successeurs maintinrent les choses en place jusqu'en 1600 avant notre ère ou peu après. C'est alors que les Hittites détruisirent Babylone. La

Mésopotamie se retrouva une fois de plus divisée entre des peuples rivaux venus l'envahir de tous côtés.

Au temps de sa grandeur, le premier Empire babylonien s'étendait depuis Sumer et le golfe Persique au sud jusqu'à l'Assyrie au nord. Les cités de Ninive et de Nimrud, en bordure du Tigre, ainsi que Mari, sur le moyen Euphrate, dépendaient d'Hammurabi, lequel contrôlait ce dernier fleuve jusqu'à l'endroit où il se rapproche le plus d'Alep. Mesurant près de 1 100 kilomètres de long et 1 600 de large, c'était un grand Etat, le plus grand, à vrai dire, qui ait jamais existé dans cette région jusqu'à nos jours – Ur, victime de l'histoire, n'ayant eu qu'une importance secondaire. Cet Etat disposait de structures administratives élaborées. Le code d'Hammurabi est justement célèbre, bien qu'il doive une partie de sa réputation à la chance. Comme ce fut probablement le cas pour des recueils plus anciens de jugements et de règles dont seuls des fragments ont survécu, le code d'Hammurabi fut gravé dans la pierre et exposé dans l'enceinte des temples pour que le public puisse le consulter. Mais il était plus long que les anciens recueils et se présentait d'une manière plus ordonnée ; il contenait quelque 282 articles traitant de façon exhaustive d'un vaste choix de questions : salaires, divorce, honoraires à régler pour des soins médicaux et bien d'autres sujets. Il ne s'agissait pas d'une nouvelle législation mais du rappel de lois existantes. Si l'on ne tient pas compte de cette précision, le terme de « code » risque d'égarer. Hammurabi s'est borné à rassembler des dispositions qui étaient déjà en application, il n'a pas créé de toutes pièces un nouveau corpus de lois. Tels quels, ces textes furent l'un des principaux facteurs de continuité de l'histoire mésopotamienne.

La famille, la terre, le commerce semblent constituer les principales préoccupations du recueil. Ce qui est décrit ici, c'est une société qui a dépassé depuis longtemps le stade où ce sont les liens familiaux, locaux, qui sont prédominants, où le pouvoir est exercé par les sages du village. A l'époque d'Hammurabi, le processus judiciaire n'a plus sa place dans les temples et les prêtres sont absents des tribunaux, où siègent les notables de la ville. Les appels remontent jusqu'à Babylone, et au roi lui-même. La stèle d'Hammurabi (le pilier de pierre sur lequel était gravé son code) faisait clairement savoir que son but était d'assurer la justice en publiant la loi :

> « Que l'homme mal traité qui a une cause à défendre
> Vienne se présenter devant ma statue
> Et lise avec soin ce qui est écrit sur ma stèle. »

On peut regretter, sans doute, que les sanctions se soient durcies par rapport aux anciennes pratiques de Sumer, mais, sur d'autres points, comme les lois concernant les femmes, la tradition sumérienne s'est perpétuée à Babylone.

Les dispositions du code en matière de propriété comprenaient des lois sur les esclaves. Babylone, comme toutes les autres civilisations anciennes et beaucoup de civilisations des Temps modernes, reposait sur l'esclavage. Il est à peu près certain que l'esclavage a eu pour origine la conquête ; il représentait le destin qui, dans chacune des guerres qui ont marqué l'histoire ancienne, attendait le vaincu, et ses femmes et ses enfants avec lui. Mais, à l'époque du premier Empire babylonien, on trouvait en permanence des marchés aux esclaves, avec une stabilité des prix qui est le signe d'un commerce régulier. Les esclaves venant de certaines régions étaient particulièrement prisés pour les qualités dont ils faisaient preuve. Si le pouvoir du maître était pratiquement absolu, certains esclaves de Babylone n'en jouissaient pas moins d'une remarquable indépendance, faisaient des affaires et allaient jusqu'à posséder leurs propres esclaves. Ils avaient des droits, si limités soient-ils.

Il n'est pas aisé de dire ce que signifiait concrètement l'esclavage dans un monde où, contrairement au nôtre, personne ne mettait en doute son bien-fondé. Il n'est pas besoin d'insister, tant la chose est évidente, sur la diversité des tâches qui pouvaient incomber aux esclaves ; si la vie était rude pour la plupart d'entre eux, rude aussi était la vie pour la plupart des gens de cette époque. Il est pourtant difficile de ne pas ressentir de la pitié pour les captifs emmenés en esclavage devant des rois conquérants, comme on le voit sur quantité de monuments commémoratifs depuis les merveilles sculptées à Ur au milieu du IIIe millénaire jusqu'aux bas-reliefs retraçant les conquêtes assyriennes mille cinq cents ans plus tard. La civilisation de l'ancien monde reposait sur une exploitation systématique de l'homme par l'homme ; si l'on ne ressentait pas alors cette exploitation comme particulièrement cruelle, c'est tout simplement parce que l'on ne connaissait pas d'autre issue possible.

Avec le temps, la civilisation babylonienne est entrée dans la légende pour sa magnificence. Le terme de « Babylone », que nous utilisons encore aujourd'hui, charrie avec lui l'une des grandes images de la vie urbaine, celle d'une cité riche et corrompue livrée aux plaisirs et à la consommation. Il a hérité de l'ampleur et de la richesse de toute une civilisation, même s'il doit beaucoup, en fait, à une période plus tardive. Il reste suffisamment de traces, cependant, pour apercevoir la réalité derrière le mythe, y compris en ce qui concerne le premier Empire babylonien. Le grand palais de Mari offre un excellent exemple ; des murs épais par endroits de plus de 12 mètres entouraient toute une série de cours et 300 chambres environ formaient un complexe drainé par des canalisations goudronnées situées à

10 mètres de profondeur. L'ensemble occupait un espace de 137 mètres sur 183 et montre bien de quelle autorité en était venu à disposer le monarque. On a trouvé également dans ce palais de grandes quantités de tablettes d'argile portant des annotations qui nous font connaître avec précision les affaires dont s'occupait alors le gouvernement.

Nous avons conservé beaucoup plus de tablettes de l'Empire babylonien que de ses prédécesseurs ou successeurs immédiats. Elles nous fournissent des informations qui nous permettent, comme on l'a fait remarquer, d'avoir une meilleure idée de cette civilisation que de celle de certains pays européens il y a un millénaire. Elles nous renseignent également sur la vie intellectuelle des Babyloniens. C'est à cette époque que l'*Epopée de Gilgamesh* prend la forme que nous lui connaissons. Les Babyloniens firent de l'écriture cunéiforme une écriture syllabique, augmentant ainsi dans d'immenses proportions sa souplesse et son utilité. Leur pratique de l'astrologie donna une impulsion considérable à l'étude de la nature et provoqua la naissance d'un autre mythe, celui de la sagesse des anciens Chaldéens, un nom parfois donné à tort aux Babyloniens. Dans l'espoir de comprendre leur destinée par l'examen des astres, les Babyloniens créèrent une science nouvelle, l'astronomie, et effectuèrent toute une série d'observations importantes qui constituent une part importante de l'héritage qu'ils nous ont légué. Il fallut des siècles, depuis les premiers temps d'Ur, pour mener à bien ces observations, mais, vers 1000 avant J.-C., il devint possible de prédire les éclipses de Lune ; deux ou trois siècles plus tard, on avait calculé avec une précision remarquable la route suivie par le Soleil et par un certain nombre de planètes en relation avec la fixité apparente des étoiles. Voilà qui influença les mathématiques babyloniennes, lesquelles nous ont transmis le système sexagésimal de Sumer, auquel nous devons notre cercle de 360 degrés et notre heure de soixante minutes. Les Babyloniens élaborèrent aussi nos tables numériques ainsi qu'une géométrie algébrique d'une grande commodité, et ils inventèrent vraisemblablement le cadran solaire, le premier instrument connu permettant de mesurer le passage du temps.

L'astronomie naquit dans les temples avec la contemplation des mouvements célestes annonçant la venue des fêtes de la fertilité et des semailles, et la religion babylonienne resta fidèle aux traditions sumériennes. Comme toutes les vieilles cités, Babylone avait un dieu qui veillait sur elle, Marduk ; peu à peu, il se fraya sa place au premier rang, devant ses rivaux mésopotamiens. Cela prit beaucoup de temps. Hammurabi déclara (ce qui est très significatif) qu'Anu et Enlil, les dieux de Sumer, avaient chargé Marduk de présider le panthéon mésopotamien, de la même manière en somme qu'ils lui avaient demandé de régner sur tous les hommes pour leur bien. Les vicissitudes qui suivirent (et qui aboutirent parfois à l'enlèvement de sa statue par des envahisseurs) repoussèrent Marduk dans l'ombre, mais après le XIIe siècle avant notre ère il ne fut plus question, en principe, de discuter sa suprématie. Dans le même temps, les traditions sumériennes restèrent très vivaces jusqu'au Ier millénaire, qu'il s'agisse de l'utilisation du sumérien dans la liturgie babylonienne, du nom des dieux et de leurs attributions. La cosmogonie babylonienne commençait, comme celle de Sumer, avec la création du monde à partir des eaux primordiales (un dieu avait pour nom « limon ») et se terminait avec la fabrication de l'homme, voué à être l'esclave des dieux. Dans une version, les dieux façonnaient les hommes comme des briques, en se servant de moules. C'était une image du monde qui convenait parfaitement à la monarchie absolue, avec des rois qui régnaient comme des dieux sur les hommes occupés à édifier péniblement leurs palais et qui entretenaient toute une hiérarchie d'officiels et de grands hommes reproduisant la hiérarchie divine.

L'œuvre d'Hammurabi ne lui survécut pas longtemps. Des événements survenus dans le nord de la Mésopotamie furent le signe qu'un nouveau pouvoir émergeait avant même que ce pouvoir ne se soit assuré un empire. Hammurabi avait renversé un royaume amorite qui s'était formé en Assyrie à la fin de l'hégémonie d'Ur. Pendant le millénaire qui suivit, l'Assyrie devint un champ de bataille et un enjeu, finissant par rejeter dans l'ombre Babylone, dont elle était séparée ; le centre de gravité de l'histoire mésopotamienne s'était définitivement déplacé vers le nord de l'ancienne Sumer. Les Hittites, qui s'étaient installés en Anatolie dans le dernier quart du IIIe millénaire avant J.-C., exercèrent pendant plusieurs siècles une lente pression vers l'avant ; durant cette époque, ils adoptèrent l'écriture cunéiforme en l'adaptant à leur langue, qui était d'origine indo-européenne. Vers 1700 avant J.-C., ils régnaient sur tout le territoire compris entre la Syrie et la mer Noire. C'est alors que l'un de leurs rois fit mouvement vers le sud pour attaquer une Babylone déjà affaiblie et réduite à l'ancien pays d'Akkad. Son successeur mena le projet à son terme ; Babylone fut prise et pillée, ce qui mit un terme à la dynastie et à l'œuvre d'Hammurabi. Puis les Hittites se retirèrent et d'autres peuples vinrent se disputer la Mésopotamie pendant une période obscure qui dura quatre siècles et dont nous ne savons pas grand-chose, sinon que la séparation entre l'Assyrie et Babylone, qui devait jouer un rôle si important dans le millénaire qui suivit, devint définitive.

En 1162 avant J.-C., la statue de Marduk fut de nouveau emportée de Babylone par des conquérants élamites. A cette époque, une période très confuse s'était ouverte et le centre de l'histoire mondiale ne se trouvait plus en Mésopotamie. L'histoire de l'Empire assyrien reste à écrire, mais le contexte a changé : de nouvelles vagues de migrations vont se produire aux XIIIe et XIIe siècles avant notre ère, impliquant d'autres civilisations beaucoup plus directement et plus profondément que les successeurs des Sumériens. Ces successeurs, qui les ont conquis et se sont substitués à eux, n'en ont pas moins construit sur les fondations qu'avaient mises en place les Sumériens. Qu'il s'agisse des techniques, de la vie intellectuelle, du droit, de la théologie, le Moyen-Orient, qui se retrouve aspiré vers 1000 avant J.-C. dans le tourbillon de la politique mondiale – le terme n'est pas trop fort pour cette époque –, portait encore l'empreinte de ceux qui avaient su édifier la première civilisation. Leur héritage, après d'étranges transformations, allait passer en d'autres mains.

VI

L'Egypte ancienne

La Mésopotamie ne fut pas la seule grande vallée fluviale à servir de berceau à une civilisation, mais seule l'Egypte ancienne peut rivaliser avec elle en ancienneté et en longévité. Des milliers d'années après sa disparition, les vestiges matériels de la première civilisation à s'être développée dans la vallée du Nil fascinent toujours les hommes et continuent d'émouvoir leur imagination ; même les Grecs restèrent perplexes devant la sagesse occulte que l'on prêtait à un pays où les dieux étaient moitié hommes et moitié animaux, et certains sont capables encore aujourd'hui de perdre leur temps à essayer de découvrir une signification surnaturelle dans la disposition des pyramides. Nous n'avons jamais cessé de tenir l'Egypte ancienne pour ce que l'Antiquité nous a légué de plus grand.

La richesse des traces qu'elle a laissées est l'une des raisons qui expliquent pourquoi nous en savons plus sur l'Egypte que sur l'histoire mésopotamienne. Il existe par ailleurs une différence importante entre ces deux civilisations : parce que la civilisation sumérienne est apparue la première, l'Egypte a pu bénéficier de son expérience et de son exemple. Ce que cela peut signifier exactement a fait l'objet de bien des débats. On a cru apercevoir une contribution de la Mésopotamie dans les motifs du premier art égyptien, dans la présence de sceaux cylindriques en tête de certains documents égyptiens, dans le recours à des techniques similaires pour les grandes constructions en briques, et dans ce que doivent les hiéroglyphes égyptiens au premier type d'écriture utilisé par les Sumériens. Qu'il y ait eu des liens importants et fructueux entre l'Egypte à ses débuts et la Mésopotamie semble incontestable, mais nous ne sommes pas près de découvrir comment et pourquoi eurent lieu leurs premières rencontres. La preuve la plus ancienne d'un contact entre elles que nous ait apportée l'archéologie date du IVe millénaire avant notre ère. Lorsque l'influence de Sumer se fit sentir pour la première fois, ce fut probablement par l'intermédiaire des peuples qui s'étaient établis dans le delta du Nil. C'est là que les choses se nouèrent, à l'extrémité la plus septentrionale de cet axe géographique qui fait toute la différence entre l'Egypte et n'importe quel autre centre de civilisation, à savoir le Nil lui-même, le cœur de la préhistoire tout comme de l'histoire de l'Egypte.

L'Egypte se définissait par le Nil et les déserts qui le bordent ; elle était le pays qu'arrosait le fleuve, une sorte d'oasis irrégulière, démesurément étirée. Il a pu s'agir aussi, durant les temps préhistoriques, d'un unique et immense marais, de près de 1 000 kilomètres de long et d'une largeur qui ne devait pas dépasser, sauf dans le delta, quelques kilomètres. Dès l'origine, les crues du fleuve constituèrent le mécanisme de base de l'économie et commandèrent le rythme de la vie sur ses rives. L'agriculture s'implanta peu à peu sur les boues déposées par le fleuve. Le niveau de ces boues s'élevait de plus en plus haut chaque année, mais les premières communautés durent connaître une existence précaire, dans un environnement semi-aquatique ; une grande partie de ce que fut leur vie a été irrémédiablement balayée jusqu'aux étendues limoneuses du Delta. Ce qui reste de ces anciens temps, ce sont des objets fabriqués et utilisés par des gens qui vivaient en bordure des zones inondables ou sur d'éventuels monticules rocheux situés en leur milieu, ou bien encore sur les versants de la vallée. Avant le IVe millénaire précédant notre ère, ils commencèrent à ressentir l'impact d'un important changement climatique. Le sable venu du désert s'accumula et la sécheresse s'installa. Ils décidèrent alors de faire mouvement et d'aller cultiver en contrebas, avec les techniques agricoles rudimentaires dont ils disposaient, les sols particulièrement riches de la plaine alluviale.

Dès l'origine, le fleuve apporta donc la vie à l'Egypte. C'était une divinité bienveillante, dont la générosité, qui ne se démentait jamais, demandait à être célébrée avec reconnaissance. Rien à voir avec cette autre divinité, dangereuse, menaçante, à la source d'inondations soudaines et catastrophiques comme celles auxquelles étaient confrontés les habitants de Sumer, qui se battaient pour transformer des eaux stériles en terre exploitable. L'Egypte offrait tout au contraire des conditions qui permirent à l'agriculture (même si elle y fut introduite plus tard qu'au Levant ou en Anatolie) d'obtenir rapidement des résultats remarquables, lesquels rendirent peut-être possible une « explosion » démographique, avec à la clé la mise en valeur de toutes les ressources humaines et naturelles du pays. Si l'expérience sumérienne, comme des signes de contacts remontant au IVe millénaire avant J.-C. le montrent, a pu jouer un rôle fertilisateur, on ne peut pas dire pour autant que ce fut un élément décisif ; il y a toujours eu dans la vallée du Nil un fort potentiel pour la civilisation et un stimulus extérieur n'était peut-être pas nécessaire pour qu'il se traduise dans les faits. Une chose en tout cas est évidente : quand elle émergea enfin, la civilisation égyptienne était unique et ne ressemblait à rien de ce que l'on peut trouver ailleurs.

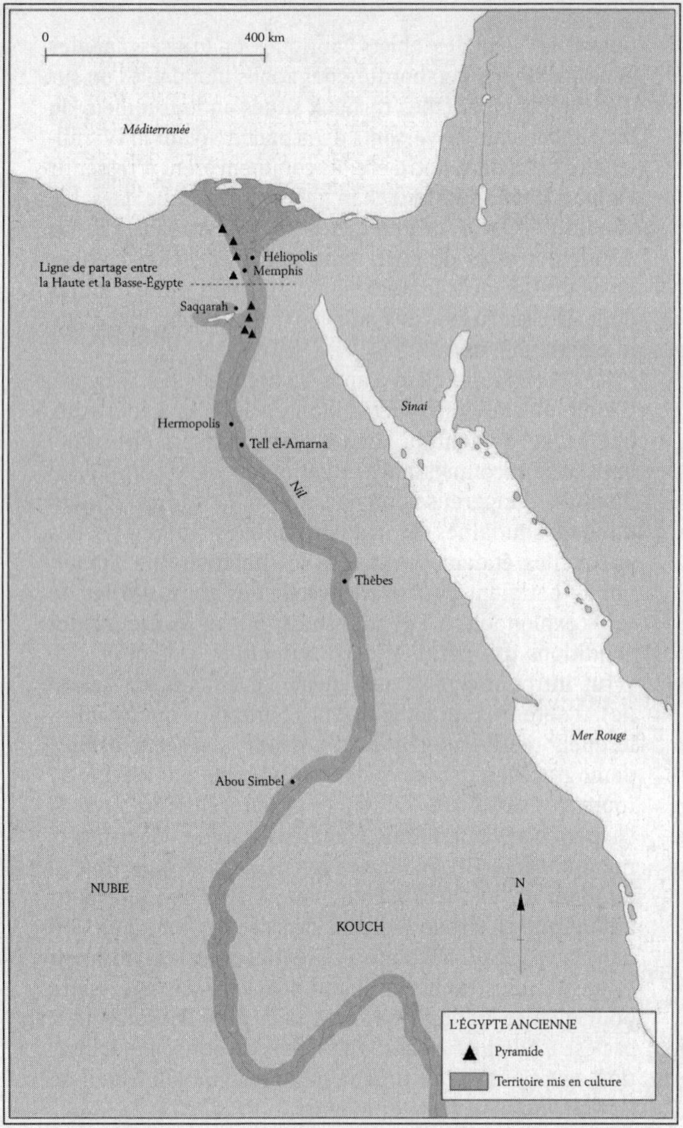

0
400 km
Méditerranée
Héliopolis
Memphis
Ligne de partage entre
la Haute et la Basse-Égypte
Saqqarah
Sinai
Hermopolis
Tell el-Amarna
Nil
Thèbes
Mer Rouge
Abou Simbel
NUBIE
N
KOUCH
L'ÉGYPTE ANCIENNE
Pyramide
Territoire mis en culture

Pour découvrir les racines de cette civilisation, il faut se tourner vers l'archéologie et l'étude de cultures plus récentes. Elles permettent de conclure à la présence de populations dans la Haute-Egypte (c'est-à-dire dans le sud du pays) à l'époque néolithique. Depuis le Ve millénaire avant notre ère environ, ces populations chassaient, pêchaient, pratiquaient la cueillette ou le ramassage, et avaient fini par développer dans la vallée une forme concertée d'agriculture. Elles vivaient dans des villages regroupés autour de centres commerciaux et semblent avoir été réparties en clans, avec des animaux pour symboles ou pour totems, animaux que l'on trouve reproduits sur leur céramique. C'est ce qui fut à l'origine de ce qui devait devenir avec le temps l'organisation politique de l'Egypte : tout commença par l'émergence de chefs de clans qui contrôlaient les régions habitées par leurs congénères.

On peut déjà porter très tôt au crédit de ces peuples des réussites techniques importantes, même s'ils ne semblent pas avoir été des cultivateurs aussi avancés que dans d'autres parties du Moyen-Orient ancien. Ils savaient fabriquer des bateaux en papyrus, travailler des matériaux durs tels que le basalte, marteler le cuivre pour réaliser les petits objets de la vie quotidienne. En d'autres termes, ils étaient très au fait dans de nombreux domaines bien avant la naissance de l'écriture, avec des artisans spécialisés et, à en juger par leurs bijoux, des distinctions bien marquées de classe ou de statut. Puis se produisit, vers le milieu du IVe millénaire, une intensification des influences étrangères, repérable d'abord dans le nord du Delta. Des signes d'échanges commerciaux et de contacts avec d'autres régions se multiplient, particulièrement avec la Mésopotamie, dont la marque se voit dans l'art de cette époque. Pendant ce temps, la chasse et l'agriculture occasionnelle cédaient la place à des modes de culture plus intensifs. Dans le domaine artistique apparaît le bas-relief, qui devait devenir par la suite si important dans la culture égyptienne ; l'utilisation du cuivre se fait plus fréquente. Tout semble naître soudain en même temps, presque sans antécédents, et c'est de cette époque que date la structure politique de base du futur royaume.

Ce royaume en faisait deux. A un certain moment, dans le courant du IVe millénaire, deux royaumes se formèrent, l'un du Nord, l'autre du Sud, l'un de la Basse et l'autre de la Haute-Egypte. La différence avec Sumer est très intéressante : il n'y avait pas ici de cités-Etats. L'Egypte semble passer directement de la précivilisation à un type de pouvoir qui s'étend sur de vastes territoires. Les premières « villes » d'Egypte étaient des centres commerciaux pour agriculteurs ; les communautés rurales et les clans fusionnèrent en groupes, qui furent à l'origine des provinces qui apparurent ensuite. L'Egypte devint une entité politique sept cents ans avant la Mésopotamie, mais elle n'aura jamais qu'une expérience limitée de la vie urbaine.

Jusqu'en 3200 avant J.-C. environ, nous savons peu de chose des souverains des deux Egyptes, mais il est vraisemblable qu'ils s'imposèrent au terme de conflits qui durèrent plusieurs siècles en vue de s'assurer le pouvoir sur des groupes humains de plus en plus importants. C'est à peu près à la même époque que se situent les débuts de l'écriture, et cela a dû jouer un rôle clé dans la consolidation du pouvoir. De plus, le fait que l'écriture ait existé dès le début de l'histoire de l'Egypte permet, beaucoup plus que dans le cas de Sumer, de suivre dans sa quasi-continuité l'évolution de cette civilisation. En Egypte, l'écriture, dès qu'elle fit son apparition, ne fut pas utilisée seulement à des fins administratives et économiques, mais aussi pour enregistrer des événements sur des monuments ou des documents destinés à la postérité.

Vers 3200 avant J.-C., nous apprennent les textes, un puissant roi de la Haute-Egypte, Ménès, conquit le Nord. L'Egypte, unifiée, devint alors un immense Etat qui s'étendait en amont du Nil jusqu'à Abou Simbel. Cet Etat allait même s'accroître encore en remontant plus loin vers le sud le cours du fleuve qui en constituait la colonne vertébrale. Il allait aussi connaître par moments des difficultés, mais cette date n'en marque pas moins la naissance de fait d'une civilisation qui devait survivre jusqu'aux âges classiques de la Grèce et de Rome. Pendant près de trois mille ans (une fois et demie le temps de vie actuel du christianisme), l'Egypte aura constitué une entité politique et, pendant une bonne partie de tout ce temps, une source d'émerveillement et l'objet de toutes les admirations. Durant une aussi longue période, bien des événements se produisirent, dont nous sommes très loin de tout connaître. Il reste que la stabilité et le caractère fortement conservateur de la civilisation égyptienne frappent beaucoup plus l'attention que ses vicissitudes.

Schématiquement parlant, les plus beaux jours de cette civilisation s'arrêtent environ au Ier millénaire avant notre ère. Jusqu'à cette date, il est commode de recourir, pour en rendre compte, à la division traditionnelle en cinq grandes périodes. Trois d'entre elles sont appelées respectivement l'Ancien, le Moyen et le Nouvel Empire ; elles sont séparées par deux autres, la première et la seconde périodes intermédiaires. En gros, les trois « Empires » correspondent à des temps de prospérité, où le pouvoir est à tout le moins bien implanté ; les deux époques intermédiaires sont marquées par une fragilité et des désordres provoqués tant de l'extérieur que de l'intérieur. On dirait au total une pâtisserie faite de trois couches de crème aux parfums différents avec entre elles deux couches d'une banale confiture.

Ce n'est pas la seule façon de comprendre l'histoire de l'Egypte et ce n'est certainement pas la meilleure. Bien des spécialistes préfèrent se référer, en matière de chronologie, aux trente et une dynasties royales qu'a connues l'Egypte ancienne, un système qui présente l'avantage de reposer sur des critères objectifs ; il évite intelligemment d'avoir à se demander, ce qui est inévitable mais bien embarrassant, si (par exemple) les premières dynasties sont à rattacher à l'« Ancien Empire » ou à ranger dans une période distincte dite « archaïque » ou bien encore d'avoir à s'interroger sur la délimitation, tant en ce qui concerne leur début que leur fin, des périodes intermédiaires. Néanmoins, le schéma en cinq parties sera suffisant pour notre propos, à condition de lui adjoindre une sorte de prélude pour l'époque la plus ancienne. Voici donc le système auquel nous nous rallierons :

Dynasties	
I-II	Période prédynastique (env. 3000-2686 av. J.-C.)
III-VIII	Ancien Empire (2686-2160 av. J.-C.)
IX-XI	Première période intermédiaire (2160-2055 av. J.-C.)
XII-XIV	Moyen Empire (2055-1650 av. J.-C.)
XV-XVII	Seconde période intermédiaire (1650-1550 av. J.-C.)
XVIII-XX	Nouvel Empire (1550-1069 av. J.-C.)

Cette chronologie nous conduit jusqu'à l'époque où, comme dans l'histoire de la Mésopotamie, intervient une sorte de cassure : l'Egypte se trouve prise alors dans une série de bouleversements dont l'origine se situe en dehors de ses frontières et auxquels on peut raisonnablement appliquer le terme tant galvaudé de « crise ». En fait, il faudra encore plusieurs siècles pour que les vieilles traditions égyptiennes disparaissent. Certains Egyptiens modernes le répètent avec insistance : le sentiment que leurs compatriotes ont de leur identité les fait remonter sans solution de continuité à la période des pharaons. Il n'en reste pas moins que le Ier millénaire avant notre ère constitue le moment le mieux choisi pour clore notre étude, ne serait-ce que parce que, à cette date, les plus grandes réussites des Egyptiens sont derrière eux.

Ces réussites tinrent avant tout au caractère monarchique de l'Etat, un Etat dont elles furent l'œuvre et au sein duquel elles jouèrent un rôle central. La forme même que prit l'Etat fut une expression de la civilisation égyptienne. Sa première implantation eut lieu à Memphis, dont la construction commença sous Ménès et qui devint la capitale de l'Ancien Empire. Plus tard, sous le Nouvel Empire, ce fut en principe Thèbes la capitale, même s'il y eut en la matière des périodes d'incertitude. Memphis et Thèbes étaient de grands centres religieux et des complexes palatiaux, et cela ne déboucha sur aucun urbanisme véritable. L'absence de cités dans les Temps anciens eut également des conséquences politiques importantes. Les rois de l'Egypte ne durent pas leur suprématie, comme ceux de Sumer, au fait qu'ils faisaient figure de « grands chefs » au sein d'une communauté organisée en cité-Etat qui les avait désignés pour la représenter. Ils n'étaient pas simplement des hommes comme les autres, soumis aux dieux dont le pouvoir s'étendait sur tous, petits ou grands. Ils servaient de médiateurs entre leurs sujets et les puissances divines. La tension entre le palais et le temple était inconnue en Egypte, et lorsque la royauté se mit en place, personne ne songea à discuter ses droits. Les pharaons étaient destinés à être des dieux et non des serviteurs des dieux.

C'est seulement sous le Nouvel Empire que le terme de « pharaon » s'appliqua personnellement au roi. Il désignait auparavant sa résidence, son palais. Les monarques égyptiens n'en disposaient pas moins déjà, à une époque beaucoup plus ancienne, de l'autorité qui devait tant impressionner l'Antiquité. Elle se traduisait par la taille démesurée dont ils étaient dotés dans les représentations que l'on trouve d'eux sur les tout premiers monuments.

C'est un trait dont ils héritèrent au bout du compte des rois de la préhistoire, qui possédaient un caractère sacré particulier en raison du pouvoir dont ils disposaient d'assurer la prospérité grâce aux bons résultats de l'agriculture. Encore aujourd'hui, en Afrique, des pouvoirs de ce genre sont attribués aux rois « faiseurs de pluie » ; en Egypte, ces pouvoirs concernaient le Nil. Les pharaons passaient pour contrôler sa crue et sa décrue annuelles : la vie même, tout bonnement, pour les communautés de riverains. Les premiers rituels propres aux rois d'Egypte que nous connaissions ont trait à la fertilité, à l'irrigation et au défrichement de terres. Les représentations les plus anciennes de Ménès le montrent en train de creuser un canal.

Sous l'Ancien Empire se fait jour l'idée que le roi est le seigneur absolu de la Terre. Il est bientôt vénéré comme un descendant des dieux, les premiers seigneurs de la Terre. Il devient lui-même un dieu, Horus, fils d'Osiris, et arbore les grandioses et terribles attributs du responsable divin de l'ordre ; sur les représentations, ses ennemis se tiennent comme du gibier mort, en rangées superposées, ou bien se traînent à genoux dans l'attitude du suppliant pour éviter que leur tête ne soit rituellement écrasée, sort réservé aux moins fortunés. La justice, c'est « ce qu'aime le pharaon », le mal, c'est « ce que déteste le pharaon » ; de par son essence divine, il est omniscient et n'a donc pas besoin d'un code de lois pour le guider. Jusqu'au Moyen Empire, il n'avait à se préoccuper que de la vie qui lui était réservée après la mort. L'Egypte, plus que tout autre Etat de l'âge du bronze, a toujours mis l'accent sur l'incarnation du dieu dans le roi, même quand cette idée fut de plus en plus mise à mal par les réalités de la vie sous le Nouvel Empire et par l'arrivée du fer. Les désastres dont l'Egypte eut à souffrir par la suite du fait de mains étrangères empêchèrent de croire plus longtemps que le pharaon était le dieu du monde entier.

Mais, bien avant que cette évolution ne se produise, l'Etat égyptien s'était doté d'un nouvel appareil institutionnel, une hiérarchie impressionnante et élaborée de bureaucrates. A son sommet se trouvaient les vizirs, les gouverneurs des provinces et les hauts fonctionnaires, principalement issus de la noblesse ; certains parmi les plus grands étaient enterrés avec une pompe qui le disputait à celle dont bénéficiaient les pharaons. Les familles moins huppées fournissaient les milliers de scribes dont la machine administrative avait besoin pour fonctionner. L'esprit de cette bureaucratie transparaît dans les textes littéraires qui énumèrent les vertus dont doit faire preuve un scribe pour réussir : l'assiduité dans les études, la maîtrise de soi, la prudence, le respect vis-à-vis des supérieurs et une attention scrupuleuse et quasi dévote portée aux poids, aux mesures, à la propriété foncière et aux formes légales. Les scribes étaient formés à Thèbes dans une école spéciale où, semble-t-il, n'étaient pas seulement enseignées, comme on s'y attend, l'histoire, la littérature et les diverses formes d'écriture, mais aussi la topographie, l'architecture et la comptabilité.

Cette bureaucratie dirigeait un pays dont la grande majorité des habitants étaient des paysans. Leur vie ne devait pas être particulièrement facile, puisqu'ils avaient à s'acquitter des corvées auxquelles ils étaient astreints dans le cadre des grands travaux publics entrepris par la monarchie et à amasser en même temps le surplus qui permettrait à la noblesse, à la bureaucratie et à un important clergé de subsister. Mais la terre était riche et l'on arrivait à l'exploiter de mieux en mieux grâce aux techniques d'irrigation mises au point durant la période prédynastique (ce fut probablement là l'une des plus anciennes manifestations de la capacité sans pareille à mobiliser l'effort collectif qui devait devenir l'une des marques de fabrique du gouvernement égyptien). Dans les champs qui bordaient les canaux d'irrigation, on cultivait principalement des légumes, de l'orge et de l'épeautre ; le régime dont ils étaient la base pouvait s'agrémenter de volaille, de poisson et de gibier (qui se trouvent tous représentés en abondance dans l'art égyptien). Depuis l'Ancien Empire, si ce n'est plus tôt, on avait recours au bétail pour tirer des charges et labourer. Au prix de quelques menus changements, ce type d'agriculture est resté jusqu'à l'époque moderne la base de la vie en Egypte ; il a suffi à faire d'elle le grenier de l'Empire romain.

Ce sont les excédents de l'agriculture qui ont aussi permis à l'Egypte de s'adonner à une forme de dépense particulièrement spectaculaire et voyante – toute une série de grands monuments publics en pierre dont il n'existe nulle part ailleurs d'équivalent dans l'Antiquité. Les maisons et les bâtiments agricoles de l'ancienne Egypte étaient construits en briques de boue, déjà en usage avant l'époque dynastique ; ils n'étaient pas conçus pour défier l'éternité. Les palais, les tombeaux et les sanctuaires des pharaons étaient construits autrement : en pierre, un matériau que l'on trouvait en abondance en divers endroits de la vallée du Nil. Même si les pierres étaient soigneusement taillées avec des outils de cuivre puis de bronze et souvent gravées et peintes avec minutie, les techniques liées à leur utilisation étaient plutôt simples. Les Egyptiens inventèrent la colonne de pierre, mais leur grande réussite en matière de monuments ne fut pas tant architecturale et technique que sociale et administrative. Ce qu'ils accomplirent reposait sur une mobilisation de la force de travail humaine dont il n'existe aucun précédent et qui restera sans rivale. Sous la direction d'un scribe, des milliers d'esclaves et de paysans réquisitionnés, et parfois des régiments de soldats, étaient rassemblés pour tailler et mettre en place les masses énormes de pierres qui devaient servir à la construction. Avec comme seules aides des leviers et des traîneaux – pas de treuils, pas de poulies, pas de palans – et en se servant d'immenses rampes en terre, ces ouvriers parvinrent à réaliser toute une succession d'édifices qui nous éblouissent encore.

Ils commencèrent à voir le jour sous la IIIe dynastie. Les plus fameux d'entre eux sont les pyramides, c'est-à-dire les tombes royales, bâties à Saqqarah, près de Memphis. L'une d'entre elles, la « pyramide à degrés », passe traditionnellement pour être le chef-d'œuvre du premier architecte dont le nom nous soit resté – Imhotep, le chancelier du roi. Cet édifice fit une telle impression qu'on y vit la preuve du pouvoir divin de la dynastie. Avec ses semblables, il constituait le fleuron incontesté d'une civilisation qui n'avait connu jusque-là que des masures de boue. Un siècle plus tard environ, des blocs de pierre de 15 tonnes furent utilisés pour la pyramide de Khéops (ou de Khoufou), et c'est à cette époque que les pyramides les plus hautes furent achevées à Gizeh. La construction de la pyramide de Khéops demanda une vingtaine d'années. La légende veut que 100 000 hommes y aient travaillé – c'est à coup sûr très exagéré. Ils furent néanmoins plusieurs milliers, et les énormes quantités de pierres nécessaires (entre 5 et 6 millions de tonnes) durent être acheminées de très loin, sur des distances allant parfois jusqu'à 800 kilomètres. Cette construction colossale est parfaitement orientée et les dimensions de ses quatre côtés, chacun de 240 mètres de long, diffèrent les unes des autres de moins de 20 centimètres – soit environ 0,09 %. Les pyramides nous apportent le meilleur témoignage de la puissance et de la confiance en soi qui caractérisaient l'Egypte sous les pharaons. Mais chacune d'elles n'était que la composante la plus visible d'un grand complexe de bâtiments dont l'ensemble constituait la résidence du roi après sa mort. De grands temples, des palais furent édifiés sur d'autres sites, sans compter les tombeaux de la Vallée des Rois.

Ces réalisations colossales représentent ce que les Egyptiens ont laissé de plus grand, au sens tout à la fois propre et figuré du terme, à la postérité. On comprend mieux, à leur vue, pourquoi ils ont également joui par la suite d'une telle réputation de savants : impossible de croire que de tels monuments n'aient pas impliqué les compétences les plus pointues en mathématiques et dans les autres domaines scientifiques. C'est pourtant faux. Les Egyptiens étaient à coup sûr des topographes très avertis, mais il aura fallu attendre l'époque moderne pour qu'un niveau en mathématiques autre qu'élémentaire devienne nécessaire pour de tels travaux ; il n'y avait certainement pas besoin de tels savoir-faire pour ériger des pyramides. Ce qui était exigé, c'était de pouvoir prendre très exactement les mesures et d'être capable de maîtriser un certain nombre de formules permettant de calculer les volumes et les poids. Les mathématiques égyptiennes n'allèrent pas plus loin, quoi qu'on ait pu en penser par la suite. Les mathématiciens modernes n'ont pas une grande estime pour les résultats obtenus par les Egyptiens en ce qui concerne la recherche théorique : ils sont certainement loin de l'emporter dans ce domaine sur les Babyloniens. Ils adoptèrent un système décimal qui paraît moderne au premier abord, mais c'est sans doute l'invention des fractions unitaires qui constitue leur seul véritable apport à l'histoire des mathématiques.

C'est certainement leur retard en mathématiques qui explique en partie la stérilité des efforts déployés par les Egyptiens en astronomie – un autre domaine dans lequel, paradoxalement, la postérité devait les créditer de grandes découvertes. Certes, leurs observations furent assez précises pour leur permettre de prévoir la crue du Nil et d'assurer l'alignement des bâtiments exigé par les rites, mais leur astronomie théorique se situe loin derrière celle des Babyloniens. Les inscriptions et les documents laissés en la matière par les Egyptiens ont suscité pendant des siècles l'admiration profondément respectueuse des astrologues, mais ils étaient d'une faible valeur scientifique et ils ne permettaient de prévoir que des événements à relativement court terme. Le seul travail solide auquel l'astronomie des Egyptiens servit de base fut le calendrier. Ils furent le premier peuple à instaurer une année solaire de 365 jours ¼ ; ils la divisèrent en douze mois, chacun comprenant trois « semaines » de dix jours, avec une période supplémentaire de cinq jours – un dispositif dont on remarquera qu'il fit sa réapparition en 1793, quand les révolutionnaires français cherchèrent à remplacer le calendrier chrétien par un autre, plus rationnel.

Ce calendrier doit beaucoup à l'observation des étoiles, mais il doit aussi son origine la plus lointaine à l'observation d'un phénomène qui se trouve au cœur de la vie égyptienne, à laquelle il donne son rythme : la crue du Nil. L'année, pour le paysan, comprenait donc trois saisons, chacune durant environ quatre mois : celle où l'on semait, celle où arrivait la crue, celle enfin où l'on récoltait. Mais le cycle sans fin du Nil a exercé une influence beaucoup plus profonde encore sur l'Egypte.

Le caractère organisé et stable de la vie religieuse dans l'Egypte ancienne a fortement frappé les autres peuples. Hérodote croyait que les Grecs devaient aux Egyptiens les noms de leurs dieux ; il se trompait, mais il est intéressant qu'il ait pu avoir cette idée. Plus tard, les cultes rendus aux dieux égyptiens furent perçus comme une menace par les empereurs romains ; ils furent interdits, mais les Romains finirent par les tolérer, si grand était leur pouvoir de séduction. Au XVIIIe siècle, des Européens cultivés se laissèrent encore prendre au charabia à l'égyptienne de certains charlatans. Beaucoup plus près de nous, le rituel des « Shriners » offre un exemple amusant et innocent de la fascination que continue d'exercer le mythe égyptien. Il s'agissait de fraternités regroupant de respectables hommes d'affaires américains, qui paradaient en de grandes occasions dans les rues de petites villes, affublés de fez et de pantalons bouffants. La religion égyptienne n'a pas cessé, à vrai dire, de prouver sa vigueur, ce qui lui a permis, comme à d'autres aspects de cette civilisation, de survivre longtemps au système politique qui l'avait soutenue et abritée.

Il n'en demeure pas moins qu'il y a là quelque chose qui nous échappe. Des mots comme « vigueur » risquent fort de nous égarer. La religion, dans l'Egypte ancienne, faisait partie d'un cadre général de vie ; elle allait de soi, comme va de soi la circulation du sang dans le corps humain. Elle avait peu à voir avec une structure indépendante comme celle à laquelle on donnera plus tard le nom d'Eglise. Il existait bien sûr un personnel religieux, des groupes de desservants associés à tel culte et à tel endroit en particulier, et, déjà sous l'Ancien Empire, des prêtres disposaient d'un statut social suffisant pour leur permettre d'être enterrés dans des tombes coûteuses. Mais leurs temples étaient des centres économiques et des entrepôts autant que des lieux de culte, et bien des desservants, alors et plus tard, parvenaient à combiner leurs fonctions religieuses avec celles de scribes, d'administrateurs et de bureaucrates au service du roi. Voilà qui ressemblait bien peu à ce qu'on appellera plus tard un clergé.

La religion égyptienne se comprend mieux si on la considère non pas comme une force sociale dynamique, vivante, mais comme une façon d'affronter la réalité en parvenant à bien gérer les différentes composantes d'un cosmos immuable. Ce qui, même dit ainsi, n'en demande pas moins quelques réserves. Il faut rappeler que les concepts et les distinctions que nous tenons pour acquis lorsque nous cherchons à évaluer (ou simplement à évoquer) les mentalités qui furent celles d'autres époques n'avaient pas cours chez ceux dont nous voulons reconstituer l'univers intellectuel. La frontière, par exemple, entre la religion et la magie n'était pas un problème pour l'Egyptien d'autrefois, même s'il était sans doute pleinement conscient que chacune des deux avait son efficacité propre. On a dit que la magie était partout dans la religion égyptienne, à la façon d'un cancer ; l'image est un peu trop dépréciative, mais elle dit bien à quel point religion et magie sont liées. Autre distinction que l'on ne trouve pas dans l'Egypte ancienne, celle que font automatiquement la plupart d'entre nous entre le nom et la chose. Pour l'Egyptien, le nom était la chose ; l'objet réel, que nous séparons de sa désignation, se confondait avec elle. Et il en allait de même avec d'autres représentations. Les Egyptiens vivaient dans le symbolisme comme des poissons dans l'eau, c'était leur milieu naturel, et nous devons nous libérer des postulats propres à notre culture, si éloignée du symbolisme, si nous voulons les comprendre.

C'est toute une vision du monde qui est en cause lorsque nous cherchons à préciser le sens et le rôle de la religion dans l'Egypte ancienne. Dès le début, nous avons des témoignages indiscutables de son importance ; pendant tout le temps que dura leur civilisation, les anciens Egyptiens n'ont jamais cessé, avec une remarquable continuité, de demander à la religion de les aider à traverser le flot multiple et varié de la vie ordinaire pour atteindre un monde sans changement, un monde dont il est très facile de se faire une idée à travers la vie que les morts sont censés y mener. Peut-être peut-on retrouver ici encore le Nil et sa crue. Chaque année, le fleuve balayait tout et mettait tout à neuf, mais le cycle qu'il suivait revenait toujours, ne variait jamais : il y avait là comme l'incarnation d'un grand rythme cosmique. Le changement suprême qui menaçait les hommes, c'était la mort : elle parachevait ce processus de décomposition et d'instabilité permanentes qui était leur lot commun ici-bas. Dès l'origine, la religion égyptienne semble avoir été obsédée par la mort : l'image la plus familière que nous ayons d'elle, après tout, ce sont les momies et le mobilier funéraire conservés dans nos musées. Sous le Moyen Empire, on se mit à penser que tous les hommes, et pas seulement le roi, pouvaient espérer connaître une vie après la mort. En conséquence, en recourant aux rites et aux symboles, en étudiant soigneusement son cas afin de le plaider avec succès devant ses juges d'outre-tombe, un homme pouvait se préparer pour l'au-delà avec l'espoir d'y jouir du bien-être éternel qu'il était supposé offrir. L'idée que les Egyptiens se faisaient de la vie après la mort n'avait donc rien à voir avec la version lugubre qu'en avaient les Mésopotamiens ; les hommes pouvaient y connaître le bonheur.

Les efforts déployés pendant tant de siècles pour assurer à tant d'hommes un tel sort donnent à la religion égyptienne comme un parfum d'héroïsme. C'est ce qui permet aussi de comprendre le soin presque obsessionnel apporté à l'aménagement des tombes et aux préparatifs destinés à accompagner le défunt dans ce qui allait être son lieu de repos pour l'éternité. Les meilleurs exemples nous en sont fournis par la construction des pyramides et les pratiques de momification. Sous le Moyen Empire, il fallait soixante-dix jours, à la mort d'un roi, pour procéder à l'ensemble des rites funéraires et à la momification.

Les Egyptiens croyaient qu'on devait s'attendre après la mort à passer en jugement devant Osiris : si le verdict était favorable, on vivrait dans son royaume ; sinon, on serait abandonné à un monstre destructeur, mi-crocodile mi-hippopotame. Cela n'impliquait pas pour autant que les humains n'eussent à être guidés dans la vie que par le seul souci d'apaiser Osiris, le panthéon égyptien étant très vaste. Il existait près de 2 000 dieux et il y avait plusieurs cultes importants. Bon nombre de ces dieux trouvaient leurs origines dans les divinités animales remontant à la préhistoire ; Horus, le dieu faucon, était aussi le dieu de la dynastie et était arrivé avec les mystérieux envahisseurs du IVe millénaire avant J.-C. Ces animaux connurent un lent processus d'humanisation qui resta incomplet ; les artistes greffèrent leurs têtes sur des corps d'homme. Les créatures en forme de totems qui en résultèrent furent redistribuées suivant des combinaisons nouvelles : donner davantage de consistance à leur culte était un moyen pour les pharaons d'atteindre leurs buts politiques. C'est ainsi que le culte d'Horus fut regroupé avec celui d'Amon-Rê, le dieu du soleil, dont les pharaons finirent par être considérés comme l'incarnation. Par la suite, Horus fut tenu pour le fils d'Osiris et de son épouse Isis. Cette déesse de la création et de l'amour était probablement la plus ancienne de tous les dieux. Ses origines, comme celles d'autres divinités égyptiennes, remontent en effet à l'époque prédynastique et elle est l'un des avatars de l'omniprésente déesse mère dont on retrouve des traces à travers tout le Moyen-Orient néolithique. Son image, avec l'enfant Horus dans les bras, ne devait pas s'effacer avant longtemps : elle a survécu dans l'iconographie chrétienne de la Vierge Marie.

Les dieux tiennent une place importante dans les thèmes artistiques de l'Egypte ancienne, mais il reste bien des choses à découvrir en dehors d'eux. L'art y repose sur un type de représentation fondamentalement naturaliste qui, bien que limité par toute une série de conventions dans le rendu des expressions et des gestes, confère une belle simplicité aux productions classiques des deux premiers millénaires et assurera à celles qui suivront, dans une époque davantage guettée par la décadence, un charme et une accessibilité très attachants. Cette esthétique a permis aux artistes égyptiens de rendre avec réalisme des scènes de la vie quotidienne. L'agriculture, la pêche et la chasse y sont évoquées ; on peut y voir des artisans à leurs outils et des scribes à leurs calames. Mais ce qui frappe le plus, en fin de compte, dans l'art égyptien, plus que les thèmes ou la technique, c'est la continuité d'un style aisément reconnaissable. Pendant près de deux mille ans, les artistes œuvrèrent avec plaisir au sein d'une tradition dont ils perpétuaient le classicisme. Cette tradition doit sans doute un peu de ses origines à Sumer et elle sut s'ouvrir par la suite à d'autres influences étrangères. Il reste qu'elle parvint à préserver, sans jamais vaciller, la force et la solidité de ce qu'elle avait de plus original et de plus profond. C'est sans doute ce qui a dû le plus étonner, visuellement, le visiteur d'autrefois : constater à quel point ce qu'il avait sous les yeux paraissait être de la même facture. Si nous laissons de côté ce qui s'est passé au Paléolithique supérieur, dont nous savons si peu, il n'existe pas, dans toute l'histoire de l'art, de tradition plus durable et mieux ancrée.

Cette tradition n'a pas démontré qu'elle pouvait s'exporter. Peut-être les Grecs ont-ils emprunté la colonne à l'Egypte ancienne, où elle tire son origine du fagot de roseaux recouvert de boue dont on trouve une réminiscence dans les cannelures. A ceci près, il apparaît clair, en dépit de la fascination que n'ont cessé d'exercer les monuments égyptiens sur les artistes et les architectes des autres pays, que leur adaptation à d'autres fins, même quand elle fut réussie, a toujours gardé quelque chose de superficiel et d'exotique. Le style égyptien ne prit jamais racine ailleurs ; il fait de furtives réapparitions, au fil des âges, pour servir à la décoration ou à l'embellissement – des colonnes à cannelures, des sphinx et des serpents sur le mobilier, un obélisque ici, un cinéma là. Nous ne lui sommes redevables que d'un seul apport majeur : l'élaboration – pour permettre de dessiner les immenses personnages peints ou gravés que l'on voit sur les parois des tombeaux et des temples – des canons classiques définissant les proportions du corps humain. Les Grecs devaient en hériter, et ils allaient hanter les artistes européens jusqu'à une époque aussi tardive que celle de Léonard de Vinci, où la question, il est vrai, quitta le domaine du style pour celui de la théorie.

Il y eut une autre grande réussite artistique qui ne resta pas confinée à l'Egypte, bien qu'elle y ait joué un rôle particulièrement important : la calligraphie. Il semble que les Egyptiens se soient entendus pour adopter l'invention sumérienne consistant à représenter les sons plutôt que les choses, mais qu'ils aient rejeté le cunéiforme. Ils créèrent à la place l'écriture hiéroglyphique. Au lieu de reprendre le système développé en Mésopotamie, qui consistait à créer des variations à partir de la même forme de base, ils optèrent en connaissance de cause pour des dessins ou de quasi-dessins réalistes. C'était beaucoup plus décoratif que le cunéiforme, mais aussi beaucoup plus difficile à maîtriser. Les premiers hiéroglyphes sont antérieurs à 3000 avant notre ère ; les derniers exemples que nous en connaissions datent de 194 après J.-C. Près de quatre millénaires : c'est une impressionnante durée de vie en matière de calligraphie. Après l'abandon de ce système d'écriture, quatorze siècles et demi devaient s'écouler pendant lesquels les profanes furent incapables de le comprendre, avant qu'un savant français ne parvienne à déchiffrer les inscriptions gravées sur la « pierre de Rosette », un fragment de stèle découvert par les archéologues qui avaient accompagné en Egypte l'armée napoléonienne.

Dans l'ancien temps, c'était sur la capacité à lire les hiéroglyphes qu'était fondée la caste des prêtres ; cette capacité constituait en conséquence un secret professionnel bien gardé. Depuis l'époque prédynastique, les hiéroglyphes étaient utilisés pour tout ce qui avait un rapport à l'histoire. Très tôt, dès la Ire dynastie, l'invention du papyrus – de fines bandes d'une sorte particulière de roseau placées perpendiculairement les unes sur les autres et compressées pour former une feuille homogène – fournit un support commode pour la reproduction et la diffusion des hiéroglyphes. Cette invention fut beaucoup plus importante pour le monde que celle des hiéroglyphes : le papyrus était moins cher qu'une peau d'animal (dont était fait le parchemin) et plus pratique (quoique plus périssable) que les tablettes d'argile ou les fragments d'ardoise. C'est à lui que l'on recourut le plus souvent au Moyen-Orient pour la correspondance et les comptes rendus, et ce jusque très tard dans l'ère chrétienne, quand l'invention du papier, venue d'Extrême-Orient, se répandit dans le monde méditerranéen (le mot « papier » ne dérive-t-il pas lui-même de « papyrus » ?). Peu après l'apparition du papyrus, les rédacteurs commencèrent à coller les feuilles les unes aux autres pour former un long rouleau : c'est ainsi que les Egyptiens inventèrent le livre, comme ils avaient inventé le matériau sur lequel le rédiger ainsi qu'un type d'écriture qui a contribué à forger la nôtre. C'est peut-être là notre plus grande dette envers eux, dans la mesure où une très large proportion de ce que nous connaissons de l'Antiquité nous est parvenue directement ou indirectement par le moyen du papyrus.

Sans aucun doute, ce sont les prouesses dont on créditait ceux qui pratiquaient ses rites religieux et ses rites magiques ainsi que la matérialisation spectaculaire dans l'art et l'architecture d'une réussite politique qui expliquent l'essentiel du prestige dont n'a cessé de jouir l'Egypte. Et pourtant, si l'on compare sa civilisation à d'autres, elle n'apparaît ni très fertile ni très ouverte. Le domaine des techniques ne constitue en rien un test infaillible – on se heurte d'ailleurs en la matière à des difficultés d'interprétation –, mais il laisse apparaître un peuple lent à adopter de nouveaux savoir-faire, rechignant à innover dès lors qu'un bond important a été accompli. Après le développement de l'écriture, l'art de bâtir en pierre a longtemps constitué la seule avancée majeure. Le papyrus et la roue étaient connus sous la Ire dynastie, mais il a fallu à l'Egypte près de deux mille ans de contacts avec la Mésopotamie avant d'adopter le puits à balancier, depuis longtemps en usage pour l'irrigation des terres dans l'autre grande vallée fluviale de l'époque. On ne lui doit pas moins l'horloge à eau, dont le mécanisme de base devait connaître au fil des millénaires toute une série de perfectionnements de la part des civilisations qui suivirent. Peut-être était-il impossible aux Egyptiens de résister au poids de la routine, rassurés qu'ils étaient en permanence par le cycle immuable du Nil.

Il n'y a qu'en médecine que ce peuple a manifesté une originalité et connu une réussite indiscutables, et cela remonte au moins, comme nous en avons la preuve, à l'Ancien Empire. Aux alentours de 1000 avant notre ère, un Egyptien particulièrement versé dans cet art jouissait d'une réputation internationale. Bien qu'il soit difficile de complètement séparer la médecine égyptienne de la magie (un grand nombre de prescriptions magiques et d'amulettes nous sont parvenues), elle n'en était pas moins fondée pour l'essentiel sur la logique et l'observation pratique. Quelle qu'ait pu être son efficacité à l'époque, elle joua indirectement un rôle important dans les développements qui allaient suivre. Une bonne part de ce que nous savons en matière de pharmacopée et de plantes médicinales vient des Egyptiens, dont le savoir finit par être transmis, par l'intermédiaire des Grecs, aux savants de l'Europe médiévale. Ce n'est pas rien que d'avoir introduit l'usage d'un remède comme l'huile de ricin, dont l'efficacité ne s'est jamais démentie.

Ce que l'on peut en conclure à propos de la santé des anciens Egyptiens est un autre sujet. Ils ne semblent pas avoir eu autant de problèmes avec l'addiction à l'alcool que les Mésopotamiens, mais on voit mal ce que l'on peut en déduire. Des spécialistes ont souligné un taux exceptionnellement élevé de mortalité infantile et nous avons la preuve concrète que certaines maladies étaient très répandues chez les adultes ; quelle que soit l'explication du phénomène, les nombreux corps momifiés qui nous sont parvenus ne révèlent aucun exemple de cancer, de rachitisme ou de syphilis. D'un autre côté, une maladie aussi éprouvante que la bilharziose, transmise par un vers hématophage – c'est-à-dire mangeur de sang – et si répandue en Egypte aujourd'hui, semble avoir été déjà bien implantée au IIe millénaire avant notre ère. Rien de tout cela, bien sûr, ne nous éclaire sur les pratiques médicales des anciens Egyptiens. C'est pourtant à l'Egypte que nous devons les premiers traités médicaux ; les prescriptions qu'ils formulent et les soins qu'ils recommandent indiquent que les praticiens avaient à leur disposition tout un bric-à-brac de remèdes, ni meilleurs ni pires que la plupart de ceux en usage dans les autres grands centres de civilisation jusqu'à une période récente (il semble que l'accent ait été longtemps mis sur les purges et les lavements). On a célébré à l'envi l'extrême habileté des embaumeurs, mais c'est oublier que le climat jouait en leur faveur. Curieusement, on attribua plus tard une vertu thérapeutique aux résultats de leurs travaux ; réduites en poudre, les momies furent pendant des siècles, en Europe, un remède souverain contre nombre de maladies. Il est intéressant également de noter que les Egyptiens élaborèrent et pratiquèrent certaines techniques contraceptives rudimentaires. Mais rien ne permet de dire, dans l'état de nos connaissances, si cela réduisit le risque de surpopulation, en limitant par là même le recours à l'infanticide.

La plupart des Egyptiens étaient des paysans, l'Egypte étant moins urbanisée que la Mésopotamie. Les images de la vie égyptienne que nous donnent la littérature et l'art nous montrent une population séjournant dans la campagne, et à qui les petites villes et les temples servent de centres de services plutôt que de lieux d'habitat. Pendant presque toute l'Antiquité, l'Egypte fut un pays qui comprenait quelques grands centres religieux et administratifs comme Thèbes ou Memphis, tout le reste n'étant que villages et marchés. La vie pour les pauvres était rude, mais pas constamment. Le principal fardeau semble avoir été les corvées. Quand le pharaon n'y recourait pas, le paysan était libre de son temps, du moins durant les quelques mois où il attendait que la crue du Nil fasse son travail à sa place. Les ressources agricoles étaient suffisantes pour subvenir aux besoins d'une société complexe et bigarrée où l'on trouvait toutes sortes d'artisans. Nous en savons plus sur leurs activités que pour leurs homologues mésopotamiens, grâce aux bas-reliefs et aux peintures. La grande division qui caractérisait cette société était celle entre les personnes éduquées, qui pouvaient entrer au service de l'Etat, et les autres. L'esclavage existait, mais jouait un rôle moins important, semble-t-il, que les corvées imposées à la paysannerie.

Les femmes égyptiennes passent traditionnellement pour avoir été pleines de charme et d'un abord facile. Voilà qui, joint à d'autres indications, contribue à nous donner l'image d'une société où elles ont connu une indépendance plus large et joui d'un statut plus élevé que partout ailleurs. Nous sommes un peu trop influencés, à coup sûr, par un art qui dépeint des femmes de haut rang vêtues de ces belles étoffes transparentes que savaient tisser les Egyptiens, coiffées et parées avec un goût exquis, soigneusement maquillées avec des fards qui faisaient alors l'objet d'une intense activité commerciale. Il n'en reste pas moins que ces représentations, même s'il faut éviter de trop s'appuyer sur elles, font bien apparaître la façon dont les femmes de la classe dirigeante étaient traitées, dans le respect de leur liberté et de leur dignité. Les pharaons et leurs épouses – ainsi que d'autres couples appartenant à la noblesse – affichent parfois une forme de complicité dont on ne retrouvera nulle part l'équivalent dans l'art du Moyen-Orient ancien jusqu'au Ier millénaire avant notre ère. Il y a dans ces quelques scènes une qualité d'émotion qui ne peut pas être l'effet du hasard.

La présence de femmes belles et gracieuses sur tant de peintures et de sculptures peut aussi refléter l'importance politique qui était la leur de par leur qualité même de femme, une importance que l'on chercherait en vain ailleurs. En théorie (mais souvent aussi dans les faits), le trône se transmettait par elles. Une héritière apportait à son mari le droit de succession ; c'est pourquoi le mariage des princesses était une aussi grande affaire. Bien des mariages royaux se conclurent entre frère et sœur, sans conséquences fâcheuses, apparemment, sur le plan génétique ; il arriva que des pharaons épousent leur fille, peut-être pour empêcher quiconque de convoler avec elles plutôt que pour assurer la perpétuation du sang divin (qui aurait très bien pu être assurée par l'intermédiaire de concubines). De telles prérogatives ont dû faire des épouses des pharaons des personnages très influents. Certaines eurent un grand pouvoir et l'une d'entre elles monta même sur le trône : elle accepta, comme le rite l'exigeait, d'exhiber une barbe et de porter des vêtements d'homme, et prit le titre de pharaon. A vrai dire, cette innovation ne paraît pas avoir fait l'unanimité.

Il semble par ailleurs que la féminité ait été largement représentée au sein du panthéon égyptien, notamment dans le culte d'Isis, particulièrement évocateur. La littérature et l'art font ressortir un respect pour l'épouse et pour la mère qui dépasse de loin le seul cercle des notables. Les histoires d'amour et les scènes de famille dans lesquelles Isis est impliquée dessinent ce que l'on tenait à l'époque, plus ou moins consciemment, pour une image idéale de la société dans son ensemble ; l'accent est mis sur un érotisme tendre, l'absence de tensions, le naturel et une sorte d'égalité affective entre les hommes et les femmes. Certaines savaient lire et écrire. Il existe même un mot égyptien pour désigner un scribe femme, un cas de figure dont nous connaissons deux exemples, mais il n'y avait pas beaucoup de carrières ouvertes aux femmes, en dehors de celles de prêtresse ou de prostituée. Si elles étaient riches, cependant, elles pouvaient posséder des terres, et leurs droits juridiques semblent proches, à bien des égards, de ceux dont bénéficiaient les femmes dans la tradition sumérienne. Il n'est pas facile de généraliser dès lors que l'on traite d'une civilisation qui s'est étendue sur une aussi longue période, mais les témoignages dont nous disposons sur l'Egypte ancienne nous donnent le sentiment d'une société où les possibilités d'expression pour une femme étaient sans commune mesure avec ce qui se passera ensuite chez bien des peuples jusqu'à l'époque moderne.

La solidité et la richesse matérielle de la civilisation égyptienne sont si impressionnantes avec le recul, si immuables en apparence, qu'il est encore plus difficile que dans le cas de la Mésopotamie de prendre la mesure des relations que ce pays entretint avec le monde extérieur, tout comme d'apprécier les hauts et les bas qui affectèrent le pouvoir à l'intérieur même de la vallée du Nil. Ce sont des périodes immenses dont il faut rendre compte : à lui seul, l'Ancien Empire a connu, si l'on s'en tient aux estimations les plus basses, une histoire deux fois et demie aussi longue que celle des Etats-Unis. Pour en rester à cet exemple, tant d'événements se produisirent alors qu'il est souvent impossible pour l'historien de trouver un fil conducteur pour son récit. Les relations avec les voisins n'eurent rien de particulier, encore que toute une série d'expéditions aient été lancées contre les peuples de Palestine vers la fin de l'Ancien Empire. Durant la première période intermédiaire qui suivit, la situation se renversa et l'Egypte, après avoir envahi les autres, se vit à son tour envahie par eux. Ses faiblesses et ses divisions aidèrent sans aucun doute les envahisseurs venus d'Orient à s'établir dans la basse vallée du Nil. On peut lire à ce propos cet étrange commentaire : « Les grandes familles se lamentent mais les pauvres jubilent [...] la saleté a envahi tout le pays [...] des étrangers sont arrivés en Egypte. » Des dynasties rivales apparurent non loin de l'emplacement actuel du Caire et l'importance de Memphis diminua.

Puis s'ouvrit une nouvelle grande période de l'histoire égyptienne : le Moyen Empire. Elle commença plus précisément avec le puissant Amenemhat Ier, qui, depuis sa capitale installée à Thèbes, réunifia le royaume. Après 2 000 avant J.-C., l'Egypte connut, pendant près d'un quart de millénaire, une époque de redressement qui fut d'autant plus perçue comme telle qu'elle succédait aux horreurs (c'est ce que nous en disent du moins les documents) de la première période intermédiaire. Sous le Moyen Empire, l'ordre et la cohésion sociale se renforcent. Le statut divin du pharaon évolue insensiblement : non seulement il est un dieu, mais ce sont des dieux qui l'ont engendré et ce sont des dieux qui lui succéderont. Peu importent les épreuves et le doute que celles-ci ont pu répandre chez les hommes, l'ordre éternel est destiné à se maintenir, inébranlable. Il est également certain qu'il y eut, durant cette période, une extension du territoire et un accroissement des richesses. De grands travaux d'assèchement furent menés à bien dans les marécages du Nil. La Nubie, située au sud, entre la première et la troisième Cataracte, fut conquise et ses mines d'or firent l'objet d'une exploitation intensive. Des colonies égyptiennes s'implantèrent encore plus au sud, dans ce qui devint par la suite un royaume d'Afrique noire appelé Kouch. A en juger par les traces qu'ils ont laissées, les échanges commerciaux se multiplièrent alors comme jamais auparavant et les mines de cuivre du Sinaï furent à nouveau mises à contribution. La théologie ne fut pas en reste. Il y eut une refondation religieuse, avec le regroupement des cultes sous l'égide d'Amon-Rê, qui reflétait la refondation et la consolidation opérées en politique. Ce qui n'empêcha pas le Moyen Empire de s'achever sur des bouleversements et des rivalités dynastiques.

La seconde période intermédiaire, qui dura en gros un siècle, fut marquée par une autre incursion, beaucoup plus redoutable, celle des Hyksos. Il s'agissait probablement d'un peuple asiatique qui avait profité de l'avantage militaire que lui assurait l'emploi de chars dotés d'une enveloppe protectrice en fer pour s'établir dans le delta du Nil et y régner en suzerains, auxquels il arrivait aux dynasties thébaines de verser tribut. Nous ne savons pas grand-chose sur eux. Apparemment, ils reprirent les conventions et les méthodes égyptiennes et maintinrent même en place, dans les premiers temps, la bureaucratie existante, ce qui ne conduisit pas pour autant à l'assimilation. Sous la XVIIIe dynastie, les Egyptiens chassèrent les Hyksos au terme d'une guerre en règle ; ce fut le début du Nouvel Empire, dont le premier grand succès consista, dans les années qui suivirent 1 570 avant J.-C., à exploiter la victoire ainsi acquise en poursuivant les Hyksos jusque dans leurs places fortes situées dans le sud du pays de Canaan. Les Egyptiens finirent par occuper une bonne partie de la Syrie et de la Palestine.

Le Nouvel Empire, à son apogée, connut de tels succès sur le plan international et a laissé derrière lui de telles traces matérielles qu'il est difficile de ne pas penser que la domination des Hyksos a dû avoir un effet cathartique ou fertilisant. Il y eut, sous la XVIIIe dynastie, ce qu'on pourrait presque appeler une renaissance artistique, en même temps qu'une transformation des techniques de combat par l'adoption d'équipements asiatiques tels que le char et, surtout, un considérable renforcement du pouvoir royal. C'est alors qu'une femme, Hatchepsout, occupa pour la première fois le trône ; son règne se distingua par un développement du commerce égyptien, si l'on en croit en tout cas ce que montre son temple funéraire. Le siècle suivant fut marqué par de nouveaux triomphes et de nouvelles conquêtes militaires. L'époux et successeur d'Hatchepsout, Thoutmôsis III, étendit les frontières de l'Empire égyptien jusqu'à l'Euphrate. Des documents enregistrant le versement de tributs et l'arrivée d'esclaves ainsi que des mariages avec des princesses asiatiques témoignent d'une prééminence égyptienne qui alla de pair, à l'intérieur même de l'Egypte, avec un surplus de richesse dans la décoration des temples et l'apparition d'une sculpture en ronde-bosse à laquelle nous devons des bustes et des statues généralement considérés comme le sommet de la réussite artistique égyptienne. Des influences étrangères s'exercèrent aussi à cette époque sur l'art égyptien ; elles provenaient de Crète.

Vers la fin du Nouvel Empire, les contacts avec l'extérieur, que nous voyons se multiplier, commencent à laisser apparaître un autre phénomène : il se produit, pour le pouvoir égyptien, un changement de contexte capital. L'endroit où tout se joue, c'est la côte du Liban, que Thoutmôsis III avait mis dix-sept ans à soumettre. Il n'avait pu venir à bout d'un vaste empire dirigé par les Mitanni, un peuple qui dominait l'est de la Syrie et le nord de la Mésopotamie. Ses successeurs changèrent de politique. Une princesse mitannienne épousa un pharaon et, pour protéger les intérêts égyptiens dans cette zone, le Nouvel Empire fut amené à s'appuyer sur des liens d'amitié avec son peuple. C'est ainsi que l'Egypte sortit de l'isolement dont elle avait longtemps tiré sa force. Mais les Mitanni étaient soumis à une pression grandissante exercée au nord par les Hittites, l'un des peuples les plus importants parmi ceux dont les ambitions et les mouvements allaient bouleverser la donne au Moyen-Orient dans la seconde moitié du IIe millénaire avant J.-C.

Nous sommes bien renseignés sur les préoccupations qui furent très tôt celles du Nouvel Empire dans ce domaine parce qu'elles se trouvent consignées par écrit dans l'un des plus anciens recueils de correspondance diplomatique, qui date des règnes d'Amenhotep III et IV (vers 1400-1362 avant J.-C.). Sous le premier de ces deux rois, l'Egypte atteignit le plus haut de son prestige et de sa prospérité. Ce fut la grande époque de Thèbes. Amenhotep III y fut enterré, comme il convenait, dans le plus grand des tombeaux jamais préparé pour un roi, bien qu'il n'en subsiste plus que les restes de deux immenses statues que les Grecs appelèrent plus tard les « colosses de Memnon » (un héros légendaire, dont on pense qu'il était éthiopien).

Amenhotep IV succéda à son père en 1379 avant J.-C. Il tenta d'opérer une révolution en matière de croyances en substituant à l'ancienne religion le culte monothéiste du dieu-soleil Aton. Pour bien marquer l'importance qu'il y attachait, il prit le nom d'Akhénaton et fonda une nouvelle ville à Amarna, à un peu moins de 500 kilomètres au nord de Thèbes, où un temple, doté d'un sanctuaire sans toit ouvert aux rayons du soleil, servait de centre à la nouvelle religion. On ne peut douter de la détermination d'Akhenaton et de la piété qui était la sienne. Mais sa tentative ne pouvait qu'être vouée à l'échec dès le départ, étant donné le conservatisme religieux qui caractérisait l'Egypte. Peut-être son obstination eut-elle des motifs politiques. Peut-être essaya-t-il de récupérer le pouvoir que s'étaient arrogé les prêtres d'Amon-Rê. Ce qui est sûr, c'est que l'opposition que souleva Akhenaton avec sa révolution religieuse contribua à l'affaiblir sur d'autres fronts. Dans le même temps, la pression des Hittites provoquait des signes évidents de tension au sein des dépendances égyptiennes. Akhenaton ne put sauver les Mitanni, qui perdirent au profit des Hittites toutes leurs terres situées à l'ouest de l'Euphrate et s'enfoncèrent dans une guerre civile désastreuse qui devait déboucher, quelque trente ans plus tard, sur la disparition de leur royaume. Le monde égyptien s'effritait. Si le nom d'Akhenaton a disparu par la suite de la liste officielle des rois, ce fut peut-être pour d'autres raisons que pour l'outrage infligé à la religion traditionnelle.

Son successeur porta un nom qui est peut-être le plus connu de ceux de l'Egypte ancienne. Amenhotep IV s'était fait appeler Akhenaton parce qu'il voulait effacer les traces du culte de l'ancien dieu Amon ; son successeur et beau-fils choisit pour nom Toutankhamon, et non pas Toutankhaton, pour marquer la restauration de l'ancien culte d'Amon et la fin de la réforme religieuse lancée par Akhenaton. Peut-être est-ce pour l'en remercier qu'on lui réserva de superbes funérailles dans la Vallée des Rois, au terme d'un règne qui fut bref et sans rien qui retienne l'attention par ailleurs.

Quand il mourut, le Nouvel Empire avait encore deux siècles à vivre, mais ce furent deux siècles d'un déclin qui, à quelques interruptions près, n'allait cesser de s'accélérer. Symptomatiquement, la veuve de Toutankhamon décida de se remarier avec un prince hittite (mais ce dernier fut assassiné avant que la cérémonie n'ait pu avoir lieu). Les rois qui vinrent ensuite au pouvoir tentèrent de reprendre le terrain perdu et y parvinrent quelquefois ; la Palestine fut conquise par les uns puis reprise par les autres. Il y eut un pharaon pour imiter ses prédécesseurs qui s'étaient unis à des princesses étrangères en épousant lui-même une princesse hittite. Mais le nombre de nouveaux ennemis avait grossi depuis ; même une alliance avec les Hittites n'était plus une sauvegarde. La mer Egée bouillonnait, les îles « déversaient tous leurs peuples à la fois » et « aucune terre ne leur résistait », disent les documents égyptiens. Ces « Peuples de la Mer » finirent par être repoussés, mais le combat avait été rude.

C'est alors que se produisit un épisode qui devait se révéler capital pour l'avenir mais dont nous ne pouvons établir ni la nature exacte ni l'historicité. Si l'on en croit les textes religieux qu'ils rédigèrent plusieurs siècles plus tard, des Sémites, qui formaient un petit peuple appelé par les Egyptiens « Hébreux », suivirent leur chef Moïse et quittèrent le Delta pour s'engager dans le désert du Sinaï. A partir de 1150 avant J.-C. environ, il existe également de nombreux signes attestant une désorganisation interne. Un roi, Ramsès III, mourut à la suite d'une conspiration fomentée dans le harem ; il fut le dernier à s'opposer avec un certain succès au flot montant du désastre. Il est question, sous ses successeurs, de grèves et de troubles liés à des problèmes économiques ; il se répand comme un dangereux parfum de sacrilège avec le pillage, en une génération, des tombes royales à Thèbes. Le pharaon voit son pouvoir s'éroder au profit des prêtres et des hauts dignitaires et le dernier souverain de la XXe dynastie, Ramsès XI, fut en réalité prisonnier dans son propre palais. L'âge du pouvoir impérial était terminé en Egypte.

Il en allait de même pour les Hittites et pour d'autres empires de la fin du IIe millénaire avant J.-C. Ce n'est pas seulement la puissance incontestée de l'Egypte qui venait à son terme, c'est le monde qui avait servi de cadre à ses splendeurs qui s'effaçait.

Il faut chercher à coup sûr la principale explication du déclin de l'Egypte dans les changements qui affectèrent tout le monde ancien. Il n'en est pas moins difficile de ne pas penser que les derniers siècles du Nouvel Empire mettent au jour des faiblesses qui se trouvaient dès l'origine au cœur de la civilisation égyptienne.

Ces faiblesses ne sont pas faciles à identifier à première vue. L'Egypte ancienne nous a légué des monuments spectaculaires ; son histoire s'étend sur des millénaires et non pas sur des siècles : voilà de quoi émousser notre sens critique et démentir notre scepticisme. Et pourtant, la civilisation égyptienne, au bout du compte, semble se fourvoyer étrangement. Des ressources humaines colossales sont mobilisées sous la direction d'hommes qui agissent, quels que soient les critères qu'on leur applique, en serviteurs exemplaires de l'Etat. Et tout cela pour aboutir à la construction des plus grands tombeaux que le monde ait jamais connus. L'artisanat est d'une exquise qualité, mais ses chefs-d'œuvre servent à accompagner les morts dans l'au-delà. Une élite à la culture raffinée utilise un langage complexe et subtil et dispose avec le papyrus d'un matériau des plus commodes qu'elle ne se fait pas faute d'utiliser, mais elle n'a aucune idée philosophique ou religieuse à transmettre au monde, comme en auront les Grecs ou les Juifs. Comment ne pas déceler, derrière tout cela, une sorte de stérilité constitutive ? Comment ne pas entrevoir le néant derrière ces apparences étincelantes ?

Dans l'autre plateau de la balance, on mettra au crédit de l'ancienne civilisation égyptienne le simple fait qu'elle ait duré aussi longtemps, ce qui est en soi un exploit. Même si, à deux reprises au moins, elle connut des éclipses considérables, elle sut à chaque fois se rétablir, apparemment inchangée. Une telle survie à cette échelle représente un grand succès matériel et historique ; ce qui demeure obscur, c'est pourquoi il a fallu que tout cela s'achève. Au bout du compte, la puissance militaire et économique de l'Egypte n'a pas beaucoup importé au reste du monde. Sa civilisation n'est jamais vraiment parvenue à s'exporter. Peut-être est-ce parce que sa survie devait beaucoup au cadre géographique qui était le sien. Si c'est une incontestable réussite que d'avoir su créer si rapidement des institutions qui, au prix d'un petit nombre de changements fondamentaux, allaient durer aussi longtemps, cette réussite était à la portée de n'importe quelle civilisation ancienne bénéficiant d'un tel degré d'immunité contre d'éventuelles intrusions. La Chine aussi devait faire preuve d'une impressionnante continuité.

Il est important également de rappeler une fois de plus à quel point les changements sociaux et culturels étaient lents et imperceptibles dans les Temps anciens. Parce que nous sommes habitués au changement, il nous est difficile de concevoir l'immense force d'inertie dont a pu bénéficier, jusqu'à une époque très récente, tout système social dès lors qu'il se révélait efficace (c'est-à-dire dès lors qu'il permettait aux hommes de s'accommoder pleinement de leur environnement physique et mental). Dans le monde ancien, les sources d'innovation étaient beaucoup moins nombreuses et beaucoup plus épisodiques. En comparaison avec la préhistoire, le rythme de l'histoire est rapide en Egypte ; il nous paraît extrêmement lent quand nous constatons à quel point la vie quotidienne des Egyptiens a peu changé entre Ménès et Thoutmôsis III, c'est-à-dire durant une période de plus de mille cinq cents ans, analogue en somme à celle qui nous sépare de la fin de la Gaule romaine. Un vrai changement ne pouvait venir que d'un cataclysme naturel (on pouvait compter sur la protection que représentait le Nil), ou bien d'une invasion ou d'une tentative de conquête (l'Egypte resta longtemps à l'écart des terrains sur lesquels les peuples du Moyen-Orient s'affrontèrent et ne fut que très occasionnellement affectée par leurs allées et venues). Ce n'était que très lentement que les enjeux techniques ou les forces économiques pouvaient œuvrer, comme nous y sommes aujourd'hui accoutumés, en faveur du changement. Quant aux facteurs intellectuels, ils ne pesaient pas d'un grand poids dans une société dont toute l'organisation culturelle traditionnelle n'avait qu'un seul but, inculquer la routine.

Lorsque l'on réfléchit sur la nature de l'histoire égyptienne, on ne peut manquer d'en revenir pour finir au grand spectacle naturel offert par le Nil, toujours physiquement présent aux yeux des Egyptiens. Ce spectacle s'imposait tellement que l'on n'avait pas conscience de l'influence colossale et unique qu'il exerçait, au point qu'aucun horizon plus large que sa vallée ne méritait considération. Tandis qu'à l'arrière-plan se déchaînent de siècle en siècle les guerres incompréhensibles (mais qui ont fini par façonner le monde) du Croissant fertile, l'histoire de l'Egypte ancienne suit son cours pendant des milliers d'années, comme si tout ne se ramenait qu'au Nil, à sa crue et à sa décrue impitoyables et généreuses. Sur les rives du fleuve, un peuple reconnaissant et passif ramasse les richesses qu'il lui dispense. Grâce à ces richesses, les anciens Egyptiens peuvent mettre de côté ce qu'ils jugent nécessaire à la seule grande affaire de la vie : se préparer convenablement à la mort.

VII

Intrus et envahisseurs

La Mésopotamie et l'Egypte constituent, au Moyen-Orient, les fondements de l'histoire écrite. Les deux premiers grands centres de civilisation dominent pendant longtemps la chronologie et il est commode de les étudier l'un et l'autre comme des entités isolées. Mais, à l'évidence, leur histoire ne recouvre pas toute celle de cette région dans les Temps anciens, et encore moins toute l'histoire du monde ancien. Peu après 2 000 avant J.-C., d'autres peuples, en se déplaçant, donnèrent à ce monde un autre visage. Un millénaire plus tard, d'autres centres de civilisation s'étaient formés ici ou là, et l'ère historique était déjà bien entamée.

Malheureusement pour l'historien, cette histoire est tout sauf évidente et simple, même dans le Croissant fertile, qui continua pendant longtemps à faire preuve de plus de créativité et de dynamisme que toute autre partie du monde. Nous sommes en présence d'une masse confuse de changements, qui remontent bien avant dans le IIe millénaire pour se prolonger jusqu'au IXe siècle avant notre ère, quand apparaît un nouvel empire qui devait être suivi de beaucoup d'autres. Il est difficile de décrire, même d'une manière sommaire, et encore moins d'expliquer les grands bouleversements et les grandes restructurations qui jalonnent ce chaos ; il n'est pas dans notre propos, heureusement, d'en fournir le détail. L'histoire s'accélérait et l'avènement de la civilisation offrait aux hommes de nouvelles perspectives. Plutôt que de nous perdre dans le flot des événements, essayons plutôt de saisir quelques-unes des forces de changement qui furent alors à l'œuvre.

La plus évidente d'entre elles, ce sont, une fois encore, les grandes migrations. Elles continuent de suivre en grande partie le même schéma pendant mille ans ou presque après 2 000 avant J.-C., et elles concernent à peu près, ethniquement parlant, les mêmes protagonistes. Ce qui les alimente pour l'essentiel, ce sont des peuples, indo-européens par la langue, qui font pression sur le Croissant fertile à la fois depuis l'est et depuis l'ouest. Leur diversité et leur nombre vont croissant, mais ce n'est pas le lieu de donner ici leurs noms, même si certains d'entre eux nous reportent aux lointaines origines de la Grèce. Dans le même temps, des peuples sémites se disputent avec les Indo-Européens les vallées mésopotamiennes ; ils entrent en conflit avec l'Egypte et les mystérieux « Peuples de la Mer » pour le Sinaï, la Palestine et le Levant. Un autre groupe venant du nord s'installe en Iran – et finira par devenir, au VIe siècle avant notre ère, l'un des plus grands empires de l'Antiquité : la Perse. Une autre branche pénètre jusqu'en Inde. Ces mouvements permettent d'y voir plus clair dans cette succession incessante, au fil des siècles, d'empires et de royaumes. Si l'on s'en tient à nos critères, certains d'entre eux eurent une vie plutôt longue ; à partir de 1600 avant J.-C., un peuple venu du Caucase, les Kassites, établit son pouvoir à Babylone et l'y exerça pendant quatre siècles et demi, ce qui est à peu près le temps que dura l'empire colonial britannique. Et pourtant, au regard de l'Egypte, ces Etats paraissent des créatures bien éphémères, nées aujourd'hui, disparues demain.

A vrai dire, cette fragilité n'a rien de surprenant. Comment aurait-il pu en être autrement étant donné toutes les forces nouvelles qui étaient par ailleurs à l'œuvre et qui devaient multiplier les effets révolutionnaires de ces migrations ? L'un de ces facteurs de changement a laissé des traces profondes : les progrès effectués dans le domaine militaire. L'art des fortifications et, vraisemblablement, les techniques de siège avaient déjà atteint un niveau passablement élevé en Mésopotamie, vers 2000 avant J.-C. Parmi les peuples indo-européens qui cherchaient à grignoter des bribes de la civilisation que protégeaient ces savoir-faire, certains étaient demeurés très proches de leurs origines nomades ; c'est peut-être ce qui leur permit de révolutionner l'art de la guerre en plein champ, même s'ils devaient rester longtemps peu versés dans les techniques de siège. On leur doit le char de guerre à deux roues et le cavalier, des innovations qui transformèrent les opérations menées en terrain dégagé. Dans les vallées fluviales, les chevaux étaient au début assez rares ; ils étaient l'apanage des rois ou des grands chefs, d'où la supériorité militaire et psychologique des Barbares. Les chars n'en finirent pas moins par être utilisés dans toutes les armées des grands royaumes du Moyen-Orient ; ils constituaient un outil trop précieux pour être ignorés. Quand les Egyptiens chassèrent les Hyksos, ils y parvinrent entre autres en retournant contre eux l'arme dont ceux-ci s'étaient servis pour les conquérir.

Le recours aux chevaux changea également l'art de la guerre. Pour un véritable cavalier, sa monture n'est pas seulement un moyen de transport, c'est le lieu d'où il combat. Il fallut bien du temps pour atteindre cet objectif : maîtriser dans le même temps un cheval et un arc ou un épieu n'est pas chose aisée. L'équitation vient des régions montagneuses de l'Iran, où elle a dû être pratiquée dès 2000 avant J.-C. Elle se répandit à travers le Moyen-Orient et le monde égéen bien avant la fin du millénaire suivant. Plus tard, vers 1000 avant

J.-C., apparut le cavalier cuirassé, chargeant à vive allure et l'emportant sur les fantassins par le seul effet de son poids et de son élan. Ce fut le début d'une longue période durant laquelle la cavalerie lourde fut une arme clé, même si l'avantage qu'elle représentait ne put être vraiment exploité que des siècles plus tard, avec l'invention de l'étrier, qui donnait au cavalier le plein contrôle de sa monture.

Durant le IIe millénaire avant J.-C., les chars furent construits pour partie en fer ; ils reçurent peu après des roues cerclées. Les avantages de ce métal dans le domaine militaire parlent d'eux-mêmes et il n'est pas étonnant que son usage se soit développé rapidement à travers le Moyen-Orient et loin au-delà, en dépit des efforts faits par ceux qui en disposaient pour en limiter la diffusion. On trouve au premier rang les Hittites. Après leur déclin, le travail du fer se répandit rapidement non seulement parce qu'il s'agissait d'un métal beaucoup plus efficace pour confectionner des armes, mais aussi parce que le minerai de fer, quoique peu abondant, était beaucoup moins rare que celui de cuivre ou d'étain. Voilà qui fut un grand stimulateur de changement aussi bien sur le plan économique que sur le plan militaire. En agriculture, les peuples qui avaient recours à des outils en fer pouvaient labourer des sols compacts qui avaient résisté au bois et au silex. Mais il n'y eut pas de conversion rapide et générale au nouveau métal ; c'est très progressivement, à partir de 1000 avant J.-C. environ, que le fer supplanta le bronze, tout comme le bronze et le cuivre avaient supplanté la pierre et le silex dans la panoplie de l'humanité – et cela se fit plus vite en certains endroits qu'en d'autres.

Les besoins en métaux expliquent une autre innovation : le développement, entre régions et à plus vaste échelle encore, de nouveaux circuits de commerce d'une complexité croissante. Certains d'entre eux, fondés sur de nombreuses interactions, semblent avoir conféré une sorte d'unité au monde ancien avant les bouleversements qui le frappèrent à la fin du IIe millénaire avant J.-C. L'étain, par exemple, qui rendait tant de services, devait être acheminé de Mésopotamie et d'Afghanistan aussi bien que d'Anatolie vers ce que nous appellerions maintenant des « centres de traitement ». Une autre marchandise, le cuivre de Chypre, faisait l'objet d'un vaste trafic commercial ; la demande grandissante pour ce métal donna à l'Europe, qui ne se trouvait pourtant qu'aux marges du monde ancien, une nouvelle importance. Avant même le IVe millénaire, on creusa dans les Balkans, pour trouver du cuivre, des puits de 20 ou 25 mètres de profondeur. Il n'est peut-être pas surprenant que certains peuples européens en soient venus plus tard à développer un savoir-faire de haut niveau en matière de métallurgie, notamment dans le martelage de grandes feuilles de bronze et dans le façonnage du fer (un matériau qui, avant qu'on ne puisse obtenir des températures assez élevées pour le faire fondre, était beaucoup plus difficile à travailler que le bronze).

Qui dit commerce sur de longues distances dit moyens de transport. Pour les marchandises, on recourut au début à des ânes et à des mulets ; la domestication des chameaux au milieu du IIe millénaire avant J.-C. permit au commerce des caravanes de se développer en Asie et dans la péninsule Arabique. Ce commerce, dont on s'imagina par la suite qu'il remontait à la plus haute Antiquité, donna accès à un monde jusqu'alors impénétrable et où l'eau était inconnue, le désert. Excepté chez les peuples nomades, on ne recourut sans doute à des engins à roue que pour des usages locaux, étant donné la piètre qualité des routes dans les Temps anciens. Les premières carrioles étaient tirées par des bœufs ou des ânes ; il semble qu'elles soient apparues en Mésopotamie vers 3000 avant J.-C., en Syrie vers 2250 avant J.-C., en

Anatolie entre deux cents et trois cents ans plus tard et en Grèce continentale vers 1500 avant J.-C.

Pour de grandes quantités de marchandises, le bateau devait déjà, selon toute probabilité, se révéler un moyen de transport moins cher et plus simple que la voie terrestre ; ce fut une constante de la vie économique jusqu'à l'arrivée du chemin de fer. Bien avant que des caravanes ne commencent à acheminer en Mésopotamie et en Egypte les gommes et les résines des côtes sud de l'Arabie, des bateaux chargés de ces denrées remontaient la mer Rouge et des marchands sillonnaient la mer Egée sur leurs navires de commerce. On comprend sans peine pourquoi c'est dans le domaine de la technologie maritime que furent réalisés quelques-uns des progrès les plus importants en matière de transport.

Nous savons que les peuples du Néolithique pouvaient accomplir de longs voyages par mer avec des canoës creusés dans des troncs d'arbre, et certains témoignages nous permettent de penser que la navigation se pratiquait dès le VIIe millénaire avant notre ère. Les Egyptiens de la IIIe dynastie avaient installé une voile sur les bateaux qu'ils envoyaient en mer ; un mât central et un grand carré d'étoffe : la navigation n'allait plus dépendre désormais de la seule force humaine. Durant les deux millénaires qui suivirent, des améliorations furent apportées peu à peu au gréement. On a émis l'idée qu'elles conduisirent pratiquement jusqu'à un dispositif permettant de voguer si nécessaire au plus près, ce que l'on appelle la voile aurique, mais, dans l'Antiquité, les bateaux étaient gréés pour la plupart en carré. C'est pour cette raison que l'orientation des vents dominants jouait un rôle décisif dans l'établissement des itinéraires suivis par le trafic maritime. En dehors du vent, la seule autre source d'énergie était humaine. L'invention de l'aviron est ancienne : on put disposer, grâce à lui, de la force motrice aussi bien pour les longues traversées maritimes que pour le cabotage. Il semble vraisemblable, cependant, que l'usage des avirons ait été plus fréquent sur les navires de guerre et celui de la voile sur ce qu'il est possible d'appeler très tôt des navires marchands. Vers le XIIIe siècle avant J.-C., des bâtiments capables de transporter plus de 200 lingots de cuivre croisaient dans la Méditerranée orientale et, quelques siècles plus tard, certains disposaient de ponts étanches.

Jusqu'à une époque récente, on a pratiqué l'échange ou le troc, et c'est sans aucun doute cette forme de commerce qui s'est imposée durant presque toute l'Antiquité. L'invention de la monnaie n'en marqua pas moins une étape essentielle. Elle semble avoir eu lieu en Mésopotamie, où les valeurs en compte étaient données, avant 2000 avant notre ère, en mesures de grain ou d'argent. Les lingots de cuivre paraissent avoir été considérés comme des unités monétaires partout en Méditerranée dans la dernière partie de l'âge du bronze. Les premiers moyens d'échange munis d'un sceau officiel qui demeurent proviennent de Cappadoce, sous la forme de lingots d'argent datant de la fin du IIIe millénaire avant J.-C. : il s'agissait d'une vraie devise de métal. La monnaie fut une invention importante, appelée à se répandre ; il nous faut pourtant attendre le VIIIe siècle avant J.-C. pour voir les Assyriens définir un titre, c'est-à-dire une certaine teneur en métal précieux (en l'occurrence de l'argent), pour leurs premières pièces. Des outils monétaires sophistiqués (la Mésopotamie disposa très tôt d'un système de crédit et de lettres de change) peuvent certainement favoriser le commerce, mais ils ne sont pas indispensables. Les peuples de l'Antiquité s'en passèrent fort bien. Les Phéniciens, des marchands dont l'habileté et le flair sont restés légendaires, n'utilisèrent aucune monnaie jusqu'au VIe siècle avant J.-C. ; l'Egypte, avec son système économique centralisé et son impressionnante richesse, ne s'y mit que deux siècles plus tard, et il fallut deux siècles de plus à l'Europe celte, qui s'y entendait pourtant en commerce des métaux, pour battre à son tour monnaie.

Quant aux échanges économiques entre communautés, il est encore plus difficile de s'en faire une idée d'ensemble un peu solide pour ce qui est des périodes les plus reculées. Dès que des documents deviennent disponibles, c'est-à-dire une fois que nous sommes entrés dans l'histoire, nous voyons se développer bien des activités qui impliquent des transferts de marchandises, sans avoir toutes le profit pour objet. Parmi les formes que pouvaient prendre ces transferts, il y avait notamment le versement de tributs, les dons rituels ou diplomatiques entre chefs et les offrandes aux dieux. Il faudrait éviter d'en tirer trop vite des conclusions. Jusqu'au XIXe siècle, l'Empire chinois considéra le commerce que nouaient avec lui les étrangers comme un tribut que lui versait le monde extérieur, et les pharaons, à en juger par les fresques découvertes dans leurs tombes, appliquaient le même genre de notion aux échanges commerciaux qu'entretenait avec eux le monde égéen. Dans l'Antiquité, de telles transactions pouvaient impliquer le recours, comme mode de paiement, à des objets bien définis : des trépieds, des vases d'un certain poids ou des anneaux d'une taille uniforme. On retrouve là, très tôt, quelques-unes des caractéristiques d'une monnaie. Ces objets avaient parfois une utilité pratique, d'autres fois leur valeur restait purement symbolique. Ce qui est tout à fait certain, c'est que le mouvement des marchandises s'accrut et qu'une bonne part de cet accroissement finit par prendre la forme de ces échanges destinés à dégager du profit que nous appelons commerce.

La création de nouvelles villes a dû faciliter ce genre d'échanges. On en voit surgir dans tout le Moyen-Orient ancien, conséquence indubitable, pour une part, de la poussée démographique. Elles traduisent une exploitation intelligente des possibilités offertes par l'agriculture mais aussi un parasitisme grandissant. La tradition littéraire qui veut que la ville vive aux dépens du paysan apparaît déjà dans l'Ancien Testament. Et pourtant la vie urbaine donnait aussi une nouvelle impulsion à la créativité culturelle, une nouvelle accélération à la civilisation dont la diffusion de l'écriture offre un signe révélateur. Vers 2000 avant J.-C., celle-ci était surtout confinée dans les civilisations des vallées fluviales et des zones placées sous leur influence. Le cunéiforme s'était répandu à travers la Mésopotamie, où il servait de support à deux ou trois langues ; en Egypte, les inscriptions gravées sur les monuments se faisaient en hiéroglyphes et, pour les besoins du quotidien, on avait recours sur les papyrus à une forme simplifiée, l'écriture hiératique.

Un millénaire plus tard environ, le tableau avait changé ; on trouvait un peu partout dans le Moyen-Orient des peuples à écriture, y compris en Crète et en Grèce. Avec l'adoption d'un alphabet sémite, le phénicien, vers le VIIIe siècle, la première littérature du monde occidental tenait son « médium » ; la première œuvre que nous ayons gardée d'elle, ce que l'on appellera par la suite les poèmes d'Homère, date peut-être aussi de cette période.

De tels thèmes se moquent de la chronologie ; ils font apparaître des changements que l'histoire risque de perdre de vue si elle s'en tient de trop près à tel ou tel pays. Il reste que les différents pays et leurs peuples, même s'ils sont soumis à des mouvements d'ensemble et s'ils entrent de plus en plus souvent en contact entre eux, se distinguent toujours davantage les uns des autres. L'écriture fixe la tradition, et la tradition façonne à son tour une conscience de soi collective. Il est probable que les tribus et les peuples ont toujours eu le sentiment de leur identité, mais ce sentiment se renforce considérablement quand les Etats prennent des formes plus durables et plus institutionnalisées.

La façon dont les empires se sont dissous pour donner naissance à des unités plus viables est un grand classique de l'histoire, de Sumer jusqu'aux Temps modernes, mais on rencontre à maintes reprises des régions qui émergent pour constituer des noyaux permanents de tradition. Même au IIe millénaire avant J.-C., les Etats deviennent plus solides et montrent davantage de stabilité. Certes, ils sont encore loin d'exercer sur leurs peuples ce contrôle approfondi et incessant dont il reviendra à notre époque moderne de mettre en place toutes les modalités. On n'en perçoit pas moins dans les plus anciens documents une tendance marquée à donner plus de régularité au gouvernement et à ancrer davantage le pouvoir dans les institutions. Les rois s'entourent de toute une bureaucratie et les collecteurs d'impôts leur apportent les ressources qui leur permettent de s'engager dans des entreprises de plus en plus ambitieuses. La loi devient une idée largement acceptée ; dans tous les domaines où elle pénètre, elle a pour conséquence, même si c'est au départ d'une façon implicite, de limiter le pouvoir de l'individu et d'augmenter celui du législateur. Mais c'est par-dessus tout par sa puissance militaire que se manifeste l'Etat : vers 1000 avant J.-C., on sait désormais comment nourrir, équiper et gérer une véritable armée de métier.

C'est quand tout cela s'est mis en place que l'histoire des institutions gouvernementales et sociales peut commencer à s'aventurer en dehors des catégories générales applicables aux anciennes civilisations. Même si, grâce au développement des relations et des échanges, un nouvel esprit, plus cosmopolite, se répand, les sociétés prennent des chemins très différents. Du point de vue intellectuel, l'expression la plus visible de cette diversité nous est fournie par la religion. Certains ont cru pouvoir discerner, avant l'Antiquité proprement dite, un penchant pour des systèmes plus simples, monothéistes. Mais ce qui s'impose, à l'évidence, c'est un panthéon vaste et bigarré de divinités locales et spécialisées, coexistant la plupart du temps sans problème, à l'exception, ici ou là, d'un dieu qui se montre jaloux de ses prérogatives.

La différenciation va se manifester dans d'autres aspects de la culture. Avant que ne commence la civilisation, l'art s'était déjà affirmé en tant qu'activité autonome, une activité qui n'était pas nécessairement liée à la religion ou à la magie (même si elle a souvent continué à en être très proche). Outre la littérature, dont nous avons déjà évoqué les premiers pas, la vie intellectuelle se traduit de bien d'autres façons, que nous commençons à entrevoir. Il y a le jeu : des damiers font leur apparition en Mésopotamie, en Egypte et en Crète. Il y a les paris. Les rois et les nobles pratiquent la chasse avec passion et des musiciens et des danseurs les divertissent dans leurs palais. Parmi les sports, on citera la boxe, qui semble remonter à l'âge du bronze en Crète, une île où l'on pratiquait aussi un sport dont on ne trouve aucun autre exemple, la voltige acrobatique par-dessus un taureau.

Dans de tels domaines, plus que partout ailleurs, il ne faut pas trop se préoccuper de la chronologie, encore moins s'attacher à telle ou telle date en particulier, même si elle nous paraît assurée. Vouloir s'en tenir à telle ou telle civilisation n'est pas non plus d'un grand secours pour la partie du monde à laquelle nous nous sommes jusqu'ici intéressés. Il y a trop d'interactions en jeu pour que l'on puisse identifier clairement ce qui appartient en propre à l'Egypte et à Sumer. Entre 1500 et 800 avant J.-C. environ, de grands changements interviennent, dont il faut éviter qu'ils ne passent entre les mailles d'un filet conçu pour ne retenir que ce qui a trait à l'histoire des deux premières grandes civilisations. Dans la confusion et les troubles que connaissent le Moyen-Orient et la

Méditerranée orientale durant les siècles qui avoisinent le Ier millénaire avant J.-C., on assiste à la gestation d'un nouveau monde, différent de Sumer et de l'Ancien Empire égyptien : le monde égéen.

De nouvelles interactions entre cultures entraînèrent de nombreux changements chez les peuples installés sur les marges du Moyen-Orient, mais la civilisation des îles de la mer Egée plongeait ses racines, comme ailleurs, dans le Néolithique. Le premier objet métallique trouvé en Grèce – un grain de collier en cuivre – a pu être daté d'environ 4 700 avant J.-C., et des influences européennes et asiatiques ont pu s'exercer ici. La Crète est la plus grande des îles grecques. Plusieurs siècles avant le IIe millénaire, des villes au tracé régulier y furent édifiées par un peuple à la culture très développée, qui était déjà sur place tout au long du Néolithique. Ils ont pu entretenir des contacts avec l'Anatolie, contacts qui, en les aiguillonnant, leur auraient permis d'arriver à des réussites exceptionnelles, mais les preuves décisives font défaut. Ils ont très bien pu accéder par eux-mêmes à l'état de civilisation. Pendant un millénaire, en tout cas, ils construisirent ces maisons et ces tombes auxquelles on reconnaît leur culture, et dont le style ne devait guère évoluer. Vers 2500 avant J.-C., il existait des villes et des villages importants sur la côte, faits de pierres et de briques ; leurs habitants travaillaient le métal et fabriquaient des sceaux et des bijoux pleins d'élégance. A cette époque, il faut le préciser, les Crétois partageaient nombre de traits de leur culture avec la Grèce continentale et l'Asie Mineure. Ils échangeaient des marchandises avec d'autres communautés du monde égéen. Puis les choses changèrent. Cinq siècles plus tard environ, ils commencèrent à bâtir la série de grands palais qui constitue l'héritage monumental de ce que nous appelons la civilisation « minoenne » : la construction du plus vaste d'entre eux, Knossos, remonte, dans son premier état, aux alentours de 1900 avant J.-C. Rien d'aussi impressionnant n'apparaît ailleurs dans les îles et Knossos exerça une hégémonie culturelle sur pratiquement toute l'étendue du monde égéen.

« Minoen » est un nom curieux ; il est emprunté à un roi, Minos, dont il est fort question dans la légende mais dont il se pourrait très bien qu'il n'ait jamais existé. Beaucoup plus tard, les Grecs crurent – ou soutinrent – qu'il avait été un grand roi de Crète, vivant à Knossos, familier des dieux, époux de Pasiphaé, la fille du Soleil. Le fils monstrueux de cette dernière, le Minotaure, dévorait les jeunes gens et les jeunes filles envoyés en tribut par la Grèce, tapi au fond d'un labyrinthe où finit par réussir à pénétrer le héros Thésée, qui l'égorgea. C'est un thème riche et évocateur qui a beaucoup excité l'intérêt des spécialistes, qui pensent qu'il est à même de nous éclairer sur la civilisation crétoise, mais rien ne nous prouve, répétons-le, que le roi Minos ait jamais existé. Il se peut, ce que suggère la légende, qu'il y ait eu plus d'un roi à porter ce nom, ou bien encore qu'il se soit agi d'un titre attribué, pour les identifier, à plusieurs souverains crétois. Le roi Minos fait partie, comme le roi Arthur, de ces figures qui, bien que proches de l'histoire, appartiennent en fait à la mythologie.

Le terme « minoen » renvoie donc tout simplement à la civilisation des peuples qui vivaient en Crète à l'âge du bronze, il n'a pas d'autre connotation. Cette civilisation dura six cents ans, mais on ne connaît que les grands traits de son histoire. Nous avons affaire à un peuple qui vit dans des villes entretenant des liens de relative dépendance avec une monarchie implantée à Knossos. Elles prospèrent pendant trois ou quatre siècles, échangeant des marchandises avec l'Egypte, l'Asie Mineure et la Grèce continentale, et vivant de leur agriculture. Peut-être est-ce là ce qui explique le bond en avant de la civilisation minoenne. La Crète semble l'avoir emporté sur les autres îles ou sur la Grèce continentale, alors comme aujourd'hui, pour la production d'olives et de raisin, les deux futurs éléments de base de l'agriculture méditerranéenne. On peut aussi penser qu'elle a élevé des moutons en grand nombre et exporté de la laine. Quelles qu'en aient été plus précisément les caractéristiques, l'agriculture a connu en Crète une avancée importante à la fin du Néolithique, qui conduisit non seulement à de meilleures récoltes de céréales, mais surtout à la culture de l'olive et du raisin. Elle pouvait se pratiquer là où celle des plantes à grains était impossible et cette découverte changea les conditions de vie en Méditerranée. Dans l'immédiat, elle autorisa un accroissement de la population. Ces nouvelles ressources en hommes allaient permettre bien d'autres réalisations, mais susciter aussi de nouveaux besoins, en matière tant d'organisation et de gouvernement que de contrôle d'une agriculture devenue plus complexe et de gestion de ses produits.

Que cela explique ou non l'apparition de la civilisation minoenne, son apogée se situe vers 1600 avant J.-C. Un siècle plus tard environ, les palais minoens étaient détruits. Il y a là un vrai mystère. A peu près à la même époque, les îles de la mer Egée voyaient également leurs principales cités incendiées. Il y avait eu par le passé des tremblements de terre ; peut-être s'agissait-il d'un nouveau phénomène du même genre ? Des travaux récents ont permis d'établir qu'une immense éruption s'était produite dans l'île de Théra (aujourd'hui appelée Santorin) à une date qui correspondrait ; elle aurait pu s'accompagner en Crète, à quelque 110 kilomètres de distance, d'un raz de marée et d'un tremblement de terre, avec des nuages de cendres venant recouvrir les champs. D'autres spécialistes ont préféré évoquer une révolte contre les potentats qui occupaient les palais. D'autres encore y ont vu l'indice d'une nouvelle invasion ou bien ont supposé qu'un grand raid se serait produit depuis la mer, avec capture de prisonniers et saisie de butin, ruinant à jamais le pouvoir politique en place par les dommages ainsi infligés mais sans laisser sur place de nouveaux colons. Aucune de ces versions ne possède de fondement suffisamment solide. On ne peut qu'essayer de deviner ce qui s'est passé. L'hypothèse qui paraît s'accommoder le moins mal de l'absence de preuves tangibles est celle d'une catastrophe naturelle survenue à Théra et brisant l'élan de la civilisation minoenne.

Quelle qu'ait été la raison exacte de ces événements, ils ne marquèrent pas pour autant la fin de l'ancienne civilisation crétoise, car Knossos continua d'être occupée pendant plus d'un siècle par des populations issues du continent. Néanmoins, même si la civilisation crétoise avait encore quelques belles périodes devant elle, ses grandes heures appartenaient désormais au passé. Pendant un certain temps, semble-t-il, Knossos prospéra. Puis, au début du XIVe siècle avant J.-C., le feu la ravagea. Cette fois, elle ne fut pas reconstruite. Ainsi s'acheva l'ancienne civilisation crétoise.

Heureusement, ses principales caractéristiques sont plus faciles à saisir que le détail de son histoire. La plus évidente est son étroite relation avec la mer. Les Minoens exploitèrent la mer tout comme d'autres le faisaient avec leur environnement naturel. Il en résulta des échanges de produits et d'idées qui démontrent une fois de plus combien le développement de la civilisation peut s'accélérer là où apparaissent des possibilités de brassage entre les peuples. Les Minoens avaient noué des contacts étroits avec la Syrie dès avant 1550 avant J.-C., et leurs activités commerciales s'étendaient à l'Ouest jusqu'en Sicile et peut-être même plus loin encore. Leurs marchandises remontèrent l'Adriatique. Plus importante encore fut leur pénétration à l'intérieur de la Grèce continentale. Il se peut bien qu'ils aient été le canal privilégié par lequel passèrent les produits et les idées des premières civilisations pour atteindre l'Europe de l'âge du bronze. Certaines productions crétoises se retrouvent en Egypte au IIe millénaire avant J.-C. et c'était pour elles un débouché capital : l'art du Nouvel Empire traduit une influence crétoise. D'après certains auteurs, il y aurait même eu pendant un temps à Knossos un résident égyptien, probablement pour veiller sur des intérêts bien établis, et l'on a pu soutenir que les Minoens avaient combattu aux côtés des Egyptiens contre les Hyksos. Des vases et des objets métalliques crétois ont été découverts en différents endroits d'Asie Mineure. Outre ce que l'on peut déduire de ces quelques trouvailles, on pense que les Minoens mirent à la disposition de la Grèce continentale un large éventail de produits : du bois, du raisin, de l'huile, des vases en métal et même de l'opium ; en retour, ils rapportèrent du métal d'Asie Mineure, de l'albâtre d'Egypte, des œufs d'autruche de Libye. C'était déjà un monde aux circuits commerciaux complexes.

Voilà qui, joint à une agriculture prospère, donna naissance à une civilisation d'une grande solidité, qui se montra longtemps capable de réagir à des catastrophes naturelles, comme les reconstructions successives du palais de Knossos semblent en fournir la preuve. Les palais constituent d'ailleurs les plus beaux vestiges de la civilisation minoenne, mais les villes bénéficièrent également d'une construction très soignée, avec tout un réseau de canalisations pour l'évacuation des eaux. C'était là une prouesse technique de premier ordre. Très tôt, dans la série des palais édifiés à Knossos, on rencontre des salles de bains et des toilettes dont les aménagements n'auront pas d'équivalent avant l'époque romaine. Il y eut d'autres réussites culturelles d'un caractère moins pratique : c'est l'art qui incarne le mieux ce que la civilisation minoenne eut de plus raffiné, c'est lui qui en est la part d'héritage la plus spectaculaire, celle dont l'influence a traversé les mers jusqu'en Egypte et en Grèce.

L'archéologie nous a également livré des indications sur l'univers religieux des Minoens, même si nous souffrons en la matière de l'absence de textes. Nous disposons de représentations de dieux et de déesses, mais il n'est pas facile de savoir de qui il peut bien s'agir au juste. Nous ne parvenons pas non plus à pénétrer très avant dans leurs rituels. Toujours peut-on constater la grande quantité d'autels pour les sacrifices, la construction de sanctuaires sur des points hauts, la présence de haches à double tête et l'organisation apparente des cultes minoens autour d'une figure féminine centrale (bien que ses relations avec les autres divinités demeurent un mystère). Nous avons peut-être affaire ici à une représentation néolithique de la fertilité, celle-là même que nous verrons réapparaître par la suite pour incarner à chaque fois la sexualité féminine : Astarté, Aphrodite.

L'organisation politique de cette société reste obscure. Le palais n'était pas seulement une résidence royale, mais, en un certain sens, un centre économique, un vaste entrepôt. Peut-être peut-on voir ici l'aboutissement d'une forme très avancée d'échanges fondée sur la redistribution opérée par le dirigeant. Le palais était aussi un temple, mais pas une forteresse. A l'époque de son plein développement, il constitua le centre d'une structure remarquablement élaborée, dont l'inspiration est peut-être d'origine asiatique ; le savoir acquis par des empires disposant de l'écriture, comme l'Egypte et la Mésopotamie, était accessible à un peuple de marchands. Nous devons une part de nos connaissances sur ce qu'essaya de faire le gouvernement minoen à une immense collection de plusieurs milliers de tablettes qui sont autant de documents administratifs. Elles nous apprennent l'existence d'une hiérarchie rigide et d'une administration sophistiquée, mais ne nous disent rien de la façon dont tout cela fonctionnait. Quelle a pu être l'efficacité d'un tel système de gouvernement ? Les documents dont nous disposons nous indiquent seulement ce qu'il cherchait à faire : tout superviser, avec une minutie et une précision que rien n'approchera par la suite au sein du monde grec. S'il existe des analogies, c'est ici encore avec les empires asiatiques et l'Egypte.

L'invasion couronnée de succès qui se serait produite depuis le continent signifierait donc que les conditions qui avaient rendu possible cette civilisation n'étaient plus réunies dans les temps troublés qui marquèrent la fin de l'âge du bronze. Pendant longtemps, aucun rival n'était venu menacer les côtes de Crète. Les Egyptiens étaient peut-être trop pris par ailleurs. Quant à un éventuel danger venu du nord, on ne voit pas bien comment il aurait pu se manifester. Mais cette seconde certitude fut peu à peu mise à mal. Sur le continent, des peuples faisaient mouvement : ils appartenaient à ces Indo-Européens que nous avons déjà vu surgir en tant d'autres endroits dans cette histoire. Certains d'entre eux pénétrèrent de nouveau en Crète après l'effondrement final de Knossos. Ce furent apparemment des colons entreprenants : ils exploitèrent les plaines et refoulèrent les Minoens et le peu qui restait de leur civilisation dans de petites villes isolées. C'est là qu'ils disparurent de la grande scène de l'histoire mondiale.

L'ironie veut que, deux ou trois siècles plus tôt, la culture crétoise ait exercé en Grèce une sorte d'hégémonie. La Crète devait toujours hanter mystérieusement l'esprit des Grecs, à la façon d'un âge d'or ou d'un paradis perdu. Un transfert direct de la culture minoenne sur le continent s'était produit par le biais des premiers Achéens (tel est le nom que l'on donne d'ordinaire à ces anciens peuples, qui étaient de langue grecque) : entre le XVIIIe et le XVIIe siècle avant notre ère, ils descendirent jusqu'en Attique et au Péloponnèse, où ils bâtirent des villes. Ils découvraient un pays qui était en contact depuis longtemps avec l'Asie, et dont les habitants avaient déjà contribué à mettre en place ce qui allait devenir le symbole par excellence, et le plus durable, de la civilisation grecque : la transformation du plus haut point de la ville en une forteresse, l'acropole. Les nouveaux arrivants étaient à peine supérieurs, culturellement, à ceux dont ils firent la conquête, à l'exception du cheval et du char de guerre qu'ils apportèrent avec eux. En comparaison des Crétois, ils faisaient figure de barbares et n'avaient développé aucune forme d'art qui leur fût propre. Ils étaient plus conscients du rôle joué dans la société par la violence et la guerre que ne l'étaient les gens des îles, sans aucun doute parce qu'ils ne profitaient pas de la protection de la mer et qu'ils avaient gardé de leurs pays d'origine le sentiment d'être soumis à une pression constante. Ils se mirent donc à entourer leurs villes de puissantes murailles et à construire des châteaux. Leur civilisation adopta un style quasi militaire. Il leur arriva de choisir des sites qui devaient servir, par la suite, de centres à des cités-Etats grecques, comme Athènes et Pylos. Leurs villes étaient relativement petites, les plus grandes ne regroupant au plus que quelques milliers d'habitants. L'une des plus importantes se situait à Mycènes, et donna son nom à la civilisation qui finit par se répandre, au milieu du IIe millénaire avant J.-C., dans la Grèce de l'âge du bronze.

Riche en or, cette civilisation a laissé derrière elle de splendides vestiges ; fortement influencée par l'art minoen, elle constituait également une véritable synthèse des cultures grecques et indigènes qui s'étaient développées sur le continent. Ses institutions semblent renvoyer à un système patriarcal, mais il y a sans doute plus à en dire. Les tendances bureaucratiques que font apparaître les tablettes de Knossos, ainsi que d'autres tablettes trouvées dans le Péloponnèse occidental, à Pylos, et datant d'environ 1 200 avant J.-C., laissent entendre qu'il y eut des courants d'échanges de la Crète vers le continent.

Chaque cité importante avait un roi qui commandait une société de guerriers, des propriétaires fonciers dont les terres étaient cultivées par des métayers et des esclaves issus des populations aborigènes. En des temps anciens, le roi de Mycènes a dû être à la tête d'une sorte de fédération de rois. Nous possédons des documents diplomatiques d'origine hittite qui laissent entrevoir un certain degré de cohésion politique dans la Grèce mycénienne. Les tablettes de Pylos montrent que s'exerçaient, sous l'autorité des rois, une supervision et un contrôle étroits de la vie communautaire et qu'il existait des distinctions importantes entre les membres de l'administration ainsi qu'entre les esclaves et les hommes libres. Mais nous ignorons ce que cela pouvait bien signifier dans la pratique. Nous ne savons pas grand-chose non plus du type d'économie sur lequel reposait la culture mycénienne, en dehors de sa centralisation dans la demeure royale, comme en Crète.

Quelle qu'ait pu être sa base matérielle, la culture dont Mycènes nous a laissé une image si spectaculaire s'était répandue, aux alentours de 1400 avant J.-C., dans toute la Grèce continentale et dans la plupart des îles. Elle formait un tout cohérent, même compte tenu de l'existence de différents dialectes qui distinguaient les uns des autres les peuples parlant le grec, dialectes qui resteront en usage jusqu'à l'époque classique. La suprématie commerciale de Mycènes supplanta celle de la Crète en Méditerranée. La cité avait des comptoirs au Levant et était traitée comme une puissance par les rois hittites. A l'exportation, la céramique mycénienne remplaça parfois la minoenne, et l'on connaît même des exemples de colonies minoennes auxquelles succédèrent des colonies mycéniennes.

L'Empire mycénien, si l'on peut oser cette expression, connut son apogée aux XVe et XIVe siècles avant notre ère. Pendant un temps, il profita de la faiblesse de l'Egypte et de l'effondrement du pouvoir hittite ; on vit ainsi un petit peuple, enrichi par le commerce, prendre une importance disproportionnée pendant que déclinaient les grandes puissances. Des colonies mycéniennes s'implantent sur les rivages de l'Asie Mineure ; le commerce avec d'autres villes asiatiques, notamment Troie, à l'entrée de la mer Noire, prospère. Mais, à partir d'environ 1 300 avant J.-C., on perçoit certains signes d'affaiblissement. Ils peuvent s'expliquer en partie par des guerres. Les Achéens jouèrent un rôle important dans les attaques subies par l'Egypte à la fin du siècle et il semble aujourd'hui qu'ils s'engagèrent vers 1200 avant J.-C. dans une grande expédition qui devait passer à la postérité sous le nom de « guerre de Troie ». Ces événements se déroulèrent sur fond de troubles, avec toute une série de bouleversements dynastiques au cœur même des cités mycéniennes.

Ce que l'on a pu appeler les « Ages obscurs » du monde égéen était sur le point de s'achever, et ils sont aussi « obscurs » que ce qui se passe à peu près à la même époque au Moyen-Orient. Quand Troie tomba, de nouvelles invasions barbares avaient commencé en Grèce continentale. A l'extrême fin du XIIIe siècle avant J.-C., un certain nombre de grands centres mycéniens furent détruits, peut-être par des tremblements de terre ou par des envahisseurs, et la première forme qu'avait prise la Grèce se fragmenta en une somme de communautés coupées les unes des autres. Ce fut la disparition, en tant qu'entité, de la civilisation mycénienne, mais ces sites ne furent pas tous désertés, en tout cas pas complètement. Il semble s'être produit un regain aux alentours de 1000 avant J.-C. Les récits légendaires que nous avons gardés à ce sujet en attribuent l'essentiel du mérite, parmi les nouveaux arrivants, aux Doriens. Vigoureux et hardis, ils passèrent pour les descendants d'Héraclès. Il est très dangereux de vouloir faire correspondre à tel ou tel des premiers groupes ethniques l'un des dialectes qui se développeront par la suite en Grèce, mais la tradition ne leur en prête pas moins une langue, le dorien, qui continuera à être parlé jusqu'à la période classique et qui les met à part. Et les spécialistes, pour une fois, ont choisi de donner raison à la tradition. Des communautés doriennes s'établirent ainsi à Sparte et à Argos, qui devaient devenir des cités-Etats.

Durant ces Ages obscurs, d'autres peuples avaient eux aussi contribué à la cristallisation d'une nouvelle civilisation. Ceux qui se montrèrent les plus actifs furent les Ioniens, ce nom, qui leur fut donné par la suite, étant emprunté au dialecte grec qu'ils parlaient, l'« ionien ». Quittant l'Attique (où Athènes avait survécu aux envahisseurs qui avaient succédé aux Mycéniens ou les avait assimilés), ils se fixèrent dans les Cyclades et en Ionie, c'est-à-dire sur ce qui est aujourd'hui la côte occidentale de la Turquie. Ces émigrés, qui étaient aussi des pirates, prirent ou fondèrent des villes sinon sur des îles, du moins presque toujours sur la côte ou à proximité : elles devaient devenir les cités-Etats d'un peuple de navigateurs. Les sites qu'ils choisirent avaient souvent été occupés auparavant par les Mycéniens. Parfois, à Smyrne par exemple, ils délogèrent d'anciens colons grecs.

C'est là au mieux une esquisse assez confuse et nous ne disposons, pour lui donner forme, que d'indications fragmentaires. Pourtant, revenant peu à peu à la surface à travers tous ces remous, on allait voir la civilisation dont avait bénéficié l'âge du bronze égéen retrouver son unité. Il fallut d'abord des siècles de bouleversements et de particularismes, une nouvelle ère de provincialisme dans un monde qui avait été autrefois cosmopolite. Le commerce déclina, et les liens avec l'Asie se relâchèrent. Ce qui les remplaça, ce furent les mouvements migratoires des peuples : ils prirent parfois des siècles avant de se stabiliser et de finir par dessiner le plan de ce qui allait devenir le monde grec.

Dans l'immédiat, la vie civilisée connut un énorme recul, ce qui devrait nous rappeler à quel point elle était fragile dans les Temps anciens. Le signe le plus évident en est la dépopulation qui sévit entre 1100 et 1000 avant J.-C. : elle fut si générale et si violente que les spécialistes ont cherché à l'expliquer par un cataclysme soudain – la peste, peut-être, ou un changement climatique suffisamment important pour avoir brusquement et considérablement réduit les petits espaces cultivables des Balkans et des collines du monde égéen. Quelles qu'aient pu en être les raisons, on constate un déclin de l'élégance et des savoir-faire ; la taille des pierres précieuses, la peinture à fresque, la fabrication de belles poteries s'interrompent. Les seules activités qui aient pu se poursuivre, dans les conditions de l'époque, ont dû être d'ordre intellectuel : chansons, mythes, idées religieuses.

Un peu de ces temps troublés se reflète, vaguement et de loin, dans les poèmes épiques chantés par des bardes et qui, mis plus tard par écrit, deviendront l'*Iliade* et l'*Odyssée.* Ces deux textes rassemblent des matériaux transmis oralement de génération en génération, dont les origines remontent quasiment à l'époque qu'ils se proposent de décrire, même s'ils furent attribués par la suite à un seul poète, Homère. Il est très difficile de s'entendre sur ce qui est évoqué dans ces poèmes ; un consensus s'est récemment dégagé pour estimer qu'ils se réfèrent très peu à la période mycénienne, un peu plus à celle qui l'a immédiatement suivie. L'épisode central de l'*Iliade*, le siège de Troie, n'est pas ce qui compte le plus ici, même si le récit traduit probablement le rôle essentiel joué par les Achéens dans la colonisation de l'Asie Mineure. Ce qui subsiste, ce sont de petits renseignements, d'ordre social ou conceptuel, que les textes nous livrent au passage. Bien qu'Homère nous laisse l'impression que le roi de Mycènes jouissait d'une sorte de prééminence particulière sur les autres, les informations qu'il nous donne portent en fait sur le monde égéen postmycénien du VIIIe siècle avant J.-C., quand il commence à se redresser au sortir des Ages obscurs. Le poète nous fait découvrir une société dont les idées de base sont celles de seigneurs barbares de la guerre plutôt que de chefs commandant des armées régulières ou supervisant des bureaucraties comme celles d'Asie. Les rois d'Homère sont les plus grands d'entre les grands nobles et possèdent de vastes maisonnées ; leur autorité reconnue est tempérée par des personnages truculents, qui sont presque leurs égaux, et dépend de la capacité qu'ils ont de s'imposer ; leur vie est agitée et exigeante. Par à-coups seulement, les poèmes jettent une lumière éclatante sur une société primitive, encore en pleine confusion, qui est peut-être en train de se mettre en place ; elle n'est pas aussi avancée que l'avait été celle de Mycènes, mais elle n'annonce pas pour autant ce que la Grèce allait devenir.

La nouvelle civilisation qui allait finir par émerger après des siècles d'incertitudes dut beaucoup à la reprise des échanges avec l'Est. Le fait que les Hellènes (le terme par lequel on distingue les envahisseurs de la Grèce de leurs prédécesseurs) se soient répandus dans les îles et sur le continent asiatique devait se révéler très important ; cela leur permit d'établir bien des points de contact entre deux mondes culturels. Mais ce ne furent pas les seuls liens à se nouer entre l'Asie et l'Europe. Des semences de civilisation ont toujours été véhiculées par les grands peuples marchands, ces « passeurs » de l'histoire mondiale.

L'un d'entre eux, un autre peuple de navigateurs, connut une histoire longue et agitée, même si elle ne fut pas aussi longue que le voudrait la légende – les Phéniciens prétendaient qu'ils étaient arrivés à Tyr vers 2700 avant J.-C. Il en va ici comme des rois doriens qui auraient été les descendants d'Héraclès. Il reste qu'ils étaient déjà installés sur la côte de l'actuel Liban au IIe millénaire avant J.-C., d'où ils fournissaient les Egyptiens en bois de cèdre. Les Phéniciens étaient des Sémites. Comme les Arabes de la mer Rouge, ils devinrent des navigateurs parce que la géographie les poussait à regarder vers l'extérieur plutôt que vers l'intérieur des terres. Ils vivaient sur l'étroite bande côtière qui constituait l'axe de communication traditionnel entre l'Afrique et l'Asie. Ils étaient adossés à un arrière-pays peu étendu, pauvre en ressources agricoles, coupé par des collines descendant jusqu'à la mer depuis les montagnes, ce qui rendait difficiles les liaisons entre les divers peuplements installés sur la côte. On peut trouver ici des analogies avec les futures cités-Etats grecques, attirées par la mer pour des raisons identiques : il en est résulté, dans les deux cas, non seulement le commerce, mais la colonisation. Faibles chez eux – ils subirent tour à tour la domination des Hébreux, des Egyptiens et des Hittites –, les Phéniciens, et ce ne peut pas être entièrement une coïncidence, n'entrent dans la lumière de l'histoire qu'après la grande époque de l'Egypte, de Mycènes et de l'Empire hittite. Le déclin des autres fit leur prospérité. C'est après 1 000 avant J.-C., bien après l'apogée du commerce minoen, que les cités phéniciennes de Byblos, Tyr et Sidon connurent leur âge d'or. Les textes bibliques témoignent de leur importance lorsqu'ils évoquent leur participation à la construction du temple de Salomon : « Tu sais bien, toi, dit Salomon, qu'il n'y a personne chez nous qui coupe les arbres comme les Sidoniens », et il les paya le prix qui convenait (*Rois*, 1, 5, 20). Les auteurs anciens ont souvent souligné la réputation des marchands et des colonisateurs phéniciens. Ils furent le premier peuple méditerranéen à s'aventurer dans l'Atlantique, remontant et descendant les côtes pour y faire du commerce. En marins habitués aux longues distances, ils étaient capables d'entreprendre des voyages auxquels les autres peuples n'auraient même pas pensé.

Ils disposaient aussi de produits très recherchés, ce qui permet de mieux comprendre leur intérêt pour la navigation au long cours. Leurs teintures furent longtemps célèbres, et ils fournissaient des textiles, du bois, du verre et des esclaves. Il est certain que ce sont les besoins du commerce qui poussèrent les Phéniciens à innover ; ce fut à Byblos (dont le nom devait servir aux Grecs à désigner le livre) que fut mis au point l'alphabet qu'adoptèrent plus tard les Grecs. Une avancée majeure qui permit d'élargir la diffusion de l'écriture. Et pourtant nous n'avons gardé des Phéniciens aucun texte littéraire remarquable, tandis que leur art reflète bien leur situation d'intermédiaires, empruntant et copiant à partir de modèles asiatiques et égyptiens, peut-être en fonction des demandes du consommateur.

Le commerce fut l'unique préoccupation des Phéniciens et il n'exigeait pas initialement des implantations outre-mer. Ils n'en furent pas moins amenés à s'appuyer de plus en plus sur des colonies ou des comptoirs, parfois là où les Mycéniens avaient commercé avant eux. Les plus éloignés de ces établissements se trouvaient juste avant l'entrée en Méditerranée : Gadir, sur le site de l'actuelle Cadix, et Mogador, aujourd'hui Essaouira au Maroc. Il s'agissait de mettre en place des liens commerciaux entre la Méditerranée et l'Atlantique et d'assurer l'approvisionnement en argent et en étain. On comptera pour finir quelque vingt-cinq ports de ce genre tout au long de la Méditerranée : le plus ancien, qui se trouvait à Kition (aujourd'hui Larnaca, à Chypre), remonte à la fin du IXe siècle avant J.-C. Des colonies furent parfois créées là où s'étaient déjà implantées des activités commerciales, comme en Sicile.

La fondation de ces colonies pourrait correspondre à la période de troubles dans laquelle plongèrent les cités-Etats phéniciennes après une phase d'indépendance au commencement du Ier millénaire avant J.-C. Au VIIe siècle, la ville de Sidon fut rasée et les filles du roi de Tyr vouées au harem de l'Assyrien Assurbanipal. La Phénicie se trouva alors pratiquement réduite à ses colonies, éparpillées ici et là. Mais la fondation de ces établissements pourrait également refléter la crainte ressentie devant la vague de colonisation grecque à l'Ouest, qui menaçait les approvisionnements en métaux, notamment l'étain britannique et l'argent espagnol. Voilà qui pourrait expliquer la création par les Phéniciens, un siècle plus tôt, de Carthage. Cette ville allait être le siège d'une puissance bien supérieure à celle dont avaient jamais pu se targuer Tyr et Sidon. Elle créa son propre réseau de colonies. La Phénicie continua ainsi de vivre bien après la perte de son territoire d'origine.

On peut compter les Phéniciens parmi ceux qui, en matière de civilisation, ont provoqué le plus d'échanges et de trafics. Mais il en fut de même, bon gré mal gré, avec d'autres – les Mycéniens, pour leur diffusion d'une culture, et les Hellènes, pour la façon dont ils firent bouger le monde égéen. Les Crétois avaient fait davantage ; en véritables créateurs, ils ne se contentèrent pas d'emprunter aux grands centres de culture qui s'étaient imposés, mais ils redonnèrent forme à ce qu'ils s'approprièrent avant de le diffuser à nouveau. Tous ces peuples aidèrent à façonner un monde en rapide évolution. Une conséquence importante de leur action, dont on a peu parlé jusqu'ici, fut de stimuler l'Europe continentale. En quête de minerais, explorateurs et prospecteurs s'enfoncèrent peu à peu plus avant dans l'inconnu. Dès le IIe millénaire, on aperçoit les premiers signes laissant pressentir un avenir complexe ; des perles de colliers trouvées à Mycènes ont été fabriquées en Grande-Bretagne avec de l'ambre de la Baltique. Le commerce était constamment présent et faisait lentement son œuvre, triomphant peu à peu de l'isolement, transformant les relations entre les peuples, remodelant le monde. Mais il est difficile de mettre en rapport cette histoire avec les bouleversements ethniques qui se produisirent dans le monde égéen, encore moins avec l'histoire agitée du continent asiatique à partir du IIe millénaire avant J.-C.

Pendant à peu près huit cents ans, depuis, disons, la fin de Knossos, l'histoire du Moyen-Orient apparaît à vrai dire très confuse dans la perspective qui est la nôtre, celle de l'histoire mondiale. Tout tourne essentiellement autour de disputes pour le contrôle des richesses grandissantes accumulées dans la région agricole la mieux délimitée de l'Antiquité (les empires qui vont et viennent ne trouvent, dans les déserts et les steppes situés en bordure du Moyen-Orient, aucune ressource qui pourrait justifier leur conquête), et on a du mal à dégager un fil conducteur. Les envahisseurs se succèdent à vive allure : certains laissent derrière eux de nouvelles communautés, d'autres mettent en place de nouvelles institutions pour remplacer celles qu'ils ont renversées. Ces rapides fluctuations n'ont guère dû retenir l'attention de ceux qu'elles ne frappaient qu'occasionnellement et brutalement, lorsque (par exemple) leurs maisons étaient brûlées, leurs femmes et leurs filles violées et leurs fils réduits en esclavage – ou, moins dramatiquement, lorsqu'ils découvraient qu'un nouveau gouverneur s'apprêtait à lever des impôts encore plus lourds.

Sur le continent, les peuples qui migraient se déplaçaient à l'intérieur de zones qui possédaient des centres de gouvernement et de population établis de longue date, des structures politiques puissantes et confirmées et de nombreux corps de spécialistes en administration, en religion et en éducation. Voilà qui explique en partie pourquoi l'arrivée de nouveaux peuples porta moins atteinte à ce qui avait déjà été réalisé que dans le monde égéen. Une autre force conservatrice a joué : les contacts que les Barbares avaient déjà noués avec la civilisation dans cette région, contacts qui les poussèrent non pas à la détruire, mais à en goûter les fruits. Ces deux raisons aidèrent, à terme, à la diffusion toujours plus poussée de la civilisation et contribuèrent à renforcer le caractère cosmopolite de cette région vaste et confuse, mais civilisée, et dont toutes les composantes étaient étroitement reliées les unes aux autres : le Moyen-Orient.

L'histoire débute très tôt, vers le commencement du IIe millénaire avant J.-C., avec l'arrivée en Asie Mineure des Hittites, un nouveau peuple qui faisait ainsi son entrée au Moyen-Orient. Il s'agissait d'Indo-Européens issus des steppes de l'Eurasie occidentale, différents à la fois par leur langue et leur culture. Mais ils ne ressemblaient en rien à des Barbares primitifs. Ils possédaient un système de lois et s'inspirèrent sur de nombreux points de l'expérience babylonienne. Ils avaient bénéficié d'un quasi-monopole sur le fer en Asie, ce qui n'eut pas seulement une grande importance dans le domaine agricole mais leur conféra, avec l'art des fortifications qu'ils avaient développé et le char de combat qu'ils avaient mis au point, une supériorité militaire qui fit d'eux la terreur de l'Egypte et de la Mésopotamie. Le raid qui renversa Babylone vers 1590 avant J.-C. dessine en quelque sorte la ligne de marée haute du premier « Empire » hittite. Une période d'éclipse et d'obscurité devait suivre.

Puis, dans la première moitié du XIVe siècle avant J.-C., se produisit une renaissance du pouvoir hittite. Cette seconde époque, plus glorieuse encore que la première, vit son hégémonie s'étendre depuis les rivages de la Méditerranée jusqu'au golfe Persique. Les Hittites dominèrent tout le Croissant fertile à l'exception de l'Egypte, cette grande puissance militaire qu'ils se permirent même d'affronter avec succès tout en entretenant par ailleurs une guerre presque permanente avec les Mycéniens. Mais, comme d'autres empires, l'Empire hittite s'effondra au bout d'un siècle environ, la fin survenant vers 1200 avant J.-C. Il y a une conjonction dans le temps, que certains ont jugée trop marquée pour être purement accidentelle, entre la chute du pouvoir hittite et les attaques des « Peuples de la Mer » dont font état les documents égyptiens. Ceux qui renversèrent directement les Hittites furent un peuple de Thrace, les Phrygiens, un autre groupe indo-européen qui devait exercer une influence significative sur la culture grecque.

Les « Peuples de la Mer » représentent un autre indice qui nous renseigne sur les grands mouvements migratoires de l'époque. Depuis le commencement du XIIe siècle avant J.-C., ces peuples écumaient, équipés d'un armement en fer, les terres situées à l'est du bassin méditerranéen, ravageant les villes de Syrie et du Levant. Certains d'entre eux étaient peut-être des « réfugiés » venus des cités mycéniennes qui s'étaient d'abord dirigés vers le Dodécanèse et, de là, vers Chypre. L'un de leurs groupes, les Philistins, s'établit dans le pays de Canaan vers 1175 avant J.-C. ; il est resté dans notre mémoire grâce à un nom dérivé du sien : la Palestine. Mais ce sont les Egyptiens qui furent les principales victimes des « Peuples de la Mer ». Comme les Vikings des mers nordiques deux millénaires plus tard, des envahisseurs et des pillards venus de la mer s'abattirent à plusieurs reprises sur le Delta, sans se laisser décourager par d'éventuelles défaites et en réussissant presque à l'arracher au contrôle du pharaon. L'Egypte connut une très forte tension. Au début du XIe siècle, elle éclata, et deux royaumes se la disputèrent. Les « Peuples de la Mer » ne furent pas les seuls ennemis qu'eurent à affronter les Egyptiens ; il semble qu'une flotte libyenne ait entrepris un raid sur le Delta, mais elle en fut chassée. Au sud, la frontière nubienne ne posait pas encore de problèmes, mais vers 1000 avant J.-C. un royaume indépendant émergea au Soudan ; il devait se révéler par la suite un dangereux facteur de troubles. La marée montante des peuples barbares venait balayer les vieilles structures du Moyen-Orient comme elle avait balayé la Grèce mycénienne.

Il n'est pas besoin d'aller plus avant dans le dédale des événements pour comprendre que nous sommes entrés dans un âge à la fois trop complexe et trop obscur pour être raconté d'un seul tenant. Heureusement, deux lignes de force apparaissent bientôt au sein de ce chaos. L'une correspond à un vieux thème remis au goût du jour : la tradition mésopotamienne, qui n'a pas cessé d'exister et qui est sur le point d'entrer dans sa phase ultime. L'autre est une totale nouveauté. Elle se fait jour avec un événement que nous ne pouvons pas dater et que nous ne connaissons que par les écrits qui l'ont rapporté quelques siècles plus tard, mais qui survint probablement pendant les épreuves infligées à l'Egypte par les « Peuples de la Mer ». Peu importe exactement quand et comment : le départ d'Egypte d'un peuple que les Egyptiens appelaient les Hébreux et que le monde appellera plus tard les Juifs marque un tournant dans l'histoire.

Pour bien des gens, et pendant bien des siècles, l'histoire du genre humain avant l'arrivée du christianisme se résumera à l'histoire des Juifs et à ce qu'ils avaient rapporté de l'histoire des autres. Les deux furent consignés dans des livres appelés Ancien Testament, les textes sacrés du peuple juif, diffusés par la suite en plusieurs langues à travers le monde entier grâce au zèle des missionnaires chrétiens et à l'invention de l'imprimerie. Les Juifs furent le premier peuple à avoir de Dieu une notion abstraite et à interdire d'en donner des représentations imagées. Aucun autre peuple n'a eu un impact historique aussi énorme en partant d'origines et en disposant de ressources aussi insignifiantes – des origines si insignifiantes, en vérité, qu'il est encore difficile aujourd'hui d'avoir beaucoup de certitudes à leur sujet.

En matière d'origines, il nous faut chercher du côté des Sémites, des peuples nomades vivant en Arabie, dont la tendance, tout au long des temps préhistoriques et historiques, fut d'exercer une pression et de pénétrer sur les terres mieux loties du Croissant fertile situées le plus près de leur habitat initial. La première étape que retient l'historien à leur sujet correspond à l'âge des patriarches, dont on trouve l'incarnation dans les figures bibliques d'Abraham, d'Isaac et de Jacob. On ne voit pas comment refuser l'idée que, derrière ces personnages gigantesques et légendaires, se cachent des hommes ayant réellement existé. S'ils existèrent vraiment, ce fut aux alentours de 1800 avant J.-C., et leur histoire va de pair avec la confusion qui marqua la fin d'Ur. La Bible déclare qu'Abraham vint d'Ur au pays de Canaan ; c'est très vraisemblable, et cela ne contredirait pas ce que nous savons de la dispersion des Amorites et d'autres tribus dans les quatre siècles qui suivirent. Celles d'entre elles dont on se souvenait comme de descendantes d'Abraham finirent par prendre le nom d'« Hébreux », ce qui signifie « vagabonds », un nom qui n'apparaît pas avant les inscriptions et les écrits égyptiens du XIVe ou du XIIIe siècle avant J.-C., longtemps après leur première installation dans le pays de Canaan.

C'est à Canaan que nous découvrons pour la première fois dans la Bible le peuple d'Abraham. Ils sont décrits comme des pasteurs, avec une organisation tribale, se querellant avec leurs voisins et parents pour des questions de puits et de pâturages, encore susceptibles de migrer au sein du Moyen-Orient si la sécheresse et la faim les y poussent. Un groupe d'entre eux, nous dit-on, descendit en Egypte, peut-être au début du XVIIe siècle avant J.-C. ; la Bible en parle comme de la famille de Jacob. L'histoire, telle que la fait se dérouler l'Ancien Testament, nous conduit jusqu'à Joseph, le petit-fils de Jacob, qui s'est hissé à un haut poste au service du pharaon. A ce point, nous serions en droit d'attendre de l'aide des documents égyptiens. On a suggéré que ces événements se produisirent durant la mainmise des Hyksos sur l'Egypte, puisque seule une période de grands troubles pouvait expliquer la prééminence improbable d'un étranger au sein de la bureaucratie égyptienne. Il en fut peut-être ainsi, mais rien ne permet de le confirmer ou de l'infirmer.

Il n'y aurait rien là de très important, ni qui soit de nature à intéresser tout autre qu'un spécialiste averti, s'il n'y avait pas eu les événements qui se produisirent entre mille et trois mille ans plus tard. Les civilisations chrétienne et islamique décidèrent alors du destin du monde entier. Or elles puisent leurs racines dans les traditions religieuses d'un minuscule peuple sémite qu'il n'est pas aisé d'identifier et que, pendant des siècles, les dirigeants des grands empires de Mésopotamie et d'Egypte eurent beaucoup de mal à distinguer parmi tant d'autres peuples analogues de vagabonds. Et tout cela arriva parce que les Hébreux parvinrent à une vision de la religion qui n'avait pas eu d'équivalent jusqu'à eux.

A travers toute l'étendue du Moyen-Orient, il est possible de voir à l'œuvre des forces qui allaient vraisemblablement contribuer à rendre plus attirantes les conceptions monothéistes. On pouvait s'attendre à ce que le pouvoir des divinités locales soit remis en question après les grands bouleversements et les désastres que connut la région lors de l'époque qui suivit le premier Empire babylonien. Les innovations religieuses d'Akhenaton et la montée en puissance du culte de Marduk ont été interprétées comme autant de réponses à cette situation. Mais seuls les Hébreux et ceux qui furent amenés à partager leurs croyances surent conduire le processus jusqu'à son terme, un peu avant le VIIe siècle, en dépassant le polythéisme et le régionalisme pour arriver à un monothéisme cohérent et intransigeant. La première étape sur ce chemin consista dans l'idée que le peuple d'Israël (comme on en vint à appeler les descendants de Jacob) avait scellé un pacte d'alliance exclusif avec Yahvé, la divinité tribale, un dieu jaloux qui s'était engagé à faire retrouver à son peuple la Terre promise, le pays de Canaan où il avait déjà conduit Abraham quand il avait quitté Ur et qui n'a pas cessé jusqu'à nos jours de déchaîner les passions. C'était une idée magistrale. Israël était assuré que, dans tous les cas, tout se passerait bien. Voilà qui n'avait absolument rien à voir avec l'atmosphère religieuse de la Mésopotamie ou de l'Egypte.

A mesure que se développa la religion israélite, Yahvé s'affirma comme une divinité transcendante : « Le SEIGNEUR est dans son saint temple, le trône du SEIGNEUR est dans le ciel », dit un psaume. Il avait tout créé mais existait indépendamment de sa création, il était un être universel. « Où irais-je loin de ton esprit ? Et où fuirais-je loin de ta présence ? » s'interroge le Psalmiste. La puissance créatrice de Yahvé introduit encore une autre différence entre les Juifs et la tradition mésopotamienne. Il était pour les Israélites, comme le dira plus tard le credo des chrétiens, le « Père tout-puissant, Créateur du ciel et de la terre ». Et il fit l'homme à son image, comme un compagnon et non pas comme un esclave. L'homme était le fleuron, la manifestation suprême de son pouvoir créateur, une créature capable de distinguer le bien du mal, comme Yahvé lui-même. En fin de compte, l'homme se mouvait au sein d'un monde moral que définissait la nature même de Yahvé. Lui seul était juste ; les lois élaborées par l'homme pouvaient refléter ou ne pas refléter Sa volonté, mais Il était le seul maître du droit et de la justice.

Même si on ne peut pas accepter tel quel le récit de la Bible, il faut le traiter avec respect, car il est le seul témoignage dont nous disposions pour une bonne partie de l'histoire des Juifs. On y trouve beaucoup d'éléments qui peuvent être mis en rapport avec ce que nous connaissons ou pouvons déduire d'autres sources. L'archéologie ne vient au secours des historiens qu'avec l'arrivée des Hébreux au pays de Canaan. L'histoire de la conquête, que raconte le Livre de Josué, s'accorde avec les traces que nous avons gardées de destructions qui survinrent dans les villes de Canaan au XIIIe siècle avant notre ère. Ce que nous savons de la culture et de la religion des Cananéens s'accorde également avec l'évocation que fait la Bible des luttes menées par les Hébreux contre la pratique des cultes locaux et un polythéisme envahissant. Deux traditions religieuses et deux peuples se disputèrent la Palestine tout au long du XIIe siècle avant J.-C. et voilà, bien sûr, qui illustre à nouveau l'effondrement du pouvoir égyptien, puisque cette région sensible n'aurait pu être laissée à la merci de petits peuples sémites si le pouvoir de la monarchie avait encore été efficace. Il semble aujourd'hui vraisemblable que les Hébreux aient su se gagner l'appui d'autres tribus nomades, à partir d'une commune adhésion à Yahvé. Après s'être fixées, les tribus, bien que se querellant entre elles, continuèrent de le vénérer et il n'y eut pour un temps aucune autre forme d'unité entre elles, les divisions entre tribus constituant l'unique institution politique d'Israël.

Avec l'émergence du royaume hébreu aux alentours de 1000 avant J.-C. apparaît une autre institution, le rôle particulier joué par les prophètes : c'est le prophète Samuel qui consacra (et donc de fait désigna) Saül, le premier roi, et son successeur, David. Quand Saül régnait, nous rapporte la Bible, Israël ne possédait pas d'armes en fer, car les Philistins, qui veillaient à préserver leur suprématie, en interdisaient l'usage. Néanmoins, les Juifs apprirent de leurs ennemis comment travailler le fer ; les mots hébreux pour « couteau » et « casque » ont tous deux des origines qui renvoient aux Philistins. L'œuvre de Saül fut complétée par David. De tous les personnages qui apparaissent dans l'Ancien Testament, David frappe par son extraordinaire crédibilité, à la fois par ses qualités et par ses défauts. Même si nous n'avons aucun témoignage archéologique de son existence, il continue de figurer parmi les grandes figures de la littérature mondiale et a servi de modèle aux rois pendant deux mille ans.

Mais c'est le fils et successeur de David, Salomon, qui fut le premier roi d'Israël à pouvoir se prévaloir d'une stature internationale. Il dota son armée de chars de guerre, lança des expéditions au sud contre les Edomites, s'allia avec les Phéniciens et construisit une marine. Les conquêtes et la prospérité suivirent. « Salomon domine tous les royaumes, depuis le Fleuve [l'Euphrate] jusqu'au pays des Philistins et jusqu'à la frontière d'Egypte. [...] Chaque jour de la vie de Salomon, Juda et Israël sont demeurés en sécurité, chacun sous sa vigne et son figuier, de Dân à Beer-Sheva » (*Rois*, 1, 5, 4-5). Le roi Salomon se servit des méthodes auxquelles recourent les faibles quand les grands sont sur le déclin. Le succès d'Israël sous son règne apporte une preuve supplémentaire de l'éclipse que connurent les anciens empires ; d'autres peuples de Syrie et du Liban parvinrent eux aussi à tirer leur épingle du jeu : il en résulta ce monde politique traversé d'affrontements obscurs que nous décrit l'Ancien Testament.

Une religion tribale avait réussi à surmonter les dangers initiaux de contamination par les rites de fertilité et par le polythéisme des paysans de Canaan chez qui s'étaient établis les Hébreux. Ce n'est pas au bout du compte par les exploits de ses rois qu'Israël passera à la postérité, mais par les valeurs éthiques dont se revendiquèrent ses prophètes. Ils nouèrent entre religion et morale des liens qui devaient structurer non seulement le judaïsme, mais aussi le christianisme et l'islam. Les prophètes transformèrent le culte de Yahvé en adoration d'un

Dieu universel, bon et miséricordieux, sévère lorsqu'il s'agit de punir, mais prêt à accueillir le pécheur repenti. Voilà qui marqua l'apogée de la culture religieuse au Moyen-Orient : la religion n'était plus inséparable désormais du lieu que l'on habitait, de la tribu dans laquelle on vivait. Les prophètes s'en prirent également avec violence à l'injustice sociale. Amos, Isaïe et Jérémie court-circuitèrent pour ce faire la classe privilégiée des prêtres, dénonçant directement auprès du peuple la bureaucratie religieuse. Ils déclarèrent que tous les hommes étaient égaux au regard de Dieu, que les rois ne pouvaient tout simplement pas faire ce qu'ils voulaient ; ils édictèrent un code moral qui existait par lui-même, indépendamment de l'autorité humaine.

Les Assyriens anéantirent Israël en 722 avant J.-C., et la plupart des tribus qui composaient le peuple hébreu, déportées en masse, disparurent de l'histoire. Ce fut celle de Juda qui survécut le plus longtemps. Elle était moins dense et installée un peu plus à l'écart des territoires fréquentés par les grandes puissances ; elle survécut jusqu'en 587 avant J.-C., quand les murs de Jérusalem et le Temple furent rasés par l'armée babylonienne. Les habitants de Juda connurent eux aussi la déportation, et beaucoup furent emmenés à Babylone : ils y firent l'expérience de l'Exil, une période de formation si importante que c'est après elle que l'on peut véritablement commencer à parler de « Juifs », ces héritiers et ces transmetteurs d'une tradition toujours vivante et aisément repérable. Une fois de plus, de grands empires avaient mis la main sur la Mésopotamie et, avec eux, sa civilisation allait jeter ses derniers feux. Les circonstances qui avaient favorisé l'apparition d'un Etat juif n'étaient plus réunies. Heureusement pour les Juifs, la religion de Juda leur apportait la garantie qu'ils n'en perdraient pas pour autant leur identité nationale.

Depuis l'époque d'Hammurabi, les peuples des vallées mésopotamiennes s'étaient retrouvés pris comme au sein d'un étau entre des peuples en pleines migrations. Pendant longtemps, les deux branches opposées de cet étau avaient été les Hittites et les Mitanni, mais il était arrivé de temps en temps que d'autres imposent leur loi à Assur et à Babylone. Quand, le moment venu, les Hittites s'effondrèrent à leur tour, la Mésopotamie ancienne cessa pendant longtemps d'être le siège d'une grande puissance militaire. Un conglomérat de tribus sémites agressives, auquel les spécialistes donnent le nom d'Araméens, qui perpétuait la vieille tradition consistant à essayer de pénétrer depuis le désert dans les terres fertiles, tint lieu de voisin maladroit et susceptible aux rois bien affaiblis d'Assyrie pendant quelque deux cents ans – à peu près la durée d'existence des Etats-Unis des origines jusqu'à nos jours. Même si l'un de ces peuples sémites s'appelait les Chaldéens et fut ainsi amené à donner par la suite son nom quelque peu trompeur à la Babylonie, rien ne mérite vraiment de retenir l'attention dans cette histoire, en dehors de la preuve supplémentaire qui nous est donnée ici de la fragilité des constructions politiques de l'ancien monde.

Quelque chose d'un peu plus consistant va refaire surface, dans le tourbillon des événements survenus au IXe siècle avant J.-C., avec le redressement de la Mésopotamie. C'est alors, nous raconte l'Ancien Testament, que les armées assyriennes s'en allèrent attaquer, une fois de plus, la Syrie et les Juifs. Après s'être heurtés à une vive résistance, les Assyriens revinrent à la charge à plusieurs reprises et finirent par l'emporter. C'est le début d'une nouvelle phase, importante et douloureuse, dans l'histoire du Moyen-Orient. Un nouvel Empire assyrien est en gestation. Au VIIIe siècle, il approche de son apogée, et Ninive, la capitale située en amont du Tigre, qui a remplacé l'ancien centre d'Assur, devient le foyer de l'histoire mésopotamienne, comme l'avait été autrefois Babylone. L'Empire assyrien devait son unité à un tout autre système que celui adopté dans les autres grands empires ; il ne reposait pas sur la vassalisation des rois et le paiement de tributs. Il se débarrassa au contraire des anciens chefs et les remplaça par des gouverneurs assyriens. Souvent, il se débarrassa aussi des peuples. L'une de ses techniques caractéristiques était la déportation de masse ; les Dix Tribus perdues d'Israël en furent les victimes les plus célèbres.

L'expansion assyrienne fut marquée par des victoires éclatantes et répétées. Elle connut ses plus grands succès après 729 avant J.-C., quand Babylone tomba. Peu après, les armées assyriennes détruisirent Israël ; l'Egypte fut envahie, ses rois se retrouvèrent réduits à la Haute-Egypte et le Delta fut annexé. Chypre s'était rendue, la Cilicie et la Syrie avaient été conquises. En 646 avant J.-C., ce fut la dernière grande opération avec l'annexion d'une partie du pays d'Elam : ses rois furent contraints de tirer le char du vainqueur assyrien à travers les rues de Ninive. Les conséquences pour le Moyen-Orient furent considérables. Pour la première fois, la région était soumise à un même système politique et juridique. Les soldats enrôlés et les populations déportées étaient déplacés en tous sens au sein de cet espace, ce qui mettait à mal le provincialisme. L'araméen, qui se diffusait de plus en plus, devint la langue de référence. Au sortir de l'âge assyrien, un nouveau cosmopolitisme devenait possible.

Cette grande puissance, si entreprenante, édifia des monuments d'une indéniable majesté. Sargon II (721-705 avant J.-C.) fit construire un grand palais à Khorsabad, près de Ninive, qui couvrait près d'une dizaine d'hectares et était décoré de reliefs sculptés courant sur plus de 1 500 mètres. La conquête servit à entretenir une cour riche et splendide. Assurbanipal (668-626 avant J.-C.) laissa à son tour des monuments (y compris des obélisques apportés de Thèbes à Ninive), mais il avait aussi du goût pour l'étude et les objets anciens. Ce qu'il nous a légué de plus beau, c'est ce qui reste de la grande collection de tablettes qu'il avait constituée pour sa bibliothèque. Il y fit verser des copies de tout ce qu'il pouvait découvrir de documents et de textes littéraires sur la Mésopotamie ancienne. C'est à ces copies que nous devons l'essentiel de ce que nous connaissons de la littérature mésopotamienne, dont l'*Epopée de Gilgamesh* dans son état le plus complet, une traduction faite depuis le sumérien. Les idées qui ont animé cette civilisation nous sont donc assez facilement accessibles, aussi bien à partir de la littérature qu'à partir d'autres sources. La représentation habituelle des rois assyriens en chasseurs renvoie peut-être à l'image du guerrier-roi, mais elle traduit peut-être aussi une identification consciente du roi avec les conquérants légendaires de la nature qui avaient été les héros d'un lointain passé sumérien.

Les reliefs en pierre qui commémorent les grands exploits des rois assyriens disent et redisent aussi, d'une façon monotone, une autre histoire – le pillage, la réduction en esclavage, l'empalement, la torture, et la déportation de masse. L'Empire assyrien, qui reposait sur la violence, pratiquait la conquête et l'intimidation. Il avait créé à cette fin la meilleure armée que l'on ait vue jusque-là. Alimentée par la conscription et équipée d'armes en fer, elle disposait également d'une artillerie de siège capable d'ouvrir des brèches dans des fortifications jusqu'alors inexpugnables, et même d'une sorte de cavalerie lourde. C'était une force coordonnée qui regroupait plusieurs armes et qu'animait peut-être aussi une ferveur religieuse particulière. Le dieu Assur est représenté planant au-dessus des troupes en marche pour la bataille, et c'est à lui que les rois dédiaient les victoires remportées sur les infidèles.

L'Empire assyrien atteignit rapidement son apogée puis déclina. Dans l'un des premiers exemples de ce que l'historien britannique Paul Kennedy a appelé la « surextension impériale », ses rois en demandèrent trop aux effectifs dont ils disposaient. Un an après la mort d'Assurbanipal, l'empire commença à s'effondrer, le premier signe en étant une révolte à Babylone. Les rebelles reçurent l'appui des Chaldéens, ainsi que celui d'un nouveau grand voisin, le royaume des Mèdes, lesquels constituent aujourd'hui le principal peuple d'Iran. Leur arrivée au premier plan sur la scène de l'histoire marqua un important changement. Les Mèdes avaient eu jusque-là fort à faire avec une nouvelle vague d'envahisseurs barbares venus du nord, les Scythes, qui affluèrent en Iran depuis le Caucase (et dans le même temps déferlèrent sur la côte de la mer Noire en direction de l'Europe). Ces cavaliers légers, qui combattaient à l'arc tout en chevauchant, représentaient la première irruption majeure en Asie occidentale d'une force nouvelle dans l'histoire du monde, les peuples nomades directement issus d'Asie centrale. Quand les Scythes et les Mèdes unirent leurs efforts, l'Assyrie tomba, laissant les Babyloniens reprendre leur indépendance ; elle sortit de l'histoire avec le sac de Ninive par les Mèdes en 612 avant J.-C.

Ce coup de foudre permit à un roi babylonien, Nabuchodonosor, de présider au grand été indien de la civilisation mésopotamienne. On lui doit le dernier Empire babylonien, qui a fasciné plus que tout autre la postérité. Cet empire partait de Suez, de la mer Rouge et de la Syrie et traversait les frontières de la Mésopotamie pour s'étendre jusqu'à l'ancien royaume d'Elam (alors dirigé par une petite dynastie iranienne appelée les Achéménides). Nabuchodonosor est resté avant tout dans les mémoires pour avoir détruit Jérusalem en 587 avant J.-C. à la suite d'une révolte juive et avoir emmené en captivité les tribus de Juda, en se servant d'elles comme il l'avait fait d'autres prisonniers pour embellir sa capitale, dont les « Jardins suspendus » ou les terrasses devaient figurer par la suite parmi les Sept Merveilles du monde. La porte d'Ishtar, que l'on peut encore admirer à Berlin au Pergamon Museum, donne une idée de sa magnificence. Nabuchodonosor fut le plus grand roi de son temps, sinon de tous les temps.

La gloire de l'empire culmina dans le culte de Marduk, qui fut alors à son zénith. Lors d'une grande fête qui se tenait chaque année au moment du Nouvel An, tous les dieux de la Mésopotamie – les idoles et les statues qui peuplaient les sanctuaires provinciaux – descendaient les rivières et les canaux pour venir dans son temple prendre conseil de Marduk et reconnaître sa suprématie. Transportés le long d'une voie processionnelle de 1 200 mètres de long (qui fut probablement, d'après ce qui nous en est dit, la plus belle rue de l'Antiquité) ou débarqués plus près du temple depuis l'Euphrate, ces dieux étaient amenés au pied de la statue de Marduk, faite, comme le rapporte Hérodote deux siècles plus tard, de 2,25 tonnes d'or. Une exagération, à coup sûr, mais la statue devait certainement être splendide. Le destin du monde entier, dont le centre se trouvait dans ce temple, était alors débattu par les dieux et arrêté pour une nouvelle année. C'était le pendant théologique de la réalité politique. Rejouer le drame de la création conduisait à reconnaître l'autorité éternelle de Marduk, ce qui conduisait à son tour à reconnaître l'existence à Babylone de la monarchie absolue. Le roi avait pour responsabilité d'assurer l'ordre du monde et disposait donc de l'autorité qui lui permettait de le faire.

Ce fut l'ultime floraison de la tradition mésopotamienne et elle devait bientôt s'achever. Sous le successeur de Nabuchodonosor, de plus en plus de provinces furent perdues. Puis vint une invasion en 539 avant J.-C., menée par de nouveaux conquérants venus de l'est, les Perses, avec les Achéménides à leur tête. Le passage de la richesse et de l'éclat à la destruction fut rapide. Le Livre de Daniel condense tout cela en un magnifique « finale », le festin de Balthazar : « Et la nuit même, y lisons-nous, Balthazar, roi des Chaldéens, est tué. A l'âge de soixante-deux ans, Darius le Mède hérite de la royauté » (*Daniel*, 5, 30 ; 6, 1). Ce récit ne fut écrit que trois cents ans plus tard et les choses ne se passèrent pas tout à fait ainsi. Contrairement à ce qu'affirme le Livre de Daniel, Balthazar n'était ni le fils ni le successeur de Nabuchodonosor et le roi qui prit Babylone s'appelait Cyrus. Néanmoins, en mettant ainsi l'accent sur cet épisode, la tradition juive respectait une double vérité, dramatique et psychologique. S'il y a un tournant dans l'histoire de l'Antiquité, il est là. C'en est fini d'une tradition mésopotamienne indépendante remontant à Sumer. Nous sommes à l'orée d'un nouveau monde. Un poète juif l'a résumé sur un ton triomphant dans le *Livre d'Isaïe*, quand Cyrus se présente en défenseur des Juifs : « Assieds-toi sans bruit, viens dans le noir, fille des Chaldéens, on ne t'appellera plus longtemps la dame des royaumes » (*Isaïe*, 47, 5).

VIII

Les commencements de la civilisation en Asie du Sud

Vers le milieu du IIIe millénaire avant J.-C., l'Inde vit se mettre en place les fondations de ce qui allait déboucher sur des traditions culturelles splendides et durables, surpassant celles de la Mésopotamie et de l'Egypte et exerçant une immense influence. Encore aujourd'hui, l'Inde ancienne nous est visible et accessible, d'une manière très directe, à travers sa littérature, ses religions et ses coutumes. Un système de castes, qui remonte dans ses grandes lignes aux environs de 1000 avant J.-C., continue de commander la vie de millions de gens. Des dieux et des déesses dont on trouve des traces au Néolithique sont toujours vénérés dans des sanctuaires de village.

D'une certaine manière, l'Inde ancienne entretient encore avec nous des rapports dont on ne trouverait l'équivalent pour aucune autre civilisation antique. Et pourtant, même si les exemples du conservatisme de la vie indienne sont monnaie courante, la région recèle bien d'autres trésors. C'est une zone qui a vu s'élaborer et se diffuser de grandes formes de pensée et de culture. La diversité de la vie indienne est immense, mais parfaitement compréhensible étant donné les dimensions et la variété de l'environnement naturel. Le sous-continent équivaut en taille à l'Europe et s'articule en régions que distinguent clairement le climat, la terre et les types de récoltes.

Il existe au nord deux grandes vallées fluviales, celle de l'Indus et celle du Gange ; entre elles se trouvent des déserts et des plaines arides, et au sud les hauteurs abondamment boisées du Deccan. Quand l'histoire écrite commence, la complexité de l'Inde sur le plan ethnique est très grande : les spécialistes identifient six groupes principaux parlant toute une série de langues, avec une prééminence pour les parlers indo-européens et dravidiens. Bien d'autres groupes, attirés par la richesse agricole de l'Inde, devaient arriver par la suite et prendre pied dans le sous-continent et dans sa société. Comment centrer alors notre étude ?

L'histoire de l'Inde trouve en fait son unité dans l'extraordinaire pouvoir dont elle dispose pour absorber et transformer les forces qui s'exercent sur elle depuis l'extérieur. C'est là le fil conducteur qui peut nous guider à travers les premières phases de son histoire telles que nous les laissent entrevoir, sous un éclairage inégal et incertain, les découvertes archéologiques ainsi que des textes qui n'ont fait longtemps l'objet que d'une transmission orale. A l'origine de cette histoire, un autre fait majeur : l'Inde est largement isolée du monde extérieur par la géographie. En dépit de ses dimensions et de sa variété, avant que ne s'ouvrent les océans vers les XVIe ou XVIIe siècles avant J.-C., elle n'eut à affronter que des incursions occasionnelles, quoique souvent irrésistibles, de la part de peuples étrangers. Au nord et au nord-ouest, elle était protégée par quelques-unes des plus hautes montagnes du monde ; à l'est se trouvaient de larges étendues de jungle. Le triangle formé par le sous-continent s'enfonçait au sud, sur ses deux côtés, dans les immensités de l'océan Indien. Ces caractéristiques naturelles ne se contentaient pas de canaliser et de restreindre les communications avec le monde extérieur ; elles donnaient aussi à l'Inde un climat spécifique. Si la plus grande partie du territoire ne se trouve pas sous les tropiques, son climat n'en est pas moins tropical. Les montagnes font barrage aux vents glacés de l'Asie centrale ; les longues côtes laissent entrer les nuages chargés d'eau qui arrivent de l'océan et dont la route s'arrête aux escarpements du Nord. L'horloge climatique, c'est la mousson annuelle, qui apporte la pluie durant les mois les plus chauds de l'année. Elle est toujours au centre de l'économie agricole.

Aussi protégée, dans une certaine mesure, qu'elle ait toujours été contre les forces de l'extérieur, la frontière nord-ouest de l'Inde reste néanmoins la plus ouverte de toutes sur le dehors. Le Baloutchistan et les passes de la frontière furent les zones de rencontre les plus importantes entre l'Inde et les autres peuples jusqu'au XVIIe siècle avant J.-C. ; même les contacts qu'elle eut avec la Chine dans les temps civilisés empruntèrent d'abord ce détour (qui n'en est pas tout à fait un, comme tendrait à le faire croire la projection de Mercator qui nous est si familière). Il est arrivé parfois que cette région du Nord-Ouest tombe sous domination étrangère, ce qui amène à réfléchir lorsque l'on considère les premières civilisations indiennes ; nous ne savons pas très bien comment elles virent le jour, mais nous savons que Sumer et l'Egypte les ont précédées. Les documents mésopotamiens laissés par Sargon Ier d'Akkad font état de rapports avec un pays nommé « Meluhha », où les spécialistes ont vu la vallée de l'Indus, c'est-à-dire les plaines alluviales formant la première région naturelle de l'Inde rencontrée par le voyageur à son entrée dans le sous-continent. C'est là, dans une campagne riche et très boisée, que les premières civilisations indiennes firent leur apparition, à l'époque où, plus à l'ouest, les grands mouvements migratoires des peuples indo-européens s'apprêtaient à servir de leviers à l'histoire. Mais plusieurs facteurs ont pu jouer.

Des témoignages nous apprennent que l'agriculture s'est développée plus tard en Inde qu'au Moyen-Orient. Ici encore, le phénomène a commencé à se produire dans le nord-ouest du sous-continent. L'archéologie nous apprend que l'on cultivait la terre au Baloutchistan vers 6000 avant J.-C. Trois mille ans plus tard, des signes d'une vie sédentaire sur les plaines alluviales commencent à se manifester, ainsi que des analogies avec d'autres cultures caractéristiques des vallées fluviales. On trouve de la céramique tournée et des outils en cuivre. Tout indique un renforcement progressif de l'habitat agricole conduisant finalement à l'apparition d'une véritable civilisation, comme cela se passa en Egypte et à Sumer. Mais il se peut qu'une influence directe de la Mésopotamie ait joué à l'arrière-plan. Et il n'est pas interdit de penser que l'avenir de l'Inde était déjà en train d'être modelé par l'arrivée de nouveaux peuples venus du nord. C'est en tout cas ce que suggère la complexité ethnique qui caractérise très tôt sa population, même s'il serait imprudent d'être trop affirmatif à ce sujet.

Quand on bute enfin sur des preuves évidentes d'une vie civilisée, le changement est saisissant. Un spécialiste parle d'« explosion » culturelle. Une étape a sans doute été franchie avec une invention technique capitale, celle de la brique cuite (qu'il faut distinguer de la brique mésopotamienne séchée au soleil). Elle permit de maîtriser le cours des eaux dans une plaine fluviale très plate où la pierre était absente. Quelles qu'en aient été les modalités, ce processus a débouché sur une civilisation remarquable qui s'est étendue dans la vallée de l'Indus sur près de 650 000 km^2, une zone plus grande que Sumer ou l'Egypte.

Certains ont appelé la civilisation de l'Indus « harappéenne », parce que l'un de ses sites majeurs est la cité d'Harappa, sur un affluent de l'Indus. Il existe un site du même genre à Mohenjo-Daro et l'on en connaît trois autres encore. Tous nous font découvrir des êtres humains hautement organisés et capables d'entreprendre des travaux collectifs soigneusement planifiés à une échelle qui rivalise avec ce qui put se faire en Egypte et en Mésopotamie. Les villes abritaient de grands entrepôts de grains, et un même système de poids et mesures semble avoir été adopté sur un vaste territoire. Il est clair qu'une culture bien définie était en place vers 2600 avant J.-C. ; elle devait durer quelque six cents ans, avec très peu de changements, jusqu'à son déclin au IIe millénaire avant J.-C.

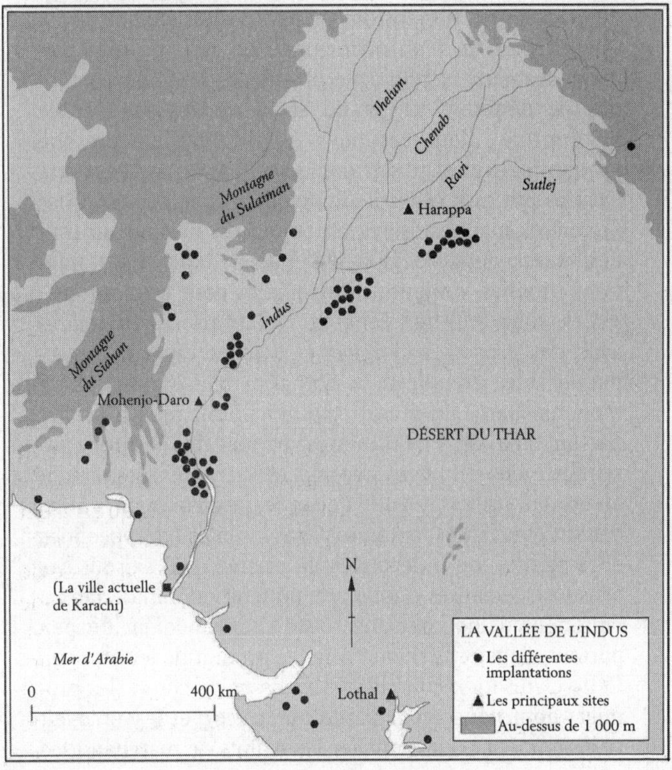

Les cités d'Harappa et de Mohenjo-Daro sont ce qu'elle nous a laissé de plus grand ; elles comptaient probablement 30 000 personnes chacune. Voilà qui nous en apprend beaucoup sur l'agriculture qui les faisait vivre : la région était bien loin d'être alors la zone aride qu'elle devint plus tard. Harappa et Mohenjo-Daro présentaient une circonférence de 3 à 4 kilomètres ; la régularité et la complexité de leurs bâtiments donnent une idée du degré de compétence acquis en matière d'administration et d'organisation. Elles comprenaient toutes deux une citadelle et des quartiers d'habitation ; les maisons, faites de briques aux dimensions standardisées, étaient disposées suivant un plan orthogonal. Le système d'écoulement des eaux, sophistiqué et efficace, et l'agencement interne dénotent un grand souci de l'hygiène et de la propreté ; dans certaines rues d'Harappa, presque chaque maison disposait d'une salle de bains. Peut-être n'est-ce pas trop céder à l'imagination que de voir là les premières manifestations de ce qui est devenu un trait permanent de la religion indienne, le bain et les ablutions rituelles, toujours si importants pour les hindous.

Ces cités entretenaient des relations commerciales avec des pays très éloignés et avaient une vie économique assez complexe. A Lothal, à 650 kilomètres de Mohenjo-Daro, un grand chantier naval, relié à la mer par un canal de 1 600 mètres, permet de mesurer l'importance des échanges avec l'extérieur, qui s'étendaient au nord, à travers le golfe Persique, jusqu'à un pays aussi distant que la Mésopotamie. Dans les cités harappéennes elles-mêmes, on a découvert la preuve qu'il existait des artisans spécialisés qui se procuraient leurs matériaux à l'intérieur d'une zone très vaste et revendaient un peu partout, dans cette même zone, le produit de leur travail. Cette civilisation connaissait les tissus de coton (les premiers dont nous ayons gardé une trace), et il y en avait suffisamment pour emballer les ballots de marchandises destinés à l'exportation ; ces derniers étaient scellés avec des sceaux que l'on a retrouvés à Lothal. Si l'on y ajoute quelques inscriptions figurant sur des fragments de poterie, voilà qui nous permet d'affirmer que les Harappéens connaissaient l'écriture. Au nombre d'à peu près 2 500, ces sceaux nous donnent les meilleures informations dont nous disposions sur les idées des Harappéens. Les pictogrammes qu'ils portent vont de droite à gauche. On y constate souvent la présence d'animaux, qui pourraient représenter les six saisons entre lesquelles était divisée l'année. Beaucoup de « mots » restent indéchiffrables, mais il paraît à tout le moins vraisemblable aujourd'hui qu'ils appartenaient à un langage apparenté aux langues dravidiennes encore parlées dans le sud de l'Inde.

Les idées et les techniques venant de l'Indus se répandirent à travers le Sind et le Pendjab, et le long de la côte occidentale du Gujarat en descendant vers le sud. Le processus prit des siècles, et ce que nous laisse entrevoir l'archéologie (certains sites sont aujourd'hui submergés par la mer) est trop confus pour que l'on puisse aboutir à un tableau cohérent. Les régions qui échappèrent à son influence – la vallée du Gange, le Sud-Est et les autres grandes zones riches en limon où de larges populations pouvaient vivre – connurent des évolutions culturelles différentes, mais elles n'ont rien laissé d'aussi spectaculaire. Certains aspects de la culture indienne doivent néanmoins provenir d'autres sources ; il existe notamment des traces d'une influence chinoise. Mais il est difficile d'arriver à des certitudes. Le riz, par exemple, commença à être cultivé en Inde dans la vallée du Gange ; nous ignorons tout bonnement d'où il vint, mais on peut penser à la Chine ou à l'Asie du Sud-Est, où il était cultivé sur les côtes depuis environ 3 000 avant J.-C. Deux mille ans plus tard, cet élément clé du régime alimentaire indien était consommé dans presque tout le Nord.

Nous ne savons pas davantage pourquoi les premières civilisations indiennes commencèrent à décliner, même si l'on peut dater approximativement ce phénomène. Les inondations dévastatrices de l'Indus ou les modifications incontrôlables de son cours peuvent avoir ruiné les équilibres délicats de l'agriculture qui s'était développée sur ses rives. Les forêts ont pu être détruites par l'abattage, afin de fournir du combustible aux fours à briques dont dépendait la construction des maisons. Mais il se peut que d'autres facteurs aient joué. Des squelettes, peut-être ceux d'hommes tués sur place, ont été découverts dans les rues de Mohenjo-Daro. La civilisation harappéenne semble se terminer dans la vallée de l'Indus vers 1750 avant J.-C., et cet événement coïncide d'une manière frappante avec l'irruption dans l'histoire indienne de l'une de ses grandes forces créatrices, les envahisseurs aryens, bien que les spécialistes soient réservés sur l'idée que la destruction des villes de l'Indus ait pu être due à des envahisseurs. Les nouveaux arrivants pénétrèrent peut-être sur un territoire déjà dévasté par la surexploitation et les catastrophes naturelles.

A proprement parler, « aryen » est un terme de linguistique, tout comme « indo-européen ». Il n'en a pas moins servi habituellement à désigner, par commodité, l'un de ces groupes dont les déplacements, après 2 000 avant J.-C., entrent pour une si grande part dans la dynamique à laquelle obéit l'histoire ancienne en d'autres régions du monde. A peu près à l'époque où d'autres Indo-Européens se répandaient en Iran, l'Inde commença à voir se produire sur son territoire, aux alentours de 1750 avant J.-C., un grand afflux de populations passant par les montagnes de l'Hindu Kush. Pendant des siècles, des vagues de migrants s'enfoncèrent ainsi de plus en plus profondément dans la vallée de l'Indus et dans le Pendjab, pour finir par atteindre la haute vallée du Gange. Si la civilisation de l'Indus s'écroula, les peuples indigènes n'en furent pas moins épargnés. La venue des Aryens ne se fit évidemment pas sans violences. Mais ces guerriers et ces nomades, équipés d'armes en bronze, possédant des chevaux et des chars, se sédentarisèrent, et quantité de signes montrent que les populations indigènes cohabitèrent avec eux, en continuant de pratiquer leurs croyances et de suivre leurs traditions. De nombreux témoignages archéologiques attestent une fusion de la civilisation harappéenne avec des modes de vie plus tardifs. Quelles qu'en aient été les modalités, elle est l'un des premiers exemples de cette assimilation des cultures qui n'allait pas cesser de caractériser la société indienne : le remarquable pouvoir de digestion de l'hindouisme classique en est directement issu.

Il semble clair que la culture apportée en Inde par les Aryens n'était pas aussi avancée que celle des Harappéens. C'est un peu comme l'histoire de l'arrivée des Indo-Européens dans le monde égéen. L'écriture, par exemple, disparaît et ne refait surface qu'au milieu du Ier millénaire avant J.-C. Les cités seront elles aussi réinventées ; quand on en rencontre à nouveau, il leur manque l'élaboration et l'ordre qu'affichaient celles qui les avaient précédées dans la vallée de l'Indus. Les Aryens, de leur côté, semblent avoir peu à peu abandonné leurs habitudes pastorales pour se convertir à l'agriculture, se disséminant à l'est et au sud de leurs implantations initiales en un conglomérat de villages. Cela prit des siècles et ne s'acheva qu'avec l'arrivée du fer et la colonisation de la vallée du Gange, les outils en fer favorisant le travail de la terre. Dans le même temps, parallèlement à cette occupation physique des plaines du Nord, les envahisseurs avaient apporté deux contributions décisives à l'histoire indienne, du point de vue religieux et du point de vue social.

Ce sont les Aryens qui ont jeté les bases de la religion qui sera le cœur de la civilisation indienne. Elle était centrée sur la notion de sacrifice ; par le sacrifice se trouvait répété sans fin le processus de création auquel avaient recouru les dieux au commencement des temps. Agni, le dieu du feu, jouait un rôle clé, parce que c'était par les flammes du sacrifice que les hommes pouvaient communiquer avec les dieux. Les prêtres ou brahmanes qui présidaient à ces cérémonies jouissaient d'un grand prestige. Il existait tout un panthéon de dieux dont les principaux étaient Varuna, le dieu du ciel, qui veillait sur l'ordre naturel et incarnait la justice, et Indra, le dieu guerrier, qui, chaque année, tuait un dragon et libérait à nouveau les eaux du ciel, déclenchant ainsi la mousson. Nous sommes renseignés sur eux grâce au *Rig-Veda*, un recueil de plus d'un millier d'hymnes chantés durant les sacrifices, rassemblés pour la première fois vers 1000 avant J.-C. mais certainement accumulés sur plusieurs siècles. C'est l'une des sources les plus précieuses dont nous disposons sur l'histoire non seulement de la religion indienne, mais aussi de la société aryenne.

Le *Rig-Veda* semble refléter la culture aryenne telle qu'elle fut modelée par son installation en Inde et non pas telle qu'elle se présentait à une époque antérieure, voire à ses origines. Il s'agit, comme avec Homère, de la forme écrite que finit par prendre tout un corpus oral, à cette différence qu'il est beaucoup moins difficile d'utiliser ces textes comme une source historique, puisque nous sommes beaucoup plus sûrs de leur statut. Leur caractère sacré obligeait à les retenir avec une parfaite exactitude, et si le *Rig-Veda* ne fut pas mis par écrit avant 1300 après J.-C., il le fut, presque à coup sûr, dans toute la pureté de sa forme originale. Avec les hymnes védiques plus tardifs et des œuvres en prose, il est notre meilleur informateur sur l'Inde aryenne, domaine où l'archéologie a pris conscience depuis longtemps de ses limites, des matériaux de construction moins résistants que les briques de l'Indus ayant été utilisés pour les villes et pour les temples.

Le monde que met en scène le *Rig-Veda*, celui de barbares de l'âge du bronze, n'est pas sans rappeler, ici encore, le monde d'Homère. Certains archéologues croient maintenant pouvoir repérer dans les hymnes des références à la destruction des cités harappéennes. Le fer n'est pas mentionné et il semble qu'il soit arrivé en Inde seulement après 1 000 avant J.-C. (la date et l'origine font débat). Les hymnes concernent un territoire qui s'étend des rives occidentales de l'Indus jusqu'au Gange, peuplé d'Aryens et d'aborigènes à la peau foncée. Ces derniers formaient des sociétés dont les unités de base étaient les familles et les tribus. Ce qu'ils ont laissé derrière eux, cependant, devait durer moins longtemps que le schéma d'organisation sociale des Aryens, schéma qui se mit lentement en place et auquel les Portugais devaient donner le nom, que nous utilisons encore, de « caste ».

La genèse de ce système est un sujet vaste et compliqué, sur lequel il est difficile de se prononcer. Une fois ses règles couchées par écrit, il devint une structure solide et figée, imperméable au changement. Mais cela ne se produisit qu'au terme de centaines d'années, pendant lesquelles il était encore flexible et capable d'évolutions. Il semble entériner la répartition de base entre classes propre à une société agricole sédentaire : une aristocratie guerrière (*kshatriya*), les prêtres (brahmanes) et le tout-venant des paysans (*vaishya*). Telles sont les plus anciennes divisions que nous puissions observer dans la société aryenne. Elles ne semblent pas avoir été définitives : on pouvait passer d'une classe à l'autre. La seule barrière infranchissable, dans les premiers temps, semble avoir été celle entre non-Aryens et Aryens ; l'un des mots utilisés par les Aryens pour désigner les aborigènes était *dasa*, qui finit par désigner les « esclaves ». Aux trois catégories de type professionnel s'en ajouta bientôt une quatrième pour les non-Aryens. Elle traduisait clairement le souhait de préserver l'intégrité ethnique. C'étaient les *shudra*, ou « impurs », ceux qui n'étaient pas à même d'étudier ou seulement d'entendre les hymnes védiques.

Depuis, la structure n'a presque pas cessé de se perfectionner. De nouvelles divisions et subdivisions sont apparues à mesure que la société devenait plus complexe et que des mouvements se produisaient à l'intérieur de la structure tripartite originelle. Les brahmanes, la plus haute classe, jouaient un rôle essentiel. Les propriétaires et les marchands en vinrent à être distingués des fermiers ; les premiers furent appelés *vaishya* et les cultivateurs devinrent les *shudra*. Des tabous furent édictés pour le mariage et pour les aliments. Ce processus conduisit peu à peu au système des castes tel que nous le connaissons. Un grand nombre de castes et de sous-castes trouvèrent leur place dans le système. Les obligations et les exigences dont elles s'accompagnaient finirent par devenir un régulateur fondamental de la société, peut-être le seul ayant une réelle importance dans la vie de beaucoup d'Indiens. Dans les Temps modernes, il y eut des milliers de *jati* – des castes locales dont les membres étaient tenus de se marier entre eux, de ne consommer que de la nourriture préparée par leurs congénères, et de suivre les règles du groupe. D'ordinaire, l'appartenance à une caste impliquait également l'exercice d'un seul métier ou d'une seule profession bien définis. C'est ce qui explique (en même temps que les liens traditionnels tissés par la tribu, la famille et le voisinage ainsi que par la distribution des richesses) que la structure du pouvoir dans la société indienne dépende beaucoup plus du système des castes que des institutions politiques formelles et de l'autorité centrale.

Les rois qui se retrouvaient à la tête de la société tribale aryenne le devaient sans aucun doute à leurs compétences militaires. Peu à peu, certains d'entre eux bénéficièrent pour ce faire d'une sorte de consentement divin, dont l'obtention a toujours dû dépendre des bonnes relations entretenues avec la caste des brahmanes. Mais ce ne fut pas le seul schéma politique à jouer. Les Aryens n'acceptèrent pas tous cette évolution. Vers 600 avant J.-C., quand certains aspects plus précis de la vie politique ancienne de l'Inde commencent enfin à se préciser à travers la masse des légendes et des mythes, on peut discerner deux sortes de communautés politiques, l'une non monarchique, qui tend à se perpétuer dans les collines du Nord, l'autre monarchique, implantée dans la vallée du Gange. C'était l'effet de la pression ininterrompue exercée pendant des siècles par les Aryens en direction de l'est et du sud, période durant laquelle l'installation pacifique sur les terres et les mariages entre ethnies semblent avoir joué un rôle aussi important que la conquête. Durant tout ce temps, le centre de gravité de l'Inde aryenne s'était insensiblement déplacé du Pendjab vers la vallée du Gange, à mesure que la culture aryenne était adoptée par les peuples déjà présents sur ces territoires.

Les royaumes védiques contribuèrent à donner une sorte d'unité culturelle au nord de l'Inde. La vallée du Gange représentait, aux environs du VIIe siècle avant J.-C., le grand centre de peuplement indien. Ce qui fut peut-être dû à la culture du riz. C'est un deuxième âge qui commença alors pour les cités indiennes. Les premières furent des centres commerciaux et des centres de production, à en juger par la façon dont les ouvriers spécialisés furent amenés à s'y regrouper. Les grandes plaines, en même temps qu'elles se prêtaient au développement d'armées plus vastes et mieux équipées (des éléphants y auraient été utilisés), favorisèrent la création d'unités politiques de plus grandes dimensions. A la fin du VIIe siècle avant J.-C., l'Inde du Nord était organisée en seize royaumes, même s'il est encore difficile de déduire de leurs mythologies comment tout cela se produisit et quels liens existaient entre eux. On peut néanmoins penser, étant donné l'existence d'une monnaie et des premiers rudiments d'une écriture, que leur direction était assurée avec toujours plus de solidité et de régularité.

Les conditions de leur émergence sont évoquées dans certaines des sources les plus anciennes concernant l'histoire indienne : une série de textes, les *Brahmanas*, composés durant la période où la culture aryenne en vint à dominer la vallée du Gange (aux alentours de 800-600 avant J.-C.). Mais on en apprend davantage, ainsi que sur les grands personnages impliqués, dans des documents postérieurs, essentiellement dans deux vastes épopées indiennes, le *Ramayana* et le *Mahabharata*. Les textes dont nous disposons sont le résultat d'une révision incessante opérée de 400 avant J.-C. à 400 après J.-C., date à laquelle ils furent consignés par écrit dans la première version qui nous soit accessible, si bien que leur interprétation n'est pas aisée. Il est donc difficile de dire quelles étaient au juste les réalités politiques et administratives dans un royaume comme celui, par exemple, de Magadah, implanté dans le sud du Bihar, qui finit par s'affirmer comme le lieu prépondérant du pouvoir et devait devenir le noyau autour duquel se formèrent les premiers empires historiques de l'Inde. D'un autre côté (et c'est peut-être plus important), tout nous montre que la vallée du Gange était déjà ce qu'elle devait demeurer – le siège de l'empire, dont la domination culturelle faisait de lui le centre incontesté de la civilisation indienne : le futur Hindoustan.

Les textes védiques qui furent composés par la suite et la richesse d'ensemble de la production littéraire aryenne risquent de faire oublier un peu trop vite l'existence de toute une moitié du sous-continent. Les documents écrits dont nous disposons nous conduisent à réduire l'histoire de l'Inde, à cette date (mais aussi pour les périodes postérieures), à la seule histoire du Nord. L'état de nos connaissances en archéologie et en histoire traduit lui aussi, et explique par là même, cette concentration de l'attention sur l'Inde du Nord. Nous avons tout simplement beaucoup plus d'informations sur elle à l'époque ancienne que sur le Sud. Mais il y a aussi de meilleures raisons, et qui doivent moins au hasard, pour justifier un tel parti pris. Les témoignages archéologiques indiquent, par exemple, qu'il existe, tout au long de cette période ancienne, un fossé culturel net et durable entre les zones appartenant au système de l'Indus et le reste de l'Inde (pays auquel l'Indus, du reste, donnera son nom). Les lumières (si l'on peut ainsi s'exprimer) vinrent du Nord. Au sud, près de l'actuelle Mysore, des implantations à peu près contemporaines d'Harappa ne révèlent aucune trace de métal, même si nous savons qu'y étaient élevés des bœufs et des chèvres. Le bronze et le cuivre ne commencent à faire leur apparition que quelque temps après l'arrivée des Aryens dans le Nord. En dehors du système de l'Indus, il n'y a pas non plus, à cette époque, de sculptures en métal ni de sceaux, et les figurines en terre cuite sont moins nombreuses. Nous avons tout lieu de penser qu'il existait, au Cachemire et dans l'est du Bengale, des cultures de l'âge de pierre montrant des affinités avec celles de la Chine du Sud, mais on peut affirmer, quelles qu'aient été les caractéristiques locales des cultures indiennes avec lesquelles elles étaient en contact et à condition de rester à l'intérieur des limites imposées par la géographie, que ce sont d'abord la civilisation harappéenne puis la civilisation aryenne qui furent dominantes. Elles s'imposèrent peu à peu au Bengale et dans la vallée du Gange, le long de la côte occidentale vers le sud, en direction du Gujarat, et dans les régions montagneuses situées au centre du sous-continent. Tel est le schéma qui sous-tend les « Ages obscurs », et les choses ne deviennent pas plus claires quand nous entrons dans l'histoire. La survie des langues dravidiennes dans le Sud atteste l'isolement persistant de la région.

Beaucoup tient ici à la topographie. Le Deccan a toujours été coupé du Nord par des hauteurs recouvertes de jungle, les monts Vindhya. Le Sud, lui aussi, est accidenté et vallonné à l'intérieur et, contrairement aux plaines du Nord, cela ne facilita pas la création de grands Etats. Le sud de l'Inde resta fragmenté, certains de ses peuples persistant à pratiquer, grâce à l'inaccessibilité dont ils jouissaient, les activités de chasse et de cueillette caractéristiques de l'âge tribal. D'autres, profitant d'un accident géographique différent, se tournèrent vers la mer : un contraste de plus avec les empires agraires du Nord.

Des millions d'individus ont dû être affectés par les changements décrits jusqu'ici. Les estimations chiffrées sur la démographie du monde ancien n'offrent, on ne le sait que trop, aucune fiabilité. On a crédité l'Inde de 25 millions d'habitants en 400 avant J.-C., ce qui représenterait *grosso modo* un quart de la population mondiale à cette époque. Mais ce qui donne toute son importance à l'histoire de l'Inde ancienne, c'est moins son impact sur un grand nombre d'hommes dans l'Antiquité que les structures qu'elle a façonnées et qui continuent de commander la vie d'un nombre d'hommes encore bien plus considérable. C'est particulièrement vrai pour la religion. L'hindouisme traditionnel prit véritablement forme dans le Ier millénaire avant J.-C. Dans le même temps, l'Inde donna naissance à la première religion mondiale, le bouddhisme, religion qui devait finir par s'imposer dans de très vastes régions de l'Asie. Ce que les hommes font dépend de ce qu'ils croient pouvoir faire. C'est la construction d'une culture qui rythme l'histoire indienne, non la construction d'une nation ou d'une économie, et, dans cette culture, la religion tenait la première place.

La synthèse religieuse et philosophique indienne possède en fait des racines très profondes. L'une des grandes figures populaires du panthéon hindou d'aujourd'hui est Shiva, qui regroupe autour de lui bon nombre d'anciens cultes de la fertilité. Un sceau découvert à Mohenjo-Daro porte un personnage qui ressemble à un ancien Shiva ; et des pierres analogues au lingam que l'on trouve dans les temples modernes, cet objet en forme de phallus qui est l'emblème du dieu, ont été trouvées dans les cités harappéennes. Il y a donc de fortes présomptions pour que le culte de Shiva soit le plus ancien culte religieux du monde à s'être maintenu. Même s'il a assimilé bien des caractéristiques aryennes importantes, il est préaryen, mais Shiva n'en continue pas moins d'être vénéré au XXIe siècle, lui et les multiples pouvoirs qui sont les siens. Il n'est pas le seul à avoir survécu depuis le lointain passé de la civilisation indienne. D'autres sceaux harappéens semblent suggérer un monde religieux centré sur une déesse mère et un taureau. Le taureau est toujours là : c'est le « Nandi », que l'on rencontre dans d'innombrables sanctuaires de village (et qui a trouvé une nouvelle vigueur en servant de nos jours de symbole électoral au parti du Congrès).

Vishnu, qui mobilise lui aussi une bonne part de la dévotion populaire d'aujourd'hui, est bien davantage un Aryen. Il a rassemblé autour de lui des centaines de dieux et de déesses locaux encore vénérés pour constituer le panthéon hindou. Pourtant, son culte est loin d'être la seule ou la meilleure preuve de la contribution des Aryens à l'hindouisme. Quels qu'aient pu être les éléments qui survécurent au passé harappéen (et même préharappéen), les principales traditions philosophiques et spéculatives de l'hindouisme sont issues de la religion védique. Elles sont un héritage des Aryens. Encore de nos jours, le sanskrit est la langue dans laquelle on s'initie à la religion ; il transcende les divisions ethniques :

les brahmanes l'utilisent aussi bien dans le Sud, où l'on parle des langues dravidiennes, que dans le Nord. Ce fut un grand facteur de cohésion culturelle, tout comme la religion qu'il véhiculait. Les hymnes védiques formèrent le cœur d'un système de pensée religieux plus abstrait et plus philosophique que l'animisme primitif. A partir des notions aryennes d'enfer et de paradis, la « Maison d'Argile » et le « Monde des Pères », on se mit peu à peu à croire que le destin de l'homme dépendait de ce qu'il avait fait dans la vie. Cela finit par conduire à une vision globale du monde aux dimensions colossales, un monde où tout se trouvait pris dans le réseau sans fin de la vie. Au sein de cette immensité, les âmes pouvaient revêtir différentes formes, monter ou descendre sur l'échelle des êtres, aller d'une caste à l'autre, par exemple, ou même du monde humain au monde animal. L'idée de transmigration, c'est-à-dire d'un passage d'une vie à une autre, les formes de vie étant déterminées par le comportement, était elle-même liée à celle de purgation et de renouveau, à la conviction que l'on pouvait se libérer du transitoire, de l'accidentel et de l'apparence, et à la croyance en la fusion finale de l'âme et de l'être absolu dans la personne de Brahma, le principe créateur. Le devoir du fidèle est de se conformer au *Dharma* – un concept pratiquement intraduisible, mais qui se rapproche des idées occidentales de justice naturelle et n'est pas loin non plus de l'idée que les hommes doivent respecter et suivre les obligations liées à leur condition sociale.

Ces développements demandèrent beaucoup de temps. Les étapes par lesquelles passa la tradition védique originale pour commencer à se transformer en hindouisme classique restent obscures et complexes. Au centre des premières évolutions on trouve les brahmanes, qui contrôlèrent longtemps la pensée religieuse en raison du rôle clé qu'ils jouaient dans les rites de sacrifice de la religion védique. Leur classe paraît s'être servie de son autorité religieuse pour accroître son autonomie et ses privilèges. Tuer un brahmane devint vite le crime le plus grave ; même les rois ne pouvaient pas rivaliser avec leurs pouvoirs. Les brahmanes semblent pourtant avoir été contraints de s'accommoder, dans un premier temps, des dieux d'un monde plus ancien ; on a suggéré que c'était peut-être l'infiltration de leur classe par des prêtres appartenant à des cultes non aryens qui avait permis la survie et contribué par la suite à la popularité du culte de Shiva.

Les *Upanishads*, des textes sacrés datant d'environ 700 avant J.-C., traduisent une nouvelle évolution vers une religion plus teintée de philosophie. Il s'agit d'une sorte de pot-pourri constitué de près de 250 éléments : des formules de dévotion, des hymnes, des aphorismes et des réflexions de saints hommes sur le sens profond des vérités religieuses traditionnelles. Ils mettent moins l'accent que ne le faisaient les textes antérieurs sur la personne même des dieux et des déesses et font place à un certain nombre d'enseignements qui s'étaient développés dans les anciens temps en matière d'ascèse – des enseignements qui devaient devenir une caractéristique si visible et si frappante de la religion indienne, bien que n'étant pratiqués que par une petite minorité. Les *Upanishads* répondaient au besoin ressenti par certains de regarder au-delà de la structure traditionnelle pour satisfaire leurs aspirations religieuses. Le principe même du sacrifice paraît avoir suscité des doutes. De nouveaux schémas de pensée semblent avoir commencé à se faire jour au début de la période historique et des incertitudes sur les croyances traditionnelles s'expriment déjà dans les hymnes du *Rig-Veda*. C'est bien ici qu'il convient d'évoquer une telle évolution, parce qu'on ne peut comprendre ces hymnes sans se référer au passé aryen et préaryen. L'hindouisme classique allait opérer une synthèse entre des idées analogues à celles figurant dans les *Upanishads* (impliquant une conception monothéiste de l'univers) et la tradition populaire, plus polythéiste, représentée par les brahmanes.

La spéculation et l'ascétisme furent souvent favorisés par le monachisme, cette façon de se mettre à l'écart des préoccupations matérielles pour se consacrer à la dévotion et à la contemplation. La pratique fit son apparition à l'époque védique. Un certain nombre de moines se lancèrent dans des expériences d'ascétisme, d'autres poussèrent très loin la spéculation : nous avons gardé les traces écrites de systèmes philosophiques fondés sur un déterminisme et un matérialisme sans concessions. Un culte qui n'exigeait aucune croyance en des dieux et marquait une réaction contre le formalisme de la religion brahmanique, le jaïnisme, devait rencontrer un grand succès au VIe siècle avant J.-C. C'était la création d'un professeur qui prônait notamment un respect de la vie animale rendant impossibles l'agriculture ou l'élevage. Ses adeptes avaient donc tendance à devenir des marchands, ce qui explique que la communauté jaïne, à l'époque moderne, soit l'une des plus riches de l'Inde. Mais le plus important de tous les systèmes novateurs, et de loin, fut l'enseignement du Bouddha, l'« Illuminé » ou l'« Eveillé », comme peut se traduire son nom.

On a jugé significatif le fait que le Bouddha, comme d'autres fondateurs de religion, soit né dans l'un des Etats situés sur la bordure nord de la plaine du Gange, là où le schéma orthodoxe, monarchique, qui se mettait ailleurs en place ne s'était pas implanté. C'était au début du VIe siècle avant J.-C. Siddhartha Gautama n'était pas un brahmane, mais un prince appartenant à la classe des guerriers. Après avoir été éduqué dans le luxe et le raffinement, il trouva sa vie insatisfaisante et décida d'abandonner les siens. Il se tourna d'abord vers l'ascétisme. Après l'avoir pratiqué pendant sept ans, il en conclut qu'il était sur une fausse route. Il opta alors pour la prédication et l'enseignement. Ses réflexions le conduisirent à professer une doctrine morale très austère : il s'agissait d'échapper à la souffrance en essayant de parvenir à des stades de conscience plus élevés. Ce n'était pas sans rappeler les enseignements des *Upanishads*.

Le yoga était appelé à jouer dans tout cela un rôle important, lui qui allait devenir l'un des « Six Systèmes », suivant l'expression consacrée, de la philosophie hindoue. Le mot comporte de nombreuses significations, mais on peut le traduire à peu près, dans ce contexte, par « méthode » ou « technique ». Le but était d'arriver à la vérité par la méditation, après avoir réussi à atteindre un contrôle total et parfait du corps. Un tel contrôle est censé montrer que l'individu n'est qu'une illusion : comme tout le reste en ce monde, il ne possède aucune identité. C'est un simple flux, une suite d'événements qui passent. C'est ce même système qui se trouve esquissé dans les *Upanishads* et devait devenir l'un des aspects de la religion indienne qui frappa le plus fortement les visiteurs venus d'Europe. Le Bouddha enseignait à ses disciples à refréner et à étouffer les demandes de la chair de telle manière qu'aucun obstacle ne puisse empêcher l'âme de parvenir à l'état de béatitude du *nirvana*, c'est-à-dire de l'annihilation de soi, lorsqu'on est enfin libéré du cycle sans fin de la renaissance et de la transmigration. Une doctrine, au total, qui demande aux hommes non pas de faire quelque chose, mais d'être quelque chose – pour éviter d'être n'importe quoi. Si l'on veut y réussir, il faut suivre le « noble chemin octuple » qui conduit au perfectionnement moral et spirituel. Voilà qui équivaut en définitive à une grande révolution éthique et humaine.

Le Bouddha fit apparemment preuve d'un grand sens pratique doublé d'un non moins grand sens de l'organisation. Outre ses qualités personnelles indéniables, c'est ce qui l'a certainement aidé à devenir un enseignant populaire et reconnu. Il contourna la religion brahmanique plus qu'il ne s'y opposa, ce qui dut lui faciliter les choses. La création de communautés de moines bouddhistes conféra à son œuvre un caractère institutionnel qui allait lui survivre. Il donna aussi une place à ceux que ne satisfaisaient pas les pratiques traditionnelles, en particulier les femmes et ses adeptes appartenant aux castes inférieures, la caste n'ayant pour lui aucune raison d'être. Le bouddhisme, qui se passait de rites et de dieux, était finalement très simple. Il ne devait pas tarder à devenir plus élaboré et à subir, diraient certains, une contamination spéculative. Comme toutes les grandes religions, il s'assimila bien des croyances et des pratiques qui l'avaient précédé, mais il en retira, ce faisant, une grande popularité.

Et pourtant le bouddhisme ne supplanta pas la religion brahmanique. Pendant près de deux siècles, il resta confiné dans une partie relativement petite de la vallée du Gange. Et à la fin (mais cela n'arriva pas avant que l'ère chrétienne ne soit déjà très largement entamée), ce fut l'hindouisme qui l'emporta : le bouddhisme ne devait plus concerner, en Inde, qu'une minorité de croyants. Il n'en devait pas moins devenir la religion la plus répandue en Asie et une force agissante dans l'histoire du monde. C'est la première religion au monde à s'être diffusée en dehors de la région où elle était née. Les traditions d'Israël, plus anciennes, durent attendre l'avènement du christianisme pour assumer un rôle mondial. Dans son Inde natale, le bouddhisme devait jouer un rôle important jusqu'à l'arrivée de l'islam. Avec l'enseignement du Bouddha s'ouvre une période bien marquée de l'histoire de l'Inde, ce qui justifie que l'on suspende ici provisoirement cette histoire. A cette date, une civilisation indienne, encore vivante aujourd'hui et encore capable de prodigieux exploits en matière d'assimilation, était bien en place, avec ses attributs essentiels. C'est un fait d'une immense importance et qui suffit à distinguer l'Inde du reste du monde.

Bien des réussites de l'ancienne civilisation de l'Inde nous demeurent insaisissables. Il existe bien, trouvée à Mohenjo-Daro, une statuette en bronze représentant une belle danseuse, mais l'Inde ancienne avant l'époque du Bouddha ne connut pas une grande production artistique comme en connurent la Mésopotamie, l'Egypte ou la Crète minoenne, pour ne rien dire des monuments. Marginale en ce qui concerne les techniques, l'Inde arriva tard à l'écriture – bien qu'il soit difficile de chiffrer au juste ce retard par rapport à d'autres grandes civilisations. Les incertitudes qui demeurent sur de nombreux aspects de l'Inde ancienne ne peuvent dissimuler le fait que son système social et ses religions ont duré plus longtemps que n'importe quelle autre grande création de l'esprit humain. On ne se hasardera pas à s'interroger, ce serait bien imprudent, sur les influences que ce système social et ces religions ont pu exercer à travers les comportements qu'ils ont encouragés – des comportements qui se sont diffusés tout au long des siècles sous des formes plus ou moins authentiques. On ne peut être affirmatif ici que dans la négation. Avec une vision du monde d'une telle ampleur, avec des institutions si peu soucieuses de l'individu, avec une philosophie insistant à ce point sur les cycles sans fin de la vie, avec une telle absence de précisions sur la question de savoir à qui attribuer la responsabilité du bien et du mal, l'histoire de l'Inde ancienne n'a pu être que très différente de celle qu'ont connue les hommes élevés dans les grandes traditions sémites. Et les comportements sur lesquels elle repose étaient déjà bien définis et bien enracinés, pour l'essentiel, un millier d'années avant le Christ.

IX

La Chine ancienne

Le plus frappant dans l'histoire de la Chine est sa durée. Depuis près de trois mille cinq cents ans, il existe un peuple chinois parlant chinois. Un gouvernement central unifié, au moins de nom, est souvent passé pour la règle, même si certaines périodes ont vu se produire de cruelles divisions. En tant que civilisation, la Chine a manifesté une continuité avec laquelle seule l'Egypte ancienne peut rivaliser, et cette longévité est la clé de son identité historique. Elle a été, d'abord et avant tout, une unité culturelle qui a exercé sur ses voisins un fort pouvoir d'attraction. L'exemple de l'Inde montre à quel point la culture peut l'emporter sur la politique et celui de la Chine va, à sa manière, dans le même sens ; dans ce dernier cas, la culture a facilité l'existence, à l'intérieur du pays, d'un gouvernement unifié. Très tôt, elle a permis à des institutions et à des comportements de prendre corps : parce qu'ils convenaient bien au contexte, ils étaient appelés à perdurer. Certains de ces comportements semblent même avoir résisté aux révolutions du XXe siècle.

Il faut commencer par le pays lui-même, et l'on voit mal, à première vue, ce qui pourrait lui conférer une unité. La scène sur laquelle se joue géographiquement l'histoire chinoise est vaste. La Chine, aujourd'hui, est plus grande que les Etats-Unis et compte largement

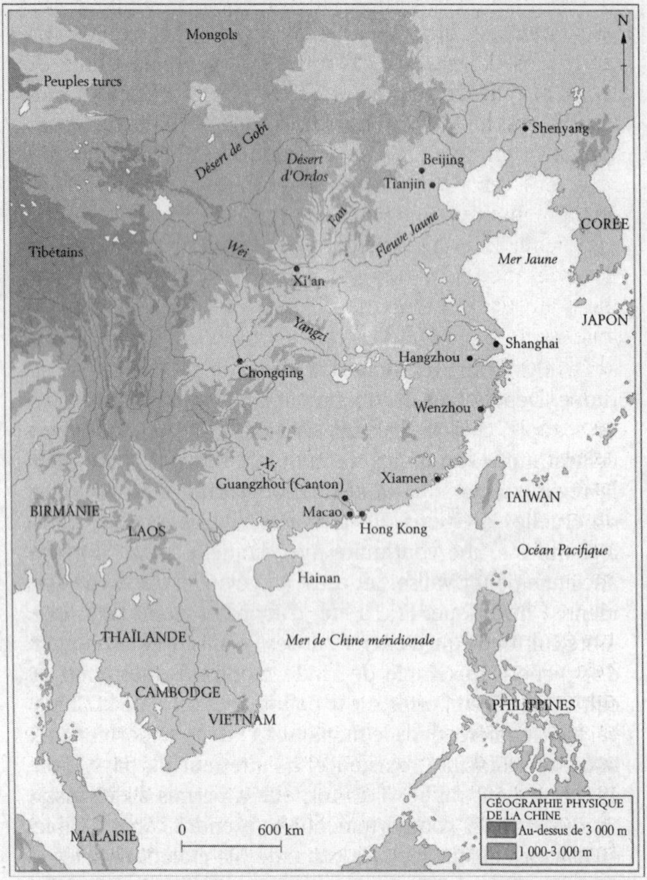

quatre fois plus d'habitants. La Grande Muraille, destinée à protéger la frontière septentrionale, finit par atteindre, au terme de mille sept cents ans de travaux, une longueur de fortifications comprise entre 4 000 et 4 800 kilomètres. De Beijing (Pékin) à Guangzhou (Canton), au sud, on compte, à vol d'oiseau, un peu plus de

1 900 kilomètres. Cette immense étendue suppose bien des climats et bien des régions. Mais ce qui frappe surtout, c'est la très grande différence entre la Chine du Nord et celle du Sud. En été, le Nord est brûlant et aride tandis que le Sud est humide, avec de fréquentes inondations ; en hiver, le Nord présente un aspect dénudé, avec des vents charriant la poussière, tandis que le Sud est toujours vert. Les principales caractéristiques de l'histoire chinoise, à la période ancienne, sont l'extension de la civilisation (par diffusion, migration ou conquête) du nord au sud, ainsi que l'irrigation et la stimulation continuelles de la civilisation du Nord par des courants venus de l'extérieur, de Mongolie et d'Asie centrale.

La Chine doit ses principales divisions internes à des montagnes et à des fleuves. Trois grands systèmes fluviaux assurent l'écoulement des eaux, traversant le pays à peu près d'ouest en est. Ce sont, du nord au sud, le fleuve Jaune (Huang He), le fleuve Bleu (Yangzi Jiang) et la rivière des Perles (Hai He) et ses affluents. Il est surprenant qu'un pays aussi étendu et ainsi divisé ait pu connaître une quelconque forme d'unité. Reste que la Chine constitue également un pays isolé, un monde par elle-même, et cela depuis bien avant le pléistocène. Une grande partie du territoire est montagneuse et, excepté à l'extrême sud et au nord-est, ses frontières traversent ou longent, encore aujourd'hui, de longues étendues de hauteurs et de plateaux. Les sources du Yangzi, comme celles du Mékong, se trouvent dans le Kunlun Shan, au nord du Tibet. Ces frontières montagneuses ont puissamment contribué à l'isolement du pays. L'arc qu'elles dessinent ne présente qu'une ouverture, là où le fleuve Jaune pique vers le sud pour entrer en Chine depuis l'intérieur de la Mongolie, et c'est sur les rives de ce fleuve, dans la partie orientale de son territoire actuel, que commence l'histoire de la Chine.

Après avoir dessiné une vaste boucle autour du plateau désertique de l'Ordos, lui-même séparé par une autre chaîne de montagnes des étendues désolées du désert de Gobi, le fleuve Jaune s'engouffre dans le nord de la Chine par une sorte d'entonnoir. Par là sont passés les peuples, par là est passée la terre ; faciles à travailler et d'une grande fertilité, les sols alluviaux de la vallée, qui se sont accumulés sous l'effet des vents du nord, constituent la base de la première agriculture chinoise à grande échelle. Il fut un temps où la région était richement boisée et largement arrosée, mais elle devint plus froide et plus sèche à la suite d'un de ces changements climatiques qui sous-tendent tant de changements sociaux dans les époques très anciennes. La préhistoire chinoise dans son ensemble déborde évidemment le cadre d'une seule vallée fluviale. L'« Homme de Pékin », une version de l'*Homo erectus*, fait son apparition il y a à peu près 600 000 ans : il sait se servir du feu. On a également trouvé, dans les trois grands bassins fluviaux, des traces qui renvoient à l'homme de Neandertal. La piste qui va de ces précurseurs jusqu'aux cultures encore mal définies qui leur succèdent dans les premiers temps du Néolithique nous conduit à une Chine déjà divisée en deux zones culturelles, avec une aire de rencontres et de mélanges centrée sur le fleuve Jaune. Il est impossible de démêler l'enchevêtrement des liens culturels déjà repérables à cette époque. Mais ce qui est certain, c'est que le processus qui devait conduire à une culture uniforme ou unifiée connut bien des à-coups. C'est dans ce contexte très bigarré que virent le jour les premières implantations agricoles ; nomades et sédentaires devaient coexister en Chine jusqu'à nos jours. Peu avant 1000 avant J.-C., on chassait encore dans le Nord le rhinocéros et l'éléphant.

Comme dans d'autres parties du monde, l'arrivée de l'agriculture fut une révolution. Dans de petits secteurs de la zone comprise entre le fleuve Jaune et le Yangzi, le phénomène se produisit peu après 9 000 avant J.-C. Dans des régions beaucoup plus vastes, les populations se contentèrent d'exploiter la végétation pour se procurer des fibres et de la nourriture. C'est un sujet sur lequel nous avons encore beaucoup à apprendre. Le riz était cultivé à certains endroits le long du Yangzi avant le VIIIe millénaire avant J.-C., et le sol situé juste au-dessus de la ligne des hautes eaux du fleuve Jaune atteste qu'une activité agricole (probablement la culture du millet) y était pratiquée à peu près à la même date. Un peu comme celle de l'Egypte à ses débuts, la première agriculture chinoise semble avoir été intensive ou semi-intensive. La terre était défrichée, utilisée pendant quelques années, puis les cultivateurs la laissaient retourner à la nature pendant qu'ils portaient ailleurs leur attention. Venant de la Chine du Nord, divers types de techniques agricoles vont se répandre par la suite, comme nous pouvons le constater, au nord, à l'ouest et au sud. A l'intérieur même de ce foyer central, de ce « noyau », apparurent bientôt des cultures complexes : l'agriculture y allait de pair avec le travail du jade et du bois, l'élevage des vers à soie, la fabrication de vases pour les cérémonies, dans des formes qui allaient devenir traditionnelles, et peut-être même avec l'utilisation des baguettes. En d'autres termes, cette région présentait déjà, aux temps néolithiques, bon nombre des caractéristiques qui seront, à l'époque historique, celles de la Chine traditionnelle.

L'écriture – dont dépendront tant d'aspects de la civilisation chinoise – était déjà en place voici plus de trois mille deux cents ans. Comme le cunéiforme en Mésopotamie et les hiéroglyphes en Egypte, l'écriture chinoise recourut dans un premier temps à des pictogrammes, avant de s'appuyer également, peu après, sur des phonèmes. Pourtant, et c'est un cas unique parmi les grandes civilisations, les caractères dont se sert la langue écrite sont restés des dessins au lieu de se transformer en alphabet phonétique. λ, le caractère désignant l'« homme » (qui se prononce aujourd'hui « *ren* » en Chine du Nord), est resté plus ou moins le même depuis les tout premiers temps de l'écriture chinoise. Bien qu'étant clairement un pictogramme par sa forme, il valut dès lors pour le mot « homme » et put ainsi être combiné avec d'autres caractères, à partir du sens et des sonorités qui étaient les siens. Déjà au IIe millénaire avant J.-C., l'écriture chinoise était devenue un système flexible et complexe auquel eut recours, pendant une grande partie des temps historiques, presque toute l'Asie orientale. Il avait été utilisé à l'origine pour la divination et la désignation symbolique des clans, mais il devint rapidement un outil administratif et un moyen d'expression littéraire. Pour l'élite, l'écriture en vint à représenter la culture du pays et, pour une très grande masse de gens – bien au-delà des frontières de tel ou tel Etat chinois –, maîtriser cette écriture en vint à représenter l'essence même de la civilisation.

Cette période ancienne est également marquée par l'apparition d'une structure fondée sur des clans et des totems, avec, à l'intérieur du clan ou de la famille, des règles strictes en matière de comportement. Le système de parenté constitue, de ce point de vue, la première institution à avoir survécu jusque dans les temps historiques et à y avoir revêtu une telle importance. Les témoignages fournis par la céramique suggèrent eux aussi qu'une complexité nouvelle se fait jour dans les rôles sociaux. Des fragments datant d'environ 9 000 avant J.-C. ont été recueillis sur plusieurs sites de la Chine du Nord et de la Chine centrale. Fabriquées à partir de rouleaux d'argile, ces poteries étaient décorées de manière reconnaissable et durcies au feu. Il est clair, également, qu'il y avait une distinction entre des pots plus rustiques, qui servaient à un usage quotidien, et des céramiques plus belles, moins épaisses, réservées à l'accomplissement de tel ou tel rite. On réalisait déjà des objets qui n'étaient manifestement pas destinés au tout-venant des tâches, en l'occurrence la préparation et le stockage de la nourriture. Une société stratifiée semble s'esquisser avant que ne commence l'époque historique.

Il existe un indice matériel qui montre d'une façon évidente qu'une Chine nouvelle est dès cette époque en gestation : l'usage largement répandu du millet, une céréale bien adaptée au climat parfois aride du Nord. Il devait constituer l'élément de base de l'alimentation en Chine du Nord jusqu'à il y a un millier d'années environ. C'est lui qui permit le développement de sociétés dont le bilan est à terme impressionnant : invention de l'écriture, utilisation de techniques de pointe pour le coulage du bronze, création d'une céramique de grand goût, bien plus fine que tout ce que l'on a pu connaître ailleurs dans le monde, et, par-dessus tout, un système politique et social élaboré, bref tout ce à quoi l'on reconnaît la première grande période de l'histoire chinoise. Mais il faut rappeler une fois de plus que l'agriculture, sans laquelle rien de tout cela n'aurait été possible, ne fut longtemps pratiquée que dans de petites zones de la Chine et que nombre de régions de cet immense pays ne s'y adonnèrent qu'après le début de l'ère historique.

Des fouilles archéologiques récentes ont révélé l'existence, à partir d'environ 3 000 avant J.-C., de plusieurs centres de peuplement en Chine, même très loin des vallées fluviales de l'Est et du Centre. Du Sichuan à l'ouest au Hunan au sud et au Liaodong au nord, se trouvaient des communautés indépendantes qui commencèrent peu à peu à communiquer les unes avec les autres. Nous pouvons voir comment se répandirent des symboles tels que le dragon ainsi que le recours à des matériaux spécifiques comme le jade. Si les principales entités politiques virent le jour au nord, dans les zones clés situées le long des grands fleuves, il est certain que bon nombre d'éléments culturels issus d'autres lieux vinrent s'inscrire sur le palimpseste chinois, contribuant ainsi à créer cet ensemble de significations superposées que devait devenir la Chine. Il est probablement plus utile de se concentrer sur l'étude détaillée de ces échanges que de tenter de faire remonter dans le temps le projet d'une unification politique jusqu'à une certaine dynastie Xia, qui est supposée avoir régné vers la fin du IIIe millénaire avant J.-C. Peu importe que les Xia aient ou non existé. Ce qui est sûr, c'est que l'on pouvait rencontrer des villes animées, peuplées de milliers d'habitants, avant même la mise en place d'une grande entité politique.

Il n'est pas facile de reconstituer l'histoire des Temps anciens, mais on peut en donner, sans trop se tromper, une idée générale. On admet d'ordinaire que la civilisation commence à se développer en Chine d'une manière continue sous des souverains appartenant à la dynastie appelée Shang, le premier nom à faire l'objet d'une mention spécifique dans la liste traditionnelle des dynasties qui servit de base pendant longtemps à la chronologie chinoise. (A partir de la fin du VIIIe siècle avant J.-C. nous disposons de meilleures dates, mais nous manquons toujours, pour l'histoire de la Chine ancienne, d'une chronologie aussi bien établie que pour l'Egypte, par exemple.) Il serait plus exact de dire que, vers 1700 avant J.-C. (avec une marge raisonnable d'un siècle avant ou après), les Shang, qui bénéficiaient de l'avantage que leur donnait le char de guerre, s'imposèrent à leurs voisins sur une assez grande portion de la vallée du fleuve Jaune. Leur domaine finit par s'étendre sur plus de 100 000 km^2 autour du Henan du Nord : des dimensions un peu inférieures à celles de l'Angleterre d'aujourd'hui, même si son influence culturelle s'étendait bien au-delà de ses frontières, comme nous en avons des preuves dans des régions aussi éloignées que la Chine du Sud et les côtes du Nord-Est.

Dans leur vie comme dans leur mort, les souverains de la dynastie Shang étaient entourés d'un grand apparat ; des esclaves et des victimes désignées pour le sacrifice étaient enterrés avec eux dans des tombes profondes et magnifiques. Leur cour comprenait des archivistes et des scribes : il s'agissait de la première culture disposant de l'écriture à s'être développée à l'est de la Mésopotamie, ce qui conduit à distinguer entre la civilisation Shang et la suprématie politique qui fut celle de la dynastie des Shang. Les Shang exercèrent une influence culturelle qui s'étendit certainement bien au-delà des zones qu'ils ont pu dominer politiquement. L'organisation politique de leur domaine semble avoir dépendu de la capacité des souverains à faire aller de pair la propriété terrienne avec des obligations rendues à un roi ; les personnages clés, grands guerriers et grands propriétaires tout à la fois, étaient les membres dominants d'une aristocratie aux origines à moitié mythiques. Le gouvernement des Shang n'en avait pas moins suffisamment d'assise pour avoir recours à des scribes, et il disposait d'une monnaie. Son aptitude à mobiliser de grandes forces de travail pour la construction de fortifications et de cités donne une idée de ce qu'il était capable de faire dans la plénitude de ses moyens.

Les Shang apportèrent beaucoup dans d'autres domaines, même s'il est difficile de décider si ces progrès leur sont dus initialement ou s'ils provinrent tout simplement d'emprunts à d'autres communautés chinoises. Un calendrier relativement exact fut élaboré, qui a servi de base à tous les calendriers chinois jusqu'à la période moderne. Une religion s'organisa, centrée autour de Di, le dieu d'en haut, « Ciel », comme on se mit à dire sous la dernière dynastie. On institua des rituels pour les sacrifices en l'honneur de Ciel ou des ancêtres, et l'on fabriqua d'imposants vases de bronze destinés à ces rituels. On organisa le travail d'une manière très sophistiquée, y compris pour le défrichement collectif de nouvelles terres. Mais le plus important fut l'établissement d'une monarchie centralisée fondée sur la personne du roi, l'« homme par excellence », comme on l'appela, qui commandait l'armée et auquel les voisins payaient tribut. L'Etat des Shang était certes expansionniste, mais il avait de quoi séduire en raison de sa culture avancée et de ses capacités techniques.

A l'âge des Shang, nous le savons aujourd'hui, il existait de nombreuses communautés implantées sur un plus grand périmètre, à des distances aussi éloignées de l'implantation des Shang que le Sichuan, à l'ouest. On a retrouvé la plupart d'entre elles au nord, dans les zones comprises entre les grands fleuves, et certaines sont vraisemblablement arrivées à un niveau de développement égal à celui des Shang, bien qu'à une échelle plus petite et avec un système de pouvoir moins organisé que le leur. On est probablement en droit de se figurer le centre de la Chine comme une entité qui a progressivement pris forme en partie grâce à la conquête, en partie grâce à la diffusion ou à la migration culturelle : le phénomène commença vers le milieu du IIe millénaire avant J.-C. et s'est prolongé jusqu'à nos jours. Il n'y avait évidemment rien d'acquis dans ce processus et la taille de la Chine a crû et décru en fonction du pouvoir que le centre était à même d'exercer et du degré d'unité qui s'ensuivait. Mais, en termes de culture, il y eut quelque chose d'implacable dans l'expansion à laquelle on assista : des cultures distinctes, mais en relation les unes avec les autres, connurent une croissance commune, puis s'adjoignirent des régions voisines avant de se développer bien au-delà de leur lieu d'origine, jusqu'à ce qu'un nombre exceptionnellement élevé de gens aient le sentiment de partager une même culture et un même héritage. Pour en arriver là, il fallait que les éléments de cette culture soient suffisamment séduisants, et qu'on les retrouve chez les hommes de puissance et de pouvoir.

Les Shang devaient être remplacés au XIe siècle avant J.-C. par ceux que l'on nomme généralement les Zhou. Ils étaient à la tête d'un Etat plus petit, qui payait tribut à celui des Shang, auxquels ils finirent par s'opposer à la suite – si l'on en croit la tradition chinoise – d'exigences déraisonnables. La transition entre les Shang et les Zhou est le premier exemple de ce qui deviendra en Chine un véritable mouvement cyclique entre les dynasties : un dirigeant vertueux agit conformément à la volonté de « Ciel » et fonde une grande dynastie, qui décline par la suite et tombe entre les mains d'hommes sans scrupule. Ce pouvoir dominant est alors attaqué et renversé par un nouveau dirigeant vertueux, qui incarne la volonté de « Ciel ». Comme l'histoire de la dynastie éliminée était généralement écrite par celle qui lui succédait, il n'est pas difficile d'imaginer comment ce schéma cyclique a pu se mettre en place. Tout ce que nous savons sur le remplacement des Shang par les Zhou, c'est que leurs armées s'affrontèrent en 1045 avant J.-C. à Muye, dans le centre du Henan. Les Zhou remportèrent une victoire décisive, probablement grâce aux chars de guerre perfectionnés dont ils disposaient : « la plaine de Muye était si large, les chars en bois de santal étaient si étincelants, les équipages de quatre hommes étaient si déterminés », rapporte une source de l'époque. Les Zhou pouvaient bien avoir reçu mandat de « Ciel » (une idée qu'ils développèrent par la suite), il n'en reste pas moins qu'ils durent beaucoup à leurs techniques militaires de pointe.

L'Etat que bâtirent les rois Zhou devait servir de modèle pendant très longtemps. Même s'il y eut à la même époque d'autres Etats, qui tantôt coopérèrent avec la nouvelle dynastie et tantôt essayèrent de s'unir contre elle, les Zhou allaient donner le ton à tous les gouvernements chinois qui suivirent, en partie du fait de leur longévité (ils ne disparurent complètement qu'au IIIe siècle avant J.-C.), mais aussi parce qu'ils surent mettre en place un cadre d'action assurant davantage d'efficacité et de justice. Ils établirent leur capitale pendant deux cent soixante-quinze ans à Fenghao, qui devint plus tard Chang'an (aujourd'hui Xian), faisant d'elle, pour près de deux millénaires, la principale ville de Chine. Dès la première génération, la dynastie des Zhou étendit sa domination jusqu'à la côte orientale de la Chine, créant ainsi l'Etat le plus vaste que la région ait jamais connu jusqu'alors.

Le duc Zhou, conseiller du premier roi Zhou, son neveu, fut l'inventeur de la théorie chinoise du gouvernement bureaucratique, un gouvernement fondé sur l'idée que le roi était le délégué de « Ciel ». Pour le rester, il devait régner avec justice et dans l'intérêt de l'Etat tout entier. On attendait des fonctionnaires des vertus morales exemplaires et une capacité confirmée à bien gérer les affaires. Des livres, devenus classiques, sur l'éthique et l'art de gouverner furent rédigés pour les aider à mieux se former dans ces deux domaines. Les Zhou eurent une idée fixe : instaurer une méritocratie qui fonctionne. Ils avaient une telle passion pour la paperasserie que même les rendez-vous de peu d'importance faisaient l'objet d'un document écrit en trois exemplaires (ce qui est l'une des raisons qui expliquent que nous disposions de tant d'informations à leur sujet). Ils transformèrent peu à peu les rites inaugurés par les Shang pour en faire des cérémonies grandioses destinées à montrer la droiture du souverain ainsi que les liens qu'il entretenait avec son peuple et ses ancêtres. C'était une idéologie que les empires à venir allaient reprendre à leur compte et s'approprier.

C'est aux rois Zhou qu'il faut également attribuer l'idée que l'on pouvait développer son influence en proposant l'exemple d'un bon gouvernement. Certes, la dynastie agrandit son territoire (au moins jusqu'en 771 avant J.-C.), mais son principal rôle dans la création de la Chine fut d'offrir le modèle de ce que pouvait être un gouvernement civilisé. « Les anciens rois, dira plus tard un commentaire, s'employèrent à mettre en œuvre leurs qualités spirituelles, persuadant ainsi ceux qui étaient loin d'eux de venir les rejoindre. De nombreux Etats leur apportèrent des cadeaux, et leurs chefs arrivèrent de partout, comme s'ils étaient de proches parents. » Les Zhou élargirent leur influence à la fois par la conquête et par leur capacité à exercer une hégémonie culturelle qui devait survivre longtemps à leur prédominance politique.

Leur supériorité se reflète dans leur art, qui représente, dans tout ce qui reste aujourd'hui de la Chine ancienne, ce qu'il y a de plus immédiatement séduisant et de plus accessible. En ce qui concerne l'architecture des Shang et des Zhou, peu de chose a survécu ; les édifices étaient souvent en bois, et les tombes n'offrent rien de particulier. Les fouilles menées dans les cités révèlent une maîtrise pour tout ce qui était construction massive. Le mur d'enceinte d'une des capitales Zhou était fait de terre compactée ; il avait 10 mètres de haut et 13 d'épaisseur. Nous sommes mieux lotis en ce qui concerne les objets plus petits. Ils nous font découvrir une civilisation qui, même à l'époque des Shang, était capable de réalisations d'une grande beauté, tout particulièrement dans la céramique, qui surpasse tout ce que nous a laissé le monde ancien. C'est le fruit d'une tradition qui remonte au Néolithique. Mais les honneurs du classement n'en doivent pas moins revenir à la grande série de bronzes qui commence avec la naissance de la dynastie des Shang et se continue depuis sans interruption. Qu'il s'agisse de récipients pour les sacrifices, de pots, de jarres à vin, d'armes ou de tripodes, l'art de la fonte avait atteint son apogée dès 1600 avant J.-C. Des spécialistes ont soutenu que la méthode « à la cire perdue », qui rendit possibles de nouveaux chefs-d'œuvre, était également connue à l'époque des Shang. La fonte du bronze apparaît si soudainement et à un tel niveau de qualité que l'on a longtemps prétendu, pour expliquer un tel phénomène, que cette technique avait été importée. Il n'en existe aucune preuve. Selon toute vraisemblance, la métallurgie chinoise doit son origine à des techniques développées localement dans plusieurs centres à la fin du Néolithique.

Aucun de ces bronzes ne fut connu du monde extérieur dans les Temps anciens ; en tout cas, on n'en a découvert nulle part ailleurs dont la datation soit antérieure au milieu du Ier millénaire avant J.-C. Et rares sont également hors de Chine, à la période ancienne, les témoignages de cette autre activité qui a mobilisé l'attention des artistes chinois : sculpter la pierre ou ce matériau épouvantablement résistant qu'est le jade, pour aboutir à des dessins superbes et d'une grande complexité. En dehors de ce qu'elle absorba au contact de ses voisins barbares et nomades, la Chine eut peu à apprendre du monde extérieur, semble-t-il, jusque très avant dans les temps historiques. Elle n'avait aucune raison non plus de penser que le monde extérieur – à supposer qu'elle en ait eu connaissance – souhaitât beaucoup apprendre d'elle.

Du point de vue politique, l'époque des Zhou se termina vers 770 avant J.-C. La dynastie se prolongea sous l'appellation de « Zhou orientaux » ; elle fut respectée, mais, politiquement parlant, elle avait de moins en moins de raisons d'être. Sa capitale, Fenghao, fut détruite par des armées barbares. L'époque baptisée « Printemps et Automne », qui dura jusqu'aux alentours de 480 avant J.-C., vit se développer peu à peu un système multiétatique qui comprenait des Etats fondés par des groupes qui n'avaient jamais été sous la domination des Zhou, mais qui avaient fini par accepter leurs formes et leurs pratiques de gouvernement. Au cœur de ce système on trouvait les entités qui avaient directement succédé aux Zhou ; elles parlaient d'elles-mêmes comme des « Etats du Centre » ou « Zhongguo », terme qui devint avec le temps le nom chinois pour désigner la Chine. Dans ces Etats, les élites se sentaient particulièrement tenues de défendre, à titre d'idéal, le système de gouvernement mis en place par les Zhou. Pour elles, même si elles étaient rarement fortes sur le plan militaire, continuer à suivre le bon droit à l'intérieur de chaque Etat chinois relevait d'une responsabilité collective. En agissant de la sorte, elles contribuèrent probablement davantage au maintien, en pleine période de troubles, d'une certaine idée durable de la Chine culturelle que ne le firent les Etats ayant réussi à imposer leur pouvoir à la périphérie.

La Chine dut apprendre à vivre, pendant les quelque cinq siècles qui suivirent la chute des Zhou, avec des Etats rivaux. L'idée d'une certaine forme d'unité fut préservée, au moins pour un temps, grâce à des réunions régulières entre Etats et à l'intervention d'un *Ba*, c'est-à-dire une sorte de roi des rois. Cette institution du ve siècle avant J.-C., qui fait songer à nos Nations unies d'aujourd'hui, s'explique par le désir d'éviter une guerre qui aurait été en fait une guerre entre amis. En dépit de conflits armés incessants, un certain sens des équilibres à respecter se manifesta également, par contagion, dans d'autres parties de la Chine, ce qui aida, pendant plus de deux siècles au moins, à donner à la paix le pas sur la guerre. Mais le plus étonnant est de constater que, même si la région resta désunie, les avancées sur les plans économique et culturel se multiplièrent et se diffusèrent beaucoup plus largement qu'auparavant.

Le milieu du Ier millénaire avant J.-C. vit la productivité agricole s'accroître considérablement en Chine, ce qui permit de subvenir aux besoins d'une population beaucoup plus importante. Les principaux progrès concernèrent l'irrigation et le labourage, ce qui améliora les rendements. Les communications se développèrent, tout comme le commerce – les tentatives faites par chaque Etat pour contrôler le commerce étant largement subordonnées à ses besoins particuliers ainsi qu'à la protection qu'il était disposé à accorder à ses marchands. L'invention de la monnaie aida également à la création d'une économie. Il y avait plusieurs sortes de monnaies, mais toutes étaient acceptées dans l'ensemble de la Chine du Centre puisqu'il n'aurait été dans l'intérêt de personne de réduire la valeur du métal. Pendant un temps, l'équilibre des pouvoirs qui se mit en place après les Zhou parut donner satisfaction dans plusieurs domaines à la fois. Mais, vers le Ve siècle avant J.-C., à mesure que les puissances périphériques virent s'accroître leur influence et leurs rivalités, il devint évident que le centre ne pouvait résister plus longtemps et que l'héritage des Zhou ne suffisait pas à préserver la stabilité.

A la fin de la période « Printemps et Automne », le sentiment se répandit en Chine, un sentiment profond et durable, qu'une crise sociale et politique était en cours. Il y eut nombre de spéculations sur les fondements de la politique et de la morale. L'époque est restée célèbre pour avoir été celle des « Cent Ecoles de pensée », quand des lettrés itinérants s'en allaient dispenser leur enseignement d'un protecteur à l'autre. Signe de ces évolutions nouvelles : l'apparition d'une école de pensée dite « légaliste ». Ses disciples passent pour avoir soutenu que le pouvoir législatif devait se substituer, en tant que principe organisateur de l'Etat, à l'observation des rites ; il devait y avoir une seule et même loi pour tous, édictée par un seul et même dirigeant, veillant avec vigueur à son application. Le but était de créer un Etat riche et puissant. Les opposants voyaient là, à peu de chose près, une doctrine cynique du pouvoir, mais les légalistes devaient connaître des succès importants dans la période qui suivit parce que les rois, eux, aimaient leurs idées.

Le débat dura longtemps. Les légalistes eurent pour principaux adversaires les adeptes du plus fameux penseur chinois, Confucius. Il est d'usage de lui donner ce nom, même s'il s'agit d'une version latinisée de l'expression chinoise *Kongfuzi*, c'est-à-dire « Maître Kong ». Confucius devait être plus profondément respecté en Chine que tout autre philosophe. Ce qu'il a dit – ou que l'on a dit qu'il a dit – influença pendant deux mille ans la façon de penser de ses compatriotes et lui valut en retour d'être violemment attaqué au XXe siècle par les premiers Etats chinois de l'ère postconfucéenne.

Confucius s'appelait de son nom de famille Kong Qiu, et il était né dans le petit Etat de Lu (aujourd'hui Shandong) en 552 avant J.-C. Son père étant mort alors qu'il était très jeune, il fut élevé par sa mère et suivit probablement une formation de comptable. Sa famille comprenait un grand nombre d'érudits et de fonctionnaires importants, et lui-même devait passer un certain temps au service de l'Etat en tant que responsable de greniers à blé, mais il resta sans doute confiné dans un grade subalterne. Quand il ne put trouver un souverain pour mettre en pratique ses recommandations pour un gouvernement juste, il se tourna vers la méditation et l'enseignement ; il voulait proposer une version purifiée et plus abstraite de la doctrine qui se trouvait d'après lui au cœur des pratiques traditionnelles, et donc redonner à la classe dirigeante intégrité personnelle et désintéressement dans l'accomplissement du service. C'était un conservateur du type réformiste, qui cherchait à enseigner à ses disciples les vérités essentielles contenues dans les anciennes pratiques *(Dao)*, des vérités déformées et obscurcies par la routine. Quelque part dans le passé, pensait-il, se cachait un âge mythique où chaque homme connaissait sa place et faisait son devoir ; retrouver cet âge, c'était tout le but de la morale confucéenne. Confucius défendait le principe d'ordre : l'affectation de chacun à sa juste place dans le vaste foisonnement du monde. Conséquences concrètes de cette doctrine : la forte propension qu'il avait à défendre les institutions censées assurer l'ordre – la famille, la hiérarchie, l'âge – et le respect marqué qu'il portait aux obligations si finement modulées qui lient les hommes entre eux.

Cet enseignement était fait pour engendrer des hommes qui se montreraient fidèles à la culture traditionnelle, privilégieraient la qualité de la forme et la régularité du comportement, et chercheraient à satisfaire à leurs obligations morales en accomplissant scrupuleusement les devoirs de leur charge. Ce fut d'emblée un succès : nombre d'élèves de Confucius connurent gloire et réussite matérielle (même si leur maître déplorait la poursuite consciente de tels objectifs et prônait plutôt un effacement de bon aloi). Mais le succès alla bien plus loin encore, puisque des générations de fonctionnaires chinois devaient être éduquées par la suite selon les préceptes édictés par Confucius en matière de morale et de politique. « Documents, bonne conduite, loyauté et fidélité », ces quatre mots clés qui lui sont attribués pour définir la bonne marche des affaires publiques aidèrent à former, pendant des centaines d'années, des fonctionnaires de confiance, quelquefois vraiment désintéressés et parfois même empreints d'humanité.

Dans la tentative de Confucius pour redonner vie au passé, un principe l'emporte sur tout le reste : le devoir qui s'impose à chaque homme de travailler à son propre perfectionnement. Mais l'être humain civilisé doit aussi se préoccuper de son comportement vis-à-vis des autres de façon à se conformer aux enseignements des anciens. Anticipant largement sur ce que l'on trouvera plus tard dans les Ecritures, Confucius croyait à la valeur morale de l'idée de réciprocité : « Ce que vous ne voulez pas que l'on vous fasse à vous-même, ne le faites pas aux autres », a-t-il pu dire. Il pensait que l'étude de l'histoire était la clé de tout progrès, tant en morale qu'en politique. S'il a fait de la loyauté la vertu suprême, il a insisté tout autant sur la nécessité de la franchise, même dans l'adversité. Ne pas s'opposer à des ordres illégitimes conduirait un pays à la ruine. « L'homme supérieur, a déclaré Maître Kong, n'éprouve ni appréhension ni crainte. »

Les textes de Confucius suscitèrent par la suite une vénération quasi religieuse. Son nom conféra un grand prestige à tout ce à quoi il se trouvait associé. On lui attribua la responsabilité de quelques-uns des textes connus plus tard comme *Les Treize Classiques*, un ensemble qui ne prit sa forme définitive qu'au XIIIe siècle. Un peu comme avec l'Ancien Testament, il s'agit d'une collection plutôt disparate de vieux poèmes, de chroniques, de documents officiels et de proverbes moraux ; on y trouve même une ancienne cosmogonie appelée *Livre des Changements*. Mais ils furent utilisés pendant des siècles, d'une manière très vivante et comme s'ils formaient un tout, pour façonner des générations de fonctionnaires et de dirigeants à partir des préceptes dont on pensait qu'ils étaient ceux qu'avait approuvés Confucius (le parallèle ici aussi est frappant avec l'usage fait de la Bible, au moins dans les pays protestants). Le sceau d'authenticité apposé sur cette collection venait de l'idée reçue qui voulait que Confucius en ait été le maître d'œuvre et qu'elle en résume donc l'enseignement. Accessoirement ou presque, elle achevait de faire du chinois, dans lequel elle était rédigée, la langue commune des intellectuels : encore un lien permettant de rassembler un pays immense et varié sous une même culture.

Il est frappant que, pendant tout le reste de sa vie (il mourut en 479 avant J.-C.), Confucius ait eu si peu à dire sur le surnaturel. On ne peut pas qualifier son enseignement de « religieux », au sens ordinaire du terme (ce qui explique probablement pourquoi d'autres professeurs connurent de plus grands succès populaires).

Il était essentiellement intéressé par les obligations de la vie quotidienne, un souci qu'il partageait avec plusieurs autres enseignants chinois des Ve et IVe siècles avant J.-C. Sans doute parce que Confucius l'avait déjà si fermement marquée de son empreinte, la pensée chinoise semble moins préoccupée par des interrogations angoissantes sur la nature ou la possibilité d'un salut personnel que d'autres traditions moins sereines. Les leçons du passé, la sagesse des Temps anciens et la préservation d'un ordre juste ont tenu une plus grande place dans l'enseignement de Confucius que l'effort pour éclaircir des énigmes théologiques ou la recherche d'une consolation dans les bras de dieux obscurs.

Quelle qu'ait pu être son influence et en dépit du culte officiel qui lui fut rendu par la suite, Confucius n'est pourtant pas le seul à avoir façonné la tradition intellectuelle de la Chine. A vrai dire, le caractère particulier de la vie intellectuelle chinoise ne tient peut-être pas à l'enseignement de tel ou tel. Elle se rapproche d'autres philosophies orientales par l'accent qu'elle met sur une approche méditative et réflexive plutôt que méthodique et heuristique, plus familière à l'Europe. Dresser la carte du savoir en faisant s'interroger l'esprit humain sur la nature et l'étendue de ses propres pouvoirs, voilà qui n'était pas dans les habitudes des philosophes chinois. Cela ne signifie pas pour autant qu'ils étaient détachés des choses de ce monde au profit de l'imaginaire : le confucianisme était solidement ancré dans la réalité. A la différence des démarches essentiellement éthiques qui furent celles du judaïsme, du christianisme et de l'islam, la Chine eut toujours tendance à se préoccuper du présent, de questions pragmatiques et profanes plutôt que de théologie et de métaphysique.

La période qui suivit la mort de Confucius – connue comme celle des « Royaumes combattants », et qui dura en gros de 481 à 221 avant J.-C. – donna de bien des façons l'image exactement contraire de tout ce sur quoi le grand sage avait insisté. Toute forme d'unité disparut, et la guerre fit rage. Le système interétatique qui avait accompagné le long déclin des Zhou s'écroula. Les Etats les plus puissants se lancèrent dans une série de conflits qui donnèrent naissance à des pays d'un genre nouveau, organisés tout entiers en fonction de la guerre. La militarisation conduisit à de nombreuses innovations dans l'art militaire : l'arc convexe et les lances en fer, plus puissants que tout ce qui s'était fait jusqu'alors ; l'utilisation de l'infanterie en formations massives pour donner l'assaut ; une cavalerie mieux entraînée et des armures et des casques de meilleure qualité ; des progrès dans la guerre de siège qui provoquèrent la ruine de cités et d'Etats entiers. Le texte emblématique de l'époque n'a pas été l'œuvre d'un des nombreux philosophes du temps, c'est un petit manuel intitulé *L'Art de la guerre*, attribué à un stratège (dont l'historicité reste assez floue) du nom de Sun Tzu.

Les principes de Sun Tzu (ou Sun Zi) sont de deux sortes : maintien de la cohésion vis-à-vis de l'intérieur et duperie vis-à-vis de l'extérieur.

> « La guerre, écrit-il, est l'art du mensonge. Vous êtes capable d'attaquer ? Faites comme si vous en étiez incapable. Vous vous apprêtez à mettre vos forces en action ? Simulez l'inactivité. Quand vous êtes près, faites croire à l'ennemi que vous êtes loin ; quand vous êtes loin, faites-lui croire que vous êtes près. Lancez des leurres pour attirer l'ennemi. Donnez l'impression d'être en plein désordre et écrasez-le. »

Sun Tzu recommandait également de centraliser les moyens permettant de conduire une guerre ; les nobles devaient payer des impôts au pouvoir en place et être toujours prêts à suivre le souverain dans la bataille. Avec le temps, ils furent les seuls à pouvoir s'offrir les armes, les armures et les chevaux de prix auxquels on eut de plus en plus recours. Le combattant qui utilisait son char comme une plate-forme d'où tirer à l'arc avant de mettre pied à terre pour disputer la dernière phase de la bataille avec des armes de bronze vit son rôle évoluer dans les derniers siècles qui précédèrent l'ère chrétienne. De seul qu'il était, il fit désormais partie d'une équipe de deux ou trois guerriers cuirassés ; une escouade de soixante à soixante-dix aides ou auxiliaires se déplaçait avec lui et un fourgon l'accompagnait, transportant les équipements lourds et les armes nouvelles, comme l'arc convexe et les robustes lances et épées en fer, qui seraient nécessaires sur les lieux de l'affrontement. Avec ce système, le noble restait ce qu'il était déjà précédemment : le personnage clé.

Sous les Royaumes combattants, comme dans la période très critiquable qui les avait précédés, tout ne fut pas que désunion, conflit et destruction. Ce fut aussi une époque de grandes cités et de grands palais, marquée par une production artistique de haute qualité et par des progrès dans les sciences et la médecine. Aux bronzes et à la céramique, qui connaissent de nouveaux développements, il faut ajouter désormais la laque, les tissus et la soie, autant de supports pour des créations empreintes de délicatesse. On a trouvé récemment, dans la province de Jiangxi, dans le sud de la Chine du Centre, des tenues réservées aux nobles et réalisées dans une soie magnifique, dont la teinture et le tissage résultent de techniques bien plus élaborées que celles des périodes antérieures. Les figurines découvertes dans les tombes donnent une image réaliste des personnes et témoignent des avancées considérables effectuées en sculpture, en dessin et en peinture à la fin du Ier millénaire. Vers 200 avant J.-C., les principaux motifs de l'art chinois étaient en place : ils n'allaient plus varier pendant près d'un millénaire.

C'est dans cette période de dissensions et d'effondrement politique apparent que la médecine chinoise fit ses véritables premiers pas. Le *Classique interne de l'Empereur Jaune*, le plus ancien ouvrage de théorie médicale chinoise, fut rédigé vers le Ier siècle avant J.-C., mais il était fondé sur des textes plus anciens traitant de l'identification et du traitement des différentes maladies. Il s'agit pour une part d'un précis médical détaillé, qui définit les relations correctes et incorrectes entre l'homme, la nature et « Ciel », aborde les grandes notions d'anatomie et de pathologie, et explique comment arriver au bon diagnostic et à la bonne thérapeutique. Il est important de noter que ces textes renvoient aux oubliettes les vieilles élucubrations de la sorcellerie et autres formes de magie, auxquelles ils substituent l'observation et les effets bénéfiques avérés des herbes et des traitements. L'acupuncture fit son apparition dans la médecine chinoise à peu près à la même époque et en est restée depuis une composante essentielle.

Autre domaine qui connut alors un grand développement : l'astronomie. Shi Shen et d'autres astronomes dressèrent des cartes détaillées des étoiles et observèrent les taches sur le Soleil et leur évolution. Ils découvrirent et décrivirent comètes et planètes. On avait déjà recours à un compas rudimentaire. Bon nombre de ces recherches furent conduites en vue d'établir un calendrier plus exact, de faciliter la navigation et d'établir des relations plus correctes à l'intérieur des Etats et entre eux. Les astronomes chinois pensaient que les erreurs et les injustices commises sur Terre se reflétaient dans le désordre du ciel, et même si celui-ci constituait par lui-même un objet d'observation, il n'en était pas moins lié de bien des manières aux réalités de la vie humaine. Une éclipse de soleil ou un tremblement de terre constituaient de mauvais présages pour un Etat, mais ils permettaient aussi aux hommes de science d'étudier des phénomènes célestes ou terrestres en tant que tels. Pour le tout-venant, de telles observations n'avaient pas grand intérêt ; on était bien plus préoccupé par ce que la Terre pouvait réserver que par ce que le ciel, tout en haut, pouvait prédire.

Ce sont les millions de paysans chinois qui firent les frais de tout ce que la Chine fut à même de réaliser en termes de civilisation et d'organisation politique. Tout ce que nous savons d'eux, du peuple innombrable qu'ils formaient, tient en très peu de mots ; nous en savons moins encore que pour ces masses de travailleurs anonymes que l'on retrouve à la base de toutes les autres civilisations anciennes. Il y a une bonne raison à cela, toute matérielle : la vie du paysan chinois reposait sur une alternance entre la masure en boue où il se réfugiait l'hiver et le campement où il s'installait pendant les mois d'été pour assurer la garde et l'entretien de ses récoltes. Aucun de ces deux types d'installations n'a laissé beaucoup de traces. Pour le reste, le paysan se fond dans l'anonymat de sa communauté ; il est lié à sa terre, qu'il délaisse de temps en temps pour s'acquitter d'autres obligations et accompagner son seigneur à la chasse ou à la guerre. Ecrire, créer l'histoire, c'était l'affaire des puissants – les érudits et les fonctionnaires, l'aristocratie et les rois.

Si la société chinoise devait devenir beaucoup plus complexe vers la fin de la période des Royaumes combattants, la distinction entre le petit peuple et la noblesse resta toujours aussi forte, avec d'importantes conséquences sur le plan pratique. Les nobles, par exemple, étaient exemptés des peines – dont la mutilation – qui frappaient les roturiers. On en trouvera plus tard une survivance quand la classe aisée se verra épargner la peine du fouet infligée aux classes inférieures (même si elle n'en restait pas moins exposée, pour des crimes très graves, à des châtiments appropriés qui pouvaient être terribles). Pendant longtemps, la noblesse devait également jouir d'un quasi-monopole sur la richesse, qui survécut au monopole qui avait été précédemment le sien sur les armes métalliques. Les distinctions sociales essentielles sont pourtant à chercher ailleurs : dans le statut particulier qui était celui du noble en matière de religion, où il revenait à lui et à lui seul d'accomplir certains rites spécifiques. Seul un noble pouvait participer aux cultes qui se trouvaient au cœur de la notion chinoise de parenté. Lui seul pouvait appartenir à une famille – ce qui voulait dire qu'il avait des ancêtres. La vénération portée aux ancêtres et les pratiques visant à se concilier leurs esprits dataient d'avant les Shang, mais on ne croyait sans doute pas dans les Temps anciens que beaucoup d'ancêtres aient pu survivre dans l'au-delà. Les seuls assez heureux pour y parvenir ont probablement dû être les esprits de très grands personnages, au premier rang desquels les rois eux-mêmes, dont l'origine, en dernière analyse, remontait aux dieux.

La famille dérive du clan, dont elle offre une version légalement plus affinée et dont elle constitue une subdivision. La période des Zhou joua un rôle essentiel dans sa définition et sa mise en place. Il y avait, au sein de la noblesse, près d'une centaine de clans, entre lesquels le mariage était interdit. Chacun d'entre eux était supposé avoir été fondé par un héros ou un dieu. Les patriarches qui se trouvaient à la tête des familles et des maisons du clan exerçaient une autorité particulière sur les membres du groupe et étaient tous qualifiés pour en célébrer les rites, et donc pour convaincre les esprits de jouer les intermédiaires, au nom du clan, avec les puissances qui contrôlaient l'univers. Ces pratiques en vinrent à déterminer ceux qui étaient susceptibles de posséder des terres et de détenir des charges. Au niveau qui était le sien, le clan fonctionnait donc un peu comme une démocratie : chacun de ses membres pouvait s'y voir confier la première place, puisque chacun d'eux relevait de la même ascendance, aux origines quasi divines. En ce sens, un roi était seulement *primus inter pares*, un patricien particulièrement remarquable parmi tous les autres patriciens.

Le culte de la famille mobilisait une grande partie du sentiment religieux et de l'énergie psychique ; ses rites étaient très exigeants et prenaient beaucoup de temps. Le petit peuple, qui n'y participait pas, trouvait un exutoire dans le culte, qui se perpétuait grâce à lui, des dieux de la nature. Ces dieux n'avaient jamais échappé pour autant à l'attention des élites ; la vénération portée aux montagnes et aux rivières et l'effort pour se concilier leurs esprits avaient été un constant souci des empereurs depuis les Temps anciens, mais leur influence sur les grandes évolutions de la pensée chinoise devait être inférieure à celle qu'exercèrent des notions du même genre dans d'autres religions.

La religion eut des répercussions considérables en politique. Ce qui fondait la prétention des premières maisons impériales à exercer leur domination, c'était leur supériorité en matière religieuse. A travers l'observance rigoureuse des rites, elles et elles seules étaient à même de solliciter la bienveillance des puissances invisibles. Ces dernières faisaient connaître leurs intentions par des oracles, dont l'interprétation permettait d'organiser les activités agricoles de la communauté, car ils allaient jusqu'à préciser à quel moment il fallait ensemencer ou récolter. Beaucoup dépendait donc du « standing » religieux du roi : c'était capital pour la bonne marche de l'Etat. Cela se vérifie avec le remplacement des Shang par les Zhou : ses raisons en furent religieuses autant que militaires. L'idée fut lancée qu'il existait un dieu supérieur au dieu ancestral de la dynastie et que c'était lui qui donnait mandat pour régner. Or ce dieu venait de décréter, affirmait-on, que le mandat devait passer en d'autres mains. Inévitablement, cette vision cyclique de l'histoire fit naître les spéculations : on se demanda à quels signes on pourrait reconnaître les destinataires du nouveau mandat. La piété filiale en était un, ce qui allait implicitement dans le sens du conservatisme. Mais les écrivains Zhou introduisirent une idée que l'on peut rendre en français, non sans mal, par le terme de « vertu ». A l'évidence, ce qu'il fallait entendre par là manquait de précision, d'où des désaccords et des discussions.

A l'époque des Shang, toutes les grandes décisions concernant l'Etat, et beaucoup d'autres de moindre importance, ne se prenaient qu'après consultation des oracles. La démarche était la suivante : on inscrivait un texte sur une carapace de tortue ou sur une omoplate d'animal, puis un prêtre faisait chauffer une épingle en bronze qu'il appliquait sur la face ainsi gravée de façon à provoquer des fissures au dos. L'orientation et la longueur de ces fissures, en relation avec les caractères dont était composé le texte, faisaient alors l'objet d'un examen attentif qui permettait au roi de donner finalement lecture de l'oracle. Cette pratique devait faire le bonheur des historiens, car ces oracles furent conservés, probablement à titre de documents. Ils nous renseignent sur les origines de la langue chinoise : les caractères gravés sur les « os d'oracles » (et sur quelques bronzes anciens) sont pour l'essentiel ceux du chinois classique. Les Shang disposaient d'à peu près 5 000 caractères, que nous n'arrivons pas tous, il est vrai, à déchiffrer.

Pendant des siècles, l'écriture devait rester le privilège, jalousement préservé, de l'élite. Ceux qui déchiffraient les oracles, que l'on appelait des *shi*, furent les précurseurs de la future classe des lettrés ; ils étaient des experts indispensables, les détenteurs de savoir-faire solennels et mystérieux. Avec le temps, leur monopole devait se transmettre au groupe plus étendu des érudits et des fonctionnaires. Le langage écrit n'en resta pas moins le moyen de communication d'une élite relativement restreinte, qui avait bien compris que les privilèges dont elle jouissait tenaient à la maîtrise de ce langage, mais qu'il était aussi dans son intérêt de le préserver de la corruption et du changement. Ce fut un très puissant facteur d'unité et de stabilité : le chinois écrit devint une langue de gouvernement et de culture transcendant les divisions introduites par les dialectes, les religions et les régions. A l'époque des Royaumes combattants, c'est son usage par les élites qui préserva la cohésion du pays.

Plusieurs éléments déterminants pour la future histoire de la Chine sont déjà à peu près en place vers le IIIe siècle avant J.-C., au moment où le pays s'apprête à connaître une nouvelle forme d'organisation politique, l'empire. Cette transformation fut précédée par des signes de plus en plus nombreux qui montraient que des changements sociaux étaient en cours, affectant le fonctionnement des grandes institutions. Ce n'était pas une surprise ; la Chine resta longtemps un pays essentiellement agricole, et le changement y fut souvent provoqué par la pression de la population sur les ressources. C'est ce qui explique l'impact qu'eut l'introduction du fer, qui commença probablement à être utilisé vers 500 avant J.-C. On sut rapidement fondre le métal pour fabriquer des outils : on a retrouvé des moules pour lames de faucille datant du IVe ou du Ve siècle avant J.-C. A une période très ancienne, les techniques auxquelles recouraient les Chinois pour le traitement du fer étaient donc déjà fort évoluées. Que ce soit en s'inspirant de la fonte du bronze ou en procédant à des expériences avec des fours à céramique, qui pouvaient permettre d'atteindre des températures élevées, la Chine parvint à maîtriser la fonte du fer à peu près au même moment où elle apprit comment le forger. Peu importe de savoir laquelle de ces deux techniques a précédé l'autre. Ce qu'il est important de noter, c'est que, pendant dix-neuf siècles ou à peu près, on resta incapable ailleurs d'obtenir des températures suffisamment hautes pour permettre la fonte du fer.

Autre changement important survenu durant la période de désunion : le grand développement des villes. Elles étaient généralement situées en plaine, à proximité d'un fleuve, mais les premières d'entre elles eurent probablement pour origine les temples que les grands propriétaires utilisaient comme centres administratifs pour gérer leurs domaines. D'autres temples se créèrent à proximité, consacrés aux dieux populaires de la nature, ce qui entraîna l'installation sur les lieux de différentes communautés. Puis, vers la fin de la dynastie des Zhou, une autre forme de pouvoir commença à se faire sentir ; les villes changèrent d'échelle, avec des remparts et des murs imposants, des quartiers réservés aux nobles et à la Cour, et de très grands bâtiments dont nous avons gardé les vestiges. A cette époque, la principale cité des Zhou, Changzhou (non loin de l'actuelle Luoyang, au Henan), était entourée par des murs en terre disposés en carré et d'une longueur de près de 3,2 kilomètres par côté.

Vers 300 avant J.-C., on comptait plusieurs dizaines de villes, dont le rôle dominant ouvrit la voie à une société de plus en plus variée. Beaucoup d'entre elles comprenaient trois zones bien définies : une petite zone où vivait l'aristocratie, une zone plus grande où habitaient les artisans et les marchands, et enfin les champs, au-delà des murs, qui nourrissaient la ville. La naissance d'une classe de marchands marqua une autre évolution importante. Elle n'était peut-être pas très estimée par les propriétaires, mais il existait une monnaie, ce qui signifie que la vie économique était devenue plus complexe et que l'on avait recours, en matière de commerce, à des spécialistes. Les quartiers où ils séjournaient, tout comme ceux des artisans, étaient séparés de ceux de la noblesse par des murs et des remparts mais se trouvaient également à l'intérieur de l'enceinte de la cité – signe d'un besoin grandissant de protection. A l'époque des Royaumes combattants, on pouvait trouver, dans les rues commerçantes des villes, des boutiques vendant des bijoux, des bibelots, de la nourriture et des vêtements, mais aussi des tavernes, des maisons de jeu et des bordels.

La fin du Ier millénaire fut marquée par des désordres et par un scepticisme grandissant quant aux critères permettant d'établir le droit de gouverner. Pour les princes qui se disputaient la Chine, la seule façon de survivre, c'était de mettre en place des formes de gouvernement et de disposer d'armées plus efficaces, ce qui explique qu'ils faisaient souvent bon accueil à des innovateurs prêts à s'écarter des traditions. On peut faire la même remarque à propos des systèmes qui entrèrent en compétition avec le confucianisme pour répondre aux besoins des Chinois. L'un d'entre eux fut développé par Mozi, un penseur du Ve siècle avant J.-C. qui prônait l'amour universel, un amour non pas en paroles mais en actes – on devait aimer les étrangers comme ses propres parents. Certains de ses adeptes insistèrent sur cet aspect de son enseignement, d'autres affichèrent une ferveur religieuse qui les poussa à encourager le culte des esprits et connut un grand succès populaire. Laozi (ou Lao-Tseu), un autre grand penseur (dont l'immense réputation tend à faire oublier que nous ne connaissons pratiquement rien de lui), est censé être l'auteur du texte qui constitue le document clé du système philosophique que l'on appellera plus tard le taoïsme. Son enseignement prenait beaucoup plus ouvertement pour cible le confucianisme, car il incitait à un véritable rejet d'une bonne partie de ce que celui-ci défendait – le respect de l'ordre établi, la bienséance et la rigoureuse observance de la tradition et des rites, par exemple.

Le taoïsme a cherché à imposer une conception déjà présente dans la pensée chinoise et familière à Confucius, celle du « Tao » ou « voie », le principe cosmique grâce auquel l'ordre et l'harmonie règnent dans tout l'univers. Voilà qui ne pouvait que conduire, sur le plan concret, à un quiétisme en politique et à un détachement de toutes choses, comme le montre bien l'un des idéaux proposés à ses adeptes : un village doit savoir que d'autres villages existent parce qu'il entend chanter leurs coqs au petit matin, mais il ne doit leur porter aucun intérêt, n'entretenir aucun commerce avec eux et bannir tout lien politique qui pourrait l'unir à eux. Un tel éloge de la simplicité et de la pauvreté était aux antipodes de ce que célébrait Confucius : l'empire et la prospérité.

Toutes les écoles de philosophie chinoises durent tenir compte de l'enseignement de Confucius, si grands furent son prestige et son influence. Un sage du IVe siècle avant J.-C., Mencius (une latinisation de Mengzi), tenta de persuader ses contemporains que c'est en se conformant à cet enseignement qu'ils assureraient le bonheur du genre humain. C'était le seul moyen de permettre à la nature de l'homme, foncièrement bonne, de donner toute sa mesure. De plus, un dirigeant qui suivrait les principes de Confucius finirait par diriger la Chine entière. Avec le bouddhisme (qui n'avait pas encore atteint la Chine quand prit fin la période des Royaumes combattants) et le taoïsme, le confucianisme fait partie des « Trois Enseignements » qui se trouvent à la base de la culture chinoise.

L'effet que produisirent ces idées est impossible à mesurer, mais il fut probablement immense. Il est difficile de dire combien de personnes furent directement affectées par ces doctrines. On rappellera, dans le cas du confucianisme, qu'il ne devait exercer sa plus grande influence que bien après la mort de Confucius. Son importance pour les élites dirigeantes n'en fut pas moins énorme.

A l'intention des chefs et des dirigeants de la Chine, il a défini des normes et fixé des idéaux qui ont résisté jusqu'à nos jours à toute tentative d'éradication. En outre, certains de ses préceptes – la piété filiale, par exemple – se sont répandus dans la culture populaire par le biais d'histoires et à travers les motifs traditionnels de l'art. C'est ainsi que le confucianisme est parvenu à solidifier une civilisation dont la plupart des traits saillants étaient déjà bien en place au IIIe siècle avant J.-C. A coup sûr, ses enseignements ont accentué chez les dirigeants de la Chine une focalisation sur le passé, qui devait donner à l'historiographie chinoise un tour particulier. Il a pu contribuer également à freiner la recherche dans un certain nombre de domaines scientifiques. Des témoignages laissent entendre que le type d'observation astronomique traditionnelle qui avait permis de prévoir les éclipses de Lune tomba en déclin après le Ve siècle avant J.-C. Certains spécialistes ont attribué ce déclin pour une part à l'influence de Confucius. Les grandes écoles morales de la Chine nous offrent surtout un exemple éclatant des différences qui séparent sa civilisation des traditions culturelles européennes et, en fait, de toutes les autres civilisations que nous connaissons. Son caractère unique n'est pas dû seulement à son isolement relatif, il prouve aussi sa vigueur.

Deux grandes forces se sont conjuguées pour créer la Chine. La première fut une diffusion continue de la culture vers l'extérieur à partir du bassin du fleuve Jaune. On a affaire, au début, à des îlots de civilisation dans un océan de barbarie. Et pourtant, cette civilisation, vers 500 avant J.-C., est devenue le bien commun de dizaines, peut-être de centaines, de ce que l'on a pu appeler des « Etats » éparpillés à travers tout le Nord, la région du Yangzi et l'est du Sichuan. Elle se répand aussi peu à peu dans le sud des régions centrales, là où se trouvent aujourd'hui les provinces du Hunan, du Jiangxi et du Zhejiang. Dans cette dernière région, l'un des grands pays de la période des Royaumes combattants, celui de Chu, se développa progressivement. Bien que devant beaucoup aux Zhou, il présentait, en matière de langue, de calligraphie, d'art et de religion, bon nombre de caractéristiques qui lui étaient propres. Avec la fin de la période des Royaumes combattants, la scène sur laquelle se joue l'histoire chinoise va considérablement s'agrandir.

Le second de ces deux processus fondamentaux, constamment à l'œuvre sous les Shang et les Zhou, fut l'instauration, au sein des institutions, de clivages qui devaient survivre jusqu'à l'époque moderne. Parmi eux, une division de base de la société chinoise entre une élite de propriétaires terriens et le petit peuple. Même si la forme de l'Etat devait profondément changer avec l'émergence des premiers empires chinois, ces distinctions subsistèrent. Elles entraînèrent la création de grandes familles, sur un modèle assez proche de celui que connurent par la suite l'Empire romain et l'Europe du Moyen Age. Il faut mentionner également l'existence d'un code moral fondé sur la rectitude et l'exactitude formelle, code qui survécut à la grande fracture politique survenue dans l'histoire de la Chine au IIe siècle avant J.-C. avec la création de l'empire Qin. Quand cet événement se produisit, l'idéologie, l'organisation sociale et la culture s'étaient déjà rejointes pour aboutir à la création de la Chine, un peuple et un territoire marqués, aux yeux de tous les observateurs, par un fort sentiment d'unité.

X

Les autres mondes des Temps anciens

D'immenses parties du monde n'ont été qu'à peine mentionnées jusqu'ici. Certes, l'Afrique occupe la première place dans l'histoire de l'évolution et de l'expansion humaines ; certes, l'arrivée de l'homme en Australasie et dans les Amériques mérite d'être relevée. Mais, une fois ces événements évoqués, notre attention, dès que commence l'histoire, se porte ailleurs. Les cultures qui ont dominé, par leur créativité, le développement de la civilisation ont eu pour cadre le Moyen-Orient, le monde égéen, l'Inde et la Chine. Dans toutes ces régions, un changement de rythme significatif se produit aux alentours du Ier millénaire avant J.-C. ; il n'y a nulle part de cassure nette, mais il existe une manière de synchronie qui autorise à marquer une pause dans leur étude à cette époque. Mais, en ce qui concerne les continents ou sous-continents dont nous n'avons encore rien dit, cette chronologie serait totalement inopérante.

La raison en est, pour l'essentiel, qu'aucune de ces grandes régions n'avait atteint en 1000 avant J.-C. des niveaux de civilisation comparables à ceux atteints en Méditerranée et en Asie. Des performances remarquables avaient été réalisées à la même époque en Europe occidentale et aux Amériques, mais, une fois saluées à leur juste valeur, il faut bien reconnaître que subsiste toujours un écart qualitatif entre la complexité et les ressources des sociétés qui accomplirent ces performances, d'une part, et celles des civilisations anciennes, seules capables d'instaurer des traditions durables, d'autre part. Plutôt qu'à l'héritage qu'elles nous ont laissé, l'intérêt que l'on peut prendre à l'histoire ancienne de ces régions tient à la leçon qu'elles nous donnent : pour arriver à la civilisation, il y a plusieurs chemins et, pour faire face au défi lancé par l'environnement, il y a plusieurs réponses. Voilà qui pourrait nous amener, dans un ou deux cas, à rouvrir le débat sur ce qu'est au juste une « civilisation », mais, pour la période dont nous avons traité jusqu'ici, l'histoire de l'Afrique ou de l'Eurasie centrale, des peuples du Pacifique, des Amériques et de l'Europe occidentale relève de la préhistoire et pas encore de l'histoire. Il y a peu ou pas de correspondance entre les rythmes auxquels elle obéit et ce qui se passe au même moment au Moyen-Orient ou sur les côtes de l'Asie, même si des contacts eurent lieu (comme pour l'Afrique et l'Europe, mais pas pour les Amériques).

L'Afrique est un bon point de départ, parce que c'est là que commence l'histoire humaine. En plusieurs vagues successives, les cultures qui s'étaient développées en Afrique donnèrent naissance à de nouvelles cultures dans d'autres parties du monde. Ce processus de dispersion fut très long, et il y a des raisons de croire que des groupes qui émigrèrent d'Afrique apportèrent à d'autres groupes, en plusieurs occasions, des techniques et des idées nouvelles, au moment où l'homme pénétrait en Europe et poussait jusqu'aux lointains rivages asiatiques. Il n'empêche que l'intérêt va se porter ailleurs, avec le Paléolithique supérieur et le Néolithique. Bien des événements devaient encore se produire en Afrique, mais la période où elle exerça sa plus grande influence sur le reste du monde était depuis longtemps terminée.

Pourquoi les choses se passèrent ainsi, nous n'en savons rien, mais il est très possible que la raison première ait été un changement climatique. Encore récemment, disons vers 3000 avant J.-C., le Sahara était habité par des animaux comme l'éléphant et l'hippopotame, qui ont depuis longtemps disparu ; plus étonnant encore, il abritait des populations de pasteurs qui élevaient du bétail, des moutons et des chèvres. Aujourd'hui, de tous les déserts, le Sahara est celui qui se développe le plus rapidement. Mais ce qui n'est plus à présent qu'une étendue aride sillonnée de canyons desséchés était jadis une savane fertile arrosée par des rivières coulant vers le Niger et par un système fluvial de 1 200 kilomètres de long qui se jetait dans le lac Tchad. Les peuples qui vivaient sur les collines traversées par ces cours d'eau nous ont laissé des renseignements sur leur vie, par le moyen de peintures et de gravures rupestres bien différentes de l'art des cavernes apparu plus tôt en Europe et qui traitait essentiellement de la vie animale, avec parfois quelques allusions à l'homme. Ces documents paraissent indiquer également que le Sahara était alors un lieu de rencontre entre peuples africains et peuples méditerranéens, ceux qui figurent parmi les ancêtres des futurs Berbères et Touareg. L'un de ces peuples semble être descendu depuis Tripoli avec des chevaux et des chars ; peut-être a-t-il imposé son pouvoir aux pasteurs. Qu'ils y soient parvenus ou non, la présence de ces peuples (comme celle des peuples africains du Sahara) prouve que la végétation africaine fut très différente jadis de ce qu'elle devait devenir plus tard : les chevaux ont besoin d'herbe. Pourtant, quand nous entrons dans les temps historiques, le Sahara est déjà desséché, les sites occupés autrefois par des peuples prospères sont abandonnés, les animaux sont partis, même si les terres bordant la côte étaient alors plus vastes et plus fertiles qu'elles ne le sont aujourd'hui.

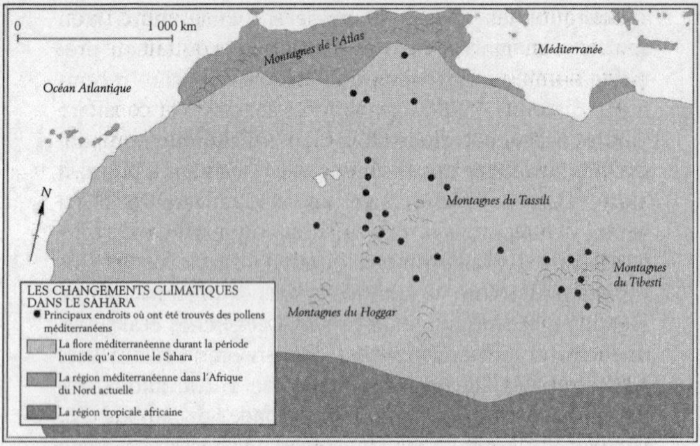

C'est donc peut-être le climat qui nous ramène à l'Egypte comme lieu où commence vraiment l'histoire de l'Afrique. Et pourtant, l'Egypte a exercé peu d'influence en matière de créativité culturelle au-delà des limites de la vallée du Nil. Il y a eu à coup sûr des contacts avec d'autres cultures, mais il n'est pas facile de faire le point sur la question. On peut supposer que les Libyens qui figurent dans les textes égyptiens correspondent à ces peuples qui sont représentés avec leurs chars sur les peintures rupestres du Sahara, mais nous n'en sommes pas certains. Quand l'historien grec Hérodote fut amené à parler de l'Afrique au ve siècle avant J.-C., il ne trouva pas grand-chose à dire sur ce qui se passait en dehors de l'Egypte. Son Afrique (qu'il appelait Libye) était un pays défini par le Nil, dont il nous dit qu'il suit, si on le remonte, une orientation nord-sud (à peu près parallèle à la mer Rouge) avant de dessiner un coude vers l'ouest. Au sud du Nil, on rencontrait, d'après lui, les Ethiopiens à l'est et, à l'ouest, une région désertique dépourvue d'habitants. Sur cette dernière, il ne put obtenir d'informations, mais le récit d'un voyageur évoquait de très petits hommes s'adonnant à la sorcellerie.

Etant donné les sources dont il disposait, la construction que propose Hérodote, du point de vue topographique, ne manque pas d'intelligence, mais il n'a pu saisir que quelques éléments d'une réalité complexe. Les Ethiopiens, comme les anciens habitants de la Haute-Egypte, faisaient partie des peuples hamitiques, qui forment en Afrique, à l'âge de la pierre, l'un des groupes que distingueront plus tard les anthropologues. Parmi les autres groupes, on comptait également les ancêtres du peuple San (souvent appelé par le passé les Bochimans), installé approximativement sur les espaces découverts qui s'étendent depuis le sud du Sahara jusqu'au Cap, ainsi que le groupe des Bantous, qui finit par devenir dominant en Afrique du Centre et de l'Est et dans certaines parties de l'Afrique du Sud. Comme nous l'apprend la préhistoire, l'Afrique constitue, sur le plan génétique, une étonnante mosaïque, avec une diversité bien supérieure à celle que l'on pouvait trouver dans les autres parties du monde avant les grandes vagues migratoires. A en juger par les outils en pierre, les cultures associées aux peuples hamitiques ou protohamitiques semblent avoir été souvent les plus avancées en Afrique avant l'apparition de l'agriculture. Ce fut, excepté en Egypte, une évolution lente, et les cultures de chasse et de cueillette de la préhistoire ont cohabité avec l'agriculture jusqu'à la période moderne.

Le même type de développement que celui qui survint ailleurs quand la nourriture commença à être produite en quantité ne tarda pas à modifier la carte des populations en Afrique, d'abord avec les centres de peuplement particulièrement denses de la vallée du Nil, prélude à la civilisation égyptienne, ensuite avec l'implantation d'ethnies africaines au sud du Sahara, aux IIe et Ier millénaires avant J.-C., sur les prairies séparant le désert de la forêt équatoriale. Cela correspond à une diffusion de l'agriculture du nord vers le sud, ainsi qu'à la découverte d'espèces convenant mieux que le blé et l'orge, qui prospéraient dans la vallée du Nil, aux conditions tropicales et à des sols d'une nature différente – en l'occurrence le millet et le riz des savanes. Les régions forestières ne firent l'objet d'une exploitation qu'avec l'arrivée d'autres plantes mieux adaptées en provenance de l'Asie du Sud-Est et, pour finir, de l'Amérique. Rien de tout cela ne se produisit avant la naissance du Christ. C'est l'origine de l'une des principales caractéristiques de l'histoire africaine : la divergence, à l'intérieur même du continent, entre différents courants culturels.

A cette époque, le fer avait fait son apparition en Afrique, ce qui avait entraîné la première exploitation des minerais. Cela se passa dans le premier Etat africain autre que l'Egypte dont nous ayons connaissance, le royaume de Kouch, en amont du Nil, dans la région qui est aujourd'hui le Soudan. Cette région avait représenté à l'origine, pour l'Egypte et ses activités, la limite ultime. Après l'absorption de la Nubie, les Egyptiens installèrent des garnisons dans la principauté soudanaise, mais, vers 1000 avant J.-C., elle devint un royaume indépendant, profondément marqué par la civilisation égyptienne. Ses habitants étaient probablement des peuples hamitiques et sa capitale se trouvait à Napata, juste en dessous de la quatrième Cataracte. En 730 avant J.-C., le royaume de Kouch fut assez puissant pour conquérir l'Egypte, et cinq de ses rois se succédèrent à sa tête comme pharaons : ils constituent dans l'histoire la XXVe dynastie, dite « éthiopienne ».

Ils ne réussirent cependant pas à arrêter le déclin de l'Egypte. Quand les Assyriens déferlèrent sur le pays, c'en fut fini de la dynastie kouchite. Le royaume de Kouch resta fidèle à la civilisation égyptienne, mais il n'en fut pas moins envahi au début du VIe siècle avant J.-C. par un pharaon de la dynastie suivante. Après quoi les Kouchites se mirent à leur tour à repousser leurs frontières plus au sud et leur royaume, ce faisant, connut deux changements importants. Il devint davantage africain, avec un affaiblissement de l'influence égyptienne qu'attestent sa langue et sa littérature, et il étendit sa domination sur de nouveaux territoires qui recelaient à la fois du minerai de fer et le combustible permettant de le faire fondre, technique que leur avaient enseignée les Assyriens. La nouvelle capitale kouchite, Méroé, devint le centre métallurgique de l'Afrique. Les armes en fer donnèrent aux Kouchites la même supériorité sur leurs voisins que celle dont avaient joui par le passé les peuples du Nord sur l'Egypte et, grâce aux outils en fer, ils purent agrandir la superficie des terres destinées à l'agriculture. C'est ainsi que le Soudan parvint à bénéficier de trois siècles de prospérité et de civilisation, mais après la période qui retient pour l'instant notre attention.

Il est clair que l'histoire de l'homme dans les Amériques est beaucoup plus courte qu'en Afrique ou, à dire le vrai, qu'en n'importe quel autre endroit du globe. Il y a à peu près vingt mille ans, les peuples d'Asie, une fois passés en Amérique du Nord, descendirent lentement vers le sud, par petits groupes, pendant des milliers d'années. On a retrouvé dans les Andes péruviennes des traces attestant que des hommes y avaient habité des cavernes voici bien plus de quinze mille ans. Les Amériques offrent une grande variété de climats et d'environnements ; il n'est donc pas étonnant d'apprendre par l'archéologie qu'il y eut presque autant de variété dans les modes de vie, selon les différentes possibilités offertes à la chasse, à la cueillette et à la pêche. Ce que ces peuples apprirent les uns des autres, nous n'en saurons probablement jamais rien. Ce qui est sûr, en tout cas, c'est qu'un certain nombre de ces cultures parvinrent à inventer l'agriculture indépendamment du monde ancien.

La discussion reste ouverte pour déterminer à quelle date précisément prit place cette découverte, parce que nous disposons, paradoxalement, de beaucoup d'informations sur les premières cultures de céréales à une époque où le phénomène n'avait pas encore pris des proportions telles que l'on puisse parler d'agriculture à son sujet. Le changement ne s'en opéra pas moins plus tardivement que dans le Croissant fertile. Le maïs commença à être cultivé au Mexique vers 2700 avant J.-C., mais il fallut attendre sept siècles pour que lui soient apportées en Amérique centrale des améliorations qui en firent la céréale que nous connaissons aujourd'hui. C'est le type de changement qui rendit possibles le regroupement et l'implantation durables de vastes communautés. Plus loin au sud, les pommes de terre et le manioc (encore un féculent) commencent également à apparaître vers la même époque, et des signes indiquent que le maïs s'est répandu un peu plus tard depuis le Mexique en direction du sud. Partout, néanmoins, le changement prend du temps ; s'imaginer la « révolution agricole » comme un événement soudain est encore plus déplacé pour les Amériques que pour le Moyen-Orient. Et pourtant, ce qui se passa à l'époque eut un impact véritablement révolutionnaire bien au-delà des seules Amériques. La patate douce, originaire du Mexique et de l'Amérique centrale, devait se répandre à travers le Pacifique, où elle servit de subsistance aux communautés agricoles des îles des siècles avant que les galions européens ne la transportent en Afrique, dans l'océan Indien et aux Philippines.

L'agriculture, les villages, le tissage et la poterie font tous leur apparition en Amérique centrale avant le IIe millénaire avant J.-C., et c'est vers la fin de ce dernier que l'on perçoit les premiers frémissements de la plus ancienne civilisation américaine reconnue comme telle, celle des Olmèques, sur la côte est du Mexique. Elle s'organisait, semble-t-il, autour de sites religieux importants, marqués par de grandes pyramides en terre. On a trouvé sur ces sites des sculptures aux dimensions colossales et de belles figurines en jade. Le style de ces œuvres est très particulier. Il se concentre sur la représentation d'êtres humains et celle d'animaux ressemblant au jaguar, qu'il lui arrive de fusionner. Il semble avoir prévalu, pendant plusieurs siècles après 800 avant J.-C., dans une bonne partie de l'Amérique centrale, jusqu'au Salvador. Il naquit, sans que rien ne l'ait précédé ni annoncé, dans une région de marécages et de forêts. Il est difficile d'évoquer ici des facteurs d'ordre économique, sinon que l'on pouvait récolter le maïs quatre fois par an sous les tropiques, là où des espaces dégagés permettaient de bénéficier toute l'année de précipitations régulières et de chaleur. C'est à peu près la seule raison qui puisse expliquer pourquoi la civilisation, à laquelle il a fallu ailleurs les abondantes ressources des vallées fluviales pour se développer, a pu jaillir en Amérique d'un sol si peu prometteur.

La civilisation olmèque ne fut pas sans prolongements. Les Aztèques, qui vinrent plus tard, vénéraient des dieux qui descendaient de ceux des Olmèques. Il se peut aussi que les anciennes écritures hiéroglyphiques de l'Amérique centrale remontent à l'époque olmèque, bien que les premiers exemples que nous en ayons soient postérieurs de plus d'un siècle à la disparition de la culture olmèque, qui se produisit aux alentours de 400 avant J.-C. Ici encore, nous sommes bien en peine d'y voir clair. Beaucoup plus loin au sud, au Pérou, apparut une autre culture nommée Chavin (du nom d'un grand site religieux) ; elle devait durer un peu plus longtemps que la civilisation olmèque. Elle s'accompagna elle aussi d'un grand savoir-faire dans le travail de la pierre et connut une belle diffusion avant de s'éteindre mystérieusement.

Que penser de ces anciennes esquisses de civilisation ? Quelle qu'ait pu être leur importance pour l'avenir, elles se situent, dans le temps, à des millénaires par rapport à l'apparition de la civilisation en d'autres pays, quelle qu'ait pu en être la raison. Quand les Espagnols débarquèrent au Nouveau Monde, un peu moins de deux mille ans après la disparition de la culture olmèque, ils découvrirent que ses habitants continuaient à se servir d'outils en pierre. Ils découvrirent aussi des sociétés complexes (et les vestiges d'autres sociétés) qui étaient parvenues à accomplir, en matière de construction et d'organisation, des prouesses qui dépassaient de loin, par exemple, ce dont on pouvait créditer l'Afrique après le déclin de l'Egypte ancienne. Tout ce que l'on peut dire, c'est qu'il n'y a pas, dans ce domaine, de séquence obligée.

La seule autre partie du monde où le travail de la pierre atteignit un niveau remarquablement élevé de perfection fut l'Europe de l'Ouest. Cela conduisit certains admirateurs enthousiastes à y voir un autre foyer d'ancienne « civilisation », comme si ses habitants faisaient partie d'une classe défavorisée avide de réhabilitation historique. Nous avons déjà évoqué l'Europe et son rôle dans l'approvisionnement du Moyen-Orient ancien en métaux. Même si c'est là que se produisirent, aux temps préhistoriques, bien des phénomènes qui nous intéressent aujourd'hui, on voit mal comment en tirer la matière d'un récit qui impressionne ou bouleverse. Dans l'histoire du monde, l'Europe de la préhistoire n'a d'importance qu'à titre d'illustration. Elle ne joue pratiquement aucun rôle dans la montée en puissance et le déclin des grandes civilisations des vallées fluviales du Moyen-Orient. Elle a parfois reçu l'empreinte du monde extérieur mais n'a participé que marginalement et par à-coups aux changements historiques en cours. On pourrait tracer à son sujet un parallèle avec ce qui devait se produire plus tard pour l'Afrique : elle suscite l'intérêt par elle-même mais n'a jamais contribué d'une façon particulière et positive à l'histoire du monde ancien. Il faudra très longtemps avant que les hommes soient seulement à même de concevoir l'existence d'une identité géographique, encore moins d'une entité culturelle, correspondant à l'idée que l'on se fera plus tard de l'Europe. Pour le monde ancien, les terres nordiques d'où venaient les Barbares avant de faire leur apparition en Thrace (bon nombre d'entre eux, d'ailleurs, trouvaient leurs origines plus loin à l'est) ne signifiaient rien. L'arrière-pays du Nord-Ouest ne comptait que par les produits qu'on allait s'y procurer de temps en temps pour répondre aux besoins de l'Asie et du monde égéen.

Il y a donc peu à dire sur l'Europe de la préhistoire, mais, pour bien mettre les choses en perspective, une autre remarque mérite d'être faite. Il faut distinguer deux Europe. Il y a celle de la Méditerranée, avec ses rivages et ses peuples. Elle est définie en gros par la ligne qui délimite la culture de l'olivier. Au sud de cette ligne, une civilisation de l'écriture et de la ville apparaît assez rapidement après le début de l'âge du fer, en profitant apparemment de contacts directs avec des régions plus avancées. En 800 avant J.-C., les côtes de la Méditerranée occidentale entretiennent déjà des échanges assez suivis avec l'Est. Ce qu'il en est de l'Europe au nord et à l'ouest de cette ligne constitue un autre sujet. Dans cette région, l'écriture restera inconnue pendant toute la période ancienne ; ce sont les conquérants qui l'imposeront beaucoup plus tard. Elle résistera longtemps aux influences culturelles venant du Sud et de l'Est – ou, à tout le moins, ne leur fera pas bon accueil. Voilà qui va jouer un rôle déterminant pendant deux millénaires, non pas directement en ce qui la concerne, mais pour ses relations avec d'autres régions. Elle ne restera pas pour autant passive : les déplacements de ses peuples, ses ressources naturelles, ses savoir-faire, tout cela aura par moments des effets marginaux sur les événements se déroulant ailleurs. En 1000 avant J.-C. – pour décider arbitrairement d'une date – ou même au début de l'ère chrétienne, l'Europe a peu à offrir au monde par elle-même, excepté ses minerais. On n'y trouve rien d'analogue aux réussites culturelles à grande échelle qui caractérisent le Moyen-Orient, l'Inde ou la Chine. L'âge de l'Europe est encore à venir ; sa civilisation sera la dernière des grandes civilisations à voir le jour.

L'explication de cet état de fait ne tient pas à une quelconque pauvreté en ressources naturelles. L'Europe contient une proportion très élevée de terres cultivables. Il serait étonnant que cette caractéristique n'ait pas favorisé un développement précoce de l'agriculture, ce dont l'archéologie nous apporte la preuve. La relative facilité avec laquelle on pouvait mettre en œuvre des modes de culture rudimentaires peut avoir eu un effet négatif sur l'évolution sociale ; dans les grandes vallées fluviales, il fallait, si l'on voulait survivre, travailler collectivement pour contrôler l'irrigation et exploiter la terre, alors que, dans la plus grande partie de l'Europe, une famille pouvait grappiller seule de quoi subsister. Il n'est pas besoin de disserter à perdre haleine sur les origines de l'individualisme occidental pour reconnaître là un véritable trait distinctif d'une grande importance pour l'avenir.

Les spécialistes s'entendent aujourd'hui pour admettre que l'agriculture et le travail du cuivre (la forme la plus ancienne de métallurgie) se répandirent en Europe à partir de l'Anatolie et du Moyen-Orient. On trouve des communautés agricoles en Thessalie et dans le nord de la Grèce un peu après 7 000 avant J.-C. En 5000 avant J.-C., il y en avait d'autres beaucoup plus à l'ouest, dans le nord de la France et aux Pays-Bas, et on ne tarda pas à en voir s'installer dans les îles Britanniques. Les principales routes par lesquelles s'opéra cette diffusion furent les Balkans et leurs vallées fluviales, mais l'agriculture avait été adoptée à la même époque dans les îles de la Méditerranée et le long des côtes de l'Europe du Sud, jusqu'en Andalousie à l'ouest. En 4000 avant J.-C., on travaillait le cuivre dans les Balkans. Dans ces conditions, on ne croit plus que cette technique, pas plus que l'agriculture, se soit développée spontanément chez les Européens, même s'il est vrai qu'ils se sont empressés d'imiter d'autres peuples qui apportèrent ces savoir-faire avec eux lors de leurs migrations. Il fallut en tout cas des milliers d'années à l'Europe pour emprunter au Moyen-Orient les principaux types de céréales.

La plus grande partie de l'Europe du Nord-Ouest et de l'Ouest était occupée vers 3000 avant J.-C. par des peuples que l'on qualifie parfois de Méditerranéens occidentaux et qui subirent peu à peu la pression, pendant le IIIe millénaire, d'autres peuples venant de l'Est. En 1800 avant J.-C., les cultures qui en résultèrent semblent s'être fragmentées en ensembles suffisamment distincts pour permettre d'identifier parmi elles les ancêtres des Celtes, le plus important peuple européen de la préhistoire, une société de guerriers plutôt que de marchands ou de prospecteurs. Ils se servaient d'engins à roue pour le transport. Un groupe particulièrement entreprenant parvint à atteindre les îles Britanniques. On discute beaucoup pour savoir jusqu'où l'influence celtique s'est exercée, mais ce n'est pas trop s'éloigner de la vérité que de se représenter l'Europe divisée, vers 1800 avant J.-C., en trois groupes de peuples. Les ancêtres des Celtes occupaient alors la plus grande partie de la France actuelle, l'Allemagne, les Pays-Bas et le nord de l'Autriche. A l'Est se trouvaient les futurs Slaves, au Nord (en Scandinavie) les futures tribus teutoniques. En dehors de l'Europe, dans le nord de la Scandinavie et le nord de la Russie, on rencontrait les Finnois, qui, du point de vue linguistique, n'étaient pas des Indo-Européens.

Excepté dans les Balkans et en Thrace, les mouvements de ces peuples n'affectèrent les anciens centres de civilisation que dans la mesure où ils affectèrent les ressources des zones dans lesquelles ils se déplaçaient. Ce fut avant tout une question de minerais et de savoir-faire. A mesure que s'accrurent les demandes de la civilisation moyen-orientale s'accrut l'importance de l'Europe. Après l'apparition des premiers centres de métallurgie dans les Balkans, des centres analogues s'implantèrent en 2000 avant J.-C. dans le sud de l'Espagne, en Grèce et dans le monde égéen ainsi que dans le centre de l'Italie. Avec l'âge du bronze, le travail du métal fut porté à un haut niveau, même là où il n'y avait pas de minerai disponible. Nous avons ici l'un des plus anciens exemples de l'émergence de zones économiques stratégiques reposant sur la possession de ressources particulières. C'est par rapport au cuivre et à l'étain que se dessinèrent les grandes voies de pénétration en Europe et que s'organisa la navigation le long des côtes et sur les rivières : on avait besoin de ces produits, et ils n'existaient qu'en petite quantité au Moyen-Orient. L'Europe fut, dans le domaine de la métallurgie, le principal fournisseur en matières premières du monde ancien, en même temps que son principal fournisseur en produits manufacturés. Le travail du métal atteignit des sommets et permit la réalisation de superbes objets bien avant que le monde égéen n'intervienne. C'est peut-être là un argument à opposer à ceux qui célèbrent, avec un respect exagéré, le jeu des facteurs matériels dans l'histoire : cette technique, même quand elle s'accompagna d'un plus vaste approvisionnement en métaux après l'effondrement de la demande mycénienne, ne permit pas à la culture européenne d'accéder au statut de civilisation, dans toute sa plénitude et sa complexité.

L'Europe ancienne pratiquait, bien évidemment, une autre forme d'art qui n'a pas fini d'impressionner. Ce sont les milliers de mégalithes que l'on trouve disposés sur un grand arc qui, parti de Malte, de la Sardaigne et de la Corse, s'incurve par l'Espagne et la Bretagne avant d'aboutir aux îles Britanniques et à la Scandinavie. Ils ne sont pas propres à l'Europe, mais ils y sont plus abondants et semblent y avoir été érigés à des dates plus anciennes – certains au Ve millénaire avant Jésus-Christ – que sur les autres continents. « Mégalithe » est un mot qui vient du grec et veut dire « grande pierre », et la plupart des pierres utilisées, de fait, sont très grandes. Quelques-uns de ces monuments sont des tombes, avec des dalles de pierre servant de toit et de bordures ; d'autres sont de simples pierres qui se dressent seules ou en groupes. D'autres encore forment des alignements qui courent sur plusieurs kilomètres à travers la campagne ; il y en a enfin qui entourent de petites zones de terrain, des bosquets par exemple. Le site mégalithique le plus complet et le plus impressionnant est Stonehenge, dans le sud de l'Angleterre ; on pense aujourd'hui que sa création s'est étendue sur neuf siècles, jusqu'à son achèvement vers 2100 avant J.-C. Il est difficile de deviner ou d'imaginer à quoi pouvaient bien ressembler de tels sites à l'origine. L'aspect austère qu'ils offrent aujourd'hui risque d'égarer. Les grands lieux de rendez-vous de l'humanité n'avaient pas cette allure quand ils étaient en activité, et il se peut bien que ces immenses pierres aient été autrefois barbouillées d'ocre et de sang, ou qu'elles aient servi de support à des peaux et à des fétiches. Elles ont dû plus souvent ressembler à des mâts totémiques qu'à ces silhouettes solennelles et méditatives que nous contemplons aujourd'hui. Excepté pour les tombes, il n'est pas facile de dire quelle était la fonction de ces monuments, encore que l'on ait pu soutenir que certains étaient des horloges géantes ou d'immenses observatoires célestes, alignés par rapport aux positions qui étaient celles du Soleil à son lever et à son coucher ainsi que de la Lune et des étoiles aux moments clés de l'année astronomique. Un sérieux travail d'observation a dû présider à l'érection de telles constructions, même s'il resta bien inférieur, en minutie et en précision, à ce que réalisèrent les astronomes à Babylone et en Egypte.

Ces vestiges ont demandé une énorme quantité de travail, ce qui suppose une organisation sociale bien développée. Stonehenge contient plusieurs blocs pesant chacun près de 50 tonnes, qu'il fallut acheminer sur plus de 28 kilomètres, depuis le lieu d'extraction jusqu'au site. Près de quatre-vingts pierres d'environ 5 tonnes proviennent des montagnes du pays de Galles, distantes de quelque 240 kilomètres. Les peuples qui édifièrent Stonehenge ne connaissaient pas les véhicules à roue. Tout comme ceux qui réalisèrent les soigneux alignements de tombes que l'on trouve en Irlande, les alignements de menhirs bretons ou les dolmens danois, ils étaient donc capables de travailler à une échelle proche de celle de l'Egypte ancienne, mais sans atteindre sa splendeur et sans pouvoir nous renseigner sur leurs objectifs et leurs intentions, sinon par l'existence même de ces grandes constructions. De telles capacités techniques, si on les rapproche du fait que les monuments se répartissent sur une longue chaîne qui ne s'éloigne jamais beaucoup de la mer, laissent penser qu'un rôle décisif a pu être joué en l'espèce par des tailleurs de pierre itinérants originaires de l'Est, peut-être de Crète, de Mycènes ou des Cyclades, où l'on savait comment s'y prendre avec des masses de cette dimension. Mais cette hypothèse, si plausible soit-elle, n'a pas résisté aux progrès accomplis récemment en matière de datation. Des mégalithes furent édifiés en Bretagne et dans le sud de l'Ibérie vers 4800-4000 avant J.-C., avant que toute construction un tant soit peu importante n'ait vu le jour en Méditerranée ou au Moyen-Orient. Stonehenge fut probablement achevé avant l'époque mycénienne, les tombes d'Espagne et de Bretagne précèdent les pyramides, et les mystérieux temples de Malte, avec leurs immenses blocs de pierre, étaient en place avant 3000 avant J.-C. Et on ne voit pas pourquoi les monuments devraient se distribuer en fonction d'un seul et même processus où l'Atlantique aurait joué son rôle. Il se peut très bien qu'ils aient été réalisés dans un isolement relatif par quatre ou cinq cultures regroupant des sociétés agricoles de dimensions plutôt réduites qui communiquaient entre elles. Les raisons et les occasions qui ont poussé à de telles réalisations ont pu être très différentes. Comme pour l'agriculture et la métallurgie, les techniques de construction de l'Europe préhistorique se sont développées indépendamment du monde extérieur.

Compte tenu de tous leurs acquis, qui sont loin d'être négligeables, les Européens des Temps anciens semblent étrangement passifs et dépourvus de toute réaction quand ils se mettent finalement à entretenir des contacts suivis avec des civilisations avancées. Leurs hésitations et leurs incertitudes font penser à celles d'autres peuples qui devaient rencontrer par la suite des sociétés techniquement plus évoluées – les Africains du XVIIIe siècle, par exemple. Quoi qu'il en soit, les contacts réguliers ne commencèrent que peu avant l'ère chrétienne. Jusque-là, les peuples européens paraissent avoir usé leurs forces face à un environnement qui permettait de satisfaire sans trop de difficultés des besoins modestes mais que seule l'arrivée du fer allait rendre pleinement exploitable. Bien que nettement plus avancés que leurs contemporains en Amérique ou dans la partie de l'Afrique située au sud de la vallée du Nil, ils n'atteignirent jamais le stade de l'urbanisation. Ils connurent leurs plus grandes réussites culturelles dans la décoration et dans la mécanique. Au mieux, les anciens Européens surent répondre, par leur métallurgie, aux besoins d'autres civilisations. Pour le reste, il leur fallut se contenter de fournir les matières premières sur lesquelles la civilisation allait plus tard apposer son sceau.

Un seul groupe de Barbares occidentaux parvint à contribuer plus efficacement à l'émergence d'un monde nouveau. Au sud de la ligne délimitant la zone de culture de l'olivier, un peuple de l'Italie centrale appartenant à l'âge du fer avait déjà noué au VIIIe siècle avant J.-C. des relations commerciales avec les Grecs, dans le sud de l'Italie, et avec la Phénicie. Nous les appelons les Villanoviens, d'après l'un des sites sur lesquels ils vivaient. Durant les deux cents ans qui suivirent, ils adoptèrent pour leur écriture les caractères grecs. Ils étaient organisés en cités-Etats, et avaient développé un art de grande qualité. L'une de leurs cités-Etats devait être connue un jour sous le nom de Rome.

XI

Transformations

Les peuples qui régnaient sur la Méditerranée et sur le Moyen-Orient ne connaissaient à peu près rien de ce qui se passait en Inde et en Chine. Certains d'entre eux, sur la foi de quelques marchands, ont sans doute eu le vague sentiment qu'il y avait des Barbares dans le nord et le nord-ouest de l'Europe. De ce qui pouvait bien arriver au-delà du Sahara et de l'existence des Amériques, ils ignoraient tout. Et pourtant, leur monde devait s'étendre rapidement au Ier millénaire avant J.-C. et, d'une façon peut-être plus évidente encore, gagner également en cohésion, à mesure que les communications qui se développaient en son sein se faisaient plus complexes et plus efficaces. Un monde fait d'un petit nombre de civilisations très différenciées et presque indépendantes les unes des autres cédait la place à un autre, où des régions de plus en plus vastes partageaient les mêmes acquis en matière de civilisation – l'écriture, l'art de gouverner, des techniques, une religion organisée, la vie urbaine – et, sous l'effet de ces acquis, changeaient de plus en plus vite, à mesure que les interactions s'accroissaient entre traditions différentes. On évitera de décrire ce processus en termes trop abstraits ou trop grandioses. Il ne se manifeste pas seulement dans l'art et la pensée spéculative, mais aussi dans bien des domaines beaucoup plus terre à terre. Les petites choses sont aussi parlantes ici que les grandes. Sur les jambes des immenses statues d'Abou Simbel, à 1 100 kilomètres en amont du Nil, des mercenaires grecs qui servaient au VIe siècle avant J.-C. dans l'armée égyptienne ont gravé des inscriptions pour dire leur fierté d'être arrivés aussi loin, tout comme deux mille cinq cents ans plus tard des régiments anglais graveraient leurs insignes et leurs noms sur les rochers, entre Afghanistan et Pakistan, de la passe de Khyber.

Impossible de décider d'une délimitation chronologique nette au sein de ce monde de plus en plus complexe. A supposer que l'on s'y risque, ce serait pour être démenti à plusieurs reprises par les événements, avant même le début de l'âge classique en Occident. L'essor militaire et économique des Mésopotamiens et de leurs successeurs, les déplacements des Indo-Européens, l'arrivée du fer et la diffusion de l'écriture bouleversèrent complètement les schémas bien arrêtés qui caractérisaient le Moyen-Orient longtemps avant l'apparition d'une civilisation méditerranéenne, matrice de la nôtre. Tout porte à croire néanmoins qu'une frontière importante fut franchie vers le début du Ier millénaire avant J.-C. Les grands mouvements migratoires qu'avait connus le Moyen-Orient ancien sont désormais terminés. Localement, les modèles mis en place vers la fin de l'âge du bronze subiront encore des modifications : ce sera du fait de la colonisation et de la conquête, et non pas à la suite de grands va-et-vient de peuples. Les structures politiques héritées des Temps anciens vont servir de leviers et permettre l'avènement d'une nouvelle ère de l'histoire mondiale dans une zone s'étendant de Gibraltar jusqu'à l'Indus. A l'intérieur de cet espace, la civilisation allait devenir de plus en plus une question d'interactions, d'emprunts et de cosmopolitisme. Ces événements se situèrent dans un contexte marqué par le grand changement politique survenu au milieu du Ier millénaire avant

J.-C., l'émergence d'une nouvelle puissance, la Perse, et l'effondrement définitif des traditions égyptiennes et babylono-assyriennes.

L'histoire de l'Egypte est la plus facile à résumer, car c'est tout simplement celle d'un déclin. On a pu parler de ce pays comme d'« un anachronisme de l'âge du bronze dans un monde qui peu à peu se détachait de lui » et son destin peut être expliqué par son incapacité à changer ou à s'adapter. L'Egypte parvint à survivre aux premières attaques que lui portèrent les peuples qui se servaient du fer, et à triompher, au moment où allait commencer la période des troubles, celle des « Peuples de la Mer ». Mais ce fut le dernier grand succès du Nouvel Empire : ce qui suivit présente à l'évidence tous les symptômes d'une machine qui s'épuise. A l'intérieur de l'Egypte, les rois et les prêtres se disputent le pouvoir tandis que la suzeraineté exercée par le pays au-delà de ses frontières finit par n'être plus qu'une fiction. Des dynasties rivales s'affrontent, puis vient une brève période qui voit s'opérer une réunification et où, de nouveau, une armée égyptienne marche sur la Palestine. Mais, à la fin du VIIIe siècle, une dynastie d'envahisseurs kouchites s'implante dans le pays ; en 671 avant J.-C., elle est chassée de la Basse-Egypte par les Assyriens. Assurbanipal ravage Thèbes. Quand le pouvoir assyrien reflue, s'ouvre à nouveau une période illusoire d'« indépendance » égyptienne. En fait, un nouveau monde était né, auquel l'Egypte allait devoir faire des concessions plus que politiques : preuve en est la création à cette époque à Naucratis, dans le Delta, d'une école pour interprètes grecs et d'un comptoir, doté d'un statut privilégié, destiné aux marchands grecs. Et voici qu'au VIe siècle l'Egypte renoue avec la défaite, d'abord du fait des forces de Nabuchodonosor (588 avant J.-C.), puis, soixante ans plus tard, devant les Perses (525 avant J.-C.). Elle devient alors l'une des provinces d'un empire où vont s'élaborer les conditions d'une nouvelle synthèse et qui disputera pendant plusieurs siècles la suprématie mondiale aux nouvelles puissances apparaissant en Méditerranée. Ce n'est pas tout à fait la fin de l'indépendance égyptienne, mais, depuis le IVe siècle avant J.-C. jusqu'au XXe siècle, le pays sera dirigé par des étrangers ou par des dynasties venues d'ailleurs et ne sera plus considéré comme une nation indépendante. Les derniers éclats que jeta l'Egypte ne durent pas grand-chose à sa vitalité propre, mais s'expliquent plutôt par le relâchement temporaire des pressions qui s'exerçaient sur elle et qui finissaient toujours par se renouveler. La dernière en date vint des Perses, et elle fut fatale.

Une fois de plus, il y a au départ une migration. Sur le haut plateau qui est au cœur de l'Iran actuel s'étaient installés, en 5000 avant J.-C., de petits centres de population, mais le mot « Iran » (qui n'apparaît pas avant 600 avant J.-C.) signifie sous sa forme la plus ancienne « terre des Aryens », et c'est seulement vers 1000 avant J.-C., avec l'irruption de tribus aryennes venues du Nord, que commence l'histoire de l'Empire perse. En Iran, tout comme en Inde, les Aryens laissèrent des traces ineffaçables et implantèrent des traditions qui devaient se perpétuer pendant longtemps. Deux de leurs tribus – particulièrement vigoureuses et puissantes – passèrent à la postérité en Occident sous leurs noms bibliques de Mèdes et de Perses. Les Mèdes firent mouvement vers l'ouest et le nord-ouest, jusqu'en Médie ; ils connurent leur apogée au début du VIe siècle avant J.-C., après avoir triomphé de l'Assyrie, leur voisine. Les Perses descendirent vers le sud en direction du Golfe, et s'installèrent au Khuzistan (en bordure de la vallée du Tigre et dans ce qui avait été le royaume d'Elam) et dans le Fars, la Perse des Anciens.

La tradition nous a légué un récit évoquant des rois légendaires qui compte plus par la lumière qu'il jette sur le comportement qui sera plus tard celui des Perses vis-à-vis de la royauté que par une quelconque valeur historique. Quoi qu'il en soit, c'est de la dynastie perse des Achéménides qu'était issu le premier roi à avoir été à la tête d'une Perse unifiée – et peu importe l'anachronisme que constitue ce terme. Il s'agissait de Cyrus, le conquérant de Babylone. En 549 avant J.-C., il triompha du dernier roi indépendant et enchaîna dès lors les conquêtes. Babylone avalée, il traversa l'Asie Mineure jusqu'à la mer pour fondre ensuite sur la Syrie et sur la Palestine. Ce n'est qu'à l'Est (où il finit par trouver la mort en combattant les Scythes) que Cyrus éprouva des difficultés à stabiliser ses frontières, ce qui ne l'empêcha pas de traverser l'Hindu Kush et d'établir une sorte de suprématie sur la région du Gandhara, au nord de Jhelum.

Ce fut le plus vaste empire que le monde ait vu jusque-là. Son style diffère de celui de ses prédécesseurs. Plus de débordements de sauvagerie, comme avec les Assyriens ; à tout le moins, l'art officiel n'exalte pas la brutalité et Cyrus veille à respecter les institutions et les modes de vie de ses nouveaux sujets. Il en résulta un empire dont la diversité n'altérait pas la puissance, et qui suscita en sa faveur un type de fidélité qui avait fait défaut à ses prédécesseurs. La religion fournit ici un bon exemple : quand Cyrus fut intronisé roi de Babylone, il sollicita la protection de Marduk, et c'est lui encore qui décida la reconstruction du Temple de Jérusalem. Un prophète juif vit dans ses victoires la main de Dieu, le surnomma l'« oint du Seigneur » et se réjouit du destin de cette vieille ennemie, Babylone : « Qu'ils se montrent maintenant les astrologues, les devins, avec toutes leurs prévisions, et qu'ils te sauvent de ce qui va s'abattre sur toi » (*Isaïe*, 47, 13).

Les succès de Cyrus durent beaucoup aux ressources matérielles de son royaume. Celui-ci était riche en minerais, surtout en fer, et les hauts pâturages de ses vallées abritaient chevaux et cavaliers en grand nombre. Impossible pour autant de ne pas remarquer la part qui revient ici aux qualités personnelles de Cyrus. Celui-ci est l'une des grandes figures de l'histoire mondiale, reconnu comme telle par d'autres apprentis conquérants qui allaient s'efforcer, dans les siècles qui suivirent, de l'imiter. Il s'appuya pour gouverner sur des gouverneurs provinciaux, précurseurs des futurs satrapes, et il exigea peu des provinces qui lui étaient assujetties en dehors du tribut – généralement en or, ce qui venait étoffer d'autant le Trésor de la Perse – et de l'obéissance.

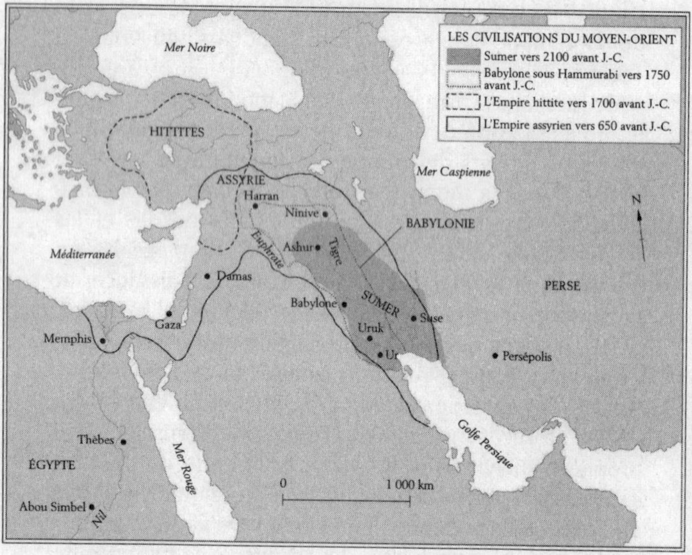

Ainsi commença l'empire qui, non sans de nombreuses vicissitudes, allait servir pendant près de deux siècles de cadre au Moyen-Orient et abriter une grande tradition culturelle qui, en se développant, nourrirait à la fois l'Asie et l'Europe. Sous sa domination, de vastes régions bénéficièrent de périodes de paix plus longues qu'elles n'en avaient connues pendant des siècles. Ce fut, sous bien des aspects, une civilisation de beauté et de douceur. Les Grecs avaient appris d'Hérodote que les Perses adoraient les fleurs (nous leur devons la tulipe). Le fils de Cyrus ajouta l'Egypte à l'empire, mais il mourut avant d'avoir pu se défaire d'un prétendant au trône dont les agissements encouragèrent les Mèdes et les Babyloniens à essayer de retrouver leur indépendance. Celui qui restaura l'héritage de Cyrus fut un jeune homme qui se réclamait de la dynastie des Achéménides, Darius.

Darius (qui régna de 522 à 486 avant J.-C.) ne put réaliser tout ce qu'il souhaitait. Son œuvre, néanmoins, rivalisa avec celle de Cyrus. L'inscription qu'il fit graver sur le monument commémorant ses victoires sur les rebelles n'est pas inappropriée, au regard de ce qu'il parvint à accomplir : « Je suis Darius, le Grand Roi, le Roi des Rois, le Roi de Perse » – une ancienne formule dont la grandiloquence le satisfaisait. A l'est, il porta la frontière de l'empire plus avant dans la vallée de l'Indus. A l'ouest, il l'étendit jusqu'à la Macédoine, où il dut s'arrêter. Au nord enfin, il se montra incapable, tout comme Cyrus avant lui, de gagner vraiment du terrain sur les Scythes. A l'intérieur même de l'empire, un remarquable travail de consolidation fut accompli. Le régime fut décentralisé : l'empire se retrouva divisé en vingt provinces, chacune étant placée sous l'autorité d'un satrape qui était soit un prince de sang royal, soit un noble de haute lignée. Des inspecteurs royaux surveillaient leur action ; pour leur permettre de contrôler plus facilement la machinerie gouvernementale, on institua un secrétariat royal chargé de la correspondance avec les provinces, et l'araméen, l'ancienne « *lingua franca* » de l'Empire assyrien, devint la langue administrative. Elle convenait parfaitement à la conduite des affaires, ne recourant pas au cunéiforme mais à l'alphabet phénicien. La bureaucratie s'appuyait sur un système de communication plus performant que tout ce que l'on avait connu auparavant, une bonne part du tribut versé par les provinces étant investie dans la construction de routes. Celles-ci permettaient de faire franchir aux messages jusqu'à 320 kilomètres par jour.

Une nouvelle capitale, aux vastes dimensions, fut construite à Persépolis, comme une sorte de monument à la gloire de l'empire. Darius lui-même y fut inhumé, dans une tombe rupestre creusée dans la paroi d'une falaise. Conçue comme un hommage colossal au roi, la ville demeure impressionnante, même s'il lui arrive de paraître pompeuse. Persépolis fut au bout du compte une création collective ; les rois qui succédèrent à Darius y installèrent leur palais et y incorporèrent la diversité et le cosmopolitisme de l'empire. Des colosses assyriens, des taureaux et des lions à tête d'homme gardent ses portes comme ils l'avaient déjà fait pour celles de Ninive. Au sommet des escaliers défilent des guerriers de pierre apportant le tribut ; ils donnent le sentiment d'être un peu moins mécaniques que les Assyriens rigides des anciennes sculptures, juste un peu moins. Les colonnes décoratives rappellent l'Egypte, mais ce dispositif égyptien a été transmis par des tailleurs de pierre et des sculpteurs ioniens. On trouve également des détails grecs dans les reliefs et dans la décoration, et c'est un même pot-pourri de réminiscences qui se retrouve non loin dans les tombes royales. Par leur conception, celles-ci rappellent la Vallée des Rois, tandis que leurs entrées cruciformes évoquent d'autres références. La tombe de Cyrus, à Pasargades, comporte aussi des motifs d'inspiration grecque. Un nouveau monde s'apprête à naître.

Ces monuments reflètent parfaitement la diversité et la tolérance qui caractérisèrent la culture perse. Elle avait toujours été ouverte aux influences extérieures, et ne cessera pas de l'être. Au Gandhara, là où se trouvait la cité indienne que les Grecs nommèrent Taxila, religion védique et religion perse se mêlaient, mais, bien évidemment, elles étaient aryennes toutes les deux. La religion perse se concentrait autour du sacrifice et du feu. A l'époque de Darius, ses versions les plus évoluées avaient conduit à ce que l'on a appelé le zoroastrisme, une religion dualiste pour laquelle l'existence du mal s'expliquait par la lutte entre un dieu bon et un dieu mauvais. Sur son prophète, Zoroastre, nous savons peu de chose, mais il semble qu'il ait appris à ses disciples à défendre la cause du dieu de la lumière par un comportement respectueux des rites et de la morale ; dans la vision messianiste qui était la sienne, nous sommes promis à la délivrance : les morts ressusciteront et ils entreront, après avoir été jugés, dans la vie éternelle. Cette croyance se répandit, avec la domination perse, dans toute l'Asie occidentale, même s'il est probable qu'elle n'ait été partagée que par une minorité. Elle devait influencer le judaïsme et les cultes orientaux qui servirent en partie de cadre au christianisme ; les anges de la tradition chrétienne, le feu dans lequel seront précipités les mauvais : ces deux notions viennent de Zoroastre.

Il est trop tôt pour parler des interactions entre l'Asie et l'Europe, mais la fin du monde ancien s'accompagne d'autres exemples d'interactions, plus frappants encore, qui montrent que l'on bascule dans une époque nouvelle. A travers toute l'étendue de l'ancien monde, la Perse a amené les peuples à vivre une expérience commune. Les Indiens, les Mèdes, les Babyloniens, les Lydiens, les Grecs, les Juifs, les Phéniciens et les Egyptiens étaient tous gouvernés, pour la première fois, par un empire dont l'éclectisme montrait à quel point de développement était déjà parvenue la civilisation. C'en était fini, au Moyen-Orient, du temps où la civilisation s'incarnait dans des entités historiques distinctes. Trop de choses avaient fait l'objet d'un partage ou d'une diffusion pour que les successeurs directs des premières civilisations puissent continuer à servir de pierres d'assise à l'histoire mondiale. Des mercenaires indiens combattaient dans les armées perses et des mercenaires grecs dans les armées égyptiennes. La vie urbaine et l'écriture étaient largement répandues à travers le Moyen-Orient. Presque toute la Méditerranée était bordée de cités. Les techniques agricoles et métallurgiques étaient connues bien au-delà et devaient se diffuser plus loin encore, avec les Achéménides exportant en Asie centrale les savoir-faire babyloniens en matière d'irrigation et important du riz depuis l'Inde pour le planter au Moyen-Orient. Quand les Grecs d'Asie décidèrent d'une monnaie, elle fut basée sur la numération sexagésimale de Babylone. Les fondements d'une future civilisation mondiale se mettaient en place.

TROISIÈME PARTIE

L'ÂGE CLASSIQUE

Mesurée en années, c'est plus de la moitié de l'histoire de la civilisation qui s'achève aux environs de 500 avant J.-C. En termes de chronologie, nous continuons toujours d'être plus près des hommes qui vivaient à cette date que ceux-ci ne l'étaient de leurs premiers prédécesseurs civilisés. Durant les trois mille années ou à peu près qui les séparent, l'humanité a parcouru un long chemin ; si incroyablement lents qu'aient pu être les changements affectant la vie quotidienne, il existe un énorme écart qualitatif entre Sumer et la Perse des Achéménides. Au VIe siècle avant J.-C., c'en était déjà terminé de la grande période des fondations et des accélérations. Depuis la Méditerranée occidentale jusqu'aux côtes de la Chine s'était implantée une grande diversité de traditions culturelles. Des civilisations distinctes y avaient pris racine, quelques-unes assez solidement et profondément pour avoir subsisté jusqu'à notre époque. Sous des formes évoluant progressivement, certaines d'entre elles, qui plus est, vécurent pendant des centaines, voire des milliers d'années. Pratiquement isolées, elles ont peu contribué à la vie commune de l'humanité en dehors de leur lieu d'implantation, mais elles n'en sont pas moins d'une grande importance parce qu'elles témoignent de l'étendue des possibilités qui s'offraient à l'homme en matière de développement.

Pour l'essentiel, même les plus grands centres de civilisation restèrent indifférents à ce qui se trouvait en dehors de leur sphère pendant au moins deux mille ans après la chute de Babylone, excepté lorsqu'une invasion venait occasionnellement jeter le trouble chez eux. Ce monde vit certaines civilisations se développer en profondeur pour créer une époque, un âge appelés à servir de modèles pour les temps à venir. C'est ce que l'on désigne en anglais par « âge classique[1] ». Mais toutes les civilisations qui florissaient autour de l'an zéro n'ont pas laissé derrière elles un héritage classique susceptible de survivre jusqu'à nos jours. Certaines furent transformées par les conquêtes, les migrations ou de profonds changements religieux. En Chine, des éléments de l'âge classique, liés à la dynastie des Han, furent préservés grâce à la continuité de l'Etat. En Inde, ils le furent grâce à celle de la religion et de l'organisation sociale. Quant à l'âge classique qui émerge de la Méditerranée orientale, il va durer plus d'un millier d'années sans que la moindre rupture n'affecte ses traditions, avant de servir beaucoup plus tard, à l'époque moderne, de terreau à un changement d'ampleur mondiale.

1. Ce qui correspond en français à « Antiquité ». Mais si le sens, chronologiquement parlant, est le même, les connotations diffèrent sensiblement. (*N.d.T.*)

XII

Rebâtir le monde ancien

L'apparition d'une nouvelle civilisation dans la Méditerranée orientale dut beaucoup aux traditions du Moyen-Orient ancien et du monde égéen. Nous avons affaire, dès l'origine, à un amalgame entre la langue grecque, un alphabet sémite, des idées dont les racines se trouvent en Egypte et en Mésopotamie, et des réminiscences de Mycènes ; les choses ne furent jamais simples et tout d'une pièce, et elles finiront par devenir réellement très complexes. Les limites de cette civilisation ont toujours été difficiles à définir, étant donné le nombre de pays qui l'ont intégrée et qui lui ont donné son unité. Il s'agissait en fait d'un groupe de cultures analogues implantées autour de la Méditerranée et dans le monde égéen, et dont les frontières allaient se perdre jusqu'en Asie, en Afrique, en Europe barbare et dans le sud de la Russie. Même lorsque cette extension de la civilisation méditerranéenne se laissa mieux définir, d'autres traditions continuèrent d'influer sur elle et de beaucoup recevoir d'elle en retour.

Cette civilisation a également changé avec le temps. Elle a manifesté une plus grande capacité d'évolution que toutes celles qui l'avaient précédée. Si elles connurent des changements politiques importants, ses institutions n'en restèrent pas moins intactes pour l'essentiel, ce qui n'empêcha pas la civilisation méditerranéenne de se livrer au passage, pour ce qui est des systèmes de gouvernement, à toute une gamme d'expériences. En matière de religion et d'idéologie, alors que d'autres traditions tendaient à se développer sans changements violents ni cassures, de telle sorte que civilisation et religion allaient pratiquement de pair, l'une vivant et mourant avec l'autre, la civilisation méditerranéenne connut à ses débuts une forme de paganisme qui lui était propre et s'acheva avec le succès d'une religion d'importation, le christianisme, un judaïsme complètement transformé qui allait devenir la première religion mondiale. Ce fut un véritable bouleversement, qui ne resta pas sans effet sur les possibilités pour cette civilisation de peser sur l'avenir.

De tous les facteurs qui intervinrent dans sa cristallisation, le principal fut le cadre lui-même, le bassin méditerranéen. Il était à la fois un collecteur et une source ; des courants venus des terres occupées par les anciennes civilisations n'avaient pas de peine à s'y déverser et ils refluaient également depuis ce réservoir central jusqu'à leur point de départ ainsi que vers le nord, là où se trouvaient les Barbares. Bien que de vastes dimensions et abritant une grande diversité de peuples, ce bassin possède des caractéristiques générales bien définies. La plupart de ses côtes sont bordées de plaines étroites dominées par des chaînes de montagnes abruptes qui forment une véritable clôture, traversée çà et là par un petit nombre de vallées fluviales importantes. Les habitants des côtes étaient enclins à regarder vers la mer, à proximité d'eux ou devant eux, plutôt que derrière eux, vers l'arrière-pays. C'est ce qui, joint au fait que tous partageaient le même climat, allait conduire très naturellement les peuples entreprenants à diffuser idées et techniques au sein du monde méditerranéen.

Les Romains, très justement, ont appelé la Méditerranée *Mare Magnum*, c'est-à-dire la « Grande Mer ». Elle était pour eux le phénomène géographique majeur et figurait au centre de leurs cartes. Ses étendues d'eau représentaient un facteur d'union pour ceux qui savaient comment s'y repérer. En 500 avant J.-C., les techniques de navigation étaient assez avancées pour permettre d'y voyager librement, excepté en hiver. Les vents et les courants dominants déterminaient les routes exactes à suivre pour des bateaux qui ne se déplaçaient qu'à la voile ou à la rame, mais on pouvait atteindre par mer n'importe quel point de la Méditerranée depuis n'importe quel autre. Le résultat ? Une civilisation installée sur les côtes et où l'on parlait couramment plusieurs langues. Elle possédait des centres de commerce spécialisés, car la mer facilitait les échanges de marchandises, mais l'activité économique reposait avant tout sur la culture du blé et de l'orge, de l'olivier et de la vigne, principalement pour la consommation locale. Les déserts que l'on rencontre aujourd'hui au sud se trouvaient alors plus loin des côtes. Pendant des milliers d'années peut-être, l'Afrique du Nord fut beaucoup plus riche qu'elle ne l'est à présent, plus boisée, mieux arrosée et plus fertile. Le même type de civilisation eut donc tendance à se former tout autour de la Méditerranée. Les différences qui nous paraissent aller de soi entre l'Afrique et l'Europe n'apparurent qu'après 500 après J.-C.

Ouverts comme ils l'étaient sur l'extérieur, les peuples de cette civilisation des côtes créèrent un nouveau monde. Les civilisations des grandes vallées n'avaient pas pratiqué la colonisation mais la conquête. Leurs peuples avaient le regard tourné vers l'intérieur ; sous la conduite de despotes locaux, ils poursuivaient des objectifs limités. Bien des sociétés qui leur succéderont, y compris à l'intérieur du monde classique, feront de même, mais on perçoit dès le début, avec cette civilisation côtière, un changement de tempo et de potentiel. Les Grecs et les Romains finiront par cultiver le blé en Russie, par travailler de l'étain originaire de Cornouailles, par construire des routes pour pénétrer dans les Balkans et par se faire plaisir avec des épices venues d'Inde et de la soie venue de Chine.

Nous en savons beaucoup sur ce monde, en partie parce qu'il nous a laissé un vaste héritage archéologique et architectural. Ce qui est nettement plus important, néanmoins, c'est la richesse des textes dont nous disposons, une nouveauté qui nous fait entrer de plain-pied dans la culture de l'écrit. Nous voici notamment en présence des premières œuvres véritables sur l'histoire. Quelles que soient les dimensions que devaient prendre par la suite les grands récits consacrés par les Juifs à leur passé – ce drame cosmique construit autour du pèlerinage accompli dans le temps par un peuple –, ils n'ont rien à voir avec une démarche d'historien. De toute façon, ils nous parviennent eux aussi par l'intermédiaire du monde méditerranéen classique. Sans le christianisme, leur influence se serait limitée à Israël ; grâce à lui, les mythes qu'ils véhiculaient, les interprétations qu'on pouvait en donner allaient toucher un monde qui pratiquait, depuis déjà quatre cents ans, ce que nous sommes à même de reconnaître comme une approche critique de l'histoire. Et pourtant le travail des historiens, si digne d'intérêt soit-il, n'est qu'une toute petite partie de l'ensemble. Peu après 500 avant J.-C. apparaît la première grande littérature, dans toute son étendue : théâtre, épopée, poésie lyrique, histoire et épigrammes. S'il n'en est resté qu'une petite part – sept pièces, par exemple, sur la centaine composée par son plus grand auteur de tragédies –, elle nous permet néanmoins d'entrer en contact, comme nous n'avions pu le faire jusque-là pour aucune autre, avec l'esprit d'une civilisation.

Reste que, même pour la Grèce, qui est à l'origine de cette littérature, et *a fortiori* pour d'autres parties du monde classique, plus lointaines, les textes par eux-mêmes ne suffisent pas. L'archéologie est indispensable, mais, si elle nous apporte autant d'informations, c'est bien parce que les sources littéraires sont ici plus abondantes qu'elles ne l'avaient jamais été par le passé. Les textes qu'elles nous ont laissés sont pour l'essentiel en grec ou en latin, les deux langues qui constituaient en quelque sorte la monnaie intellectuelle de la civilisation méditerranéenne. La persistance en anglais, la langue la plus utilisée aujourd'hui dans le monde, de tant de mots d'origine grecque ou latine montre assez la considération qu'ont eue ses successeurs pour cette civilisation. Ceux qui s'intéressèrent plus tard à elle le firent à partir des textes et c'est dans ces textes qu'ils décelèrent les qualités qui devaient les amener à parler à son propos de « monde classique ».

C'est une expression qui convient parfaitement, à condition de nous rappeler que ceux qui l'ont forgée étaient les héritiers des traditions qu'ils y trouvaient et que, se laissant peut-être prendre au piège, ils adhéraient à ses idées de base. Mais d'autres traditions et d'autres civilisations ont connu, elles aussi, leur phase classique. Cette expression signifie que les hommes voient dans telle ou telle période du passé un âge où se trouvent définis des modèles pour les temps futurs. Un grand nombre d'Européens devaient être hypnotisés plus tard par la puissance et la splendeur de la civilisation méditerranéenne classique. Des hommes qui appartenaient à cette dernière crurent eux aussi qu'ils étaient exceptionnels, eux, leur culture et leur époque, même si ce ne fut pas toujours pour des raisons qui nous paraîtraient convaincantes aujourd'hui. Cette civilisation méditerranéenne n'en fut pas moins tout à fait remarquable ; vigoureuse et remuante, elle a élaboré des normes et des idéaux mais aussi des techniques et des institutions sur lesquels allait se construire une immense partie de l'avenir. L'unité à laquelle furent plus tard sensibles les admirateurs de l'héritage méditerranéen est, fondamentalement, d'ordre mental.

Inévitablement, certains des efforts qui furent faits par la suite pour étudier et appliquer l'idéal classique n'ont pas su se garder de l'anachronisme et des falsifications auxquelles il expose, pas plus qu'ils n'ont su éviter des rêveries romantiques sur un âge d'or disparu. Nous n'en sommes pas moins en présence, même si l'on tient compte de ces dérives et une fois effectué le travail critique des spécialistes, d'une réussite intellectuelle considérable et cohérente qui s'inscrit, d'une certaine manière, à l'intérieur même de nos frontières mentales. Quels que soient les difficultés et les risques de mauvaise interprétation, la plupart des hommes d'aujourd'hui sont à même de reconnaître et de comprendre, mieux que pour aucune autre civilisation plus ancienne ou située dans une aire géographique différente, l'esprit qui présida à l'âge classique méditerranéen. Comme on a pu le dire si justement : « Ce monde est un monde dont nous pouvons respirer l'air. »

Le rôle des Grecs fut déterminant dans l'avènement de ce monde, et c'est par eux que son histoire doit commencer. Ils ont contribué, plus que tout autre peuple, à lui donner son dynamisme, son aura mythique et sa force d'inspiration. Leur recherche de l'excellence donna le ton à toute l'Europe et leur réussite ne sera jamais assez soulignée. Ils sont au cœur du processus qui devait aboutir à la création de la civilisation méditerranéenne classique.

XIII
Les Grecs

Dans la seconde moitié du VIIIe siècle avant J.-C., les nuages qui avaient caché le monde égéen depuis la fin de l'âge du bronze commencent à se dissiper un peu. Il devient moins difficile de discerner des processus et parfois des événements. On dispose même de quelques dates, dont l'une joue un rôle clé dans la conscience qu'a prise d'elle-même une civilisation : c'est en 776 avant J.-C., si l'on en croit les historiens grecs, que se tinrent les premiers Jeux olympiques. Quelques siècles plus tard, les Grecs calculeront les années à partir de cette date, comme nous les calculons nous-mêmes à partir de la naissance du Christ.

Les peuples qui se rassemblaient à cette occasion, comme ils le feront par la suite pour d'autres fêtes du même genre, reconnaissaient ainsi qu'ils partageaient une même culture. A sa base, une identité de langue : Doriens, Ioniens, Eoliens parlaient tous le grec. Mieux encore, ils le parlaient depuis longtemps ; mais voici que leur langue allait maintenant acquérir la cohérence et la solidité qu'apporte avec elle l'écriture, un progrès considérable qui permit, par exemple, de donner une forme durable aux poèmes oraux traditionnels que l'on attribuait à Homère. La première inscription en caractères grecs que nous connaissions figure sur un pot datant d'environ 750 avant J.-C. Elle montre à quel point le renouveau de la civilisation égéenne est redevable à l'Asie. L'inscription s'inspire de l'alphabet phénicien ; les Grecs ignoraient l'écriture jusqu'à ce que leurs marchands rapportent avec eux cet alphabet. Il semble avoir été d'abord utilisé dans le Péloponnèse, en Crète et à Rhodes ; ce furent probablement les premières régions à bénéficier du renouveau des relations avec l'Asie après les « Ages obscurs ». Le processus est mystérieux et ne sera sans doute jamais élucidé, mais c'est sûrement, d'une manière ou d'une autre, le contact avec l'Est qui servit de catalyseur à la civilisation grecque.

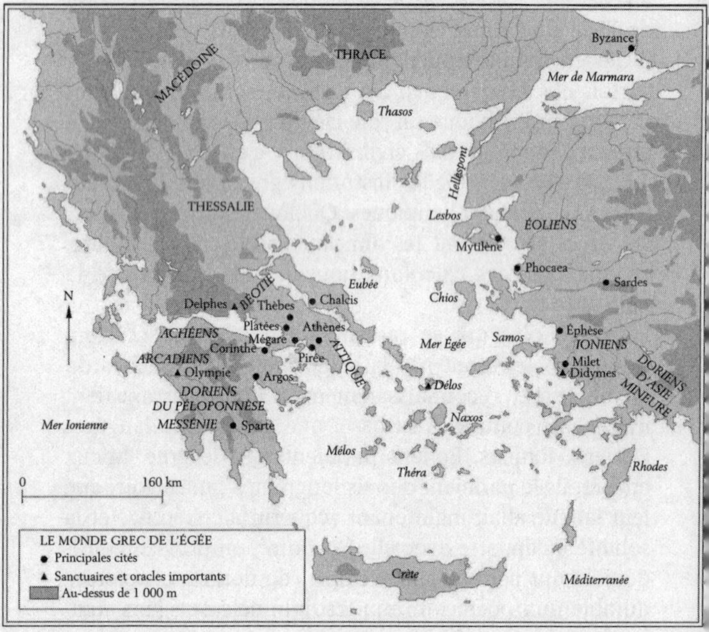

Qui étaient ces hommes, parlant le grec, qui assistèrent à la première Olympiade ? Même si c'est le nom sous lequel eux-mêmes et leurs descendants sont encore connus aujourd'hui, on ne les appelait pas « Grecs » ; ce nom ne leur fut donné que des siècles plus tard par les Romains. Ils utilisaient plutôt le mot « Hellènes ». D'abord employé pour distinguer les envahisseurs de la péninsule grecque de ses premiers habitants, ce mot devint un terme générique désignant tous les peuples du monde égéen parlant le grec. Il y avait là beaucoup plus qu'une simple question de vocabulaire. Avec cette nouvelle appellation, c'est une nouvelle conception qui voyait le jour au sortir des « Ages obscurs ». Une nouvelle entité prenait conscience d'elle-même, une entité qui ne faisait encore qu'émerger et dont la signification exacte resterait toujours incertaine. Au VIIIe siècle, un certain nombre de ceux qui parlaient le grec étaient installés de longue date sur leurs terres et leurs origines s'étaient perdues dans le tourbillon des invasions qui marquèrent l'âge du bronze. D'autres formaient des arrivants de beaucoup plus fraîche date. Ni les uns ni les autres n'étaient initialement des Grecs, c'est en vivant dans la région qu'ils le devinrent. La langue fonda leur identité, leur permit de nouer entre eux de nouveaux liens. Outre les pratiques religieuses et les mythes dont ils avaient tous hérité, c'est elle, en priorité, qui définissait pour eux le fait d'être grecs, c'est-à-dire de partager, quoi qu'il arrive, la même culture.

Et pourtant ces liens n'eurent jamais d'effet sur le plan politique. Comment auraient-ils pu inciter à l'union, quand l'espace où se déroula l'histoire du monde grec, par ses dimensions et par ses formes, s'y prêtait si peu ? Il ne s'agissait pas seulement de ce que nous appelons aujourd'hui la Grèce, mais plutôt du monde égéen tout entier. La large diffusion des influences minoennes et mycéniennes durant les anciens temps civilisés l'avait laissé présager : entre les multiples îles de la mer Egée et les rivages qui les entouraient il était facile de voyager durant une grande partie de l'année. L'apparition de la civilisation grecque pourrait bien tenir après tout, pour l'essentiel, à la géographie. Le passé a certainement compté lui aussi, mais la Grèce a probablement moins reçu de la Crète minoenne et de Mycènes que la Grande-Bretagne de l'Angleterre anglo-saxonne. Le cadre géographique fut plus important que l'histoire ; c'est lui qui a permis à un ensemble de communautés économiquement viables, parlant la même langue et aisément accessibles non pas seulement entre elles mais aussi par rapport aux anciens centres de civilisation du Moyen-Orient, de se regrouper. Comme les grandes vallées fluviales – mais pour des raisons différentes –, la mer Egée avait tout pour favoriser le développement d'une civilisation.

Si les Grecs s'installèrent dans une bonne partie de cette mer, c'est à la suite des expériences qu'ils firent sur le continent. Ce n'est que sur de toutes petites étendues que le terrain et le climat se combinaient pour laisser espérer une production agricole abondante. Pour l'essentiel, l'agriculture se cantonnait dans d'étroites bandes de plaine alluviale, entourées de collines rocailleuses ou boisées, où il fallait pratiquer la culture en terre sèche (c'est-à-dire sur pied, sans irrigation). Les ressources minières étaient rares, il n'y avait ni étain, ni cuivre, ni fer. Quelques vallées se jetaient directement dans la mer et les communications entre elles présentaient généralement des difficultés. Voilà qui incita les habitants de l'Attique et du Péloponnèse à se tourner vers cette mer où les déplacements se révélaient beaucoup plus aisés que sur terre. Aucun d'entre eux, après tout, ne vivait à plus de 65 kilomètres de l'eau.

Cette tendance s'intensifia dès le Xe siècle avant J.-C., avec un accroissement de la population qui mit davantage de pression encore sur les terres disponibles. Cette situation ouvrit la voie à une grande période de colonisation ; quand elle s'acheva, au VIe siècle, le monde grec s'étendait bien au-delà de la mer Egée, depuis la mer Noire à l'est jusqu'aux Baléares, à la France et à la Sicile à l'ouest, et jusqu'à la Libye au sud. Mais c'était le résultat de plusieurs siècles durant lesquels d'autres forces que la pression démographique s'étaient exercées. Tandis que la Thrace était colonisée par des agriculteurs en quête de terres, d'autres Grecs s'établissaient au Levant ou dans le sud de l'Italie afin d'y faire commerce, soit pour les richesses que ces pays laissaient espérer, soit pour l'accès qu'ils offraient aux métaux dont ils avaient besoin et qu'ils ne pouvaient trouver en Grèce. Certaines cités grecques de la mer Noire semblent devoir leur emplacement à des raisons commerciales, d'autres à leur potentiel agricole. Les marchands et les cultivateurs n'étaient pas les seuls à diffuser les manières grecques et à apprendre la Grèce au monde extérieur. Les documents historiques que nous ont laissés d'autres pays montrent qu'il a existé depuis le VIe siècle avant J.-C. (quand ils combattirent pour les Egyptiens contre les Assyriens) des mercenaires grecs. Tous ces éléments devaient avoir d'importantes répercussions sociales et politiques sur la mère patrie.

Bien que servant dans des armées étrangères et se querellant violemment entre eux, les Grecs – tout en entretenant pour le plaisir les distinctions traditionnelles entre Béotiens, Doriens ou Ioniens – furent toujours très conscients des grandes différences qui les séparaient des autres peuples. Les conséquences, sur le plan pratique, pouvaient être considérables ; c'est ainsi qu'il était interdit, en théorie, de réduire les prisonniers de guerre grecs en esclavage, contrairement aux « Barbares ». Le terme dit bien ce qui constitue l'essence même de l'hellénisme, mais il était plus large et moins péjoratif que dans son acception moderne. Les Barbares, c'était le reste du monde, ceux qui ne parlaient pas un grec intelligible (quand bien même il se serait agi d'un dialecte) mais émettaient des sons, « bar-bar », qu'aucun Grec ne pouvait comprendre. Lors des grandes fêtes religieuses de l'année grecque, qui voyaient affluer des visiteurs depuis un grand nombre de cités, seuls ceux qui parlaient le grec étaient admis.

La religion constituait l'autre composante de l'identité grecque. Le panthéon est extrêmement complexe. On a affaire à une accumulation de mythes qui sont l'œuvre de nombreuses communautés, sur de vastes espaces et à des moments différents. Ces mythes restèrent souvent incohérents et parfois même contradictoires jusqu'à leur mise en ordre, à une période plus tardive, par des esprits soucieux de rationalisation. Certains viennent d'ailleurs, comme le mythe asiatique des quatre âges : d'or, d'argent, de bronze et de fer. La croyance en de telles légendes et les superstitions locales formaient le fondement de l'expérience religieuse des Grecs. Celle-ci n'en était pas moins très différente de celle des autres peuples par son penchant marqué pour l'anthropomorphisme. Les dieux et les déesses grecs, en dépit de leur statut et de leurs pouvoirs surnaturels, ressemblent fortement à des êtres humains. Quelle que soit leur dette envers l'Egypte et l'Orient, la mythologie et l'art grecs les représentent comme des hommes et des femmes en mieux ou en pire, sans rien qui rappelle les monstres d'Assyrie et de Babylone, ou Shiva aux nombreux bras. D'où une révolution en matière de religion, la réciproque impliquant que les hommes pouvaient ressembler à des dieux. On le constate déjà chez Homère. Le poète a peut-être fait plus que n'importe qui d'autre pour infléchir dans cette direction le monde surnaturel des Grecs, lui qui réserve peu de place aux cultes populaires. Il nous montre les dieux prenant parti lors de la guerre de Troie, dans des attitudes on ne peut plus humaines, et rivalisant les uns avec les autres ; Poséidon harcèle le héros de l'*Odyssée*, mais Athéna le protège. Un critique grec fit plus tard remarquer en maugréant qu'Homère « attribuait aux dieux tout ce qu'il y avait de honteux et de blâmable chez les hommes : le vol, l'adultère et la fourberie ». Le monde divin fonctionnait à peu près comme le monde réel.

L'*Iliade* et l'*Odyssée* ont déjà été mentionnées à cause de la lumière que ces deux poèmes jettent sur la préhistoire ; ils ont aussi aidé à modeler l'avenir. Ils n'offrent pourtant rien à première vue qui justifie la vénération qu'ils ont suscitée. L'*Iliade* raconte un court épisode survenu dans un lointain passé lors d'une guerre légendaire ; l'*Odyssée*, qui ressemble davantage à un roman, retrace les errances d'un des plus grands héros littéraires de tous les temps, Ulysse, qui tente de rentrer chez lui au sortir de cette même guerre. A première vue, c'est tout ce que l'on peut en dire. Mais il se trouve que ces deux œuvres ont fini par être considérées comme des textes sacrés.

On a passé beaucoup de temps et usé beaucoup d'encre à débattre de la façon dont elles avaient été composées. Il semble aujourd'hui à peu près certain qu'elles ont pris leur aspect actuel en Ionie peu avant le VIIe siècle avant J.-C. Pendant quatre siècles, les bardes s'étaient transmis oralement des éléments auxquels quelqu'un – et c'est là le point essentiel – donna forme et stabilité : c'est ce qui permit à ces œuvres d'arriver au plus haut sommet qu'ait jamais atteint la poésie héroïque des Grecs. Bien qu'ils aient probablement été mis par écrit au VIIe siècle, aucune version de référence de ces deux poèmes ne s'imposa avant le VIe ; ils étaient déjà considérés alors comme un récit fiable de l'histoire grecque ancienne, un recueil de principes moraux et de modèles de vie, et la base de toute éducation littéraire. C'est ce qui fait d'eux non seulement les premiers documents en date sur la conscience que les Grecs avaient d'eux-mêmes, mais aussi l'incarnation des valeurs fondamentales de la civilisation classique. Plus tard, ils devaient représenter bien plus encore : ils devinrent, avec la Bible, la source de la littérature occidentale.

Si humains qu'aient pu être les dieux d'Homère, les Grecs vouaient aussi un profond respect au monde de l'occulte et du mystère, censé se manifester à travers les présages et les oracles. Les sanctuaires consacrés aux oracles d'Apollon, à Delphes ou à Didymes en Asie Mineure, étaient des lieux de pèlerinage ; on vénérait les avis énigmatiques qui y étaient formulés. Il existait par ailleurs des cultes rituels où l'on célébrait, au moment du passage des saisons, des « mystères » reproduisant les grands processus naturels de germination et de croissance. La religion populaire ne tient guère de place dans les sources littéraires, mais elle n'a jamais été complètement séparée de la religion « respectable ». Etant donné le caractère impressionnant des réussites auxquelles parvint plus tard l'élite grecque à l'âge classique et le fait qu'elles durent beaucoup à une démarche rationnelle et à la logique, il est important de se rappeler l'existence, comme en sous-sol, de cette part d'irrationnel. L'irrationnel fut toujours présent chez les Grecs et cette présence fut particulièrement marquée à l'époque ancienne, que l'on pourrait dire de formation, dont traite ce chapitre.

Les textes littéraires et la tradition nous renseignent également, même si ce n'est pas avec une grande précision, sur les institutions sociales et politiques de la Grèce ancienne. Homère met en scène une société de rois et d'aristocrates déjà devenue anachronique à l'époque où il la dépeint. Le titre de roi continua parfois d'être utilisé, et à Sparte, où il y eut toujours deux rois à la fois, il s'assortissait d'une autorité qui, même difficile à définir, n'en était pas moins réelle. Reste que, dans les temps historiques, le pouvoir était passé, dans presque toutes les cités grecques, des mains des monarques à celles des aristocrates. L'obsession du courage, propre à toute aristocratie militaire, peut expliquer l'assurance et l'indépendance qui étaient de mise dans la vie publique des Grecs ; Achille, tel qu'Homère nous le présente, est aussi chatouilleux et susceptible qu'un baron du Moyen Age. Les Grecs ne furent jamais à même de bâtir un empire durable, car il aurait fallu accepter pour cela une forme de subordination des petits envers les grands ou consentir à la discipline de la routine quotidienne. Ce qui ne fut peut-être pas plus mal en soi, mais les empêcha, malgré le sentiment profond qu'ils avaient de leur hellénisme, de faire un Etat de leur patrie.

Dans les anciennes cités, l'organisation sociale n'était pas encore très complexe. Au-dessous des aristocrates venaient les hommes libres, qui cultivaient leur terre ou parfois celle des autres. La richesse ne changeait pas rapidement et aisément de mains, mais l'arrivée de la monnaie la rendit accessible sous une forme plus facilement transférable que la terre. Homère estimait la valeur des choses en bœufs et semble avoir tenu l'or et l'argent pour des éléments entrant dans un rituel de don plutôt que pour des moyens d'échange. C'est l'origine de l'idée qui se développera plus tard selon laquelle le commerce et les tâches subalternes étaient dégradants – une conception aristocratique des choses qui devait persister. Voilà qui aide à comprendre pourquoi à Athènes (et peut-être aussi ailleurs) le commerce fut longtemps entre les mains des « métèques », ces résidents étrangers qui ne jouissaient d'aucun droit politique mais remplissaient les services auxquels se refusaient les Grecs.

L'esclavage allait manifestement de soi, même si des incertitudes demeurent à son sujet. Il pouvait prendre de toute évidence bien des formes. Dans les temps archaïques, si c'est bien à eux que se réfère Homère, la plupart des esclaves étaient des femmes, mais par la suite les prisonniers mâles, au lieu d'être exécutés, furent condamnés à l'esclavage. Le travail sur de grands domaines, comme à Rome ou dans les colonies européennes des Temps modernes, était l'exception. De nombreux citoyens grecs du Ve siècle possédaient un ou deux esclaves et l'on estime que ces derniers représentaient à peu près un quart de la population d'Athènes à l'époque de sa plus grande prospérité. Ils pouvaient être affranchis – c'est ainsi qu'un esclave devint, au IVe siècle, un banquier de premier plan. Le monde entier était alors organisé en fonction de l'esclavage et il n'est donc guère surprenant que les Grecs ne se soient pas interrogés sur le bien-fondé de cette institution. Les esclaves remplissaient pour eux toutes les tâches, depuis les travaux des champs jusqu'à l'enseignement (le terme de « pédagogue », dont nous avons hérité, désignait à l'origine l'esclave qui accompagnait à l'école un garçon de bonne famille).

Entre autres canaux, c'est par les esclaves, probablement, et par les métèques, sûrement, que les Grecs ont continué de subir l'influence du Moyen-Orient longtemps après la réémergence de la civilisation dans le monde égéen. Homère avait déjà mentionné les *demiourgoi*, des artisans étrangers qui apportèrent avec eux dans les cités hellènes non seulement les savoir-faire d'autres pays, mais aussi leurs motifs et leurs styles. Nous entendons parler plus tard d'artisans grecs installés à Babylone et nous avons de nombreux exemples de mercenaires grecs servant sous des rois étrangers. Quand les Perses s'emparèrent de l'Egypte en 525 avant J.-C., il y avait des Grecs dans les deux camps. Un certain nombre de ces hommes ont dû retourner dans l'Egée avec de nouvelles idées et de nouvelles impressions. Et, pendant tout ce temps, il y eut en permanence des relations commerciales et diplomatiques entre les cités grecques d'Asie et leurs voisins.

Le très grand nombre d'échanges auxquels donnaient lieu au quotidien les activités des Grecs empêche de bien distinguer entre les apports indigènes et les apports étrangers à la culture de la Grèce archaïque. Il est tentant de se tourner ici vers l'art. Tout comme Mycènes renvoyait à des modèles asiatiques, les motifs animaliers qui décorent les œuvres en bronze des Grecs ou les attitudes qu'ils donnent à des déesses comme Aphrodite rappellent l'art du Moyen-Orient. L'architecture et la sculpture devaient imiter plus tard celles de l'Egypte et ce sont des réalisations égyptiennes qui ont inspiré les objets fabriqués à Naucratis par des artisans grecs. Même si l'aboutissement, c'est-à-dire l'art grec classique de la maturité, fut unique en son genre, ses origines n'en remontent pas moins très loin dans le temps, à une époque, le VIIIe siècle avant J.-C., où de nouveaux liens furent tissés avec l'Asie. Ce qu'il est impossible de retracer rapidement, c'est la façon dont a ensuite lentement irradié un processus d'imprégnation culturelle qui, au VIe siècle avant J.-C., joua dans les deux sens, la Grèce étant à la fois l'élève et le maître. La Lydie, par exemple, le royaume du légendaire Crésus, l'homme le plus riche du monde, fut hellénisée par les cités grecques qui lui payaient tribut ; elle leur emprunta son art et, ce qui est probablement plus important, l'alphabet, acquis indirectement par l'intermédiaire de la Phrygie. C'est ainsi que l'Asie reçut en retour ce qu'elle avait donné.

Bien avant 500 avant J.-C., cette civilisation était si complexe que l'on risque facilement de perdre contact, à tout moment, avec ce qui se passe vraiment dans la réalité. Par rapport à d'autres sociétés de la même époque, l'ancienne société grecque connaît des changements rapides, dont certains sont plus faciles à percevoir que d'autres. Un fait notable se produit à la fin du VIIe siècle avant J.-C. : une seconde vague de colonisation se déclenche, de plus grande ampleur que la première, et dont l'initiative revient souvent à des cités grecques de l'Est. Ces colonies étaient une façon de remédier aux difficultés rencontrées par la métropole : problèmes agraires, pression démographique. Il en résulta une montée en puissance du commerce : de nouvelles relations économiques se firent jour, à mesure que les échanges avec le monde non grec devenaient plus faciles. Témoin, entre autres, de ce phénomène : la circulation accrue d'un métal précieux, l'argent. Les Lydiens avaient été les premiers à frapper de véritables pièces de monnaie – des jetons pesant un poids défini et portant des inscriptions normées – et la monnaie commença à être largement utilisée au VIe siècle avant J.-C., aussi bien en interne qu'à l'extérieur ; seule Sparte résista à son introduction. La spécialisation devint une forme de réponse à la pénurie de terres. Athènes finança l'importation des céréales dont elle avait besoin en se spécialisant dans la production en grande quantité de céramique et d'huile ; Chios exporta de l'huile et du vin. Certaines cités grecques virent notamment s'accroître leur dépendance vis-à-vis du blé étranger en provenance d'Egypte ou des colonies grecques de la mer Noire.

L'expansion commerciale signifiait non seulement que la terre n'était plus la seule source importante de richesse, mais aussi qu'il existait un plus grand nombre de personnes pouvant l'acquérir, elle qui jouait un si grand rôle dans la définition du statut social. Ce fut l'origine d'une révolution tout à la fois militaire et politique. L'idéal de la guerre, pour les Grecs de l'ancien temps, avait été le combat singulier, un type d'affrontement naturel dans une société dont les guerriers étaient des aristocrates, ralliant le champ de bataille sur un cheval ou sur un char pour se mesurer à leurs égaux, tandis que leurs inférieurs moins bien armés s'empoignaient autour d'eux. Voici maintenant que les nouveaux riches pouvaient s'offrir l'armure et les armes qui avaient permis à un outil militaire plus performant de voir le jour : le régiment des « hoplites », l'infanterie lourde qui allait constituer l'atout majeur des armées grecques et leur assurer la supériorité. Elles l'emporteraient par la discipline collective plutôt que par la bravoure individuelle.

Les hoplites arboraient un casque, étaient revêtus d'une cuirasse et portaient un bouclier. Leur arme principale, la lance, n'était pas une arme de jet, mais leur servait à repousser ou à transpercer l'ennemi lors de la mêlée qui suivait la charge. Ils chargeaient en masse, d'une manière ordonnée, de façon à faire parler tout leur poids. L'objectif était de balayer les défenseurs sous la force de l'impact et cela dépendait entièrement de la discipline et de la cohésion des attaquants. C'est sur la capacité à agir collectivement que reposait le nouvel art de la guerre. En dépit du nombre plus élevé de combattants désormais impliqués dans les batailles, le nombre n'était plus la seule chose qui importait, comme allaient le prouver trois siècles de succès remportés par les Grecs sur les armées asiatiques. La discipline et le savoir-faire tactique commencèrent à compter davantage ; ils supposaient une manière d'entraînement régulier, aussi bien qu'une ouverture sociale du groupe des guerriers. Une plus grande quantité d'hommes eurent ainsi accès au pouvoir que donne le quasi-monopole de la force et des moyens de l'exercer.

Cette innovation majeure ne fut pas la seule que connut l'époque. C'est à ce moment-là, également, que les Grecs inventèrent la politique. L'idée qui consiste à régler des problèmes collectifs en débattant lors d'une assemblée publique des divers choix possibles leur appartient. Notre langue porte encore la trace de cette initiative capitale : le terme de « politique » vient du mot grec qui désignait la cité, *polis*. Celle-ci représentait pour les Grecs leur cadre de vie. Il s'agissait de beaucoup plus que du simple regroupement de gens vivant au même endroit pour des raisons économiques. Ce qui le montre bien, c'est une autre façon de parler propre aux Grecs : ils ne disaient pas « Athènes fait ci » ou « Thèbes fait ça », mais « Les Athéniens font ci » ou « Les Thébains font ça ». Si fortes et si fréquentes qu'aient pu être les divisions en son sein, la *polis* – ou ce que l'on peut appeler par commodité la cité-Etat – formait une communauté, un corps de citoyens conscients de partager les mêmes intérêts et les mêmes objectifs.

Ce consensus définissait l'essence même de la cité-Etat. Ceux qui n'en appréciaient pas les institutions pouvaient aller en chercher d'autres ailleurs. Voilà qui favorisa un haut degré de cohésion, mais n'alla pas non plus sans une certaine forme d'étroitesse ; les Grecs n'arrivèrent jamais à transcender la passion qu'ils éprouvaient pour l'autonomie locale (autonomie, encore un mot grec), et la cité-Etat ne cessa de manifester vis-à-vis de l'extérieur la même attitude caractéristique de défense et de défiance. Elle se dota peu à peu de dieux protecteurs, de fêtes et de représentations théâtrales qui avaient pour but de relier les vivants au passé et de leur inculquer les traditions et les lois de leur cité. Elle devint ainsi une sorte d'organisme qui évolua dans le temps, au gré des générations. Mais son idéal fondamental resta toujours celui des hoplites : une action collective disciplinée, où les hommes se tiennent épaule contre épaule avec leurs voisins, sur lesquels ils comptent pour les soutenir dans le combat qui les rassemble. Au début, le corps des citoyens – c'est-à-dire l'ensemble de ceux qui comptaient sur le plan politique – se limitait aux hoplites, autrement dit à ceux qui avaient les moyens de tenir leur place parmi les défenseurs de la cité-Etat. On ne s'étonnera donc pas que des réformateurs grecs, inquiets du succès rencontré par l'extrémisme en politique, se soient tournés par la suite vers la classe des hoplites, en espérant trouver en elle un fondement solide et sûr pour la *polis*.

D'autres facteurs expliquent également l'apparition des cités-Etats : la géographie, l'économie, les liens de parenté. Bon nombre d'entre elles se développèrent sur de très anciens sites, déjà occupés à l'époque mycénienne ; d'autres s'implantèrent sur des sites nouveaux, mais le territoire d'une cité-Etat correspondait presque toujours à l'une de ces vallées étroites dont on pouvait tout juste attendre de quoi subsister. Certaines eurent plus de chance : Sparte se situait dans une grande vallée. D'autres se retrouvèrent particulièrement handicapées : le sol de l'Attique était pauvre et Athènes dut importer des céréales pour nourrir ses habitants. Le dialecte contribua à renforcer le sentiment d'indépendance lié aux barrières montagneuses qui séparaient les cités-Etats les unes des autres. Il perpétuait le souvenir d'origines tribales communes, des origines qui continuaient de marquer de leur empreinte les grands cultes publics.

Au commencement des temps historiques, ces différents éléments avaient déjà engendré un communautarisme et un individualisme tels qu'il était devenu pratiquement impossible aux Grecs de dépasser le stade de la cité-Etat : il y eut bien quelques esquisses de ligues et de confédérations, mais elles comptèrent peu. L'implication des citoyens dans la vie de la cité était forte ; on pourrait la juger excessive. Reste que la cité-Etat, à l'échelle qui était la sienne, n'avait pas besoin d'une bureaucratie constituée ; le corps des citoyens, toujours beaucoup plus petit que l'ensemble de la population, pouvait se réunir à tout moment en un seul et même lieu. On ne voit pas comment une cité-Etat aurait eu la possibilité, ou pourquoi elle aurait éprouvé le désir, de mettre en place une gestion minutieuse et bureaucratique des affaires ; ses institutions n'étaient pas faites pour ce genre de système. Si l'on en juge par l'exemple d'Athènes, une cité sur laquelle nous sommes particulièrement bien renseignés étant donné le nombre d'inscriptions qu'elle nous a laissées dans la pierre, la distinction entre le pouvoir exécutif, le pouvoir judiciaire et le pouvoir législatif obéissait à d'autres critères que les nôtres ; comme dans l'Europe du Moyen Age, un acte gouvernemental pouvait être présenté comme s'il s'agissait de la décision d'une cour de justice interprétant une loi en vigueur. Les tribunaux n'étaient, formellement parlant, que des sections de l'assemblée des citoyens.

Le nombre de citoyens et les qualités requises pour être reconnu comme tel déterminaient le statut constitutionnel de la cité-Etat. C'est du corps des citoyens que dépendaient, à des degrés divers, les autorités chargées de gouverner au quotidien, qu'il s'agisse de magistrats ou de tribunaux. Rien à voir avec la bureaucratie que nous avons déjà rencontrée en différents endroits du Moyen-Orient ou en Chine à l'époque des Royaumes combattants (et plus encore sous les Han). Il n'est toujours pas facile, à vrai dire, de généraliser en la matière. Il y eut plus de 150 cités-Etats ; pour beaucoup d'entre elles, nous ne savons rien ; pour la plupart des autres, nous en savons peu. Il y eut manifestement beaucoup de différences entre elles dans la façon de gérer les affaires, mais on peut néanmoins esquisser un tableau d'ensemble. Au fur et à mesure que s'élargit l'accès à la propriété, les aristocrates qui avaient remplacé les rois furent en butte à leur tour à des rivalités et à des attaques. Les nouveaux venus cherchèrent à les remplacer par des gouvernements moins respectueux des intérêts traditionnels ; ce fut l'âge où apparurent ces dirigeants auxquels les Grecs donnèrent le nom de tyrans. Ils possédaient souvent de grosses fortunes, mais se réclamaient avant tout de leur popularité ; bon nombre d'entre eux ont dû ressembler à des despotes bienveillants. Ils apportèrent la paix après des troubles sociaux probablement attisés par une nouvelle crise liée au problème de la terre. La paix favorisa la croissance économique, à laquelle contribuèrent également les bonnes relations que les tyrans entretinrent les uns avec les autres. Le VIIe siècle avant J.-C. fut leur âge d'or. Et pourtant ce système eut la vie courte. Quelques tyrannies durèrent pendant deux générations. Au VIe siècle, la tendance fut presque partout au gouvernement non plus d'un seul mais de plusieurs : on vit émerger des oligarchies, des gouvernements constitutionnels et même des amorces de démocratie.

Pas de meilleur exemple ici qu'Athènes. Pendant longtemps, semble-t-il, l'Attique, bien que pauvre, offrit suffisamment de terres disponibles pour que la cité échappe à la pression sociale qui entraîna dans d'autres cités-Etats l'essor de la colonisation. Sous d'autres aspects, également, son économie manifesta très tôt une vigueur particulière ; la céramique suggère même dès le VIIIe siècle avant J.-C. qu'Athènes n'était pas loin d'occuper la première place pour le commerce et les activités artistiques. Au VIe siècle, néanmoins, elle fut en proie au conflit entre riches et pauvres. L'huile et le vin (ainsi que les récipients dans lesquels ils étaient transportés) devinrent la base des exportations athéniennes et les céréales servirent à l'usage exclusif de la cité. Parallèlement, une série de réformes conféra aux nouveaux riches l'égalité avec l'ancienne classe des propriétaires fonciers et mit sur pied un nouvel organisme populaire chargé de préparer les travaux pour l'*ecclesia*, l'assemblée générale de tous les citoyens. Ces changements n'eurent pas immédiatement raison des divisions. Un âge des tyrans s'ouvrit, qui ne prit fin qu'avec l'expulsion du dernier d'entre eux en 510 avant J.-C. C'est alors que commencèrent enfin à fonctionner les institutions qui firent d'Athènes le régime le plus démocratique de Grèce, bien qu'étant, paradoxalement, celui qui comptait le plus grand nombre d'esclaves.

Toutes les décisions politiques étaient en principe prises à la majorité des voix par l'*ecclesia* (qui élisait également les principaux magistrats et chefs de guerre). Pour éviter de voir apparaître des factions opposant les habitants de la ville aux fermiers ou aux marchands, des dispositions ingénieuses avaient été mises en œuvre pour regrouper les citoyens en unités composites, les « trittyes ». Ce fut le début d'une grande époque de prospérité : Athènes abritait des fêtes et des cultes qui dépassaient le simple cadre de la cité et elle s'efforçait de parler au cœur de tous les Grecs. Une manière de prétendre au « leadership » du monde hellénique.

On a beaucoup écrit sur le contraste entre Athènes et sa grande rivale, Sparte. Contrairement à Athènes, Sparte répondit aux pressions qui s'exerçaient sur elle non pas en modifiant ses institutions mais en résistant au changement. Elle adopta l'approche la plus conservatrice qui soit du problème, qu'elle résolut pendant longtemps de deux façons : à l'intérieur, en imposant à tous ses citoyens une discipline sociale rigide ; à l'extérieur, en pratiquant une politique de conquête à l'encontre de ses voisins, ce qui lui permit de satisfaire aux dépens des autres la demande de terres. Le résultat, ce fut, très tôt, une fossilisation de la structure sociale. Sparte était à ce point prisonnière des traditions que son législateur légendaire, Lycurgue, aurait même interdit, à ce que l'on prétend, que l'on mette ses lois par écrit ; elles étaient inculquées aux Spartiates par un entraînement rigoureux auquel ils étaient tous soumis dans leur jeunesse, les filles comme les garçons.

Sparte ne connut pas de tyrans. La réalité du pouvoir semble avoir été partagée entre un Conseil de sages, la « gérousie », et cinq magistrats, les « éphores », tandis que deux rois héréditaires avaient en charge le domaine militaire. Ces oligarques étaient responsables en dernier ressort devant l'Assemblée des Spartiates (soit 5 000 citoyens au début du ve siècle avant J.-C., si l'on en croit Hérodote). La cité reposait donc sur une vaste aristocratie, issue, comme les auteurs anciens s'accordent à le dire, de la classe des hoplites. La société resta une société d'agriculteurs ; les marchands n'y avaient pas leur place. Sparte se tint même à l'écart du mouvement de colonisation et ne lança qu'une seule entreprise de ce genre. Il s'ensuivit donc, chez les Spartiates, une sorte d'égalitarisme à la mode militaire, où chacun acceptait de se sacrifier pour l'Etat. Même si les choses s'adoucirent avec le temps et les prérogatives concédées aux rois, il n'y eut guère de distinction entre les Spartiates en matière de richesse et de confort. Jusque tard dans la période classique, ils évitaient de se vêtir différemment et prenaient leurs repas en commun. Leurs conditions de vie étaient, en un mot, « spartiates » et traduisaient bien l'idéal de la cité, fait de vertus militaires et de stricte discipline.

Il se peut que la vie politique de Sparte ait été simplifiée ou étouffée par ce qui constitua pour la cité son problème le plus grave : la division existant entre la communauté des citoyens et les autres habitants de l'Etat. La grande majorité de ces derniers n'étaient pas des citoyens. Si certains étaient des hommes libres, la plupart étaient des hilotes, des travailleurs agricoles, contraints de rester sur une terre donnée, qui avaient pour charge, avec les paysans libres, de produire la nourriture consommée par les Spartiates lors de leurs repas en commun. Les hilotes descendaient probablement de la population autochtone que les invasions doriennes avaient réduite en esclavage, mais, comme plus tard les serfs, ils étaient attachés à la terre sans être pour autant la propriété d'une personne privée. Leur nombre s'accrut certainement du fait des conquêtes, essentiellement à la suite de l'annexion au VIIe siècle avant J.-C. de la plaine de Messénie, qui devait disparaître de l'histoire grecque en tant qu'Etat indépendant pendant plus de trois cents ans. D'où la crainte qui ne cessa de peser sur Sparte, celle d'une révolte des hilotes, crainte qui ne manqua pas d'être remarquée au-dehors. Elle paralysa les Spartiates dans leurs relations avec d'autres Etats. Ils hésitèrent de plus en plus à envoyer leur armée au loin, de peur que son absence n'incite à un soulèvement sur leur propre territoire. Sparte resta toujours sur le qui-vive : l'ennemi redouté était en son sein.

Sparte et Athènes devaient s'affronter à mort au ve siècle avant J.-C., ce qui a conduit inévitablement à voir en elles les deux pôles du monde politique grec. Mais elles n'étaient pas les seuls modèles existants, et c'est là que se trouve l'un des secrets de la réussite que connurent les Grecs. Cette réussite s'appuya sur une expérience et des acquis politiques d'une richesse bien supérieure à ce que le monde avait pu connaître jusque-là. Autant de données qui allaient permettre la première réflexion systématique sur les grandes questions que sont la loi, le devoir et les obligations, questions qui n'ont cessé depuis d'agiter les esprits, le plus souvent dans les termes définis par les Grecs de l'époque classique. Dans les temps préclassiques, on ne s'interrogeait pratiquement pas sur ces thèmes, ce qui s'explique assez bien par le poids de la coutume et le peu d'écho rencontré par les innovations locales.

Avec la cité-Etat, les Grecs partagèrent le même héritage et la même expérience, mais ils connaissaient d'autres types d'organisation politique grâce aux contacts qu'ils avaient noués en commerçant et du fait également de la nature exposée de beaucoup de leurs colonies. Le monde grec comptait des régions frontalières où il fallait s'attendre à des conflits. A l'Ouest, les Grecs semblèrent un temps lancés dans une expansion presque sans limites ; elle prit fin après deux siècles d'étonnantes avancées, vers 550 avant J.-C., quand elle buta sur les Carthaginois et les Etrusques.

Les premières colonies – sur des sites où s'étaient parfois installés quelques siècles auparavant les Minoens et les Mycéniens – occupaient des emplacements dont le choix dut manifestement autant au commerce qu'à l'agriculture. Elles se trouvaient principalement concentrées en Sicile et dans le sud de l'Italie, une zone qui, d'une manière significative, sera appelée *Magna Graecia* (« Grande-Grèce ») à l'époque classique. La plus riche de ces colonies était Syracuse, fondée par les Corinthiens en 733 avant J.-C., qui finit par devenir à l'Ouest l'Etat grec dominant. Elle possédait le meilleur port de Sicile. Au-delà de cette zone, des colonies furent fondées en Corse et dans le sud de la France (à Massalia, qui devait devenir plus tard Marseille), tandis que certains Grecs allèrent s'installer chez les Etrusques et les Latins de l'Italie centrale. Des produits grecs sont parvenus dans des contrées aussi reculées que la Suède et on a pu reconnaître des traces de style grec en Bavière, dans des soubassements du VIe siècle avant J.-C. Il est difficile d'identifier des influences moins matérielles, mais un historien romain pensait que c'étaient les Grecs, par leur exemple, qui avaient contribué les premiers à civiliser les Barbares qui occupaient ce qui devait devenir plus tard la France, et qui les avaient incités non seulement à labourer leurs champs, mais aussi à cultiver la vigne. S'il en fut bien ainsi, la postérité a une belle dette envers le commerce grec.

Cette expansion vigoureuse semble avoir suscité l'envie des Phéniciens et les avoir poussés à imiter les Grecs. C'est ainsi qu'ils fondèrent Carthage et que les Carthaginois prirent pied en Sicile occidentale. Ils réussirent finalement à mettre un terme au commerce grec en Espagne. Mais ils ne purent chasser les colons grecs de Sicile, pas plus que les Etrusques ne parvinrent à les expulser d'Italie. La bataille décisive, qui vit les Syracusains mettre en déroute une force carthaginoise, se déroula en 480 avant J.-C.

Cette date eut une plus grande importance encore pour les relations des Grecs avec l'Asie, où les cités grecques d'Asie Mineure avaient souvent eu des différends avec leurs voisins. Ils avaient beaucoup souffert des Lydiens, avant de finir par trouver un arrangement avec un de leurs rois à la fortune légendaire, Crésus, auquel ils payèrent tribut. La Grèce n'avait pas attendu ces événements pour influencer les manières lydiennes ; des prédécesseurs de Crésus avaient envoyé des offrandes au temple de Delphes. Désormais, l'hellénisation de la Lydie allait encore s'intensifier. Mais, venu de plus loin à l'est, voici qu'un adversaire d'une tout autre envergure fit son apparition : la Perse.

L'histoire de la Grèce ancienne culmine avec le conflit qui opposa les Grecs aux Perses ; l'âge classique va bientôt s'ouvrir. Les Grecs ont donné une telle place à leurs longs démêlés avec les Perses qu'il est facile de perdre de vue les multiples liens qui unissaient les belligérants. Dans les flottes perses lancées contre le Péloponnèse – et à un degré moindre dans les armées perses – servaient des milliers de Grecs, venus principalement d'Ionie. Cyrus avait employé des tailleurs de pierre et des sculpteurs grecs et Darius avait un médecin grec. La guerre fit naître l'antagonisme au moins autant qu'elle l'alimenta, si fort qu'ait pu être par ailleurs le rejet viscéral qu'affichèrent les Grecs pour un pays qui traitait ses rois comme des dieux.

Aux origines de la guerre, il y a la grande expansion que connut la Perse sous les Achéménides. Vers 540 avant J.-C., les Perses triomphèrent de la Lydie (et ce fut la fin de Crésus, qui aurait pris l'initiative du conflit en s'appuyant imprudemment sur un oracle de Delphes spécifiant que, s'il déclarait la guerre, il détruirait un grand empire, mais sans dire lequel). Les Grecs et les Perses se retrouvèrent face à face ; ailleurs, la marée perse recouvrait tout. Quand les Perses s'emparèrent de l'Egypte, ils portèrent atteinte aux intérêts commerciaux des Grecs. Ils passèrent ensuite en Europe et occupèrent les cités situées à l'ouest, sur la côte, jusqu'en Macédoine ; ils rencontrèrent des difficultés au-delà du Danube et ne tardèrent pas à se retirer de la Scythie. Il y eut alors une sorte de pause. Puis, dans la première décennie du Ve siècle avant J.-C., les cités grecques d'Asie se révoltèrent contre la suzeraineté perse, peut-être encouragées par la défaite de Darius contre les Scythes. Les cités du continent, ou certaines d'entre elles, décidèrent de les aider. Athènes et Erétrie envoyèrent une flotte en Ionie. Lors des opérations qui s'ensuivirent, les Grecs brûlèrent Sardes, l'ancienne capitale de la Lydie et le siège de la satrapie occidentale de l'Empire perse. Mais la révolte échoua et les cités du continent se retrouvèrent face à un ennemi implacable.

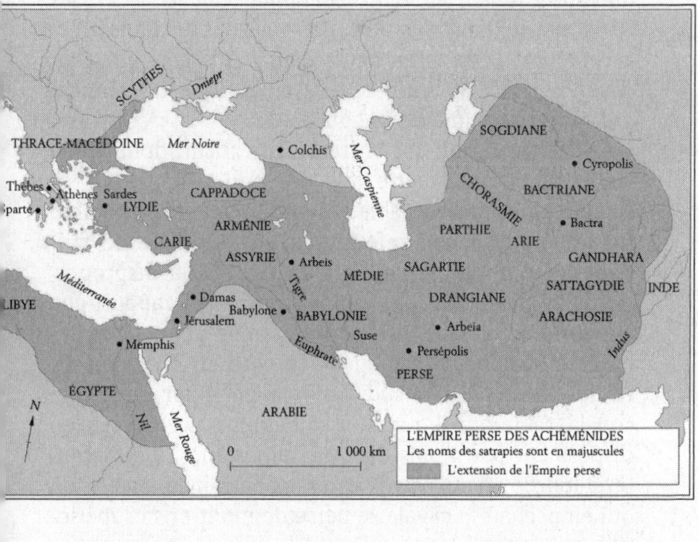

Dans l'ancien monde, les choses mettaient du temps à arriver, et les opérations à grande échelle demandent, encore aujourd'hui, un long temps de préparation. Ce ne fut pas le cas des Perses, qui, à peine la révolte ionienne matée, dépêchèrent une flotte contre les Grecs ; elle fit naufrage au large du mont Athos. Une seconde tentative, en 490 avant J.-C., leur permit de saccager Erétrie mais ils furent mis en déroute par les Athéniens lors d'une bataille dont le nom est devenu légendaire : Marathon.

Même si ce fut une victoire athénienne, c'est Sparte, la plus puissante des cités-Etats du continent, qui se retrouva en pointe durant la deuxième phase du conflit avec la Perse. La ligue du Péloponnèse, une alliance conclue au départ à des fins purement internes pour assurer l'avenir de Sparte en lui évitant d'avoir à envoyer son armée à l'étranger, eut pour effet de lui conférer une sorte de « leadership » national. Quand les Perses revinrent, dix ans plus tard, presque tous les Etats grecs acceptèrent cette situation – même Athènes, qui était devenue, grâce au renforcement de sa flotte, la première puissance maritime de la ligue.

Les Grecs dirent (et crurent sans aucun doute) que les Perses étaient cette fois des millions ; même s'il semble plus vraisemblable aujourd'hui que leur nombre fut assez nettement inférieur à une centaine de milliers (y compris des milliers de Grecs), la disproportion n'en demeurait pas moins énorme par rapport aux défenseurs des cités grecques. L'armée perse fit lentement mouvement le long de la côte en direction du Péloponnèse, vers le sud, accompagnée par une flotte considérable qui se tenait à sa hauteur. Les Grecs n'en disposaient pas moins d'atouts importants : une infanterie lourde mieux armée et mieux entraînée, un terrain qui empêchait la cavalerie perse de montrer sa supériorité, et le moral.

Cette fois-ci, l'affrontement crucial se situa sur mer. Il intervint après un autre épisode célèbre, le sacrifice du roi de Sparte Léonidas et de ses 300 compatriotes au défilé des Thermopyles, ce qui obligea à abandonner l'Attique aux Perses. Les Grecs, qui s'étaient retirés sur l'isthme de Corinthe, massèrent leur flotte dans la baie de Salamine, près d'Athènes. Les conditions climatiques jouaient en leur faveur. C'était l'automne ; l'hiver était proche (et les hivers grecs sont rudes) : il prendrait au piège les Perses, qui n'y étaient pas préparés. Le roi perse renonça à son avantage numérique en décidant de livrer combat à la flotte grecque dans les eaux étroites de Salamine. Sa flotte fut mise en pièces et il commença une longue retraite en direction de l'Hellespont. L'année suivante, l'armée qu'il avait laissée derrière lui fut défaite à Platées et les Grecs remportèrent le même jour une grande victoire navale au cap Mycale, sur l'autre rive de la mer Egée. Ainsi finirent les guerres médiques.

Ce fut un grand moment dans l'histoire grecque, peut-être le plus grand. Sparte et Athènes s'étaient toutes deux couvertes de gloire. La libération des Grecs d'Asie Mineure s'ensuivit. Allait commencer pour les Grecs une époque marquée par une extrême confiance en eux-mêmes. Leur expansion devait continuer et atteindre son point culminant, un siècle et demi plus tard, avec l'Empire macédonien. Le sentiment de l'identité grecque était à son plus haut, et l'on se demandera par la suite, en pensant à ces jours héroïques, si une chance unique de faire de la Grèce une nation n'avait pas été manquée là pour toujours. Mais il y a peut-être ici davantage. Dans le rejet d'un despote asiatique par des hommes libres se trouve en germe un contraste sur lequel, par la suite, devaient souvent revenir les Européens, même si ce contraste n'existait au Ve siècle avant J.-C. que dans l'esprit de quelques Grecs. Les mythes d'hier engendrent les réalités de demain : des siècles plus tard, d'autres hommes verraient dans Marathon et Salamine, sans craindre l'anachronisme, les premières des nombreuses batailles remportées par l'Europe contre la barbarie.

La victoire sur les Perses inaugura la plus grande époque de l'histoire grecque. Certains ont pu parler de « miracle grec », si remarquables apparaissent les réalisations que l'on doit à la civilisation classique. Il faut pourtant les replacer dans leur cadre, celui d'une histoire politique à ce point viciée et empoisonnée qu'elle aboutit à la disparition de l'institution qui avait abrité la civilisation grecque : la cité-Etat. Si compliqués qu'en soient les détails, l'histoire est facile à résumer.

Pendant la trentaine d'années qui suivirent Platées et Mycale, la guerre avec la Perse traîna en longueur, mais une autre affaire occupait le premier plan : la rivalité grandissante entre Athènes et Sparte. Leur survie assurée, les Spartiates étaient rentrés chez eux avec soulagement, préoccupés par leurs hilotes. Athènes pouvait donc, en toute liberté, prendre la tête des Etats qui voulaient aller de l'avant et libérer de la domination perse d'autres cités. Une confédération fut créée, la ligue de Délos, qui avait pour but d'entretenir une flotte commune pour combattre les Perses, flotte dont le commandement fut attribué à un Athénien. Avec le temps, les membres de la ligue s'acquittèrent de leur contribution non pas en bateaux mais en argent. Certains refusèrent de s'exécuter, le danger perse étant devenu beaucoup moins pressant. Les interventions d'Athènes pour les amener à honorer leurs engagements se firent de plus en plus nombreuses et de plus en plus dures. Naxos, par exemple, essaya de quitter l'alliance ; un siège la contraignit à y rester. La ligue prenait peu à peu l'allure d'un Empire athénien, ce qu'attestent le transfert de son siège de Délos à Athènes, l'utilisation de son trésor par les Athéniens à leurs fins propres, l'obligation faite aux membres de l'alliance d'avoir en résidence chez eux des magistrats athéniens, le renvoi devant les tribunaux athéniens de certaines causes importantes. Quand la paix fut conclue avec la Perse en 449 avant J.-C., la ligue continua, même si elle avait perdu sa raison d'être. A son apogée, plus de 150 cités-Etats payaient tribut à Athènes.

Au début, Sparte avait fait bon accueil à cette initiative, heureuse de voir que d'autres prenaient des engagements en dehors de ses frontières. Comme d'autres cités-Etats, ce n'est que peu à peu qu'elle s'aperçut du changement de situation. Ce qui l'y aida, ce fut le fait que l'hégémonie athénienne affectait de plus en plus la politique intérieure des cités-Etats grecques. Elles étaient souvent divisées à propos de la ligue : les citoyens riches, ceux qui acquittaient l'impôt, acceptaient mal le tribut, contrairement aux citoyens pauvres, qui n'avaient pas à y contribuer. Les interventions d'Athènes, quand elles se produisaient, étaient parfois suivies sur place de bouleversements internes qui se traduisaient souvent par la mise en place d'institutions copiant celles d'Athènes. Celle-ci connaissait elle-même des conflits internes qui la conduisirent toujours plus loin sur le chemin de la démocratie. En 460 avant J.-C., l'affaire était politiquement réglée, si bien que l'irritation provoquée par le comportement des Athéniens au plan diplomatique se mit à dégager très vite comme un parfum d'idéologie. D'autres raisons semblent avoir joué dans l'irritation que suscitait Athènes. Elle était une grande cité-Etat commerciale, ce qui fit qu'une autre grande cité du même type, Corinthe, se sentit menacée. Les Béotiens se voyaient directement exposés, eux aussi, aux agressions athéniennes. Voilà qui plaidait en faveur d'une coalition : Sparte finit par en prendre la tête en s'associant à une guerre contre Athènes, qui éclata en 460. Il s'ensuivit quinze années de combats plus ou moins erratiques qui débouchèrent sur une paix douteuse. Et il fallut encore quelque quinze années pour qu'éclate, en 431 avant J.-C., le grand conflit international qui devait briser l'essor de la Grèce classique : la guerre du Péloponnèse.

Ce conflit devait durer, sans interruption, jusqu'en 404 avant J.-C. Ce fut, pour l'essentiel, la terre contre la mer. On trouvait d'un côté la ligue spartiate, avec, comme soutiens les plus importants de Sparte, la Béotie, la Macédoine (un allié peu fiable) et Corinthe ; elle tenait le Péloponnèse ainsi qu'une bande de terre séparant Athènes du reste de la Grèce. Les alliés d'Athènes, quant à eux, étaient éparpillés autour et au cœur de la mer Egée, sur les côtes d'Ionie et dans les îles, à l'intérieur d'une zone où elle avait imposé sa domination depuis l'époque de la ligue de Délos. Les moyens dictèrent la stratégie. Pour les Spartiates, à l'évidence, la meilleure façon de tirer parti de leur armée était d'occuper le territoire athénien et de forcer ainsi la cité à se soumettre. Les Athéniens ne pouvaient pas rivaliser sur terre, mais ils possédaient la meilleure flotte. Elle devait pour une large part sa création à deux hommes d'Etat et patriotes athéniens, Thémistocle et Périclès, convaincus l'un et l'autre qu'une flotte puissante permettrait à leur cité de survivre à toutes les attaques. Les choses se passèrent moins bien que prévu, en raison de l'épidémie de peste qui se déclencha dans la ville et de l'absence de commandement après la mort de Périclès en 429 avant J.-C. Mais le fait qu'il ne se soit rien produit de vraiment décisif dans les dix premières années de la guerre s'explique pour l'essentiel par l'impasse stratégique dans laquelle s'étaient enfermés les deux adversaires. Une paix fut conclue en 421 avant J.-C., mais ne dura pas. Les frustrations ressenties par Athènes l'incitèrent à élaborer un plan qui consistait à déplacer plus au loin le champ du conflit.

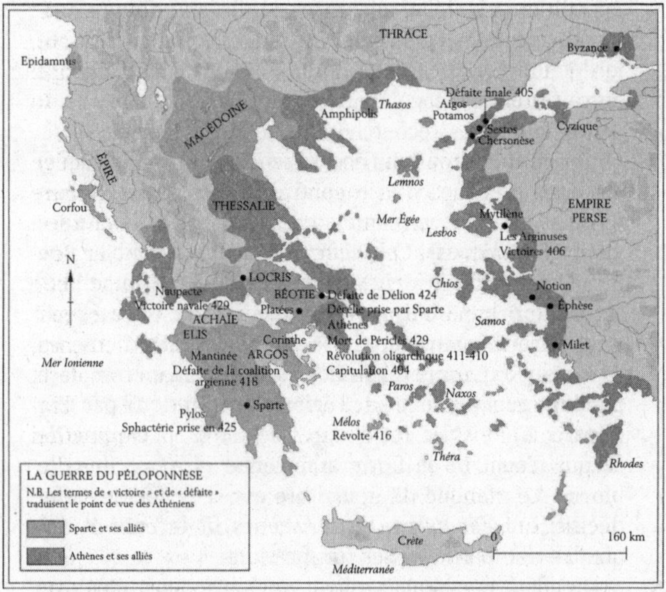

Il y avait en Sicile une cité prospère, Syracuse. C'était la plus importante colonie de Corinthe, elle-même la plus grande des rivales d'Athènes en matière de commerce. Sa prise infligerait une profonde blessure à l'ennemi, couperait le Péloponnèse d'une de ses principales sources d'approvisionnement en céréales et procurerait un immense butin. Avec ces richesses, Athènes pouvait espérer construire et équiper une flotte encore plus grande et s'assurer définitivement et sans contestation la suprématie sur le monde grec – voire régner sur la cité phénicienne de Carthage et exercer une hégémonie sur la Méditerranée occidentale. Le résultat fut la désastreuse expédition de Sicile en 415-413 avant J.-C., qui porta un coup mortel aux ambitions d'Athènes. Celle-ci y perdit la moitié de son armée et toute la flotte expéditionnaire ; au sein même de la cité s'ouvrit une période de bouleversements politiques et de division. Et la défaite d'Athènes renforça une fois de plus l'alliance entre ses ennemis.

Les Spartiates recherchèrent l'aide des Perses, qu'ils obtinrent moyennant un accord secret aux termes duquel les cités grecques d'Asie continentale redeviendraient vassales de la Perse (comme elles l'avaient été avant les guerres médiques). Cela leur permit de rassembler une flotte pour aider les cités soumises à Athènes à se libérer de son impérialisme. Des défaites sur terre et sur mer vinrent compromettre le moral des Athéniens. En 411 avant J.-C., une révolution sans lendemain remplaça pendant quelque temps le régime démocratique par une oligarchie. Puis il y eut d'autres désastres, la capture de ce qui restait de la flotte athénienne et, pour finir, le blocus. Le manque de nourriture eut cette fois un effet décisif. En 404 avant J.-C., Athènes fit la paix et dut abattre une partie de ses fortifications.

De tels événements seraient tragiques dans n'importe quel pays. Des jours glorieux du combat contre les Perses à la récupération par ces mêmes Perses, presque sans effort, de ce qu'ils avaient perdu : voilà un drame parfaitement abouti qui ne peut manquer de frapper les imaginations. Une autre raison explique l'immense intérêt que l'épisode a suscité : il est en effet le sujet d'un livre immortel, l'*Histoire de la guerre du Péloponnèse* de Thucydide, le premier ouvrage où un auteur relate d'une manière scientifique des faits dont il a été le contemporain. Mais si ces quelques décennies nous fascinent quand d'autres affrontements de plus grande ampleur nous indiffèrent, c'est que nous avons le sentiment que, derrière ce fatras de batailles, d'intrigues, de désastres et de moments de gloire, se cache une énigme passionnante et insoluble : de véritables occasions furent-elles gaspillées après Mycale, ou bien la longue période de retombée qui suivit la victoire a-t-elle simplement correspondu à la dissipation d'une illusion, les circonstances ayant semblé un temps promettre plus qu'il n'était possible de faire en réalité ?

Ces années de guerre étonnent également à d'autres titres. C'est de cette époque que datent les plus grandes réussites auxquelles une civilisation soit jamais parvenue jusque-là dans le monde. Les événements politiques et militaires infléchirent ces réalisations dans certaines directions, leur fixèrent des limites et décidèrent de ce qui était appelé à perdurer. C'est pourquoi le siècle, ou à peu près, sur lequel s'étend l'histoire de ce petit ensemble de pays, un siècle dont la guerre occupa toute la partie centrale, mérite autant d'attention que les empires millénaires des Temps anciens.

Il faut d'abord rappeler l'étroitesse du socle sur lequel s'est édifiée la civilisation grecque. Il y eut, certes, beaucoup de cités-Etats et elles étaient éparpillées dans tout le monde égéen, mais, même en y incluant la Macédoine et la Crète, la surface couverte par les territoires grecs tiendrait sans problème à l'intérieur d'une Angleterre réduite à elle-même – c'est-à-dire sans le pays de Galles ni l'Ecosse – et un cinquième seulement, ou à peu près, de cette surface se prêtait à l'agriculture. Parmi tous ces Etats, il y en avait de minuscules, qui n'avaient pas plus de 20 000 habitants ; le plus grand d'entre eux en comptait probablement 300 000. Seule une petite élite participait à la vie civique et goûtait les joies de ce que nous appelons aujourd'hui la civilisation grecque.

Il faut également s'entendre, avant tout autre développement, sur l'essence de cette civilisation. Les Grecs étaient loin de sous-estimer le confort et les plaisirs des sens. L'héritage matériel qu'ils nous ont laissé a fixé pour deux millénaires les canons de la beauté dans de nombreuses disciplines artistiques. Et pourtant, au bout du compte, quand on se souvient des Grecs, c'est en tant que poètes et philosophes ; leur réussite intellectuelle constitue leur meilleur titre à notre attention. C'est ce que reconnaît implicitement l'idée de Grèce classique, une création des générations futures, non des Grecs eux-mêmes. A coup sûr, certains, aux Vᵉ et IVᵉ siècles avant J.-C., eurent conscience qu'ils étaient porteurs d'une culture supérieure à tout ce qui pouvait alors exister, mais la force de l'idéal classique tient au fait qu'il a été élaboré ultérieurement par des hommes qui, regardant dans le passé vers la Grèce, y trouvèrent des modèles leur permettant de s'évaluer eux-mêmes. Ces modèles, on crut les voir surtout dans le Vᵉ siècle, dans les années qui suivirent la victoire sur les Perses. Le Vᵉ siècle forme de fait une sorte de tout par lui-même, en ce sens qu'il a vu la montée en puissance et l'affirmation de la civilisation grecque – même s'il est vrai que cette civilisation était inextricablement liée au passé, qu'elle fut appelée à se prolonger et qu'elle finit par se répandre dans toute l'étendue du monde grec.

Cette civilisation s'appuyait sur un système économique encore relativement simple, hérité de l'époque antérieure. Aucune révolution majeure n'était intervenue depuis l'introduction de la monnaie, et pendant trois siècles seuls des changements progressifs et spécifiques intervinrent dans les circuits et les produits sur lesquels reposait le commerce des Grecs. Le troc continua à être pratiqué dans la vie quotidienne bien après l'apparition de la monnaie. Les objets étaient fabriqués à petite échelle. On a estimé qu'en pleine période d'engouement pour la céramique athénienne de qualité il n'y eut pas plus de 150 artisans pour modeler et peindre les pièces. Le cœur de l'économie, presque partout, c'était l'agriculture vivrière. En dépit de la spécialisation dans certains domaines de cités comme Athènes ou Milet (hautement appréciée pour ses lainages), la communauté dépendait d'ordinaire de la production de céréales, d'olives, de raisin et de bois destinée au marché intérieur et assurée par de petits fermiers.

C'étaient eux les Grecs typiques. Certains étaient riches, la plupart étaient pauvres, au regard de nos critères, mais, même aujourd'hui, on s'accommode plus facilement sous le climat méditerranéen que partout ailleurs d'un revenu relativement faible. Le commerce de gros ou de détail ainsi que toutes les activités d'entrepreneur étaient principalement du ressort des métèques. Il leur arrivait de jouir d'un statut social élevé et ils étaient souvent riches, mais, à Athènes par exemple, ils ne pouvaient pas acquérir de terres sans une permission spéciale, bien qu'étant assujettis au service militaire (ce qui nous donne une petite idée de leur nombre, car on comptait, au début de la guerre du Péloponnèse, 3 000 personnes à même d'acquérir les armes et la cuirasse indispensables pour figurer parmi les hoplites). En dehors des citoyens, les autres habitants mâles de la cité-Etat étaient des hommes libres ou des esclaves.

Les femmes, elles aussi, étaient exclues de la citoyenneté, mais il est difficile de dresser un bilan général des droits dont elles disposaient. A Athènes, par exemple, il leur était interdit d'hériter de biens ou d'en avoir la propriété, alors que les deux étaient possibles à Sparte, et elles ne pouvaient pas conduire une transaction commerciale si la somme en jeu était supérieure à un boisseau de grain. Le divorce à l'initiative de l'épouse a bien existé pour les Athéniennes mais dans un petit nombre de cas, et il était apparemment beaucoup plus difficile à obtenir que pour les hommes, qui semblent avoir pu se débarrasser sans trop de peine de leur femme. Des témoignages littéraires laissent entendre que la plupart des femmes, en dehors des milieux aisés, menaient une vie de bêtes de somme. Les règles sociales qui dictaient leur comportement étaient très strictes ; même les femmes des classes supérieures restaient enfermées la plupart du temps à la maison. Si elles s'aventuraient à l'extérieur, elles devaient être accompagnées ; être vues à un banquet mettait en cause leur respectabilité. Les artistes et les courtisanes étaient normalement les seules susceptibles de mener une vie publique ; elles pouvaient jouir d'une certaine célébrité, chose impensable pour une femme respectable. Fait significatif : on estimait, dans la Grèce classique, que les filles ne méritaient pas de recevoir une éducation. De tels comportements laissent apparaître le caractère primitif de la société où ils ont sévi, une société très différente de la Crète minoenne, parmi les sociétés qui l'ont précédée, ou de Rome, parmi celles qui lui succéderont.

Pour autant que la littérature puisse renseigner sur la sexualité, le mariage et la parentalité pouvaient susciter en Grèce de profonds attachements et un respect mutuel aussi fort entre un homme et une femme que dans les sociétés modernes. Un élément intervenait également, dont il est difficile de prendre aujourd'hui la mesure exacte : l'homosexualité masculine, qui était tolérée et même glorifiée. Il existait un code des usages. Dans beaucoup de cités grecques, il était jugé acceptable, pour des jeunes gens de la bonne société, d'avoir des liaisons avec des hommes plus âgés (il n'est pas inintéressant de noter qu'il y a beaucoup moins de cas dans la littérature grecque de relations homosexuelles entre hommes du même âge).

Dans ce domaine (comme dans les autres), nous en savons plus sur le comportement d'une élite que sur celui de la grande majorité des Grecs. La citoyenneté, qui a dû souvent englober dans la pratique des couches sociales très différentes, est une catégorie trop vaste pour autoriser des généralisations. Même dans la démocratique Athènes, le type d'homme qui se manifestait dans la vie publique, et qui a donc laissé une trace dans les documents, était généralement un propriétaire foncier, rarement un homme d'affaires, encore moins un artisan. Celui-ci pouvait tenir un rôle important à l'Assemblée comme membre de son groupe, mais devenir un leader politique lui était quasiment interdit. Les hommes d'affaires étaient handicapés par l'idée, bien ancrée depuis longtemps chez les Grecs de la classe supérieure, que le commerce et l'industrie étaient des occupations indignes d'un homme bien né, dont l'idéal de vie devait consister à se consacrer, grâce aux revenus de ses terres, à des loisirs cultivés. Cette idée devait passer dans la tradition européenne, avec les conséquences que l'on sait.

L'histoire sociale finit donc par se confondre avec la politique. La préoccupation des Grecs pour la vie politique – la vie de la *polis* – et le fait que la Grèce classique soit clairement délimitée par deux périodes distinctes (l'une correspondant aux guerres médiques et l'autre à l'avènement d'un nouvel empire, l'Empire macédonien) permettent de mesurer facilement l'importance pour la civilisation de l'histoire politique des Grecs. Parce que Athènes occupe dans ce tableau une place dominante, il y a des risques considérables à se réclamer trop vite d'elle pour décider de ce qui est typique. Nous avons souvent tendance à donner plus d'importance à ce que nous connaissons le mieux. Parce que certains des Grecs les plus éminents du Ve siècle avant J.-C. étaient athéniens et qu'Athènes constitue l'un des pôles de la guerre du Péloponnèse, les spécialistes ont prêté une énorme attention à son histoire. Et pourtant, nous savons aussi – pour nous en tenir à deux constatations – qu'Athènes était une cité de grandes dimensions et qu'elle jouait un rôle de plaque commerciale ; elle était donc hors norme sur des points essentiels.

La tentation de surévaluer son importance culturelle est moins dangereuse. L'époque, après tout, ne lui reconnaissait-elle pas cette suprématie ? Même si nombre de Grecs éminents ne furent pas athéniens et même si beaucoup rejetèrent les prétentions d'Athènes à la supériorité, les Athéniens se considérèrent eux-mêmes comme les leaders de la Grèce. Quand, au début de la guerre du Péloponnèse, Périclès déclara à ses concitoyens que leur Etat était un modèle pour le reste de la Grèce, il faisait bien évidemment de la propagande, mais il y avait aussi de la conviction dans son propos. La position d'Athènes tenait à ses idées et à sa puissance. Sa flotte lui valait une prééminence dans la mer Egée que personne ne lui disputait : d'où finalement le tribut qui vint renflouer son Trésor au ve siècle. Elle atteignit le maximum de son influence et de sa richesse juste avant la guerre du Péloponnèse, dans les années où sa créativité artistique et son inspiration patriotique furent au plus haut. L'orgueil que faisait naître en elle l'extension de son empire allait de pair avec une réussite culturelle qu'appréciaient ses habitants.

Le commerce, la flotte, la confiance en soi et la démocratie : autant de thèmes inséparables et étroitement reliés les uns aux autres que l'on retrouve traditionnellement dans l'histoire de l'Athènes du ve siècle. On s'accordait à l'époque pour estimer qu'une flotte composée de navires dont chacun dépendait pour se mouvoir de 200 rameurs rétribués pouvait servir tout à la fois à satisfaire des visées impérialistes et à protéger la démocratie. Les hoplites comptaient moins qu'ailleurs dans une puissance maritime, et aucune cuirasse coûteuse n'était nécessaire pour devenir un rameur que l'on paierait avec le Trésor de la ligue ou les bénéfices engendrés par une campagne victorieuse – le genre de bénéfices que l'on escomptait lors de l'expédition de Sicile. L'impérialisme jouissait d'une vraie popularité auprès des Athéniens, qui s'attendaient à en partager, même indirectement et collectivement, le profit, et non pas à en supporter le fardeau. Ce fut un aspect de la démocratie athénienne auquel ses critiques portèrent une grande attention.

La démocratie fit son apparition à Athènes d'une manière inattendue et, au début, quasiment clandestine. Ses origines remontent aux changements constitutionnels qui survinrent au VIe siècle avant J.-C., quand la royauté fut remplacée, en tant que principe organisateur, par la territorialité ; en théorie et dans la loi, en tout cas, l'attachement à un territoire comptait plus que la famille à laquelle on appartenait. C'est une évolution qui semble avoir été générale en Grèce : la démocratie reposa dès lors sur des institutions locales, ce qui continua jusqu'au bout d'être le cas. D'autres changements s'ensuivirent. Au milieu du Ve siècle, tous les adultes mâles étaient admis à prendre part à l'Assemblée et donc, à travers elle, à l'élection des principaux magistrats. Les pouvoirs de l'Aréopage – le Conseil des anciens – se virent régulièrement réduits ; après 462 avant J.-C., il n'était plus qu'un tribunal appelé à juger certains délits. A la même époque, les autres tribunaux s'ouvrirent davantage à l'esprit démocratique, avec l'institution d'une indemnité pour les membres du jury. Comme les tribunaux étaient également chargés d'une bonne part du travail administratif, il en résulta une large participation populaire à la gestion quotidienne de la cité. Juste après la guerre du Péloponnèse, quand les temps étaient difficiles, une indemnité fut également allouée pour la présence à l'Assemblée elle-même. Il faut souligner enfin le goût des Athéniens pour le tirage au sort ; son adoption pour le choix de certains magistrats était une manière de faire barrage au prestige et au pouvoir héréditaires.

Au cœur de cette constitution, il existait une méfiance envers les experts et l'autorité établie, et une croyance dans le bon sens collectif. C'est de là que viennent, sans aucun doute, le relatif manque d'intérêt que les Athéniens portèrent aux rigueurs de la jurisprudence – les débats, dans un tribunal athénien, tournaient beaucoup plus autour de questions de fond (les motifs, la réputation) que de questions juridiques – et l'importance qu'ils attachèrent à l'éloquence. Les vrais leaders politiques d'Athènes furent ceux qui pouvaient influencer leurs concitoyens par le seul pouvoir de la parole. Peu importe que nous les nommions démagogues ou orateurs, ils furent les premiers hommes politiques à rechercher le pouvoir par la persuasion.

Vers la fin du ve siècle – c'était loin, même alors, d'être un cas fréquent –, certains de ces hommes étaient issus de familles qui ne faisaient pas partie de la classe dirigeante traditionnelle. L'importance que ne cessèrent d'avoir les vieilles familles politiques n'en demeure pas moins une caractéristique essentielle du système démocratique. Thémistocle, au début du siècle, et Périclès, au début de la guerre du Péloponnèse, appartenaient à d'anciennes familles : leur naissance les autorisait, même aux yeux des conservateurs, à prendre la tête des affaires. Les vieilles classes dirigeantes trouvaient plus facile d'accepter la démocratie dès lors qu'il en était ainsi. Voilà ce que tendent à oublier aussi bien ceux qui dénoncent la démocratie athénienne que ceux qui l'idéalisent, et voilà qui permet d'expliquer pour une bonne part son apparente douceur. Les impôts étaient légers et il y avait peu de dispositions discriminatoires contre les riches, comme celles que nous associons aujourd'hui à un régime démocratique ou comme celles qu'Aristote jugeait inévitables dans le cas où les pauvres viendraient à gouverner.

Même à ses débuts, la démocratie athénienne s'identifia avec l'esprit d'aventure et d'entreprise en politique étrangère. C'est une demande populaire qui fut à l'origine de l'aide apportée aux cités grecques d'Asie dans leur révolte contre la Perse. Plus tard, pour des raisons compréhensibles, c'est pour répondre à un même type de demande que la politique étrangère prit un tour antispartiate. La campagne pour réduire le pouvoir de l'Aréopage fut menée par Thémistocle, celui qui avait bâti la flotte athénienne qui triompha à Salamine, celui qui avait perçu dès la fin des guerres médiques le danger potentiel que représentait Sparte. C'est ce qui a amené certains, qui la critiquent, à vouloir faire porter à la démocratie la responsabilité de la guerre du Péloponnèse, ainsi que de l'exacerbation des factions et des divisions dans toutes les autres cités-Etats de Grèce. La démocratie, soulignent-ils, n'aurait pas seulement conduit Athènes elle-même au désastre, elle aurait inoculé à toutes les autres cités grecques, ou à tout le moins activé en elles, le poison du conflit social et des luttes entre les factions.

Si l'on ajoute dans la balance l'exclusion des femmes, des métèques et des esclaves, cela commence à faire lourd ; aux yeux des modernes que nous sommes, la démocratie athénienne paraît être bien étriquée et avoir conduit à un échec calamiteux. Il n'y a pourtant pas là de quoi disqualifier Athènes et lui faire perdre la place qu'elle a gagnée plus tard dans l'estime de la postérité. Il est trop facile de se livrer à son propos à des comparaisons anachroniques et infondées ; il ne faut pas la juger à l'aune d'idéaux qui n'étaient encore que très imparfaitement atteints bien des siècles plus tard, mais à l'aune de ses contemporaines. En dépit de l'influence persistante exercée par les familles dirigeantes et de la quasi-impossibilité de voir la majorité des citoyens présente ne serait-ce qu'à une seule séance de l'Assemblée, il y avait plus d'Athéniens à exercer leur autonomie politique que n'importe quels autres habitants dans n'importe quelle autre cité. En politique, la démocratie athénienne, plus que toute autre institution, libéra les hommes des liens de parenté, ce qui fut l'une des grandes réussites de la Grèce. Même sans l'éligibilité de tous les citoyens aux diverses fonctions de la cité, la démocratie athénienne n'en aurait pas moins été le plus grand instrument d'éducation politique conçu jusqu'alors.

Mais si la démocratie grecque favorisait la participation, elle encourageait aussi la compétition. Les Grecs admiraient les vainqueurs et pensaient qu'un homme devait tout faire pour gagner. L'énergie déployée à cette fin était donc colossale, mais aussi dangereuse. C'est un tel idéal qu'exprime le terme, si couramment utilisé, de « vertu », comme nous le traduisons improprement. Pour les Grecs, ce mot voulait dire que la personne concernée était habile, qu'elle avait le corps robuste et l'esprit vif, et pas seulement, comme chez nous, qu'elle était juste, qu'elle avait des principes et pratiquait la vertu au sens moderne. Le héros d'Homère, Ulysse, se conduit souvent comme un voyou, mais il est brave, il est adroit et il réussit – il est donc admirable. C'était bien se comporter que faire preuve de ces qualités, et tant pis si le coût social était parfois élevé. Le Grec était très soucieux de son image ; sa culture lui enseignait d'éviter la honte plutôt que la culpabilité et, parce qu'il redoutait la honte, il était porté à craindre tout témoignage public de culpabilité. C'est ce qui explique pour une bonne part, dans la vie politique des Grecs, l'âpreté des luttes entre factions. Il y avait là un prix que l'on acceptait volontiers de payer.

Les réussites qui ont permis aux Grecs de faire la leçon à l'Europe (et à travers elle au monde entier) sont trop riches et trop variées pour que l'on se hasarde à des considérations générales, même dans une longue et minutieuse étude ; quant à les résumer en une ou deux pages, c'est proprement impossible. Mais il y a un thème dominant qui se dégage : une confiance grandissante dans l'enquête rationnelle et réfléchie. Si la civilisation consiste à aller toujours plus avant dans le contrôle des mentalités et de l'environnement par la raison, alors les Grecs allèrent plus loin dans ce sens que ne l'avaient jamais fait leurs prédécesseurs. Le questionnement philosophique, qu'ils inventèrent, était étroitement lié à l'une des plus grandes intuitions de tous les temps, à savoir qu'il était possible de trouver une explication cohérente et logique des choses, que le monde ne dépendait pas, en dernier ressort, de la décision absurde et arbitraire de dieux ou de démons. Formulée ainsi, bien évidemment, ce n'est pas une attitude qui pouvait être ou était comprise par tous les Grecs, ni même par la majorité d'entre eux. Il lui fallait faire son chemin dans un monde imprégné d'irrationnel et de superstition. Néanmoins, c'était une idée révolutionnaire et bénéfique. Il fallait seulement attendre que devienne envisageable une société où une telle attitude pourrait se généraliser ; même Platon, qui jugeait impossible qu'elle soit partagée par le grand nombre, fixa comme tâche aux dirigeants de son Etat idéal de suivre la raison dans leurs réflexions, comme une justification aussi bien de leurs privilèges que de la discipline à laquelle ils étaient tenus. Cette volonté des Grecs de réduire la part d'irrationnel dans la vie sociale et intellectuelle déboucha sur des résultats dont on n'avait jamais connu l'équivalent auparavant. Malgré toutes les exagérations et les affabulations auxquelles on assista par la suite, l'effet libérateur de cet accent mis sur la raison se fit sentir et sentir encore pendant des milliers d'années. Ce fut la plus grande réussite à porter, en tant que telle, au crédit des Grecs.

Tandis que dans bien des milieux continuaient de sévir l'obscurantisme et la superstition, la société grecque se mit à valoriser le recours, sous diverses formes, à la réflexion rationnelle. Socrate – le philosophe athénien qui devint, grâce à son élève Platon, l'archétype du penseur et qui laissa, entre autres maximes, celle suivant laquelle « une vie sans examen ne vaut pas d'être vécue » – fut accusé de « ne pas reconnaître les mêmes dieux que l'Etat » et condamné à mort par ses concitoyens ; on lui reprocha également d'avoir mis en question les connaissances reçues en matière d'astronomie. Malgré des événements de ce genre, qui sont comme autant de résidus importants de l'ancien temps, on retiendra la façon dont la pensée grecque s'est développée : d'une manière beaucoup plus marquée que pour n'importe quelle autre civilisation antérieure, elle a mis l'accent sur des thèmes très divers et a traversé toute une série de modes.

Ces modes successives, ces changements d'accentuation sont dus à son dynamisme propre. Elles n'incitèrent pas toujours à mieux maîtriser la nature et la société plutôt qu'à se soumettre à elles. Elles s'égarèrent parfois dans des impasses et dans des culs-de-sac ou se perdirent dans des rêveries exotiques et extravagantes. La pensée grecque n'est pas monolithique ; il ne faut pas la voir comme un bloc cohérent dont l'unité d'ensemble se manifesterait dans toutes les parties qui le composent, mais comme un continuum historique s'étendant sur trois ou quatre siècles, dans lequel différents éléments l'emportent à différents moments et dont il est difficile de rendre compte.

L'une des raisons en est que les catégories de pensée des Grecs – la façon, si l'on peut dire, dont ils dressaient la carte intellectuelle avant de commencer à en examiner dans le détail les composantes – ne sont pas les nôtres, bien qu'elles y ressemblent souvent trompeusement. Quelques-unes de celles que nous utilisons n'existaient pas pour les Grecs et les connaissances qu'ils possédaient les amenaient à tracer entre les divers champs d'investigation des frontières différentes de celles que nous tenons aujourd'hui pour acquises. Parfois les choses sont évidentes et ne soulèvent aucune difficulté. Quand un philosophe, par exemple, considère la gestion de la maison et des biens (nous sommes donc dans l'économie) comme faisant partie de ce que nous appellerions la politique, aucun risque pour nous de nous méprendre. Mais il peut en être tout autrement avec des sujets plus abstraits.

Prenons la science grecque. Pour nous, la science semble la démarche toute indiquée pour comprendre le monde physique, et ses techniques sont celles de la recherche expérimentale et de l'observation. Les penseurs grecs estimèrent quant à eux que l'on pouvait tout aussi bien étudier l'univers physique à l'aide de la pensée abstraite : métaphysique, logique et mathématiques. On a pu dire que la rationalité grecque finit en réalité par entraver le progrès scientifique, parce que l'étude de la nature reposait sur la logique et la déduction abstraite plutôt que sur l'observation. De tous les grands philosophes grecs, seul Aristote donna la priorité à la collecte et au classement des données, et il ne procéda ainsi, le plus souvent, que pour les phénomènes sociaux et biologiques. Voilà qui nous incite à ne pas séparer trop brutalement la science grecque et la philosophie. Elles forment un tout, sont le produit de vingtaines de cités et se sont développées sur près de quatre siècles.

Leur apparition constitue une révolution dans l'histoire de la pensée humaine, et cette révolution s'est déjà produite à l'époque où entrent en scène les premiers penseurs grecs sur lesquels nous ayons des informations. Ils vivaient dans la cité ionienne de Milet aux VIIe et VIe siècles avant J.-C. Milet, et d'autres cités ioniennes avec elle, connut une intense activité intellectuelle qui se prolongea jusqu'à la grande époque de la spéculation athénienne, laquelle commença avec Socrate. Sans aucun doute, le rôle d'aiguillon joué par l'Asie Mineure eut ici, comme en bien d'autres domaines, une importance décisive dans le démarrage du processus ; il n'est pas inintéressant de remarquer par ailleurs que Milet était une cité prospère – les premiers penseurs semblent avoir été des riches qui pouvaient se permettre de consacrer du temps à la réflexion. Néanmoins, il ne fallut pas longtemps pour que l'activité intellectuelle, initialement centrée sur l'Ionie, s'étende à l'ensemble du monde grec.

Les colonies de la Grande-Grèce et de Sicile furent à la pointe de bien des évolutions majeures aux VIe et Ve siècles, et c'est Alexandrie qui devait occuper le premier rang à la fin de la période hellénistique. Le monde grec tout entier a participé à cette grande aventure philosophique, et il convient de ne pas exagérer la place qu'y a tenue la spéculation athénienne, si remarquable qu'elle ait pu être.

C'est au VIe siècle avant J.-C., à Milet, que Thalès et Anaximandre entreprennent une réflexion méthodique sur la nature de l'univers, qui montre que l'on a enfin franchi la frontière séparant le mythe de la science. Les Egyptiens s'étaient livrés à des expériences qui leur avaient, par induction, beaucoup appris, tandis que les Babyloniens avaient procédé à un important travail de mesurage. L'école de Milet tira parti de ces informations, tout en empruntant peut-être aux anciennes civilisations des notions fondamentales de cosmologie ; on dit à ce propos que Thalès soutint que la Terre était née des eaux. Les philosophes ioniens ne se contentèrent pas de faire fructifier cet héritage. Ils donnèrent de l'univers et de sa nature une vue d'ensemble où l'explication objective remplaçait le mythe. C'est là ce qui compte vraiment, même si les réponses qu'ils avancèrent sur tel ou tel point spécifique devaient se révéler inopérantes. On prendra pour exemple la façon dont les Grecs analysèrent la nature de la matière. Une théorie atomiste avait été élaborée, qui était en avance de plus de deux mille ans sur son temps ; elle fut rejetée au IVe siècle avant J.-C. au profit d'une autre théorie, inspirée des premiers penseurs ioniens, suivant laquelle toute matière était composée de quatre « éléments » – l'air, l'eau, la terre et le feu – qui se combinaient en proportions différentes dans des substances différentes. Cette théorie commanda la science occidentale jusqu'à la Renaissance. Elle eut historiquement une énorme importance en raison des frontières qu'elle fixait et des possibilités qu'elle ouvrait. Elle était aussi, bien évidemment, erronée.

Cette dernière considération, il faut y insister, ne présente ici qu'un intérêt secondaire. Ce qui importe, avec les Ioniens et l'école qu'ils fondèrent, c'est ce que l'on a pu appeler à juste titre leur « sidérante » nouveauté. Pour comprendre la nature, ils renvoyèrent aux oubliettes les dieux et les démons. Le temps, il est vrai, devait réduire à néant une bonne part de leur œuvre. On a pu voir plus qu'une alarme passagère devant la défaite et le danger dans la condamnation pour blasphème – à Athènes, à la fin du ve siècle – de conceptions beaucoup moins hardies que celles des penseurs ioniens deux siècles auparavant. L'un d'entre eux n'avait-il pas dit : « Si les bœufs pouvaient peindre des tableaux, leurs dieux ressembleraient à des bœufs » ? Quelques siècles plus tard, beaucoup de cette lucidité s'était perdu. Qu'elle soit apparue si tôt est le signe le plus frappant de la vigueur de la civilisation grecque.

Ce ne sont pas simplement les superstitions populaires qui eurent raison de ces idées. D'autres tendances philosophiques jouèrent un rôle. L'une d'entre elles coexista longtemps avec la tradition ionienne ; elle devait connaître une vie et exercer une influence beaucoup plus durables. Son idée-force, c'était que la réalité était immatérielle, que dans la vie, pour reprendre l'une des formules si convaincantes qu'utilisera plus tard Platon, nous ne rencontrons que les images des Formes et des Idées pures, lesquelles sont autant de manifestations célestes de la véritable réalité. Cette dernière ne peut être appréhendée que par la pensée, non pas seulement par une réflexion systématique mais aussi par l'intuition. Ce mode de pensée, caractérisé par la notion d'immatérialité, puisait également ses racines dans la science grecque, non pas dans les spéculations des Ioniens sur la matière, mais dans les travaux des mathématiciens.

Quelques-unes de leurs plus grandes avancées datent de bien après la mort de Platon, lorsqu'ils réussirent cet exploit, le plus remarquable dont puisse se targuer la pensée grecque : élaborer dans leur quasi-totalité l'arithmétique et la géométrie dont se servit la civilisation occidentale jusqu'au XVIIe siècle. Chaque élève connaissait alors le nom de Pythagore, qui vécut dans le sud de l'Italie, à Crotone, au milieu du VIe siècle avant J.-C., et auquel on doit, dit-on, les preuves fondées sur la déduction. Heureusement ou malheureusement, il alla plus loin. Il découvrit les bases mathématiques de l'harmonie en étudiant les vibrations d'une corde et il s'intéressa plus particulièrement aux relations entre les nombres et la géométrie. Il adopta à cet égard une approche à moitié mystique ; Pythagore, comme beaucoup de mathématiciens, était un esprit profondément religieux : on dit qu'il célébra l'établissement de son fameux théorème en sacrifiant un bœuf. Son école – il a existé une « confrérie » secrète qui regroupait les pythagoriciens – en vint plus tard à soutenir que la nature ultime de l'univers était d'ordre mathématique et numérique. « Ils s'imaginèrent que les principes des mathématiques étaient les principes de toutes choses », rapporta Aristote, sur un ton plutôt désapprobateur, mais son propre maître, Platon, avait été fortement influencé par cette idée, ainsi que par le scepticisme de Parménide, un pythagoricien du début du Ve siècle avant J.-C., à propos du monde tel que nous le font connaître les sens. Les nombres sont plus séduisants que le monde matériel : ils possèdent tout à la fois la perfection sans tache et l'abstraction de l'Idée dans laquelle s'incarne la réalité.

L'influence de Pythagore sur la pensée grecque est un immense sujet ; il n'est pas nécessaire de s'y aventurer. Ce qui importe ici, c'est la façon dont les thèses pythagoriciennes contribuèrent en fin de compte à une conception de l'univers qui, parce qu'elle était fondée sur des principes mathématiques et déductifs plutôt que sur l'observation, mit l'astronomie sur de fausses pistes pendant près de deux mille ans. C'est à l'influence de Pythagore qu'est due la vision d'un univers fait de sphères incluses les unes dans les autres sur lesquelles le Soleil, la Lune et les planètes se déplacent en suivant un trajet circulaire et immuable autour de la Terre. Les Grecs remarquèrent que ce n'était pas ainsi, dans la pratique, que les choses se passaient. Mais on sauva les apparences – pour le dire crûment – en introduisant de plus en plus de raffinements dans le système de base, au lieu de revenir sur les principes dont il découlait. Il fallut attendre, pour que les dernières touches soient apportées à l'ensemble, les travaux réalisés au IIe siècle après J.-C. par un célèbre savant d'Alexandrie, Ptolémée. Ces efforts furent couronnés de succès, et peu nombreux furent ceux qui soulevèrent des objections (ce qui montre que la science grecque aurait pu suivre d'autres chemins). Quelles qu'aient été les imperfections du système de Ptolémée, on pouvait prédire le mouvement des planètes. Ce sont ces prédictions qui serviront encore de guide pour la navigation océanique à l'époque de Christophe Colomb, même si elles reposaient sur des conceptions erronées qui stériliseront jusqu'à cette époque la recherche en matière de cosmologie.

La théorie des quatre éléments et le développement de l'astronomie illustrent tous deux le parti pris des Grecs pour la démarche déductive et la faiblesse caractéristique de leur pensée – le besoin urgent de bâtir une théorie plausible pour rendre compte d'un nombre de faits aussi large que possible sans les soumettre à l'épreuve de l'expérimentation. Voilà qui valut pour bien des domaines dont nous estimons qu'ils sont couverts aujourd'hui par la science et la philosophie. Le résultat ? D'un côté, des raisonnements d'une rigueur et d'une acuité sans précédent et, de l'autre, un scepticisme complet envers les données des sens. Seuls les médecins grecs, avec à leur tête Hippocrate, qui vécut au ve siècle avant J.-C., accordèrent une réelle importance à l'empirisme.

Dans le cas de Platon – pour le meilleur et pour le pire, la discussion philosophique a été plus influencée par lui et par son élève Aristote que par tout autre –, ce parti pris a pu être renforcé par la piètre opinion qu'il avait de ce qu'il observait. Aristocrate athénien de naissance, Platon se détourna de la vie de la cité à laquelle il avait espéré prendre part, déçu par la politique que suivait la démocratie athénienne et en particulier par le traitement réservé à Socrate, qu'elle avait condamné à mort. A Socrate, Platon devait son pythagorisme mais aussi une approche idéaliste des problèmes de morale, ainsi que la technique du questionnement philosophique. Le Bien, pensait-il, peut être découvert par la réflexion et par l'intuition ; c'est lui qui constitue la réalité. Il représente la plus grande des Idées – les autres étant la Vérité, la Beauté et la Justice ; ces Idées n'ont rien à voir avec ce qui nous passe à tout moment par la tête (comme lorsqu'on dit : « J'ai une idée sur ceci ou cela »), elles sont des entités réelles qui existent réellement dans un monde éternel et sans changement dont elles sont les composantes. Ce monde à la réalité immuable, pensait Platon, nous est caché par les sens, qui nous trompent et nous égarent. Mais il est accessible à l'âme, qui peut réussir à le comprendre grâce à l'usage de la raison.

De telles conceptions allaient bien au-delà du seul domaine technique de la philosophie. On peut y voir, par exemple, comme dans la doctrine de Pythagore, les traces d'un thème qui deviendra plus tard familier, et qui jouera un rôle fondamental dans le puritanisme, à savoir que l'homme est irrémédiablement divisé entre l'âme, qui est d'origine divine, et le corps, qui l'emprisonne. Il n'y a aucune réconciliation à espérer ; la seule issue, c'est la victoire de l'une ou de l'autre. Ce thème sera repris par le christianisme, avec d'immenses conséquences. Platon, de son côté, ne tarda pas à en tirer les leçons sur un plan très pratique ; il croyait en effet que la connaissance du monde des universaux et de la réalité idéale pouvait être aidée ou entravée par la façon dont on vivait. Il développa ses vues dans une série de dialogues entre Socrate et des interlocuteurs venus débattre avec lui. Ce furent les premiers manuels de philosophie, et l'un de ces ouvrages, que nous appelons *La République*, représente le premier effort qui ait jamais été fait pour décrire une société régie et organisée à des fins morales. Il met en scène un Etat autoritaire (qui fait songer à Sparte), où les mariages seraient contrôlés pour permettre d'obtenir les meilleurs résultats possibles sur le plan génétique, où il n'y aurait ni famille ni propriété privée, où la culture et les arts seraient soumis à la censure et où l'éducation serait soigneusement supervisée. Cet Etat serait dirigé par une poignée d'hommes, ceux que leur réputation intellectuelle et morale qualifierait pour entreprendre des études leur permettant d'instaurer dans les faits la société juste grâce à la connaissance du monde des Idées. Comme Socrate, Platon soutenait qu'être sage, c'était comprendre la réalité, et il pensait que voir la vérité interdisait de ne pas s'y conformer dans ses actes. Mais, contrairement à son maître, il estimait qu'il fallait imposer à la majorité des gens, par l'éducation et par les lois, cette vie sans examen dont Socrate disait, très précisément, qu'elle ne valait pas d'être vécue.

La République et ses thèses devaient susciter des siècles de discussions et d'imitations, mais c'est vrai de presque toutes les œuvres de Platon. Comme a pu le dire un philosophe anglais du XXe siècle, philosopher en Occident aura consisté depuis, pour l'essentiel, à ajouter à Platon des notes en bas de page. En dépit du dégoût qu'il éprouvait pour tout ce qui l'entourait et des préjugés que ce dégoût a engendrés en lui, Platon a posé toutes les grandes questions dont traitera plus tard la philosophie, qu'il s'agisse de morale, d'esthétique, des fondements de la connaissance ou de la nature des mathématiques, et il a développé ses idées dans des œuvres d'une grande qualité littéraire, qui ont toujours été lues avec plaisir et passion.

L'Académie, qu'il fonda, peut passer à bon droit pour avoir été la première université en date. Aristote, son élève, y fit ses premières armes. C'était un penseur plus pondéré, intéressé par davantage de sujets, qui se montrait moins sceptique sur les possibilités offertes par le monde réel et se voulait moins aventureux. Aristote ne renia jamais complètement l'enseignement de son maître, mais se distingua de lui sur des points fondamentaux. C'était un grand collecteur et classificateur de données (notamment en biologie) et il ne rejetait pas comme Platon l'expérience sensible. En fait, c'est dans le monde tel qu'il nous est donné par les sens qu'il a cherché tout à la fois les bases de la connaissance et l'accès au bonheur, renonçant ainsi à la notion d'Idées universelles et partant des faits pour aboutir, par induction, à des lois générales. Aristote fut un penseur d'une telle richesse et passionné par tant d'aspects de la réalité que son influence historique est aussi difficile à circonscrire que celle de Platon. Ce qu'il écrivit devait fournir pendant deux mille ans le cadre obligé de toute discussion sur la biologie, la physique, les mathématiques, la logique, la critique littéraire, l'esthétique, la psychologie, la morale et la politique. Sa façon d'aborder ces sujets et de réfléchir sur eux fut suffisamment souple et ouverte pour permettre, au bout du compte, d'être englobée par la philosophie chrétienne. Il jeta également les bases d'une logique déductive qui eut droit de cité jusqu'à la fin du XIXe siècle. Son apport fut considérable, différent de celui de Platon mais tout aussi important.

La pensée politique d'Aristote rejoignait en un sens celle de Platon : il estimait que la cité-Etat était la meilleure forme d'organisation sociale que l'on puisse concevoir, mais qu'il fallait la réformer et la purifier pour qu'elle puisse porter tous ses fruits. A partir de là, il s'écartait fortement de son maître. Pour Aristote, la tâche spécifique de la *polis* était de donner à chacune de ses composantes le rôle qui lui convenait, ce qui revenait essentiellement pour lui à comprendre ce qui, dans la plupart des Etats existants, pouvait assurer le bonheur. Pour répondre à cette question, il recourut à une idée grecque à laquelle son enseignement devait assurer une longue postérité, celle du « juste milieu », l'idée selon laquelle l'excellence se situe à égale distance entre l'excès et le défaut. L'expérience semblait confirmer ce point de vue, et Aristote rassembla à l'appui de sa thèse, sous une forme systématique, plus de preuves que n'en avaient jamais apportées, semble-t-il, ses prédécesseurs ; mais, en donnant une telle importance aux faits sociaux, il s'inspirait d'une autre invention grecque, celle de l'histoire.

Ce fut un autre apport majeur. Dans la plupart des pays, l'histoire est précédée par des chroniques ou des annales qui prétendent simplement enregistrer la succession des événements. Ce ne fut pas le cas en Grèce. L'histoire, en tant que genre, y est née de la poésie. Chose tout à fait étonnante, elle atteignit d'emblée son plus haut niveau avec deux ouvrages rédigés par des maîtres que personne ne parvint à égaler par la suite. Le premier d'entre eux, Hérodote, a été justement surnommé le « père de l'histoire ». Le mot – *historia* – existait avant lui, il voulait dire « enquête ». Hérodote lui ajoute une acception nouvelle : une enquête sur des événements qui se sont déroulés dans le passé ; et, en mettant par écrit les résultats qu'il a obtenus, il nous donne la première œuvre littéraire en prose, rédigée dans une langue européenne, à avoir survécu. A l'origine de son entreprise, le désir de comprendre un fait presque contemporain, le grand affrontement avec la Perse. Hérodote accumula des informations sur les guerres médiques et leurs antécédents ; il lut une quantité considérable de documents sur le sujet et interrogea des gens lors de ses voyages, consignant scrupuleusement par écrit ce qu'il avait appris. Cela devait déboucher, pour la première fois, sur autre chose qu'une simple chronique. Ses *Histoires* nous donnent un remarquable exposé sur l'Empire perse avec, en prime, quantité de renseignements sur l'histoire grecque ancienne et une sorte de vue d'ensemble du monde, le tout suivi par un récit des guerres médiques jusqu'à la bataille du cap Mycale. Né, comme le veut la tradition, en 484 avant J.-C. dans la ville dorienne d'Halicarnasse dans le sud-ouest de l'Asie Mineure (l'actuelle Bodrum), il passa une grande partie de sa vie à voyager. Il s'installa pendant quelques années à Athènes, en tant que métèque. Il y fut récompensé pour des lectures publiques de son œuvre. Il se rendit ensuite dans une nouvelle colonie fondée dans le sud de l'Italie, où il acheva son travail et où il mourut, peu après 430 avant J.-C. Son expérience personnelle lui avait donc permis de prendre toute la mesure du monde grec ; il avait également visité l'Egypte et d'autres régions. Tout cela se retrouve dans le chef-d'œuvre qu'il composa, un récit fondé sur des témoignages scrupuleusement retranscrits, même s'il arrive parfois à l'auteur de faire montre d'une certaine crédulité.

On reconnaît généralement qu'une des supériorités de Thucydide, l'un des successeurs les plus célèbres d'Hérodote, tient à son approche plus rigoureuse des documents et des témoignages et à son effort pour les soumettre à un examen critique. Le résultat est effectivement plus impressionnant sur le plan intellectuel, même si l'austérité de Thucydide ne fait que mettre davantage en relief le charme d'Hérodote. Son sujet était plus proche encore dans le temps : la guerre du Péloponnèse. Ce choix traduisait une profonde implication personnelle et une conception nouvelle : l'auteur appartenait à une grande famille athénienne (il avait servi comme général avant d'être démis pour une prétendue faute de commandement) et il voulait découvrir les causes qui avaient précipité sa cité et la Grèce dans cette terrible épreuve. Il cherchait, comme Hérodote, à être utile ; il pensait (comme beaucoup d'autres historiens grecs après lui) que ses découvertes pourraient servir dans la pratique. Mais il n'entendit pas seulement décrire, il entendit expliquer. Le résultat ? Des analyses historiques parmi les plus remarquables que l'on ait jamais connues, et la première tentative jamais entreprise pour proposer plusieurs niveaux d'explication. Chemin faisant, il a légué aux historiens à venir un modèle d'objectivité, car sa loyauté vis-à-vis d'Athènes vient rarement perturber son exposé. Il laissa son œuvre inachevée (elle s'arrête en 411 avant J.-C.), mais l'idée qui lui donne toute sa force tient en peu de mots : « A mon avis, ce sont la montée en puissance d'Athènes et la peur de Sparte qui les ont poussées à la guerre. »

L'invention de l'histoire est par elle-même révélatrice de cette grande nouveauté : l'étendue du registre dans lequel se situe la littérature grecque. Aucune autre n'avait été aussi complète jusque-là. La littérature juive est presque aussi étoffée, encore qu'il lui manque le théâtre et une approche critique de l'histoire, sans compter les genres mineurs. Mais la littérature grecque partage avec la Bible le privilège d'avoir influencé tout ce qui s'écrira par la suite en Occident. Outre son contenu concret, elle a imposé les principales formes littéraires et dicté les premiers critères pour les évaluer.

Dès le début, comme le montre l'exemple d'Homère, elle fut étroitement liée aux croyances religieuses et à l'enseignement moral. Hésiode, un poète qui vécut à la fin du VIIIe siècle avant J.-C. et qui est généralement tenu pour le premier poète de la période qui succéda aux grandes épopées, se consacra sciemment au problème de la justice et de la nature des dieux. Il confirmait ainsi la tradition selon laquelle la littérature était plus qu'une simple affaire de plaisir et il inaugurait les grands thèmes dont allait traiter la littérature grecque dans les quatre siècles à venir. Pour les Grecs, les poètes furent toujours susceptibles d'être considérés comme des maîtres, dont l'œuvre et l'inspiration étaient marquées par des tonalités mystiques. Il n'y en eut pas moins en Grèce une grande diversité de poètes et de types de poésie. Le premier genre poétique que l'on peut distinguer cultive la veine personnelle, pour répondre aux goûts de la classe aristocratique. Avec l'arrivée des tyrans aux VIIe et VIe siècles, le mécénat passa peu à peu de la sphère privée à la sphère publique, et la poésie ne s'adressa plus à des individus mais à la collectivité. Les tyrans privilégièrent délibérément les grandes fêtes publiques qui allaient servir de véhicules aux plus hautes expressions de l'art littéraire des Grecs, les tragédies. Le théâtre puise ses origines dans la religion et on en retrouve des éléments dans toutes les civilisations. La première forme de théâtre, c'est la célébration religieuse. Mais, ici aussi, l'apport des Grecs a consisté à introduire dans cette célébration une réflexion organisée sur ce qui était en jeu ; on attendait plus de l'assistance que la résignation passive ou la possession orgiaque. Il y avait dans toute l'entreprise une forte dimension didactique.

La première forme de théâtre grec fut le dithyrambe, un chant choral interprété lors des Dionysies et accompagné de danses et de mimes. En 535 avant J.-C., une innovation décisive intervint quand Thespis ajouta au spectacle un acteur, qui venait en quelque sorte dialoguer avec le chœur. D'autres innovations suivirent : on passa à deux puis à trois acteurs. Un siècle plus tard, le théâtre grec avait atteint sa maturité avec Eschyle, Sophocle et Euripide. Il subsiste d'eux 33 pièces (dont une trilogie complète), mais nous savons que plus de 300 tragédies différentes furent jouées au ve siècle. Dans ce théâtre, un fond religieux est toujours présent, non pas tellement dans les mots du texte mais dans les circonstances à l'occasion desquelles ces mots sont prononcés. Les grandes tragédies sont souvent représentées sous forme de trilogies lors de fêtes auxquelles participent des citoyens qui connaissent déjà bien les histoires (souvent tirées de la mythologie) dont traitent les pièces. Voilà qui traduit ici encore, de la part des auteurs, le désir d'éduquer. La plupart des Grecs, probablement, ne virent jamais une pièce d'Eschyle ; à coup sûr, un nombre infinitésimal par rapport à celui des Anglais d'aujourd'hui ayant vu une pièce de Shakespeare. Néanmoins, ceux qui n'étaient pas trop occupés sur leur ferme ou qui n'étaient pas trop éloignés formaient un public non négligeable.

Cela faisait plus d'hommes que dans n'importe quelle autre cité ancienne amenés à s'interroger et à réfléchir sur le contenu de leur monde moral et social. Ils attendaient des lumières nouvelles sur des rites familiers, de nouvelles façons de les interpréter. C'est ce que leur offrirent le plus souvent les grands dramaturges, même si certaines pièces allèrent au-delà et si d'autres osèrent même, à des moments qui s'y prêtaient, tourner en dérision la piété populaire. Ce n'était évidemment pas une peinture réaliste que prétendaient proposer ces pièces ; elles mettaient en scène un monde héroïque et traditionnel et montraient comment en fonctionnaient les lois, avec leur terrible impact sur les individus qui avaient le malheur de s'y exposer. Dans la seconde moitié du ve siècle avant J.-C., Euripide avait même commencé à utiliser la forme traditionnelle de la tragédie comme véhicule pour une mise en question des idées traditionnelles ; il inaugurait ainsi une technique qui sera reprise beaucoup plus tard par des dramaturges aussi différents que Gogol et Ibsen. L'intrigue ne s'en inscrivait pas moins dans un cadre qui restait familier ; au cœur de chaque pièce on retrouvait la prise de conscience du poids inexorable de la loi et de la vengeance. On peut voir en dernier ressort, dans l'acceptation d'un tel schéma, une preuve du penchant irrationnel plutôt que rationnel des Grecs. Mais cela restait pourtant très loin de l'état d'esprit dans lequel l'assistance, dans un temple oriental, contemplait, dans la crainte ou l'espoir, la ronde immuable des rites et des sacrifices.

Au ve siècle avant J.-C., le théâtre s'engagea également dans d'autres directions. C'est alors que fut inventée la comédie attique, avec son style si particulier : elle trouva en Aristophane le premier grand manipulateur, le premier qui sut faire rire aux dépens des hommes et des événements. Les sujets qu'il abordait étaient souvent d'ordre politique, presque toujours d'une grande actualité, et l'auteur ne craignait pas la grossièreté. Qu'il ait pu s'exprimer et avoir du succès est la meilleure preuve de la tolérance et de la liberté qui régnaient dans la société athénienne. Un siècle plus tard, nous voici presque arrivés dans le monde moderne, avec l'engouement pour des pièces où des esclaves multiplient les intrigues sur fond d'histoires amoureuses agitées. Nous sommes loin de Sophocle, mais ces comédies peuvent encore amuser de nos jours ; elles constituent par elles-mêmes un petit miracle, car il n'existait rien de tel deux cents ans plus tôt. La rapidité avec laquelle la littérature grecque se développa, une fois passé l'âge de la poésie épique, ainsi que la force durable de son emprise font bien ressortir toute la capacité d'innovation et d'évolution mentale des Grecs, une capacité que nous pouvons admirer à loisir, même si nous n'arrivons pas toujours à l'expliquer.

A la fin de l'âge classique, quand les cités-Etats disparurent, la littérature eut encore de longues et belles années devant elle. Son public ne cessait d'augmenter, car le grec était en passe de devenir la « *lingua franca* » et le langage officiel de tout le Moyen-Orient ainsi que d'une bonne partie du bassin méditerranéen. Elle ne retrouverait plus les sommets de la tragédie athénienne, mais elle allait encore produire des chefs-d'œuvre. Dans le domaine des arts visuels, les signes de déclin sont plus apparents. Ici encore, et par-dessus tout en architecture et en sculpture, la Grèce avait donné le ton aux générations à venir. Après avoir emprunté à ses débuts à l'Asie, l'architecture évolua d'une façon tout à fait originale : ce fut le style classique, dont les éléments se retrouvent encore aujourd'hui jusque dans les réalisations austères de nos constructeurs modernes. En quelques centaines d'années, ce style se répandit dans une grande partie du monde, depuis la Sicile jusqu'à l'Inde – en architecture aussi, les Grecs jouèrent un rôle d'exportateurs culturels.

Ils eurent pour eux, d'une certaine manière, la géologie, car la Grèce était riche en pierres de grande qualité. C'est cette qualité, cette résistance au temps, qui donne toute leur magnificence aux vestiges que nous contemplons aujourd'hui. Tout cela ne va pas pourtant sans une bonne part d'illusion. La pureté et l'austérité de l'Athènes du ve siècle, que nous apprécions dans le Parthénon, ne correspondent pas à l'image que les Grecs avaient de cet édifice. Les statues criardes des dieux et des déesses ont disparu, tout comme ont disparu la peinture et l'ocre. Il n'y a plus cet entassement de monuments, d'ex-voto et de stèles qui encombrait jadis l'Acropole et dissimulait la simplicité de ses temples. Dans la réalité, la plupart des grands sanctuaires grecs ont dû ressembler davantage à ce que Lourdes est aujourd'hui. Pour s'approcher du temple d'Apollon à Delphes, il fallait traverser un fouillis de petits lieux de culte mal tenus, envahis par des marchands, un dédale d'échoppes où s'étalaient les niaiseries de la superstition (sans vouloir déprécier pour autant le travail des archéologues qui en ont retrouvé des fragments).

Cette réserve faite, l'érosion du temps n'en a pas moins permis à des formes d'une beauté presque inégalée, jadis noyées dans le tout-venant du quotidien, d'émerger enfin. Impossible de ne pas tenir compte ici d'une interaction entre le jugement que nous portons sur l'objet et les critères de jugement qui dérivent au bout du compte de l'objet lui-même. Reste que le fait d'avoir donné naissance à un art qui a si profondément et si puissamment parlé à l'esprit des hommes pendant tant d'années défie l'interprétation : on ne peut qu'y voir le signe d'une inspiration artistique inégalée et d'une habileté confondante à donner forme à cette inspiration.

Cette qualité est également présente dans la sculpture grecque. Ici aussi, pouvoir disposer d'un matériau de choix fut un avantage, et il convient de ne pas négliger l'influence, au départ, de modèles orientaux, souvent d'origine égyptienne. Comme la céramique, la sculpture, une fois les modèles orientaux assimilés, évolua vers davantage de réalisme. Pour les sculpteurs grecs, le sujet par excellence fut le corps humain, représenté pour lui-même et non plus pour immortaliser un souvenir ou célébrer un culte. Ici encore, il est difficile de déterminer dans quel état se trouvait au juste la statue que voyaient les Grecs ; les œuvres étaient souvent dorées, peintes ou décorées avec de l'ivoire et des pierres précieuses. Un certain nombre de bronzes ont souffert du pillage ou ont été envoyés à la fonte, si bien que la prépondérance des statues en pierre risque d'égarer. Elles n'en font pas moins apparaître clairement une évolution. On commence avec des représentations de dieux mais aussi de jeunes hommes et de jeunes femmes dont l'identité est souvent incertaine et dont l'attitude, marquée par la simplicité et par la recherche de la symétrie, n'est pas très éloignée de la statuaire orientale. Dans les sculptures classiques du Ve siècle avant J.-C., le réalisme commence à se faire sentir dans une répartition inégale du poids du corps et dans l'abandon de la frontalité ; il trouvera son aboutissement dans le style, empreint de maturité et d'humanité, qui sera celui de Praxitèle et du IVe siècle pour le rendu des corps et, pour la première fois, du nu féminin.

Une grande culture n'est pas simplement un musée et aucune civilisation ne se réduit à un catalogue. Si élitiste qu'ait été la Grèce, sa réussite s'étend à tous les aspects de la vie : le fonctionnement politique de la cité-Etat en fait partie, tout comme une tragédie de Sophocle ou une statue de Phidias. C'est ce que comprit intuitivement la postérité, qui, heureusement pour elle, ignorait les distinctions que les recherches minutieuses des érudits finirent par établir entre les périodes et les lieux. *Felix culpa !* En dernière analyse, l'idée que l'on se fit de ce qu'avait été la Grèce compta plus pour l'avenir de l'humanité que ce qu'elle avait vraiment été. Pendant plus de deux mille ans, on ne cessa de se référer à la réussite grecque et de la réinterpréter, de redécouvrir et de reconsidérer la Grèce ancienne, de la faire renaître pour mieux la réutiliser. Même si sa réalité fut loin d'être à la hauteur de l'idéalisation dont elle fut l'objet par la suite et quelle qu'ait pu être la force des liens qui la rattachaient au passé, la civilisation grecque représenta tout simplement l'effort le plus important que l'homme ait accompli jusqu'alors pour devenir maître de sa destinée. En l'espace de quatre siècles, la Grèce avait inventé la philosophie, la politique, l'essentiel de l'arithmétique et de la géométrie, ainsi que les grandes catégories de l'art occidental. Voilà qui suffirait bien, même si ses erreurs, elles aussi, n'avaient pas été à ce point bénéfiques. L'Europe n'a pas cessé depuis de toucher les intérêts du capital que lui a laissé la Grèce et, à travers l'Europe, c'est le monde entier qui continue d'en bénéficier.

XIV

Le monde hellénistique

L'histoire de la Grèce prit souvent, après le ve siècle avant J.-C., des tours inattendus. Mais le plus inattendu et le plus remarquable, ce fut la façon dont la civilisation grecque influença et orienta les rêves d'empire d'un royaume dont certains soutinrent qu'il n'était pas du tout grec : la Macédoine. Dans la seconde moitié du IVe siècle avant J.-C., cet Etat, situé au nord de la Grèce, fonda un empire plus vaste que ce qui s'était jamais vu jusqu'alors, un empire qui se voulait l'héritier tout à la fois de la Perse et des cités-Etats grecques. Il donna sa forme au monde que nous appelons hellénistique en raison du rôle prépondérant et unificateur que joua en son sein une culture d'inspiration et de langue grecques. Cette culture fut transmise au monde par les Macédoniens grâce aux conquêtes que réalisa au IVe siècle avant J.-C. leur empereur, Alexandre.

Tout commence avec le déclin de la puissance perse. Le redressement de la Perse par le biais de son alliance avec Sparte avait masqué d'importantes faiblesses internes. L'une d'elles est évoquée dans un ouvrage célèbre, l'*Anabase*. Xénophon y raconte la longue marche d'une armée de mercenaires grecs, sa remontée du Tigre et sa traversée des montagnes jusqu'à la mer Noire, après l'échec d'une tentative menée par le frère du roi pour s'emparer du trône de Perse. Ce ne fut qu'un épisode mineur et secondaire dans le déclin généralisé de cet Etat, la conséquence d'une crise parmi d'autres, révélatrice de ses divisions internes. Les troubles se poursuivirent tout au long du IVe siècle avant J.-C. : les unes après les autres, ses provinces (dont l'Egypte, qui conquit son indépendance dès 404 avant J.-C. et la conserva pendant soixante ans) échappèrent à son contrôle. Une grande révolte conduite par les satrapes occidentaux demanda beaucoup de temps avant d'être maîtrisée, et si le pouvoir impérial finit par être rétabli, le prix à payer fut lourd. La domination perse, quand elle parvenait à s'imposer à nouveau, restait souvent fragile.

Les possibilités qu'offrait un tel déclin n'avaient pas échappé à un souverain voisin, Philippe II de Macédoine. La Macédoine, un royaume du Nord, n'avait pas grande réputation et reposait sur une aristocratie guerrière. C'était une société dure, fruste ; ses dirigeants gardaient quelque chose en eux des seigneurs de la guerre des temps homériques : leur pouvoir s'appuyait plus sur l'ascendant personnel que sur des institutions. Cet Etat faisait-il partie du monde des Hellènes ? On en discutait ; certains Grecs tenaient les Macédoniens pour des Barbares. De leur côté, leurs rois prétendaient descendre de grandes familles grecques (l'une d'elles aurait eu pour fondateur Héraclès), et leurs prétentions étaient généralement reconnues. Philippe lui-même était assoiffé de prestige ; il voulait que la Macédoine soit considérée comme grecque. Quand il devint régent en 359 avant J.-C., il se mit à s'attribuer peu à peu de nouveaux territoires au détriment d'autres Etats grecs.

Son argument décisif, c'était son armée, devenue à la fin de son règne la mieux entraînée et organisée de Grèce. La tradition militaire macédonienne avait mis l'accent sur la cavalerie lourde, qui devait rester un atout majeur. Philippe y ajouta un autre élément, tirant ainsi profit des leçons qu'il avait apprises en matière d'infanterie à Thèbes, quand il y avait été otage durant sa jeunesse. Il s'inspira des tactiques utilisées par les hoplites pour mettre au point une arme nouvelle : la phalange de piquiers, sur une profondeur de seize rangs. Les hommes disposaient de lances deux fois plus longues que celles des hoplites et ils manœuvraient en formation moins resserrée, les combattants des deuxième et troisième rangs faisant passer leurs piques entre les hommes du premier rang de façon à présenter à l'ennemi, lors de la charge, un front d'une plus grande densité. Les Macédoniens possédaient en outre une maîtrise des techniques de siège supérieure à celle des autres armées grecques ; ils disposaient de catapultes qui forçaient les défenseurs à se mettre à couvert, tandis que les béliers et les tours de siège entraient en action. On n'avait rien vu d'équivalent depuis l'Assyrie et ses successeurs asiatiques. Philippe parvint ainsi à faire de la Macédoine un Etat passablement prospère dont les richesses s'accrurent considérablement une fois acquises les mines d'or du Pangée, même s'il devait laisser après lui, du fait de ses dépenses, d'énormes dettes.

Dans un premier temps, il se servit de son autorité de régent pour unifier véritablement la Macédoine. Au bout de quelques années, le jeune prince au nom duquel il exerçait le pouvoir fut déposé et Philippe fut élu roi. Il commença alors à regarder vers le sud et le nord-est. Une expansion dans ces zones impliquait à plus ou moins long terme un empiétement sur les intérêts et les positions acquises d'Athènes. Rhodes, Cos, Chios et Byzance, autant d'alliées de la cité attique, se mirent sous le patronage macédonien ; une autre alliée des Athéniens, la Phocide, fut écrasée dans une guerre à laquelle Athènes l'avait incitée, mais sans lui apporter d'aide concrète. Démosthène, le dernier grand agitateur de la démocratie athénienne, eut beau se faire une place dans l'histoire (ce dont atteste encore de nos jours le terme de « philippique ») en attirant l'attention de ses concitoyens sur les dangers qui les menaçaient, il ne put les sauver. Quand la guerre entre Athènes et la Macédoine (355-346 avant J.-C.) prit fin, Philippe n'avait pas seulement gagné la Thessalie, il avait pris pied dans la Grèce centrale et contrôlait le défilé des Thermopyles.

La situation qu'il s'était acquise lui permettait d'avoir des vues sur la Thrace, ce qui impliqua un regain d'intérêt des Grecs pour la Perse. Un écrivain athénien plaida pour une croisade hellénique qui exploiterait les faiblesses de la Perse (en opposition à Démosthène, qui continuait à dénoncer le « Barbare » macédonien), et une fois encore des plans furent échafaudés pour libérer les cités d'Asie. L'idée était suffisamment séduisante pour porter ses fruits au sein de la ligue de Corinthe, une organisation d'abord réticente créée en 337 avant J.-C. par les principaux Etats autres que Sparte. Philippe en était le président et le chef militaire, et elle faisait songer par bien des côtés à la ligue de Délos ; l'apparente indépendance de ses membres était un leurre : ils étaient en fait des satellites de la Macédoine. Bien que marquant le sommet de l'œuvre et du règne de Philippe (qui fut assassiné l'année suivante), la ligue ne vit le jour qu'après les nouvelles victoires remportées par la Macédoine sur les Athéniens et les Thébains en 338 avant J.-C. Les conditions de paix imposées par le vainqueur furent plutôt douces, mais la ligue dut accepter de partir en guerre contre la Perse, sous l'autorité des Macédoniens. Il y eut encore une réaction d'indépendance de la part des Grecs après la mort de Philippe, mais le fils et successeur de ce dernier, Alexandre, écrasa les rebelles grecs comme il le fit pour d'autres dans son royaume. Thèbes fut rasée et sa population réduite en esclavage (335 avant J.-C.).

C'est ainsi que s'achevèrent quatre siècles d'histoire grecque. Durant toute cette période, la civilisation avait été créée et abritée par la cité-Etat, l'une des formes politiques les mieux abouties que le monde ait connues.

A présent – ce n'était pas la première fois et ce ne devait pas être la dernière – l'avenir semblait appartenir aux gros bataillons, aux grandes organisations. A partir de cette époque, la Grèce continentale devint, politiquement, une sorte de désert placé sous l'autorité des Macédoniens, de leurs gouverneurs et de leurs garnisons. Comme son père, Alexandre chercha à se concilier les Grecs en leur accordant une large autonomie interne en échange de leur adhésion à sa politique étrangère. Mais il y eut toujours des Grecs, notamment les démocrates athéniens, pour refuser de s'incliner.

Alexandre, dit « le Grand », naquit en 356 avant J.-C. En dépit des efforts de son père pour le mettre au contact de ce qu'il y avait de meilleur dans la philosophie et la science grecques, le très jeune Alexandre préférait les fêtes aux séminaires ; il montrait également du goût pour les déchaînements de violence – un historien a pu le traiter de « jeune brute avinée ». Mais il rêvait d'imiter les grandes conquêtes de son père. Quand il devint roi en 336 avant J.-C., il voulut s'en aller vaincre la Perse et conquérir le monde.

Le règne d'Alexandre s'ouvrit sur des difficultés avec les Grecs. Le jeune roi les surmonta et put alors porter son attention sur la Perse. En 334 avant J.-C., il passa en Asie à la tête d'une armée dont un quart des effectifs venaient de Grèce. Il y avait plus dans tout cela que de l'idéalisme ; prendre l'initiative de l'attaque était peut-être une mesure de prudence : il fallait payer la belle armée laissée par Philippe si on ne voulait pas qu'elle devienne une menace pour le nouveau roi, et les conquêtes fourniraient l'argent nécessaire. Alexandre avait vingt-deux ans et entamait une carrière de conquérant qui allait se révéler courte mais si brillante qu'elle ferait de lui un mythe pour la suite des temps et qu'elle permettrait à la culture grecque de se diffuser au plus loin. Il fit entrer les cités-Etats dans un monde plus vaste.

L'histoire est facile à résumer. La légende rapporte qu'après être passé en Asie Mineure, Alexandre trancha le nœud gordien. Il vainquit ensuite les Perses à la bataille d'Issos. S'ensuivit une campagne qui le vit traverser la Syrie vers le sud, détruisant Tyr au passage, et pénétrer finalement en Egypte, où il fonda la cité qui porte encore aujourd'hui son nom. Dans chaque bataille, c'est lui le meilleur soldat, et il est plusieurs fois blessé dans la mêlée. Il s'aventure dans le désert, interroge l'oracle à Siwa puis retourne en Asie infliger une seconde défaite, décisive, à Darius III en 331 avant J.-C. à Gaugamèles. Persépolis est pillée et incendiée et Alexandre est reconnu comme successeur sur le trône de Perse ; l'année suivante, Darius est assassiné par l'un de ses satrapes. Alexandre continue son chemin, à la poursuite des Iraniens du nord-est, jusqu'en Afghanistan (où Kandahar est l'une des nombreuses villes à commémorer son nom), et pénètre dans le Pendjab, à près de 160 kilomètres au-delà de l'Indus. C'est là qu'il dut rebrousser chemin, son armée se refusant à aller plus loin. Il était épuisé. Après avoir triomphé d'une armée forte de 200 éléphants, sans doute ne se sentait-il pas très disposé à affronter les 5 000 autres qui l'attendaient, disait-on, dans la vallée du Gange. Il retourna à Babylone, où il mourut en 323 avant J.-C., à l'âge de trente-deux ans, un peu plus de dix ans après son départ de Macédoine.

Ses conquêtes, mais aussi la façon dont il sut en faire un empire, portent la marque du génie. Le mot n'est pas trop fort, car une réussite d'une telle envergure ne résulte pas seulement de la chance, de circonstances historiques favorables ou d'une détermination aveugle. Doué d'un esprit créatif, Alexandre fut par certains côtés un visionnaire, en dépit de son égocentrisme et de son obsession de la gloire. Une grande intelligence allait de pair chez lui avec un courage indomptable ; il croyait que sa mère descendait d'Achille, le héros d'Homère, qu'il s'efforça d'imiter. Il était ambitieux, autant pour s'affirmer aux yeux des autres – ou peut-être à ceux de sa mère, une personnalité énergique et intimidante – que pour gagner de nouveaux territoires.

L'idée d'une croisade des Hellènes contre la Perse avait incontestablement un sens pour lui. Mais quelle qu'ait pu être son admiration pour la culture grecque, que lui avait enseignée son précepteur Aristote, il était trop centré sur lui-même pour jouer les missionnaires, et son cosmopolitisme reposait en fait sur une juste appréciation des réalités. Il fallait que son empire soit dirigé par des Perses aussi bien que par des Macédoniens. Alexandre épousa une princesse de Bactriane, Roxane, puis une princesse perse, et il accepta – à tort, pensèrent quelques-uns de ses compagnons – les hommages que l'Orient rendait à ses souverains, qu'il considérait comme des dieux. Il était aussi, par moments, irréfléchi et impulsif. Ce sont ses soldats, en fin de compte, qui le firent revenir depuis l'Indus. Le maître de la Macédoine n'hésitait pas à plonger dans la bataille sans se soucier de ce qui pourrait bien arriver à la monarchie s'il devait mourir sans successeur. Pis encore, il tua un ami lors d'une querelle d'ivrognes, et il se peut qu'il ait été pour quelque chose dans l'assassinat de son père.

Alexandre vécut trop peu pour faire de son empire une entité durable ou pour prouver à la postérité que même lui ne pouvait y parvenir. Ce qu'il réussit à faire en quelques années n'en reste pas moins impressionnant. La fondation de vingt-cinq « cités » représente par elle-même une œuvre considérable, même si certaines ne furent que des forteresses aménagées qui commandaient les principaux accès terrestres de l'Asie. L'intégration de l'Ouest et de l'Est dans le gouvernement de ces cités soulevait des difficultés encore plus grandes, mais Alexandre, en dix ans, accomplit un long chemin dans cette direction. Il n'avait guère le choix, bien évidemment. Les Grecs et les Macédoniens étaient trop peu nombreux pour conquérir et gouverner cet immense empire. Dès le début, il s'appuya sur des notables perses dans les zones conquises et,

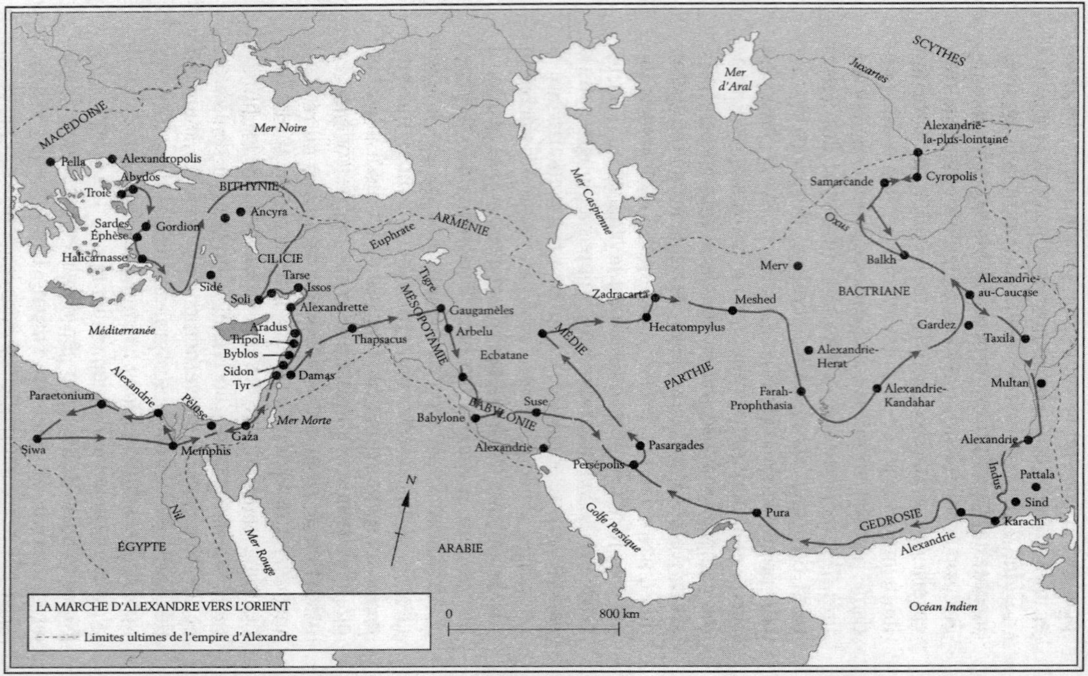
LA MARCHE D'ALEXANDRE VERS L'ORIENT
Limites ultimes de l'empire d'Alexandre
0
800 km
N
MACÉDOINE
Pella
Alexandropolis
Abydos
Troie
Sardes
Éphèse
Halicarnasse
Gordion
BITHYNIE
Ancyra
CILICIE
Tarse
Issos
Sidé
Soli
Alexandrette
Aradus
Tripoli
Byblos
Sidon
Tyr
Damas
Mer Noire
Méditerranée
Mer Morte
Mer Rouge
Alexandrie
Paraetonium
Péluse
Gaza
Siwa
Memphis
Nil
ÉGYPTE
ARABIE
Euphrate
ARMÉNIE
Tigre
MÉSOPOTAMIE
Thapsacus
Gaugamèles
Arbelu
Ecbatane
BABYLONIE
Babylone
Suse
Alexandrie
MÉDIE
Pasargades
Persépolis
Golfe Persique
Mer Caspienne
Zadracarta
Hecatompylus
PARTHIE
Meshed
Merv
Farah-Prophthasia
Alexandrie-Herat
Alexandrie-Kandahar
BACTRIANE
Balkh
Oxus
Samarcande
Cyropolis
Alexandrie-la-plus-lointaine
Juxartes
SCYTHES
Mer d'Aral
Alexandrie-au-Caucase
Gardez
Taxila
Multan
Alexandrie
Indus
Pattala
Sind
Karachi
GEDROSIE
Alexandrie
Pura
Océan Indien

une fois rentré d'Inde, il commença à réorganiser l'armée en créant des régiments mixtes, composés à la fois de Macédoniens et de Perses. Son adoption du vêtement perse et l'obligation faite à ses compatriotes, tout comme aux Perses, de se prosterner devant lui hérissèrent ses partisans, car elles montraient son goût pour les coutumes orientales. Il y eut des complots et des mutineries ; ils échouèrent, et la façon plutôt clémente dont Alexandre réagit laisse entendre que la situation ne fut jamais très dangereuse pour lui. A la crise succéda le geste le plus spectaculaire qu'il ait accompli en faveur de l'intégration culturelle. Il prit la fille aînée de Darius pour femme (il avait déjà épousé une princesse de Bactriane, Roxane) et célébra un mariage de masse qui vit l'union de 9 000 de ses soldats avec des femmes orientales. Ce fut le fameux « mariage de l'Est et de l'Ouest » – un acte dicté par la raison d'Etat plutôt que par l'idéalisme : le nouvel empire devait être uni s'il voulait survivre.

Il est moins facile d'évaluer ce que le nouvel empire pouvait bien représenter en termes d'échanges culturels. Il y eut à coup sûr, géographiquement, une dispersion plus large des Grecs. Mais les résultats de ce phénomène ne se manifesteront qu'après la mort d'Alexandre, quand le cadre formel de l'empire se sera effondré, ce qui n'empêcha pas pour autant l'émergence d'un monde hellénistique. Nous n'en savons pas beaucoup en réalité sur ce que fut la vie au sein de l'empire d'Alexandre, et il semble peu probable – étant donné sa courte durée, les habitudes prises sous l'ancien gouvernement et le peu de volonté pour se risquer dans des changements de fond – que la plupart de ses habitants aient trouvé que les choses étaient très différentes en 323 avant J.-C. de ce qu'elles étaient dix ans plus tôt.

C'est à l'Est que l'impact d'Alexandre se fit sentir. Il ne régna pas assez longtemps pour peser sur les relations entre les Grecs d'Occident et Carthage, qui furent, vers la fin du IVe siècle avant J.-C., le grand sujet de préoccupation à l'Ouest. En Grèce même, rien ne bougea jusqu'à sa mort. Ce fut en Asie qu'il imposa son autorité à des territoires auxquels aucun Grec avant lui n'avait imposé la sienne. En Perse, il s'était autoproclamé héritier du Grand Roi, et les satrapes du Nord (Bithynie, Cappadoce et Arménie) lui rendirent hommage.

Loin d'être à toute épreuve, le ciment qui donnait sa cohésion à l'empire d'Alexandre fut soumis à des contraintes insupportables quand son fondateur mourut sans laisser d'héritier compétent. Ses généraux en vinrent à se battre pour ce qu'ils pouvaient prendre et garder, et l'empire était en voie de démembrement avant même la naissance du fils posthume d'Alexandre, issu de son union avec Roxane. Celle-ci avait déjà assassiné la seconde épouse de son mari, si bien que, lorsqu'elle mourut à son tour avec son fils lors des troubles qui éclatèrent, il n'y eut plus aucun héritier direct. Au terme de quelque quarante années d'affrontements, il fut entendu que l'empire d'Alexandre ne reverrait plus jamais le jour. A sa place s'était constitué un groupe de grands Etats, tous des monarchies héréditaires. A leur tête, des soldats qui avaient réussi : les « diadoques », terme grec signifiant « successeurs ».

Dès la mort de son maître, Ptolémée Sôter, l'un des meilleurs généraux d'Alexandre, s'était emparé du pouvoir en Egypte, où il fit transporter par la suite la précieuse dépouille de l'empereur défunt. Les descendants de Ptolémée devaient diriger la province pendant près de trois cents ans, jusqu'à la mort de Cléopâtre en 30 avant J.-C. De tous les Etats des diadoques, ce fut l'Egypte qui connut l'existence la plus longue et brilla le plus par ses richesses. Dans la partie asiatique de l'empire, les territoires situés en Inde et certains de ceux situés en Afghanistan échappèrent aux mains des Grecs : ils furent cédés à un souverain indien en échange de son aide militaire. Le reste formait en 300 avant J.-C. un immense royaume de 3,8 millions de km² et d'environ 30 millions d'habitants, qui s'étendait de l'Afghanistan jusqu'à la Syrie, où se trouvait sa capitale, Antioche. Ce vaste domaine était dirigé par les descendants de Séleucos, un autre général macédonien. Des attaques menées par des migrants, des Celtes venant de l'Europe du Nord (qui avaient déjà envahi la Macédoine proprement dite), entraînèrent un certain nombre de bouleversements au début du IIIe siècle avant J.-C. Une partie de cet Etat forma le royaume de Pergame, dirigé par la dynastie des Attalides, qui repoussa les Celtes plus loin en Asie Mineure. Les Séleucides conservèrent les autres territoires, mais ils devaient perdre la Bactriane en 225 avant J.-C., quand des descendants des soldats d'Alexandre en firent un royaume grec remarquable. Sous une autre dynastie, les Antigonides, la Macédoine s'efforça de conserver le contrôle des Etats grecs que lui disputaient la flotte de Ptolémée dans la mer Egée et les Séleucides en Asie Mineure. Une fois de plus, aux alentours de 265 avant J.-C., Athènes tenta d'obtenir son indépendance, mais ce fut un échec.

Ces événements sont complexes, mais importent peu à notre propos. Le plus important, c'est que, pendant quelque soixante années après 280 avant J.-C., il exista entre les divers royaumes hellénistiques une sorte d'équilibre des forces : ils étaient attentifs à ce qui se passait en Méditerranée orientale et en Asie et, à l'exception des Grecs et des Macédoniens, se préoccupaient peu de ce qui arrivait plus à l'ouest. Toutes les conditions étaient donc réunies pour que, dans ce climat pacifié, la culture grecque se développe au mieux. Et de là découle toute l'importance de ces Etats. C'est leur contribution à la diffusion et à l'expansion d'une civilisation qui justifie l'attention que nous leur portons, et non pas les intrigues obscures et les affrontements stériles des diadoques.

Le grec était désormais la langue officielle de tout le Moyen-Orient ; plus important encore, il était la langue que l'on parlait dans ce qui constituait le cœur de ce nouveau monde, les villes. Sous les Séleucides, le mariage entre la civilisation hellénistique et la civilisation orientale auquel avait aspiré Alexandre commença à devenir une réalité. Ils cherchèrent en priorité à attirer des immigrants grecs et à fonder de nouvelles cités partout où la chose était possible : c'était pour eux le moyen de donner un cadre solide à leur empire et d'helléniser la population locale. L'essentiel du pouvoir des Séleucides se concentra dans les villes, le reste ne constituant qu'un arrière-pays hétérogène partagé entre des tribus, des satrapies perses et des princes vassaux. Leur administration continuait d'être basée essentiellement sur les satrapies. Leurs rois héritèrent des Achéménides leur conception de l'absolutisme tout comme leur système d'impôts.

Le développement des villes fut dû aussi bien à la croissance de l'économie qu'à une politique délibérée. Les guerres d'Alexandre et de ses successeurs permirent de mettre la main sur un immense butin, pour la plus grande partie en lingots, amassé par l'Empire perse. Cela donna un coup de fouet à la vie économique dans tout le Moyen-Orient, mais engendra deux fléaux : l'inflation et l'instabilité. La tendance générale n'en était pas moins à l'augmentation de la richesse. Il n'y eut pas de grandes innovations, qu'il s'agisse de la production d'objets ou de l'exploitation de nouvelles ressources naturelles. L'économie méditerranéenne resta à peu de chose près ce qu'elle avait toujours été, seule l'échelle changea ; mais la civilisation hellénistique fut plus riche que celles qui l'avaient précédée, ce qu'atteste notamment la croissance démographique.

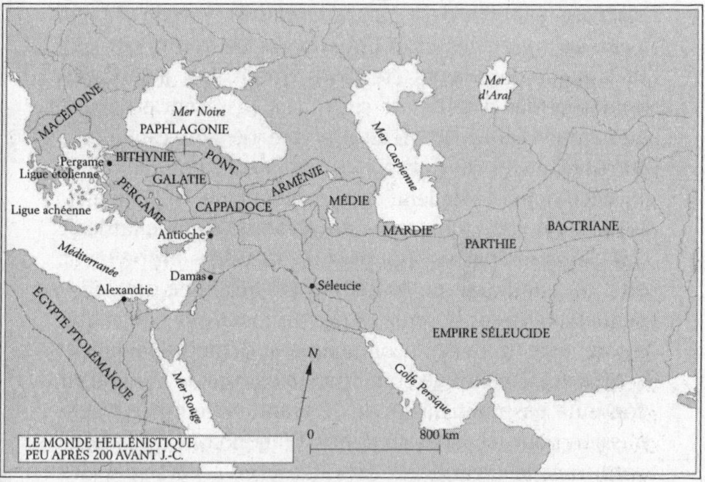

LE MONDE HELLÉNISTIQUE PEU APRÈS 200 AVANT J.-C.

C'est cette richesse qui explique le faste déployé par les gouvernants, leur façon de dépenser les revenus considérables qu'ils s'attribuaient à des fins spectaculaires et parfois tout à fait louables. Les ruines des cités hellénistiques montrent l'intérêt qu'ils portèrent, financement à l'appui, à tous les équipements qui caractérisaient la vie urbaine des Grecs ; les théâtres et les gymnases proliférèrent, on organisa partout des jeux et des fêtes. Cela n'impressionna sans doute pas beaucoup les indigènes de la campagne qui payaient les impôts et dont certains durent voir d'un mauvais œil ce que l'on appellerait aujourd'hui l'« occidentalisation ». Ce n'en fut pas moins une belle réussite. A travers les villes, le Moyen-Orient fut hellénisé, et cette hellénisation devait le marquer durablement, jusqu'à l'arrivée de l'islam. Une littérature grecque spécifique ne tarda pas à voir le jour.

Ce fut bien une civilisation de cités, et de cités grecques. Mais son esprit n'était plus celui d'autrefois, comme certains Grecs le relevaient avec amertume. Les

Macédoniens n'avaient jamais connu le type de vie qui avait été celui des cités-Etats et on ne retrouvait pas sa vigueur dans leurs créations d'Asie. Les Séleucides fondèrent des dizaines de cités mais laissèrent en place, au-dessus d'elles, le vieux système de gouvernement, autocratique et centralisé, des satrapies. La bureaucratie se développa fortement, au détriment de l'autonomie. L'ironie veut que, non contentes d'avoir à subir le fardeau des désastres passés, les cités de la Grèce proprement dite, où continuait de briller la petite flamme de l'indépendance, furent la seule partie du monde hellénistique à connaître un déclin économique et démographique.

Si la veine politique était tarie, la culture de la cité n'en continua pas moins à servir de grand système de transmission pour les idées grecques. D'abondantes dotations permirent la création, à Alexandrie et à Pergame, des deux plus grandes bibliothèques du monde ancien. Ptolémée Ier fonda également le Musée, une sorte d'institut des hautes études. A Pergame, un roi institua des chaires professorales et c'est là que fut mis au point l'usage du parchemin (*pergamena*, en grec) quand les Ptolémées suspendirent les fournitures de papyrus. A Athènes, l'Académie et le Lycée continuèrent de fonctionner et ces deux sources contribuèrent à rafraîchir un peu partout la tradition typiquement grecque de l'activité intellectuelle. Une bonne part de cette activité était académique au sens étroit du terme, c'est-à-dire universitaire : on s'attachait avant tout à commenter les grandes œuvres du passé. Mais cette activité pouvait aussi conduire à des travaux de haute qualité ; si nous trouvons aujourd'hui qu'ils manquent un peu de poids, c'est seulement par comparaison avec les extraordinaires réussites des Ve et IVe siècles avant J.-C. Il s'agissait là d'une tradition assez solidement implantée pour résister au passage dans l'ère chrétienne, même si un grand nombre de textes ont été irrémédiablement perdus. Au bout du compte, le monde islamique recueillera l'héritage de Platon et d'Aristote des mains des érudits de la période hellénistique.

C'est dans les sciences que la civilisation hellénistique préserva le mieux les apports des Grecs. Dans ce domaine, Alexandrie, la plus grande des cités hellénistiques, joua un rôle prépondérant. Euclide mit la géométrie en système : ses *Eléments* restèrent en vigueur jusqu'au XIXe siècle. Archimède, qui est resté célèbre pour les machines de guerre qu'il fit confectionner lors du siège de Syracuse en Sicile en 213 avant J.-C., fut probablement l'élève d'Euclide. Un autre Alexandrin, Eratosthène, fut le premier à mesurer la circonférence de la Terre, et un Grec de l'époque hellénistique, Aristarque de Samos, alla jusqu'à dire que la Terre tournait autour du Soleil, mais ses conceptions furent rejetées par ses contemporains et par la postérité parce qu'elles ne s'accordaient pas avec la physique d'Aristote, qui soutenait le contraire. En hydrostatique, on doit de grandes avancées à Archimède (c'est lui également qui inventa le treuil), mais ce sont les mathématiques et non pas les techniques qui ont toujours figuré au cœur de la tradition grecque : elles arrivèrent à leur apogée à la période hellénistique, avec la théorie des sections coniques et des ellipses ainsi qu'avec l'invention de la trigonométrie.

Voilà qui enrichit considérablement la boîte à outils de l'humanité. Mais ces innovations tranchaient moins avec le passé que la philosophie morale et politique de l'ère hellénistique. Il est tentant d'en trouver l'explication dans le passage de la cité-Etat à des ensembles plus vastes. C'est encore Athènes qui fut le plus grand centre philosophique de l'époque. Aristote avait espéré attirer de nouveau l'attention sur la cité-Etat : en de bonnes mains, pensait-il, elle était toujours capable de servir de cadre à la vie heureuse. Mais peut-être parce qu'il fallait en imposer aux non-Grecs, peut-être parce qu'ils éprouvaient un réel penchant pour le monde situé en dehors de la culture grecque, les nouveaux monarques cherchèrent de plus en plus un appui dans les cultes orientaux liés à la personne du souverain, dont les origines remontaient au passé mésopotamien et égyptien. Pour le reste, les deux piliers sur lesquels reposèrent en fait les Etats hellénistiques furent la bureaucratie, qui faisait fi des anciennes traditions d'indépendance civique – puisque les Séleucides avaient fondé ou refondé la plupart des cités grecques d'Asie, ils pouvaient bien reprendre ce qu'ils avaient donné –, et des armées formées de mercenaires grecs et macédoniens, ce qui dispensait d'avoir recours aux troupes indigènes. Si puissantes et intimidantes qu'elles aient été, ces structures mises en place par les nouveaux rois n'avaient rien pour séduire particulièrement leurs sujets, aux loyautés et aux sentiments pour le moins partagés.

Par certains aspects, le triomphe hellénistique de la culture grecque est trompeur. C'est toujours la même langue, mais sa signification a changé. La religion grecque, par exemple, qui contribuait si fortement à unifier les Grecs, est sur le déclin, tout comme le rationalisme du ve siècle avant J.-C. Cet effondrement du cadre traditionnel des valeurs crée un climat propice à des changements chez les philosophes. En Grèce même, l'étude de la philosophie continue de bien se porter, mais son développement à la période hellénistique montre que les individus se replient sur leurs problèmes personnels, qu'ils se désolidarisent de sociétés qu'ils ne peuvent pas influencer, qu'ils cherchent à se protéger des coups du sort et des tensions de la vie quotidienne. Cette démarche ne nous est pas étrangère. Un bon exemple en est donné par Epicure, qui cherche le souverain bien dans une expérience, essentiellement privée, du plaisir. Contrairement aux interprétations erronées qui virent le jour par la suite, ce qu'il professait n'avait rien à voir avec un penchant quelconque pour les excès. Pour Epicure, le plaisir est une satisfaction d'ordre psychologique, l'absence de douleur – une conception plutôt austère pour les modernes que nous sommes. Son importance n'en est pas moins considérable parce qu'elle traduit un changement dans les préoccupations : c'est le domaine privé, personnel, qui est désormais privilégié.

Autre forme de cette réaction philosophique : l'insistance mise sur le renoncement, le détachement comme idéaux de vie. L'école dite des Cyniques afficha son mépris pour les conventions et chercha à s'affranchir de toute dépendance vis-à-vis du monde matériel. L'un d'entre eux, Zénon, qui vivait à Athènes, entreprit de professer une doctrine de son cru dans un endroit public, la *Stoa Poikilé*, c'est-à-dire le « portique peint ». L'endroit donna leur nom à ses disciples, les stoïciens. Ils devaient figurer parmi les philosophes les plus influents parce que leurs idées étaient directement applicables à la vie quotidienne. Suivant les stoïciens, et c'était la base de leur philosophie, il fallait conformer sa vie à l'ordre rationnel qui régissait l'univers. L'homme, disaient-ils, n'était pas maître des événements, mais il pouvait accepter ce que dictait le destin, le décret émanant de ce qu'ils croyaient être la volonté divine. Les actions vertueuses ne devaient donc pas être accomplies pour leurs résultats, qui pouvaient très bien se révéler malheureux ou désastreux, mais pour elles-mêmes, pour leur valeur intrinsèque.

Ce qui devait faire le grand succès du stoïcisme dans le monde hellénistique, c'est qu'il donnait aux individus de nouveaux repères moraux à une époque où ni la *polis* ni la religion grecque n'avaient su préserver leur autorité. Le stoïcisme était également fait pour durer, parce qu'il s'adressait à tous les hommes, lesquels, enseignait-il, étaient tous semblables : c'était le germe d'une morale universelle qui allait peu à peu transcender la vieille distinction entre Grecs et Barbares, comme toute autre forme de distinction entre hommes doués de raison. Elle s'adressait à l'humanité tout entière et déboucha sur une condamnation de l'esclavage, une avancée extraordinaire dans un monde qui reposait sur le travail forcé. Ce fut, pendant deux mille ans, une source féconde pour les penseurs. Le stoïcisme, avec son appel au sens commun et à la discipline, devait bientôt devenir très populaire à Rome.

On retrouve donc dans la philosophie le même éclectisme, le même cosmopolitisme qui frappent dans presque tous les autres domaines de la culture hellénistique. Leur manifestation la plus évidente fut sans doute l'adaptation de la sculpture grecque à la statuaire monumentale de l'Orient, ce qui nous valut des monstres comme le Colosse de Rhodes, qui culminait à plus d'une trentaine de mètres. Sur la fin, éclectisme et cosmopolitisme apparurent un peu partout, dans les aspirations des stoïciens tout comme dans les cultes exotiques issus d'Orient qui vinrent supplanter les dieux grecs. Un savant, Eratosthène, déclara qu'il avait pour compatriotes tous les hommes vertueux : cette remarque traduit bien le nouvel esprit qui animait, pour le meilleur, l'hellénisme.

Le cadre politique de ce monde était finalement voué à se transformer : au-dehors de ses frontières, des changements considérables se produisaient. La preuve en fut donnée entre autres par l'apparition, assez tôt, d'un nouveau danger à l'Est, l'Empire parthe. Au milieu du IIIe siècle avant J.-C., le déséquilibre causé au sein du royaume des Séleucides par la concentration de la population et des richesses dans sa partie occidentale fit que ses dirigeants passèrent le plus clair de leur temps à s'occuper de leurs relations avec les autres Etats hellénistiques. Le Nord-Est était menacé, comme toujours, par des nomades venus des steppes, mais les dirigeants ne pensaient qu'à rassembler de l'argent et des ressources pour leurs querelles avec l'Egypte des Ptolémées. L'envie que pouvait éprouver un lointain satrape de jouer les seigneurs de la guerre pour son propre compte était souvent irrésistible. Les érudits se disputent sur les détails, mais nous savons de source sûre que l'une des satrapies où se manifesta ce phénomène fut la Parthie, une région située au sud-est de la mer Caspienne. Elle prit de plus en plus d'importance au fil du temps, parce que les routes empruntées par les caravanes pour gagner l'Eurasie du Centre passaient par elle, des routes qui permettaient au monde classique occidental et à la Chine de communiquer à distance – la fameuse route de la soie.

Qui étaient les Parthes ? A l'origine, un peuple de nomades iraniens venus de l'Eurasie du Centre pour tenter de créer à plusieurs reprises une entité politique sur les hauteurs de l'Iran et de la Mésopotamie. L'expression « flèche du Parthe » fait allusion à une tactique militaire qu'ils étaient les seuls, à l'époque, à mettre en œuvre : l'utilisation de l'arc par des cavaliers. Cette tactique n'explique évidemment pas à elle seule la continuité politique qu'ils connurent pendant près de cinq cents ans. Ils héritèrent aussi d'une structure administrative dont les Séleucides avaient eux-mêmes hérité d'Alexandre, qui la tenait des Perses. De fait, dans bien des domaines, les Parthes firent figure d'héritiers et non pas d'innovateurs. Leurs souverains utilisèrent le grec pour les documents officiels, et ils semblent ne pas avoir eu de législation propre mais avoir entériné sans difficulté les pratiques existantes, babyloniennes, perses ou hellénistiques.

Les premiers temps de leur histoire restent assez obscurs. Au IIIe siècle avant J.-C. il existait en Parthie un royaume dont la capitale n'a toujours pas été retrouvée et avec lequel les Séleucides ne semblent pas avoir été vraiment en conflit. Au IIe siècle avant J.-C., quand ces derniers se furent engagés à l'ouest d'une façon beaucoup plus désastreuse encore, deux frères, dont le plus jeune devint Mithridate Ier, fondèrent un Empire parthe : à la mort de Mithridate, il s'étendait depuis la Bactriane

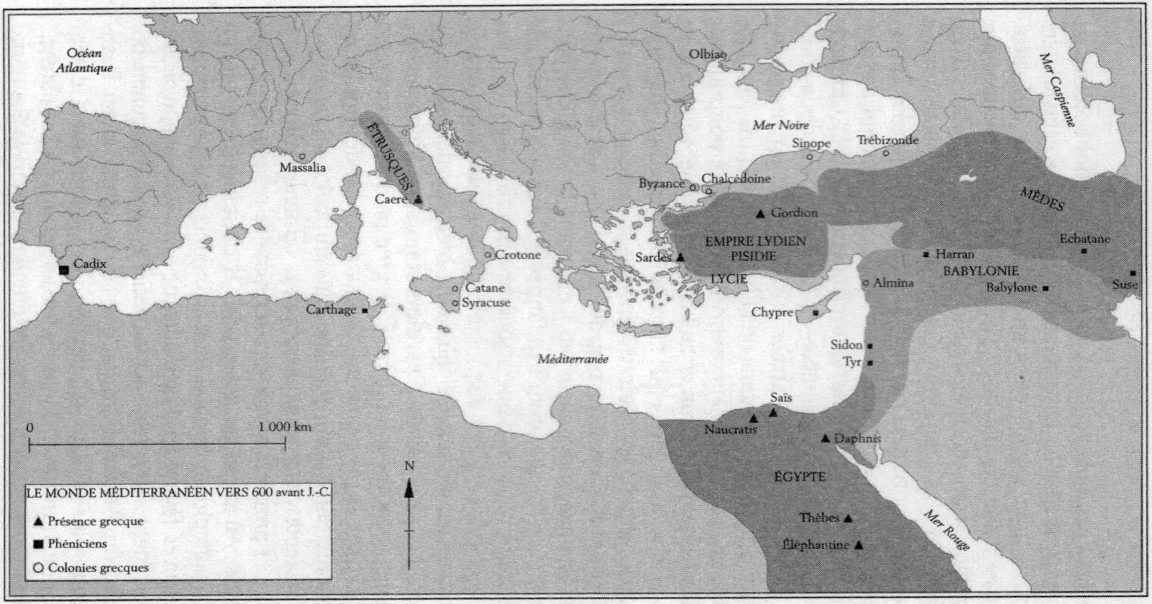
LE MONDE MÉDITERRANÉEN VERS 600 avant J.-C.
Présence grecque
Phéniciens
Colonies grecques
0
1 000 km
N
Océan Atlantique
Mer Caspienne
Mer Noire
Méditerranée
Mer Rouge
Cadix
Massalia
ÉTRUSQUES
Caere
Carthage
Crotone
Catane
Syracuse
Olbia
Byzance
Chalcédoine
Sinope
Trébizonde
Gordion
EMPIRE LYDIEN
PISIDIE
Sardes
LYCIE
Chypre
Almina
Harran
BABYLONIE
Babylone
MÈDES
Echatane
Suse
Sidon
Tyr
Saïs
Naucratis
Daphnis
ÉGYPTE
Thèbes
Éléphantine

à l'est (un autre fragment de l'héritage des Séleucides qui avait fini par faire sécession à la même époque que la Parthie), jusqu'à Babylone à l'ouest. Se souvenant parfaitement de ceux qui l'avaient précédé, Mithridate se fit appeler sur ses pièces de monnaie le « Grand Roi ». Des échecs survinrent après sa mort, mais son homonyme Mithridate II regagna le terrain perdu, et plus encore. Les Séleucides étaient désormais confinés en Syrie ; la frontière du nouvel empire en Mésopotamie était l'Euphrate, et les Chinois établirent des relations diplomatiques avec lui. Les pièces de monnaie du second Mithridate arboraient le titre de « Roi des Rois » dont s'enorgueillissaient les Achéménides et l'on peut raisonnablement en déduire que la dynastie des Arsacides, à laquelle appartenait Mithridate, se rattachait désormais, en pleine connaissance de cause, à la grande lignée perse. Et pourtant l'Etat parthe ne donne pas l'impression d'avoir eu la même consistance que l'Etat perse. Il fait davantage songer à un regroupement féodal de nobles autour d'un seigneur de la guerre qu'à un Etat bureaucratisé.

Sur l'Euphrate, l'Empire parthe finit par se heurter à l'Ouest à une nouvelle puissance. Les royaumes hellénistiques eux-mêmes, qui étaient moins éloignés d'elle que les Parthes et avaient donc moins d'excuses, ne s'étaient presque pas souciés de l'ascension de Rome, la nouvelle étoile au firmament de la politique, et continuaient à vivre sans accorder pratiquement le moindre intérêt à ce qui se passait à l'Ouest. Les Grecs d'Occident étaient évidemment mieux au fait des réalités, mais ils restèrent longtemps préoccupés par la première grande menace qu'ils avaient dû affronter : Carthage, une rivale des Grecs en Méditerranée. Fondée par les Phéniciens aux alentours de 800 avant J.-C., peut-être pour faire pièce aux Grecs dans le commerce des métaux, Carthage s'était développée au point de surpasser Tyr et Sidon en richesse et en puissance. Mais elle demeurait une cité-Etat, nouant des alliances et cherchant des protections plutôt que de recourir aux conquêtes et aux garnisons, ses citoyens préférant le commerce et l'agriculture à la guerre. Malheureusement, les documents relatant son passé disparurent lorsqu'elle fut finalement rasée en 146 avant J.-C., et nous ne connaissons pas grand-chose de son histoire.

Il n'en reste pas moins que Carthage fut à l'évidence un redoutable concurrent pour les Grecs occidentaux en matière de commerce. En 480 avant J.-C. ces derniers s'étaient retrouvés confinés dans la vallée du Rhône, l'Italie et surtout la Sicile. Cette île et l'une de ses cités, Syracuse, constituaient la clé du monde grec occidental. La première fois où Syracuse protégea la Sicile des Carthaginois, ce fut quand elle s'opposa à eux et parvint à les vaincre l'année même de Salamine. Durant la plus grande partie du ve siècle avant J.-C., les Carthaginois cessèrent d'inquiéter les Grecs et les Syracusains purent s'employer à aider les cités grecques d'Italie contre les Etrusques. Puis Syracuse servit de cible, parce qu'elle était le plus grand des Etats grecs d'Occident, à la malheureuse expédition de Sicile lancée contre elle par Athènes (415-413 avant J.-C.). Les Carthaginois revinrent à la charge après ces événements, mais la cité survécut à la défaite pour connaître peu après son apogée en imposant son pouvoir non seulement à l'île elle-même, mais aussi à l'Italie du Sud et à l'Adriatique. Pendant le plus clair de cette période, elle fut en guerre avec Carthage. Sa vigueur était grande : elle faillit s'emparer de Carthage et une autre expédition lui permit d'ajouter Corcyre (Corfou) à ses possessions de l'Adriatique. Mais, peu après 300 avant J.-C., il devint clair que le pouvoir de Carthage allait en se renforçant tandis que Syracuse devait également affronter la menace romaine en Italie. Les Siciliens se brouillèrent avec l'homme qui aurait pu les sauver,

Pyrrhus d'Epire, et les Romains devinrent les maîtres de l'Italie continentale.

On comptait désormais trois acteurs majeurs sur la scène occidentale, et pourtant l'Orient hellénistique semblait étrangement indifférent à ce qui était en train de se passer (à l'exception de Pyrrhus). C'était peut-être de la myopie, mais il convient de souligner que les Romains, à l'époque, ne se voyaient pas en maîtres du monde. C'est la peur autant que la soif de conquêtes qui les poussent à affronter Carthage dans ce que l'on appelle les guerres puniques, dont ils finiront par sortir vainqueurs. Ils se tourneront ensuite vers l'Est. A la fin du siècle, il y eut quelques Grecs, au sein du monde hellénistique, pour prendre conscience de ce qui se préparait. « Un nuage à l'Ouest » : c'est l'une des expressions que l'on utilisa, dans l'Orient hellénisé, pour décrire le conflit entre Carthage et Rome. Ce conflit, quelle que soit son issue, ne pouvait manquer d'avoir de profondes répercussions sur toute la zone méditerranéenne. L'Est n'en allait pas moins montrer qu'il avait, en l'occurrence, ses propres forces et ses propres capacités de résistance. Comme le dira plus tard un Romain, la Grèce devait réussir à vaincre son vainqueur hellénisant de ce fait davantage encore de Barbares.

XV
Rome

Tout autour des rivages de la Méditerranée occidentale et sur de vastes étendues de l'Europe occidentale, des Balkans et de l'Asie Mineure, on peut contempler les vestiges de ce qui fut une réussite majeure, l'Empire romain. En certains endroits – et tout particulièrement à Rome –, ils abondent. Expliquer pourquoi ils sont là, c'est raconter un millénaire d'histoire. Si nous ne portons plus sur les exploits des Romains le même regard que nos ancêtres, qui se sentaient des nains en comparaison, nous n'en sommes pas moins intrigués, voire stupéfaits, devant ce que ces hommes ont pu accomplir. Bien évidemment, plus aiguë se fait l'attention portée par les historiens à ces puissants vestiges, plus scrupuleux se veut l'examen des documents dont nous disposons sur les idéaux et les pratiques réelles des Romains, et plus nous nous apercevons qu'ils n'étaient pas, au bout du compte, des surhommes. Il y a du clinquant, parfois, dans la grandeur de Rome, et il arrive que les vertus exaltées par ses thuriféraires tournent au cliché politique, comme le font les slogans d'aujourd'hui. Mais, quand on a tout dit et redit, il reste une œuvre dont la solidité et la créativité impressionnent. Rome aura construit un nouveau cadre pour la civilisation grecque. Elle a donné forme, ce faisant, à la première civilisation embrassant l'Europe entière.

Ce fut une démarche tout à fait consciente. Quand tout s'écroula plus tard autour d'eux, les Romains, confrontés à leur prestigieux passé, se considéraient encore comme des Romains au même titre que ceux qui avaient été les artisans de la grandeur de Rome. Et ils étaient bien des Romains, ne serait-ce que parce qu'ils en étaient persuadés. C'est là, en tout état de cause, ce qui importait. Si impressionnant matériellement et par moments si vulgaire qu'ait été l'Empire romain, il y a, au cœur de ce qui a fait Rome, une idée, l'idée même de Rome, les valeurs que Rome a incarnées et imposées, le sentiment de ce que l'on appellera la *romanitas*.

Rome, croyait-on, avait de profondes racines. Les Romains soutenaient qu'elle avait été fondée par un certain Romulus en 753 avant J.-C. On ne prendra pas la chose au sérieux, mais la légende de la louve qui joue les mères adoptives en allaitant Romulus et son frère jumeau Remus mérite que l'on s'y arrête un instant ; elle symbolise très bien la dette de la Rome des origines envers son passé, un passé dominé par un peuple, les Etrusques, qui, dans ses cultes, révérait plus particulièrement le loup.

En dépit de riches vestiges archéologiques, parmi lesquels de nombreuses inscriptions que les chercheurs s'évertuent à déchiffrer, les Etrusques restent un peuple mystérieux. Les certitudes dont nous disposons jusqu'ici portent sur la nature générale de la culture étrusque, beaucoup moins sur son histoire ou sur sa chronologie. A quel moment cette civilisation fit-elle son apparition ? Autant de spécialistes, autant de dates : cela va du Xe au VIIe siècle avant J.-C. On ne s'accorde pas davantage sur l'origine des Etrusques ; certains pensent à des immigrants venus d'Asie après la chute de l'Empire hittite, mais d'autres hypothèses ont leurs partisans. Tout ce qu'il y a de sûr, c'est qu'ils ne furent pas les premiers Italiens. Quels que soient la date à laquelle ils arrivèrent dans la péninsule et le lieu d'où ils vinrent, il y avait déjà en Italie toute une mosaïque de peuples.

Parmi ces peuples, on devait probablement compter encore à cette époque des aborigènes, dont les ancêtres avaient été rejoints par des envahisseurs indo-européens au IIe millénaire avant J.-C. Dans le millier d'années qui suivit, certains de ces Italiens développèrent des cultures avancées. Le travail du fer commença à être pratiqué vers 1000 avant J.-C. Les Etrusques empruntèrent probablement cette technique aux peuples qui étaient présents avant eux : il se peut qu'il se soit agi, en l'occurrence, d'une culture que l'on a appelée « villanovienne » (d'après un site archéologique qui se trouve non loin de la ville actuelle de Bologne). Ils portèrent la métallurgie à un haut niveau et exploitèrent très activement le minerai de fer de l'île d'Elbe, près des côtes de l'Etrurie. Grâce à leurs armes de fer, ils semblent avoir exercé une hégémonie qui s'est étendue, au temps de sa plus grande extension, sur toute la partie centrale de la péninsule, de la vallée du Pô au nord jusqu'à la Campanie au sud. L'organisation de ce territoire reste obscure, mais l'Etrurie fut probablement une ligue de cités aux liens assez lâches, gouvernées par des rois. Les Etrusques, qui connaissaient l'écriture, se servaient d'un alphabet dérivé du grec qu'ils avaient probablement acquis au contact des cités de la Grande-Grèce *(Magna Graecia)*, mais nous n'avons toujours pas réussi à déchiffrer vraiment leur langue. Ils étaient par ailleurs relativement riches.

Au VIe siècle avant J.-C., les Etrusques occupaient une importante tête de pont sur la rive sud du Tibre. Il s'agissait du site de Rome, l'une des nombreuses petites cités fondées par les Latins, un peuple établi depuis longtemps en Campanie. C'est à travers cette cité qu'un peu de l'apport étrusque a survécu pour se fondre et finalement se perdre dans la tradition européenne. Vers la fin du VIe siècle, Rome se libéra de la domination étrusque au

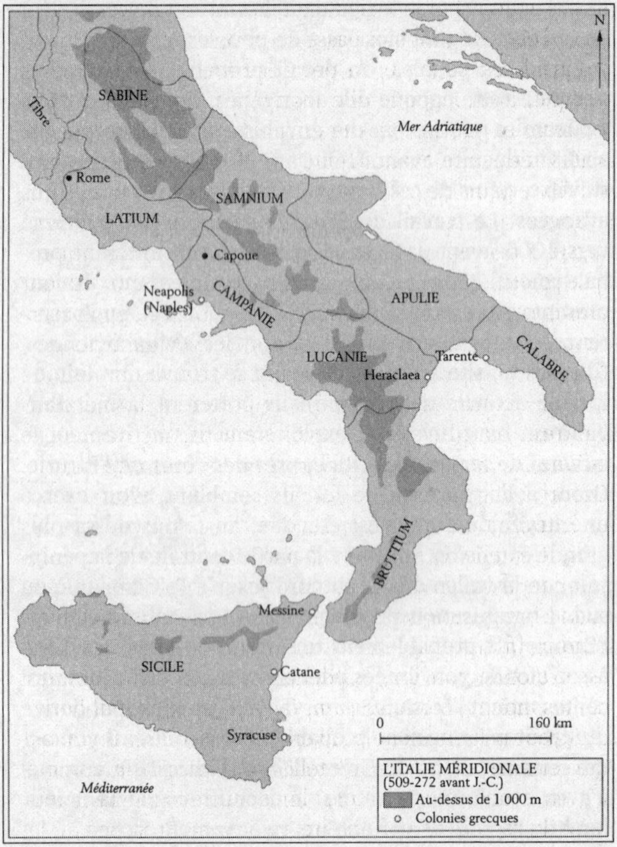

cours d'une révolte des cités latines contre leurs maîtres. La ville avait été dirigée jusque-là par des rois, dont le dernier, si l'on en croit la tradition, fut chassé en 509 avant J.-C. Peu importe la date exacte. Cela se produisit certainement à l'époque où le pouvoir étrusque, épuisé par ses affrontements avec les Grecs d'Occident, fut renversé par les peuples latins, qui suivirent désormais leur propre voie. Néanmoins, Rome devait conserver beaucoup d'éléments de son passé étrusque. C'est par l'Etrurie qu'elle accéda pour la première fois à la civilisation grecque, avec laquelle elle restera en contact à la fois par terre et par mer. Rome était un nœud important de routes terrestres et maritimes, suffisamment en amont du Tibre pour que l'on puisse construire des ponts sur le fleuve, mais pas trop à l'intérieur des terres pour permettre à des vaisseaux d'atteindre la cité depuis la mer.

Le principal héritage des Etrusques fut peut-être d'avoir permis cette fertilisation par les Grecs, mais Rome préserva également une bonne part de son passé étrusque. C'est le cas, notamment, de la répartition de la population en « centuries », à des fins militaires. On peut citer d'autres exemples, plus superficiels mais très frappants, comme les combats de gladiateurs, les triomphes ou le recours à des haruspices, des prêtres chargés d'examiner les entrailles des animaux sacrifiés pour prédire l'avenir.

La République romaine devait durer plus de quatre cent cinquante ans, et ses institutions allaient lui survivre encore longtemps, au moins de nom. Les Romains furent toujours intarissables sur cette continuité et sur leur fidélité profonde (ou leur infidélité coupable) aux bonnes vieilles mœurs, *mos majorum*, de l'ancienne République. Ce n'était pas une simple invention historique. Il y avait une certaine réalité dans de telles revendications, comme il y en a une, par exemple, lorsqu'on évoque la continuité du régime parlementaire en Grande-Bretagne ou la sagesse dont ont fait preuve les Pères fondateurs américains lorsqu'ils se sont mis d'accord sur une constitution qui est encore en vigueur aujourd'hui. Il n'en est pas moins évident que de grands changements intervinrent au fil des siècles, qui affectèrent, tant sur le plan institutionnel que sur le plan idéologique, cette continuité revendiquée. Les historiens discutent encore de leur interprétation. Il reste que les institutions de Rome, en dépit de toutes ces transformations, permirent la constitution d'un empire qui ne se cantonna pas à la Méditerranée mais s'étendit bien au-delà et devint le berceau de l'Europe et du christianisme. C'est ainsi que Rome, comme la Grèce (dont l'influence considérable qu'elle exerça plus tard passa tout entière par Rome), modela pour une grande part le monde moderne. Nous vivons encore parmi ses ruines, et ce n'est pas au seul sens matériel qu'il faut l'entendre.

Pour l'essentiel, les changements qui se produisirent sous la République furent les symptômes et les conséquences de deux grands processus. Il y eut un phénomène de déclin : les institutions de la République cessèrent peu à peu de fonctionner. Elles ne purent faire face plus longtemps aux réalités politiques et sociales, et c'est ce qui finit par les détruire, même si elles devaient survivre de nom. L'autre facteur, ce fut l'extension de la domination romaine, d'abord au-delà de la cité, puis au-delà de l'Italie. Pendant près de deux siècles, ces deux processus suivirent un cours assez lent.

Les dispositions qui régissaient à Rome la vie politique avaient été conçues à l'origine pour rendre impossible le retour de la monarchie. La devise qui figura jusque très avant dans l'ère impériale sur les monuments et les bannières de Rome en résumait clairement l'esprit : *SPQR*, abréviation latine pour *Senatus Populusque Romanus*, « Le Sénat et le Peuple de Rome ». Théoriquement, le peuple était, en dernier ressort, le seul détenteur de la souveraineté, qu'il exerçait à travers un jeu compliqué d'assemblées auxquelles assistaient tous les citoyens en personne (tous les habitants de Rome, bien sûr, n'étaient pas des citoyens). Voilà qui ressemblait à ce qui se passait dans la plupart des cités-Etats grecques. La conduite générale des affaires relevait du Sénat, qui élaborait les lois et contrôlait le travail des magistrats élus. A chacun des grands enjeux qui marquèrent l'histoire romaine correspondirent le plus souvent des tensions entre ces deux pôles, le Sénat et le peuple.

Aussi étonnant que cela paraisse, les luttes internes que connut la République firent couler relativement peu de sang. Leur déroulement est compliqué et parfois mystérieux, mais elles permirent en définitive au corps des citoyens dans son ensemble d'avoir davantage son mot à dire dans les affaires de la République. Vers 300 avant J.-C., le Sénat, qui concentrait le pouvoir politique, était devenu l'incarnation d'une classe dirigeante où les vieux patriciens de l'époque prérépublicaine cohabitaient avec les représentants les plus riches de la *plebs*, ainsi qu'on désignait le reste des citoyens. Les membres du Sénat formaient une oligarchie qui se perpétuait, même si à chaque recensement, c'est-à-dire tous les cinq ans, un certain nombre de ses éléments se voyaient d'ordinaire exclus. Il avait pour noyau dur un groupe de familles nobles, dont les origines pouvaient être à l'occasion plébéiennes, mais qui comptaient parmi leurs ancêtres des hommes ayant occupé la charge de consul, la plus haute des magistratures.

A la fin du VIe siècle avant J.-C., deux consuls avaient remplacé les derniers rois. Nommés pour une année, ils exerçaient le pouvoir au nom du Sénat, dont ils étaient les plus hauts représentants. Ce ne sont ni l'expérience ni le poids qui leur manquaient, car ils avaient dû occuper au moins deux autres fonctions électives d'un niveau inférieur, celles de questeur et de préteur, avant d'être éligibles. On notera également que les questeurs (il y en avait vingt élus chaque année) entraient automatiquement au Sénat. Ces dispositions donnaient à l'élite dirigeante une grande cohésion et une grande compétence, l'accès à la magistrature suprême étant le résultat d'une sélection parmi des candidats qui avaient fait leurs preuves et leur apprentissage sur le terrain. Que ce système ait longtemps bien fonctionné est incontestable.

Rome ne fut jamais à court d'hommes de qualité. Mais cela cachait la tendance naturelle de toute oligarchie à se laisser aller à l'esprit de faction. La plèbe avait beau remporter des victoires, les choses étaient organisées de telle façon que les riches se voyaient assurés de garder la maîtrise des affaires et de pouvoir se disputer entre eux les magistratures. Même dans le collège électoral censé représenter tout le peuple, les comices centuriates *(comitia centuriata)*, la division en centuries donnait aux riches, en proportion, une influence indue.

Plebs, dans tous les cas, est un terme qui risque d'égarer par sa simplicité. Le mot a servi à désigner différentes réalités sociales à différents moments. Les conquêtes et l'extension du droit de vote qui s'ensuivit élargirent peu à peu les frontières de la citoyenneté. Celles-ci, même dans les Temps anciens, allaient bien au-delà de la ville et de ses environs, à mesure que d'autres cités étaient incorporées dans la République. A cette époque, le citoyen typique était un paysan. La base de la société romaine fut toujours agricole et rurale. Il est significatif que le mot latin désignant l'argent, *pecunia*, soit dérivé de celui utilisé pour un troupeau de moutons ou des têtes de bétail. On remarquera également que l'unité de mesure des Romains pour la terre était le *jugerum*, c'est-à-dire la surface que pouvaient labourer deux bœufs en une journée. Sous la République, les rapports entre la terre et la société dont elle assurait la subsistance varièrent, mais la population rurale resta toujours le fondement de cette société. L'image qui devait s'imposer plus tard de la Rome impériale, la grande cité et son parasitisme, a quelque peu obscurci cette réalité.

Les citoyens libres qui formaient, sous l'ancienne République, le noyau de la population étaient donc des paysans, certains beaucoup plus pauvres que d'autres. Ils étaient regroupés selon la loi suivant des dispositifs complexes qui se perdent dans un lointain passé étrusque. Ces distinctions n'avaient aucune signification économique, mais elles étaient essentielles d'un point de vue électoral. Elles nous en disent moins sur les réalités sociales de la Rome républicaine que la répartition à laquelle procédait le recensement chez les Romains entre ceux capables de se procurer des armes et une armure pour pouvoir servir comme soldats, ceux dont la seule contribution à l'Etat consistait à faire des enfants (les *proletarii*), et ceux qui comptaient pour de simples unités, parce qu'ils ne possédaient ni propriété ni famille. Tout en bas, on trouvait évidemment les esclaves.

Une évolution qui, loin de se démentir, devait s'accélérer rapidement aux IIIe et IIe siècles avant J.-C. fit qu'une bonne partie des plébéiens qui avaient pu préserver jusque-là une certaine indépendance grâce à la terre qui leur appartenait en propre s'enfoncèrent dans la pauvreté. Dans le même temps, la nouvelle aristocratie augmentait sa part des terres à mesure que les conquêtes lui apportaient de nouvelles richesses. Ce fut un long processus qui s'étira dans le temps et durant lequel de nouvelles subdivisions apparurent, intéressantes socialement et importantes politiquement. En outre, la pratique se répandit d'accorder la citoyenneté aux alliés de Rome, ce qui rendit les choses encore plus compliquées. On assista sous la République à un accroissement progressif de la classe des citoyens en même temps qu'à une diminution de fait du pouvoir réel qu'elle avait d'agir sur les événements.

Ce ne fut pas seulement parce que la richesse finit par tellement compter en politique. Ce fut aussi parce que tout devait se passer à Rome, même s'il n'existait aucun système de représentation permettant de tenir compte des souhaits de ceux qui vivaient dans la cité surpeuplée, encore moins de ceux qui se trouvaient éparpillés à travers toute l'Italie. A défaut de pouvoir se faire entendre autrement, la *plebs* eut tendance, pour restreindre un peu le pouvoir du Sénat et des magistrats, à menacer de refuser le service militaire ou de se retirer en masse de Rome pour aller fonder ailleurs une autre cité. A partir de 366 avant J.-C., l'un des deux consuls dut obligatoirement appartenir à la plèbe et il fut décidé, en 287 avant J.-C., que les décisions prises par le concile de la plèbe auraient force de loi.

Le principal frein dont eurent à s'accommoder les dirigeants traditionnels, ce furent les dix tribuns de la plèbe, élus par le peuple. Ils étaient habilités à proposer des lois ou à opposer leur veto, et pouvaient être saisis à toute heure par des citoyens s'estimant injustement traités par un magistrat. Les tribuns pesaient d'un poids tout particulier lorsque se produisait une grande agitation sociale ou que des conflits d'ordre personnel venaient diviser le Sénat : ils étaient alors courtisés par les politiciens. Dans les premiers temps de la République, et souvent après, les tribuns, qui faisaient partie de la classe dirigeante et pouvaient à l'occasion être des nobles, travaillèrent pour l'essentiel en bon accord avec les consuls et le reste du Sénat. Leurs talents d'administrateurs, leur expérience, le surcroît de prestige que leur conférait leur rôle de leaders en cas de guerre ou dans des situations d'urgence rendirent leur institution pratiquement inébranlable jusqu'à ce que se produisent de graves transformations sociales qui devaient menacer d'écroulement la République elle-même.

Les dispositions constitutionnelles qui régissaient le fonctionnement de l'ancienne République étaient donc très compliquées, mais efficaces. Elles empêchaient toute révolution violente et autorisaient des changements progressifs. Elles ne compteraient pourtant pas davantage à nos yeux que celles de Thèbes ou de Syracuse si elles n'avaient permis et accompagné la première phase de l'expansion victorieuse de la puissance romaine. L'histoire des institutions républicaines est tout aussi importante pour les périodes ultérieures, en raison de ce que la République elle-même devait devenir. Il fallut à Rome presque tout le Vᵉ siècle avant J.-C. pour imposer sa domination à ses voisins, ce qui fit doubler son territoire. Puis ce furent les autres cités de la ligue latine qui tombèrent sous sa coupe ; quand certaines se révoltèrent au milieu du IVᵉ siècle, elles furent remises au pas de la manière la plus rude qui soit. Cela ressemblait un peu à une version terrestre de ce qu'avait été cent ans plus tôt l'Empire athénien ; la politique romaine favorisait les groupes dominants en place dans les autres communautés italiennes, et les familles aristocratiques romaines multiplièrent les liens personnels avec eux. S'ils venaient s'établir à Rome, les citoyens de ces communautés avaient aussi accès à la citoyenneté. L'hégémonie exercée par les Etrusques dans le centre de l'Italie, la partie la plus riche et la plus développée de la péninsule, fut donc remplacée par celle des Romains.

La puissance militaire des Romains s'accrut à mesure que s'accroissait le nombre d'Etats soumis. L'armée de la République reposait sur la conscription. Chaque citoyen mâle, dès lors qu'il était propriétaire, était obligé de servir s'il était appelé, et l'obligation pesait lourd – seize ans pour l'infanterie et dix pour la cavalerie. L'armée était organisée en légions regroupant chacune 5 000 hommes, qui combattirent au début en robustes phalanges, avec de longs épieux ressemblant à des piques. Elle ne se contenta pas de venir à bout des voisins de Rome, mais elle repoussa également au IVᵉ siècle avant J.-C. toute une série d'incursions menées depuis le Nord par les Gaulois, qui réussirent même en une occasion à mettre Rome à sac (390 avant J.-C.). Les derniers affrontements de cette période, que l'on pourrait dire de formation, eurent lieu à la fin du IVᵉ siècle, quand les Romains vainquirent les peuples samnites des Abruzzes. C'est toute l'Italie du Centre, désormais, qui allait servir à la République de réservoir en effectifs.

Rome en était enfin arrivée à un face-à-face avec les cités grecques d'Occident, dont Syracuse était de loin la plus importante. Au début du IIIe siècle avant J.-C., les Grecs demandèrent l'aide d'un grand chef militaire de la Grèce continentale, Pyrrhus, roi d'Epire, qui fit campagne à la fois contre les Romains et contre les Carthaginois (280-275 avant J.-C.), mais ne parvint à remporter que des victoires au coût dévastateur, le type de victoires auxquelles il a attaché son nom. Il ne put lever la menace que les Romains faisaient peser sur les Grecs de l'Ouest. En quelques années, ils se retrouvèrent impliqués, bon gré mal gré, dans un affrontement entre Rome et Carthage où le sort de toute la Méditerranée occidentale fut en jeu : les guerres puniques.

Ce fut un duel de plus d'un siècle. Le nom de ces guerres vient de la traduction par les Romains du mot « Phénicien ». Nous ne disposons malheureusement que de leur version des événements. Il y eut trois grands épisodes, mais les deux premiers réglèrent la question de la prépondérance. La première guerre punique (264-241 avant J.-C.) vit les Romains s'engager pour la première fois dans des affrontements sur mer à grande échelle. Avec leur nouvelle flotte, ils s'emparèrent de la Sicile et s'implantèrent en Sardaigne et en Corse. Syracuse abandonna son ancienne alliance avec Carthage, tandis que la Sicile et la Sardaigne devenaient les premières provinces romaines en 227 avant J.-C., un pas en avant considérable.

C'était seulement le premier épisode. Alors que l'on approchait de la fin du IIIe siècle avant J.-C., il était toujours difficile de dire quelle serait l'issue finale et l'on discute encore pour savoir lequel des deux camps, dans cette situation délicate, fut responsable du déclenchement de la deuxième guerre punique (218-201 avant

J.-C.), la plus importante des trois. Elle se joua sur un terrain considérablement élargi, car, lorsqu'elle se déclencha, les Carthaginois occupaient l'Espagne. Rome avait promis sa protection à quelques-unes des cités grecques qui y étaient installées. Quand l'une d'elles fut attaquée et pillée par un général carthaginois, Hannibal, la guerre éclata. Elle est restée célèbre grâce à la traversée des Alpes par Hannibal, avec une armée qui comprenait des éléphants, et grâce aux victoires écrasantes remportées par les Carthaginois au lac Trasimène en 217 avant J.-C. et à Cannes en 216, où une armée romaine deux fois plus nombreuse fut entièrement détruite. L'emprise de Rome sur l'Italie s'en trouva fortement compromise ; certains de ses alliés et de ses subordonnés commencèrent à regarder vers ce nouveau pouvoir, Carthage, qui semblait représenter l'avenir. Pratiquement tout le Sud changea de camp, mais l'Italie du Centre resta loyale.

Avec ses seules ressources et en profitant de ce qu'Hannibal n'avait pas assez de soldats pour assiéger la ville, Rome s'arc-bouta et se sauva elle-même. Hannibal faisait campagne loin de ses bases, dans un pays de plus en plus démuni. Les Romains ravagèrent sans pitié Capoue, une alliée rebelle, sans qu'il lui vienne en aide, et optèrent pour une stratégie audacieuse, en allant frapper Carthage dans ses propres possessions, plus particulièrement en Espagne. En 209 avant J.-C., la « Nouvelle Carthage » (Carthagène) fut prise. Le plus jeune frère d'Hannibal essaya de venir à son secours mais les Romains repoussèrent sa tentative en 207 avant J.-C. et décidèrent de porter la guerre en Afrique. Hannibal, contraint de les suivre, fut vaincu à Zama, en 202 avant J.-C., ce qui mit un terme à la guerre.

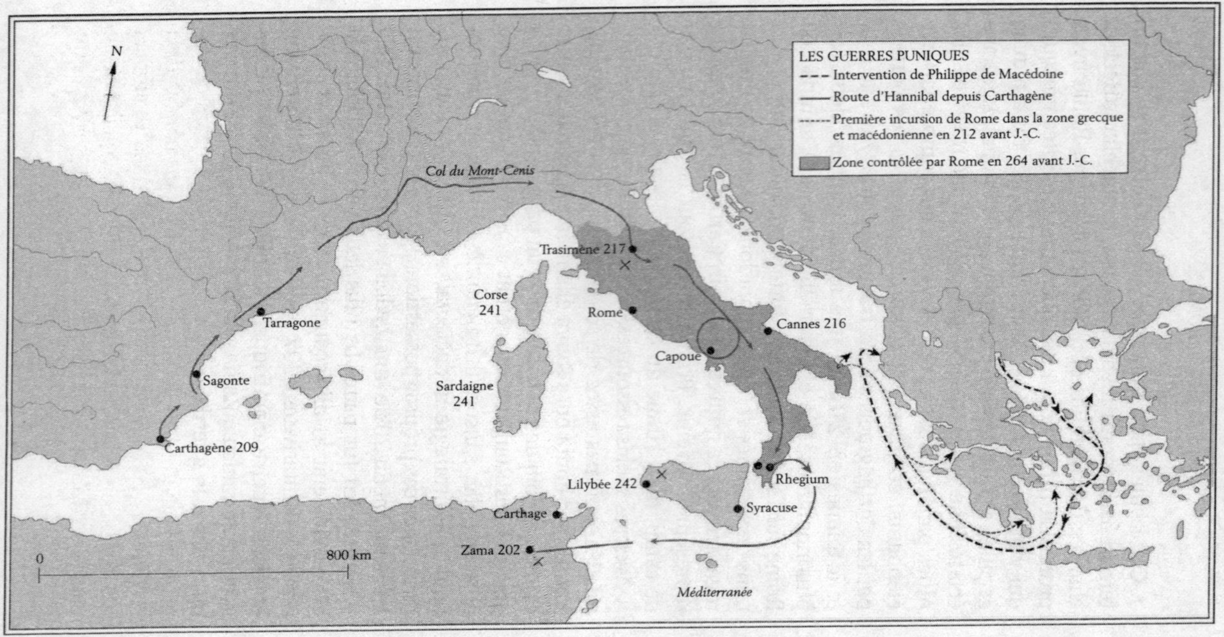
LES GUERRES PUNIQUES
Intervention de Philippe de Macédoine
Route d'Hannibal depuis Carthagène
Première incursion de Rome dans la zone grecque et macédonienne en 212 avant J.-C.
Zone contrôlée par Rome en 264 avant J.-C.
N
Col du Mont-Cenis
Trasimène 217
Rome
Capoue
Cannes 216
Corse 241
Sardaigne 241
Tarragone
Sagonte
Carthagène 209
Lilybée 242
Rhegium
Syracuse
Carthage
Zama 202
Méditerranée
0
800 km

Cette bataille ne décida pas seulement d'une guerre, elle scella le destin de toute la Méditerranée occidentale. Une fois la vallée du Pô absorbée au début du IIe siècle avant J.-C., l'Italie, peu importe de quelle manière, fut désormais placée sous l'hégémonie romaine. La paix imposée à Carthage était humiliante et contraignante. Les Romains poursuivirent Hannibal de leur vengeance et le forcèrent à s'exiler à la cour des Séleucides. Parce que Syracuse s'était alliée une fois de plus à Carthage pendant la guerre, son audace lui valut de perdre son indépendance ; elle était le dernier Etat grec de l'île. Désormais, toute la Sicile était romaine, de même que l'Espagne du Sud, qui devint une nouvelle province.

Rome à la croisée des chemins. C'est ainsi que l'on est tenté de l'imaginer à la fin de la deuxième guerre punique : d'un côté, à l'Ouest, la modération et le maintien de la sécurité ; de l'autre, à l'Est, l'expansion et l'impérialisme. Ce serait pourtant simplifier à l'excès. Les enjeux orientaux et occidentaux étaient déjà trop solidaires les uns des autres pour que l'on puisse admettre une antithèse aussi facile. Dès 228 avant J.-C., les Romains avaient été admis par les Grecs aux jeux Isthmiques ; c'était reconnaître par là, même d'une façon purement formelle, qu'ils représentaient déjà, aux yeux de certains Grecs, une puissance civilisée et qu'ils faisaient partie du monde hellénistique. Par l'intermédiaire de la Macédoine, ce monde s'était déjà trouvé directement impliqué dans les guerres d'Italie, la Macédoine s'étant alliée à Carthage ; Rome avait donc pris le parti des cités grecques opposées à la Macédoine et avait ainsi été amenée à tremper dans la politique grecque. Quand, en 200 avant J.-C., Athènes, Rhodes et un roi de Pergame lancèrent un appel au secours contre la Macédoine et les Séleucides, les Romains étaient déjà préparés psychologiquement à s'impliquer dans les affaires orientales. Il est peu vraisemblable, pourtant, qu'il y ait eu quelqu'un à Rome pour s'apercevoir que cela pouvait être le point de départ d'une série d'aventures débouchant sur un monde hellénistique dominé par la République.

Un autre changement dans l'attitude des Romains, qui n'était pas encore arrivé à son terme, se faisait déjà sentir. Quand débuta l'affrontement avec Carthage, bien des membres de la classe supérieure s'imaginèrent probablement qu'il allait être avant tout défensif. Certains continuèrent à redouter Carthage, même dans l'état de paralysie où l'avait laissée sa défaite à Zama. L'appel lancé par Caton au milieu du siècle suivant – « Carthage doit être détruite » – est resté dans l'histoire comme l'expression typique d'une hostilité implacable causée par la peur. Néanmoins, les provinces que le conflit avait permis de conquérir avaient attiré l'attention sur d'autres possibilités et ne tardèrent pas à fournir des raisons supplémentaires de poursuivre la guerre. Les esclaves et l'or provenant de Sardaigne, d'Espagne et de Sicile avaient rapidement ouvert les yeux des Romains et leur avaient montré ce que l'on pouvait attendre, en retour, d'un empire. Ces pays n'étaient pas traités comme l'Italie continentale, c'est-à-dire comme des alliés, mais comme des sortes de réservoirs de ressources à administrer et à ponctionner. Une tradition se développa en outre sous la République qui voulait que les généraux distribuent à leurs troupes une partie du butin.

Il y eut bien des tours et des détours, mais les principales étapes de l'expansion romaine en Orient au IIe siècle avant J.-C. sont sans mystère. La conquête de la Macédoine et son ravalement au rang de province furent obtenus au cours d'une série de guerres qui s'achevèrent en 148 avant J.-C. ; les phalanges n'étaient plus ce qu'elles avaient été, ni le commandement macédonien. Au passage, les cités de Grèce avaient été soumises et contraintes d'envoyer des otages à Rome. Il fallut l'intervention d'un roi syrien pour que les Romains envoient pour la première fois des troupes en Asie Mineure ; il s'ensuivit la disparition du royaume de Pergame, l'hégémonie romaine en mer Egée et la création de la nouvelle province d'Asie en 133 avant J.-C. La conquête, par ailleurs, de ce qui restait de l'Espagne, à l'exception du Nord-Ouest, la mise sur pied en Illyrie d'une confédération payant tribut et l'organisation de la Gaule du Sud en province firent que l'hégémonie romaine s'étendit sur toutes les côtes de la Méditerranée, de Gibraltar jusqu'en Thessalie. Finalement, l'occasion qu'avaient si longtemps cherchée les ennemis de Carthage se présenta en 149 avant J.-C., avec le début de la troisième et dernière guerre punique. Trois ans plus tard, la cité était détruite ; on fit passer des charrues sur son site et l'on créa à la place une nouvelle province romaine englobant la Tunisie occidentale : l'Afrique.

Tel fut l'empire que bâtit la République. Comme tous les empires, mais d'une façon plus évidente que pour l'ensemble de ceux qui l'avaient précédé, il fut autant le fruit du hasard que le résultat d'une action concertée. La peur, l'idéalisme et au bout du compte la cupidité se mêlèrent pour conduire les légions toujours plus loin. C'est sur la puissance militaire que reposait en dernière analyse l'Empire romain, et il n'y avait pas de meilleure façon d'entretenir cette puissance que de mener une politique d'expansion. La supériorité en effectifs fut décisive pour venir à bout de l'expérience et de la ténacité des Carthaginois. Rome pouvait s'appuyer sur les ressources toujours plus importantes en combattants de qualité dont elle disposait chez ses alliés et chez ses satellites, auxquels elle apportait, au nom des principes républicains, l'ordre et la stabilité gouvernementale. Les unités de base de l'empire étaient ses provinces, chacune étant dirigée par un gouverneur doté du pouvoir et nommé normalement pour un an. Il était assisté d'un inspecteur des impôts.

L'existence de l'empire eut des conséquences sur la politique intérieure de Rome. En premier lieu, il fut encore plus difficile de faire participer le peuple, c'est-à-dire les citoyens pauvres, au gouvernement. L'état de guerre permanent renforça le pouvoir au quotidien du Sénat et son autorité morale, et l'on doit reconnaître qu'il s'acquitta au mieux de ses fonctions. Il reste que l'expansion territoriale accentua des défauts déjà apparents au moment où la domination de Rome s'était étendue à l'Italie. L'un d'eux tenait à la militarisation de la société et à la situation des généraux. En 149 avant J.-C., un tribunal spécial fut instauré pour sanctionner les extorsions de fonds commises par des magistrats et des chefs militaires. On ne pouvait accéder à la richesse, quelle qu'en soit la nature, que par la participation à la vie politique, car c'était le Sénat qui choisissait les gouverneurs des nouvelles provinces et le Sénat encore qui désignait, parmi la classe aisée (mais n'appartenant pas à la noblesse) des « chevaliers » *(equites)*, les inspecteurs des impôts qui les accompagnaient.

Une autre faiblesse intrinsèque se manifesta. Elle concernait l'élection annuelle des magistrats, un principe dont on dut s'affranchir de plus en plus souvent dans la pratique. La guerre et la rébellion dans les provinces créèrent des états d'urgence qui dépassaient les capacités de consuls élus pour leur savoir-faire politique. Inévitablement, le pouvoir proconsulaire tomba dans les mains de ceux qui pouvaient faire face efficacement à ce genre de situations, le plus souvent des généraux expérimentés. C'est une erreur de se représenter les chefs militaires de la République comme des soldats professionnels à la mode d'aujourd'hui ; ils appartenaient à la classe dirigeante et pouvaient espérer, s'ils réussissaient leur carrière, devenir hauts fonctionnaires, juges, avocats, politiciens et même prêtres. L'une des raisons qui expliquent les remarquables qualités de l'administration romaine, ce fut d'avoir érigé en principe la non-spécialisation des dirigeants. Néanmoins, un général qui restait des années à la tête de son armée devenait un animal politique d'un type bien différent de celui des proconsuls de la jeune République, qui commandaient une armée le temps d'une campagne puis retournaient à Rome et à la vie politique. On pourrait enfin parler, au titre des défauts, de corruption d'Etat : tous les citoyens romains bénéficiaient d'un empire qui permettait de les dispenser de tout impôt direct ; les provinces payaient pour la terre des ancêtres. On devine une prise de conscience de ces errements derrière les condamnations moralisatrices et les commentaires sur le déclin qui se multiplièrent au Ier siècle avant J.-C., quand leurs effets devinrent mortels.

Un autre changement apporté par l'empire fut une diffusion encore plus large de l'hellénisation. Quelques problèmes de définition se posent ici. Dans une certaine mesure, la culture romaine était déjà hellénisée avant que le processus de conquête ne s'étende au-delà de l'Italie. Le fait que la République ait épousé délibérément la cause de l'indépendance des cités grecques par rapport à la Macédoine en est un symptôme. D'un autre côté, quels qu'aient été les acquis de Rome, il lui restait beaucoup à apprendre, mais cela ne pouvait se faire qu'à travers un contact plus direct avec le monde hellénisé. Au bout du compte, Rome équivalait, pour bien des Grecs, à une autre puissance barbare, presque aussi nuisible que Carthage. Il y a quelque chose de symbolique dans la mort d'Archimède telle que nous la rapporte la légende : lors de la chute de Syracuse, alors qu'il méditait sur des figures géométriques tracées dans le sable, il fut tué d'un coup d'épée par un soldat romain qui ignorait qui il était.

Avec l'empire, un contact direct s'établit et les influences hellénistiques ne cessèrent de se multiplier. On devait s'étonner plus tard de la passion des Romains pour les bains ; c'est une habitude qu'ils empruntèrent à l'Orient hellénistique. Leurs premières œuvres littéraires furent des pièces de théâtre traduites du grec et les premières comédies latines des imitations de modèles grecs. Le vol, le pillage entraînèrent un afflux d'œuvres d'art à

Rome, mais les Romains s'étaient déjà familiarisés avec le style grec – surtout en matière d'architecture – auprès des cités grecques de l'Occident. Il y eut également des déplacements de populations. Parmi le millier d'otages envoyés à Rome depuis les cités grecques au milieu du IIe siècle avant J.-C. se trouvait Polybe, qui réalisa pour Rome les premiers travaux historiques à caractère scientifique, dans la tradition de Thucydide. Son ouvrage sur les années 220-146 avant J.-C. se veut l'analyse approfondie d'un phénomène dont il a pressenti qu'il allait marquer l'entrée dans une nouvelle époque : le triomphe de Rome sur Carthage et sa conquête du monde hellénistique. Il fut le premier historien à voir que l'ancienne œuvre civilisatrice d'Alexandre trouvait son complément dans la nouvelle unité donnée par Rome au monde méditerranéen. Il admira également le désintéressement dont semblaient faire preuve les Romains dans leur façon de gouverner l'empire – un témoignage à opposer aux dénonciations faites par les Romains eux-mêmes, dans les derniers temps de la République, de leurs propres malversations.

La plus grande réussite de Rome, c'est d'avoir apporté la paix. Un deuxième grand âge hellénistique s'ouvrit alors : on pouvait voyager sans obstacle d'un bout à l'autre de la Méditerranée. Les principales qualités du système sur lequel reposa la *Pax Romana* étaient déjà présentes sous la République, et en tout premier lieu le cosmopolitisme encouragé par l'administration, qui ne cherchait pas à imposer un seul et même modèle de vie mais simplement à prélever les impôts, préserver la paix et régler les querelles entre particuliers en s'appuyant sur une législation identique pour tous. Il faudra attendre encore longtemps pour que le grand œuvre de jurisprudence des Romains voie le jour, mais la jeune République donna l'exemple en élaborant le premier corpus de lois écrites, la loi dite « des Douze Tables », que les petits garçons de Rome assez heureux pour aller à l'école devaient encore apprendre par cœur des siècles plus tard. Ce corpus allait finalement devenir un cadre permettant à de nombreuses cultures de survivre et de contribuer à bâtir une civilisation commune.

Il convient de rappeler jusqu'où s'étendit la domination de la République avant de voir comment un tel succès allait se révéler fatal. La Gaule transalpine (la France du Sud) était une province en 121 avant J.-C., mais (comme l'Italie du nord) elle continuait à être troublée de temps en temps par les incursions de tribus celtes. La vallée du Pô reçut un statut de province et devint la Gaule cisalpine en 89 avant J.-C. Environ quarante ans plus tard (en 51 avant J.-C.), le reste de la Gaule – en gros le Nord de la France et la Belgique – tomba au pouvoir des Romains, ce qui mit un terme définitif à la menace celte. Pendant ce temps-là, de nouvelles conquêtes avaient eu lieu en Orient. Le dernier souverain de Pergame avait légué son royaume à Rome en 133 avant J.-C. Suivirent l'acquisition de la Cilicie au début du Ier siècle avant J.-C., puis une série de guerres contre Mithridate, roi du Pont, un Etat de la mer Noire. Cela déboucha sur une réorganisation du Moyen-Orient : Rome se retrouvait maîtresse d'une côte qui allait de l'Egypte à la mer Noire et se partageait entre royaumes vassaux et provinces (dont une appelée Asie). Finalement, Chypre fut annexée en 58 avant J.-C.

Ironie de l'histoire, ces avancées incessantes et apparemment irrésistibles eurent pour contrepoint, à Rome même, des troubles grandissants. Le nœud de la question fut la limitation aux seuls membres de la classe dirigeante de l'accès aux magistratures. Les institutions de type électif et les assemblées à caractère politique en étaient venues à travailler différemment du fait de deux graves problèmes de fond. Le premier était l'appauvrissement grandissant du paysan italien, qui avait représenté la figure par excellence de la République à ses commencements. Il y avait à cela plusieurs raisons, mais la principale tenait au coût terrible de la deuxième guerre punique. Non seulement les soldats appelés à combattre avaient été absents pendant de longues années, au gré de campagnes presque ininterrompues, mais les dommages matériels qu'avait subis le sud de l'Italie étaient énormes. Pendant ce temps-là, ceux qui avaient été assez heureux pour amasser des richesses grâce à l'empire s'en servirent pour investir dans le seul bien disponible qui en valût la peine, la terre. Cela conduisit, sur le long terme, à une concentration de la propriété : de vastes domaines se constituèrent, dont s'occupaient le plus souvent des esclaves, dont le prix avait baissé en raison des guerres ; il n'y avait pas de place sur ces domaines pour le petit cultivateur, qui n'avait plus qu'à partir pour la cité et s'y débrouiller comme il pouvait, citoyen romain de nom mais prolétaire de fait. En tant que citoyen, il lui restait pourtant son vote. Pour ceux qui avaient des biens et de l'ambition politique, il devint quelqu'un à acheter, ou à intimider. Puisque la route vers des magistratures lucratives passait par des élections populaires, la vie politique de la République pouvait difficilement échapper au pouvoir de l'argent. Une fois que les votes eurent un prix, comment s'étonner que le prolétariat formé par les citoyens de Rome regardât d'un mauvais œil l'incessante dévaluation de ce prix du fait de l'extension des droits civiques à d'autres Italiens, même si les alliés de Rome se voyaient soumis du même coup à la conscription ?

Le second problème vint d'un changement dans l'armée. L'histoire des légions sous la République s'étend sur près de quatre cents ans et il est difficile de résumer leur évolution en une seule formule ; s'il faut en trouver une, on dira que l'armée devint de plus en plus professionnelle. Après les guerres puniques, il s'avérait impossible de s'appuyer seulement sur des soldats qui ne consacraient à la guerre que le temps qu'ils avaient pu prendre sur les travaux des champs. Le fardeau de la conscription avait toujours pesé lourd et il devint de plus en plus impopulaire. Lorsque des campagnes entraînèrent les hommes de plus en plus loin, année après année, lorsque des garnisons durent rester quelquefois implantées pour des décennies dans les provinces conquises, même le réservoir dont disposait Rome en matière d'effectifs donna des signes d'épuisement. En 107 avant J.-C., on changea les règles afin de prendre en compte ce qui se passait réellement : l'obligation d'être propriétaire terrien fut abolie. Ce fut l'œuvre d'un consul nommé Marius, qui résolut ainsi le problème du recrutement ; il y eut généralement, après cette décision, assez de volontaires pauvres pour rendre inutile la conscription. Le service militaire continua d'être l'apanage des citoyens, mais ces derniers étaient en grand nombre ; ce qui n'empêcha pas ce service, au bout du compte, de conférer par lui-même la citoyenneté. Une autre innovation de Marius consista à attribuer aux légions des « aigles », de façon à entretenir ainsi l'esprit de corps : on était à mi-chemin des anciennes idoles et des insignes militaires d'aujourd'hui. De tels changements firent peu à peu de l'armée une force politique d'un nouveau genre, qu'un homme comme Marius était à même d'utiliser, lui qui était un général compétent auquel on faisait souvent appel pour conduire les troupes. Il alla de fait jusqu'à exiger d'une armée placée sous son commandement un serment d'allégeance.

Le fossé grandissait entre riches et pauvres dans le centre de l'Italie. D'une part, les petits domaines disparaissaient au profit de grandes propriétés achetées (et peuplées d'esclaves) avec les dépouilles de l'empire et, d'autre part, de nouvelles possibilités étaient offertes aux soldats férus de politique. Ces deux phénomènes devaient se révéler mortels pour la République. A la fin du IIe siècle avant J.-C., deux frères, les Gracques, l'un et l'autre tribuns de la plèbe, tentèrent de résoudre le problème social de la seule façon qui pouvait convenir à une économie comme celle de Rome, par des réformes agraires ; ils essayèrent également de réduire à cette fin le pouvoir des sénateurs et de donner aux *equites* un rôle plus important dans le gouvernement. Ce qu'ils cherchèrent en fait, ce fut à mieux répartir la richesse procurée par l'empire, mais leurs efforts ne leur rapportèrent que la mort. Ces événements traduisent une montée des enjeux dans la vie politique ; durant le dernier siècle de la République, les luttes entre les factions se déchaînent, car les politiciens savent qu'il y va de leur vie. Cette époque marqua également le début de ce que l'on a pu appeler la révolution romaine : les conventions qui régissaient la politique furent mises à mal quand Tiberius Gracchus, l'aîné des Gracques, alors consul, persuada la *plebs* de destituer le tribun qui avait opposé son veto à sa loi agraire, montrant ainsi qu'il n'acceptait pas de voir mise en échec la volonté populaire par le fait d'une prérogative réservée aux tribuns.

La confusion dans laquelle finit par se noyer la République fut précipitée en 112 avant J.-C. par une nouvelle guerre déclenchée par un roi d'Afrique du Nord, qui massacra un grand nombre de commerçants romains. Peu après, une vague d'invasions barbares dans le Nord vint menacer l'hégémonie romaine sur la Gaule. La gravité de la situation porta Marius au premier plan. Il triompha des ennemis de la République, mais il fallut payer ses succès d'une nouvelle innovation constitutionnelle : son élection au consulat pour cinq années. Il fut ainsi le premier d'une série de seigneurs de la guerre qui allaient dominer le dernier siècle de la République, car d'autres guerres suivirent rapidement. La demande se mit à grandir pour l'extension de la citoyenneté romaine à d'autres Etats latins et italiens. Ces alliés *(socii)* finirent par se révolter. Ce fut, d'un terme qui prête un peu à confusion, la « guerre sociale », qui éclata en 90 avant J.-C. Pour venir à bout des rebelles, il fallut faire des concessions qui ôtèrent tout son sens à l'idée selon laquelle le pouvoir était exercé en dernier ressort par le peuple romain réuni en assemblées. La citoyenneté fut étendue à la plus grande partie de l'Italie. Puis vinrent de nouvelles guerres en Asie – qui permirent à un général politiquement ambitieux d'émerger, Sylla. Il y eut une guerre civile ; Marius mourut après avoir été une fois encore consul, et Sylla revint à Rome en 82 avant J.-C. Il se fit nommer dictateur avec l'accord du Sénat, lança contre ses adversaires des proscriptions impitoyables (l'affichage de leurs noms signifiait que tous ceux qui étaient à même de le faire pouvaient les tuer), s'en prit aux pouvoirs que la constitution reconnaissait au peuple et essaya de restaurer ceux du Sénat.

Sylla eut comme partisan et protégé un jeune homme que nous connaissons sous le nom de Pompée. Il avait donné un coup de fouet à sa carrière en lui confiant des postes normalement réservés à des consuls. En 70 avant J.-C., Pompée, à son tour, fut élu consul. Trois ans plus tard, il partait pour l'Orient afin d'éradiquer la piraterie en Méditerranée et, une fois sur place, il se lança, à l'occasion de guerres avec le Pont, dans la conquête de vastes territoires en Asie. Sa jeunesse, ses succès et son exceptionnelle compétence firent redouter en lui un dictateur en puissance. Mais les tenants et les aboutissants de la politique romaine étaient des plus complexes. Au fil du temps, le désordre s'accrut dans la capitale, de même que la corruption dans les cercles dirigeants. On craignait de plus en plus une dictature, mais ces craintes n'étaient celles que d'une faction parmi les nombreuses que comptait l'oligarchie, et l'on voyait de moins en moins nettement où résidait le danger. Un autre péril échappa longtemps à l'attention, avant que le peuple n'en prenne enfin conscience.

En 59 avant J.-C., un autre aristocrate, le neveu de la femme de Marius, avait été élu consul. C'était le jeune

Jules César. Pendant un temps, il avait coopéré avec Pompée. Le consulat le conduisit à prendre le commandement de l'armée chargée de la Gaule, avec laquelle il mena dans les sept années qui suivirent une série de brillantes campagnes qui aboutirent à la conquête de tout le pays. Même s'il continuait à suivre attentivement la vie politique, César fut donc tenu pendant toute cette période à l'écart de Rome, où le gangstérisme, la corruption et le meurtre défiguraient la vie publique et discréditaient le Sénat. Au sortir de ces années, il était devenu riche et pouvait s'appuyer sur une armée loyale, expérimentée, et qui comptait sur lui pour assurer un « leadership » dont elle escomptait salaires, promotions et victoires. Il possédait par ailleurs du sang-froid et de la patience et ne s'embarrassait d'aucun scrupule. Une histoire que l'on racontait à son propos le montrait en train de plaisanter et de jouer aux dés avec des pirates qui l'avaient capturé. L'une de ses plaisanteries fut de dire qu'il les ferait mettre en croix lorsqu'il aurait recouvré la liberté. Les pirates s'esclaffèrent, mais c'est bien en croix qu'ils finirent par se retrouver.

Un certain nombre de sénateurs s'alarmèrent soudain quand cet homme redoutable souhaita rester en Gaule à la tête de son armée et de la province, même si la conquête était achevée, et ce jusqu'aux prochaines élections consulaires. Ses adversaires déployèrent tous leurs efforts pour qu'il soit rappelé afin de s'expliquer sur des illégalités qu'il était censé avoir commises durant son consulat. César fit alors un pas qui, à son insu et à l'insu de tous, allait être pour la République le commencement de la fin. Il fit franchir à son armée le Rubicon, une rivière qui marquait la frontière entre sa province et l'Italie romaine, entamant ainsi une marche qui devait le conduire jusqu'à Rome. C'était en janvier 49 avant J.-C. Il y avait là un acte de trahison, même si César prétendit qu'il venait au secours de la République.

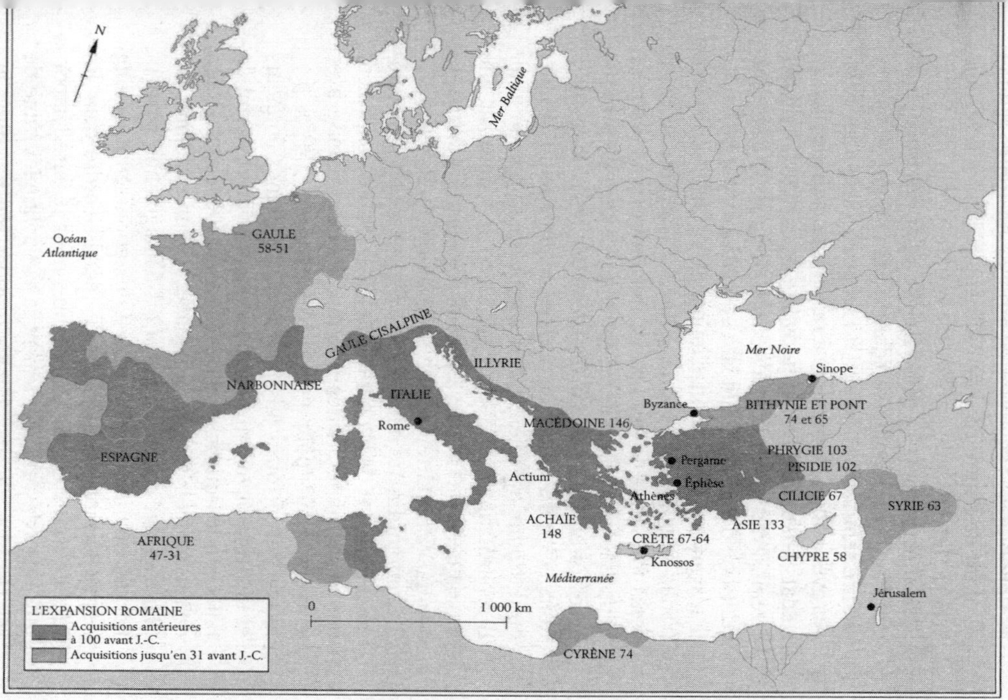
N
Océan
Atlantique
Mer Baltique
GAULE
58-51
GAULE CISALPINE
NARBONNAISE
ILLYRIE
ITALIE
Rome
ESPAGNE
Mer Noire
Sinope
Byzance
BITHYNIE ET PONT
74 et 65
MACÉDOINE 146
PHRYGIE 103
PISIDIE 102
Pergame
Éphèse
Actium
Athènes
CILICIE 67
SYRIE 63
ACHAÏE
148
ASIE 133
AFRIQUE
47-31
CRÈTE 67-64
Knossos
CHYPRE 58
Méditerranée
Jérusalem
0
1 000 km
CYRÈNE 74
L'EXPANSION ROMAINE
Acquisitions antérieures
à 100 avant J.-C.
Acquisitions jusqu'en 31 avant J.-C.

In extremis, le Sénat fit appel à Pompée pour défendre la République. Dépourvu de troupes en Italie, celui-ci se retira de l'autre côté de l'Adriatique pour y lever une armée. Les consuls et la plus grande partie du Sénat l'accompagnèrent. La guerre civile était désormais inévitable. César marcha rapidement sur l'Espagne pour y défaire sept légions loyales à Pompée ; il traita les vaincus avec bonté, de manière à rallier à sa cause le plus de soldats possible. Aussi impitoyable, voire cruel, qu'il pût être, il savait que traiter ses adversaires avec modération était une démarche prudente et politiquement payante ; il n'avait pas l'intention d'imiter Sylla, disait-il. Puis il traqua Pompée, le forçant à gagner l'Egypte, où il fut assassiné. César y resta assez longtemps pour tremper dans une guerre civile égyptienne et devint, presque accessoirement, l'amant de Cléopâtre. Puis il revint à Rome, d'où il s'embarqua presque aussitôt pour l'Afrique, où il triompha d'une armée romaine qui s'opposait à lui. Il repartit finalement pour l'Espagne et y détruisit une force qu'avaient réunie les fils de Pompée. C'était en 45 avant J.-C., quatre ans après le passage du Rubicon.

L'extraordinaire habileté de César ne tenait pas seulement à son art de gagner des batailles. Si brèves qu'aient été ses dernières visites à Rome, il avait organisé avec soin ses appuis politiques et truffé le Sénat de ses partisans. Ses victoires lui apportèrent de grands honneurs et un vrai pouvoir. Il fut élu dictateur à vie et devint de fait un monarque auquel ne manquait que le nom. Il usa de son pouvoir sans trop ménager les susceptibilités des politiciens et sans faire un effort d'imagination particulier pour convaincre que sa domination serait, à long terme, une réussite, même s'il rétablit l'ordre dans les rues de Rome et prit des mesures pour réduire l'importance de ceux qui finançaient la vie politique. L'une de ses réformes devait avoir de grandes répercussions sur la future Europe : l'introduction du calendrier julien.

Comme bien d'autres éléments que nous croyons d'origine romaine, l'idée naquit dans l'Alexandrie hellénistique, où un astronome suggéra à César d'en finir avec les complications du calendrier romain traditionnel en instaurant une année de 365 jours avec un jour supplémentaire tous les quatre ans. Le nouveau calendrier entra en application le 1er janvier 45 avant J.-C.

Quinze mois plus tard, César mourait, frappé en plein Sénat, au plus haut de sa gloire, le 15 mars 44 avant J.-C. Les motifs de ses assassins étaient complexes. La date choisie dut beaucoup, à coup sûr, au fait que César projetait une vaste campagne à l'Est contre les Parthes. S'il allait rejoindre son armée, on pouvait s'attendre à le voir revenir triomphant, plus inattaquable que jamais. On avait parlé de royauté, certains évoquaient un despotisme à la mode hellénistique. Le dégoût de quelques-uns face à l'affront criant infligé à la tradition républicaine par la domination *de facto* d'un seul homme donnait une manière de respectabilité aux multiples raisons qui poussèrent les ennemis de César à agir. De petites entorses à la constitution suscitaient l'hostilité de tel ou tel, si bien que le dictateur finit par avoir contre lui une coalition hétéroclite de soldats déçus, d'oligarques intéressés et de conservateurs offensés.

Ses meurtriers ne proposaient aucune réponse aux problèmes qu'il n'avait pas eu le temps de résoudre et sur lesquels ses prédécesseurs avaient si manifestement échoué. Ils ne purent se protéger longtemps. On décréta la restauration de la République, mais les décisions prises par César furent confirmées. L'opinion se retourna contre les conspirateurs, qui durent bientôt fuir la ville. Deux ans plus tard, ils disparaissaient à leur tour et Jules César était proclamé dieu. La République, pour sa part, agonisait. Mortellement atteinte bien avant le passage du Rubicon, elle avait perdu ce qui en faisait le cœur, et les efforts pour lui redonner vie n'aboutirent à rien. Et pourtant ses mythes, son idéologie et ses formes subsistèrent dans une

Italie romanisée. Les Romains ne pouvaient se résoudre à abandonner leur héritage institutionnel et à admettre qu'il fallait tourner la page. Quand ils s'y décidèrent enfin, ils avaient déjà cessé, sauf par le nom et par l'ambition, de ressembler aux Romains de la République.

Si la contribution de la Grèce à la civilisation fut essentiellement intellectuelle et spirituelle, celle de Rome réside dans le domaine de l'organisation et de la vie pratique ; c'est l'empire lui-même qui fut sa plus grande création. Un homme ne suffit pas à lui seul à faire un empire, pas même le grand Alexandre. Il reste que l'Empire romain, sa nature, son mode de gouvernement sont redevables, dans une proportion saisissante, à un seul homme aux capacités hors du commun, le petit-neveu et fils adoptif de Jules César, Octave, connu plus tard comme César Auguste. Toute une époque lui doit son nom. On a parfois le sentiment qu'Auguste a presque tout inventé de ce qui fit la Rome impériale, depuis la nouvelle garde prétorienne, qui fut la première force militaire à stationner en permanence dans la capitale, jusqu'à l'impôt sur les célibataires. L'une des raisons (il y en a beaucoup d'autres) qui poussent à le croire, c'est qu'il fut un grand expert en relations publiques ; ce n'est pas un hasard si nous sont parvenues plus de représentations de lui que de n'importe quel autre empereur.

Bien qu'étant un César, Octave appartenait à une branche cadette de la famille. De son père adoptif il avait hérité, à dix-huit ans, un réseau de relations dans l'aristocratie, une vaste fortune et des partisans dans l'armée. Pendant un temps, il collabora avec l'un des hommes de main de César, Marc Antoine, pour lancer une série de proscriptions féroces destinées à détruire le parti qui avait assassiné le grand dictateur. Le départ de Marc Antoine pour l'Orient, où il espérait remporter des victoires, son échec et son mariage malavisé avec Cléopâtre, l'ancienne maîtresse de Jules César, donnèrent à Octave l'occasion d'aller plus loin. Il prit les armes au nom de la République pour lutter contre le danger de voir revenir Antoine paré du pouvoir proconsulaire, avec la monarchie orientale dans ses bagages. Le triomphe d'Actium (31 avant J.-C.) fut suivi des suicides célèbres d'Antoine et de Cléopâtre ; ce fut la fin du royaume des Ptolémées. L'Egypte, annexée, devint une province romaine.

Ainsi se termina la guerre civile. Octave revint à Rome pour y devenir consul. Il avait toutes les cartes en main et se garda bien de les jouer, laissant ses adversaires reconnaître sa force. En 27 avant J.-C., il entreprit ce qu'il appela une restauration de la République, avec l'appui d'un Sénat dont il convainquit le personnel républicain, purgé et affaibli par la guerre civile, d'accepter sa primauté de fait grâce à un respect scrupuleux des formes. Derrière une piété républicaine de façade, c'est le pouvoir de son grand-oncle qu'il avait réinstauré dans toute sa réalité. Il n'était *imperator* qu'en vertu du commandement qu'il exerçait sur les troupes des provinces frontalières – mais c'était là où se trouvait le gros des légions. Au fur et à mesure que ses vétérans et ceux de son grand-oncle prenaient leur retraite, ils étaient dûment installés sur de petites propriétés et s'en montraient fort reconnaissants. Son consulat se prolongea d'année en année. En 27 avant J.-C., il reçut le titre d'« Auguste », le nom qu'il a gardé dans l'histoire. A Rome, cependant, il était d'ordinaire appelé officiellement par son nom de famille, ou identifié comme le *princeps*, c'est-à-dire le « premier citoyen ».

Au fil des années, le pouvoir d'Auguste augmenta. Le Sénat lui reconnut un droit d'ingérence dans les provinces qu'il était censé gérer lui-même (c'est-à-dire celles où il n'était pas nécessaire de maintenir une garnison). On lui accorda la puissance tribunicienne. Son statut particulier fut élargi et confirmé par une nouvelle reconnaissance de son prestige social ou *dignitas*, comme disaient les Romains ; après avoir démissionné du consulat en 23 avant

J.-C., il siégea avec les deux consuls, et les questions dont il entendait traiter venaient en premier dans l'ordre du jour du Sénat. Finalement, en 12 avant J.-C., il devint grand pontife, *pontifex maximus*, c'est-à-dire chef de la religion officielle, comme l'avait été son grand-oncle avant lui. Les structures formelles de la République, avec les élections populaires et les élections sénatoriales, étaient préservées, mais c'est Auguste qui indiquait qui devait être élu.

Une réalité politique se cachait derrière cette suprématie : la montée au pouvoir, à l'intérieur de la classe dirigeante, des hommes qui devaient leur position aux Césars. Mais les nouvelles élites ne furent pas autorisées à se comporter comme l'avaient fait les précédentes. Le despotisme éclairé d'Auguste sut mettre de l'ordre dans la gestion des provinces et de l'armée en la confiant à des responsables obéissants et bien rémunérés. Le rétablissement des traditions et des fêtes républicaines joua aussi son rôle. Le pouvoir augustéen était fortement imprégné par des préoccupations d'ordre moral : aux yeux de certains, les valeurs de la Rome ancienne semblaient revivre. Un poète du plaisir et de l'amour, Ovide, fut contraint de s'exiler sur les bords de la mer Noire, à la suite d'un scandale sexuel qui avait effleuré la famille impériale. Quand on ajoute à cette austérité de façade la paix qui marqua presque tout le règne et les magnifiques monuments édifiés par les architectes et les ingénieurs romains, on comprend sans peine la réputation dont a pu jouir l'« âge d'Auguste ». A sa mort, en 14, Auguste fut divinisé comme l'avait été Jules César.

Auguste avait prévu d'être remplacé par un membre de sa famille. Même si les formes républicaines étaient respectées (et elles devaient résister avec une remarquable ténacité à l'épreuve du temps), Rome était devenue une monarchie. C'est ce que montra la succession, à sa tête, de cinq membres de la même famille. Le seul enfant d'Auguste était une fille ; son successeur immédiat fut son beau-fils adoptif, Tibère, l'un des trois maris de sa fille. Le dernier de ses descendants à avoir régné s'appelait Néron : il mourut en 68.

La vie n'était généralement pas très facile pour les souverains de l'époque classique. Certains empereurs romains firent installer des miroirs dans les angles des couloirs de leurs palais pour éviter que ne s'y dissimulent des assassins en puissance. Tibère lui-même n'est peut-être pas mort de mort naturelle et ce ne fut le cas d'aucun de ses quatre successeurs. Voilà qui est révélateur des faiblesses inhérentes à l'héritage d'Auguste. On pouvait encore s'attendre à des coups d'épingle de la part d'un Sénat qui continuait officiellement à désigner le premier magistrat, tandis qu'intrigues et cabales trouvaient toujours des espaces où se développer à la Cour et dans la maison impériale. Et pourtant, le Sénat ne parvint jamais à retrouver son autorité, car la base du pouvoir, en fin de compte, était de nature militaire. S'il y avait confusion et flottement au sein du pouvoir central, c'était aux soldats de décider. C'est ce qui arriva quand une guerre civile éclata, la première à venir ébranler l'empire, en 69. L'année dite « des quatre empereurs » permit l'émergence de Vespasien, le petit-fils d'un centurion, tout sauf un aristocrate. La magistrature suprême n'était plus dans les mains des grandes familles romaines.

Quand le plus jeune fils de Vespasien fut assassiné en 96, c'en fut fini de cette famille de parvenus. Celui qui prit alors le pouvoir était un vieux sénateur, Nerva. Il résolut la question de la succession en coupant court à toutes les tentatives faites pour établir une continuité dynastique fondée sur les liens naturels. Il institutionnalisa en lieu et place la pratique de l'adoption, à laquelle avait eu recours Auguste. Le résultat ? Quatre empereurs à la suite, Trajan, Hadrien, Antonin le Pieux et Marc Aurèle, grâce auxquels l'empire connut un siècle de bon gouvernement ; on a pu parler à leur propos (en s'inspirant du troisième d'entre eux) de l'âge des Antonins. Tous venaient de familles aux attaches provinciales. Ils prouvaient à quel point l'empire, dans sa réalité, était cosmopolite : il servait de cadre au monde posthellénistique de l'Occident et ne représentait pas simplement la propriété des natifs d'Italie. L'adoption permit de trouver plus facilement des candidats sur lesquels l'armée, les provinces et le Sénat pouvaient s'entendre, mais cet âge d'or prit fin avec le retour au principe héréditaire : Commode succéda à son père Marc Aurèle. Il fut assassiné en 192, et ce fut alors comme une répétition de la fameuse année 69. En 193, on eut droit de nouveau à quatre empereurs, chacun acclamé par sa propre armée. C'est l'armée d'Illyrie qui finit par l'emporter, en imposant un général africain. Plus tard, d'autres empereurs devaient être désignés eux aussi par les soldats. Des temps difficiles se préparaient.

A l'époque où nous sommes arrivés, le pouvoir des empereurs s'étendait sur des espaces beaucoup plus vastes que sous Auguste. Au Nord, Jules César avait poussé des reconnaissances jusqu'en Grande-Bretagne et en Allemagne, mais s'en était tenu à la Manche et au Rhin comme frontières pour la Gaule. Auguste s'enfonça en Allemagne et remonta également le Danube depuis le sud. Ce fleuve finit par devenir la frontière de l'empire, mais les incursions au-delà du Rhin connurent moins de succès et la frontière ne fut pas stabilisée sur l'Elbe, comme Auguste l'avait espéré. Tout au contraire, la confiance des Romains fut gravement ébranlée en 9 avant J.-C., quand les tribus germaniques menées par Arminius (dans lequel les Allemands devaient voir plus tard un héros national) détruisirent trois légions. Le terrain perdu ne fut jamais repris et l'on se garda de reconstituer les unités anéanties, dont les numéros, jugés maudits, disparurent des listes de l'armée. Huit légions restèrent stationnées le long du Rhin, la partie la mieux défendue de la frontière en raison des dangers qui se trouvaient au-delà.

PRINCIPALES ROUTES, VILLES ET GARNISONS DE L'EMPIRE À L'ÉPOQUE DES ANTONINS
Routes
N
Mer du Nord
Mer Baltique
Mer Caspienne
Mer Noire
Méditerranée
Océan Atlantique
Golfe Persique
Mur d'Hadrien
Eburacum
Deva
Lindum
Isca
Camulodunum
Londinium
Ulpia
Noviomagus
Novaesium
Vetera
Colonia Agrippina
Portus Itius
Castra
Bonna
Augusta Trevirorum
Alauna
Mogontiacum
Divodurum
Augusta Vindelicorum
Vindobona
Carnuntum
Avaricum
Vesontio
Bastila
Augustodonum
Vindonissa
Lauriacum
Brigetio
Porolissum
Aventicum
Turicum
Virunum
Aquincum
Poetovio
Lugdunum
Mediolanum
Siscia
Brigantium
Burgigala
Vienna
Verona
Placentia
Bononia
Singidunum
Viminacium
Sirmium
Istropolis
Tolosa
Nemausus
Genua
Ariminum
Novae
Asturica
Narbo
Forum Iulii
Salonae
Ratiaria
Oescus
Odessus
Caesaraugusta
Narona
Naissus
Sinope
Tarraco
Philippopolis
Byzantium
Sebastea
Olisipo
Toletum
Roma
Amphipolis
Nicomedia
Emerita
Capua
Brundisium
Apolonia
Melitene
Valentia
Thessalonica
Caesara
Corduba
Tarentum
Pergamuna
Samosata
Sardis
Tyana
Gades
Carthago Nova
Nicopolis
Smyrna
Laodicea
Tarsus
Tingis
Malaca
Hippo Regius
Messana
Athenae
Patrae
Ephesus
Antiochia
Volubilis
Rusadir
Cartenna
Saldae
Utica
Agrigentum
Rhegium
Corinthus
Attalia
Salinus
Caesarea
Syracusae
Rhodus
Ad Mercurium
Pomaria
Rapidum
Carthago
Castellum Tingitanum
Oppidum Novum
Thamugadi
Zarai
Caspa
Thagaste
Sidon
Damascus
Tacapae
Tyrus
Turris
Tamallenia
Caesarea
Sabrata
Oea
Leptis Magna
Cyrena
Philadelphia
0
1 000 km
Tubactis
Alexandria
Petra
Memphis
Aelana

Dans d'autres régions, la domination romaine s'étendit encore davantage. En 43, Claude commença la conquête de la Grande-Bretagne, qui fut poussée le plus loin possible, la construction au travers du nord de l'Angleterre du mur d'Hadrien quelque quarante ans plus tard en marquant la limite de fait. En 42, la Maurétanie devint une province. A l'Est, en 105, Trajan s'empara de la Dacie, qui devait devenir plus tard la Roumanie, mais c'était plus d'un siècle et demi après la naissance en Asie d'un conflit qui devait s'éterniser.

Rome avait affronté les Parthes pour la première fois sur l'Euphrate, quand l'armée de Sylla y fit campagne en 62 avant J.-C. Rien de sérieux ne s'ensuivit jusqu'à ce que les armées romaines, trente ans plus tard, se mettent à faire mouvement contre l'Arménie. Ce pays était partagé entre deux sphères d'influence, et Pompée, à une certaine époque, eut à arbitrer entre les rois arméniens et les rois parthes dans une dispute à propos des frontières. Puis, en 54 avant J.-C., le politicien romain Crassus entreprit de franchir l'Euphrate et d'envahir la Parthie. En l'espace de quelques semaines, il trouvait la mort et une armée romaine de 40 000 hommes était détruite. Ce fut l'un des plus grands désastres militaires de l'histoire romaine. Il fallait compter, à l'évidence, avec une nouvelle grande puissance en Asie. L'armée parthe était alors composée d'archers à cheval d'une qualité remarquable. Elle possédait en outre une cavalerie lourde aux performances inégalées, les cataphractaires : les cavaliers, comme leurs montures, étaient protégés par des cottes de mailles et chargeaient droit devant avec de lourdes lances. La réputation acquise par leurs grands chevaux devait susciter l'envie jusqu'en Chine.

Aucun autre trouble n'allait affecter pendant un siècle la frontière sur l'Euphrate, mais les Parthes ne firent rien pour complaire à Rome. Ils trempèrent plus ou moins dans les affrontements politiques de la guerre civile, harcelant la Syrie et encourageant l'agitation chez les Juifs de Palestine. Marc Antoine fut contraint de se retirer en Arménie, dans la honte et le désarroi, après avoir perdu 35 000 hommes dans la campagne désastreuse qu'il avait lancée contre eux. Mais la Parthie souffrait, elle aussi, de divisions internes : en 20 avant J.-C., Auguste put obtenir le retour des enseignes romaines prises à Crassus, mais il eut l'intelligence de ne pas mettre un point d'honneur à attaquer les Parthes. L'éventualité d'un conflit n'avait pas disparu pour autant, à cause tout à la fois de l'attention sourcilleuse que les deux camps portaient à l'Arménie et de l'instabilité politique des Parthes. L'empereur Trajan s'empara de leur capitale, Ctésiphon, et réussit à atteindre le golfe Persique au sud, mais son successeur, Hadrien, fut assez sage pour se concilier les Parthes en leur restituant une bonne partie de ce qui avait été conquis.

Les Romains se glorifiaient d'étendre à tous leurs nouveaux sujets les bienfaits de la *Pax Romana*, la paix impériale qui protégeait contre le danger d'incursions barbares ou de conflits internationaux. Il convient de tempérer ces belles affirmations, quand on considère la violence avec laquelle bien des peuples assujettis par les Romains leur résistèrent et le bain de sang que cela coûta, mais tout n'est pas faux pour autant. Dans certaines régions, le mode de peuplement changea durablement. Ce fut le cas des cités fondées en Orient ou de l'installation en Gaule, dans de nouvelles colonies militaires, des descendants des soldats de César. Dans certains cas, les résultats furent à beaucoup plus long terme encore. L'adoption du Rhin comme frontière devait affecter en profondeur l'histoire de l'Europe par la coupure qu'elle introduisit entre les peuples germaniques. Au fur et à mesure que les choses se mettaient en place, on assistait partout à une romanisation progressive des notables locaux. Ils se voyaient encouragés à partager une même civilisation, dont la diffusion se trouvait facilitée par la nouvelle rapidité de communication qu'autorisaient des routes construites essentiellement pour permettre aux légions de se déplacer. Napoléon ne pourra pas faire arriver plus vite ses coursiers de Paris à Rome que les empereurs du Ier siècle.

L'empire s'étendait sur un immense territoire et soulevait des problèmes de gouvernement que les Grecs n'avaient pas rencontrés et que les Perses n'avaient pas résolus. Une bureaucratie complexe se mit en place, d'une envergure exceptionnelle. Un petit exemple suffira : les dossiers de tous les officiers ayant un rang égal ou supérieur à celui de centurion (autrement dit de commandant de compagnie) étaient regroupés à Rome. Le corps des fonctionnaires provinciaux constituait l'armature de l'administration ; dans la pratique, il s'appuyait en bon nombre d'endroits sur l'armée, qui faisait bien plus que combattre. La bureaucratie restait sous contrôle parce que les buts qu'on lui fixait étaient limités. Il s'agissait avant tout de fiscalité ; pourvu que les impôts rentrent, la domination romaine se gardait d'intervenir plus avant dans les façons de faire locales. Rome était tolérante. Elle se contentait de mettre en place un cadre dans lequel l'exemple de sa civilisation amènerait les Barbares à se défaire de leurs anciennes coutumes. La réforme des administrateurs avait commencé sous Auguste. Le Sénat pourvoyait encore à de nombreux postes sur une base annuelle, mais les *legati* de l'empereur, qui le représentaient dans les provinces frontalières, tenaient leur charge de lui seul. Tout montre que l'administration, quels que soient les moyens utilisés pour obtenir ce résultat, s'améliora notablement sous l'empire, par comparaison avec la corruption qui avait marqué le dernier siècle de la République. Elle était beaucoup plus centralisée et intégrée que le système des satrapies hellénistiques.

Pour obtenir la coopération des peuples qu'elle avait conquis, Rome usait d'un appât. La République puis l'empire se développèrent en accordant la citoyenneté à un nombre toujours plus grand de leurs sujets. C'était un privilège important ; il impliquait entre autres choses, comme nous le rappellent les Actes des Apôtres, le droit de faire appel d'un tribunal local à l'empereur de Rome. L'attribution de la citoyenneté était un moyen de s'assurer la loyauté des élites locales ; au fil des siècles, un nombre toujours plus grand de non-Romains font leur apparition au Sénat et à Rome. Finalement, en 212, la citoyenneté fut accordée à tous les sujets libres de l'empire.

Il y a là un exemple éclatant du pouvoir d'assimilation des Romains. L'empire et la civilisation qu'il véhicule affichent, sans gêne aucune, leur cosmopolitisme. On trouve dans les structures administratives une gamme étonnante de contrastes et de différences. Ce qui permit à l'ensemble de fonctionner, ce ne fut pas un despotisme impartial exercé par une élite romaine ou une bureaucratie professionnelle, mais un système institutionnel qui s'ouvrit aux élites locales et les romanisa. A partir du Iᵉʳ siècle, le nombre des sénateurs d'ascendance italienne ne cessa de se réduire. L'esprit de tolérance dont les Romains faisaient preuve à ce sujet se répandit chez d'autres peuples. L'empire ne fut jamais fondé sur la race, avec des échelons hiérarchiques interdits aux non-Italiens. Un seul des peuples qui y vivaient, les Juifs, fit tout pour y préserver sa différence, une différence qui reposait sur la religion et les pratiques qui lui étaient liées.

La civilisation hellénistique avait déjà réussi à opérer une remarquable fusion entre l'Est et l'Ouest ; voici que Rome continuait le processus sur des étendues beaucoup plus vastes encore. Dans ce nouveau cosmopolitisme, la composante la plus évidente était grecque. Les Romains eux-mêmes faisaient grand cas de leur héritage grec, même si c'était avec les Grecs de la période hellénistique plutôt que classique qu'ils se sentaient le plus à l'aise. Tous les Romains éduqués étaient bilingues, ce qui illustre bien la tradition dont ils se réclamaient. Le latin était la langue officielle et resta toujours la langue de l'armée ; il était largement utilisé à l'Ouest et, si l'on en juge par les documents militaires, le taux d'alphabétisation en ce qui le concerne était élevé. Le grec avait le statut, dans les provinces orientales, d'une « *lingua franca* » : tous les fonctionnaires et tous les marchands le comprenaient et il pouvait être employé au tribunal si les parties le souhaitaient. Les Romains qui avaient reçu une bonne éducation étaient à même de lire les classiques grecs et y puisaient leurs règles de vie ; un grand nombre d'écrivains romains avaient pour louable ambition de créer une littérature qui pût se tenir sur un pied d'égalité avec celle des Grecs. Cet objectif ne fut pas loin d'être atteint au Ier siècle. Il est frappant de voir comment la réussite culturelle de Virgile coïncida avec la réussite politique de l'empire : rénovateur conscient de la tradition épique, ce poète fut aussi le chantre de la mission impériale.

On a peut-être là l'une des raisons qui expliquent les caractéristiques particulières de la culture romaine. L'évidence, l'omniprésence des références à la Grèce contribuent fortement à lui donner un air de déjà-vu. L'influence grecque fut renforcée par l'immobilisme et le conservatisme des penseurs romains. Ils concentrèrent presque exclusivement leur attention sur l'héritage qu'ils avaient reçu des Grecs et sur les traditions morales et politiques de la République. Curieusement, et quelque peu artificiellement, ces thèmes continuèrent à avoir droit de cité dans un environnement matériel qui leur convenait de moins en moins. L'éducation officielle, par exemple, changea peu d'un siècle à l'autre, dans ses démarches comme dans son contenu. Tite-Live, le grand historien romain, chercha dans son œuvre à redonner vie aux valeurs républicaines, sans en faire la critique ni les réinterpréter. Même quand la civilisation romaine devint irréversiblement une civilisation de la ville, on continua de célébrer les vertus du petit paysan indépendant, et les riches Romains rêvaient (disaient-ils) de tout abandonner pour la vie simple de la campagne. La sculpture romaine refit ce que les Grecs, en mieux, avaient déjà fait. La philosophie, à Rome, était grecque elle aussi. L'épicurisme et le stoïcisme tenaient le devant de la scène ; le néoplatonisme se montrait novateur, mais il venait de l'Est, comme les religions à mystères qui allaient finalement apporter aux hommes et aux femmes de Rome ce que leur culture était incapable de leur fournir.

Les Romains n'innovèrent vraiment que dans deux secteurs de la vie pratique : le droit et le génie civil. Il fallut attendre, pour le droit, le IIe siècle et le début du IIIe. C'est alors que les juristes se mirent à accumuler des commentaires qui, une fois rassemblés dans des codes, devaient constituer pour l'Europe du Moyen Age un si précieux héritage. En ce qui concerne le génie civil – que les Romains ne distinguaient pas de l'architecture –, l'impressionnante qualité de leurs réalisations est plus directement perceptible. C'était pour eux une source d'orgueil et l'un des rares domaines où ils étaient sûrs de l'emporter sur les Grecs. Le travail bon marché en était la clé : à Rome, on avait recours aux esclaves et, dans les provinces, on mettait souvent à contribution, en temps de paix, les légionnaires inemployés des garnisons pour mener à bien les grands ouvrages d'adduction d'eau, bâtir des ponts, ouvrir des routes. Les Romains ne se contentèrent pas de résoudre des problèmes matériels ; ils furent pratiquement, à l'ouest de l'Indus, les pionniers de l'urbanisme, en en faisant tout à la fois un art et un outil administratif. Ils inventèrent le béton et la voûte, qui révolutionnèrent la forme des édifices. Pour la première fois, l'intérieur des bâtiments représenta plus qu'une série de surfaces à décorer. Les volumes et l'éclairage devinrent des composantes de l'architecture ; les basiliques chrétiennes allaient être plus tard l'un des premiers exemples de cette nouvelle préoccupation pour les espaces intérieurs.

Les réussites techniques des Romains marquèrent de leur sceau une zone qui s'étend de la mer Noire, à l'est, au mur d'Hadrien, au nord, et aux montagnes de l'Atlas, au sud. La capitale, bien sûr, a conservé quelques-uns de leurs vestiges les plus spectaculaires. C'est là que la richesse de l'empire s'exprima avec un luxe dans les finitions et la décoration dont l'abondance et le foisonnement n'ont d'équivalents nulle part ailleurs. Quand les revêtements de marbre étaient intacts et que peinture et moulages en stuc venaient alléger la pesante froideur de la pierre, Rome devait avoir sur les imaginations un peu de l'impact que Babylone exerça avant elle. Il y avait dans tout cela une manière d'ostentation qui n'allait pas sans une certaine vulgarité, et qui marque, ici encore, une différence de qualité entre Rome et la Grèce. La civilisation romaine possède en elle quelque chose d'irrémédiablement grossier et matériel qui transparaît jusque dans ses plus grands monuments.

C'était pour une part la simple expression des réalités sociales sur lesquelles reposait l'empire ; Rome, comme tout l'ancien monde, était fondée sur une division tranchée entre les riches et les pauvres et, dans la capitale elle-même, cette division creusait un véritable abîme que l'on ne cherchait pas à dissimuler mais qui s'étalait très ouvertement. Le contraste était flagrant entre la somptuosité des demeures où vivaient les nouveaux riches, qui monopolisaient les profits de l'empire et mobilisaient à leur service des dizaines d'esclaves dans la capitale et des centaines sur leurs domaines, et les taudis où s'entassait le prolétariat de Rome. Les Romains acceptaient aisément de telles divisions, qui faisaient partie pour eux de l'ordre naturel ; d'ailleurs, peu de civilisations avant la nôtre s'en sont inquiétées, même s'il y en eut peu à les étaler aussi impudemment que la Rome impériale. Malheureusement, l'importance réelle de l'argent, bien que facile à remarquer, reste étrangement opaque pour l'historien. Il n'y a qu'un seul sénateur dont nous connaissions l'état détaillé des finances : Pline le Jeune.

Le modèle offert par la ville de Rome se retrouvait dans toutes les grandes cités de l'empire. Il jouait un rôle central dans la civilisation qu'elle mettait partout en place. Les villes de province étaient comme des îlots de culture gréco-romaine au sein d'une campagne peuplée par les aborigènes que Rome avait assujettis. Compte tenu des différences climatiques, elles correspondaient à un mode de vie d'une remarquable uniformité et satisfaisaient toutes à ce que les Romains considéraient comme des priorités. Chacune possédait un forum, des temples, un théâtre, des thermes, qui venaient s'ajouter aux villes anciennes ou bien entraient dans le schéma de base des villes nouvelles, en cas de refondation. C'est le plan en damier, avec des rues rectilignes se croisant à angle droit, qui était suivi. L'administration des villes reposait entre les mains des « barons » locaux, les *curiales* ou pères de la cité, qui, au moins jusqu'à l'époque de Trajan, bénéficiaient d'une assez grande indépendance dans la gestion des affaires municipales, même s'ils devaient être soumis par la suite à un contrôle plus strict. Un certain nombre de ces cités, telles Alexandrie, Antioche ou Carthage (que les Romains refondèrent), atteignirent de très vastes dimensions. Rome fut la plus grande d'entre elles, avec finalement plus d'un million d'habitants.

L'omniprésence de l'amphithéâtre dans cette civilisation est là pour nous rappeler la brutalité et la grossièreté dont elle était capable. Il est bon de garder ce fait à l'esprit, comme il est bon de ne pas trop se laisser influencer par le discours sur la « décadence » que véhiculent les œuvres abondamment citées des soi-disant champions de la morale. L'image de la civilisation romaine a pâti de ce qu'elle est l'une des rares avant l'époque moderne qui nous permettent d'approcher d'aussi près l'esprit des gens à travers leurs divertissements : les combats de gladiateurs et les chasses aux animaux sauvages étaient clairement des divertissements de masse, ce que n'était pas le théâtre grec. Les plaisirs populaires, à toute époque, n'ont jamais eu de quoi séduire les raffinés. Les Romains firent de leurs aspects les moins recommandables une véritable institution. Ils construisirent à cet effet de grands centres de spectacles et permirent à ces divertissements de masse de devenir un outil politique : offrir à la foule des combats de gladiateurs devint pour les riches une façon de se servir de leur fortune pour promouvoir leur carrière politique. Même dans l'ignorance où nous sommes de la façon dont s'amusaient les foules d'Egypte ou d'Assyrie, nous nous trouvons là devant quelque chose d'unique ; on jouait sur la cruauté pour divertir, à une bien plus grande échelle que ce qui s'était jamais produit jusqu'alors et d'une façon qui devait rester sans équivalent dans l'histoire. C'était l'une des conséquences de l'urbanisation de la culture romaine, qui permettait de rassembler des publics sans commune mesure avec ceux du passé. L'origine de ces « jeux » est étrusque, mais leur développement s'explique en fin de compte par les progrès de l'urbanisme et par les exigences de la politique romaine.

Un autre aspect de la brutalité qui se trouvait au cœur de la société romaine était loin, quant à lui, d'être unique : l'omniprésence de l'esclavage. Comme dans la société grecque, il prenait des formes si variées qu'il est impossible d'en faire le tour en quelques phrases. Beaucoup d'esclaves étaient rémunérés, quelques-uns achetaient leur liberté et tous disposaient de certains droits. Le développement des grandes plantations entraîna, il est vrai, une nouvelle intensification de l'esclavage aux alentours du Ier siècle, mais il serait difficile d'affirmer qu'il fut pire à Rome que dans d'autres sociétés anciennes. Ceux, bien peu nombreux, qui mirent en question cette pratique n'étaient absolument pas représentatifs : les moralistes s'en accommodèrent aussi facilement que devaient le faire plus tard les chrétiens.

Une bonne partie de ce que nous savons des mentalités populaires avant l'époque moderne nous vient de la religion. Elle occupait une place très visible dans la vie des Romains, mais cela risque de nous égarer si nous adoptons à son égard un point de vue moderne. Elle n'avait rien à voir avec le salut individuel, et pas grand-chose avec le comportement personnel ; il s'agissait avant tout d'une affaire publique. Elle faisait partie de la *res publica* et consistait en une série de rites dont l'observance était bonne pour l'Etat et dont l'oubli exposait à un châtiment. Il n'existait pas de clergé, c'est-à-dire une caste de prêtres séparés des autres hommes (à une ou deux exceptions près qui remontaient à des temps très anciens et concernaient des temples liés à des cultes bien particuliers). La religion était du ressort de magistrats, qui trouvaient dans cet emploi un levier social et politique opportun. Il n'y avait pas davantage de credo ou de dogme. Tout ce qui était demandé aux Romains, c'était d'accomplir suivant les règles les services et les rites requis ; pour le prolétariat, cela ne signifiait pas grand-chose, sinon un jour de fête chômé.

C'était aux autorités civiles que revenaient partout la responsabilité des rites et celle de l'entretien des temples. Exécuter correctement les rites était d'une très grande importance sur le plan pratique. Tite-Live rapporte les propos d'un consul qui disait que les dieux « accueillent favorablement l'observance scrupuleuse des rites qui ont porté notre pays à son sommet ». Les Romains croyaient sincèrement que la paix d'Auguste était la *pax deorum*, une récompense divine destinée à le remercier d'avoir rétabli le juste respect envers les dieux. Avec un peu plus de cynisme, Cicéron avait remarqué que les dieux étaient nécessaires pour empêcher le chaos dans la société. C'était là encore, sur un mode différent, un exemple de la façon essentiellement pratique dont les Romains considéraient la religion. Ni hypocrisie ni incrédulité ; le recours à des devins pour l'interprétation des présages tout comme l'acceptation des décisions prises par les augures sur des affaires politiques importantes suffiraient à l'attester. Mais la façon dont les Romains comprenaient les cultes officiels restait très terre à terre et ne laissait pas de place au mystère.

Dans ces cultes, la mythologie grecque se mêlait à des fêtes et à des rites venus de la Rome primitive, et donc fortement marqués par des préoccupations agricoles. L'une de ces fêtes s'est parée depuis des symboles d'une autre religion : les Saturnalia de décembre, que nous célébrons encore sous le nom de Noël. Mais la religion pratiquée par les Romains allait bien au-delà des rites officiels. Son trait le plus frappant, c'était son éclectisme et son cosmopolitisme. Il y avait de la place au sein de l'empire pour toute forme de croyance, pourvu qu'elle ne trouble pas l'ordre public et n'empêche pas l'observance des rites officiels. Dans l'ensemble, les paysans restaient partout fidèles aux superstitions immémoriales liées aux cultes locaux de la nature tandis que les citadins allaient pour leur part de toquade en toquade. Quant aux gens éduqués, ils étaient plus ou moins tentés par les dieux gréco-romains du panthéon classique et prenaient la tête des fidèles lors des cérémonies officielles. En fin de compte, chaque clan, chaque famille sacrifiait à son propre dieu, sous des formes qui étaient les siennes, lors des grands événements de la vie humaine : naissance, mariage, maladie et mort. Chaque maison avait son autel, chaque coin de rue son idole.

Sous Auguste, il y eut une tentative délibérée pour redonner vie aux vieilles croyances, qui avaient plus ou moins pâti d'un contact plus étroit avec l'Orient hellénistique et s'étaient trouvées en butte, dès le IIe siècle avant J.-C., au cynisme de quelques sceptiques. Après Auguste, les empereurs conservèrent la charge de *pontifex maximus* : la suprématie politique et la suprématie religieuse se trouvaient combinées dans la même personne. C'est ainsi que naquit le culte impérial lui-même, dont l'importance ne devait cesser de croître et le contenu de se préciser. Il s'accordait bien avec le conservatisme inné des Romains, leur respect pour les façons de faire et les coutumes de leurs ancêtres. Le culte impérial faisait la synthèse entre, d'une part, le respect traditionnel du client pour son patron, le souci d'évoquer et de se concilier les divinités familières, la commémoration des grands hommes et des grands événements, et, d'autre part, les idées de royauté divine venues d'Orient et d'Asie. C'est dans ces régions que des autels furent élevés pour la première fois en l'honneur de Rome ou du Sénat, et c'est dans ces mêmes régions qu'ils changèrent bientôt d'affectation, en l'honneur cette fois de l'empereur. Le culte se répandit à travers tout l'empire, même s'il fallut attendre le IIIe siècle pour qu'il soit considéré à Rome même comme totalement respectable, si fort était le sentiment républicain. Mais, même dans la capitale, les tensions qui affectaient l'empire avaient déjà favorisé une renaissance de la piété officielle qui profita au culte impérial.

Ce ne fut pas le seul apport de l'Orient. Au IIe siècle, distinguer une tradition religieuse purement romaine parmi toutes les traditions existant dans l'empire est pratiquement impossible. Le panthéon romain, comme le panthéon grec, s'est presque entièrement dissous dans une masse de croyances et de cultes aux frontières incertaines et changeantes, allant, avec toutes les nuances intermédiaires, de la pure magie au monothéisme philosophique popularisé par les différentes formes de stoïcisme. Dans le domaine de l'esprit comme dans celui des religions, l'empire se révèle omnivore, crédule et profondément irrationnel. Il est essentiel ici de ne pas trop se laisser impressionner par le caractère manifestement très pratique des Romains – les gens pratiques sont souvent superstitieux. Ce n'est pas le triomphe de la raison qui a frappé Rome dans l'héritage grec : ses philosophes étaient vus par elle comme des hommes inspirés, de saints hommes dont les enseignements mystiques constituaient la partie la plus passionnément étudiée de leurs œuvres. La civilisation grecque, elle aussi, ne s'était-elle pas toujours appuyée pour une large part sur la superstition populaire et les cultes locaux ? Le monde romain fourmillait de dieux tribaux.

Tout cela amène à s'interroger d'une manière nettement plus critique sur ce que représentaient réellement pour les Romains les « anciennes façons de faire » *(mos majorum)*. Manifestement, elles ne répondaient plus aux besoins d'une civilisation des villes, quelle que soit la prépondérance en nombre des paysans sur lesquels reposait cette civilisation. Bien des fêtes traditionnelles étaient d'origine pastorale ou agricole, mais il arrivait parfois que l'on oublie jusqu'au dieu qu'elles étaient censées célébrer. Plongés dans un monde de moins en moins compréhensible, les habitants des villes se mirent peu à peu en quête d'autre chose que de simple piété. On chercha désespérément ce qui pourrait donner un sens au monde et offrir une certaine prise sur lui. Les anciennes superstitions et les nouvelles lubies se mirent à fleurir. Pour preuve, l'attrait exercé par les dieux égyptiens, dont le culte se répandit à travers l'empire, lequel, par la sécurité qu'il garantissait, facilitait les voyages et les échanges (ces dieux eurent même un empereur pour sectateur, le Libyen Septime Sévère). Ce monde civilisé, dont la complexité était plus grande et l'unité plus forte que tout autre avant lui, fut aussi celui d'une religiosité de plus en plus poussée et d'une curiosité presque sans limites. L'un des derniers grands professeurs de l'Antiquité païenne, Apollonios de Tyane, aurait vécu et étudié avec les brahmanes de l'Inde. On était à la recherche d'un nouveau sauveur bien avant que ne soit trouvé l'un d'eux, au Ier siècle.

Un autre symptôme de l'influence orientale fut le grand succès des mystères, ces cultes qui reposaient sur la transmission aux initiés, par le moyen de rites secrets, de vertus et de pouvoirs particuliers. L'un des plus célèbres fut le culte sacrificiel de Mithra, un petit dieu indo-iranien particulièrement en vogue chez les soldats. Presque tous les mystères expriment une impatience devant les contraintes du monde matériel, un pessimisme total à son endroit et une préoccupation pour la mort (avec peut-être la promesse d'une vie dans l'au-delà). C'est par là qu'ils apportent la satisfaction psychologique que n'offrent plus les anciens dieux et que n'a jamais vraiment dispensée le culte officiel. Ils attirent à eux les individus ; ils ont un peu de ce pouvoir de séduction qui conduira plus tard les gens au christianisme, lequel, à ses débuts, fut souvent considéré, précisément, comme un autre culte à mystères.

La domination de Rome ne convenait pas tout le temps à tous ses sujets, même en Italie. C'est ce qui se vérifia à une date aussi tardive que 73 avant J.-C., dans les temps troublés qui marquèrent la fin de la République, quand une grande révolte d'esclaves exigea trois années de campagne militaire et se termina par la crucifixion de 6 000 d'entre eux le long des routes allant de Rome vers le sud. Dans les provinces, les révoltes étaient endémiques ; il suffisait, pour qu'elles se produisent, d'une maladresse ou d'une exaction de la part des gouvernants. Ce fut le cas de la fameuse rébellion de Boadicée en Grande-Bretagne, ou, un peu plus tôt, de la révolte qui se déclencha sous Auguste en Pannonie. Ces troubles pouvaient parfois correspondre à des traditions locales d'indépendance, comme à Alexandrie, où ils étaient fréquents. Dans un cas particulier, celui des Juifs, ce qui était en jeu n'était pas très éloigné de ce que l'on appellera plus tard le nationalisme. La longue et spectaculaire histoire de la désobéissance et de la résistance juives remontait à bien avant l'instauration de la domination romaine en 170 avant J.-C., quand les Juifs s'opposèrent farouchement à l'« occidentalisation » mise en œuvre par les royaumes hellénistiques – une politique qui annonçait celle que Rome allait plus tard adopter. Le culte impérial aggrava les choses. Même les Juifs qui s'accommodaient des collecteurs d'impôts romains et qui pensaient qu'il fallait rendre à César ce qui appartenait à César se refusèrent à blasphémer en sacrifiant sur son autel. En 66, une grande révolte éclata ; il y en eut d'autres sous Trajan et sous Hadrien. Les communautés juives ressemblaient à des poudrières ; leur extrême sensibilité rend peut-être un peu plus compréhensible la réticence, vers 30, d'un procurateur de Judée à obtenir que soient pleinement respectés les droits civils d'un accusé dont les responsables juifs demandaient la mort.

Les impôts permettaient à l'empire de fonctionner. Bien que plutôt légers en temps normal, quand ils permettaient de couvrir sans difficulté les frais de l'administration et du maintien de l'ordre, ils n'en constituaient pas moins un fardeau détesté, que venaient alourdir, de temps en temps, des prélèvements en nature, des réquisitions et des recrutements forcés. Pendant longtemps, les impôts profitèrent d'une économie prospère et qui se développait. Ce ne fut pas seulement le cas d'acquisitions impériales bienvenues, comme les mines d'or de

Dacie. L'accroissement des échanges commerciaux ainsi que le coup de fouet provoqué par l'ouverture de ces nouveaux marchés que constituaient les postes installés sur les frontières favorisèrent eux aussi l'apparition d'une nouvelle industrie et de nouveaux fournisseurs. Les immenses quantités de jarres de vin trouvées par les archéologues sont un signe parmi d'autres de ce qui a dû être un vaste commerce de produits alimentaires, de textiles et d'épices qui a laissé peu de traces. La base économique de l'empire n'en restait pas moins l'agriculture. Elle n'était pas riche, au sens où nous l'entendons aujourd'hui, car elle recourait à des techniques primitives ; aucun fermier romain ne vit jamais de moulin à vent, et les moulins à eau étaient encore rares quand survint, à l'Ouest, la fin de l'empire. En dépit de toute l'idéalisation dont elle faisait l'objet, la vie rurale était rude et laborieuse. Elle avait donc bien besoin, elle aussi, de la *Pax Romana* : on pourrait ainsi acquitter les impôts grâce au petit surplus de production et les terres ne seraient pas ravagées.

En dernière analyse, tout nous ramène à l'armée, dont dépendait la paix romaine. Elle changea autant en six siècles que l'Etat lui-même. La société et la culture romaines restèrent toujours militaristes dans leur esprit, mais les instruments de ce militarisme évoluèrent avec le temps. Depuis l'époque d'Auguste, l'armée était une force stable dans laquelle on restait longtemps et qui ne reposait plus, même officiellement, sur l'obligation faite à tous les citoyens de servir. Le légionnaire ordinaire demeurait sous les armes pendant vingt ans, plus quatre années dans la réserve. Avec le temps, ses origines furent de plus en plus souvent provinciales. Si surprenant que cela puisse paraître, étant donné la réputation des Romains pour la discipline, il semble que le nombre de volontaires ait été si grand que les aspirants soldats avaient recours à des lettres de recommandation et à l'appui d'un patron. Les vingt-huit légions qui formaient l'effectif normal après la défaite de 9 en Allemagne étaient réparties le long des frontières, soit en tout 160 000 hommes. Elles représentaient le noyau dur de l'armée, qui comptait encore à peu près autant d'hommes entre la cavalerie, les services auxiliaires et d'autres armes. Les légions continuaient à être commandées par des sénateurs (excepté en Egypte) et l'enjeu majeur de la vie politique au sein même de la capitale était dans l'accès à une telle charge. C'était devenu de plus en plus clair au fil des siècles : le cœur de l'empire battait dans le camp des légions – même s'il arrivait à la garde prétorienne de contester à Rome leur droit de choisir un empereur. Et pourtant les soldats n'entrent que pour une part dans l'histoire de l'empire. Le destin de ce dernier fut influencé presque autant, sur le long terme, par une poignée d'hommes : les adeptes et les disciples de celui que le procurateur de Judée avait laissé exécuter.

XVI

Le christianisme et la transition occidentale

Rares sont sans doute les lecteurs de cet ouvrage qui ont déjà entendu parler d'Abgar, encore moins de son royaume de Syrie orientale, l'Osroène. Et pourtant, on a longtemps cru que ce monarque obscur et peu connu avait été le premier roi chrétien. En fait, l'histoire de sa conversion est une légende (puisqu'il mourut en 68 avant J.-C.) ; il semble que ce soit sous son descendant, Abgar IX, que l'Osroène devint chrétien à la fin du IIe siècle. La conversion peut très bien n'avoir pas concerné le roi lui-même, mais cela ne dérangea pas les hagiographes. Ils placèrent Abgar et son Etat arabo-nabatéen à la tête d'une longue et grande tradition. Celle-ci finirait par incorporer pratiquement toute l'histoire de la monarchie en Europe, et elle étendrait son influence depuis l'Europe sur d'autres parties du monde.

Tous ces monarques allaient être amenés à se comporter d'une autre manière, parce qu'ils se voyaient eux-mêmes comme chrétiens, et pourtant, si important soit-il, ce n'est là qu'un tout petit aspect de la différence introduite dans l'histoire par le christianisme. En fait, jusqu'à l'avènement de la société industrielle, nous avons là l'un des rares phénomènes historiques qui soit comparable, par la façon dont sa créativité et son impact ont modelé le monde où nous vivons, aux grandes forces à l'œuvre dans la préhistoire. Le christianisme s'est développé dans le monde classique de l'Empire romain, se fondant pour finir dans ses institutions et se répandant à travers ses structures sociales et mentales pour devenir la part la plus importante de ce que cette civilisation nous a laissé. Souvent masquée ou feutrée, son influence marque en profondeur les pays qu'il a façonnés ; l'Europe lui doit, si l'on peut dire, sa définition. Si ce continent et d'autres sont aujourd'hui ce qu'ils sont, c'est parce qu'une poignée de Juifs virent leur maître et leur chef crucifié et crurent en sa résurrection.

Le caractère juif du christianisme est essentiel, et c'est à lui qu'il doit probablement son salut (au sens profane du terme). Les chances qu'avait une petite secte, groupée autour d'un saint homme, dans l'est de l'Empire romain, de survivre dans l'histoire et plus encore de connaître un succès mondial étaient extraordinairement faibles. Le judaïsme servit pendant longtemps de matrice et de protection, en même temps que de source, aux idées chrétiennes les plus importantes. En retour, les idées et les mythes juifs devaient devenir, grâce à leur diffusion à travers le christianisme, des forces mondiales. Tout part de la conviction qu'ont les Juifs que l'histoire possède un sens, qu'elle obéit à un ordre préconçu : il s'agit d'un drame cosmique où l'on voit se dessiner peu à peu le projet qu'un Dieu omnipotent a formé pour Son peuple élu. De l'alliance qu'Il a nouée avec ce peuple découle la bonne façon de se conduire, qui consiste à suivre Sa Loi. Enfreindre cette Loi avait toujours débouché sur un châtiment, comme l'ensemble du peuple en avait fait l'épreuve dans le désert du Sinaï ou sur les bords des fleuves de Babylone. Dans l'obéissance à la Loi résidait la promesse du salut pour la communauté. C'est ce grand drame qui inspira les écrits historiques des Juifs, des écrits dans lesquels les Juifs de l'Empire romain discernaient le fil conducteur qui donnait un sens à leur vie.

Ce grand thème mythique était profondément enraciné dans l'expérience historique des Juifs, une expérience qui, après la grande époque de Salomon, avait été amère et avait développé en eux, en même temps qu'une méfiance durable envers l'étranger, la volonté farouche de survivre. Rien n'étonne davantage, chez ce peuple remarquable, que le simple fait qu'il ait continué de vivre. L'Exil, qui commença en 587 avant J.-C., quand les conquérants babyloniens déportèrent un grand nombre de Juifs dans leur capitale après la destruction du Temple, fut la dernière épreuve majeure, avant l'époque moderne, à avoir façonné leur identité nationale. C'est elle qui permit finalement à la vision juive de l'histoire de se cristalliser. Les exilés entendirent des prophètes comme Ezéchiel promettre un renouvellement de l'Alliance. Juda avait été puni pour ses péchés par l'Exil et la destruction du Temple, Dieu allait maintenant s'occuper à nouveau de Juda qui retournerait à Jérusalem, s'échappant de Babylone comme Israël s'était échappé d'Ur puis d'Egypte. Le Temple serait rebâti. Ce n'est peut-être qu'une minorité de Juifs de l'Exil qui prêta attention à ces propos, mais c'était une minorité importante et qui comprenait l'élite religieuse et administrative de Juda, si l'on en juge par la qualité de ceux – probablement une minorité, ici encore – qui, lorsqu'ils le purent, retournèrent à Jérusalem : le « reste du peuple », comme dit la prophétie (*Isaïe*, 11, 11).

Avant que cela n'arrive, l'expérience de l'Exil avait transformé la vie des Juifs en même temps qu'elle avait confirmé leur vision. Les spécialistes sont divisés : les développements les plus importants eurent-ils lieu chez les exilés ou bien chez les Juifs qui restèrent dans le royaume de Juda pour s'y lamenter sur leur sort ? D'une façon ou d'une autre, la vie religieuse des Juifs fut dans tous les cas profondément bouleversée. Le changement le plus important fut la place centrale donnée, dans la religion juive, à la lecture des Ecritures. Tandis qu'il allait falloir encore trois à quatre siècles pour que l'Ancien Testament prenne sa forme finale, les cinq premiers livres ou « Pentateuque », traditionnellement attribués à Moïse, étaient pratiquement terminés peu après le retour de l'Exil. Ils contenaient la promesse d'un avenir et disaient comment faire pour que cette promesse se réalise : en respectant la Loi, qu'ils exposaient d'une façon plus détaillée et en lui donnant davantage de cohérence. C'était l'une des conséquences à long terme du travail des interprètes et des scribes dont la mission consistait à faire s'accorder les textes sacrés et à les expliquer. Leurs réunions hebdomadaires allaient finalement déboucher sur l'institution de la synagogue et sur une nouvelle libération de la religion vis-à-vis du lieu et des rites, même si les Juifs devaient continuer à rêver, longtemps et ardemment, de la reconstruction du Temple. On put finalement pratiquer la religion juive partout où des Juifs pouvaient se rassembler pour lire les Ecritures ; ils devinrent le premier des peuples du Livre, avant les chrétiens et les musulmans. La vision de Dieu y gagna en abstraction et en universalité.

Il y eut aussi un rétrécissement. Si la religion juive était devenue indépendante du culte célébré dans le Temple, pour certains prophètes la rédemption et la purification attendues ne pouvaient être néanmoins obtenues que par une application plus rigide encore de ce que l'on croyait désormais être la Loi de Moïse. Ezra avait rapporté ses préceptes de Babylone, et des pratiques qui avaient été à l'origine celles de nomades furent imposées avec une sévérité accrue à des populations qui ne cessaient de s'urbaniser. L'autoségrégation des Juifs devint de plus en plus importante et de plus en plus manifeste dans les villes ; se purifier, cela voulait dire entre autres, pour les Juifs (et il devait y en avoir beaucoup) qui avaient épousé une femme faisant partie des Gentils, l'obligation d'en divorcer.

Après le renversement de Babylone par les Perses en 539 avant J.-C., un certain nombre de Juifs saisirent l'occasion qui leur était offerte et retournèrent à Jérusalem. Le Temple fut rebâti dans les vingt-cinq années qui suivirent et Juda se transforma, sous la suzeraineté des Perses, en une sorte de satrapie théocratique. Au ve siècle avant J.-C., quand l'Egypte se révolta contre la domination perse, la région devint stratégiquement sensible ; elle fut gouvernée sans rigueurs excessives et avec l'aide de l'aristocratie religieuse locale. C'est ce qui permit à la nation juive d'exister politiquement jusqu'à l'époque romaine.

Avec la fin de la domination perse, l'avènement des successeurs d'Alexandre fit naître de nouveaux problèmes. Après avoir dépendu des Ptolémées, les Juifs finirent par tomber sous la coupe des Séleucides. Les comportements sociaux et les façons de penser de la classe supérieure subirent l'influence de l'hellénisation ; cela aiguisa les divisions en soulignant davantage encore les différences et les contrastes, en termes de richesse, entre gens des villes et gens des campagnes. L'hellénisation contribua aussi à séparer du peuple les familles de la classe sacerdotale, un peuple qui continuait à s'en tenir fermement à la tradition de la Loi et des Prophètes telle que formulée dans les synagogues. La grande révolte des Maccabées éclata (168-164 avant J.-C.) : elle était dirigée contre un roi séleucide de la Syrie hellénistique, Antiochus IV, et contre l'« occidentalisation » culturelle, approuvée par les prêtres mais rejetée par la masse. Antiochus avait voulu aller trop vite ; le lent grignotage de l'insularité juive par la civilisation hellénistique et la contamination par l'exemple ne lui suffisaient pas : il avait empiété sur les rites juifs et profané le Temple en cherchant à le transformer en temple de Zeus olympien. Peut-être avait-il seulement l'intention, ce faisant, d'ouvrir le complexe du Temple à tous les fidèles, comme il était d'usage pour n'importe quel temple dans une cité hellénistique. Après avoir difficilement maté la révolte (une guerre de guérilla se poursuivit encore longtemps), les souverains séleucides en revinrent à une politique plus conciliante. Elle ne satisfit pas la plupart des Juifs, qui mirent à profit un heureux concours de circonstances pour accéder à une indépendance qui devait durer près de quatre-vingts ans. Puis, en 63 avant J.-C., Pompée imposa la domination de Rome, ce qui marqua la fin au Moyen-Orient, pour près de deux mille ans, du dernier Etat juif indépendant.

L'indépendance n'avait pas été une expérience heureuse. Une succession de rois issus des familles sacerdotales avait jeté le désordre dans le pays par un excès d'innovations et d'autoritarisme. Une opposition se forma contre eux et contre les prêtres qui soutenaient leur politique. Ils se heurtèrent à la contestation d'une nouvelle école d'interprètes, plus austère, qui se réclamait de la Loi plutôt que du culte célébré dans le Temple : c'est la Loi qui formait, pour ses membres, le cœur du judaïsme, et ils en donnaient une interprétation nouvelle, minutieuse et rigoureuse. On les appelait les Pharisiens. Ils représentaient un courant réformiste qui se manifesta à maintes reprises au sein de la communauté juive pour protester contre le danger d'une hellénisation rampante. Ils acceptaient le prosélytisme auprès des non-Juifs, prêchant la résurrection des morts et le Jugement dernier. Il y avait dans leurs positions un mélange d'aspirations nationales et d'aspirations universelles, et ils poussèrent plus avant les implications du monothéisme juif.

La plupart de ces changements eurent lieu en Judée, le minuscule territoire qui subsistait de l'ancien grand royaume de David ; on y trouvait moins de Juifs à l'époque d'Auguste que dans tout le reste de l'empire. A partir du VIIe siècle avant J.-C., et sans discontinuer, ils s'étaient éparpillés à travers le monde civilisé. Les armées égyptiennes, celles d'Alexandre et celles des Séleucides avaient toutes des régiments juifs. D'autres s'étaient établis au loin du fait de leurs activités commerciales. Une des plus grandes colonies juives s'était ainsi implantée à Alexandrie, à partir de 300 avant J.-C. Les Juifs d'Alexandrie parlaient grec ; c'est là que l'Ancien Testament fut traduit pour la première fois en grec, et il y avait probablement plus de Juifs, à la naissance de Jésus, à Alexandrie qu'à Jérusalem. On en trouvait quelque 50 000 à Rome. Voilà qui multipliait les occasions de faire du prosélytisme et accroissait les risques de frictions entre communautés.

La communauté juive avait beaucoup à offrir à un monde dans lequel les cultes traditionnels avaient disparu. La circoncision et les interdits alimentaires constituaient des obstacles, mais ils étaient très largement compensés pour de nombreux prosélytes par le pouvoir attractif d'un code de conduite d'une grande précision, par une forme de religion qui ne dépendait pas de temples, de chapelles ou d'un clergé pour sa célébration, et, par-dessus tout, par la certitude du salut. Un prophète, dont les enseignements furent attribués par les compilateurs de l'Ancien Testament à Isaïe mais qui fut presque certainement contemporain de l'Exil, s'était déjà tourné vers les Gentils pour leur apporter la lumière, et nombre d'entre eux avaient répondu à ce message bien avant les chrétiens, qui devaient lui donner une nouvelle signification. Les prosélytes pouvaient s'identifier avec le peuple élu dans le grand drame qui inspira les écrits historiques des Juifs, la seule réussite dans ce domaine qui puisse soutenir la comparaison avec l'invention grecque de l'histoire scientifique : elle donnait un sens aux tragédies qui secouaient le monde.

Les Juifs percevaient un fil conducteur dans leur histoire : ils devaient passer par l'épreuve du feu, qui les préparerait, en les affinant, pour le Jour du Jugement. L'une des contributions essentielles de la communauté juive au christianisme allait être ce sentiment d'être à part, avec

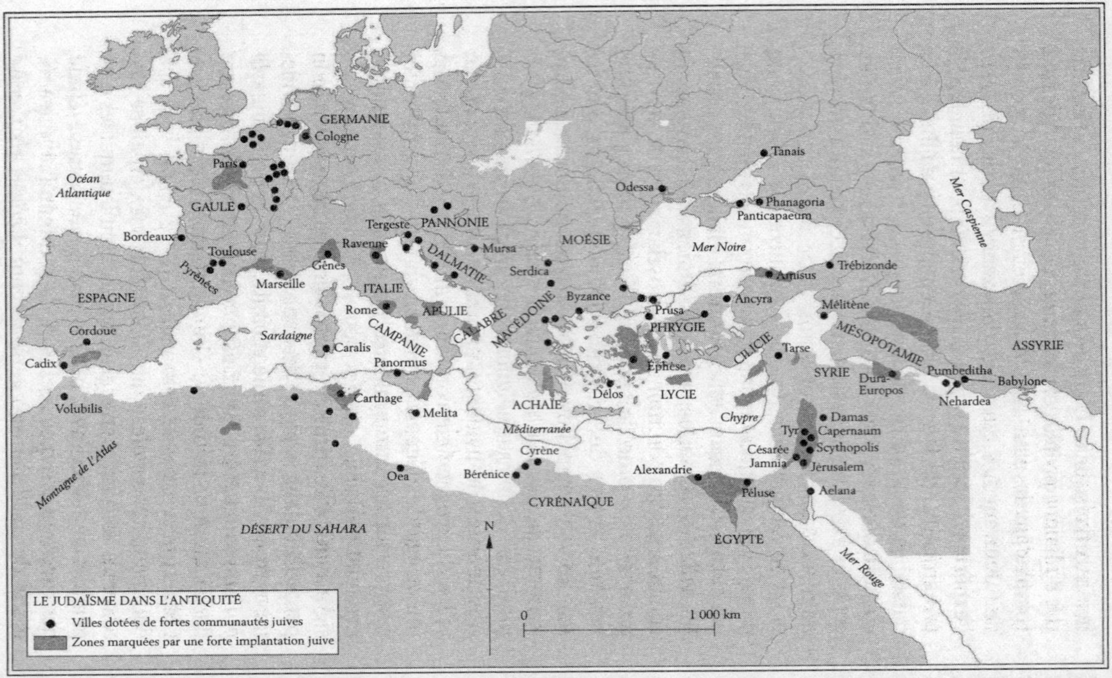
LE JUDAÏSME DANS L'ANTIQUITÉ
Villes dotées de fortes communautés juives
Zones marquées par une forte implantation juive
Océan Atlantique
GERMANIE
Cologne
Paris
GAULE
Bordeaux
Toulouse
Pyrénées
ESPAGNE
Cordoue
Cadix
Volubilis
Montagne de l'Atlas
DÉSERT DU SAHARA
Marseille
Gênes
Ravenne
Tergeste
PANNONIE
Mursa
DALMATIE
ITALIE
Rome
APULIE
CAMPANIE
CALABRE
Sardaigne
Caralis
Panormus
Carthage
Melita
Oea
Bérénice
Cyrène
CYRÉNAÏQUE
Méditerranée
ACHAÏE
MACÉDOINE
Serdica
MOÉSIE
Byzance
Délos
Éphèse
LYCIE
PHRYGIE
Prusa
Ancyra
Amisus
Trébizonde
Mer Noire
Odessa
Tanais
Phanagoria
Panticapaeum
Mer Caspienne
Mélitène
MÉSOPOTAMIE
CILICIE
Tarse
Chypre
SYRIE
Dura-Europos
Pumbeditha
Babylone
Nehardea
ASSYRIE
Damas
Tyr
Capernaum
Césarée
Scythopolis
Jamnia
Jérusalem
Alexandrie
Péluse
Aelana
ÉGYPTE
Mer Rouge
N
0
1 000 km

les yeux fixés sur ce qui n'est pas de ce monde ; les chrétiens allaient prendre la suite en développant l'idée du levain dans la pâte, qui travaille à racheter le monde. Ces deux mythes étaient profondément enracinés dans l'expérience historique des Juifs et dans le simple fait, si remarquable, de leur survie en tant que peuple.

Les communautés de Juifs et de prosélytes juifs constituaient pour les gouverneurs romains des données sociales marquantes non seulement par leurs dimensions, mais aussi par leur refus de se mêler aux autres. Si l'on en croit les archéologues, il faut attendre assez avant dans l'ère chrétienne pour découvrir des synagogues conçues comme des bâtiments spéciaux et séparés, mais les villes comprenaient déjà des quartiers juifs spécifiques, regroupés autour de leurs synagogues et de leurs tribunaux. Le prosélytisme était largement répandu et il arrivait même à quelques Romains de se laisser séduire par les croyances juives, mais il y eut aussi assez tôt, à Rome même, des signes d'un mépris populaire pour les Juifs. Les émeutes contre eux étaient fréquentes à Alexandrie et trouvaient aisément un écho dans d'autres villes du Moyen-Orient. D'où la méfiance des autorités à leur égard : elles n'hésitaient pas (au moins à Rome) à disperser les communautés juives quand la situation devenait difficile.

La Judée elle-même était considérée comme une région particulièrement délicate et dangereuse. Y avait grandement contribué l'effervescence religieuse du dernier siècle et demi avant notre ère. En 37 avant J.-C., le Sénat avait choisi un Juif, Hérode le Grand, comme roi de Judée. Celui-ci ne sut pas se faire aimer. Il répugnait bien évidemment au peuple parce qu'il était une créature des Romains et qu'il cherchait à tout prix, en tant que dirigeant, à conserver (avec raison) l'amitié de Rome. Hérode n'en accrut pas moins l'hostilité dont il était l'objet par le mode de vie hellénistique de sa cour (même s'il prenait soin de montrer sa loyauté envers la religion juive) et par les lourds impôts qu'il levait et dont certains étaient destinés à financer des monuments grandioses. Même si l'on ne tient pas compte du légendaire massacre des Innocents et de la place qu'Hérode occupe dans la démonologie chrétienne, ce monarque n'aurait pas eu une bonne réputation dans l'histoire. A sa mort, en 4 avant J.-C., son royaume fut divisé entre ses trois fils, une disposition peu satisfaisante qui prit fin en 6 lorsque la Judée fut affectée à la province romaine de Syrie, gouvernée depuis Césarée. En 26, Ponce Pilate en devint procurateur, c'est-à-dire responsable des impôts et en fait gouverneur, un poste inconfortable et difficile qu'il devait occuper pendant dix ans.

Ce fut un mauvais moment dans l'histoire d'une province turbulente. L'excitation qui s'était prolongée sur près de deux siècles atteignit une sorte de paroxysme. Les Juifs étaient en conflit avec leurs voisins samaritains et supportaient mal l'afflux de Gréco-Syriens dans les villes de la côte. Ils détestaient les Romains parce qu'ils étaient pour eux les derniers en date dans une longue succession de conquérants, et à cause des impôts qu'ils exigeaient ; les collecteurs d'impôts – les « publicains » du Nouveau Testament – étaient impopulaires non pas à cause des sommes qu'ils prélevaient, mais parce qu'ils les prélevaient pour le compte d'étrangers. Pis encore, les Juifs étaient farouchement divisés entre eux. Les grandes fêtes religieuses étaient souvent marquées par des bains de sang et des émeutes. Les Pharisiens, par exemple, étaient profondément opposés aux Sadducéens, qui représentaient l'aristocratie sacerdotale conservatrice. D'autres sectes rejetaient aussi bien les premiers que les seconds. L'une des plus intéressantes ne nous est connue que depuis peu, grâce à la découverte et au déchiffrement des rouleaux de la mer Morte, qui montrent qu'elle promettait à ses adeptes une bonne partie de ce que proposera le christianisme lui-même à ses débuts : la délivrance ultime devait finir par se produire après l'apostasie de la Judée et serait annoncée par la venue d'un Messie. Les Juifs qu'attiraient de tels enseignements en cherchaient la préfiguration dans les écrits des Prophètes. D'autres s'engageaient dans des voies plus concrètes. Pour les Zélotes, l'avenir était au mouvement de résistance nationale.

C'est dans cette atmosphère électrique que naquit Jésus, aux alentours de 6 avant J.-C. Il arrivait dans un monde où des milliers de ses concitoyens attendaient la venue d'un Messie, un guide qui les conduirait à une victoire militaire ou symbolique et inaugurerait les derniers jours, et les plus glorieux, de Jérusalem. Ce que nous savons de sa vie se trouve dans les récits rédigés après sa mort et qui constituent les Evangiles. Il s'agit d'assertions et de traditions recueillies par la jeune Eglise chrétienne et fondées sur le témoignage de ceux qui l'avaient connu. Les Evangiles ne constituent pas par eux-mêmes une preuve satisfaisante, mais on a vite fait d'exagérer leurs imperfections. Ils ont été écrits sans aucun doute pour démontrer l'autorité surnaturelle de Jésus et l'adéquation entre les événements de sa vie et les prophéties qui annonçaient depuis longtemps la venue du Messie. Ces motifs intéressés et cette volonté hagiographique n'obligent pas à rester sceptique devant tous les faits rapportés ; bon nombre sont plausibles par eux-mêmes, en ce qu'ils correspondent à ce que l'on pouvait attendre d'un chef religieux juif de l'époque. Pourquoi les rejeter ? On est souvent contraint d'avoir recours, sur des sujets bien plus embrouillés, à des éléments de preuve bien moins satisfaisants. Il n'y a aucune raison de nous montrer, dans nos critères de recevabilité, encore plus exigeants et rigoureux avec les textes chrétiens qu'avec, par exemple, ce qu'Homère est censé nous apprendre sur Mycènes. Il reste néanmoins très difficile de trouver dans d'autres documents la confirmation des faits rapportés dans les Evangiles.

L'image qui nous y est donnée de Jésus est celle d'un homme issu d'une famille modeste, mais non démunie, qui se prétend d'ascendance royale. Une telle prétention aurait été sans aucun doute réfutée par ses adversaires si elle n'avait pas comporté une part de vérité. La Galilée, où Jésus grandit, était une sorte de zone frontière pour le judaïsme, qui s'y trouvait exposé au contact de Gréco-Syriens, ce qui mettait souvent à vif les susceptibilités religieuses. Il y avait alors dans les environs un prêcheur nommé Jean, un prophète qui avait attiré les foules auprès de lui dans les jours précédant son arrestation et son exécution. Des spécialistes ont essayé de rattacher Jean à la communauté de Qumran, qui a laissé derrière elle les rouleaux de la mer Morte. Il semble cependant avoir été un solitaire, un individu qui ne dépendait de personne et qui prenait modèle dans son enseignement sur les Prophètes. Un évangéliste nous dit qu'il était le cousin de Jésus ; la chose est peut-être vraie, mais ce qui compte bien davantage, c'est le fait, sur lequel s'accordent tous les Evangiles, qu'il ait baptisé Jésus comme il le fit pour tant d'autres qui vinrent à lui dans la crainte du Jugement dernier. On dit aussi qu'il aurait reconnu en Jésus un prêcheur comme lui et peut-être quelque chose de plus : « Es-tu celui qui vient ou devons-nous en attendre un autre ? » (*Matthieu*, 11, 3).

Jésus savait qu'il était un saint homme ; son enseignement et les preuves de sa sainteté, telles que les donnaient à voir les miracles, ne tardèrent pas à convaincre la foule excitée de le suivre à Jérusalem. Son entrée triomphale dans la ville s'explique par ce sentiment spontané des gens. Ils le suivirent comme ils suivirent d'autres grands prêcheurs dans l'espoir du Messie dont la venue était annoncée. La fin arriva avec l'accusation de blasphème intentée devant le tribunal des Juifs et les libertés prises par Pilate avec la lettre de la loi romaine pour éviter d'accroître le trouble dans une ville portée à la violence. Jésus n'était pas un citoyen romain : pour des hommes comme lui, le châtiment suprême était la crucifixion, précédée d'une flagellation. L'inscription figurant sur la croix où il fut cloué était ainsi rédigée : « Jésus de Nazareth, Roi des Juifs » ; c'était, de la part du gouverneur romain, un trait d'ironie à caractère politique – pour que sa signification n'échappe à personne, le texte y figurait en latin, en grec et en hébreu. Cela se passa probablement en 33, mais on a également proposé comme dates 29 et 30. Peu après sa mort, les disciples de Jésus soutinrent qu'il était ressuscité d'entre les morts, qu'ils l'avaient vu monter au Ciel, et qu'ils avaient reçu de lui à la Pentecôte un pouvoir divin dont ils bénéficieraient, eux et leurs adeptes, jusqu'à la Fin des Temps. Cette dernière ne devait pas tarder à se produire, croyaient-ils également, et verrait le retour de Jésus, siégeant en juge à la droite du Père. Le tout est dans les Evangiles.

Si c'est bien là ce que les premiers chrétiens virent dans le Christ (comme on finit par l'appeler d'un nom grec signifiant l'« oint [du Seigneur] »), il y avait aussi dans son enseignement d'autres éléments susceptibles d'une application beaucoup plus large. Les idées de Jésus en matière de dévotion, telles qu'elles nous ont été rapportées, restent dans le cadre de la coutume ; le rite juif dans le Temple et l'observance des jours saints et des fêtes traditionnelles, en même temps que la prière individuelle, voilà tout ce à quoi il se référait. En ce sens très concret, il vécut et mourut en Juif. Pour la morale, cependant, il insistait sur le repentir et sur la remise des péchés, une remise accessible à tous, et pas seulement aux Juifs. Le châtiment avait sa place dans l'enseignement de Jésus (ce en quoi les Pharisiens étaient d'accord avec lui) ; d'une manière frappante, c'est à lui que sont attribués la plupart des propos les plus terribles tenus dans le Nouveau Testament. Suivre la Loi était essentiel mais ne suffisait pas ; au-delà de l'observance, il y avait l'obligation de se repentir et de réparer ses méfaits : cela pouvait aller jusqu'au sacrifice de soi. Le véritable guide à suivre, c'était l'amour. Jésus se refusa catégoriquement à jouer le rôle d'un chef politique. On crut apercevoir plus tard une sorte de quiétisme populaire dans une parole qui devait se révéler d'une terrible ambiguïté : « Mon royaume n'est pas de ce monde. »

C'est pourtant un Messie doublé d'un chef politique que beaucoup espéraient. D'autres, parmi les Juifs, cherchaient un leader contre l'ordre religieux établi et constituaient donc potentiellement une menace, même s'ils n'aspiraient qu'à la purification et à la réforme religieuses. Inévitablement, Jésus, de la maison de David, devint un homme dangereux aux yeux des autorités. L'un de ses disciples était Simon le Zélote, un associé inquiétant parce qu'il avait fait partie d'une secte extrémiste. Un bon nombre des prédications de Jésus encourageaient le ressentiment contre la domination des Sadducéens et des Pharisiens, et ces derniers s'évertuaient en retour à faire ressortir tout ce qui, dans ses propos, pouvait apparaître comme dirigé contre les Romains.

Voilà qui permet de mieux comprendre les circonstances qui conduisirent à la mort de Jésus et à la déception de la foule. Mais cela n'explique pas la pérennité de son enseignement. Il n'avait pas seulement séduit ceux qui étaient politiquement mécontents, mais également les Juifs qui sentaient que la Loi n'était plus un guide suffisant ainsi que les non-Juifs qui, bien que pouvant prétendre comme prosélytes à une citoyenneté israélienne de seconde classe, étaient en quête de ce plus qui leur permettrait d'affronter avec succès l'épreuve du Jugement dernier. Jésus avait aussi attiré à lui les pauvres et les parias ; il y en avait beaucoup dans une société qui présentait d'énormes contrastes en termes de richesse et ne montrait aucune pitié pour ceux qui tombaient en chemin. Tels étaient quelques-unes des raisons, quelques-uns des thèmes qui devaient finir par produire une si stupéfiante moisson. S'ils eurent leur effet du vivant de Jésus, ils semblèrent pourtant disparaître avec lui. A sa mort, ses adeptes ne constituaient qu'une toute petite secte juive parmi beaucoup d'autres. Mais ils croyaient que quelque chose d'unique était arrivé, que le Christ avait ressuscité d'entre les morts, qu'ils l'avaient vu, et qu'il leur offrait à eux et à ceux sauvés par son baptême la même assurance d'une victoire sur la mort et d'une vie personnelle après le Jugement dernier. La mise en forme de ce message à l'intention de tous et sa présentation à l'ensemble du monde civilisé étaient chose faite un demi-siècle après la mort de Jésus.

Leur conviction amena les disciples à rester à Jérusalem, un centre important de pèlerinage pour les Juifs depuis tout le Moyen-Orient, et donc un centre de diffusion pour une nouvelle doctrine. Deux des disciples de Jésus, Pierre et Jacques, le frère de Jésus, prirent la tête de ce groupe minuscule qui attendait le retour du Messie, en cherchant à s'y préparer par la pénitence et par le culte rendu à Dieu dans le Temple. Ils tenaient à bien marquer leur appartenance aux Juifs ; seul les distinguait, probablement, le rite du baptême, ce qui n'empêchait pas d'autres Juifs de voir en eux un danger. Leur contact avec des Juifs hellénophones venus de l'extérieur de la Judée les conduisit à remettre en question l'autorité des prêtres. Le premier martyr, Etienne, l'un des membres du groupe, fut lynché par des Juifs. Parmi les témoins du meurtre figurait un Pharisien de Tarse, de la tribu de Benjamin, nommé Paul. En tant que Juif hellénisé de la Diaspora, il peut très bien se faire qu'il ait été particulièrement en quête d'orthodoxie. Il était très imbu de lui-même. C'est lui, néanmoins, qui joua le plus grand rôle dans l'élaboration du christianisme, après Jésus.

Tout ce que l'on sait, c'est qu'un changement radical se produisit en Paul. Lui qui persécutait les adeptes du Christ devint l'un d'entre eux : il semble avoir fait un séjour de méditation et de réflexion dans le désert, en Palestine orientale. Puis, en 47 (ou peut-être avant : dresser une chronologie de la vie et des déplacements de Paul n'est pas chose facile), il commença une série de voyages missionnaires qui lui firent parcourir toute la Méditerranée orientale. En 49, un Conseil apostolique qui se tint à Jérusalem prit la décision, lourde de conséquences, de l'envoyer en mission chez les Gentils, lesquels ne seraient pas tenus de se faire circoncire, ce qui était l'acte majeur de soumission à la loi juive ; on ne saurait dire si la responsabilité lui en revint, ou au concile ou aux deux. Il existait déjà de petites communautés juives qui suivaient le nouvel enseignement en Asie Mineure, où il avait été introduit par des pèlerins. Paul s'employa à les renforcer autant qu'il put. Ses cibles privilégiées étaient les prosélytes juifs, des Gentils auxquels il pouvait prêcher en grec et qui se voyaient offrir désormais la possibilité d'être membres à part entière d'Israël, grâce à la nouvelle Alliance.

La doctrine que professait Paul était différente. Il rejetait la Loi (ce que n'avait jamais fait Jésus), et s'efforçait de concilier les idées essentiellement juives qui se trouvaient au cœur de l'enseignement de Jésus avec l'univers conceptuel de la langue grecque. Il continuait à insister sur l'imminence de la fin du monde, mais il offrait à toutes les nations, à travers le Christ, le moyen de comprendre les mystères de la création et, par-dessus tout, ceux de la relation entre le visible et l'invisible, entre l'esprit et la chair, avec le triomphe final du premier sur la seconde. Chemin faisant, Jésus devenait plus qu'un homme qui était venu délivrer ses semblables et l'avait emporté sur la mort, il était Dieu Lui-même – et voilà qui venait briser le moule de la pensée juive dans lequel était née cette croyance. Il n'y avait pas de place pour une telle idée dans le judaïsme : le christianisme se voyait contraint de sortir du Temple. Le monde intellectuel grec fut le premier, avant beaucoup d'autres qui devaient faire de même au fil des siècles, à lui ménager un accueil. Ce changement conduisit à l'édification d'une structure théorique colossale.

Les Actes des Apôtres nous donnent quantité d'exemples du tollé que pouvait susciter un tel enseignement, et aussi de la tolérance intellectuelle de l'administration romaine dès lors que l'ordre public n'était pas en cause. Mais il l'était souvent. En 59, à Jérusalem, Paul échappa à la colère des Juifs grâce à l'intervention des Romains. En butte à un procès l'année suivante, il en appela à l'empereur en tant que citoyen romain et se rendit dans la capitale, où il eut apparemment gain de cause. A partir de là, l'histoire perd sa trace ; il mourut probablement lors d'une persécution déclenchée par Néron en 67.

Grâce aux premières missions, le christianisme réussit à prendre racine un peu partout dans le monde civilisé, à commencer par les communautés juives. Les « Eglises » qui émergèrent étaient, d'un point de vue administratif, totalement indépendantes les unes des autres, même si l'on reconnaissait à la communauté de Jérusalem une primauté bien compréhensible. C'est là que l'on pouvait rencontrer ceux qui avaient vu le Christ ressuscité et leurs successeurs. Les seuls liens qui unissaient les Eglises en dehors de la foi, c'était le lien institutionnel du baptême, signe que l'on était accueilli dans la nouvelle Israël, et la pratique rituelle de l'Eucharistie, calquée sur ce qu'avait accompli Jésus lors de son dernier souper avec ses disciples, le soir avant son arrestation. Cette dernière pratique est restée jusqu'à aujourd'hui le sacrement central des Eglises chrétiennes.

Les chefs locaux des Eglises exerçaient donc en pratique leur autorité en toute indépendance, mais cela n'allait pas très loin. Il n'y avait à s'occuper, après tout, que de la conduite des affaires de la communauté chrétienne locale. Pendant ce temps-là, les chrétiens attendaient la

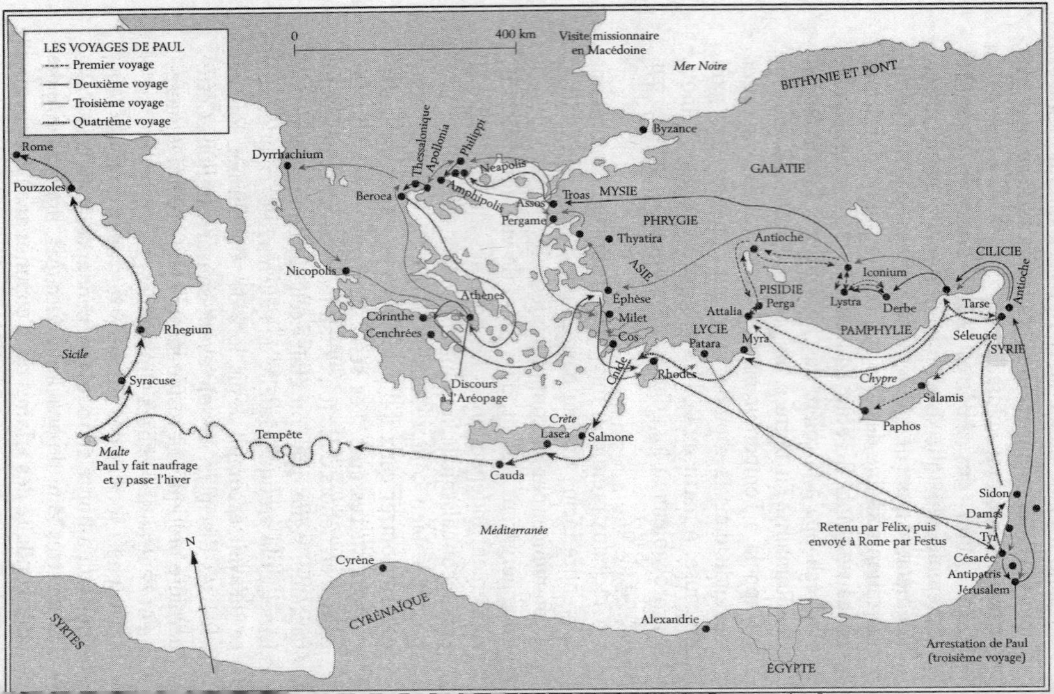
LES VOYAGES DE PAUL
Premier voyage
Deuxième voyage
Troisième voyage
Quatrième voyage
0
400 km
Visite missionnaire en Macédoine
Mer Noire
BITHYNIE ET PONT
Byzance
GALATIE
MYSIE
Troas
Assos
Pergame
PHRYGIE
Thyatira
ASIE
Éphèse
Milet
Cos
Cnide
Rhodes
LYCIE
Patara
Myra
Attalia
Perga
PISIDIE
Antioche
Iconium
Lystra
Derbe
PAMPHYLIE
CILICIE
Tarse
Antioche
Séleucie
SYRIE
Chypre
Salamis
Paphos
Sidon
Damas
Tyr
Césarée
Antipatris
Jérusalem
Retenu par Félix, puis envoyé à Rome par Festus
Arrestation de Paul (troisième voyage)
ÉGYPTE
Alexandrie
Méditerranée
Crète
Lasea
Salmone
Cauda
Tempête
Malte
Paul y fait naufrage et y passe l'hiver
Cyrène
CYRÉNAÏQUE
SYRTES
N
Rome
Pouzzoles
Rhegium
Sicile
Syracuse
Dyrrhachium
Nicopolis
Beroea
Thessalonique
Apollonia
Amphipolis
Philippi
Neapolis
Athènes
Corinthe
Cenchrées
Discours à l'Aréopage

seconde venue du Christ. La grande influence qu'avait exercée Jérusalem diminua considérablement après 70, quand les Romains saccagèrent la ville et dispersèrent bon nombre de chrétiens qui y vivaient ; le christianisme manifesta désormais moins de vigueur en Judée. Au début du IIe siècle, les communautés situées hors de Palestine étaient clairement plus nombreuses et plus importantes et avaient déjà mis en place toute une hiérarchie de personnels pour prendre soin de leurs affaires. Ils préfiguraient les trois ordres que devait connaître plus tard l'Eglise : les évêques, les presbytres (du grec *presbuteroi*, les « anciens », ce qui donnera « prêtre ») et les diacres. Leurs fonctions sacerdotales étaient à l'époque très limitées : c'était leur rôle d'administrateurs et de responsables qui comptait.

La réponse des autorités romaines au développement d'une secte nouvelle était largement prévisible. Le principe était le suivant : lorsqu'il n'y avait aucune raison particulière de s'en mêler, les nouveaux cultes étaient tolérés, à moins qu'ils n'incitent à manquer de respect à l'empire ou à lui désobéir. On pouvait craindre au départ que les chrétiens ne soient confondus avec les autres Juifs étant donné la réaction vigoureuse des Romains vis-à-vis des mouvements nationalistes juifs, qui déboucha sur nombre d'affrontements sanglants. Mais leur quiétisme en matière de politique et l'hostilité annoncée d'autres Juifs les sauva. La Galilée s'était rebellée en 6 (c'est peut-être le souvenir de cet épisode qui influença Pilate lorsqu'il eut à traiter le cas d'un Galiléen qui comptait un Zélote parmi ses disciples), mais le grand soulèvement juif de 66 fit apparaître très concrètement la différence entre l'attitude des chrétiens et le nationalisme juif. Ce soulèvement fut le plus important de toute l'histoire des Juifs sous l'empire : les extrémistes imposèrent leur loi en Judée et s'emparèrent de Jérusalem.

L'historien juif Flavius Josèphe a raconté la lutte acharnée et les atrocités qui s'ensuivirent, l'assaut final contre le Temple, devenu le quartier général de la résistance, et son incendie après la victoire romaine. Avant cette ultime catastrophe, les malheureux habitants en avaient été réduits, pour survivre, au cannibalisme. Les archéologues ont récemment retrouvé à Massada, à une assez courte distance de la ville, ce qui a bien pu avoir été le dernier bastion tenu par les Juifs jusqu'à ce que les Romains s'en emparent en 73.

L'agitation continua, mais ce n'en fut pas moins un tournant. Les extrémistes ne retrouvèrent plus le même soutien et perdirent incontestablement leur crédit. La Loi figurait plus que jamais au cœur de la judéité. Durant tout le cours de la révolte, les érudits et les professeurs juifs (de plus en plus souvent appelés « rabbis ») avaient continué à la commenter dans d'autres centres que Jérusalem. Leur bonne conduite a probablement sauvé ces Juifs de la Diaspora. Les troubles qui devaient survenir plus tard ne prirent jamais les dimensions qui avaient été celles du grand soulèvement de 66. En 177, des émeutes juives éclatèrent toutefois en Cyrénaïque, où elles débouchèrent sur des affrontements à grande échelle, et, en 132, le dernier « Messie », Simon Bar Kochba, lança une autre révolte en Judée. Mais les Juifs réussirent à préserver le statut particulier qui leur était légalement reconnu. On leur avait pris Jérusalem (Hadrien en fit une colonie italienne où les Juifs ne pouvaient entrer qu'une fois par an), mais leur religion s'était vu accorder le privilège d'avoir à sa tête un ministre spécial, un patriarche, avec pleine autorité sur elle, et ils étaient exemptés des obligations fixées par la loi romaine qui risquaient d'entrer en conflit avec leurs devoirs religieux. Ainsi se termina tout un tome de l'histoire juive. Pendant les mille huit cents années qui suivront, cette histoire sera celle des communautés de la Diaspora, jusqu'à ce qu'un Etat juif voie de nouveau le jour en Palestine, au milieu des débris d'un autre empire.

Excepté les nationalistes de Judée, les Juifs, partout ailleurs, traversèrent sans trop d'encombres les périodes de trouble qui marquèrent l'Empire romain. Les chrétiens s'en sortirent moins bien, même si les autorités ne faisaient pas beaucoup de distinctions entre leur religion et le judaïsme ; ce n'était, après tout, qu'une variante du monothéisme juif avec, probablement, les mêmes assertions à la clé. C'étaient les Juifs, et non pas les Romains, qui avaient été les premiers à persécuter cette religion, comme la Crucifixion, le martyre d'Etienne et les aventures de Paul l'avaient montré. Ce fut un roi juif, Hérode Agrippa, qui, si l'on en croit l'auteur des Actes des Apôtres, déclencha les premières persécutions contre la communauté chrétienne à Jérusalem. Certains spécialistes ont même jugé plausible que Néron, qui recherchait un bouc émissaire pour le grand incendie qui ravagea Rome en 64, se soit vu désigner les chrétiens par des Juifs hostiles. Quelle qu'ait été l'origine de cette persécution, durant laquelle périrent, selon la tradition populaire chrétienne, saint Pierre et saint Paul et qui fut accompagnée dans l'arène de scènes horribles et sanglantes, il semble qu'elle ait marqué pour longtemps la fin de toute attention portée officiellement par Rome aux chrétiens. Ces derniers ne prirent pas les armes contre les Romains durant les révoltes juives, et cela dut calmer les susceptibilités du pouvoir à leur égard.

Quand ils apparaissent dans les documents administratifs, c'est-à-dire pour qu'ils soient jugés dignes d'être mentionnés, il faut attendre le début du IIe siècle. La raison en est la façon dont les chrétiens se mirent, à cette époque, à afficher leur insubordination en refusant de sacrifier à l'empereur et aux divinités romaines. C'est par là qu'ils se distinguèrent des autres. Les Juifs, pour leur part, avaient le droit de refuser ; leur culte possédait une valeur historique

que les Romains respectèrent – comme ils le faisaient toujours en pareil cas – quand ils imposèrent leur domination à la Judée. Les chrétiens étaient maintenant clairement perçus comme distincts des Juifs et apparaissaient comme un élément nouveau. Mais, même s'il n'était pas légal, le christianisme, aux yeux des Romains, n'en devait pas devenir pour autant l'objet d'une persécution générale. Si, d'un autre côté, il était fait état d'entorses à la loi – et le refus de sacrifier pouvait en faire partie –, les autorités se voyaient alors amenées à sévir quand ces entorses étaient caractérisées et reconnues fondées devant le tribunal. Il s'ensuivit de nombreux martyres, toutes les fois que des chrétiens refusaient d'obtempérer aux injonctions bien intentionnées des fonctionnaires romains qui essayaient de les convaincre de sacrifier ou d'abjurer leur dieu. Mais la secte ne fut pourtant pas en butte à une tentative systématique d'éradication.

En fait, l'hostilité des autorités se révéla beaucoup moins dangereuse pour les chrétiens que celle de leurs concitoyens. A mesure que l'on avance dans le IIe siècle, il y a de plus en plus de preuves d'attaques et de pogroms populaires contre les chrétiens, lesquels n'étaient pas protégés par les autorités parce qu'ils pratiquaient une religion illégale. L'administration a pu parfois y trouver son intérêt en faisant d'eux des boucs émissaires ou des paratonnerres permettant de dévier l'attention. En ces temps de superstition, la mentalité populaire avait vite fait de les accuser d'avoir provoqué, en offensant les dieux, famine, inondation, peste et autres désastres naturels. Rien de plus convaincant comme explication dans un monde incapable de comprendre rationnellement ce type de catastrophes. On prétendait que les chrétiens pratiquaient la magie noire, l'inceste et même le cannibalisme (une accusation qui venait certainement d'un malentendu sur l'eucharistie), qu'ils se réunissaient secrètement la nuit. Plus spécifiquement et plus profondément, même si nous ne savons pas dans quelles proportions au juste, les chrétiens menaçaient, par le contrôle qu'ils exerçaient sur les leurs, toute l'organisation traditionnelle qui définissait et commandait les rapports entre parents et enfants, maris et femmes, maîtres et esclaves. Ils soutenaient qu'il n'y avait au regard du Christ ni lien ni liberté qui tiennent et que celui-ci n'était pas venu apporter aux familles et aux amis la paix mais l'épée destructrice (*Matthieu*, 10, 34). Autant d'idées dangereuses au regard des païens.

La plus grande contribution du christianisme à ce qu'allait être plus tard la civilisation occidentale, c'est d'avoir affirmé avec obstination, sur un ton prophétique et en ne s'attachant qu'à l'individu, qu'il fallait conduire sa vie en fonction de références morales indépendantes non seulement du pouvoir politique, mais de n'importe quelle autre autorité purement humaine. Il n'est pas difficile, par conséquent, de comprendre les violentes émeutes qui éclatèrent dans les grandes villes de province, comme à Smyrne en 165 ou à Lyon en 177. C'était la traduction populaire d'une opposition au christianisme qui allait grandissant, et dont on trouvait le pendant intellectuel dans les premières attaques dirigées contre le nouveau culte par des écrivains païens.

La persécution n'était pas le seul danger que devait affronter la jeune Eglise. Il y en avait un beaucoup plus sérieux : le risque pour elle de devenir un culte de plus parmi tous ceux du même genre qui proliféraient dans l'Empire romain et de finir par se perdre comme eux dans le bourbier mêlé de magie de l'ancienne religion. Partout dans le Moyen-Orient on trouvait des religions à mystères qui tournaient toutes autour de l'initiation du fidèle à un savoir occulte en rapport avec une divinité particulière (l'Egyptienne Isis, très en vogue, ou le Perse Mithra). Presque toujours, on donnait au fidèle la possibilité de s'identifier à la divinité dans une cérémonie où étaient mimées la mort et la résurrection, et de dépasser ainsi sa condition mortelle. A travers leurs rituels impressionnants, ces cultes apportaient ce que beaucoup désiraient ardemment : la paix et le moyen d'échapper aux contraintes de ce bas monde. Ils étaient très populaires.

Ce qui montre à quel point ce danger était réel pour le christianisme, c'est l'importance prise au IIe siècle par les gnostiques. Leur nom vient du mot grec *gnosis*, qui signifie « connaissance ». La connaissance dont se réclamaient les gnostiques chrétiens renvoyait à une tradition secrète, ésotérique, qui n'était pas révélée à tous les chrétiens mais à un petit nombre d'entre eux (selon une version, aux seuls Apôtres et à la secte à laquelle elle avait été transmise par la suite). Un certain nombre de leurs idées provenaient du zoroastrisme, de l'hindouisme et du bouddhisme, qui insistaient sur le conflit entre la matière et l'esprit d'une façon qui déformait la tradition judéo-chrétienne, et d'autres de l'astrologie et même la magie. Il y avait toujours, dans ce genre de dualisme, la tentation d'attribuer le mal et le bien à des principes et à des entités opposés et de refuser toute valeur à la création matérielle.

Les gnostiques haïssaient ce monde et cela conduisit, dans certains des systèmes qu'ils échafaudèrent, au pessimisme radical des cultes à mystères ; le salut n'était possible que par l'acquisition d'un savoir ésotérique, par l'accès à ces secrets pour une poignée d'initiés. Quelques gnostiques considéraient même le Christ non pas comme le sauveur confirmant et renouvelant une alliance, mais comme celui qui était venu pour délivrer les hommes de l'erreur de Yahvé. Quelle que soit la forme qu'elle ait pu prendre, c'était une croyance dangereuse parce qu'elle coupait à la racine l'espoir qui faisait tout le prix de la révélation chrétienne. Elle tournait le dos à la rédemption de ce monde d'ici et de maintenant dont les chrétiens ne pouvaient pas complètement désespérer, puisqu'ils acceptaient la tradition juive qui voulait que Dieu ait créé le monde et que le monde soit bon.

Au IIe siècle, avec ses communautés implantées un peu partout dans la diaspora juive et ses modes d'organisation déjà bien en place, le christianisme semblait être arrivé à la croisée des chemins. Chacune des deux routes qui s'ouvraient devant lui risquait de devenir fatale. Aurait-il renoncé à ce qu'impliquait le travail de Paul, il ne représentait plus alors qu'une banale hérésie juive et aurait fini, au mieux, par retrouver la tradition judaïque et s'y perdre ; d'un autre côté, se séparer définitivement des Juifs, qui le rejetaient, aurait pu précipiter ses adeptes dans le monde hellénistique des cultes à mystères ou du désespoir des gnostiques. Grâce à une poignée d'hommes, il échappa à ces deux pièges et devint une promesse de salut pour chaque individu.

Le succès des Pères de l'Eglise, qui parvinrent à se frayer un chemin à travers tous ces périls, ne tint pas seulement à leur valeur morale et à l'ardeur de leur piété. Il fut avant tout d'ordre intellectuel. Le danger les stimula. Irénée, qui succéda à l'évêque martyr de Lyon en 177, rédigea le premier exposé d'ensemble de la doctrine chrétienne, qui se voulait tout à la fois un credo et une définition du canon des Ecritures. Le christianisme, grâce à lui, se distingua nettement du judaïsme. Mais il s'en prit également aux croyances hérétiques de l'époque. Un premier concile s'était réuni en 172 pour les rejeter. C'est la pression exercée par ces doctrines rivales qui a conduit le christianisme à se chercher une respectabilité intellectuelle. L'hérésie et l'orthodoxie sont sœurs jumelles. L'un de ceux qui s'employèrent à cette époque à mettre au point les premiers éléments d'une théologie chrétienne fut un homme d'une prodigieuse culture, Clément d'Alexandrie. Ce disciple chrétien de Platon (peut-être né à Athènes) permit aux chrétiens de comprendre ce que représentait la tradition hellénistique en dehors des mystères. Il leur fit connaître la pensée de Platon. Son élève le plus brillant, Origène, insista sur l'idée que la vérité de Dieu était une vérité raisonnable, une idée qui devait retenir l'attention de ceux qui partageaient les vues des stoïciens sur la réalité.

L'allant intellectuel des premiers Pères de l'Eglise et l'attrait qu'offrait le christianisme sur le plan social permirent à ce dernier d'utiliser les immenses possibilités de diffusion et de développement inhérentes à la structure du monde romain classique et tardif. Ceux qui prêchaient la nouvelle doctrine pouvaient se déplacer librement et communiquer les uns avec les autres, oralement et par écrit, en grec. Le christianisme eut le grand avantage de naître au sein d'une époque religieuse. Derrière la monstrueuse crédulité du IIe siècle se cachaient de profondes aspirations. Tout se passait comme si le monde classique perdait déjà de sa vigueur ; il fallait réalimenter le capital grec, et les nouvelles religions étaient un des moyens d'y parvenir. La philosophie était devenue une quête religieuse, et le rationalisme ou le scepticisme ne séduisaient qu'une infime minorité. Et pourtant, cette conjoncture favorable constituait aussi un défi pour l'Eglise ; il ne faut jamais oublier, quand on parle du christianisme à ses débuts, le nombre et la prospérité des rivaux auxquels il devait faire face. Naître à une époque religieuse, c'était un risque autant qu'un atout. Rien ne montre mieux comment le christianisme sut tourner l'inconvénient en avantage et saisir sa chance que la crise qui survint au IIIe siècle, quand le monde classique faillit s'effondrer et ne survécut qu'au prix d'une concession colossale, qui devait finir par se révéler mortelle.

Après 200, de nombreux signes montrent que les Romains commençaient à regarder leur passé d'une nouvelle façon. Les hommes avaient toujours parlé de leur passé comme d'un âge d'or, cédant ainsi à une nostalgie conventionnelle, littéraire. Mais le IIIe siècle apporta avec lui quelque chose d'original, la conscience d'un déclin. Les historiens ont utilisé le terme de « crise », mais cette crise, dans ses manifestations les plus évidentes, fut en fait surmontée. Les changements qu'apportèrent ou qu'acceptèrent les Romains aux alentours de 300 donnèrent un nouveau souffle de vie à une bonne partie de la civilisation méditerranéenne classique. Ils se révélèrent même très probablement décisifs pour la transmission de tant de ses aspects aux générations futures. Ils n'en eurent pas moins de graves conséquences, car certains d'entre eux étaient, sur le fond, de nature à détruire l'esprit de cette civilisation. Les restaurateurs sont souvent des imitateurs inconscients. Au début du IVe siècle, nous sentons que la balance a cessé de pencher en faveur de l'héritage méditerranéen. Il est moins facile de dire à quel moment exactement. On voit subitement se multiplier des innovations inquiétantes : la structure administrative de l'empire est redessinée en fonction de nouveaux principes, son idéologie se transforme, la religion de ce qui avait été jadis une obscure secte juive devient l'orthodoxie établie, et, matériellement, de larges portions de territoire sont abandonnées à des gens venus de l'extérieur, des immigrants. Encore un siècle, et la conséquence de ces changements ne va pas manquer d'apparaître : une double désintégration, politique et culturelle.

Les hauts et les bas par lesquels est passée l'autorité impériale ont beaucoup compté dans ce processus. A la fin du IIe siècle, la civilisation classique avait fini par devenir coextensive à l'empire. Elle était dominée par l'idée de *romanitas*, la façon romaine de faire les choses. C'est pourquoi les faiblesses affectant la structure du pouvoir jouèrent un rôle essentiel dans les dysfonctionnements. La direction de l'empire n'était plus assurée depuis longtemps, comme Auguste avait pris soin de le prétendre, par le représentant du Sénat et du peuple, elle l'était en réalité par un monarque despotique, dont le pouvoir n'était tempéré que par des considérations purement pratiques : se concilier, par exemple, la garde prétorienne, dont il dépendait. Une série de guerres civiles qui suivirent en 180 l'accession au trône du dernier des Antonins, un incapable, marqua le début d'une terrible période. Cet empereur lamentable, Commode, fut étranglé en 192 par un lutteur sur l'ordre de sa concubine et de son chambellan, mais rien ne fut résolu pour autant. Quatre « empereurs » s'affrontèrent dans les mois qui suivirent sa mort : celui qui émergea était un Africain marié à une Syrienne, Septime Sévère. Il entreprit de fonder à nouveau l'empire sur l'hérédité, en essayant d'établir des liens entre sa famille et la descendance des Antonins, de façon à remédier ainsi à l'une des faiblesses constitutionnelles du régime.

C'était refuser de voir les raisons qui avaient fait son succès. Sévère, comme ses rivaux, avait été le candidat d'une armée provinciale. Tout au long du IIIe siècle, ce furent en réalité les soldats qui firent les empereurs et leur pouvoir était étroitement lié à une tendance de l'empire à la fragmentation. Et pourtant, on ne pouvait pas se passer des soldats ; en fait, à cause de la menace des Barbares qui s'exerçait sur plusieurs frontières à la fois, il fallut agrandir et cajoler l'armée. Tel était le dilemme auquel durent faire face les empereurs durant le siècle qui suivit. Le fils de Sévère, Caracalla, qui commença prudemment son règne en graissant abondamment la patte à ses soldats, n'en finit pas moins assassiné par eux.

Théoriquement, c'était le Sénat qui continuait à nommer l'empereur. En fait, son pouvoir réel était mince, à part faire bénéficier de son prestige l'un des nombreux concurrents en lice. Ce n'était pas une grande affaire, mais la chose avait encore son importance tant que le respect des formes anciennes continuait de faire un certain effet sur le plan moral. Il était inévitable, cependant, que ces dispositions accroissent l'antagonisme latent entre le Sénat et l'empereur. Sévère donna davantage de pouvoir aux magistrats issus de l'ordre équestre, socialement inférieur aux familles sénatoriales. Caracalla en déduisit qu'une purge du Sénat pourrait être utile : ce fut un pas de plus vers l'autocratie. Il y eut après lui d'autres empereurs militaires ; il y en eut bientôt un qui, quoique appartenant à l'ordre des *equites*, ne siégeait pas au Sénat. Le pire était à venir. En 235, Maximin, un colosse sorti du rang qui avait combattu dans les légions du Rhin, s'opposa, pour le trône impérial, à un octogénaire venu d'Afrique qui avait le soutien de l'armée africaine et, pour finir, du Sénat. De nombreux empereurs furent tués par leurs troupes ; l'un d'entre eux mourut dans une bataille rangée contre son propre général en chef (son vainqueur fut liquidé ensuite par les Goths auxquels l'avait livré un autre de ses officiers). Ce fut un siècle épouvantable ; on y compta au total vingt-deux empereurs, et ce chiffre n'inclut pas les prétendants (ou les demi-empereurs comme Postumus, qui parvint à régner pendant un temps en Gaule, préfigurant ainsi la future division de l'empire).

Même si les réformes de Sévère avaient amélioré la situation pendant un certain temps, la fragilité de la position dans laquelle se trouvèrent ses successeurs accéléra le déclin dans l'administration. Caracalla fut le dernier empereur à essayer d'élargir l'assiette de l'impôt en accordant la citoyenneté à tous les habitants libres de l'empire, ce qui les rendait ainsi redevables de l'impôt sur les successions, mais aucune réforme fiscale de fond ne fut entreprise. Peut-être le déclin était-il inévitable, étant donné les urgences auxquelles il fallait faire face et les ressources disponibles. L'irrégularité, l'improvisation s'installèrent et avec elles se répandirent la cupidité et la corruption, ceux qui avaient du pouvoir ou qui exerçaient une fonction s'en servant pour se protéger. Ce qui traduisait un autre problème : la faiblesse économique affichée par l'empire au IIIe siècle.

Il n'est pas facile de se représenter ce qu'il en était au juste pour le consommateur et pour le fournisseur. En dépit de son caractère élaboré et de son organisation autour d'un réseau urbain, la vie économique de l'empire était, dans une écrasante proportion, de nature agricole. Son principe de base, c'était le domaine rural, la villa, grande ou petite, qui constituait une unité de production et, en bien des endroits, un centre de vie sociale. Ces domaines permettaient à tous ceux qui y vivaient (ce qui voulait dire à peu près toute la population des campagnes) de subsister. La plupart de ces gens étaient probablement moins affectés par les fluctuations de l'économie sur le long terme que par les réquisitions et l'alourdissement des impôts résultant du fait que l'empire avait cessé de s'agrandir ; il fallait pourvoir à l'entretien des armées avec des ressources qui se réduisaient. Les terres étaient parfois ravagées par les combats. Mais les paysans arrivaient à survivre, ils avaient toujours été pauvres et continuaient à l'être, libres ou non. Quand la situation empira, certains cherchèrent à se faire serfs, signe d'une économie où le paiement en biens et en services tendait à prévaloir sur le paiement en argent. On peut y voir également une autre conséquence des troubles qui se multipliaient, incitant les paysans à migrer vers les villes ou à se convertir au banditisme : on cherchait partout à se protéger.

Les réquisitions et l'alourdissement des impôts ont pu contribuer à provoquer, en certains endroits, une dépopulation – encore que le phénomène soit mieux attesté au IVe siècle qu'au IIIe – et aller ainsi à l'encontre du but recherché. Ces mesures avaient toutes chances, en tout cas, d'être inéquitables, parce qu'une grande partie des riches étaient exemptées d'impôt et que, dans cette période d'inflation, les propriétaires de domaines n'eurent pas à souffrir beaucoup, à moins d'être imprudents. La continuité qu'affichent dans l'Antiquité bien des familles de grands propriétaires interdit de penser que leurs ressources aient été gravement affectées par les désordres économiques du IIIe siècle.

Ce sont l'administration et l'armée qui eurent le plus à pâtir de ces troubles et notamment de la grande maladie du siècle : l'inflation. Quelles furent ses origines et quelle en fut l'ampleur ? Le sujet est complexe et on en discute toujours. Elle provenait pour une part d'une dépréciation officielle de la monnaie et fut aggravée par la nécessité de payer tribut en lingots à des Barbares que l'on n'avait, à certains moments, pas d'autre moyen d'apaiser. Mais ces mêmes Barbares, par leurs incursions, contribuaient à désorganiser les approvisionnements, ce qui compliquait la vie dans les cités, où les prix montaient. Comme la solde des soldats restait toujours du même montant, sa valeur réelle chutait (d'où leurs bonnes dispositions, évidemment, vis-à-vis des généraux qui leur offraient de larges gratifications). Même si l'impact d'ensemble est difficile à établir, on a pu estimer que l'argent était tombé, en un siècle, à un cinquantième de sa valeur d'origine.

Les conséquences désastreuses de ce phénomène se firent ressentir dans les villes et dans les pratiques fiscales de l'empire. A partir du IIIe siècle, la superficie et la prospérité de nombreuses villes diminuèrent ; elles ne seront plus, au début du Moyen Age, que le pâle reflet de ce qu'elles avaient été jadis. Cet appauvrissement tint pour une part aux demandes grandissantes des collecteurs d'impôts impériaux. Au début du IVe siècle, la dépréciation de la monnaie amena les fonctionnaires impériaux à lever des impôts en nature, ce qui permettait souvent d'approvisionner directement les garnisons mais aussi de rémunérer les fonctionnaires. Voilà qui rendit encore moins populaires non seulement le pouvoir politique, mais aussi les *curiales*, c'est-à-dire les officiers municipaux qui avaient la charge de collecter ces impôts. En 300, il fallait souvent les forcer pour qu'ils acceptent de remplir cette fonction, signe évident que cette dignité longtemps recherchée était devenue un fardeau exténuant. Certaines villes subirent même des dégâts matériels, celles, notamment, qui se trouvaient dans des régions frontalières. D'une manière significative, au fur et mesure que l'on avance dans le IIIe siècle, des villes situées à l'intérieur de l'empire se mettent à rebâtir (ou à bâtir pour la première fois) des remparts. Rome elle-même s'emploie de nouveau à se fortifier peu après 270.

Pendant ce temps, l'armée s'agrandissait régulièrement. Si l'on voulait tenir les Barbares à distance, il fallait la payer, la nourrir et l'équiper. Si l'on n'arrivait pas à les tenir à distance, alors il fallait leur verser un tribut. Et il n'y avait pas que les Barbares. C'est seulement en Afrique que la frontière impériale offrait des garanties de sécurité satisfaisantes vis-à-vis des voisins de Rome (aucun, à vrai dire, ne comptait vraiment). En Asie, la situation était beaucoup moins riante. Depuis l'époque de Sylla, la guerre froide avec l'Empire parthe n'avait pas cessé ; elle débouchait, de temps en temps, sur de véritables affrontements. Deux éléments empêchaient les Romains et les Parthes de cohabiter en paix. Le premier, c'était le chevauchement de leurs sphères d'intérêts, tout particulièrement en Arménie, un royaume qui leur servit tour à tour d'Etat tampon et de volant de badminton pendant un siècle et demi ; mais les Parthes trempèrent aussi dans les eaux troubles de l'agitation juive, un autre sujet sensible pour Rome. Le second élément perturbateur tenait à la tentation que firent naître chez les Romains, à maintes reprises, les difficultés dynastiques qui affectèrent l'Empire parthe.

Ce contexte avait déjà conduit, au IIe siècle, à de rudes combats à propos de l'Arménie, dont le détail est souvent obscur. Sévère finit par pénétrer en Mésopotamie mais dut se retirer, du fait de l'éloignement des vallées mésopotamiennes. Les Romains voulaient trop en faire et se heurtaient au problème classique de l'impérialisme : une extension démesurée dans l'espace. Mais leurs adversaires se lassaient, eux aussi, et leur moral était au plus bas. Les documents écrits laissés par les Parthes sont fragmentaires, mais leur épuisement et leur incompétence grandissante se lisent assez bien dans leurs pièces de monnaie : difficiles à déchiffrer, ces copies maladroites d'anciens motifs hellénisés traduisent un évident déclin.

Au IIIe siècle, l'Empire parthe disparaît, mais pas la menace que l'Orient fait peser sur Rome. On assiste à un tournant dans l'histoire des régions qui avaient connu l'ancienne civilisation perse. Vers 225, un roi nommé Ardashir (connu plus tard en Occident sous le nom d'Artaxerxès) tue le dernier roi des Parthes et est couronné à Ctésiphon. Il va ressusciter l'Empire achéménide et fonder une nouvelle dynastie, les Sassanides ; cet empire sera le plus grand adversaire de Rome pendant plus de quatre cents ans. Il y a là une étonnante continuité ; l'Empire sassanide se réclamait de Zoroastre, comme l'Empire parthe, et, comme lui, se rattachait aux traditions achéménides.

En l'espace de quelques années, les Perses avaient envahi la Syrie et inauguré trois siècles de lutte avec l'Empire romain. Au IIIe siècle, il n'y eut pas une décennie sans guerre. Un effort massif des Romains pour repousser les Sassanides se termina par un désastre, en 260. L'empereur Valérien, qui avait pris la tête des troupes, fut fait prisonnier par les Perses – le seul empereur à avoir jamais connu un tel sort de la part de mains étrangères. On raconte que le roi perse Sharpur Ier fit écorcher le malheureux Romain après sa mort en captivité, et conserva en trophée sa peau empaillée. Pendant le reste du IIIe siècle, les combats allèrent bon train, mais aucune des deux puissances ne parvint à prendre un avantage décisif sur l'autre. Le résultat ? Un affrontement sans merci qui s'enlisait. On arriva à une sorte d'équilibre aux IVe et Ve siècles, un équilibre qui ne se rompit qu'au VIe siècle. Durant tout ce temps, des liens commerciaux se nouèrent. Même si les échanges à la frontière étaient

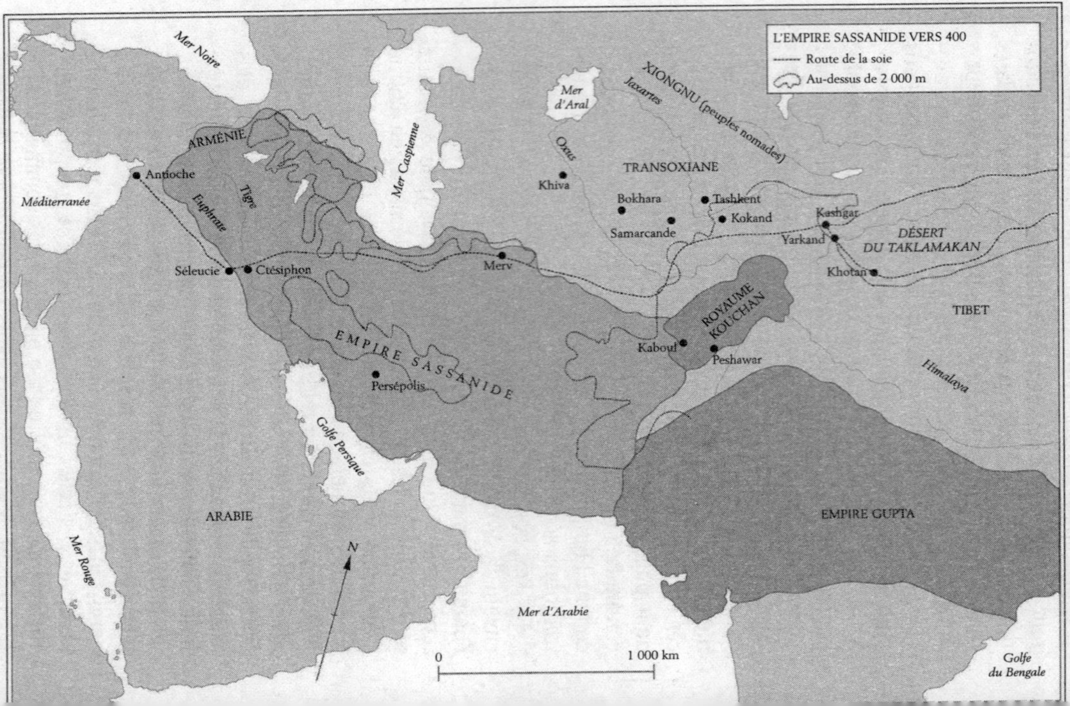
L'EMPIRE SASSANIDE VERS 400
Route de la soie
Au-dessus de 2 000 m
Mer Noire
Mer Caspienne
Mer d'Aral
Méditerranée
ARMÉNIE
Antioche
Euphrate
Tigre
Séleucie
Ctésiphon
Merv
Khiva
Oxus
Jaxartes
XIONGNU (peuples nomades)
TRANSOXIANE
Bokhara
Samarcande
Tashkent
Kokand
Kashgar
Yarkand
Khotan
DÉSERT DU TAKLAMAKAN
TIBET
ROYAUME KOUCHAN
Kaboul
Peshawar
Himalaya
EMPIRE SASSANIDE
Persépolis
Golfe Persique
ARABIE
Mer Rouge
N
Mer d'Arabie
EMPIRE GUPTA
0
1 000 km
Golfe du Bengale

officiellement limités à trois villes, d'importantes colonies de marchands perses s'installèrent dans les grandes cités de l'empire. La Perse, en outre, se trouvait sur les routes menant à l'Inde et à la Chine, aussi vitales pour les exportateurs romains que pour ceux qui souhaitaient se procurer la soie, le coton et les épices de l'Orient. Ces liens n'empêchèrent pas pour autant d'autres forces de jouer. Quand ils n'étaient pas en guerre l'un contre l'autre, les deux empires coexistaient dans une hostilité froide et circonspecte ; leurs relations étaient compliquées par l'existence de communautés et de peuples vivant à cheval sur la frontière, et le danger était permanent de voir l'équilibre stratégique rompu par un changement dans l'un des royaumes tampons. On réussit à différer le grand face-à-face, qui finit par se produire au VIe siècle.

Mais n'allons pas trop loin trop vite. Entre-temps, d'immenses changements avaient eu lieu dans l'Empire romain, qu'il est nécessaire d'expliquer. Le dynamisme concerté de la monarchie sassanide n'était que l'un des facteurs qui y avaient conduit. Il faut tenir compte également des Barbares installés sur les frontières du Danube et du Rhin ; les mouvements migratoires qui les font aller de l'avant au IIIe siècle et après sont le fruit d'une longue évolution : leurs origines importent moins que leurs résultats. Ces peuples accentuèrent leur pression, agirent en groupes plus étoffés et finirent par être admis sur le territoire romain. Ils y furent d'abord engagés comme soldats, pour protéger l'empire contre d'autres Barbares, puis commencèrent peu à peu à jouer un rôle dans la marche même de l'empire.

En 200, tout cela n'appartenait encore qu'au futur, mais il était clair alors que de nouvelles tensions se faisaient sentir. Les peuples barbares les plus importants parmi ceux qui contribuaient à les faire naître étaient les Francs et les Alamans sur le Rhin ainsi que les Goths dans la basse vallée du Danube. A partir de 230 environ, l'empire dut se mobiliser pour les repousser, mais se battre sur deux fronts coûtait cher ; ses démêlés avec la Perse conduisirent un empereur à faire des concessions aux Alamans. Quand ses successeurs immédiats ajoutèrent leurs propres querelles au fardeau que représentaient pour eux les Perses, les Goths mirent à profit la situation pour envahir la Mésie, une province située juste au sud du Danube ; ils y tuèrent au passage un empereur, en 251. Cinq ans plus tard, les Francs traversaient le Rhin. Les Alamans suivirent et poussèrent jusqu'à Milan. Les armées des Goths envahirent la Grèce et lancèrent des raids maritimes dans l'Egée et en Asie Mineure. En peu d'années, les barrages qui protégeaient l'Europe semblaient craquer un peu partout à la fois.

Quelle fut l'ampleur de ces incursions ? Il est difficile de l'établir. Peut-être les Barbares n'ont-ils jamais disposé sur le terrain de plus de 30 000 hommes en armes. Mais c'était trop, où que ce soit, pour l'armée impériale. Elle avait pour ossature des recrues provenant des provinces illyriennes ; ce n'est donc pas un hasard si c'est une succession d'empereurs d'origine illyrienne qui inversèrent le cours des événements. Une bonne partie de leur action relève du simple bon sens militaire et de l'improvisation intelligente. Ils identifièrent des priorités : les principaux dangers concernaient l'Europe et c'est par eux qu'il fallait commencer. Une alliance avec Palmyre permit de gagner du temps face à la Perse. On réduisit les pertes ; la Dacie, située au-delà du Danube, fut abandonnée en 270. L'armée fut réorganisée pour permettre de disposer de réserves mobiles efficaces dans les principales régions exposées. Aurélien s'y consacra tout entier, lui en qui le Sénat célébra à bon droit le « restaurateur de l'Empire romain ». Mais le coût fut élevé. Il fallait pourtant aller beaucoup plus loin si l'on voulait que l'œuvre des empereurs illyriens ne soit pas perdue, et c'est bien le but que se fixa Dioclétien. Après avoir amplement prouvé son courage à la guerre, il entreprit de renouer avec la tradition augustéenne. En fait, il révolutionna l'empire.

Dioclétien possédait l'esprit d'un administrateur plutôt que celui d'un soldat. Sans être particulièrement imaginatif, il était un excellent organisateur et un homme capable de définir des principes et de s'y tenir ; il aimait l'ordre et savait choisir ceux à qui déléguer en toute confiance son autorité. Il ne manquait pas non plus d'énergie. Là où se trouvait la suite impériale, là était sa capitale ; cette suite se déplaçait à travers tout l'empire, passant une année ici, deux mois ailleurs, et quelquefois seulement un jour ou deux au même endroit. Au cœur des réformes qui furent ainsi élaborées, il y eut la division de l'empire. Elle visait à protéger ce dernier tout à la fois des querelles internes qui risquaient de surgir entre prétendants dans des provinces éloignées et de la trop grande dilution dans l'espace de ses ressources administratives et militaires. En 285, Dioclétien nomma un coempereur, Maximien, qui reçut la responsabilité de la partie de l'empire située à l'ouest d'une ligne allant du Danube à la Dalmatie. Chacun des deux *augusti* se vit assisté par la suite d'un *caesar* qui devait lui servir de second avant d'être appelé à lui succéder, ce qui rendait ainsi possible un transfert du pouvoir dans l'ordre et dans le calme. En fait, le processus de succession ne fonctionna qu'une seule fois comme prévu, quand Dioclétien abdiqua et Maximien avec lui, mais on ne revint pas après eux sur la séparation de l'administration impériale, dans la pratique, en deux organismes. Tous les empereurs durent s'accommoder désormais de cet état de fait, même lorsqu'ils se retrouvèrent théoriquement les seuls détenteurs du pouvoir.

C'est aussi l'époque où apparut explicitement une nouvelle définition de ce qu'il fallait entendre par « empereur ». Le titre de *princeps* fut abandonné ; les empereurs devaient leur trône à l'armée, non au Sénat, et l'on s'adressait à eux dans des termes qui rappelaient les royautés semi-divines de l'Orient. Ils exerçaient leur pouvoir au moyen de bureaucraties à structure pyramidale. Des « diocèses », responsables directement auprès de l'empereur par l'intermédiaire de leurs « vicaires », regroupaient des provinces beaucoup plus petites et à peu près deux fois aussi nombreuses que celles d'avant. Il n'était plus question depuis longtemps d'un quelconque monopole du Sénat en matière de pouvoir politique ; l'appartenance au Sénat ne servait plus désormais qu'à marquer une distinction sociale (on était membre de la classe des riches propriétaires terriens) ou à donner la possibilité d'occuper un des postes bureaucratiques importants. L'ordre des *equites* disparut complètement.

Le dispositif militaire instauré par la Tétrarchie, comme on l'appela, était beaucoup plus grand (et donc plus coûteux) que celui mis en place à l'origine par Auguste. On renonça à la mobilité toute théorique des légions, profondément ancrées de longue date dans leurs garnisons. L'armée des frontières fut réorganisée en unités dont certaines étaient destinées à rester en permanence au même endroit, tandis que d'autres devaient constituer de nouveaux éléments mobiles, d'une taille inférieure à celle des anciennes légions. La conscription fut rétablie. On compta à peu près un demi-million d'hommes sous les armes. Leur commandement fut complètement séparé du gouvernement civil des provinces, avec lequel il avait autrefois fusionné.

Les résultats de ce système ne semblent pas avoir exactement correspondu à ce que Dioclétien en attendait. Les nouvelles dispositions permettaient de rétablir et de stabiliser les choses sur le plan militaire, mais à quel prix ! L'armée, qui avait doublé de volume en un siècle, devait être rémunérée par une population qui avait probablement déjà commencé à diminuer. Non seulement la lourdeur des impôts mettait à mal la loyauté des sujets de l'empire, mais elle encourageait la corruption ; elle impliquait aussi un strict contrôle de la vie sociale, pour éviter que l'assiette de l'impôt ne s'effrite. Il y avait une forte pression administrative contre la mobilité sociale ; c'est ainsi que le paysan était obligé de rester là où il avait été recensé. Autre exemple resté célèbre (bien qu'il s'agisse d'un échec complet, d'après tout ce que l'on sait) : la tentative de blocage des prix et des salaires dans tout l'empire. De tels efforts, comme ceux destinés à lever davantage d'impôts, conduisaient à augmenter les effectifs de l'administration, ce qui augmentait en proportion les dépenses du gouvernement.

Finalement, la principale réussite de Dioclétien fut sans doute d'avoir ouvert la voie à une nouvelle conception de la fonction même d'empereur. L'aura religieuse dont il la dota était une réponse à un vrai problème. Du fait de la tension suscitée par des usurpations et des échecs à répétition, l'empire avait cessé d'être aveuglément accepté. Ce n'étaient pas seulement l'hostilité à des impôts trop lourds ou la peur de l'emprise grandissante de la police secrète qui jouaient dans ce phénomène. La base idéologique même était atteinte : la loyauté des gens n'avait plus rien à quoi s'attacher. Une crise de civilisation battait son plein, en même temps qu'une crise politique. La matrice spirituelle du monde classique se désagrégeait ; ni l'Etat ni la civilisation ne pouvaient plus être tenus pour acquis. Pour que ce soit de nouveau le cas, il fallait d'autres valeurs.

Mettre l'accent sur le statut unique de l'empereur et sur le rôle sacré dont il était investi fut une première réponse. Consciemment, Dioclétien se présenta comme un sauveur, une sorte de Jupiter triomphant du chaos. Ce n'était pas sans rappeler ces penseurs qui, vers la fin du monde classique, concevaient la vie comme un perpétuel combat entre le bien et le mal. Cette idée n'avait pourtant absolument rien de grec ou de romain, elle était orientale. Accepter une nouvelle définition de la relation de l'empereur avec les dieux et une nouvelle conception du culte officiel n'était pas de bon augure pour la tolérance qui caractérisait traditionnellement le monde grec. Des décisions prises en matière de cultes devait désormais dépendre le destin de l'empire.

L'histoire des Eglises chrétiennes en fut affectée, pour le meilleur et pour le pire. Le christianisme allait finir par devenir le légataire de l'empire. Il est arrivé à de nombreuses sectes de passer de l'état de minorités persécutées au statut d'institutions de plein droit. Ce qui fait de l'Eglise chrétienne un cas à part, c'est qu'elle y est parvenue à l'intérieur de la structure, qui formait un tout exceptionnellement bien agencé, de l'Empire romain tardif. Elle lia son sort à la civilisation classique qu'elle aida par là même à survivre, avec d'énormes conséquences non seulement pour elle-même, mais aussi pour l'Europe et, en dernière analyse, pour le monde.

Au commencement du IIIe siècle, des missionnaires avaient déjà porté la parole de Dieu chez les peuples non juifs d'Asie Mineure et d'Afrique du Nord. C'est dans cette dernière région que le christianisme connut ses premiers succès populaires au sein des villes ; il resta longtemps un phénomène essentiellement urbain. Mais il était encore très minoritaire, et, dans l'ensemble de l'empire, c'est aux anciens dieux et aux divinités locales qu'étaient attachés les paysans. En 300, les chrétiens représentaient environ un dixième de la population de l'empire. Mais la faveur officielle s'était déjà manifestée d'une façon frappante à leur égard et ils avaient bénéficié de concessions. Un empereur s'était dit chrétien de nom et un autre avait fait figurer Jésus-Christ parmi les dieux honorés en privé dans son palais. De tels contacts avec la cour impériale font apparaître une interaction entre la culture juive et la culture classique, laquelle a joué un rôle important dans le processus qui a permis au christianisme de s'enraciner dans l'empire. Peut-être y eut-il à l'origine de tout cela Paul de Tarse, le Juif qui pouvait parler aux Athéniens dans un langage qu'ils comprenaient. Plus tard, au début du IIe siècle, Justin Martyr, un Grec de Palestine, s'emploiera à souligner la dette du christianisme vis-à-vis de la philosophie grecque.

Voilà qui n'était pas sans implications politiques. L'identification culturelle avec la tradition classique aida à réfuter l'accusation de déloyauté envers l'empire. Si un chrétien pouvait se sentir à son aise dans l'héritage du monde hellénistique, il pouvait faire aussi un bon citoyen. D'après le christianisme rationnel de Justin (même s'il lui valut d'être martyrisé vers 165), il existait une Raison divine dont tous les grands philosophes et tous les grands prophètes, y compris Platon, avaient eu la révélation, mais que l'on ne trouvait pleine et aboutie que chez le Christ. D'autres penseurs devaient s'engager dans des directions analogues, dont le très cultivé Clément d'Alexandrie, qui chercha à intégrer dans le christianisme l'érudition païenne, et Origène, dont l'enseignement fait toujours débat en raison de la disparition d'un grand nombre de ses écrits. Un chrétien d'Afrique du Nord, Tertullien, avait demandé sur un ton méprisant ce que l'Académie avait à voir avec l'Eglise ; les Pères de l'Eglise lui répondirent en recourant délibérément à l'arsenal conceptuel de la philosophie grecque pour élaborer un exposé de la doctrine qui ancrait le christianisme dans la rationalité, ce que Paul n'avait pas fait.

Si l'on ajoute à de telles considérations la promesse du salut après la mort et le fait que la foi nouvelle n'empêchait pas de vivre avec détermination et optimisme, tout nous laisse penser que les chrétiens, au IIIe siècle, avaient des raisons d'être confiants dans l'avenir. En fait, les présages favorables pesaient peu au regard des persécutions, qui tinrent tant de place dans l'histoire de la jeune Eglise. Il y eut deux grands déchaînements de violence. Celui qui survint au milieu du siècle traduisait la crise spirituelle que traversait l'establishment. Ce n'étaient pas seulement les difficultés de l'économie et les défaites militaires qui semaient le trouble dans l'empire, c'était une dialectique inhérente au succès même de Rome ; le cosmopolitisme, qui avait imprimé si fortement sa marque sur l'empire, ne pouvait manquer d'agir comme un dissolvant sur la *romanitas*, qui devenait de moins en moins une réalité et de plus en plus un slogan.

L'empereur Dèce semble avoir été convaincu que la vieille recette d'un retour aux vertus et aux valeurs traditionnelles de Rome pouvait encore fonctionner ; elle impliquait de renouer avec la pratique des hommages rendus aux dieux dont la bienveillance pour l'empire pourrait donc à nouveau se manifester. Les chrétiens, disait-il, devaient respecter, comme les autres, la tradition romaine. Beaucoup le firent, à en juger par les certificats qui leur furent alors remis pour échapper à la persécution ; d'autres s'y refusèrent et furent exécutés. Quelques années plus tard, Valérien revint à la charge pour les mêmes raisons, mais ses proconsuls s'en prirent au clergé et aux biens de l'Eglise – ses bâtiments, ses livres – plutôt qu'à la masse des fidèles. Puis la persécution se ralentit et l'Eglise, tolérée, reprit l'existence plus ou moins clandestine qui était la sienne, en s'efforçant d'attirer le moins possible l'attention des autorités.

Les persécutions avaient toutefois montré qu'il faudrait de grands efforts et une détermination sans faille pour éradiquer la nouvelle secte ; une telle entreprise dépassait déjà, sans doute, les capacités du pouvoir romain. Les chrétiens ne formaient plus, comme au début, un cercle fermé, ils n'étaient plus coupés du reste de la société. Ils jouaient de plus en plus un rôle de premier plan dans les affaires locales, en Asie et en Afrique ; les évêques faisaient souvent figure de notables avec lesquels les responsables officiels cherchaient à nouer des liens. Le développement de courants distincts au sein du christianisme (les plus importants étant ceux représentés par les Eglises de Rome, d'Alexandrie et de Carthage) donnait la mesure de son enracinement dans la société locale et de son aptitude à en exprimer les besoins.

En dehors de l'empire, des signes indiquaient également qu'un avenir meilleur attendait la foi nouvelle. Les dirigeants des Etats clients sur lesquels la Perse jetait son ombre ne pouvaient se permettre de négliger le moindre appui local ; respecter des conceptions religieuses largement partagées était à tout le moins un acte de prudence. En Syrie, en Cilicie et en Cappadoce, les chrétiens avaient brillamment réussi dans leur œuvre missionnaire et ils formaient dans certaines villes une élite sociale. La superstition pure et simple aidait à convaincre les rois ; le dieu chrétien pouvait se révéler puissant et il ne coûtait rien de se prémunir contre sa malveillance. C'est ainsi que s'améliorèrent les perspectives pour le christianisme, tant sur le plan politique que sur le plan civique.

Les chrétiens remarquèrent non sans satisfaction que leurs persécuteurs étaient voués à l'échec ; les Goths assassinèrent Dèce, et l'on a déjà évoqué le destin de Valérien. Mais Dioclétien n'en tira apparemment aucune leçon : en 303, il déclencha la dernière des grandes persécutions. Elle fut plutôt modérée au début ; les cibles principales étaient les cadres officiels, le clergé, les livres et les bâtiments de l'Eglise. Les livres devaient être remis pour être jetés au feu. Mais, pendant un certain temps, personne ne fut mis à mort pour avoir refusé de sacrifier (de nombreux chrétiens n'en acceptèrent pas moins de sacrifier, dont l'évêque de Rome). Constantin, le *caesar* de l'Occident, mit un terme à la persécution après 305, quand Dioclétien abdiqua, mais son collègue pour l'Orient (Galère, le successeur de Dioclétien) se monta intraitable, ordonnant à chacun de procéder à des sacrifices sous peine de mort. La persécution fut donc beaucoup plus sévère en Egypte et en Asie, où elle dura quelques années de plus. Mais avait déjà commencé, en plein milieu de ces événements, le jeu politique compliqué qui devait conduire à l'émergence de l'empereur Constantin le Grand.

Il était le fils de Constance Chlore, qui mourut en Grande-Bretagne en 306, un an après son accession à la dignité d'*augustus*. Constantin, qui se trouvait à ses côtés, fut proclamé empereur par l'armée à York, bien que n'ayant pas été le *caesar* de son père. Une période troublée s'ouvrit, qui occupa près de deux décennies. Elle donna lieu à des affrontements complexes, qui scellèrent l'échec des dispositions prises par Dioclétien pour assurer une transmission paisible de l'empire. Elle s'acheva en 324, quand Constantin réunifia l'empire, de nouveau placé sous l'autorité d'un seul homme.

A cette date, il s'était déjà mesuré, avec vigueur et efficacité, aux problèmes rencontrés par l'empire, avec toutefois davantage de réussite comme soldat que comme administrateur. En recourant souvent à des recrues locales, il mit sur pied une puissante armée de campagne, distincte des unités qui gardaient les frontières ; elle était stationnée dans des villes situées à l'intérieur de l'empire. C'était une sage décision sur le plan stratégique, comme le prouva la puissance de frappe dont put disposer l'empire en Orient lors des deux siècles suivants. Constantin décida également de dissoudre la garde prétorienne et créa une nouvelle garde personnelle, composée de Germains. Il institua une nouvelle monnaie d'or dont il assura la stabilité, et prépara la voie à l'abolition des impôts en nature et au retour à une économie fondée sur la monnaie. Ses réformes fiscales eurent des résultats plus mitigés mais aboutirent à des aménagements dont le but était de faire davantage supporter aux riches le poids de l'impôt. Mais rien de tout cela ne frappa autant ses contemporains que son attitude vis-à-vis du christianisme.

Constantin donna à l'Eglise droit de cité. Il joua ainsi un rôle plus important pour l'avenir de la foi nouvelle que n'importe quel autre chrétien ordinaire : c'est pour cette raison qu'il fut appelé le « Treizième Apôtre ». Et pourtant, sa relation personnelle au christianisme fut complexe. Son développement intellectuel fut marqué par une prédisposition au monothéisme, que l'on retrouve chez beaucoup à la fin de la période classique, et il finit par devenir, incontestablement, un croyant convaincu (ce n'était pas inhabituel pour un chrétien de repousser jusqu'à son lit de mort, comme le fit Constantin, le moment de son baptême). Mais c'était dans la peur et dans l'espoir que s'ancrait sa croyance : le dieu qu'il vénérait était un dieu de pouvoir. Ses premières sympathies étaient allées au dieu Soleil, dont il portait l'emblème et dont le culte était déjà associé officiellement à celui de l'empereur. Puis, en 312, à la veille d'une bataille et à la suite de ce qu'il croyait être une vision, il ordonna à ses soldats de faire figurer sur leurs boucliers un monogramme chrétien, ce qui montre bien sa volonté de manifester à tous les dieux qui pouvaient exister le respect qui convenait. Il remporta la bataille et dès lors, tout en continuant publiquement à célébrer le culte du Soleil, il commença à faire bénéficier les chrétiens et leur dieu d'importantes faveurs.

On en trouve un exemple dans un édit qui fut promulgué l'année suivante à Milan par un autre des prétendants à l'empire, avec l'accord de Constantin. Cet édit rendait leurs biens aux chrétiens et leur garantissait la tolérance dont jouissaient les autres religions. Ses attendus sont révélateurs des sentiments personnels qu'éprouvait Constantin en même temps que du désir qui l'animait de trouver une formule de compromis satisfaisante avec son collègue : ces attendus expliquent en effet les dispositions prises dans l'espoir que « la divinité qui réside au Ciel, quelle qu'elle soit, sera apaisée et bienveillante à notre égard ainsi qu'à l'égard de tous ceux qui sont placés sous notre autorité ». Constantin continua dans la même voie en accordant des dons considérables en terres aux Eglises, favorisant en particulier celle de Rome. Non content de faire profiter le clergé d'importantes concessions fiscales, il accorda à l'Eglise le droit illimité de recevoir des legs. Ce qui n'empêchera pas ses pièces de monnaie, pendant des années, d'honorer les dieux païens, et notamment le « Soleil Invaincu ».

Constantin en vint peu à peu à se sentir investi d'un rôle quasi sacerdotal, et ce fut de la plus grande importance pour l'évolution future de la fonction impériale. Il s'estimait responsable auprès de Dieu du bien-être de l'Eglise, à laquelle il adhérait d'une façon de plus en plus claire et publique. Après 320, le soleil cessa de figurer sur ses pièces de monnaie et les soldats furent tenus de participer aux processions. Mais il veillait toujours à ne pas choquer les susceptibilités religieuses de ses sujets païens. Il lui arriva plus tard de dépouiller les temples de leur or, de construire de splendides églises chrétiennes et d'encourager les convertis par des promotions. Il n'en continua pas moins à tolérer les cultes traditionnels.

Dans l'œuvre accomplie par Constantin (comme dans le cas de Dioclétien), on voit émerger des éléments restés jusqu'alors latents ou implicites, et s'étendre d'anciennes dispositions. C'est notamment vrai de ses interventions dans les affaires internes de l'Eglise. Dès 272, les chrétiens d'Antioche en avaient appelé à l'empereur pour démettre un évêque et, en 316, Constantin lui-même tenta de mettre fin à une controverse survenue en Afrique du Nord en installant un évêque à Carthage contre la volonté d'une secte locale connue sous le nom de donatistes. Constantin finit par penser que les devoirs de l'empereur vis-à-vis de Dieu ne se limitaient pas à garantir la liberté à l'Eglise, ni même à la faire bénéficier de dotations. Sa conception de son rôle évolua : il se vit comme un protecteur, comme celui qui, s'il en était besoin, imposerait l'unité que Dieu exigeait pour continuer à dispenser Ses faveurs. Quand il s'en prit aux donatistes, ce fut dans cet esprit ; c'est ce qui fit d'eux, titre peu enviable, les premiers schismatiques à avoir été persécutés par un pouvoir chrétien. Constantin créa le césaro-papisme, c'est-à-dire l'idée selon laquelle le souverain temporel exerce une autorité divine en matière religieuse, et c'est à lui que l'on doit la notion de religion établie, qui prédominera en Europe pendant le millénaire qui suivit.

L'acte le plus important accompli par Constantin dans le domaine religieux se produisit juste après qu'il se fut officiellement déclaré chrétien en 324 (une déclaration précédée d'une autre victoire sur un rival qui, il est intéressant de le remarquer, avait persécuté les chrétiens). Il convoqua le premier concile œcuménique, qui se tint à Nicée en 325 ; près de 300 évêques y participèrent, sous sa présidence. Il s'agissait d'arrêter la position de l'Eglise face à une nouvelle hérésie, l'arianisme, dont l'initiateur, Arius, professait que le Fils ne partageait pas la divinité du Père. En dépit de leur caractère technique et théologique, les questions ainsi soulevées suscitèrent une énorme controverse. Les adversaires d'Arius crièrent au scandale. Constantin chercha à remédier à la division ; le concile rédigea un credo qui prenait parti contre les ariens, mais, lors d'une seconde session, il décida d'admettre à nouveau Arius à la communion, moyennant des déclarations appropriées. Le fait que tous les évêques n'aient pas été satisfaits (et qu'il y en ait eu peu à Nicée pour représenter l'Occident) compte moins que le rôle joué par Constantin à ce moment crucial, un rôle où se manifestaient l'autorité et la responsabilité particulières de l'empereur. L'Eglise s'enveloppait dans la pourpre impériale.

Nicée eut d'autres conséquences, très profondes. Derrière les arguties des théologiens il y avait en effet un problème beaucoup plus grave, qui touchait aussi bien à la vie quotidienne qu'aux principes. Dans ce nouvel ensemble idéologique que devenait l'empire du fait de la reconnaissance officielle du christianisme, quelle place allaient occuper les autres traditions chrétiennes, qui correspondaient à des réalités sociales et politiques au moins autant que liturgiques et théologiques ? Les Eglises de Syrie et d'Egypte, par exemple, étaient fortement marquées, autant sur le plan intellectuel que dans le domaine du vécu, par la culture hellénistique et la religion populaire de ces régions. Le poids de ces considérations aide à expliquer pourquoi la politique menée par Constantin envers l'Eglise ne réussit pas dans la pratique autant qu'il l'espérait. Le concile ne fit rien pour faciliter, grâce à des formules apaisantes, une réconciliation générale dans un esprit de compromis. L'attitude personnelle de l'empereur vis-à-vis des ariens ne tarda pas à s'assouplir (c'est un évêque arien qui le baptisa sur son lit de mort), mais les adversaires d'Arius, avec à leur tête le redoutable Athanase, évêque d'Alexandrie, s'acharnaient. La querelle restait toujours ouverte à la mort d'Arius, que suivit peu après celle de Constantin. L'arianisme ne prospéra pourtant pas en Orient. Ses derniers succès, il les dut en fait à des missionnaires ariens œuvrant dans les tribus germaniques de la Russie du Sud-Est. C'est grâce à ces nations barbares que l'arianisme survécut en Occident jusqu'au VIIe siècle.

Jusqu'à quel point la montée du christianisme était inévitable est une question qui n'a pas grand intérêt. Il est certain – en dépit d'une tradition chrétienne d'Afrique du Nord qui voulait que l'Etat n'ait pas de raison d'être – que quelque chose de positivement aussi important que le christianisme aurait pu difficilement ne pas être reconnu à un moment ou à un autre par le pouvoir civil. Encore fallait-il que quelqu'un commence. Constantin est celui qui fit les premiers pas, décisifs, permettant de lier l'Eglise et l'empire pour tout le temps que durerait celui-ci. Le choix qu'il fit fut historiquement déterminant. C'est l'Eglise qui y gagna le plus, car elle hérita du charisme de

Rome. Les changements furent moins visibles dans l'empire. Pourtant, les fils de l'empereur furent élevés comme des chrétiens et, si le nouvel édifice qu'il avait bâti révéla sa fragilité peu après sa mort en 337, Constantin n'en était pas moins parvenu à opérer une vraie rupture avec la tradition de la Rome classique. Au bout du compte, sans l'avoir voulu, il jeta les bases de l'Europe chrétienne et, par voie de conséquence, du monde moderne.

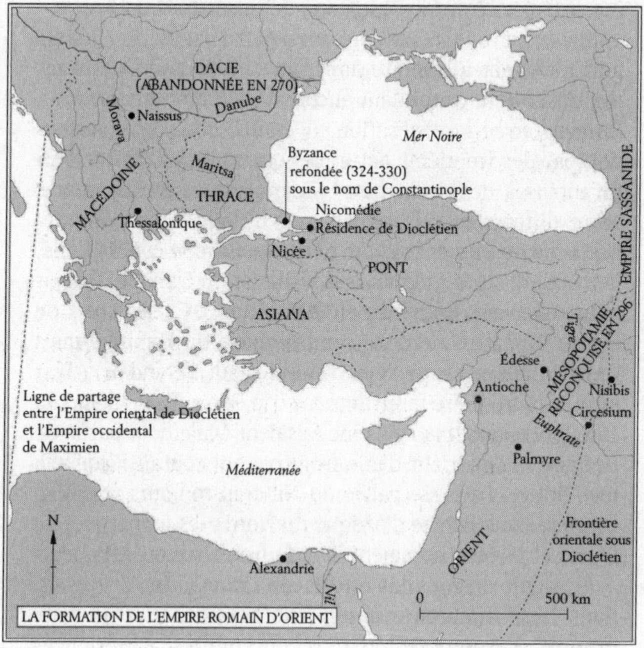

LA FORMATION DE L'EMPIRE ROMAIN D'ORIENT

L'une des décisions qu'il prit, et dont les effets durèrent à peine moins longtemps, fut la fondation de Constantinople, « sur l'ordre de Dieu » dit-il, une cité qui devait rivaliser avec Rome. Elle fut implantée sur le site de la vieille colonie grecque de Byzantium, à l'entrée de la mer Noire. Nommée Constantinople, elle fut inaugurée en 330. Même si sa propre cour resta à Nicomédie et si aucun empereur n'y résida de façon permanente pendant les cinquante années qui suivirent, Constantin, une fois encore, avait modelé l'avenir. Pendant un millénaire, Constantinople sera une capitale chrétienne, à l'abri des rites païens. Et pendant un demi-millénaire ensuite, elle sera une capitale musulmane et ne cessera de susciter l'envie de tous ceux qui se prétendront les successeurs de ses traditions.

Mais c'est, une fois encore, un peu trop anticiper. Il nous faut retourner à l'empire dans l'état où l'a laissé Constantin, c'est-à-dire continuant encore à se confondre, pour un Romain, avec la civilisation. Il était bordé, pour l'essentiel, par des frontières naturelles qui correspondaient plus ou moins à des distinctions géographiques et historiques entre différentes régions. Le mur d'Hadrien, en Grande-Bretagne, marquait la limite nord ; en Europe continentale, la frontière suivait les cours du Rhin et du Danube. Il avait fallu céder aux Barbares, en 305 avant J.-C., les côtes de la mer Noire au nord de l'embouchure du Danube, mais l'Asie Mineure restait dans l'empire, qui s'étendait à l'est jusqu'à la frontière mouvante avec la Perse. Plus au sud, la côte du Levant et la Palestine faisaient également partie de l'empire, à l'intérieur d'une frontière qui courait jusqu'à la mer Rouge. La basse vallée du Nil était toujours romaine, de même que la côte d'Afrique du Nord ; les montagnes de l'Atlas et le désert tenaient lieu de frontières en Afrique.

En dépit de tous les efforts de Constantin, il y avait, dans cette apparente unité, une bonne part d'illusion. Comme l'avaient montré les premières expériences menées avec des coempereurs, le monde de la civilisation romaine avait pris des dimensions trop grandes pour permettre une structure politique unifiée, en dépit de tout l'intérêt qu'il y avait à préserver le mythe de l'unité. La différenciation culturelle grandissante entre un Orient qui parlait grec et un Occident qui parlait latin, la nouvelle importance prise par l'Asie Mineure, la Syrie et l'Egypte (trois pays où se trouvaient de fortes communautés chrétiennes) après l'implantation du christianisme, et le stimulant permanent que représentait en Orient le contact direct avec l'Asie : autant d'éléments qui allaient dans le même sens. Après 364, les deux parties du vieil empire furent une fois de plus dirigées (mais pour peu de temps) par le même homme. Les institutions y divergeaient de plus en plus. A l'Est, l'empereur était le personnage dominant autant sur le plan théologique que sur le plan juridique ; l'identité de l'empire et de la chrétienté et le fait que l'empereur fût le porte-parole de la volonté divine étaient considérés comme des évidences. L'Ouest, d'un autre côté, avait déjà vu s'esquisser, en 400, la distinction entre le rôle de l'Eglise et celui de l'Etat, une distinction qui devait engendrer l'un des débats où la politique européenne déploya le plus de créativité. Il y avait également un contraste sur le plan économique : l'Est, très peuplé, pouvait encore dégager d'importants revenus, tandis qu'en 300 l'Ouest se montrait incapable d'assurer sa subsistance sans le secours de l'Afrique et des îles méditerranéennes. Il devenait désormais évident que deux civilisations différentes étaient sur le point d'émerger, mais il fallut beaucoup de temps à chacune des deux parties intéressées pour s'en apercevoir.

Elles assistèrent au contraire à quelque chose de bien plus saisissant : l'empire d'Occident disparut, tout simplement. En 500, quand les frontières de l'empire d'Orient restaient encore à peu de chose près ce qu'elles avaient été sous Constantin et quand ses successeurs tenaient encore bon devant les Perses, le dernier empereur d'Occident avait été déposé et ses insignes avaient été envoyés à Constantinople par un roi barbare qui prétendait régner comme représentant pour l'Occident de l'empereur d'Orient.

Voilà qui nous interpelle : qu'est-ce qui s'était effondré en réalité ? Il y avait eu déclin, chute – mais de quoi ? Les écrivains du Vᵉ siècle ont versé tant de pleurs sur l'événement qu'il est facile d'en retirer l'impression, renforcée par des épisodes aussi dramatiques que le sac de Rome, que ce fut l'ensemble de la société qui s'écroula. Rien de tel ne se passa. C'est l'appareil d'Etat qui s'effondra : certaines de ses fonctions cessèrent d'être remplies et quelques-unes passèrent dans d'autres mains. Cela suffit largement à expliquer la frayeur des contemporains. Il ne fallut qu'un demi-siècle pour que se trouvent balayées des institutions qui comptaient mille ans d'histoire. Comment s'étonner que tant de gens, depuis, n'aient cessé de se demander pourquoi ?

Il existe une explication générale : l'appareil d'Etat en Occident, après avoir retrouvé de la vigueur au IVᵉ siècle, s'enraya peu à peu. Que ce soit du point de vue démographique, fiscal ou économique, la statue était trop grande et trop lourde pour la base censée la supporter. Les ressources disponibles servaient pour l'essentiel à payer la machine militaire, mais il se révéla de plus en plus difficile d'en dégager autant qu'il aurait fallu. Après la Dacie, il n'y eut plus de conquêtes à même de susciter de nouveaux tributs. Les mesures adoptées pour accroître encore la pression fiscale poussèrent les riches comme les pauvres à tout faire pour s'y soustraire. La conséquence fut que les propriétaires agricoles se préoccupèrent de plus en plus de satisfaire leurs propres besoins, de manière à devenir autosuffisants, plutôt que de produire pour le marché. Parallèlement, les institutions municipales se délitèrent avec la baisse des activités commerciales et le retrait des riches à la campagne.

Sur le plan militaire, on eut recours à des recrues de moindre qualité, parce qu'on n'avait pas assez d'argent pour payer de meilleures troupes. La réforme qui avait conduit à distinguer deux types de forces, les unes mobiles et les autres sédentaires, n'était pas non plus sans défauts. Les premières perdirent de leur combativité en se retrouvant installées dans la résidence impériale, où elles goûtaient les avantages et les privilèges allant de pair avec l'affectation dans des villes, tandis que les secondes, se comportant à la manière de colons, se montraient peu portées à prendre des risques dont pourrait pâtir leur lopin de terre. Une descente plus avant dans la spirale sans fin du déclin ne pouvait manquer de s'ensuivre, en toute logique. Une armée plus faible conduisit l'empire à faire davantage confiance à ces mêmes Barbares qu'elle était censée tenir à distance. Comme on était contraint de faire appel à eux en tant que mercenaires, on pratiqua à leur égard l'apaisement et la conciliation, pour éviter les affrontements. Ce qui conduisit les Romains à leur faire encore davantage de concessions au moment même où la pression exercée par les mouvements migratoires des peuples germaniques atteignait un nouveau sommet. La volonté de migrer, jointe à l'espoir de trouver au sein de l'empire un service rémunéré, joua probablement un rôle beaucoup plus grand dans l'effondrement de l'empire que la simple envie de piller. La perspective du butin peut suffire à déclencher un raid, on la voit mal renverser un empire.

Au commencement du IVe siècle, on trouvait des peuples germaniques tout au long de la frontière allant du Rhin à la mer Noire. Ceux qui avaient vécu le plus près des régions où Rome avait progressé depuis le Ier siècle s'étaient largement inspirés du mode de développement de l'empire. Les Romains pouvaient bien les tenir encore pour des Barbares, mais il s'agissait là de Barbares qui disposaient de nouveaux types d'organisation, de nouvelles techniques et de nouvelles armes, et avaient su mettre à profit quatre cents années d'échanges commerciaux et de diffusion culturelle le long des frontières. Nombre d'entre eux devaient également estimer qu'ils avaient subi de la part des Romains des siècles d'agression militaire délibérée. C'est dans le sud que leur concentration était à l'époque la plus forte. Goths, Ostrogoths et Wisigoths attendaient derrière le Danube. Quelques-uns d'entre eux étaient déjà chrétiens, mais d'obédience arienne. Avec les Vandales, les Burgondes et les Lombards, ils formaient un groupe germanique oriental. Au nord, on rencontrait les Germains occidentaux : les Francs, les Alamans, les Saxons, les Frisons et les Thuringeois. Ils interviendront lors de la seconde phase de la grande migration *(Völkerwanderung)* des IVe et Ve siècles.

La crise commença dans le dernier quart du IVe siècle. La pression exercée sur les Barbares situés plus à l'ouest par les Huns, un peuple nomade redoutable venu d'Asie centrale, s'accentua après 370. Ils s'emparèrent du territoire des Ostrogoths, triomphèrent des Alains (une tribu parlant iranien qui était arrivée au siècle précédent) et s'attaquèrent aux Wisigoths près du Dniestr. Incapables de les contenir, les Wisigoths cherchèrent refuge dans l'empire. En 376, ils furent autorisés à franchir le Danube pour s'installer à l'intérieur de la frontière. C'était un nouveau départ. Les précédentes incursions barbares avaient été soit repoussées soit absorbées. Le mode de vie des Romains avait séduit des chefs barbares et leurs congénères étaient venus renforcer l'armée romaine. Mais c'est un peuple entier qui arriva avec les Wisigoths, un peuple fort d'environ 40 000 hommes, avec ses lois et sa religion, et qui entendait rester soudé. L'empereur Valens chercha à les désarmer ; il y échoua, et un conflit éclata. A la bataille d'Andrinople, en 378, l'empereur fut tué et la cavalerie wisigothe l'emporta sur une armée romaine. Les Wisigoths ravagèrent la Thrace.

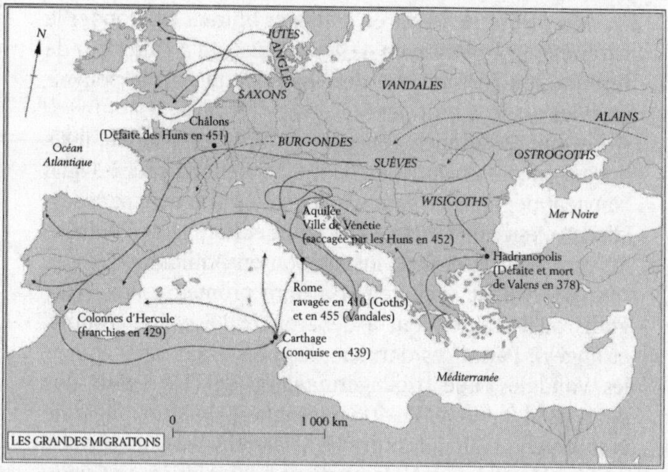

Voilà qui marqua un tournant à plus d'un titre. Désormais, les membres de tribus entières commencèrent à être reconnus comme des confédérés – *foederati* – et pénétrèrent sur le territoire romain pour servir contre d'autres Barbares, sous l'autorité de leurs propres chefs. D'importants groupes de Vandales et d'Alains traversèrent le Rhin en 406 et ne purent être refoulés. Un accord provisoire avec les Wisigoths resta sans lendemain. L'Empire d'Orient n'arrivait pas à protéger ses territoires européens situés au-delà de Constantinople, même si les armées wisigothes, quand elles mirent le cap au nord vers l'Italie au début du Ve siècle, furent tenues pour un temps en échec par un général vandale. A présent, la défense de l'Italie, le cœur traditionnel de l'empire, dépendait entièrement d'auxiliaires barbares, ce qui bientôt ne suffit plus. Constantinople tenait bon, mais en 410 les Goths saccagèrent Rome. Après avoir esquissé un mouvement vers le sud pour mettre au pillage l'Afrique comme ils l'avaient fait de l'Italie, les Wisigoths reprirent le chemin du Nord, traversèrent les Alpes pour pénétrer en Gaule et finirent par fonder le royaume de Toulouse en 419, un Etat goth à l'intérieur de l'empire, où l'aristocratie des Goths partageait le pouvoir avec les anciens propriétaires gallo-romains.

Ce sont des événements confus, difficiles à suivre, mais il y eut encore un autre grand mouvement de peuples qu'il convient de rappeler pour expliquer la façon dont se redessine au ve siècle la carte ethnique et culturelle de l'Europe. En contrepartie de leur installation en Aquitaine, l'empereur d'Occident avait réussi à faire promettre aux Wisigoths qu'ils l'aideraient à débarrasser l'Espagne d'autres étrangers. Parmi ces derniers, les plus importants étaient les Vandales, une tribu germanique de l'Est venue des côtes de la Baltique. En 406, la frontière du Rhin, dégarnie pour défendre l'Italie contre les Wisigoths, avait cédé à son tour, et Vandales et Alains avaient fait irruption en Gaule. Ils se dirigèrent de là vers le sud, saccageant et pillant sur leur chemin, traversèrent les Pyrénées et créèrent un Etat vandale en Espagne.

Vingt ans plus tard, ils furent attirés en Afrique par un gouverneur romain dissident qui souhaitait leur aide. Les attaques des Wisigoths les encouragèrent à quitter l'Espagne. En 439, ils prirent Carthage. Le royaume vandale d'Afrique disposait désormais d'une base navale. Les nouveaux venus devaient rester là pendant près d'un siècle. En 455, ce fut à leur tour d'aller ravager Rome et de laisser leur nom dans l'histoire comme synonyme de destruction aveugle. Si terrible qu'ait été cet épisode, il compta moins que la conquête de l'Afrique, un coup mortel porté au vieil empire d'Occident. Celui-ci avait désormais perdu une grande partie de ce qui faisait sa base économique. En dépit de tous les efforts que continuèrent à déployer en Occident les empereurs d'Orient, la domination romaine y était mal en point. Tant et si bien que, dès 402, l'empereur d'Occident et le Sénat avaient quitté Rome pour Ravenne, la dernière capitale impériale d'Italie. Le fait de dépendre de Barbares pour lutter contre d'autres Barbares constitua un handicap fatal. L'accumulation incessante de nouvelles pressions sur l'empire rendait tout redressement impossible. La protection de l'Italie avait signifié l'abandon de la Gaule et de l'Espagne aux Vandales ; l'invasion de l'Afrique par ces derniers avait entraîné pour Rome la perte de ses greniers à blé.

L'effondrement se produisit en Europe dans le troisième quart du ve siècle. Il suivit le plus important des assauts lancés par les Huns. Par la pression qu'ils exerçaient, ces nomades avaient contribué à faire entrer les tribus germaniques dans les Balkans et en Europe centrale, après avoir effectué au préalable un détour pour ravager l'Anatolie et la Syrie. En 440, avec Attila à leur tête, leur pouvoir était au plus haut. Depuis la Hongrie, où se termine le grand corridor de la steppe asiatique, Attila prit pour la dernière fois la route de l'Ouest avec des forces considérables dans lesquelles figuraient de nombreux alliés. Il fut vaincu près de Troyes en 451 par une armée « romaine » composée de Wisigoths et commandée par un chef d'origine barbare. Ce fut la fin de la menace constituée par les Huns. Attila mourut deux ans plus tard, alors qu'il comptait apparemment épouser la sœur de l'empereur d'Occident et devenir peut-être lui-même empereur. Une grande révolte, déclenchée par leurs sujets hongrois, éclata l'année suivante contre les Huns, dont elle finit par avoir raison, moyennant quoi ils disparurent pratiquement de la scène. En Eurasie centrale, leur terre d'appartenance, de nouvelles confédérations de nomades étaient en voie de constitution ; elles allaient jouer plus tard un rôle analogue.

Avec les Huns, c'est pratiquement le coup de grâce qu'avait reçu l'Occident ; un empereur avait dépêché le pape pour intercéder auprès d'Attila. Le dernier empereur d'Occident fut déposé par un chef de guerre germanique, Odoacre, en 476, et la souveraineté revint officiellement aux empereurs d'Orient. Même si l'Italie, comme le reste des anciennes provinces occidentales, formait dorénavant un royaume barbare, indépendant en tout sauf de nom, les Italiens considéraient l'empereur comme leur souverain, bien qu'il résidât à Constantinople. Le reste de l'Europe occidentale fut marqué du sceau de l'Eurasie centrale ; les peuples, les coutumes, les concepts qui s'étaient développés dans les vastes étendues de la steppe jouèrent un rôle dans la fondation des nouveaux royaumes qui apparurent alors, soit par le biais de peuples comme les Goths, les Alains et les Huns, soit *via* l'influence que ces peuples avaient exercée sur les tribus germaniques qui les avaient rencontrés. Pour ceux qui vivaient sur le continent européen, c'était un nouveau monde.

La structure qui avait fini par céder sous tous ces coups eut quelque chose, dans les dernières décennies, du chat du Cheshire. Elle ne cessait de disparaître ; c'est pourquoi retenir une date plutôt qu'une autre n'a pas grand sens. On ne voit pas que 476 ait paru particulièrement remarquable aux yeux des contemporains. Les royaumes barbares ne furent que la suite logique du recours à des troupes barbares pour constituer l'armée de campagne et de leur installation comme *foederati* à l'intérieur des frontières. Les Barbares eux-mêmes n'en demandaient généralement pas davantage, ou alors ce n'était qu'une simple affaire de pillage. A coup sûr, ils n'avaient pas envisagé de remplacer l'autorité impériale par la leur. Un Goth aurait déclaré : « J'espère passer à la postérité comme celui qui a restauré Rome, puisqu'il ne m'est pas possible d'être celui qui l'a supplantée. » Il y avait d'autres dangers plus graves et plus profonds que les fanfaronnades des Barbares.

Socialement et économiquement, on renoue au ve siècle avec le scénario du IIIe. Les cités se délabrent et la population chute. L'administration s'enfonce un peu plus dans le désordre, les fonctionnaires cherchant à se protéger contre l'inflation en se faisant payer leurs services. Même si les rentrées d'argent diminuaient avec la perte de telle ou telle province, la vente des charges permettait de faire plus ou moins face aux dépenses somptuaires de la Cour. Mais c'en était fini de l'indépendance. Alors que le pouvoir des empereurs reposait traditionnellement sur les armées, les derniers empereurs d'Occident s'abaissèrent jusqu'à négocier d'égal à égal avec des seigneurs barbares de la guerre qu'ils s'employaient à apaiser et dont, enfermés dans Ravenne, la dernière capitale impériale, ils devenaient les marionnettes. De ce point de vue, les contemporains avaient été bien avisés de voir dans le sac de Rome, en 410, la fin d'une époque : il fut alors évident que l'empire ne pourrait pas préserver plus longtemps le saint des saints de la *romanitas*.

Il y avait eu bien d'autres signes, à cette date, de ce qui était en cours. Le dernier empereur de la famille de Constantin avait tenté durant son règne, qui fut très bref (361-363), de restaurer les cultes païens, ce qui lui valut une place dans l'histoire (en mal, aux yeux des chrétiens) et l'appellation révélatrice d'« Apostat ». Ce fut un échec. Il croyait que le rétablissement des anciens sacrifices garantirait le retour de la prospérité, mais il eut trop peu de temps pour mettre en œuvre son projet. Le plus frappant pour nous aujourd'hui, c'est peut-être le postulat, qui semble aller de soi, suivant lequel la religion et la vie publique forment un tout indissociable. C'est sur lui que repose la politique de Julien, et il est accepté de tous ; son origine était romaine, et non pas chrétienne. Julien ne mit pas en péril l'œuvre de Constantin et Théodose, le dernier empereur à avoir régné sur un empire unifié, finit par interdire le culte des anciens dieux en 380.

Il est difficile de dire ce que cela signifia dans la pratique. En Egypte, l'édit de Théodose semble avoir mis le point final à un long processus de lutte contre l'ancienne civilisation qui s'était développé sur près de huit siècles. La victoire des idées grecques, due initialement aux philosophes d'Alexandrie, fut alors confirmée par le clergé chrétien. Les prêtres des anciens cultes, considérés comme des païens, furent pourchassés. Encore au Ve siècle, des voix s'élevèrent pour prendre la défense du paganisme romain et ce n'est qu'à la fin de ce siècle que des professeurs païens furent expulsés des universités d'Athènes et de Constantinople. On n'en était pas moins arrivé à un tournant majeur : pour l'essentiel, la société chrétienne du Moyen Age, une société close sur elle-même, est désormais en place.

Les empereurs chrétiens s'engagèrent très vite dans une politique qui nous est devenue depuis un peu trop familière, en privant les Juifs, le groupe le plus facile à identifier parmi tous ceux qui n'appartenaient pas à cette société close, de leur égalité avec les autres citoyens en matière de droits civiques. Ce fut un autre tournant. Le judaïsme avait longtemps été le seul représentant du monothéisme dans le monde religieux pluraliste de Rome et voici qu'il était évincé par son dérivé, le christianisme. Un premier coup, l'interdiction du prosélytisme, fut suivi de beaucoup d'autres. En 425, le patriarcat, qui avait permis aux Juifs de bénéficier de l'autonomie administrative, fut aboli. Quand des pogromes se produisirent, les Juifs commencèrent à se retirer sur le territoire perse. Leur désaffection grandissante pour l'empire se fit à son détriment, car ils ne tardèrent pas à appeler à leur secours des ennemis de Rome. Les Etats judéo-arabes situés le long des routes commerciales conduisant en Asie depuis la mer Rouge se trouvèrent en mesure de porter atteinte aux intérêts des Romains pour aider leurs coreligionnaires. La rigueur idéologique avait un prix élevé.

Le règne de Théodose se distingue également dans l'histoire chrétienne par la querelle qui opposa l'empereur lui-même à saint Ambroise, évêque de Milan. En 390, après une insurrection à Thessalonique, Théodose avait fait massacrer sans pitié plusieurs milliers de ses habitants. A la stupéfaction des contemporains, l'empereur se retrouva très vite debout, en pénitence, dans une église de Milan. Ambroise lui avait refusé la communion. La superstition avait gagné la première manche dans le long combat pour l'humanité et les lumières. L'excommunication ou sa menace viendront à bout d'autres hommes de pouvoir, mais c'est la première fois que le bras spirituel se manifesta ainsi et il est significatif que cela soit arrivé dans l'Eglise occidentale. Pour Ambroise, la fonction dont il était investi demandait un plus grand respect que celui dû à l'empereur. C'est l'amorce d'un grand thème qui va traverser toute l'histoire de l'Europe occidentale, la tension entre le pouvoir spirituel et le pouvoir temporel, qui conduira à maintes reprises à un conflit de nature révolutionnaire entre l'Eglise et l'Etat.

Un siècle glorieux pour le christianisme touchait presque à sa fin. Avec lui s'achevait une grande époque pour l'évangélisation (des missionnaires s'étaient aventurés aussi loin qu'en Ethiopie), une grande époque pour la théologie, et par-dessus tout pour la reconnaissance de l'Eglise comme religion établie. Et pourtant, bien des choses nous répugnent dans le christianisme d'alors. Avoir pignon sur rue donna aux chrétiens un pouvoir dont ils n'hésitèrent pas à se servir. « Nous voyons les mêmes étoiles, c'est le même ciel au-dessus de nos têtes, plaida un païen auprès de saint Ambroise, le même univers nous entoure. Pourquoi s'inquiéter de la méthode par laquelle chacun d'entre nous arrive à la vérité ? » Mais les propos de Symmaque n'eurent aucun effet. En Orient comme en Occident, l'humeur des Eglises chrétiennes était à l'intransigeance et à l'enthousiasme. S'il y avait une différence, elle tenait en ceci : les Grecs étaient convaincus de l'autorité pratiquement sans limites d'un empire christianisé, où se mêlaient étroitement le pouvoir spirituel et le pouvoir temporel, tandis que les Latins manifestaient une hostilité défiante et soupçonneuse envers l'ensemble du monde temporel, Etat compris, au nom d'une tradition qui avait appris aux chrétiens à se considérer comme le « reste du peuple » (*Isaïe*, 11, 11), une poignée de survivants ballottés sur les mers du péché et du paganisme dans l'arche de Noé de l'Eglise. Néanmoins, pour rester juste vis-à-vis des Pères de l'Eglise, pour mieux comprendre leurs angoisses et leurs peurs, le commentateur moderne ne peut manquer de reconnaître le pouvoir irrésistible de la superstition et du mystère dans toute l'Antiquité tardive. Le christianisme en prit acte et en fut l'une des expressions. Les démons au milieu desquels les chrétiens se frayaient leur chemin sur Terre étaient pour eux, comme pour les païens, des réalités, et il arriva à un pape du Vᵉ siècle de consulter les augures pour demander ce qu'il fallait faire à propos des Goths.

Voilà qui aide à expliquer l'âpreté avec laquelle l'hérésie et le schisme étaient pourchassés. Nicée n'en avait pas fini avec l'arianisme ; il prospérait chez les Goths et le christianisme arien l'emportait dans une bonne partie de l'Italie, de la Gaule et de l'Espagne. L'Eglise catholique n'était pas persécutée dans les royaumes barbares d'obédience arienne, mais elle y était négligée : à une époque où tout dépendait de l'aide du souverain et des grands, cela pouvait devenir dangereux. Une autre menace était représentée en Afrique par le schisme donatiste, qui avait pris un contenu social et qui déboucha sur de violents conflits dans les villes et dans les campagnes. En Afrique également, la vieille menace du gnosticisme revint à la surface avec le manichéisme, arrivé en Occident depuis la Perse ; une autre hérésie, le pélagianisme, fit apparaître l'empressement avec lequel, dans l'Europe latinisée, certains chrétiens accueillaient une version du christianisme qui donnait la priorité sur le mystère et les sacrements à la volonté de bien conduire sa vie.

Peu d'hommes étaient mieux préparés par leur caractère et leur éducation à discerner, analyser et combattre de tels dangers que saint Augustin, le plus grand des Pères de l'Eglise. Il est particulièrement important qu'il ait été originaire d'Afrique – c'est-à-dire de la province romaine du même nom, qui correspond en gros à la Tunisie et à la partie orientale de l'Algérie – où il naquit en 354. Le christianisme africain était déjà vieux d'un siècle mais restait un phénomène minoritaire. L'Eglise africaine présentait des traits particuliers depuis l'époque de Tertullien, son grand fondateur. Elle prenait ses racines non pas dans les cités hellénisées d'Orient, mais dans le terreau qu'avaient laissé derrière elles les religions de Carthage et de Numidie, dont on trouvait encore des traces au sein de la paysannerie berbère. Les divinités anthropomorphes de l'Olympe n'avaient jamais trouvé de toit en Afrique. Les traditions locales concernaient des dieux lointains, habitant sur des montagnes ou sur des points hauts, célébrés lors de rituels sauvages où l'on entrait en transes (les Carthaginois auraient pratiqué les sacrifices d'enfants).

Le caractère intransigeant, violent, du christianisme africain, tel qu'il s'est développé dans ce contexte, se reflète pleinement dans la personnalité d'Augustin. On trouve chez lui les mêmes réactions psychologiques, le même besoin de prendre acte du fait que le mal se cache en nous-mêmes. Il y avait à cela une réponse toute prête, et populaire. Le dualisme sans concession du manichéisme exerçait un grand attrait en Afrique ; Augustin fut un manichéen pendant près de dix ans. C'est alors qu'il se retourna contre ses erreurs avec une violence tout à fait symptomatique.

Avant d'arriver à l'âge adulte et d'adhérer au manichéisme, Augustin avait reçu une éducation destinée à le préparer à une carrière publique dans l'empire d'Occident. Cette éducation faisait la part plus que belle au latin et portait sur des points bien précis. La rhétorique en constituait le cœur et c'est dans ce domaine qu'Augustin, à ses débuts, remporta des prix. Mais c'était le vide en ce qui concerne les idées. Il s'en remit à lui-même et à ses lectures ; il fit un premier grand pas en avant avec la découverte des œuvres de Cicéron, qui marquèrent probablement son premier contact, quoique de seconde main, avec la tradition classique gréco-romaine.

La carrière laïque d'Augustin s'acheva à Milan (où il était allé enseigner la rhétorique) avec son baptême dans la foi catholique par saint Ambroise en 387. En ce temps-là, Ambroise exerçait une autorité qui rivalisait avec celle de l'empire lui-même dans l'une de ses cités les plus importantes. Ce type de relation entre la religion et le pouvoir temporel, tel qu'il put l'observer alors, conforta Augustin dans des idées très différentes de celles des membres de l'Eglise grecque, qui voyaient d'un bon œil la fusion en l'empereur du pouvoir laïque et du pouvoir religieux qui avait suivi la reconnaissance officielle du christianisme. Augustin retourna alors en Afrique, à Hippone, où il vécut quelque temps comme moine avant d'en être fait évêque, non sans réticences de sa part. Il y resta jusqu'à sa mort en 430, définissant la position du catholicisme contre les donatistes et devenant presque incidemment, grâce à une vaste correspondance et à une immense production littéraire, une figure dominante de l'Eglise d'Occident.

De son vivant, Augustin fut surtout connu pour ses attaques contre les donatistes et contre les pélagiens. En ce qui concernait les premiers, il s'agissait en fait d'une question politique : laquelle des deux Eglises rivales allait dominer l'Afrique romaine ? Pour les seconds, les enjeux étaient d'une autre envergure. Nos esprits, qui ne sont plus faits à la théologie, ont du mal à en percevoir l'importance, mais la future histoire de l'Europe tournera pour une bonne part autour d'eux. Les pélagiens professaient, pour l'essentiel, une sorte de stoïcisme ; ils faisaient partie du monde et de la tradition classiques, en dépit du langage théologique chrétien dont ils se paraient. Le danger que cela représentait – si c'était un danger – était de faire perdre au christianisme son originalité et de ramener l'Eglise à l'état de simple véhicule pour un courant de pensée parmi d'autres à l'intérieur de la civilisation classique de la Méditerranée, avec les forces et les faiblesses que cela impliquait. Augustin n'a rien à faire du monde d'ici-bas et se place, sans concession, sur le seul plan théologique. A ses yeux, il n'existe pour l'homme qu'une possibilité de se racheter : la grâce ; elle est octroyée par Dieu et l'homme ne peut y accéder par ses œuvres. Augustin mérite une place dans l'histoire de l'esprit humain pour avoir dessiné, d'une manière plus complète qu'aucun de ses prédécesseurs, les lignes du grand débat entre la prédestination et le libre arbitre, la grâce et les œuvres, la foi et la raison, débat qui devait se prolonger si avant dans l'histoire européenne. Presque accessoirement, il donna son assise au christianisme latin en le faisant reposer sur un roc inébranlable : l'Eglise, conçue comme l'unique accès, par le biais des sacrements, à la source même de la grâce.

Tout cela est bien oublié aujourd'hui, sauf des spécialistes. Si saint Augustin jouit à présent d'une certaine notoriété, c'est pour avoir été l'un de ceux qui ont exprimé avec le plus de force et d'insistance un dégoût pour la chair qui devait tout particulièrement marquer l'attitude des chrétiens dans le domaine sexuel et, par voie de conséquence, celle de toute la culture occidentale. Il figure en étrange compagnie – avec Platon, par exemple – parmi les pères fondateurs du puritanisme. Mais ce qu'il nous a laissé comme héritage intellectuel est beaucoup plus riche que ne le suggère ce qui précède. On peut aussi trouver dans ses écrits, dès lors qu'ils échappent à l'influence d'Aristote et au formalisme, les fondements d'une bonne partie de la pensée politique du Moyen Age, ainsi qu'une vision de l'histoire qui allait longtemps s'imposer à la société chrétienne en Occident et l'affecterait aussi profondément que les paroles mêmes du Christ.

Le livre appelé aujourd'hui *La Cité de Dieu* est, de tous les ouvrages d'Augustin, celui qui devait avoir le plus d'impact sur l'avenir. Ce n'est pas tant une question d'idées ou de doctrines – il n'est pas facile de dire quelle fut précisément son influence sur les penseurs politiques du Moyen Age, peut-être parce que son contenu est souvent ambigu – que de comportement. Dans son texte, Augustin adopte, sur l'histoire et la façon dont les hommes se gouvernent, un point de vue qui deviendra indissociable de la pensée chrétienne pendant plus de mille ans. Le livre a pour sous-titre *Contre les païens*. Voilà qui est révélateur de son objet : réfuter l'accusation réactionnaire et païenne selon laquelle les troubles qui assaillaient l'empire étaient à mettre à la charge des chrétiens. C'est le sac de Rome par les Goths en 410 qui pousse Augustin à écrire son livre ; son but est avant tout d'y démontrer qu'un événement aussi épouvantable peut être compris par un chrétien, et qu'en fait seule la religion chrétienne permet de le comprendre. Mais son ouvrage vise plus loin et plus large – depuis l'importance de la chasteté jusqu'à la philosophie de Thalès de Milet – et traite des guerres civiles de Marius et de Sylla avec autant de soin qu'il en met à dégager le sens des promesses faites par Dieu à David. Impossible de le résumer : « Cela risque d'être trop pour les uns, et pas assez pour les autres », écrit-il avec humour dans son dernier paragraphe. Il s'agit d'une interprétation chrétienne de toute une civilisation et de la façon dont elle s'est élaborée. Sa caractéristique la plus remarquable tient à cette affirmation qui en constitue le cœur : on peut se passer de tout le tissu des choses terrestres, et la culture et les institutions – y compris le grand empire lui-même – n'ont au bout du compte aucune valeur, si Dieu en décide ainsi.

Que telle fut bien la décision de Dieu, c'est ce que suggère l'image centrale des deux cités. L'une est terrestre et fondée sur la nature inférieure de l'homme ; imparfaite, elle doit son existence à des mains pécheresses, si glorieuse soit son apparence et si important soit le rôle qu'il lui arrive de temps en temps de jouer dans le plan divin. Parfois, c'est ce qu'elle doit au péché qui l'emporte et il est clair que les hommes doivent la fuir – mais Babylone aussi a tenu sa place dans le plan de Dieu. L'autre cité est la cité céleste, celle de Dieu, une communauté qui repose sur la promesse de salut faite par Dieu : elle représente le but que doit atteindre l'humanité, en entamant depuis la cité terrestre, conduite et inspirée par l'Eglise, un effrayant pèlerinage. Dans l'Eglise se trouvent à la fois le symbole de la cité de Dieu et les moyens permettant d'y accéder. L'histoire a changé avec la venue de l'Eglise : désormais, le combat au sein du monde entre le bien et le mal est devenu clair et le salut de l'homme repose sur la défense de l'Eglise. Ces propos auront un écho jusque très avant dans les Temps modernes.

Les deux cités feront également d'autres apparitions chez Augustin. Il distingue parfois entre deux groupes d'hommes, ceux qui sont condamnés au châtiment dans l'au-delà et ceux qui entreprennent le pèlerinage menant à la gloire. Ici, les deux cités correspondent à des divisions dans la race humaine telle que nous la connaissons, ici et maintenant, aussi bien qu'entre tous ceux qui sont déjà passés en jugement depuis Adam. Mais Augustin ne pensait pas que le fait d'appartenir à l'Eglise définissait un groupe, l'autre groupe étant le reste de l'humanité. Peut-être sa vision dut-elle une bonne part de sa force à ses ambiguïtés, à sa façon de faire miroiter argumentations et suggestions. L'Etat n'était pas tout bonnement terrestre et corrompu : il avait son rôle dans le plan divin, et le gouvernement, dans son essence même, était un don de Dieu. Le sujet devait faire couler plus tard beaucoup d'encre. On demanda à l'Etat de servir l'Eglise en la protégeant contre ses ennemis d'ici-bas et en utilisant son pouvoir pour faire respecter la pureté de la foi. Le Ciel pouvait cependant retirer son mandat (pour emprunter à une autre civilisation sa façon de s'exprimer) et, quand c'était le cas, même un événement comme le sac de Rome ne constituait qu'un épisode dans l'exécution du jugement prononcé contre le péché. Au bout du compte, c'était la cité de Dieu qui était vouée à s'imposer.

Impossible de donner une idée simple du plus grand des ouvrages de saint Augustin. Mais c'est peut-être vrai de son œuvre tout entière. Il reste beaucoup à dire à son sujet, et l'espace dont nous disposons ici nous est compté. Il fut, par exemple, un évêque attentionné et consciencieux, le pasteur aimant de son troupeau ; il fut aussi un persécuteur, qui, dans une démarche pour le moins douteuse, réussit à persuader le pouvoir impérial de recourir à la force contre les donatistes. Il rédigea une fascinante méditation spirituelle qui, en dépit des graves erreurs qu'elle contient sur ses débuts personnels dans la vie, fonda, par son recours à l'introspection, tout un genre littéraire : l'autobiographie. Il pouvait se montrer un artiste avec les mots – en latin, pas en grec (il dut demander à saint Jérôme de l'aider pour une traduction) – et reçut un prix de poésie, mais son art repose plus sur la passion que sur une réelle maîtrise et son latin est souvent pauvre. Il n'en était pas moins imprégné tout entier par le passé de la Rome classique. C'est du haut de sa parfaite connaissance des traditions de cette dernière qu'il regardait, avec les yeux de la foi chrétienne, un avenir chargé de nuages, incertain et, pour d'autres hommes, effrayant. Il incarna deux cultures plus complètement, peut-être, que n'importe qui d'autre en ces temps divisés, et cela explique sans doute pourquoi il semble encore, mille cinq cents ans plus tard, dominer son époque.

C'est dans les invasions germaniques que se trouve l'origine des premières nations de l'Europe moderne, même si, à la disparition de l'empire d'Occident, les peuples barbares n'occupaient pas les régions où s'installeront de préférence les futurs Etats. On peut distinguer sans peine quatre grands groupes. Le groupe situé le plus au nord, avec les Saxons, les Angles et les Jutes, n'avait pas cessé, depuis le IVe siècle, de se répandre dans l'ancienne province de Grande-Bretagne, s'y installant bien avant que l'île ne soit abandonnée à ses habitants, quand le dernier empereur à y avoir été proclamé par ses soldats traversa la Manche avec ses armées pour gagner la Gaule en 407. Des combats pour la possession de l'île opposèrent alors des bandes successives d'envahisseurs et les habitants romano-britanniques, jusqu'à la constitution au début du VIIe siècle d'un groupe de sept royaumes anglo-saxons bordés par un monde celtique composé de l'Irlande, du pays de Galles et de l'Ecosse.

Si les premiers Britanniques continuèrent encore à vivre en communautés, des communautés qui semblent avoir parfois survécu jusqu'au Xe siècle, voire au-delà, il reste que la civilisation romano-britannique disparut plus complètement que ses équivalents en n'importe quel autre endroit de l'empire d'Occident. Même la langue se perdit ; une langue germanique la remplaça presque totalement. On peut trouver un lointain aperçu des derniers soubresauts de la résistance romano-britannique dans la légende du roi Arthur et de ses chevaliers, où il y a comme un rappel du rôle que joua la cavalerie dans l'armée impériale des derniers temps. Et c'est tout.

Il n'existe pratiquement aucune trace de continuité, sur le plan administratif ou culturel, entre cette province impériale et les royaumes barbares. L'héritage impérial de la future Angleterre fut purement matériel : des ruines de villes et de villas, des croix chrétiennes ici ou là, ou de grandes constructions comme le mur d'Hadrien, qui intriguèrent les nouveaux venus et dans lesquelles ils finirent par voir l'œuvre de géants à la puissance surhumaine. Certains de ces vestiges, comme les vastes établissements de bains construits sur les sources thermales de Bath, échappèrent à l'attention pendant des centaines d'années jusqu'à leur redécouverte aux XVIIIe et XIXe siècles par des amateurs d'antiquités. Les routes subsistèrent : certaines d'entre elles servirent durant des siècles aux échanges commerciaux, en dépit de l'usure du temps, du climat et des déprédations. Sans oublier la faune et la flore que les Romains avaient apportées avec eux et qui restèrent sur place : des animaux comme le furet, ou des plantes comme la moutarde, qui devait servir à épicer le rosbif, ce plat qui allait faire sa petite entrée dans la mythologie nationale au cours du millénaire qui suivit. Pour les choses de l'esprit, les Romains ne laissèrent guère de traces derrière eux. Le christianisme romano-britannique, quel qu'il ait pu être, disparut, et les gardiens de la foi se retirèrent pour un temps dans les forteresses entourées de brumes où méditaient les moines de l'Eglise celtique. C'est une autre Rome qui devait convertir la nation anglaise, et non pas l'empire. Auparavant, l'influence prépondérante qui s'exerça, en termes de formation, fut celle de la tradition germanique, dans des proportions que l'on ne retrouve nulle part ailleurs sur l'ancien territoire impérial.

La situation était très différente de l'autre côté de la Manche, où bien des choses survécurent. Après les ravages des Vandales, la Gaule resta dans l'ombre des Wisigoths d'Aquitaine. Grâce à la part qu'ils avaient prise dans la lutte contre les Huns, leur importance devint plus grande que jamais. Au nord-est de la Gaule, néanmoins, se trouvaient des tribus germaniques qui allaient contester leur supériorité – les Francs. Contrairement aux Wisigoths, les Francs n'avaient pas été convertis par le clergé arien ; c'est en partie pour cette raison que l'avenir devait leur appartenir. Ils allaient peser d'un poids plus lourd sur l'édification de l'Europe que n'importe quel autre peuple barbare.

Les tombes des premiers Francs révèlent une société guerrière fortement hiérarchisée. Plus désireux de s'installer que certains autres Barbares, ils étaient implantés au IVe siècle dans la Belgique actuelle, entre l'Escaut et la Meuse, où ils devinrent des *foederati* romains. Certains d'entre eux partirent pour la Gaule. Un groupe, installé à Tournai, vit s'imposer une dynastie de dirigeants appelée par la suite Mérovingiens ; le troisième roi (si le terme convient) de cette lignée s'appelait Clovis. C'est le premier grand nom à avoir marqué l'histoire du pays connu sous le nom de *Francia*, France, d'après les peuples que rassembla Clovis.

En 481, celui-ci devint le chef des Francs de l'Ouest. Bien qu'étant en principe le sujet de l'empereur, il ne tarda pas à s'attaquer aux derniers gouverneurs romains de Gaule, et s'empara des terres situées plus loin à l'ouest, jusqu'à la Loire. Dans le même temps, les Francs de l'Est triomphaient des Alamans et, quand Clovis fut élu également à leur tête, un royaume franc vit le jour, à cheval sur la basse vallée du Rhin et la France du Nord. Ce fut le cœur de l'Etat franc, qui devait apparaître en temps utile comme l'héritier de la suprématie romaine en Europe du Nord. Clovis épousa une princesse appartenant à un autre peuple germanique, les Burgondes, qui s'étaient fixés dans la vallée du Rhône et dans la région conduisant, au sud-est, vers les villes actuelles de Genève et de Besançon. Elle était catholique, mais d'obédience arienne par son peuple. Quelque temps après leur mariage (en 496, si l'on en croit la tradition) et après une conversion sur le champ de bataille qui rappelle celle de Constantin, Clovis embrassa la foi catholique. Cela lui donna l'appui de l'Eglise romaine, la puissance la plus importante à avoir survécu à l'empire en terre barbare, dans ce qu'il considérait désormais comme une guerre religieuse contre les autres peuples germaniques de Gaule. Le catholicisme fut également le moyen de nouer des liens d'amitié avec la population gallo-romaine. La conversion de Clovis constitue sans aucun doute un acte politique d'une portée capitale. Une nouvelle Rome allait diriger la Gaule.

Les Burgondes furent les premiers à pâtir de Clovis, même s'il fallut attendre sa mort pour qu'ils soient complètement assujettis : ils eurent à leur tête des princes mérovingiens mais continuèrent à former un Etat indépendant. Ce fut ensuite au tour des Wisigoths ; on ne leur laissa que les territoires qu'ils occupaient dans le Sud-Est, au nord des Pyrénées (les futurs Languedoc, Roussillon et Provence). Clovis avait désormais pris la succession des Romains dans l'ensemble de la Gaule ; l'empereur reconnut cet état de fait en le nommant consul.

La capitale franque fut transférée à Paris, et Clovis fut enterré dans l'église qu'il y avait fait bâtir, devenant ainsi le premier roi franc à n'être pas enterré comme un Barbare. Ce ne fut pas pour autant le début de la longue histoire de Paris comme capitale. Un royaume germanique ne ressemblait pas à l'idée que l'on se fera plus tard d'un Etat ni à ce qu'un Romain reconnaissait comme tel. C'était un héritage composé pour une partie de terres et pour une autre de groupes apparentés. L'héritage de Clovis fut divisé entre ses fils et le royaume franc ne fut pas réunifié avant 558. Il éclata à nouveau deux ans plus tard. Trois grands ensembles se dégagèrent peu à peu. L'un était l'Austrasie, avec Metz pour capitale et l'est du Rhin pour centre de gravité ; la Neustrie en formait le pendant à l'ouest, avec Soissons pour capitale ; le royaume de Bourgogne dépendait du même souverain, bien que constituant une entité distincte. Il arrivait souvent aux différents dirigeants de se quereller pour des territoires contigus à ces régions.

Au travers de cette structure commence à poindre une nation franque : il ne s'agit plus d'un conglomérat de bandes armées mais de peuples appartenant à un Etat identifiable, parlant un latin vernaculaire, et où commence à se développer une classe noble faite de propriétaires terriens. Ce n'est pas un hasard si c'est à cette classe que l'on doit une interprétation chrétienne du rôle joué par les Barbares dans l'histoire : l'*Histoire des Francs* de Grégoire, évêque de Tours, qui appartenait lui-même à l'aristocratie gallo-romaine. D'autres peuples barbares verraient naître des œuvres semblables (la plus prestigieuse étant sans doute celle écrite pour l'Angleterre par Bède le Vénérable), cherchant à réconcilier des traditions encore fortement marquées par le paganisme avec le christianisme et l'héritage de la civilisation. On notera que le tableau que dresse Grégoire des Francs après la mort de son héros Clovis est pessimiste ; il estime que les chefs francs se sont si mal conduits que leur royaume est maudit.

Les Mérovingiens empêchèrent d'autres Barbares d'entrer en Gaule et enlevèrent aux Ostrogoths la région située au nord des Alpes. Théodoric, qui commandait ces derniers, se vit reconnaître par l'empereur, en 497, le droit de régner sur l'Italie, où il triompha d'autres Germains. Il était totalement convaincu de l'autorité de Rome ; il avait comme beau-père un empereur et avait été élevé à Constantinople jusqu'à l'âge de dix-huit ans. « Notre royauté est une imitation de la vôtre, une copie du seul Empire existant sur Terre », comme il lui arriva d'écrire, depuis sa capitale de Ravenne, à l'empereur qui siégeait à Constantinople. Sur ses monnaies figure la légende « Rome invaincue » *(Roma invicta)* et, quand il se rendit à Rome, Théodoric présida des jeux du cirque à l'ancienne manière. Il était pourtant, techniquement parlant, le seul Ostrogoth à pouvoir se prétendre citoyen romain ; son autorité personnelle se voyait reconnue par le Sénat, mais ses concitoyens étaient purement et simplement des mercenaires de l'empire. Il nommait d'ailleurs des Romains aux emplois publics. L'un d'entre eux fut son ami et son conseiller, le philosophe Boèce, sans doute le penseur le plus important à avoir contribué à faire passer l'héritage du monde classique dans l'Europe médiévale.

Théodoric semble avoir été un souverain judicieux, entretenant de bonnes relations avec les autres peuples barbares (il épousa la sœur de Clovis) et bénéficiant sur eux d'une sorte de primauté. Mais il ne partagea pas les convictions ariennes de son propre peuple, et le pouvoir devait finir par pâtir chez les Ostrogoths de la division religieuse. Contrairement aux Francs, et en dépit de l'exemple donné par leur souverain, les Ostrogoths ne devaient pas s'accommoder de leur passé romain. Après la mort de Théodoric, ils furent chassés d'Italie, et de l'histoire, par des généraux venus de l'empire d'Orient. Ils laissèrent une Italie en ruine, qu'allait bientôt envahir un autre peuple étranger, les Lombards.

A l'ouest, Clovis avait laissé les Wisigoths pratiquement confinés en Espagne, d'où ils avaient délogé les Vandales. D'autres peuples germaniques y étaient déjà installés. Le pays présentait dès cette époque des difficultés tout à fait particulières – auxquelles continueront de se heurter tous les envahisseurs et tous les gouvernements – et le royaume wisigoth ne résista pas beaucoup plus à la romanisation que ne l'avaient fait ses fondateurs en Gaule, où ils s'étaient bien moins mêlés à la société existante que les Francs. Les Wisigoths – et ils n'étaient pas si nombreux, moins de 100 000 au plus – restèrent groupés autour de leurs chefs, qui se répandirent de la Vieille-Castille jusque dans les provinces ; ils se querellèrent alors tant et si bien entre eux que le pouvoir impérial fut à même d'imposer à nouveau sa domination pendant près d'un demi-siècle dans le sud. Finalement, les rois wisigoths se convertirent au catholicisme et purent s'appuyer ainsi sur l'autorité des évêques espagnols. En 587 commence la longue tradition de la monarchie catholique en Espagne.

Que conclure de tout cela ? Toute généralisation serait hasardeuse. Peut-être la simple action du temps suffit-elle à expliquer les choses. Les Wisigoths connurent trois siècles d'évolution, entre la création du royaume de Toulouse et la fin de leur domination sur l'Espagne. Il y eut beaucoup de changements pendant tout ce temps. Si peu de modifications intervinrent dans la vie économique et dans le domaine des techniques, sauf en pire, les modes de pensée et les types d'institutions connurent, dans tous les royaumes barbares, des transformations qui, bien que se produisant lentement, n'en furent pas moins radicales. Parler de royaumes barbares devient du reste assez vite inadéquat (à l'exception, peut-être, des Lombards). Les tribus germaniques étaient une minorité, souvent isolées dans un cadre qui leur était étranger. Elles dépendaient pour leur existence de routines ancestrales dictées par l'environnement particulier qui était le leur et elles se voyaient contraintes à une certaine forme d'entente avec les peuples qu'elles avaient conquis. Leurs invasions ont dû ressembler parfois à des inondations. Quand la vague était passée, il ne restait souvent derrière elle que quelques envahisseurs, comme autant de petites flaques éparses ; ces envahisseurs remplaçaient ici ou là les maîtres romains, mais le plus souvent vivaient à leurs côtés et avec eux. Le mariage entre Romains et Barbares ne devint légal qu'au VIe siècle, mais ce ne fut pas un grand frein. Les Francs adoptèrent le latin que l'on parlait en Gaule, en lui ajoutant leur propre vocabulaire. Au VIIe siècle, la société européenne occidentale connaissait déjà un climat très différent de celui du turbulent Ve siècle.

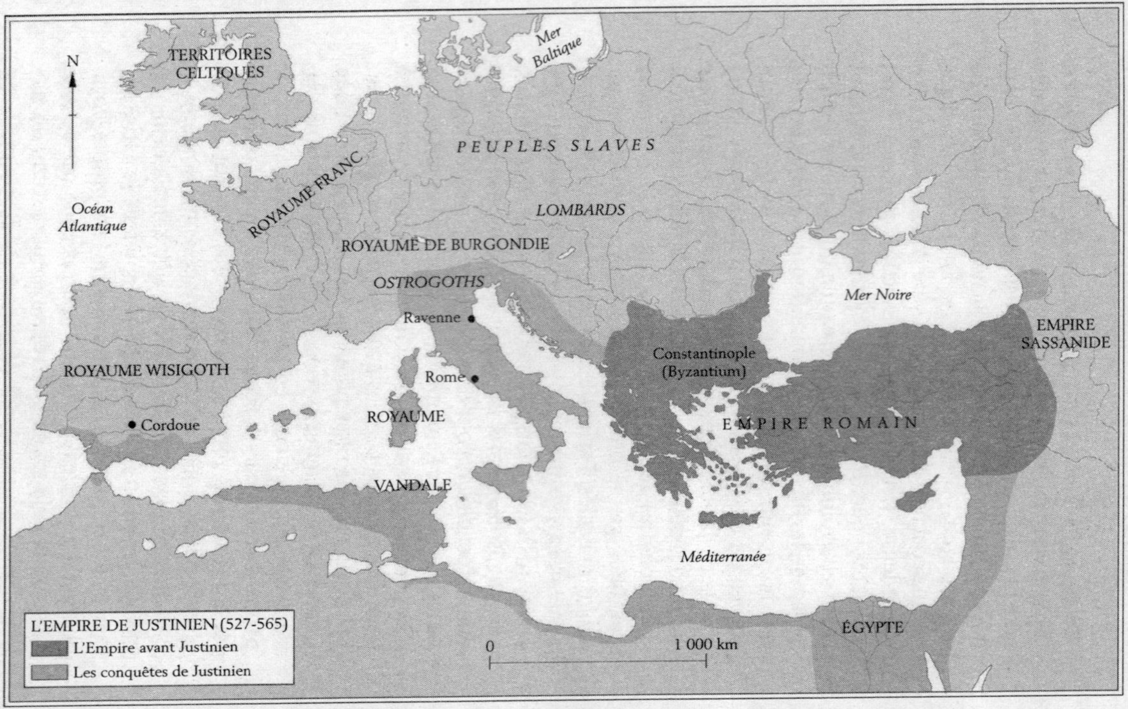
N
TERRITOIRES CELTIQUES
Mer Baltique
PEUPLES SLAVES
Océan Atlantique
ROYAUME FRANC
LOMBARDS
ROYAUME DE BURGONDIE
OSTROGOTHS
Mer Noire
Ravenne
EMPIRE SASSANIDE
Constantinople (Byzantium)
ROYAUME WISIGOTH
Rome
Cordoue
ROYAUME
EMPIRE ROMAIN
VANDALE
Méditerranée
ÉGYPTE
0
1 000 km
L'EMPIRE DE JUSTINIEN (527-565)
L'Empire avant Justinien
Les conquêtes de Justinien

Néanmoins, le passé barbare laissa son empreinte. Dans presque tous les royaumes barbares, la société fut longtemps et irrésistiblement façonnée par les coutumes germaniques. Celles-ci reposaient sur un ordre de valeurs qui se reflète dans le système si caractéristique de la vendetta, conçu pour assurer l'ordre public. Les hommes – ainsi que les femmes, le bétail et toutes sortes de biens – ont un prix, au sens le plus littéral du terme ; dans le cas où les compensations habituelles font défaut, les dommages se règlent en intéressant à l'affaire tout un clan ou toute une famille. Les rois se préoccupèrent de plus en plus de mettre pas écrit, et donc en un sens de « publier », ces coutumes. La connaissance de l'écriture était si rare à l'époque que l'on évitera de perdre son temps à imaginer un quelconque équivalent de la stèle de Babylone ou des plaques blanches sur lesquelles figuraient les décrets des cités-Etats grecques. Ce que l'on peut envisager au mieux, c'est un scribe retranscrivant le tout sur un parchemin pour une future consultation. Néanmoins, c'est dans ce monde germanique que prend son origine une jurisprudence qui devait un jour traverser les océans pour alimenter de nouvelles cultures de souche européenne. La décision de s'en remettre au roi ou au pouvoir collectif pour dire ce qu'il convenait d'enregistrer joua de ce point de vue un rôle essentiel. Tous les royaumes germaniques évoluèrent dans ce sens : la mise par écrit et la codification de leurs lois.

Quand les premières formes d'action publique ne sont pas d'ordre religieux ou surnaturel, elles sont d'ordinaire d'ordre judiciaire. On ne s'étonnera donc pas, par exemple, que le tribunal wisigoth de Toulouse ait fait appel aux compétences d'experts romains en droit. Mais ce n'était là qu'une marque parmi d'autres du respect porté par presque chaque aristocratie barbare aux traditions et aux façons de faire romaines. Théodoric se percevait comme le représentant de l'empereur ; la difficulté pour lui n'était pas de définir son rôle mais d'éviter de provoquer les siens par un excès de romanisation. Ce sont peut-être des considérations analogues qui pesèrent sur Clovis avant sa conversion, un acte par lequel il s'identifia avec l'empire autant qu'avec l'Eglise. En dehors de ces grandes figures, les nobles francs et wisigoths semblent avoir pris plaisir à s'afficher comme les héritiers de Rome en correspondant entre eux en latin et en encourageant la littérature de divertissement. Il y avait aussi des liens d'intérêt avec les Romains ; les guerriers wisigoths trouvaient parfois à s'employer pour mater les révoltes de paysans qui menaçaient les propriétaires terriens autant que les envahisseurs. Mais, tant que l'arianisme tenait le haut du pavé, il y avait une limite à l'identification des Barbares avec la *romanitas*. L'Eglise n'était-elle pas tout ce qui restait de l'empire à l'ouest de Constantinople ?

Les empereurs orientaux n'étaient pas restés indifférents à ces changements. Mais les troubles auxquels ils avaient à faire face sur leurs propres territoires les paralysaient et, au ve siècle, ils durent également pactiser avec leurs généraux barbares. Ils regardaient non sans appréhension les dernières années des empereurs fantoches de Ravenne, ce qui ne les empêcha pas de reconnaître Odoacre, qui déposa le dernier d'entre eux. Ils maintinrent officiellement la fiction d'un empire unique, Orient et Occident réunis, sans remettre en question dans les faits l'indépendance d'Odoacre en Italie, jusqu'à ce qu'une solution de rechange efficace apparaisse avec Théodoric, qui reçut le titre de « patricien ». Dans le même temps, il y avait assez à faire avec les guerres contre la Perse et la nouvelle pression exercée par les Slaves dans les Balkans. Il fallut attendre l'accession au trône de l'empereur Justinien, en 527, pour que le gouvernement impérial revienne de l'état de fiction à celui de réalité.

Rétrospectivement, le règne de Justinien apparaît plutôt comme un échec. L'empereur se conduisit pourtant comme on attendait d'un empereur ; il fit ce que la grande majorité espérait revoir faire à un empereur à poigne. Il déclara haut et fort que le latin était sa langue natale ; compte tenu de la situation au plan international, il pouvait encore envisager raisonnablement de réunifier l'ancien empire et de lui redonner vie, en le centrant cette fois sur Constantinople. Notre handicap, bien sûr, c'est de savoir ce qu'il en est advenu, mais Justinien régna longtemps et ses contemporains furent davantage frappés par les succès temporaires qu'il remporta. Ils voulurent y voir l'annonce d'une véritable restauration. Après tout, qui pouvait concevoir un monde sans l'empire ? Les rois barbares d'Occident faisaient allégeance de bon gré à Constantinople et en acceptaient des titres ; ils ne cherchaient pas à s'arroger la pourpre. Justinien voulut régner en autocrate, un projet que ses contemporains jugèrent sensé et réaliste. Il y a de la grandeur dans la conception qu'il se fit de son rôle ; il est dommage qu'il ait eu personnellement si peu d'attrait.

Justinien passa presque tout son temps à faire la guerre. Il fut souvent victorieux. Même les coûteuses campagnes contre les Perses (et les sommes qu'il fallut verser à leur roi) peuvent être qualifiées de réussites, dans la mesure où elles ne firent pas perdre beaucoup de terrain à l'empire. Elles n'en constituèrent pas moins un grave handicap stratégique. En concluant sa première paix avec les Perses, Justinien pensait pouvoir libérer les ressources nécessaires à sa politique de restauration à l'Ouest : il n'y arriva jamais. Néanmoins, son plus grand général, Bélisaire, détruisit l'Afrique vandale et récupéra le pays pour le compte de l'empire (ce qui lui prit dix ans). Il alla ensuite envahir l'Italie, entamant ainsi une guerre qui se termina en 554 avec le départ définitif des Ostrogoths de Rome : l'Italie, à nouveau réunifiée, se retrouvait placée sous l'autorité de l'empereur, mais une Italie que les troupes impériales avaient ravagée plus que ne l'avaient jamais fait les Barbares. Ce furent là de grands succès, mal exploités. Il y en eut d'autres dans l'Espagne du Sud, où les armées impériales surent profiter de la rivalité entre Wisigoths et réimplanter une antenne gouvernementale à Cordoue. La flotte impériale imposa sa suprématie dans toute la Méditerranée occidentale ; un siècle après la mort de Justinien, les navires byzantins y circulaient en toute liberté.

Cela ne dura pas. A la fin du siècle, l'Italie s'était une fois de plus détachée de l'empire, au profit cette fois des Lombards, qui mirent un terme définitif au pouvoir impérial dans la péninsule. En Europe orientale, en dépit du travail idéologique des missionnaires et d'une diplomatie très active fondée sur la corruption, Justinien n'était pas davantage parvenu à s'entendre avec les Barbares. Peut-être était-il impossible d'arriver à un succès durable. La pression qui s'exerçait sur les migrants était trop forte et bien des trésors scintillaient devant eux. Comme l'écrivit un historien du règne, « les Barbares, après avoir une fois goûté à la richesse de Rome, n'oublièrent jamais la route qui y menait ». A la mort de Justinien, et malgré toutes les sommes dépensées pour construire des forteresses, les ancêtres des futurs Bulgares s'installèrent en Thrace : c'était comme un coin de barbarie enfoncé entre la Rome de l'Ouest et celle de l'Est.

Les conquêtes de Justinien, du fait même de leurs dimensions, ne purent être conservées en l'état par ses successeurs, devant la menace permanente constituée par la Perse, la pression grandissante des Slaves dans les Balkans et l'arrivée au VIIe siècle d'un nouveau rival, l'islam. Des temps redoutables se préparaient. Pourtant, même dans ces conditions, l'héritage de Justinien allait faire son œuvre, grâce à la tradition diplomatique dont il avait été l'initiateur et à la mise en place d'un réseau d'influence chez les peuples barbares installés au-delà des frontières : on les dressait les uns contre les autres, on soudoyait un prince avec un tribut ou un titre, on servait de parrain aux enfants baptisés d'un autre. S'il n'y avait pas eu les principautés clientes du Caucase converties au christianisme du temps de Justinien, si ce même Justinien n'avait pas noué une alliance avec les Goths de Crimée (qui devait durer sept siècles), la survie de l'empire d'Orient aurait été presque impossible. En ce sens également, son règne jette les premiers linéaments de ce que sera la sphère d'action byzantine.

A l'intérieur même de l'empire, Justinien laissa une empreinte indélébile. A son accession au trône, la monarchie était handicapée par l'existence persistante de factions rivales qui faisaient appel au soutien du peuple. Cela déboucha à Constantinople, en 532, sur une grande insurrection qui permit finalement de ramener les factions à la raison. Une grande partie de la ville brûla, mais ce fut la fin des menaces qui pesaient de l'intérieur sur l'autocratisme de Justinien, lequel put dès lors s'afficher de plus en plus continûment et librement.

On doit à cet autocratisme des monuments somptueux ; le plus imposant est la basilique Sainte-Sophie (532-537), mais c'est partout que bâtiments publics, églises, thermes et villes nouvelles marquent le règne et disent la richesse de l'empire d'Orient. Les provinces les plus prospères et les plus civilisées se trouvaient en Asie et en Egypte, avec comme principales villes Alexandrie, Antioche et Beyrouth. Dans un autre domaine, non plus matériel mais institutionnel, on doit au règne de Justinien la codification du droit romain. Un millier d'années de jurisprudence romaine se trouva rassemblé en quatre recueils, sous une forme qui eut une immense influence à travers les siècles et aida à bâtir l'idée moderne de l'Etat. Les efforts de Justinien pour réformer l'administration et l'organisation de l'empire se révélèrent beaucoup moins heureux. Il n'était pas difficile de diagnostiquer des maux dont on avait reconnu la gravité dès le IIIe siècle, mais, étant donné les dépenses et les responsabilités auxquelles devait faire face l'empire, il n'était pas évident de trouver une fois pour toutes les remèdes adéquats. On connaissait les dangers de la vénalité des charges et Justinien décida de la supprimer, mais lorsque la pratique refit insidieusement surface, il fut bien obligé de la tolérer.

La principale réponse institutionnelle aux problèmes de l'empire fut un embrigadement progressif de ses citoyens. Il dut en partie son origine à une tradition dont Justinien avait hérité, le dirigisme économique. De même que les paysans étaient liés au sol, les artisans étaient désormais liés à leurs corporations et à leurs guildes ancestrales ; même la bureaucratie tendit à devenir héréditaire. La rigidité qui en résulta n'allait pas aider à résoudre les problèmes de l'empire.

Par malchance, une série de catastrophes naturelles d'une violence tout à fait exceptionnelle s'abattit sur l'Est au début du VIe siècle : elles expliquent en grande partie le mal qu'eut Justinien à laisser l'empire dans un meilleur état que celui dans lequel il l'avait trouvé. Les tremblements de terre, la famine, la peste ravagèrent les villes et jusqu'à la capitale elle-même, où certains crurent voir des fantômes dans les rues. Le monde ancien était un monde crédule. Mais les histoires qui coururent sur l'empereur, capable d'enlever sa tête et de la remettre ou de devenir invisible à volonté, suggèrent que, sous l'effet de toutes ces tensions, l'empire d'Orient était en train de larguer les amarres qui le retenaient à la civilisation classique. Justinien devait faciliter cette séparation par ses idées et sa politique en matière de religion – un autre résultat paradoxal, car il était loin de correspondre à ses intentions. Il abolit, après huit cents ans d'existence, l'Académie d'Athènes ; parce qu'il voulait être un empereur chrétien et non pas commander à des incroyants, il ordonna par décret la destruction de toutes les statues païennes de la capitale. Pis encore, il s'employa à rabaisser le statut civil des Juifs et à réduire la liberté qui leur était laissée de pratiquer leur religion. La situation, en ce qui les concerne, avait déjà considérablement empiré. C'était devenu depuis longtemps une habitude que d'organiser des pogromes et de détruire des synagogues. Justinien se mêla de changer le calendrier juif et d'intervenir dans les dispositions du culte. Il encouragea même des souverains barbares à persécuter les Juifs. Bien avant les autres villes d'Europe occidentale, Constantinople eut son ghetto.

Justinien était d'autant plus persuadé qu'il était légitimement fondé à faire valoir l'autorité impériale dans les affaires ecclésiastiques qu'il avait un vrai goût pour les disputes théologiques. Les conséquences en furent parfois malheureuses ; une telle attitude ne fit rien pour ramener à l'empire les nestoriens et les monophysites, des hérétiques qui avaient refusé d'accepter les définitions de la relation précise entre Dieu le Père et Dieu le Fils formulées par le concile de Chalcédoine en 451. Dans ces déviances, ce n'était pas la théologie qui comptait, c'était le fait que l'enjeu symbolique de tels dogmes devenait de plus en plus la marque de reconnaissance d'importants groupes linguistiques et culturels. S'en prendre aux hérétiques, c'était aviver le sentiment séparatiste en certains endroits d'Egypte et de Syrie. En Egypte, l'Eglise copte décida de suivre son propre chemin vers la fin du ve siècle, et les monophysites de Syrie l'imitèrent, en fondant à leur tour leur Eglise. Les uns et les autres bénéficièrent de l'encouragement et de l'appui des nombreux moines, débordants d'enthousiasme, que l'on trouvait dans ces régions. En outre, certaines de ces sectes et de ces communautés bénéficiaient d'importantes connexions à l'extérieur de l'empire, si bien que la politique étrangère en fut affectée. Les nestoriens trouvèrent refuge en Perse. Quant aux Juifs, bien que n'étant pas des hérétiques, ils étaient particulièrement influents au-delà des frontières ; en Irak, ils soutinrent les attaques des Perses contre l'empire, et les Etats judéo-arabes situés dans la région de la mer Rouge entravèrent la circulation sur les routes commerciales assurant la liaison avec l'Inde lorsque des mesures hostiles furent arrêtées contre les Juifs au sein de l'empire.

L'espoir qui animait Justinien d'unifier les Eglises d'Occident et d'Orient resta sans effet, en dépit de tout son zèle. Il y avait toujours eu entre elles des divisions potentielles, étant donné les matrices culturelles différentes au sein desquelles elles s'étaient formées. L'Eglise d'Occident n'avait jamais accepté l'union de l'autorité religieuse et de l'autorité temporelle qui se trouvait au cœur de la théorie politique de l'empire d'Orient ; l'empire verrait sa fin, comme d'autres avant lui (la Bible était là pour en attester), et c'est l'Eglise qui triompherait des portes de l'enfer. Ces divergences doctrinales devinrent désormais plus vives, et la probabilité d'une séparation s'accrut avec l'effondrement qui frappait l'Occident. Un pape romain vint rendre visite à Justinien et l'empereur parla de Rome comme de la « source de la prêtrise », mais on vit finalement deux communions chrétiennes décider de suivre chacune son chemin avant de se quereller violemment. Les idées de Justinien, pour qui l'empereur incarnait l'autorité suprême, même sur des questions de doctrine, furent victimes, des deux côtés, de l'intransigeance des hommes d'Eglise.

Voilà qui semble impliquer (comme c'est le cas pour tant d'autres de ses faits et gestes) que le résultat auquel aboutit l'empereur ne fut pas celui qu'il cherchait et qu'il atteignit provisoirement – rétablir l'unité impériale –, mais quelque chose de tout à fait différent : rendre plus aisé le chemin menant à une nouvelle civilisation, la civilisation byzantine. Celle-ci devint après lui une réalité, même si elle ne fut pas encore reconnue comme telle. Byzance prenait son essor et quittait le monde classique pour adopter un style qui lui était clairement associé mais en était indépendant. Cette évolution fut facilitée par les développements qui se produisirent à la même époque dans les deux cultures, orientale et occidentale : il s'agissait désormais, presque exclusivement, des nouvelles tendances qui se faisaient jour dans l'Eglise.

Comme ce sera souvent le cas par la suite, l'Eglise et ses responsables, dans un premier temps, n'avaient ni compris ni accueilli le désastre comme une chance. Ils s'identifiaient avec ce qui s'effondrait, ce qui peut parfaitement se comprendre. La chute de l'empire, c'était pour eux la chute de la civilisation ; l'Eglise, en Occident, à l'exception de l'autorité municipale dans des villes qui s'étaient appauvries, constituait la seule institution de la *romanitas* à survivre. Ses évêques avaient l'expérience de l'administration ; ils étaient en tout cas aussi bien armés que d'autres notables locaux pour affronter de nouveaux problèmes. Une population à demi païenne leur portait un profond respect et leur attribuait des pouvoirs presque magiques. En bien des endroits, ils furent la dernière incarnation de l'autorité restant en place une fois parties les armées de l'empire et tombée en poussière son administration. Ils étaient les seuls à maîtriser l'écriture au sein d'une nouvelle classe dirigeante illettrée qui avait soif de l'héritage classique et était impatiente de le partager. Socialement, ils étaient souvent issus de puissantes familles provinciales, ce qui veut dire qu'ils étaient parfois de grands aristocrates et de grands propriétaires, qui disposaient de ressources matérielles leur permettant de tenir leur rôle spirituel. De nouvelles tâches retombèrent naturellement sur eux.

Ce n'était pas tout. La fin du monde classique vit aussi émerger au sein de l'Eglise d'Occident deux institutions qui servirent de « lignes de vie » pour franchir les rapides dangereux séparant une civilisation qui s'était effondrée d'une autre qui n'était pas encore née. La première fut le monachisme chrétien, un phénomène qui apparut d'abord à l'Est. C'est vers 285 qu'un copte, saint Antoine, se retira dans le désert d'Egypte pour y mener une vie d'ermite. Son exemple fut suivi par d'autres qui veillèrent, prièrent, luttèrent contre les démons ou se mortifièrent par le jeûne et par d'autres moyens plus contestables. Certains d'entre eux se regroupèrent en communautés et devinrent membres d'un monastère, pratique qui se répandit bientôt d'Orient en Occident.

Un moine italien, dont nous connaissons peu de choses en dehors de sa réussite et du fait qu'on lui attribua des miracles, fut choqué de l'état dans lequel il trouva le monachisme. Il s'agissait de saint Benoît, l'un des hommes les plus influents dans l'histoire de l'Eglise. En 529, il implanta un monastère au Mont Cassin, en Italie du Sud, et lui donna une nouvelle règle qu'il avait élaborée en triant et choisissant parmi les règles déjà existantes. C'est un document majeur pour le christianisme occidental, et donc pour la civilisation européenne. Il oblige le moine à donner toute son attention à la communauté, sur laquelle l'abbé exerce une pleine et entière autorité. La communauté n'a pas simplement pour but de permettre à des individus de travailler en paix à leur salut, elle forme un tout au sein duquel s'organisent le culte et la vie. Chaque moine doit contribuer à la bonne marche de ce tout dans le cadre d'un emploi du temps soigneusement établi régissant les offices, les prières et le travail. Forgé à partir de l'individualisme monastique traditionnel, un nouvel instrument humain voyait le jour ; ce devait être l'une des principales armes dans l'arsenal de l'Eglise.

Saint Benoît ne mit pas la barre trop haut, et ce fut l'un des secrets de son succès ; la règle était accessible à des hommes ordinaires aimant Dieu, et il n'était pas nécessaire aux moines qui la suivaient de se mutiler le corps ou l'esprit. C'est cette juste appréciation de leurs besoins qui explique la rapidité de sa diffusion. Très vite, des monastères bénédictins apparurent un peu partout en Occident. C'est à partir d'eux, grâce à leurs missionnaires et à leurs enseignements, que fut menée à bien la conversion de l'Angleterre et de l'Allemagne païennes. A l'ouest, seule une frange de l'Eglise celtique s'en tint à l'ancien modèle, érémitique, de la vie monastique.

L'autre nouveau grand support de l'Eglise fut la papauté. Le prestige du trône de saint Pierre, et des ossements de l'apôtre qui étaient censés y être conservés, avait toujours donné à l'évêché de Rome une place particulière parmi ceux de la chrétienté. Il était le seul en Occident à prétendre descendre de l'un des Apôtres. Mais il n'avait pas grand-chose d'autre à offrir ; l'Eglise d'Occident était une Eglise jeune, et c'est dans les Eglises d'Asie que l'on pouvait faire valoir les liens les plus étroits avec l'époque des Apôtres. Il fallait donc d'autres arguments à la papauté pour atteindre à cette splendide prééminence qui lui fut unanimement reconnue par le monde médiéval.

Il y avait d'abord la ville. Rome avait été considérée pendant des siècles comme la capitale du monde, ce qui avait été vrai pour une grande partie de celui-ci. Ses évêques travaillaient de pair avec le Sénat et l'empereur, et le départ de la cour impériale ne rendit que plus évident le rang éminent qui était le leur. L'arrivée en Italie de fonctionnaires étrangers venus de l'empire d'Orient, que les Italiens détestaient autant que les Barbares, changea le regard porté sur la papauté : c'est à elle que s'adressa désormais la loyauté des Italiens. A quoi s'ajoutait le fait que le siège de Rome était riche, avec un appareil gouvernemental à la mesure de ce qu'il possédait. D'où un savoir-faire en matière de gestion qui n'avait pas d'équivalent en dehors de l'administration impériale elle-même. Cette caractéristique était d'autant plus visible dans une époque troublée, où les Barbares manquaient de ces compétences. Le siège de Rome était le plus prospère de tous, une situation qu'exploitaient déjà, au Ve siècle, les apologistes de la papauté. L'attitude de celle-ci, si typiquement conservatrice, et l'idée selon laquelle il ne s'agissait plus de se lancer dans de nouvelles évolutions mais de défendre les positions déjà arrêtées : tout est déjà là, et avec une entière sincérité. Les papes ne se perçurent pas comme les conquérants de nouveaux territoires idéologiques et juridiques, mais comme des hommes essayant à tout prix de préserver les avantages déjà acquis par l'Eglise.

Telles furent les circonstances dans lesquelles la papauté émergea en tant que force historique majeure. Léon le Grand, au Ve siècle, fut le premier pape sous lequel le nouveau pouvoir de Rome devint une évidence. Un empereur déclara que les décisions du pape avaient force de loi et Léon soutint vigoureusement la doctrine d'après laquelle les papes parlaient au nom de saint Pierre. Il s'arrogea le titre de *pontifex maximus*, auquel avaient renoncé les empereurs. On croyait que la visite qu'il avait rendue à Attila avait écarté la menace d'une attaque des Huns contre l'Italie ; les évêques d'Occident, qui avaient résisté jusque-là aux prétentions de Rome à jouir de la primauté, devinrent davantage enclins à y souscrire dans un monde mis sens dessus dessous par les Barbares. Rome, pourtant, n'était encore qu'une partie de l'Eglise officielle d'un empire dont la religion, suivant les vues de Justinien, relevait avant tout de l'empereur.

Le pape qui laisse le mieux apercevoir ce que sera la papauté au Moyen Age est aussi le premier à avoir été moine. En Grégoire le Grand, qui fut pape de 590 à 604, se retrouvent donc réunies les deux grandes innovations de la jeune Eglise. Il fut un homme d'Etat d'une grande perspicacité. Cet aristocrate romain, loyal à l'empire et respectueux de l'empereur, n'en fut pas moins le premier pape à accepter pleinement l'Europe barbare sur laquelle il régnait ; son pontificat fait enfin voir une rupture complète avec le monde classique. Il considéra comme de son devoir de lancer la première grande campagne d'évangélisation, dont l'une des cibles fut l'Angleterre païenne, où il envoya Augustin de Canterbury en 596. Il lutta contre l'hérésie arienne et se réjouit de la conversion des Goths au catholicisme. Il se préoccupait autant des rois germains que de l'empereur au nom duquel il prétendait agir, mais il était aussi l'adversaire le plus déterminé des Lombards. Pour trouver de l'aide contre eux, il s'adressa à la fois à l'empereur et, de façon plus révélatrice, aux Francs. Ce sont pourtant les Lombards qui contribuèrent à faire du pape, nécessité aidant, une puissance politique. Non seulement ils l'empêchèrent de communiquer avec le représentant de l'empereur à Ravenne, mais ils le forcèrent à négocier avec eux lorsqu'ils vinrent camper sous les murs de Rome. Comme les autres évêques d'Occident qui avaient hérité des pouvoirs civils, Grégoire dut nourrir sa ville et la gouverner. Les Italiens en vinrent peu à peu à voir dans le pape un successeur de Rome aussi bien que de saint Pierre.

En Grégoire cohabitaient un Romain de l'âge classique et un chrétien ; il représenta quelque chose de nouveau, bien qu'il n'en ait probablement pas eu conscience. Trait significatif, il ne parlait pas grec et n'en éprouvait pas le besoin. Il y avait déjà eu des signes de changement dans les relations de l'Eglise avec les Barbares. Avec Grégoire, voici que l'Europe, et non plus le bassin méditerranéen, devient l'un des lieux où se fait l'histoire. Les graines de l'avenir y sont déjà semées, mais pas celles de l'avenir proche ; pour la plupart des peuples du monde, l'existence de l'Europe, pendant le millénaire qui va suivre, ne signifiera pratiquement rien. Et pourtant une Europe se dessine enfin, même si elle est incroyablement différente de ce qu'elle est appelée à devenir et si elle se limite à l'ouest du continent.

Elle était aussi complètement différente du passé. L'ordre, la culture, les loisirs qui caractérisaient la vie dans les provinces romaines avaient cédé la place à une société fragmentée dans laquelle campaient une aristocratie guerrière et ses tribus, parfois intégrées aux anciens habitants et parfois non. Leurs chefs, appelés rois, n'étaient certainement plus de simples chefs, pas plus que leurs congénères, après deux siècles passés au contact de ce que Rome avait laissé derrière elle, n'étaient de simples Barbares. C'est en 550 qu'un roi barbare se représenta pour la première fois, sur ses pièces de monnaie, paré des insignes impériaux. La profonde impression laissée dans leur imagination par les vestiges d'une culture prestigieuse, le sentiment d'efficacité qui allait de pair avec l'idée même de Rome et, par-dessus tout, le travail conscient et inconscient de l'Eglise : autant de facteurs qui se conjuguèrent pour engager ces peuples sur la voie de la civilisation. Ce dont témoigne ce que nous avons conservé de leur art.

Pour ce que l'on appelle en principe culture, ils n'apportèrent rien avec eux qui puisse se comparer avec l'Antiquité. Dans le domaine de la spéculation, la contribution des Barbares fut inexistante. Et pourtant, à des niveaux moins élevés, les échanges culturels ne restèrent pas à sens unique. Il ne faut pas sous-estimer la plasticité qui était encore à cette époque celle du christianisme ou à tout le moins de l'Eglise. Partout, le christianisme devait, pour se répandre, emprunter les canaux disponibles ; il fallait s'accommoder, pour ce faire, des couches successives laissées par le paganisme : une couche germanique sur une couche romaine sur une couche celtique. La conversion d'un roi comme Clovis ne veut pas dire que ses sujets adhérèrent aussitôt au christianisme, même d'une façon purement formelle ; certains d'entre eux étaient encore païens après plusieurs générations, comme le prouvent leurs tombes. Mais ce conservatisme avait ses avantages tout comme ses inconvénients. L'Eglise pouvait mettre à profit la croyance en la magie populaire, ou l'existence de lieux sacrés qui permettraient d'associer le culte d'un saint avec le respect porté à de vieilles divinités de la campagne et des forêts. Parmi les arguments persuasifs de l'époque, il y avait les miracles, relatés dans les vies de saints dont on faisait assidûment la lecture aux pèlerins venus se recueillir sur place. On n'hésitait pas à recourir à des acteurs pour simuler les interventions magiques des vieilles divinités celtiques ou les manifestations de la puissance d'Odin. Pour bien des gens de l'époque, comme ce fut très souvent le cas dans l'histoire humaine, le rôle de la religion ne consistait pas à proposer une orientation morale ou une initiation spirituelle, mais à se ménager les bonnes grâces de l'invisible. Le seul domaine où le christianisme traça sans ambiguïté une ligne de partage entre lui-même et le passé païen, ce furent les sacrifices d'animaux ; pour bien d'autres pratiques ou traditions païennes, il se contenta de les christianiser.

Le processus qui a joué dans tout cela a longtemps été interprété comme un déclin, et il y a certainement des raisons valables pour en juger ainsi. A s'en tenir au domaine matériel, l'Europe barbare fut certainement une région économiquement plus pauvre que l'empire des Antonins ; à travers toute l'Europe, les touristes s'extasient encore devant les réalisations des architectes romains, comme ont dû le faire avant eux nos prédécesseurs barbares. Néanmoins, de toute cette confusion allait émerger, le moment venu, quelque chose de tout à fait nouveau et d'infiniment plus créatif que Rome. Il était sans doute impossible aux contemporains de percevoir ce qui arrivait autrement que comme une apocalypse. Mais certains ont peut-être porté leur regard juste un tout petit peu plus loin, comme les préoccupations qui animèrent Grégoire le suggèrent.

XVII

L'Inde classique

Bien qu'accompagné et conseillé par des érudits et des savants, Alexandre n'avait qu'une idée très floue de ce qu'il s'apprêtait à trouver en Inde. Il semble avoir cru que l'Indus faisait partie du Nil et que ce que l'on trouvait au-delà formait un prolongement de l'Ethiopie. Les Grecs étaient depuis longtemps bien informés sur l'Inde du Nord-Ouest, le siège de la satrapie perse du Gandhara. Mais, plus loin, c'était le trou noir. Sur le plan géopolitique, en tout cas, l'obscurité est toujours là ; les relations entre les Etats du Gange à l'époque de l'invasion d'Alexandre, et donc la nature même de ces Etats, restent encore difficiles à se représenter. Un royaume du Magadha, implanté dans la basse vallée du fleuve et exerçant une sorte de domination sur le reste de la vallée, a constitué l'entité politique la plus importante du sous-continent pendant deux siècles ou plus, mais nous ne savons pas grand-chose de ses institutions et de son histoire. Les sources indiennes ne disent rien de l'arrivée d'Alexandre en Inde et, comme le grand conquérant ne pénétra jamais au-delà du Pendjab, si nous sommes au fait, grâce à des comptes rendus grecs de l'époque, des bouleversements qu'il provoqua dans les petits royaumes du Nord-Ouest, nous restons dans l'ignorance pour tout ce qui touche au cœur même du pouvoir en Inde.

Sous les Séleucides, on commença à disposer d'informations plus sûres sur ce qui existait au-delà du Pendjab. Ces nouvelles connaissances coïncident à peu près avec l'apparition d'une nouvelle puissance en Inde, l'Empire maurya ; c'est avec lui que l'Inde fait sa véritable entrée dans la documentation historique. L'un de nos informateurs est un ambassadeur grec, Mégasthène, envoyé en Inde par le souverain séleucide vers 300 avant J.-C. Des fragments du récit qu'il fit de ses expériences subsistèrent assez longtemps pour permettre à des écrivains ultérieurs de le citer longuement. Au fil de ses voyages, qui le conduisirent aussi loin que le Bengale et l'Orissa (à présent l'Odisha), et profitant du respect qui s'attachait à lui en tant que diplomate et érudit, il rencontra et interrogea de nombreux Indiens. On devait lui reprocher plus tard sa crédulité et son manque de fiabilité : il avait parlé d'hommes qui vivaient d'odeurs et non de nourriture et de boisson ; il en avait évoqué d'autres qui ressemblaient à des cyclopes, d'autres encore dont les pieds étaient si grands qu'ils s'en servaient pour s'abriter du soleil, sans compter des pygmées et des hommes dépourvus de bouche.

Des absurdités, bien sûr. Mais qui n'étaient pas pour autant sans fondement. Elles peuvent traduire tout simplement la conscience très développée qu'avaient les Indiens aryens des différences physiques qui les distinguaient de leurs voisins ou de leurs lointains congénères d'Asie centrale ou de la jungle birmane. Par leur aspect et par leur comportement, ces derniers ont dû paraître très étranges aux yeux des Indiens. Parmi ces prétendues absurdités, d'autres peuvent être plus ou moins en rapport avec les curieuses pratiques ascétiques de la religion indienne, qui n'ont jamais cessé d'impressionner les étrangers et que les récits ont une tendance naturelle à exagérer. De telles fables ne doivent pas discréditer trop vite celui qui les raconte ; elles n'impliquent pas nécessairement que tel ou tel autre élément de sa narration soit totalement erroné. Elles peuvent même avoir une réelle valeur en nous aidant à imaginer la façon dont les informateurs indiens de Mégasthène considéraient le monde extérieur.

Il décrit l'Inde d'un grand dirigeant, Chandragupta, fondateur de la dynastie Maurya, sur lequel nous disposons également d'autres sources. Les anciens croyaient que l'esprit de conquête lui était venu lorsque, dans sa jeunesse, il avait vu Alexandre le Grand au moment où il envahissait l'Inde. Quoi qu'il en soit, Chandragupta usurpa le trône du Magadha en 321 avant J.-C. et il bâtit sur les ruines de ce royaume un Etat qui englobait non seulement les deux grandes vallées de l'Indus et du Gange, mais aussi la majeure partie de l'Afghanistan (enlevée aux Séleucides) et du Baloutchistan. Il avait établi sa capitale à Patna, où il habitait un splendide palais construit en bois : l'archéologie ne nous est toujours pas d'un grand secours à ce stade de l'histoire de l'Inde.

Du témoignage de Mégasthène on peut déduire que Chandragupta exerça une sorte de présidence monarchique, mais les sources indiennes semblent indiquer un Etat bureaucratique, ou à tout le moins qui aspirait à l'être. Il est difficile de savoir ce qu'il en était au juste en réalité. Cet Etat avait été construit à partir d'unités politiques formées antérieurement et dont beaucoup reposaient sur un type d'organisation républicaine ou populaire. La plupart de ces unités étaient rattachées à l'empereur par l'intermédiaire de grands personnages qui l'assistaient ; certains d'entre eux, qui étaient en principe ses sujets, ont dû souvent jouir, dans la pratique, d'une grande indépendance.

Mégasthène nous fournit également beaucoup de renseignements sur les habitants de l'empire. Outre la longue liste de peuples qu'il dresse, il distingue deux traditions religieuses (l'une brahmanique et l'autre apparemment bouddhiste), fait état des habitudes alimentaires des Indiens (ils consomment du riz et ne recourent au vin que pour les besoins du culte), nous en apprend beaucoup sur la domestication des éléphants et souligne le fait (surprenant pour un Grec) qu'il n'y a pas d'esclaves en Inde. Il se trompait, mais il avait des excuses. Si la servitude absolue n'existait pas dans le sous-continent, certains Indiens n'en étaient pas moins contraints de travailler en permanence pour un maître, sans pouvoir se libérer légalement de ce lien. Mégasthène nous raconte également que le roi se divertissait en s'adonnant à la chasse, une activité qui se pratiquait depuis des plates-formes surélevées ou à dos d'éléphant – à peu près comme on le fera au XXe siècle pour la chasse au tigre.

On dit que Chandragupta passa ses derniers jours avec des Jaïns, en se laissant rituellement mourir de faim dans une retraite près de Mysore. Son fils et successeur chercha à développer l'empire dans la direction où s'était déjà engagé son père, c'est-à-dire vers le sud. Le pouvoir Maurya commença à pénétrer dans les épaisses forêts tropicales situées à l'est de Patna et à descendre le long de la côte orientale. Finalement, sous le troisième souverain Maurya, la conquête de l'Orissa donna à l'empire le contrôle des routes terrestres et maritimes conduisant vers le sud. Le sous-continent connut ainsi une forme d'unité politique qui n'aura pas d'équivalent pendant près de deux millénaires. Le conquérant qui y parvint s'appelait Ashoka. C'est avec lui qu'il devient enfin possible d'écrire une histoire documentée de l'Inde.

De l'époque d'Ashoka nous sont parvenues quantité d'inscriptions : des décrets, des injonctions faites à ses sujets. Cette façon de diffuser les messages officiels ainsi que les différents styles auxquels obéissent les inscriptions laissent entrevoir des influences perses et hellénistiques. Sous les Mauryas, l'Inde entretint certainement des contacts plus suivis avec les civilisations de l'Ouest qu'elle ne l'avait jamais fait jusque-là. A Kandahar, Ashoka laissa des inscriptions à la fois en grec et en araméen.

De tels témoignages révèlent un gouvernement capable de beaucoup plus que ce que décrit à grands traits Mégasthène. Un Conseil royal chapeautait une société fondée sur le concept de caste. Il y avait une armée et une bureaucratie royales ; comme partout ailleurs, l'arrivée de l'écriture révolutionna l'art de gouverner ainsi que la culture. Il existait aussi, apparemment, une vaste police secrète, ou un service interne de renseignements. Outre la levée des impôts et l'entretien du réseau de communication et d'irrigation, cette machine entreprit sous Ashoka de promouvoir une idéologie officielle. Ashoka lui-même s'était converti au bouddhisme au début de son règne. Sa conversion, contrairement à celle de Constantin, ne précéda pas mais suivit une bataille dont le coût élevé en vies humaines l'épouvanta. Quoi qu'il en soit, cette conversion l'amena à renoncer aux projets de conquête qui avaient marqué jusqu'alors son règne. D'où le fait, peut-être, qu'il n'ait pas été tenté de faire campagne en dehors du sous-continent – une forme de réticence qu'il partage, il est vrai, avec la plupart des souverains indiens, qui n'ont jamais aspiré à régner sur des Barbares, et qui ne devint évidente de sa part qu'une fois achevée la conquête de l'Inde.

On tient d'ordinaire pour la conséquence la plus remarquable du bouddhisme d'Ashoka les recommandations, gravées sur des rochers ou des colonnes, qu'il adressa à ses sujets après sa conversion (après 260 avant J.-C.). Elles équivalaient en fait à une philosophie sociale complètement nouvelle. Les préceptes d'Ashoka ont reçu le nom générique de *Dhamma*, une variante d'un mot sanskrit signifiant « Loi universelle », et leur nouveauté a conduit les politiciens d'aujourd'hui à se confondre en admiration, au risque de verser dans l'anachronisme, devant la modernité d'Ashoka. Ses idées n'en demeurent pas moins saisissantes. Il exigea le respect de la dignité de tout être humain et, par-dessus tout, la tolérance en matière de religion et la non-violence. Ses préceptes ont un caractère général plutôt que spécifique et ne constituent pas des lois. Mais les grands thèmes dont ils traitent ne laissent place à aucune ambiguïté, et sont conçus en vue d'une application pratique. Ces préceptes plaisaient à coup sûr à Ashoka, étant donné ses penchants et ses orientations, mais ils traduisaient moins le désir de faire progresser les idées du bouddhisme (Ashoka s'y employa d'autres manières) que celui d'apaiser les différences. Ils ont tout l'air d'un dispositif destiné à faciliter le gouvernement d'un empire immense, hétérogène et religieusement divisé. Ashoka chercha à créer une sorte de terrain d'entente sur lequel se serait retrouvée l'Inde entière ; il entendait fonder l'unité politique et sociale sur les intérêts des hommes autant que sur l'usage de la force et le recours à l'espionnage. « Tous les hommes, dit une de ses inscriptions, sont mes enfants. »

Voilà qui peut également expliquer sa fierté pour ce que l'on pourrait appeler ses « services sociaux », qui prirent parfois des formes appropriées au climat : « Sur les routes j'ai fait planter des banyans qui fourniront de l'ombre aux bêtes et aux gens », proclamait-il. La valeur de cette mesure apparemment simple a dû sauter très vite aux yeux de ceux qui s'échinaient à voyager dans les grandes plaines indiennes. Presque incidemment, d'autres améliorations vinrent adoucir la vie sur les routes commerciales, mais, tout comme les puits qu'il fit creuser et les refuges qu'il fit bâtir tous les 15 kilomètres, les banyans étaient en fait une expression du *Dhamma*. Et pourtant, celui-ci ne semble pas avoir fait l'unanimité : il est question dans nos sources de querelles partisanes et du ressentiment des prêtres.

Ashoka réussit mieux en promouvant la simple évangélisation bouddhiste. Son règne vit la première grande expansion du bouddhisme, qui avait prospéré mais restait confiné jusqu'alors dans le nord-est de l'Inde. Ashoka décida cette fois d'envoyer des missionnaires en Birmanie, où ils firent du bon travail ; d'autres réussirent encore mieux à Ceylan (le Sri Lanka) et l'île, depuis cette époque, est restée majoritairement bouddhiste. Les résultats furent moins heureux pour ceux que l'on dépêcha, avec un optimisme peut-être excessif, en Macédoine et en Egypte, encore que l'enseignement bouddhiste ait laissé sa marque sur quelques philosophes du monde hellénistique et que certains Grecs se soient convertis.

La vitalité du bouddhisme sous Ashoka peut également expliquer en partie les signes de réaction que l'on perçoit du côté de la religion brahmanique. On a supposé que la nouvelle vulgarisation de certains cultes, qui date à peu près de cette époque, a pu représenter une réponse délibérée à ce défi. C'est ainsi que le IIIe et le IIe siècles avant J.-C. voient une nouvelle prééminence accordée aux cultes de deux des avatars les plus populaires de Vishnu. L'un est le protéiforme Krishna, dont la légende offre aux fidèles de vastes possibilités d'identification psychologique, et l'autre Rama, l'incarnation du roi bienveillant, du bon époux et du bon fils, un dieu familial. C'est également au IIe siècle avant J.-C. que les deux grandes épopées indiennes, le *Mahabharata* et le *Ramayana*, commencent à prendre leur forme définitive. La première fut enrichie d'un long développement, considéré aujourd'hui comme l'œuvre la plus célèbre de la littérature indienne et son plus grand poème, la *Bhagavad-Gita*, ou « Chant du Seigneur ». Il devait devenir le testament central de l'hindouisme, tissant autour de la figure de Vishnu/Krishna une doctrine éthique d'après laquelle nous sommes tenus de nous acquitter des obligations que fait peser sur chacun de nous son appartenance à sa propre classe *(dharma)*. A quoi s'ajoute une recommandation : les œuvres de dévotion, si méritoires soient-elles, risquent d'être moins efficaces que l'amour de Krishna pour accéder au bonheur éternel.

Tout cela était important pour l'avenir de l'hindouisme, mais ne se développa pleinement que dans une période bien postérieure à l'écroulement de l'Empire maurya, qui commença peu après la mort d'Ashoka. Cette disparition est si dramatique – et l'Empire maurya a été une réussite si remarquable – que nous sommes tentés de chercher une explication particulière alors qu'il s'agit peut-être, tout simplement, d'un phénomène général. Dans tous les anciens empires, à l'exception peut-être de la Chine, les demandes adressées au gouvernement finissent par dépasser les ressources techniques disponibles pour les satisfaire : quand on en arrive là, les empires se brisent.

Les Mauryas avaient accompli de grandes choses. Ils enrôlèrent des travailleurs pour mettre en valeur de vastes portions de terres incultes, parvenant ainsi à la fois à nourrir une population qui augmentait et à élargir l'assiette fiscale de l'empire. Ils entreprirent de grands travaux d'irrigation, qui leur survécurent pendant des siècles. Sous le règne des Mauryas, le commerce prospéra, à en juger par la façon dont la céramique du Nord se répandit à travers l'Inde au IIIe siècle avant J.-C. Ils entretinrent une immense armée et étendirent leur action diplomatique jusqu'en Epire. Mais le prix à payer fut élevé. L'administration et l'armée vivaient en parasites sur une économie agricole dont les capacités de développement n'étaient pas infinies. Il y avait une limite à ce qu'on pouvait lui demander. La bureaucratie, vue à distance, semble avoir été en principe centralisée, mais il est très probable qu'elle manquait d'efficacité, à défaut d'être irréprochable. Sans un système de contrôle et de recrutement qui l'aurait rendue indépendante du reste de la société, elle tomba d'un côté dans les mains des favorites d'un monarque dont tout dépendait et de l'autre dans les griffes des élites locales, qui savaient comment prendre et garder le pouvoir.

Dès l'époque qui précéda les Mauryas, le pays souffrait profondément d'une grave faiblesse politique. La société indienne avait déjà choisi de s'organiser autour de deux pôles : la famille et la caste. C'est sur les institutions sociales, plutôt que sur une dynastie ou sur la notion abstraite d'Etat (pour ne pas dire de nation), que se porta la loyauté des Indiens. Quand un Empire indien commença à s'effondrer sous la pression de difficultés économiques, d'interventions extérieures ou de problèmes techniques, il ne trouva aucun soutien populaire spontané pour venir à son secours. C'est la preuve saisissante de l'échec d'Ashoka : il n'était pas parvenu à donner une cohérence idéologique à son empire. Il y a plus. Les institutions sociales de l'Inde, et particulièrement le système des castes dans ses formes élaborées, avaient un coût économique. Là où les fonctions que l'on exerce sont irrémédiablement fixées par la naissance, que peut bien signifier un don pour les activités économiques ? Que peut bien signifier l'ambition ? L'Inde avait un système social de nature à entraver les possibilités de développement économique.

Après l'assassinat du dernier empereur Maurya, c'est une dynastie du Gange, d'origine brahmanique, qui prend le pouvoir. Pour le demi-millénaire qui suit, l'histoire de l'Inde est une fois de plus celle de la désunion politique. Nous disposons de références dans des sources chinoises à partir de la fin du IIe siècle avant J.-C., mais on ne peut pas dire qu'elles aient permis aux spécialistes de mieux s'accorder sur ce qui se passait alors en Inde. Même la chronologie paraît encore largement conjecturale. Seuls les grands faits sont établis.

Le plus important d'entre eux, c'est une nouvelle succession d'invasions de l'Inde par les routes historiques du

Nord-Ouest. Arrivèrent d'abord les Bactriens, des descendants des Grecs de l'ancien empire d'Alexandre installés dans la haute vallée de l'Oxus, où ils avaient fondé en 239 avant J.-C. un royaume indépendant, entre l'Inde et la Perse des Séleucides. Nous devons aux pièces de monnaie l'essentiel de nos connaissances, bien lacunaires, sur ce mystérieux pays. On sait en tout cas que les Bactriens, cent ans plus tard, s'engagèrent dans la vallée de l'Indus. Ils inauguraient ainsi un processus qui devait durer pendant quatre siècles. Une série complexe de mouvements se produisit, dont les origines remontent loin, du côté des sociétés nomades d'Asie. Parmi ceux qui prirent la suite des Gréco-Indiens de Bactriane et s'établirent à différentes époques dans le Pendjab, on compte les Parthes et les Scythes. Un roi scythe, si l'on en croit la légende, aurait reçu à sa cour l'apôtre Thomas.

Un peuple important fit tout le chemin depuis les frontières de la Chine et laissa après lui le souvenir d'un autre grand Empire indien, s'étendant depuis Bénarès, au-delà des montagnes, jusqu'aux routes caravanières des steppes. Il s'agit des Kushana, des descendants de groupes indo-européens qui vivaient dans la région actuelle du Xinjiang. Ils étaient (en tout cas leurs dirigeants) des bouddhistes enthousiastes, dotés d'une foi de missionnaires ; ils voulaient diffuser le message du Bouddha jusque sur leurs terres ancestrales et, par-delà, jusqu'en Chine et en Mongolie. Leurs intérêts politiques, ce qui s'accordait parfaitement avec la diffusion de la foi bouddhiste, se focalisaient sur l'Eurasie centrale, où leur plus grand roi mourut les armes à la main. Grâce aux missionnaires Kushana, le bouddhisme commença à se répandre dans les zones centrales et orientales de l'Eurasie et en Chine, où il devait tenir un rôle majeur dans les siècles de chaos qui suivirent la chute de l'Etat Han.

Avec les Kushana, ce sont aussi de nouvelles influences étrangères qui viennent s'exercer sur la culture indienne, souvent en provenance d'Occident : on sent dans la sculpture, et plus particulièrement dans les représentations du Bouddha, comme un parfum hellénistique. Le fait de représenter le Bouddha constituait par lui-même une innovation, et suffisait déjà à marquer une époque. Les Kushana excellèrent dans cet art : ils se détachèrent peu à peu des modèles grecs et finirent par donner au Bouddha les formes qui nous sont aujourd'hui familières. Ce fut l'un des aspects du développement complexe de la religion bouddhiste. Elle devint notamment de plus en plus populaire et prit un ancrage de plus en plus matériel ; le Bouddha se changeait en un dieu. Il y eut bien d'autres transformations. Le millénarisme, des formes d'expression plus affectives de la religion et des systèmes philosophiques sophistiqués interagirent les uns sur les autres. Vouloir distinguer une « orthodoxie » hindoue ou bouddhiste est une démarche passablement artificielle.

Les Kushana finirent par succomber devant plus fort qu'eux. La Bactriane et la vallée de Kaboul furent conquises par Artaxerxès au début du IIIe siècle avant J.-C. Peu après, un autre roi sassanide s'empara de la capitale de l'empire Kushana, Peshawar. Ce genre d'énumération et le type de récit qui l'accompagne ont vite fait d'indisposer le lecteur. Il risque de réagir comme Voltaire : « Si vous n'avez autre chose à nous dire, sinon qu'un barbare a succédé à un autre barbare sur les bords de l'Oxus et du Jaxartès, en quoi êtes-vous utile au public ? » Il en va ici comme avec les luttes fratricides entre rois francs, ou comme avec les royaumes anglo-saxons de l'Heptarchie, mais sur une échelle un peu plus grande. Il est difficile, à vrai dire, de trouver un sens quelconque à ce va-et-vient, en dehors du fait qu'il illustre deux grandes constantes de l'histoire indienne : l'importance de la frontière du Nord-Ouest comme couloir de circulation pour les phénomènes culturels, et le pouvoir d'assimilation de la civilisation hindoue, un pouvoir auquel aucun des peuples envahisseurs n'a pu finalement résister. De nouveaux dirigeants ne tardèrent pas à prendre les rênes des royaumes hindous (dont les origines datent de bien avant l'époque Maurya et correspondent sans doute à des unités politiques apparues aux ve et ive siècles avant J.-C.) et à adopter les façons de faire indiennes.

Les envahisseurs ne descendirent pas très loin au sud. Après l'effondrement de l'Empire maurya, le Deccan resta longtemps séparé, avec à sa tête ses propres souverains dravidiens. Ses particularités culturelles persistent encore aujourd'hui. Même si l'influence aryenne s'y fit davantage sentir après l'ère Maurya et même si l'hindouisme et le bouddhisme n'y disparurent jamais, le Sud ne connut plus de véritable réintégration politique avec le Nord jusqu'à l'avènement de la domination britannique (le *British Raj*).

Dans cette période confuse, tous les contacts de l'Inde avec l'étranger ne furent pas pour autant violents. Le commerce avec les marchands romains se développa d'une manière si visible que Pline l'Ancien lui reprocha (à tort) de faire sortir l'or de l'empire. Nous disposons de peu d'informations directes, il est vrai, en dehors des ambassades venues d'Inde pour négocier des travaux commerciaux, mais la remarque de Pline suggère que l'une des caractéristiques des échanges de l'Inde avec l'Occident était déjà bien présente : ce que recherchaient les marchés méditerranéens, c'étaient les produits de luxe que seule l'Inde pouvait fournir, et ils ne pouvaient guère offrir en retour que des lingots d'or ou d'argent. Ce schéma resta en place jusqu'au xixe siècle. Il existe aussi des signes intéressants montrant que le commerce suscita des contacts d'un continent à l'autre. La mer rapproche les cultures des communautés commerçantes ; les mots tamouls pour désigner les marchandises se retrouvent en grec, et les Indiens du Sud commerçaient avec l'Egypte depuis l'époque hellénistique. Plus tard, des marchands romains vécurent dans des ports du Sud où des rois tamouls employaient des Romains comme gardes du corps. Que l'histoire de l'apôtre Thomas corresponde ou non à une réalité, il semble finalement vraisemblable que le christianisme soit d'abord apparu en Inde dans les ports de commerce de l'Ouest, peut-être dès le Ier siècle après J.-C.

Il fallut attendre des centaines d'années pour que l'unité politique refasse surface, même dans le Nord. Un nouvel Etat apparut alors dans la vallée du Gange, l'empire des Gupta, qui succédait à cinq siècles de confusion. Il avait pour centre Patna, où s'installa une dynastie d'empereurs Gupta. Le premier d'entre eux, un autre Chandragupta, commença à régner en 320 et, en l'espace d'une centaine d'années, l'Inde du Nord se retrouva à nouveau unie et libérée des pressions sur ses frontières et des incursions. Ce ne fut pas un empire aussi vaste que celui d'Ashoka, mais il dura plus longtemps. Pendant près de deux siècles, le nord de l'Inde connut ainsi un âge qui ressemble à celui des Antonins, et dont on se souvint par la suite avec nostalgie comme ayant été celui de l'Inde classique.

Avec la période Gupta, l'art indien, pour la première fois, put s'affirmer et se stabiliser. Les époques antérieures avaient laissé peu de traces avant les merveilleuses réalisations des Mauryas. Avec les principaux monuments que nous leur devons, les colonnes sculptées, la tradition locale du travail de la pierre atteignit son sommet. Pendant longtemps, sculpture et architecture continuèrent à afficher les traces de styles qui s'étaient développés à une époque dominée par l'utilisation du bois, mais les techniques avaient considérablement progressé avant l'arrivée de l'influence grecque, dont on a cru jadis qu'elle était à l'origine de la sculpture sur pierre des Indiens. Les Grecs apportèrent d'Occident de nouveaux motifs artistiques et de nouvelles techniques. Si nous devons en juger par ce qui subsiste, c'est dans la sculpture bouddhiste que ces influences s'exercèrent à plein, et cela jusque bien avant dans l'ère chrétienne. Mais, avant la période Gupta, une riche tradition indigène de sculptures hindoues avait également pris corps et l'on peut considérer qu'avec elle la vie artistique de l'Inde atteint sa maturité et se suffit à elle-même. C'est sous l'ère Gupta que l'on commence à construire ces nombreux temples en pierre (à ne pas confondre avec les grottes creusées et ornées) qui firent tant pour la gloire de l'architecture et de l'art indiens avant l'ère musulmane.

La civilisation Gupta se distingua également dans le domaine littéraire. Ici encore, les racines sont profondes. La standardisation et la systématisation de la grammaire sanskrite juste avant la période Maurya ouvrirent la voie à une littérature accessible à l'élite de tout le sous-continent. Le sanskrit constituait un lien permettant d'unir le Nord et le Sud en dépit de leurs différences culturelles. Le texte de référence des grandes épopées fut établi en sanskrit (il en existait aussi, il est vrai, des traductions en langues locales) et c'est en sanskrit qu'écrivit le plus grand des poètes indiens, Kalidasa, qui fut aussi un dramaturge. C'est du reste à cette même époque qu'émerge d'un brumeux passé le théâtre indien, dont les traditions ont été maintenues et se retrouvent dans le cinéma populaire de notre temps.

Sur le plan intellectuel, l'ère Gupta fut tout aussi remarquable. C'est au ve siècle que les mathématiciens indiens inventèrent le système décimal. Voilà qui parlera sans doute plus au profane que la résurgence philosophique indienne qui se produisit parallèlement. Elle ne fut pas confinée à la seule pensée religieuse, mais ce que nous pouvons en déduire concernant le comportement général et l'orientation donnée à la culture paraît hautement discutable. Dans un texte littéraire comme le *Kamasutra*, un observateur occidental ne peut manquer d'être ébahi par la place prépondérante donnée à l'acquisition de techniques dont l'usage, si stimulant soit-il pour l'individu, n'a pu mobiliser au mieux qu'une petite fraction de l'intérêt et du temps d'une minuscule élite. On s'en tiendra, sans engager plus avant le débat, à une simple constatation : l'accent mis par la tradition brahmanique sur le *dharma*, ou les rigueurs ascétiques de certains prêcheurs indiens, ou bien encore la franche acceptation du plaisir sensuel suggérée par bien des textes en dehors du *Kamasutra* n'ont rien en commun avec le puritanisme tourmenté, militant, qui tient une telle place dans la tradition chrétienne tout comme dans la tradition islamique. La civilisation indienne obéit à des rythmes très différents de ceux en usage plus à l'ouest ; c'est là que réside peut-être sa plus grande force et ce qui explique sa capacité de résistance aux cultures étrangères.

Sous l'ère Gupta, la civilisation indienne, arrivée à maturité, entra dans son âge classique. Suivre la chronologie des événements politiques ne peut ici qu'égarer ; les développements importants auxquels on assiste alors se jouent des périodisations arbitraires. On n'en devine pas moins, dans la culture Gupta, la présence d'une société hindoue pleinement épanouie. Elle trouve son expression la plus remarquable dans le système des castes, un système qui en est venu à l'époque à se superposer, en la compliquant, à la division initiale en quatre classes de la société védique. Appartenant à des castes qui les enfermaient dans des groupes bien précis pour leur mariage et aussi, d'ordinaire, pour leurs diverses activités, la majorité des Indiens menaient une vie proche de la terre. Les villes étaient avant tout de grands marchés ou de grands centres de pèlerinage. La plupart des Indiens étaient, comme ils le sont encore, des paysans qui vivaient selon des conceptions religieuses héritées pour l'essentiel de bien avant l'Empire maurya.

La vigueur, la puissance de ces conceptions ne font aucun doute. Dès l'ère Gupta, avec encore des siècles de développement à venir, elles donnent naissance à un immense déploiement de gravures et de sculptures qui disent la force de la religion populaire et viennent prendre place à côté des stupas et des bouddhas des époques antérieures pour former le paysage indien typique. Paradoxalement, l'Inde, principalement du fait de son art religieux, est un pays où nous trouvons peut-être plus d'indications sur la vie intérieure des gens du passé que sur leur vie matérielle. Nous en savons peut-être peu sur la façon dont la fiscalité, sous l'ère Gupta, pesait sur les paysans, mais, en contemplant la danse sans fin des dieux et des démons, les incessantes métamorphoses dans lesquelles sont pris les animaux et les symboles, nous pouvons entrer en contact avec un monde encore vivant et visible dans les sanctuaires villageois et les processions d'aujourd'hui. En Inde comme nulle part ailleurs, il existe une chance de pouvoir accéder à la vie, qui d'habitude nous échappe, de ces millions d'exclus dont l'histoire devrait figurer dans un ouvrage comme celui-ci.

Durant cet apogée que connaît la civilisation indienne entre l'époque Gupta et l'arrivée de l'islam, la fertilité de la religion, qui constitue le terreau de la culture, n'est pratiquement pas altérée par les changements politiques. Pour preuve, l'apparition aux alentours de 600 d'un nouveau culte important qui prend dans le panthéon hindou une place qu'il ne devait plus jamais perdre, celui de la déesse mère Devi. Certains ont vu en elle l'expression d'un intérêt accru pour la sexualité, qui marque à la fois l'hindouisme et le bouddhisme. Son culte s'inscrit dans une effervescence générale de la vie religieuse qui dure un peu plus de deux siècles : à la même époque, en effet, une nouvelle forme de sentimentalisme populaire vient s'associer aux cultes de Shiva et de Vishnu. Les dates ne sont ici d'aucune aide. C'est un changement continu qui s'opère tout au long d'une période correspondant aux débuts de l'ère chrétienne, et dont le résultat final sera la transformation de la religion brahmanique en hindouisme.

Il en résulte une gamme de pratiques et de croyances répondant à tous les besoins. Cela va du système philosophique très abstrait du *Vedanta*, qui dénie toute réalité au monde matériel et prône comme idéal la suppression des liens que nous entretenons avec lui au profit de la vraie réalité (le *brahma*), aux représentations grossières des petits sanctuaires de village où l'on adorait des divinités locales facilement rattachées au culte de Shiva et de Vishnu en tablant sur le fait que ces deux divinités majeures pouvaient avoir différentes incarnations. L'effervescence religieuse se traduisit donc de deux manières antithétiques : le culte des images se développait au même moment où une nouvelle forme d'austérité se faisait jour. On n'avait jamais cessé de procéder à des sacrifices d'animaux. Les nouvelles pratiques religieuses, marquées par la rigueur et le conservatisme, leur firent une place. On vit se développer également une attitude plus rigide envers les femmes, dont la subordination s'intensifia ; pour preuves, une augmentation considérable des mariages entre enfants et la pratique appelée *sati*, c'est-à-dire le sacrifice des veuves qui se jettent dans le bûcher crématoire de leur époux.

La richesse de la culture indienne est pourtant telle que ce durcissement de la religion alla de pair avec trois développements majeurs : celui de la tradition philosophique du *Vedanta*, celui de la tradition védique – l'une et l'autre atteignant des sommets – et celui enfin du bouddhisme *Mahayana* (c'est-à-dire du « Grand Véhicule »), qui reconnaît la divinité du Bouddha. Les racines de ce dernier remontent à des déviations auxquelles donnèrent lieu les enseignements du Bouddha sur la contemplation, la pureté et le détachement. Ces déviations avaient favorisé une approche religieuse plus populaire, davantage fondée sur les rites, et mis en valeur une nouvelle interprétation du rôle du Bouddha. Au lieu de faire simplement de lui un maître et un exemple, on le percevait désormais comme le plus grand des *bodhisattvas*, c'est-à-dire des sauveurs qui, bien que pouvant atteindre à la béatitude de l'annihilation de soi, s'y sont refusés pour rester dans le monde et enseigner aux hommes la voie du salut.

Etre un *bodhisattva* devint peu à peu le but de nombreux bouddhistes. Un concile bouddhiste convoqué par le souverain Kushana Kanishka (qui, fait intéressant, utilisait aussi le titre romain de *Kaisara*) s'était entre autres efforcé de faire se rejoindre, au sein du bouddhisme, deux tendances qui devenaient de plus en plus divergentes. Sans succès. Le bouddhisme *Mahayana* était centré sur un Bouddha qui se présentait de fait comme un sauveur divin que l'on pouvait adorer et suivre en toute confiance, la manifestation d'un seul et grand Bouddha céleste qui commençait à ressembler d'une certaine manière à l'âme indifférenciée qui se trouve derrière toutes choses, telle qu'on la rencontre dans l'hindouisme. L'austérité et la contemplation qu'avaient enseignées Gautama se trouvaient désormais confinées à une minorité de bouddhistes orthodoxes, alors que les disciples du bouddhisme *Mahayana* multipliaient les conversions au sein des masses. Ce qui le montre bien, notamment, c'est la prolifération, aux Ier et IIe siècles après J.-C., de statues et de représentations du Bouddha, une pratique qu'avait jusque-là refrénée l'interdiction par le Bouddha du culte des idoles. Le bouddhisme *Mahayana* finit par remplacer en Inde les formes antérieures de cette croyance ; il se répandit également, par les routes commerciales, à travers toute l'Asie centrale et jusqu'en Chine et au Japon. La tradition plus orthodoxe connut une meilleure réussite dans l'Asie du Sud-Est et en Indonésie.

L'hindouisme et le bouddhisme connurent ainsi l'un et l'autre des changements qui leur ouvrirent de nouveaux horizons. C'est l'hindouisme qui prospéra le mieux, même s'il convient de tenir compte ici d'un facteur régional. Depuis l'Empire kushana, le bouddhisme indien avait eu pour centre le Nord-Ouest, la région la plus exposée aux ravages causés par les incursions des Huns ; l'hindouisme se développa pour l'essentiel dans le Sud. C'est-à-dire des régions où les courants culturels se mélangeaient très facilement avec ceux provenant du monde classique de la Méditerranée, pour le Nord-Ouest par voie de terre et pour le Sud par voie de mer.

Ces changements donnent le sentiment qu'un point culminant avait été atteint. Ils ne prirent leur plein effet que peu avant l'arrivée de l'islam sur le sous-continent, mais suffisamment tôt pour que se soit solidement implantée une conception générale de la vie qui a marqué l'Inde depuis lors et a montré une étonnante invulnérabilité à d'autres conceptions qui prétendaient rivaliser avec elle. Au cœur de cette conception, une vision : celle d'un enchaînement sans fin de créations et de réabsorptions dans le divin, l'image d'un cosmos dont l'histoire n'est pas linéaire mais cyclique. Quelles conséquences cette conception a-t-elle eues sur le comportement réel – encore de nos jours – des Indiens ? C'est une immense question à laquelle il est presque impossible de répondre. On serait tenté de parler ici de passivité, et de scepticisme quant à la valeur que l'on peut donner à l'action. Mais ce serait très contestable. Peu de chrétiens vivent en pleine cohérence avec leurs croyances et il n'y a pas de raison pour que les hindous soient plus cohérents. Il n'en reste pas moins que l'orientation générale de toute une culture tient pour beaucoup à ses façons propres de penser, et il est difficile de ne pas sentir qu'une bonne part de l'histoire de l'Inde a été déterminée par une représentation du monde qui insistait sur les limites de l'action humaine plutôt que sur ses potentialités.

XVIII

La Chine classique

L'une des explications de l'étonnante continuité et de la non moins étonnante indépendance de la civilisation chinoise classique tient à son relatif éloignement. La Chine semble avoir été moins accessible aux influences étrangères, être restée davantage à l'écart de ce qui a pu perturber directement d'autres grandes civilisations. La domination islamique se fit davantage sentir en Inde que l'avènement du bouddhisme en Chine, peut-être parce que cette dernière était douée d'une capacité d'assimilation encore plus grande. Les traditions qui font une civilisation ne reposent pas dans les deux pays sur les mêmes fondations. En Inde, la stabilité était assurée par la religion et un système de castes qui en est indissociable. En Chine, par la culture d'une élite administrative qui survécut aux dynasties et aux empires et permit au pays de maintenir son cap.

Nous devons entre autres choses à cette élite d'avoir établi depuis les temps les plus anciens des comptes rendus écrits. Grâce à eux, nous disposons d'une documentation incomparable, riche en informations souvent fiables, même si elles reflètent les préoccupations de la minorité qui les a sélectionnées. Les érudits confucéens qui tinrent à jour ces registres avaient un but utilitaire et didactique : ils voulaient fournir un corpus d'exemples et de données qui faciliterait la préservation des façons de faire et des valeurs traditionnelles. Leurs écrits historiques insistent sur la continuité et sur la suite régulière des événements. Etant donné les besoins rencontrés par l'administration dans un pays aussi vaste, voilà qui est parfaitement compréhensible ; il fallait rechercher, de toute évidence, l'uniformité et la régularité. Mais une telle façon de procéder fait l'impasse sur bien des aspects. Même pour la période historique, il demeure très difficile – et beaucoup plus difficile que pour le monde méditerranéen classique – de connaître les préoccupations et la vie de la très grande majorité des Chinois. Il se peut, en outre, que l'histoire officielle nous donne une fausse impression aussi bien de l'administration, qui n'aurait jamais varié, que de l'imprégnation de la société par les valeurs confucéennes. Pendant longtemps, les principes qui commandaient la machine administrative chinoise n'ont été le fait que d'une minorité, même s'ils finirent par être partagés par de nombreux Chinois et acceptés plus ou moins inconsciemment par la plupart.

La culture officielle se suffisait à elle-même dans des proportions extraordinaires. Les influences extérieures auxquelles il lui arriva de se trouver exposée eurent peu d'effet sur elle, ce qui reste un phénomène impressionnant. L'explication fondamentale, une fois encore, est d'ordre géographique. Pendant la plus grande partie de son histoire, la Chine a regardé vers l'est, vers ses provinces les plus riches, situées le long des grandes rivières et de la côte. Elle était, bien sûr, beaucoup plus loin de l'Occident classique que les empires des Maurya et des Gupta. Elle eut, même indirectement, des rapports limités avec lui, même si, jusqu'au commencement du VIIe siècle, la Perse, Byzance et la Méditerranée dépendaient de la soie fabriquée en Chine et prisaient fort sa porcelaine, qui leur parvenaient l'une et l'autre par les grandes routes commerciales traversant l'Asie centrale.

Les relations de la Chine avec l'Inde classique furent évidemment beaucoup plus étroites, pour ne pas mentionner celles avec les empires et les peuples de l'Asie centrale ainsi qu'avec la Corée et le Vietnam. Ce qui distingue toutefois la Chine, spécialement sous la dynastie des Han, c'est que, pendant longtemps, elle n'eut pas sur ses frontières de grands Etats avec lesquels maintenir des relations. Il n'en faut pas moins se montrer prudent avant de parler d'isolement : bien que la distance par rapport à l'Occident eût été amenée à s'accroître irrésistiblement à mesure que le centre de gravité de la civilisation occidentale se déplaçait vers l'ouest et vers le nord, la Chine faisait partie d'un monde asiatique où se produisirent, durant la période classique, quantité d'interactions.

L'histoire de la Chine entre la fin de l'ère des Royaumes combattants et le début de la dynastie Tang présente, chronologiquement parlant, un fil conducteur : l'apparition et la disparition de dynasties successives. On peut dater tous ces événements, mais s'en tenir strictement à ces dates comporte quelque chose d'un peu artificiel et de trop tranché. Une dynastie pouvait avoir besoin d'une dizaine d'années pour asseoir son pouvoir sur tout l'empire, et de davantage même pour le perdre. A cette réserve près, il peut encore être utile de suivre le fil des dynasties. Cela nous donne les grandes divisions de l'histoire chinoise jusqu'au XXe siècle : elles portent le nom des dynasties impériales dont elles ont vu l'apogée. Les deux premières à nous concerner ici sont des dynasties qui ont beaucoup fait pour unifier la Chine : les Qin et les Han.

La montée au pouvoir des Quin marque une césure radicale dans l'histoire de la Chine : le passage de plusieurs Etats à un grand Etat. Même si le pays que nous regardons aujourd'hui comme la Chine devait renouer à plusieurs reprises avec la désunion, le concept d'un empire unifié remonte aux Qin et à leur grand empereur,

Qin Shi Huangdi. Son avènement se fit dans la révolution et le sang. Mais il faut remonter encore beaucoup plus haut dans le passé. Bien avant l'« unification » de la Chine par l'empereur Qin en 221 avant J.-C., les idées d'unité culturelle et d'unité idéologique étaient dans l'air, et ces thèmes se propagèrent pendant au moins un millénaire. On ne peut soutenir, sans pécher contre l'histoire, que la forme naturelle de la Chine fut, à partir du IIIe siècle avant J.-C., celle d'un Etat unifié – quantité d'historiens romains le croyaient de leur empire et quelques-uns d'entre eux vécurent assez nombre pour être détrompés –, mais il est incontestable que nombre de Chinois ont perçu leur histoire de cette façon et que cette perception a contribué d'une manière significative à faire passer la Chine avec succès du statut d'empire à celui d'Etat moderne unifié.

La dynastie Qin, qui mit un terme à la désunion qui avait caractérisé l'époque des Royaumes combattants, venait d'un Etat occidental que certains considéraient encore, au IVe siècle avant J.-C., comme barbare. Les Qin n'en avaient pas moins prospéré, peut-être en partie à cause d'une réorganisation radicale menée à bien vers 356 avant J.-C. par un ministre à la vocation de légiste ; peut-être aussi en raison de l'utilisation par leurs soldats d'une nouvelle arme, une longue épée de fer. Après avoir annexé le Sichuan oriental, les Qin revendiquèrent le statut de royaume en 325 avant J.-C. Ils connurent leur apogée avec la défaite de leur dernier adversaire en 221 avant J.-C. et l'unification de la Chine, pour la première fois, sous un empereur dont la dynastie devait donner au pays son nom européen.

Cet homme, dont le nom de famille était Ying Zheng et que tous les Chinois connaissent sous l'appellation de Qin Shi Huangdi (le « premier empereur Qin »), naquit en 259 avant J.-C. et devint roi à treize ans. Son royaume, le royaume de Qin, était en plein développement quand il monta sur le trône, mais il souffrait de divisions internes. Le jeune roi Zheng (tel était alors son nom) crut que sa famille conspirait contre lui ; il mit sa mère en résidence surveillée et fit écarteler entre cinq chariots son amant présumé. Le Premier ministre de son père fut contraint de se suicider par empoisonnement. Ce ne fut visiblement pas un jeune homme des plus heureux qui conduisit ses troupes au combat. En 230 avant J.-C., il semble avoir élaboré un plan pour triompher de tous les autres Etats, et il décida de le mettre en œuvre contre l'avis de ses conseillers, horrifiés par la démesure de leur maître. En 223, il avait défait le plus grand Etat de l'époque des Royaumes combattants, l'Etat de Chu, dans la Chine centrale du Sud. Deux ans plus tard, il conquérait l'Etat de Qi dans la région du Shandong, le dernier Etat de l'ère précédente à avoir conservé son indépendance. Déclarant son royaume un « nouveau pays », Zheng inventa de nouveaux titres pour lui-même (le Premier Empereur) et pour ses représentants. Dans le même temps, il dirigea son attention vers le Sud, une région dans laquelle aucun Etat chinois ne s'était encore engagé avec succès. En 213, son empire s'étendait au sud jusqu'à l'actuelle province du Guangdong, et ses troupes étaient entrées au Vietnam ainsi que dans d'autres zones frontalières de l'Asie du Sud-Est. Tous les Chinois reconnurent que ce n'était pas un roi ordinaire, et que ce n'était pas non plus un Etat ordinaire.

Qin Shi Huangdi croyait en un empire fort, centralisé, dans lequel l'Etat figurait au cœur de toutes choses. Il entreprit de vastes travaux de construction afin de donner une meilleure cohésion à l'empire : d'immenses canaux (tel, au sud, le canal Lingqu, reliant le Yangzi à la rivière des Perles) et des routes, pour envoyer rapidement ses armées jusque dans les endroits les plus reculés de l'empire. Comme chez nombre d'hommes tenus pour de grands leaders cohabitaient chez le premier empereur

Qin une mégalomanie cruelle, aux limites du déséquilibre, et une profonde compréhension de son époque (il n'est peut-être pas surprenant que Mao Zedong ait trouvé en lui le seul empereur à admirer). Ayant hérité d'un Royaume conquérant, Qin Shi Huangdi l'agrandit et le renforça, faisant ainsi de sa capacité à combattre et à conserver le terrain conquis la caractéristique majeure de l'empire des Qin. Son outil de base fut les grandes armées de l'empire, constituées de paysans et commandées par des officiers choisis pour leur compétence et leur loyauté personnelle à l'empereur. Avant même son accumulation de conquêtes, un observateur pouvait noter que « l'empire Qin est fort, son terrain difficile, son gouvernement sévère. Les récompenses qu'il octroie et les châtiments qu'il inflige sont justifiés. Son peuple ne recule pas ; ils ont tous l'esprit de combat ». Telles sont les qualités que l'empereur entreprit de faire acquérir à la Chine tout entière après 221 avant J.-C.

L'Etat Qin fut une monarchie absolue, une autocratie qui entreprit de régler jusqu'aux plus petits détails de la vie de ses sujets. Les membres des anciennes élites qui avaient survécu au massacre organisé par Qin furent conduits dans la capitale pour y résider sous une étroite surveillance. Tous les types d'échanges furent standardisés peu après la conquête – les poids, les mesures, la monnaie et les impôts. L'empereur s'intéressa tout particulièrement aux lettrés, dont il sentait qu'ils pouvaient nuire à son entreprise en encourageant différentes formes d'hétérodoxie ; il leur fallut se conformer à l'idéologie officielle ou bien choisir entre la mort et l'exil. Les grandes bibliothèques qui abritaient les anciens textes tombèrent sous le contrôle direct de l'Etat, qui stipula que seuls des érudits autorisés pourraient y avoir accès. Ceux qui faisaient carrière au service de l'empereur avançaient principalement au mérite : Qin se méfiait de ceux qui postulaient pour une charge simplement parce qu'ils appartenaient à la noblesse. Dans un effort ultime pour assurer une meilleure coordination, l'Etat s'occupa également de réformer la langue en simplifiant les caractères et en normalisant la syntaxe, créant ainsi une langue écrite commune à tout l'empire. Cela signifiait, de fait, que les élites de l'empire allaient devoir apprendre une langue écrite (mais pas nécessairement parlée) standardisée, entièrement distincte des multiples langues, incompréhensibles entre elles, parlées dans l'empire.

L'empire des Qin était immense. Alors que son cœur culturel restait implanté dans la vallée du fleuve Jaune, où vivaient plus des trois quarts de la population, il continua de s'étendre sur des distances considérables au nord, à l'ouest et au sud. Mais ce n'est que beaucoup plus tard que ces conquêtes débouchèrent sur un pays unifié. Le bassin du Yangzi passait encore aux yeux de certains pour une zone frontière, et les terres situées plus au sud et plus à l'ouest étaient considérées comme des zones militaires d'occupation peuplées de tribus non civilisées. Au nord, les conquêtes de l'empire des Qin le mirent en relation avec des groupes de nomades se déplaçant à travers l'Asie centrale, des groupes avec lesquels les Qin et leurs successeurs cherchèrent à régulariser et à limiter les contacts, pour des raisons à la fois militaires et culturelles. Le concept d'une Chine unifiée à l'intérieur d'un espace se rapprochant plus ou moins de ses frontières modernes appartient aux siècles ultérieurs.

Même si l'empire des Qin ne dura que quinze ans, ce fut une grande réussite. A partir de cette époque, la Chine peut être regardée comme le siège d'une civilisation en plein développement et consciente d'elle-même. Il y avait eu des signes avant-coureurs de ce phénomène. Etant donné le potentiel des cultures néolithiques qui s'y étaient développées, l'aiguillon de la diffusion culturelle et un certain nombre de migrations venues du Nord, les premiers éléments de civilisation étaient apparus en plusieurs régions de la Chine antérieurement à 1000 avant J.-C. A la fin de la période des Royaumes combattants, certaines de ces régions affichaient des ressemblances qui l'emportaient sur les différences existant entre elles. L'unité politique réalisée par les conquêtes de l'empire des Qin pendant un siècle fut en un sens, et très logiquement, le corollaire d'une unification culturelle déjà bien avancée. Certains ont soutenu qu'il est possible d'identifier un sentiment national chinois avant 221 avant J.-C. ; si tel est le cas, la conquête a dû s'en voir d'autant facilitée. Les innovations fondamentales introduites par les Qin en matière d'administration survécurent au remplacement de cette dynastie par celle des Han, qui régnèrent un peu plus de quatre cents ans (206 avant J.-C.-220 après J.-C., avec un bref interlude au commencement de l'ère chrétienne).

La dynastie Han fut fondée par Liu Bang. C'était, trait caractéristique de cette époque, un leader aux origines paysannes qui profita du chaos survenu lorsque d'anciens Etats essayèrent de reprendre leur indépendance après la mort de Qin Shi Huangdi pour s'emparer de la capitale Qin et ressusciter l'empire en en prenant énergiquement le contrôle. Bien que les empereurs Han aient poursuivi assidûment le travail de centralisation engagé par leur prédécesseur, ils essayèrent de montrer davantage de modération vis-à-vis des élites établies, du moins au début (c'est probablement l'une des raisons qui expliquent leur longévité). Mais il n'y a aucun doute sur le fond. Les Han régnèrent pendant quatre cents ans avec une préoccupation majeure : l'unification et la centralisation de la Chine au profit de leur dynastie et sous l'autorité d'une seule personne, l'empereur. Ce dernier était l'incarnation du gouvernement ; toutes les terres non cultivées lui appartenaient, et il avait la main sur tous les emplois. Ses proclamations avaient force de loi pour l'empire tout entier et pour chacun de ses habitants.

Liu Bang, qui avait choisi de s'appeler « empereur Gaozu des Han », entendit poursuivre le projet Qin, mais en évitant le manque de mesure dont s'était rendu coupable, à ses yeux et à ceux de la plupart de ses contemporains, l'empereur Qin. Gaozu voulait exercer le pouvoir avec vigueur et autorité, mais sans s'aliéner ses alliés et leurs clans. Il savait que son manque d'éducation et sa mauvaise humeur le handicapaient. Comme le lui dit sans fard l'un de ses hommes de confiance, en expliquant pourquoi il avait triomphé de son principal rival Chu : « Votre Majesté est sans délicatesse et insulte les autres, tandis que Xiang Yu était aimable et affectueux. Mais quand vous envoyiez des hommes attaquer une ville ou s'emparer d'un territoire, vous leur donniez ce qu'ils conquéraient, partageant ainsi vos gains avec le monde entier. » Jusqu'au milieu du IIe siècle avant J.-C., Gaozu et ses successeurs immédiats essayèrent d'introduire quelques éléments du système Zhou dans la façon dont l'empire était administré. A l'est, les vieux royaumes restèrent en place ; ils furent considérés comme des Etats vassaux dans lesquels la famille Liu essaya d'implanter les siens, à titre de souverains ou de nobles. Quant à la partie occidentale, elle était gérée directement par l'empereur.

En 154 avant J.-C., une grande révolte éclata en Chine occidentale contre le pouvoir des Han ; elle est connue dans l'histoire de la Chine sous le nom de « révolte des Sept Royaumes ». Dans un premier temps, l'empereur Jing, le petit-fils de Gaozu, vacilla, cherchant à négocier avec les rebelles. Mais certains de ses généraux lancèrent des contre-attaques victorieuses, ce qui lui permit de venir à bout de ses vassaux au prix de quelques affrontements intenses. La révolte ne dura que trois mois, mais ses effets devaient avoir un impact durable sur l'histoire de la Chine. L'empereur Jing et son fils Wu entreprirent de créer un empire centralisé, sans rien qui limite le pouvoir personnel de l'empereur. Wu, qui régna pendant cinquante-trois ans (140-87 avant J.-C.), mit en place un système qui accroissait l'influence des fonctionnaires directement appointés par l'empereur sur la noblesse locale ou les membres du clan impérial. Ce système, qui arriva au bon moment pour l'empire, devait rester en vigueur pendant près de deux mille ans et faire partie intégrante de l'histoire de la Chine.

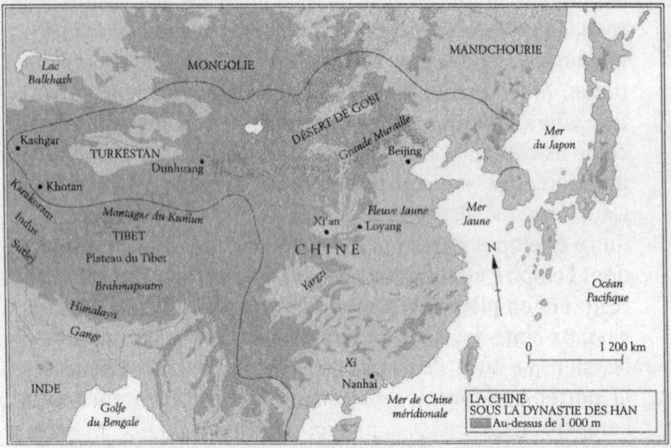

L'empereur Wu fut la figure clé de la première période de la dynastie Han (on parle souvent à ce propos des Han occidentaux), qui dura jusqu'en 9. A quinze ans déjà, quand il devint empereur, il était parfaitement convaincu que, sans un gouvernement centralisé et sans une idéologie nationale, la Chine s'effondrerait. Sa stratégie en matière d'expansion territoriale s'élabora au fur et à mesure – il n'y eut pas de plan directeur pour déterminer ce qu'allait devenir la nouvelle Chine –, mais il resta étonnamment fidèle, durant tout son long règne, à ses idées sur l'administration et à ses convictions premières. Wu voulait un empire centré sur la personne de l'empereur, maître de toutes les affaires militaires et civiles. L'empire lui-même étant en principe universel, sans limites et rassemblant tout ce qui existait sous le soleil, il ne pouvait y avoir de restrictions au pouvoir de l'empereur. Il était au-dessus de toutes les religions, de toutes les croyances et de toutes les grandes familles aristocratiques. Tant qu'il gouvernait bien et en accord avec les principes de Confucius, aucun homme, aucun dieu ne pouvaient prétendre rivaliser avec lui. Bien évidemment, comme l'a aussi montré l'exemple de Rome, tout dépendait, avec une telle concentration de pouvoirs en un seul homme, de la nature même de cet homme. On pouvait être également certain que tout Conseil de gouvernement en place opterait, si le choix de la succession lui était laissé, pour un très jeune homme ou pour un enfant, de façon à préserver ses privilèges.

Durant l'époque Han, la Chine vit se former pour la première fois une élite culturelle unifiée. Le fondateur de la dynastie, Liu Bang, s'était montré sceptique quant à l'influence des lettrés ; si l'on en croit un historien, l'irascible usurpateur s'empara une fois de la haute toque portée par l'un d'entre eux et urina dedans. Mais ses successeurs firent la paix avec les scribes et nouèrent des liens avec eux : ils servirent la dynastie comme professeurs et comme conseillers, fidèles qu'ils étaient aux idées confucéennes que les empereurs Han entendaient promouvoir. Cela impliqua, au moins pour un temps, une certaine étroitesse dans les traditions culturelles de la Chine. Mais cela conduisit aussi à la constitution d'un corpus spécifique de connaissances qui se développa dans la seconde moitié de la période Han. Il fallut donc définir un système permettant à ce savoir de se perpétuer. Il reposait sur deux piliers : la préparation aux examens d'entrée dans l'administration impériale et les consignes données pour la rédaction de circulaires et d'instructions (ce qui incluait, en l'occurrence, les compétences techniques nécessaires à l'entretien des routes et des canaux).

Les réformes de l'empereur Wu permirent à l'empire des Han d'être géré, à son apogée, par une bureaucratie impériale et non par des nobles locaux. Exactement comme l'empereur avait reçu le Mandat céleste, qu'il devait à ses qualités de gouvernant, c'était directement par lui – et non par l'intermédiaire d'inexplicables esprits agissant au nom du Ciel – que les fonctionnaires se voyaient confier leurs charges sur la base de leurs talents et de leur expérience. De vastes académies virent le jour pour former les futurs administrateurs aux principes de gouvernement de Confucius. L'entraînement militaire connut lui aussi des améliorations. A partir du Ier siècle avant J.-C., les armées de l'empereur furent constituées de soldats professionnels plutôt que de conscrits paysans, un phénomène qui contribua à accroître la stabilité au cœur de l'empire. L'Etat Han devint expert en matière de prélèvement des impôts ; leur rendement était beaucoup plus élevé que tout ce que l'on avait pu connaître depuis longtemps de par le monde, et leur produit se présentait principalement en liquide, ce qui donnait à l'Etat un moyen de contrôle sans précédent sur ses revenus et sur la façon de les dépenser (ainsi que sur ses finances en général).

L'idéologie sur laquelle l'empereur Wu et son arrière-petit-fils l'empereur Xuan (79-49 avant J.-C.) fondèrent le système d'éducation et les cérémonies nationales était un confucianisme revu et corrigé pour s'accorder aux desseins de l'empire des Han. Cette forme de confucianisme insistait sur le respect envers la personne de l'empereur, envers l'Etat et ses dignitaires, envers les anciens et les ancêtres. Il instituait des rites qui soulignaient les liens entre le cosmos, la terre et les vies humaines. D'abord et avant tout, l'Etat mit au point un canon de textes – qui n'étaient pas tous d'origine véritablement confucéenne – destiné à définir les règles de comportement des élites chinoises ainsi que le type de vénération à manifester envers l'Etat qui allait souvent de pair avec ces règles, et ce jusqu'à la dernière dynastie, au XXe siècle. Les « Cinq Classiques » comprenaient le *Classique des vers*, le *Classique des documents* et le *Classique des mutations (Yijing)*, auxquels s'ajoutèrent le *Livre des rites* et les commentaires regroupés dans les *Annales des printemps et des automnes*, dont le but était de développer chez les fonctionnaires impériaux la rectitude et le sens du gouvernement. On s'accordait pour dire que les commentaires étaient de Confucius lui-même, même s'il fallut attendre beaucoup plus longtemps pour que les véritables propos du maître, les *Entretiens*, soient intégrés dans le canon en vigueur.

L'instauration officielle du confucianisme entraîna un déclin de la religion (mais pas toujours de la superstition – l'empereur Wu craignait la sorcellerie et voua son fils aîné à la mort en l'accusant d'y tremper). Même si les cultes régionaux étaient tolérés, il ne pouvait y avoir qu'un seul culte central, celui des ancêtres impériaux, un seul canon et un seul commentaire. L'accumulation des connaissances devint une entreprise d'Etat : elle était un élément crucial pour la construction même de l'Etat et pour l'établissement des lois et des règlements. Les grands historiens de la dynastie Han – Sima Qian, qui, dans ses *Mémoires historiques*, retraça l'histoire chinoise des origines à l'époque des Han, et Ban Gu, qui s'intéressa à la dynastie Han avec le recul que lui donnait son époque, le Ier siècle après J.-C. – donnèrent une vue en profondeur de l'histoire, une histoire dont la Chine, présentée comme un Etat unifié, formait le cœur.

La dynastie Han, dès son avènement, instaura également de nouvelles lois visant à définir les façons de se comporter au sein de l'empire. Comme pour une grande part de la législation chinoise qui suivra, l'idée clé, en la matière, est que l'Etat est responsable de la conduite morale de ses sujets grâce aux récompenses qu'il dispense et aux châtiments dont il menace. Il existait un classement précis des fautes : les crimes commis à l'intérieur d'un clan étaient considérés comme plus graves que ceux contre des membres d'autres clans, et ceux contre des personnes âgées comme plus graves que ceux commis contre de plus jeunes. L'Etat se fondait sur des rapports ainsi que sur des indicateurs, et mettait en œuvre une conception interventionniste de la justice. Les peines n'étaient pas très variées : on commençait avec des amendes pour aboutir, *via* le bannissement, le travail forcé et la mutilation, à la mort et au châtiment suprême, la destruction d'une lignée entière, avec l'exécution de tous les mâles appartenant à la famille du coupable. On avait recours d'ordinaire à la décapitation, mais les traîtres, les espions et les parricides étaient sciés en deux à hauteur de la taille. Pour les petites gens, la récompense suprême décernée par l'empereur consistait à recevoir un nom de famille, ce dont ne disposaient pas, dans les premiers temps de la dynastie, les paysans ordinaires. Le fait que plus de 22 % des Chinois d'aujourd'hui répondent à trois noms de famille seulement – Wang, Li et Zhang – est une bonne indication de la façon dont s'est développé ce processus.

Au cœur de l'empire des Han, il y avait ce que pouvaient produire les paysans. Comme les Romains, au moins dans les premiers temps, les Han se mirent à développer un véritable culte de l'agriculture ; accroître les rendements, rendre la terre plus fertile : on ne pouvait faire mieux en définitive pour la postérité d'une famille et pour celle de l'Etat. Le seul « homme complet », soutenaient les confucéens de la dynastie Han, était celui qui labourait la terre, et les cérémonies publiques à grande échelle présentaient l'empereur comme le fermier en chef. De grands projets d'amendement des terres et d'irrigation furent lancés et de nouveaux outils pour l'agriculture – comme la grande charrue en fer – mis au point. Des progrès particulièrement importants pour améliorer massivement les rendements virent le jour en matière de fertilisation : on eut recours, d'une manière beaucoup plus intensive que partout ailleurs, aux engrais d'origine animale et humaine et à d'autres types de matériaux organiques. Le résultat ? Une augmentation très substantielle de la population, plus spécialement sous les Han dits postérieurs (ou bien encore orientaux), durant les deux premiers siècles de notre ère.

L'organisation de la vie à l'intérieur des villages était également conçue pour améliorer la production agricole. Les notables locaux étaient responsables de la production auprès des fonctionnaires de l'Etat, même si la petite propriété constituait plus ou moins la règle dans un pays où les plus grands domaines avaient des dimensions dix fois inférieures, en moyenne, à celles de leurs équivalents chez les Romains. Les usages en matière d'héritage, en autorisant chacun des fils à disposer d'une partie de la terre, avaient pour conséquence inévitable la taille modeste de la plupart des exploitations. Mais ces mêmes usages forçaient aussi les clans à coopérer en matière de production ; ils rendaient plus fréquent le travail à temps partiel sur des exploitations plus grandes et amenaient certains à voir leurs minuscules lopins entièrement rachetés. Des historiens décèlent dans le goût des Chinois pour de vastes relations, bien établies, entre familles et individus, une pratique qui se serait développée à partir de l'époque Han. Même si des périodes ultérieures ont pu contribuer à ce phénomène d'une manière aussi significative que les Han, il ne fait pas de doute que le besoin de se lier à d'autres familles, de communiquer avec elles, la façon, au sein des réseaux sociaux, d'échanger des cadeaux, d'organiser des repas, de respecter les statuts des personnes ont beaucoup à voir avec les extraordinaires accroissements de population qui se sont produits il y a deux millénaires.

La poussée démographique et la diminution qui en est résultée dans la taille des petites exploitations sont sans doute l'une des raisons qui expliquent pourquoi le système de la grande propriété (avec la nouvelle vague de régionalisme qui l'accompagna) prit davantage d'ampleur vers la fin du Ier siècle avant J.-C. Une autre raison tient peut-être au fait que les marchands et d'autres familles fortunées, y compris ceux qui s'étaient enrichis grâce aux salaires que leur versait l'Etat, se mirent à investir dans la terre pour échapper aux sévères dispositions fiscales prises par les premiers empereurs Han. Sous le règne de l'empereur Yuan, qui mourut en 33 avant J.-C., ces forces centrifuges s'étaient considérablement accrues et la critique du système social des Han allait bon train, tant dans les provinces qu'à la Cour. A partir de 9, un fonctionnaire impérial nommé Wang Mang usurpa le pouvoir et fonda une nouvelle dynastie dénommée Xin, c'est-à-dire précisément la dynastie « nouvelle ». Mais les réformes de Wang, dont l'interdiction de la vente des terres et la nationalisation du commerce pour certaines marchandises, ne tardèrent pas à se retourner contre lui. En 23, les Han étaient de retour, avec à leur tête un lointain parent du dernier empereur.

L'empereur qui compta vraiment dans la dynastie ainsi restaurée des Han orientaux (appelés de la sorte parce qu'ils avaient déplacé leur capitale plus à l'est, à Luoyang) fut Guangwu, qui régna de 25 à 57. Après avoir livré bataille pour vaincre Wang Mang et toute une cohorte d'autres prétendants, Guangwu s'attacha à réformer l'empire des Han. Il donna plus de pouvoir aux provinces, tout en mettant en place de nouveaux mécanismes – comme la rotation des fonctionnaires – pour éviter qu'elles ne rivalisent avec le centre. Il abolit également quelques-unes des lois les plus dures édictées par les Han de la précédente dynastie et se lança, vis-à-vis des peuples non chinois des frontières, dans une politique fondée sur un mélange de pots-de-vin et d'expéditions punitives. Conscient de la nécessité qu'il y avait de rétablir avant tout l'équilibre au sein de l'empire, il permit à certains groupes non chinois de s'établir à l'intérieur des frontières, en partie pour compenser un mouvement des Chinois du Nord vers le Sud à la suite de raids barbares dans le Nord, en partie pour aider à la défense des frontières nord de l'empire. Pendant longtemps, ces « Barbares de l'intérieur » combattirent loyalement pour les Han, mais, à la fin du IIe siècle, ils étaient devenus une force par eux-mêmes, et leurs chefs jouaient un rôle majeur dans la politique menée par les Han.

La fin de la dynastie Han voit revenir les problèmes que Wang Mang et l'empereur Guangwu avaient essayé de régler : comment, d'abord et avant tout, s'assurer la loyauté de leaders locaux de plus en plus puissants. De ce point de vue, ce n'étaient pas seulement les groupes non chinois qui semaient le trouble. Des seigneurs de la guerre émergèrent à l'intérieur même de la Chine, conséquence des affrontements entre chefs militaires pour le contrôle de territoires. Les Han, par leur faiblesse, semblaient incapables de contenir l'exaspération et la rage des gens du peuple contre les injustices dont ils étaient victimes ; la détérioration de leurs moyens d'existence déboucha sur de nouvelles formes de rébellion. Les Turbans jaunes – une secte millénariste d'inspiration taoïste qui promettait une redistribution des terres, l'exécution des seigneurs de la guerre et la lutte contre les envahisseurs étrangers – faillirent faire tomber le régime en 184. Ils finirent par être vaincus par une coalition de généraux Han restés loyaux et de potentats locaux, tous horrifiés par les transes collectives auxquelles s'adonnait la secte et par son recours à la magie. Le répit fut de courte durée pour la dynastie. Au tout début du IIIe siècle, l'empereur, qui n'était encore qu'un jeune garçon, passa sous la coupe successive de divers seigneurs de la guerre, tandis que la guerre civile se déchaînait dans un pays qui s'effondrait. Le malheureux Xian fut finalement autorisé à abdiquer en 220 au profit du fils de son principal tourmenteur, le général Cao Cao, qui créa la dynastie Wei – laquelle régna sur l'un des trois royaumes indépendants appelés à remplacer l'empire des Han.

En dépit des hauts et des bas qu'ils connurent, les empereurs Han avaient fait preuve, dans l'ensemble, d'une force sans précédent. Leur domination s'étendait sur une grande partie de la Chine moderne, y compris le sud de la Mandchourie et certaines portions de la Corée du Nord et de l'Asie du Sud-Est. Ils régnèrent sur un empire qui fut aussi grand à son apogée que celui des Romains, leurs contemporains. Ils développèrent des liens toujours plus étroits avec l'Asie centrale ainsi qu'un réseau commercial très étendu vers le Sud, se comportant avec habileté vis-à-vis de ces deux régions, aidés qu'ils étaient par la supériorité tactique conférée à leurs troupes par la nouvelle arbalète. Cette arme fut probablement inventée peu après 200 avant J.-C. ; elle était tout à la fois plus puissante et plus précise que les arcs des Barbares, qui se montrèrent pendant longtemps incapables de forger les indispensables crochets en bronze. Ce fut la dernière grande réussite de la technologie militaire chinoise avant l'arrivée de la poudre.

En Mongolie, au début de l'époque Han, vivaient les Xiongnu, les précurseurs des Huns. Les Qin avaient cherché à protéger leurs territoires sur cette frontière en reliant les uns aux autres un certain nombre de bastions en terre déjà existants pour en faire une Grande Muraille, dont l'élaboration se poursuivit sous les dynasties qui suivirent. Les empereurs Han prirent l'offensive, repoussant les Xiongnu jusqu'au nord du désert de Gobi, puis prenant le contrôle des routes de caravanes de l'Asie centrale et envoyant au Ier siècle avant J.-C. des armées loin à l'ouest, en Kashgarie. En 97, un général s'approcha très près de la mer Caspienne. Les Han contraignirent même les Kusharas, dont le territoire se situait à cheval sur les montagnes du Pamir, à leur verser tribut. Au sud, ils occupèrent les côtes jusqu'au golfe du Tonkin et l'Annam accepta leur suzeraineté – ce qui explique que l'Indochine ait toujours été considérée depuis, par les hommes d'Etat chinois, comme faisant partie de leur sphère d'influence. Au nord-est, ils pénétrèrent en Corée. Ces conquêtes militaires ne débouchèrent pourtant pas sur des implantations durables.

De timides rencontres diplomatiques avec Rome à l'époque des Han laissent entrevoir que la Chine, du fait de son expansion, fut à même de multiplier les contacts avec le reste du monde. Jusqu'au XVe siècle, ces contacts se firent principalement par la terre. Sans compter les routes de la soie, qui la rattachaient régulièrement au Moyen-Orient (des caravanes chargées de soie partaient pour l'Ouest depuis environ 100 avant J.-C.), la Chine des Han développa aussi peu à peu des formes d'échange plus élaborées avec ses voisins nomades. Ces échanges s'inscrivaient parfois dans le cadre convenu d'un tribut suivi de cadeaux en retour, parfois aussi dans le cadre de monopoles officiels qui servirent d'assises à de grandes familles de marchands. Mais ce ne sont pas seulement des marchandises qui circulaient sur les grandes routes caravanières, ce sont aussi des idées, des croyances et l'inspiration artistique. C'est ainsi que la Chine, dans la dernière période des Han, se retrouva en rapports réguliers avec les mondes iranien et indien. Cela se fit à travers les Etats fondés autour de Samarcande et de Boukhara par les Sogdiens, qui parlaient le perse, et, tout particulièrement, à travers l'empire des Kushana, qui s'étendait, aux Ier et IIe siècles, depuis le Xinjiang actuel jusqu'au centre de l'Inde. C'est sur les routes bâties par cet empire que voyagea le bouddhisme, l'une des principales croyances de la Chine.

Les contacts avec l'Asie centrale peuvent expliquer l'une des œuvres les plus étonnantes de l'art classique chinois, la grande série de chevaux en bronze trouvée dans des tombes à Wuwei, dans le nord de la province du Gansu, à 1 200 kilomètres à l'ouest de la capitale des Han. C'est un exemple parmi d'autres des merveilles que réalisèrent les bronziers Han ; à l'évidence, ils s'affranchirent plus facilement des traditions que les céramistes, qui manifestèrent davantage de respect pour les formes du passé. Cela n'empêcha pourtant pas la céramique chinoise d'être, à un niveau différent, l'une des premières formes de création artistique à s'intéresser aux divers aspects de la vie quotidienne d'une majorité de Chinois, en réalisant tout un ensemble de petites figurines représentant des familles de paysans et leur bétail.

L'empire des Han eut une culture brillante, dont le centre était la Cour, logée dans d'immenses et riches palais construits principalement en bois – ce qui a conduit malheureusement à leur disparition, comme a disparu l'essentiel des collections de peintures sur soie des Han. Les œuvres littéraires composées sous la dynastie nous donnent toutefois un bon aperçu de ce à quoi ressemblaient alors les villes : Luoyang, la dernière capitale, couvrait plus de 10 km^2 et s'organisait autour d'un axe nord-sud ; au centre de cet axe se trouvaient deux immenses complexes palatiaux reliés par une grande allée couverte. Tout au long de l'époque Han, l'urbanisation se développa rapidement, d'où une importance de plus en plus grande donnée à l'art et à l'artisanat hautement qualifié. Les soies brodées de la Chine soulevaient l'admiration aussi loin que les caravanes pouvaient les transporter. Si le bois et les tissus se sont évanouis aujourd'hui, il nous reste encore quelques sculptures de bronze imposantes et de remarquables parures funéraires en jade pour témoigner de l'exceptionnelle réussite artistique de la Chine classique.

Une grande partie de ce capital culturel fut dilapidée ou détruite aux IVe et Ve siècles, quand les Barbares revinrent menacer les frontières. N'arrivant pas à assurer la défense de la Chine avec ses propres ressources, les successeurs des empereurs Han se rabattirent sur la politique qui consistait à pactiser avec quelques-unes des tribus qui faisaient pression depuis l'extérieur et à les utiliser à leurs propres fins militaires. D'où des problèmes de cohabitation entre les nouveaux arrivants et la grande masse de ceux qui se considéraient désormais comme chinois. Avec la chute de l'Etat Han et la période d'affrontements internes qui en résulta, les relations de pouvoir entre les groupes installés en Asie centrale et les Chinois changèrent. Durant les siècles qui suivirent, on vit l'émergence de nouveaux centres politiques entre l'Europe et l'Asie de l'Est. Pour bien des gens qui avaient vécu dans l'empire Han ce fut une période de tristesse et de désespoir. Le poète Cao Zhi décrit ainsi les ravages infligés à la capitale des Han orientaux :

> Du haut du Beimang où je suis monté
> De loin je regarde Luoyang.
> Luoyang, solitaire et silencieuse.
> Palais et maisons en cendres.
> Murs effondrés, clôtures béantes.
> Epines et ronces tendues vers le ciel.

Mais on peut également observer pour la première fois l'extraordinaire capacité d'assimilation culturelle de la Chine, même dans la défaite. Peu à peu, de nombreux peuples barbares furent comme avalés par la société chinoise, perdant leur identité propre et devenant des

Chinois d'une autre sorte. Le prestige dont jouissait la civilisation chinoise auprès des peuples de la région était déjà très grand. Il y avait une tendance chez les étrangers à voir dans la Chine le centre du monde, le summum de la culture, un peu comme l'avaient fait les peuples germaniques d'Occident avec Rome. En Asie du Sud-Est, en Corée, au Japon, la langue, la littérature, les usages, l'organisation étatique des Chinois exercèrent une profonde influence jusqu'au milieu du Ier siècle. Même au fin fond de l'Asie centrale, des dirigeants qui n'avaient jamais vu l'empire imposèrent par décret à leurs peuples, vers 500, les coutumes et les vêtements chinois. La culture chinoise était devenue la référence dans toute la région et elle le resta durant la période de désunion que connut la Chine après l'abdication du dernier empereur Han.

Aux alentours de l'an zéro, la moitié de la population humaine avait été sous le contrôle de deux Etats seulement, Rome et la Chine des Han, et l'on ne peut pas ne pas faire la comparaison entre eux. Malgré le très petit nombre de contacts directs qu'ils eurent l'un avec l'autre, il n'est pas douteux qu'ils offrent de remarquables similitudes. Tous deux furent gouvernés par des empereurs qui étaient des sortes de dieux et se trouvaient à la tête d'unités bureaucratiques et militaires très largement disséminées sur des territoires de dimension à peu près équivalente. Les deux régimes prétendaient commander à l'ensemble du monde connu (et les élites, dans les deux cas, savaient probablement que cette prétention était erronée). Ils étaient l'un et l'autre les héritiers de grandes traditions qu'ils aménagèrent pour mieux servir leurs desseins. Centralisation, systèmes monétaires, principes administratifs, façon de traiter les étrangers : les procédures qu'ils adoptèrent sont très proches. Après avoir survécu un temps considérable, ils finirent par succomber, victimes d'un effilochage du pouvoir. Il y eut aussi, bien sûr, de grandes différences : en Chine, la bureaucratie centralisée finit par peser d'un poids beaucoup plus lourd qu'à Rome. Il y eut également des divergences importantes en matière de droit civil et dans les principes auxquels obéissaient les pouvoirs locaux. Surtout, le degré de pénétration culturelle et linguistique du centre de l'empire dans toute sa périphérie fut beaucoup plus grand dans la Chine des Han qu'il ne le fut chez les Romains. Il n'est pas inutile pour autant de réfléchir sur le fait que, voici deux millénaires, l'extrémité est et l'extrémité ouest de l'Eurasie furent occupées par des mondes parallèles qui possédaient beaucoup de traits communs.

Index

Cartes

Table

PREMIÈRE PARTIE

AVANT L'HISTOIRE

DEUXIÈME PARTIE

LES CIVILISATIONS

TROISIÈME PARTIE

L'ÂGE CLASSIQUE

collection tempus
Perrin

Déjà paru

569. *Sigmaringen* – Jean-Paul Cointet.
570. *Colbert* – François d'Aubert.
571. *Marignan, 1515* – Didier Le Fur.
572. *Grandeur et misère de l'Armée rouge* – Jean Lopez, Lasha Otkhmezuri.
573. *À la recherche de Winston Churchill* (dir. Pierre Assouline).
574. *Le Régent* – Philippe Erlanger.
575. *Azincourt, 1415* – Dominique Paladilhe.
576. *Sept générations d'exécuteurs. Mémoires de Sanson* (prés. François-Henri Désérable).
577. *Napoléon à Sainte-Hélène* – Paul Ganière.
578. *Le nazisme, régime criminel* (dir. Marie-Bénédicte Vincent).
579. *Madame de Maintenon* – Jean-Paul Desprat.
580. *Le Moyen-Orient pendant la Seconde Guerre mondiale* – Christian Destremau.
581. *Le grand tournant. Pourquoi les Alliés ont gagné la guerre, 1943-1945* – Paul Kennedy.
582. *Madame Roland, une femme en Révolution* – Pierre Cornut-Gentille.
583. *Néfertiti et Akhénaton* – Christian Jacq.
584. *Montesquieu, le moderne* – Alain Juppé.
585. *Le fil de l'épée* – Charles de Gaulle.
586. *Histoire du Mont-Saint-Michel* – Patrick Sbalchiero.
587. *De Gaulle/Pétain, règlements de comptes* – Herbert R. Lottman.
588. *Russie, révolutions et stalinisme* – Mathilde Aycard, Pierre Vallaud.
589. *Journal politique*, tome I, *août 1937-septembre 1939* – Galeazzo Ciano.
590. *Journal politique*, tome II, *septembre 1939-février 1943* – Galeazzo Ciano.
591. *Les secrets du IIIe Reich* – François Kersaudy.
592. *Goebbels*, tome I, *1897-1937* – Peter Longerich.

593. *Goebbels*, tome II, *1937-1945* – Peter Longerich.
594. *La guerre du Viet Nâm* – John Prados.
595. *À l'intérieur du camp de Drancy* – Michel Laffitte, Annette Wieviorka.
596. *Dönitz* – François-Emmanuel Brézet.
597. *Histoire du débarquement* – Carlo D'Este.
598. *La saga des Romanov* – Jean des Cars.
599. *Mémoires* – Boni de Castellane.
600. *La révolte dans le désert* – Lawrence d'Arabie.
601. *Mémoires* – Joseph Fouché.
602. *Le congrès de Vienne* – Thierry Lentz.
603. *Mémoires sur la cour de Louis XIV* – Primi Visconti.
604. *Histoire de la Russie et de son empire* – Michel Heller.
605. *Voltaire* – Pierre Milza.
606. *Le Roi-Soleil et Dieu* – Alexandre Maral.
607. *De Lattre* – Pierre Pellissier.
608. *La France occupée* – August von Kageneck.
609. *Sadate* – Robert Solé.
610. *Les grandes figures de l'islam* – Malek Chebel.
611. *Trotski* – Robert Service.
612. *La bataille du Vatican* – Christine Pedotti.
613. *La bataille de Verdun* – Philippe Pétain.
614. *Des hommes irréguliers* – Étienne de Montety.
615. *Lauzun* – Jean-Christian Petitfils.
616. *Les voix de la foi* – François Huguenin.
617. *L'Europe barbare* – Keith Lowe.
618. *1914* – Jean-Yves Le Naour.
619. *Mahomet et Charlemagne* – Henri Pirenne.
620. *La guerre de Corée* – Ivan Cadeau.
621. *La seconde gloire de Rome* – Jean Delumeau.
622. *Biribi* – Dominique Kalifa.
623. *Joffre* – Rémy Porte.
624. *Paroles de Verdun* – Jean-Pierre Guéno.
625. *Le salaire de la destruction* – Adam Tooze.
626. *Le dernier des cathares, Pèire Autier* – Anne Brenon.
627. *Maurice et Jeannette, biographie du couple Thorez* – Annette Wieviorka.
628. *La dynastie rouge. Corée du Nord, 1945-2015* – Pascal Dayez-Burgeon.

629. *Les secrets du Gotha* – Ghislain de Diesbach.
630. *Notre jeunesse* – Charles Péguy.
631. *Une histoire du Liban* – David Hirst.
632. *Aristide Briand* – Bernard Oudin.
633. *Boni de Castellane* – Éric Mension-Rigau.
634. *La grande histoire de la Belgique* – Patrick Weber.
635. *La police des mœurs* – Jean-Marc Berlière.
636. *Joseph II* – François Fejtö.
637. *Considérations sur Hitler* – Sebastian Haffner.
638. *Les batailles qui ont changé l'histoire* – Arnaud Blin.
639. *Entretiens avec Mussolini* – Emil Ludwig.
640. *Grandeurs et misères d'une victoire* – Georges Clemenceau.
641. *Les couples royaux dans l'histoire* – Jean-François Solnon.
642. *Roger II de Sicile* – Pierre Aubé.
643. *Carrier et la Terreur nantaise* – Jean-Joël Brégeon.
644. *C'était le XXe siècle*, tome I – Alain Decaux.
645. *C'était le XXe siècle*, tome II – Alain Decaux.
646. *Reines d'Afrique* – Vincent Hugeux.
647. *Ducs et duchesses de Bretagne* – Philippe Tourault.
648. *L'âme romaine* – Pierre Grimal.
649. *Lénine* – Robert Service.
650. *Les derniers jours* – Michel De Jaeghere.
651. *Histoire des Arabes* – Eugene Rogan.
652. *Leipzig* – Bruno Colson.
653. *La France et son armée* – Charles de Gaulle.
654. *Baden-Powell* – Philippe Maxence.
655. *Les vichysto-résistants* – Bénédicte Vergez-Chaignon.
656. *L'édit de Nantes* – Bernard Cottret.
657. *Chamfort* – Claude Arnaud.
658. *La captivité et la mort de Marie-Antoinette* – G. Lenotre.
659. *Les ministres de Napoléon* – Thierry Lentz.
660. *Les dynasties du luxe* – Yann Kerlau.
661. *Les aigles foudroyés* – Frédéric Mitterrand.
662. *Mémoires d'exil* – Frédéric Mitterrand.
663. *Histoire des Juifs* – Michel Abitbol.
664. *Dictionnaire de stratégie* – Gérard Chaliand, Arnaud Blin.
665. *Washington* – François Guizot.
666. *Russie, réformes et dictatures* – Andreï Kozovoï.
667. *L'enfance des chefs de la Ve République* – Robert Schneider.

668. *Histoire des présidents de la République* – Maxime Tandonnet.
669. *La haine et la honte. Journal d'un aristocrate allemand, 1936-1944* – Friedrich Reck-Malleczewen.
670. *La Grande Guerre oubliée* – Alexandre Sumpf.
671. *Histoires de l'Élysée* – François d'Orcival.
672. *Extension du domaine de la guerre* – Pierre Servent.
673. *Versailles au temps des rois* – G. Lenotre.
674. *La fin des empires* (dir. Patrice Gueniffey et Thierry Lentz).
675. *L'Élysée sous l'Occupation* – François d'Orcival.
676. *Histoire de la Russie des tsars* – Richard Pipes.
677. *L'épuration des intellectuels* – Pierre Assouline.
678. *Mourir pour Kobané* – Patrice Franceschi.
679. *Dépêches du Vietnam* – John Steinbeck.
680. *1715, La France et le monde* – Thierry Sarmant.
681. *Spartacus* – Éric Teyssier.
682. *Journal, 1939-1945* – Maurice Garçon.
683. *Les cent derniers jours d'Hitler* – Jean Lopez.
684. *Les sentinelles* – Dror Moreh.
685. *Un Siècle d'Or espagnol* – Bartolomé Bennassar.
686. *Jeanne d'Arc. Le procès de Rouen* – Jacques Trémolet de Villers.
687. *La guerre de face* – Martha Gellhorn.
688. *Le marécage des ayatollahs. Une histoire de la Révolution iranienne* – Pierre et Christian Pahlavi.
689. *Hitler et la France* – Jean-Paul Cointet.
690. *Necker* – Ghislain de Diesbach.
691. *La reine Victoria* – Jacques de Langlade.
692. *Histoire mondiale des services secrets* – Rémi Kauffer.
693. *Gorbatchev* – Bernard Lecomte.
694. *Mémoires* – Erich von Manstein.
695. *Mangeurs de viande* – Marylène Patou-Mathis.
696. *John Fitzgerald Kennedy* – Frédéric Martinez.
697. *L'Empire ottoman et l'Europe* – Jean-François Solnon.
698. *La Russie des tsars* (dir. Emmanuel Hecht).
699. *Testament politique* – Richelieu.
700. *Joukov* – Jean Lopez, Lasha Otkhmezuri.
701. *Le siècle de Louis XIV* (dir. Jean-Christian Petitfils).
702. *Les pathologies politiques françaises* – Alain Duhamel.
703. *1915* – Jean-Yves Le Naour.

704. *La France catholique* – Jean Sévillia.
705. *Dictionnaire amoureux de Jésus* – Jean-Christian Petitfils.
706. *La guerre Iran-Irak, 1980-1988* – Pierre Razoux.
707. *Les troubadours* – Michel Zink.
708. *Nouvelle histoire des idées* – Alain Blondy.
709. *La Grande Guerre* – François Cochet.
710. *La révolution anglaise* – Bernard Cottret.
711. *Histoire de la résistance* – Olivier Wieviorka.
712. *Histoire de la Phénicie* – Josette Élayi.
713. *Souvenirs d'une ambassade à Berlin* – André François-Poncet.
714. *Robespierre* – Jean-Clément Martin.
715. *Histoire des médecins* – Stanis Perez.
716. *Les légendes de la Grande Guerre* – Général Mordacq.
717. *Les châteaux de la Loire* – Jean des Cars.
718. *La guerre de Sept Ans* – Edmond Dziembowski.
719. *Mirabeau* – Jean-Paul Desprat.
720. *Sur la scène internationale avec Hitler* – Paul-Otto Schmidt.
721. *Mai 68. Mémoires* – Maurice Grimaud.
722. *La cause du peuple* – Patrick Buisson.
723. *L'élan du cœur. Propos et souvenirs* – Claude Pompidou.
724. *Les nazis en fuite* – Gerald Steinacher.
725. *La légende du roi Arthur* – Martin Aurell.
726. *Les mythes de la Seconde Guerre mondiale* (dir. Jean Lopez et Olivier Wieviorka).
727. *Un autre regard sur mon grand-père Charles de Gaulle* – Yves de Gaulle.
728. *La Bretagne et la France, du XVe siècle à nos jours* – Philippe Tourault.
729. *Fabuleux destins* – Alain Decaux.
730. *Le crépuscule des rois* – Philippe Erlanger.
731. *Le sceptre et le sang* – Jean des Cars.
732. *Cambacérès* – Pierre-François Pinaud.
733. *François Ier* – Didier Le Fur.
734. *La Seconde Guerre mondiale* – Claude Quétel.
735. *Reagan* – Françoise Coste.
736. *De la guerre* – Napoléon.
737. *La compagnie des ombres* – Michel De Jaeghere.
738. *Lettres de la Wehrmacht* – Marie Moutier.

739. *Grandeur, déclin et destin de la Ve République* – Édouard Balladur et Alain Duhamel.
740. *La Grande Guerre des civils* – Éric Alary.
741. *Louis XV* – Jean-Christian Petitfils.
742. *Pétain* – Bénédicte Vergez-Chaignon.
743. *Dictionnaire amoureux de la Rome antique* – Xavier Darcos.
744. *Histoire du monde*, tome I, *Les âges anciens* – John M. Roberts et Odd A. Westad.
745. *Histoire du monde*, tome II, *Du Moyen Âge aux temps modernes* – John M. Roberts et Odd A. Westad.
746. *Histoire du monde*, tome III, *L'âge des révolutions* – John M. Roberts et Odd A. Westad.
747. *Tout sur* Mein Kampf – Claude Quétel.
748. *Le cimetière de l'espérance* – Nicolas Werth.
749. *Le Moyen Âge et l'argent* – Jacques Le Goff.
750. *Mohammad Réza Pahlavi* – Yves Bomati et Houchang Nahavandi.
751. *L'Histoire des paysans français* – Éric Alary.
752. *Churchill, Seigneur de guerre* – Carlo D'Este.
753. *Les dictateurs* – Jacques Bainville.
754. *Femmes de Versailles* – Alexandre Maral.
755. *À l'épreuve du temps* – Jacques Benoist-Méchin.
756. *La fin d'un monde* – Gérard Courtois.
757. *Histoire de la guerre* – John Keegan.
758. *Le métier de roi* – Louis XIV.
759. *Islam et politique* (dir. Pierre Puchot).
760. *Histoire du terrorisme* – Gilles Ferragu.
761. *François Guizot* – Laurent Theis.
762. *Charles de Foucauld* – Jean-Jacques Antier.
763. *Histoire du Moyen Âge* – Georges Minois.
764. *Les couples illustres de l'histoire de France* (dir. Patrice Gueniffey et Lorraine de Meaux).
765. *Hitler* – Peter Longerich.
766. *Les derniers secrets du IIIe Reich* – François Kersaudy.
767. *Les derniers jours de Paris* – Alexander Werth.
768. *Aumônier de la France libre* – René de Naurois.
769. *Régner et gouverner* – Thierry Sarmant et Mathieu Stoll.
770. *Napoléon* – Élie Faure.
771. *Speer* – Martin Kitchen.

772. *Histoires extraordinaires* – Alain Decaux.
773. *Juliette Récamier* – Catherine Decours.
774. *La traque du* Bismarck – François-Emmanuel Brézet.
775. *Les Présidents et la guerre* – Pierre Servent.
776. *Au palais Farnèse. Souvenirs d'une ambassade à Rome* – André François-Poncet.
777. *La guerre civile russe* – Alexandre Jevakhoff.
778. *Journal 1932-1943* – Ivan Maïski.
779. *L'Empire du Bien* – Philippe Muray.
780. *Baudelaire* – Marie-Christine Natta.
781. *Nouvelle histoire de la Révolution française* – Jean-Clément Martin.
782. *Le soldat oublié* – Guy Sajer.
783. *Une ligne dans le sable. Le conflit franco-britannique qui façonna le Moyen-Orient* – James Barr.
784. *Le pape qui a vaincu le communisme* – Bernard Lecomte.
785. *Joseph Bonaparte* – Thierry Lentz.
786. *1989, l'année qui a changé le monde* – Pierre Grosser.
787. *Les derniers feux de la monarchie* – Charles-Éloi Vial.
788. *Les secrets de Vichy* – Bénédicte Vergez-Chaignon.
789. *Les lieux de l'Histoire de France* (dir. Michel Winock et Olivier Wieviorka).
790. *Churchill, le dictionnaire* – Antoine Capet.
791. *Des héros ordinaires* – Maurin Picard.
792. *Les grands vaincus de l'histoire* – Jean-Christophe Buisson et Emmanuel Hecht.
793. *Philippe Séguin* – Arnaud Teyssier.
794. *Joséphine* – Pierre Branda.
795. *Le goût des rois* – Jean-François Solnon.
796. *Les services secrets du général de Gaulle* – Sébastien Albertelli.
797. *Du Guesclin* – Thierry Lassabatère.
798. *Histoire mondiale de la guerre économique* – Ali Laïdi.
799. *Les secrets du Kremlin* – Bernard Lecomte.
800. *Joukov* – Jean Lopez et Lasha Otkhmezuri.
801. *Les grands discours de guerre* – Charles de Gaulle.
802. *Souvenirs d'un soldat* – Heinz Guderian.
803. *Dictionnaire du renseignement* (dir. Hugues Moutouh et Jérôme Poirot).
804. *Salan* – Pierre Pellissier.
805. *La vie quotidienne au Moyen Age* – Jean Verdon.

806. *Les hommes d'Hitler* – Jean-Paul Bled.
807. *Les Borgia* – Jean-Yves Boriaud.
808. *Fascisme français* (dir. Serge Berstein et Michel Winock).
809. *La grande défaite, 1870-1871* – Alain Gouttman.
810. *La 4 septembre 1870* – Pierre Cornut-Gentille.
811. *La guerre de Sécession* – John Keegan.
812. *First Ladies* – Nicole Bacharan, Dominique Simonnet.
813. *De Gaulle* – Éric Roussel.
814. *La vie des châteaux* – Éric Mension-Rigau.
815. *Civilisations* – Niall Ferguson.
816. *Exorcismes spirituels*, tome I – Philippe Muray.
817. *Exorcismes spirituels*, tome II – Philippe Muray.
818. *Le soleil ne se lève plus à l'est* – Bernard Bajolet.
819. *Journal intime* – Nicolas II.
820. *Les grands capitaines* – Arnaud Blin.
821. *Napoléon et de Gaulle* – Patrice Gueniffey.
822. *Les maîtres de l'espionnage* – Rémi Kauffer.
823. *De Gaulle. Les grandes questions* – François Malye.
824. *La saga des Bonaparte* – Pierre Branda.
825. *La première croisade* – Peter Frankopan.
826. *Histoire des ouvriers en France au XXe siècle* – Xavier Vigna.
827. *L'Évangile de la force* – Robert d'Harcourt.
828. *Merci d'être en retard* – Thomas L. Friedman.
829. *La révolution militaire napoléonienne*, tome I, *Les manœuvres* – Stéphane Béraud.
830. *La révolution militaire napoléonienne*, tome II, *Les batailles* – Stéphane Béraud.
831. *À l'ombre de l'épée* – Tom Holland.
832. *Les communards* – Jean-Pierre Azéma et Michel Winock.
833. *Histoire des coureurs de bois* – Gilles Havard.
834. *Kadhafi* – Vincent Hugeux.
835. *Les vérités cachées de la guerre d'Algérie* – Jean Sévillia.
836. *Charles VII* – Philippe Contamine.
837. *Koursk* – Roman Töppel.
838. *Les mythes de la Seconde Guerre mondiale*, tome II (dir. Jean Lopez et Olivier Wieviorka).
839. *François Mitterrand* – Éric Roussel.
840. *Le Mémorial de Sainte-Hélène* – Emmanuel de Las Cases.
841. *Une journée particulière* (dir. Franz-Olivier Giesbert et Claude Quétel).

842. *À la droite d'Hitler* – Nicolaus von Below.
843. *Churchill et la France* – Christian Destremau.
844. *200 questions 200 réponses sur la Seconde Guerre mondiale* (dir. Jean Lopez).
845. *Les énigmes de l'histoire de France* (dir. Jean-Christian Petitfils).
846. *50 nuances de guerre* – Pierre Servent.
847. *Le diable sur la montagne* – Thierry Lentz.
848. *J'étais un kamikaze* – Ryuji Nagatsuka.
849. *Louis XIII* – Jean-Christian Petitfils.
850. *Richelieu* – Arnaud Teyssier.
851. *Staline* – Robert Service.
852. *La guerre du Rif* – Max Schiavon.
853. *Frédéric II* – Sylvain Gouguenheim.
854. *Les grandes décisions de l'Histoire de France* (dir. Patrice Gueniffey et François-Guillaume Lorrain).
855. *Gloires et impostures de la médecine* – Patrick Berche et Jean-Jacques Lefrère.
856. *Histoire militaire de la France*, tome I, *Des Mérovingiens au Second Empire* (dir. Hervé Drévillon et Olivier Wieviorka).
857. *Louis XVI* – Jean-Christian Petitfils.
858. *Une histoire mondiale du communisme*, tome I, *Les bourreaux* – Thierry Wolton.
859. *Une histoire mondiale du communisme*, tome II, *Les victimes* – Thierry Wolton.
860. *Une histoire mondiale du communisme*, tome III, *Les complices* – Thierry Wolton.
861. *Le chef du contre-espionnage nazi parle* – Walter Schellenberg.
862. *Les grandes figures de la droite* (dir. Jean-Christophe Buisson et Guillaume Tabard).
863. *Les figures de proue de la gauche depuis 1789* (dir. Michel Winock).
864. *SPQR. Histoire de l'ancienne Rome* – Mary Beard.
865. *Un présent qui s'accroche à moi* – Dora Goland-Blaufoux.
866. *Mémoires. Hitler, les années obscures* – Ernst Hanfstaengl.
867. *La malédiction de la droite* – Guillaume Tabard.
868. *Bonheurs et grandeur. Ces journées où les Français ont été heureux* – Hervé Gaymard.
869. *Légionnaire* – Simon Murray.

870. *Histoire militaire de la France*, tome II, *De 1870 à nos jours* (dir. Hervé Drévillon et Olivier Wieviorka).
871. *Mobutu* – Jean-Pierre Langellier.
872. *Le corps du roi* – Stanis Perez.
873. *Le corps de la reine* – Stanis Perez.
874. *L'ami américain* – Éric Branca.
875. *Le petit théâtre des opérations* – Julien Hervieux.
876. *Agatha Christie* – Marie-Hélène Baylac.
877. *Mémoires. My Wicked, Wicked Ways* – Errol Flynn.
878. *Les femmes de l'ombre* – Rémi Kauffer.
879. *Histoire de la CIA* – John Prados.
880. *Les énigmes de l'histoire du monde* (dir. Jean-Christian Petitfils).
881. *Rudolf Hess* – Pierre Servent.
882. *Assassinés* – Jean-Christophe Buisson.
883. *Diane de Poitiers* – Didier Le Fur.
884. *Les meilleures armées de l'histoire* (dir. Jean Lopez).
885. *Proust* – Ghislain de Diesbach.
886. *Hollywood ne répond plus* – Olivier Rajchman.
887. *La Bruyère, portrait de nous-mêmes* – Jean-Michel Delacomptée.
888. *Les Tudors* – Bernard Cottret.
889. *La Japon d'Édo* – François et Mieko Macé.
890. *Histoire du fascisme* – Frédéric Le Moal.
891. *Les derniers jours de Versailles* – Alexandre Maral.
892. *Le goût du roi. Louis XV et le secret du Parc aux Cerfs* – Camille Pascal.
893. *La famille royale au Temple* – Charles-Éloi Vial.
894. *Les grandes affaires criminelles* (dir. Jean-Marc Berlière).
895. *Les opérations les plus extraordinaires de la Seconde Guerre mondiale* – Claude Quétel.
896. *Les soldats de l'Everest* – Wade Davis.
897. *Carthage* – Khaled Melliti.
898. *Histoire incorrecte de Rome* – Giusto Traina.
899. *Clausewitz* – Bruno Colson.
900. *Vues sur Napoléon* – André Suarès.
901. *Frères d'armes* – Eugene B. Sledge.
902. *Les maréchaux de Staline* – Jean Lopez et Lasha Otkhmezuri.
903. *Staline. La cour du tsar rouge* – Simon Sebag Montefiore.
904. *Le IIIe Reich et le monde* – Charles Bloch.

905. *De la grande stratégie* – John Lewis Gaddis.
906. *S'adapter pour vaincre* – Michel Goya.
907. *Être soldat de Hitler* – Benoît Rondeau.
908. *Pour Napoléon* – Thierry Lentz.
909. *Naissance de l'islam* – Michel Orcel.
910. *Les trente « empereurs » qui ont fait la Chine* – Bernard Brizay.
911. *Les grandes figures catholiques qui ont fait la France* – François Huguenin.
912. *La chute de l'Union soviétique* – Andreï Kozovoï.
913. *Le plan Marshall* – Benn Steil.
914. *Cinq ans au GQG de Hitler* – Walter Warlimont.
915. *Les grandes erreurs de la Seconde Guerre mondiale* (dir. Jean Lopez et Olivier Wieviorka).
916. *Maximes et réflexions* – Cardinal de Retz.
917. *François-Joseph et Sissi* – Jean des Cars.
918. *Les Beatles* – Frédéric Granier.
919. *Sous le soleil de l'exil. Georges Bernanos 1938-1945* – Sébastien Lapaque.
920. *La discorde chez l'ennemi* – Charles de Gaulle.
921. *15 août 1811* – Charles-Éloi Vial.
922. *Histoire de la résistance en Europe occidentale* – Olivier Wieviorka.
923. *Les entretiens oubliés d'Hitler* – Éric Branca.
924. *Le Japon en guerre* – Haruko Taya Cook et Theodore F. Cook.
925. *Histoire du Pacifique* – Dominique Barbe.
926. *Ian Fleming* – Christian Destremau.
927. *Les révolutions françaises* (dir. Patrice Gueniffey et François-Guillaume Lorrain).
928. *Charles et Zita* – Jean Sévillia.
929. *Un autre monde* – Alain Frachon.
930. *Histoire des droites en France* – Gilles Richard.
931. *Napoléon* – Thierry Lentz.
932. *Le livre noir de Vladimir Poutine* (dir. Galia Ackerman et Stéphane Courtois).
933. *Histoire navale de la Seconde Guerre mondiale* – Craig Symonds.
934. *Les derniers jours des reines* (dir. Jean-Christophe Buisson et Jean Sévillia).

935. *Les derniers jours des rois* (dir. Patrice Gueniffey).
936. *Histoire d'Israël* – Michel Abitbol.
937. *Léopold Sédar Senghor* – Jean-Pierre Langellier.
938. *Chefs d'États en guerre* – Général Henri Bentégeat.
939. *L'Empire assyrien* – Josette Elayi.
940. *« J'étais le pilote de Hitler »* – Hans Baur.
941. *Le cabinet des Antiques* – Michel De Jaeghere.
942. *La guerre antique* (dir. Jean Lopez).
943. *André Tardieu* – Maxime Tandonnet.
944. *L'énigme Pompidou-De Gaulle* – Arnaud Teyssier.
945. *La peur du peuple* – Marie-Hélène Baylac.
946. *Valéry Giscard d'Estaing* – Éric Roussel.
947. *Le nœud gordien* – Georges Pompidou.
948. *Lettres, notes et portraits* – Georges Pompidou.
949. *Richard Nixon* – Antoine Coppolani.
950. *Le mystère Mussolini* – Maurizio Serra.
951. *Philippe Kieffer* – Benjamin Massieu.
952. *De Gaulle et Pétain* – Pierre Servent.
953. *Le drame de 1940* – Général André Beauffre.
954. *Croisés* – Dan Jones.
955. *Le fascisme japonais, 1931-1945* – Masao Maruyama.
956. *L'amour au Moyen-Âge* – Jean Verdon.
957. *Rome* – Jean-Noël Robert.
958. *Le siècle des chutes* – Charles-Éloi Vial.
959. *Nouvelle histoire de l'Occupation* – Éric Alary.
960. *Le duc du Maine* – Pierre-Louis Lensel.
961. *Le siècle des révolutions* – Edmond Dziembowski.
962. *Louis XVIII* – Philip Mansel.
963. *La France libérée* – Michel Winock.
964. *Le roman des damnés* – Éric Branca.
965. *Les maréchaux d'Empire* – Walter Bruyère-Ostells.
966. *Les présidents des États-Unis* – Georges Ayache.
967. *Les secrets de la Maison Blanche* – Nicole Bacharan et Dominique Simonnet.
968. *La bataille de Bouvines* – Dominique Barthélemy.
969. *Louis XI* – Joël Blanchard.

Achevé d'imprimer en octobre 2024 en Espagne par Liberdúplex

K10921/01